人民法院
审判指标管理与绩效评价

周晓冰　著

TRIAL INDICATOR MANAGEMENT AND
PERFORMANCE EVALUATION OF

THE PEOPLE'S COURTS

法律出版社
LAW PRESS·CHINA
北京

图书在版编目(CIP)数据

人民法院审判指标管理与绩效评价 / 周晓冰著. --
北京 : 法律出版社, 2023
ISBN 978-7-5197-7825-5

Ⅰ. ①人… Ⅱ. ①周… Ⅲ. ①法院-审判-工作-研究-中国 Ⅳ. ①D926.22

中国国家版本馆CIP数据核字(2023)第064963号

人民法院审判指标管理与绩效评价
RENMIN FAYUAN SHENPAN ZHIBIAO GUANLI YU JIXIAO PINGJIA

周晓冰 著

策划编辑 冯雨春　李沂蔚
责任编辑 李沂蔚
装帧设计 李　瞻

出版发行 法律出版社
编辑统筹 法律应用出版分社
责任校对 晁明慧
责任印制 刘晓伟
经　　销 新华书店

开本 710毫米×1000毫米 1/16
印张 31.5　　**字数** 565千
版本 2023年7月第1版
印次 2023年7月第1次印刷
印刷 三河市兴达印务有限公司

地址:北京市丰台区莲花池西里7号(100073)
网址:www.lawpress.com.cn
投稿邮箱:info@lawpress.com.cn
举报盗版邮箱:jbwq@lawpress.com.cn
销售电话:010-83938349
客服电话:010-83938350
咨询电话:010-63939796

书号:ISBN 978-7-5197-7825-5
定价:128.00元
凡购买本社图书,如有印装错误,我社负责退换。电话:010-83938349

目录 contents

Part

01

第一部分

审判管理实践研究

评价一个法院是否优秀，是否能够成为一个一流的法院，不在于这个法院案件体量有多大，审判人员数量有多少，基础设施、硬件设备条件如何。

一个一流的法院至少有三个标志：

一是要有一流的队伍。审判队伍整体结构合理，审判人员业务水平高、学习氛围浓、工作作风好；有科学规范的干部选拔制度，有梯次化的审判人才，每个审判领域都有审判专家，乃至业务领域的领军人物。

二是要有一流的管理水平。一支作风过硬、本领高强的审判队伍是人民法院长久发展的基础，一支以审判为中心高效运转的一流职能部门队伍则是法院砥砺前行的关键。很多时候，审判人员个体的业务能力决定了法院的业务水平，而职能部门的运转水平，则决定了法院的整体形象、综合实力、管理水平和可持续发展动力。在一流的管理水平中，审判管理水平尤为重要。审判态势良性运行意味着人民法院发展的根本基础坚固稳妥。没有科学的审判管理、良性运行的审判态势，就不可能实现其他工作的有序开展，也必将导致审判人员个体的业务能力无法体现为整个法院的综合实力。

三是要有一流的胸怀和气度。这种胸怀和气度体现在审判作风、工作作风的细节上，体现在审判队伍的精神风貌上，尤其体现在管理者的理念和思路上。法院的审判人员心怀大爱，信任司法权威，热爱本职工作，坚守法律信仰，才能够在审判执行工作中展示司法的光芒和人性的光辉。法院的管理者心胸开阔，关心、信任审判队伍，与他们同呼吸共命运，为他们争取权益、保障利益，才能够得到审判人员的真心拥护，管理举措才能得到真正的贯彻落实。一个法院谋虑长远，拥护上级法院，落实督导要求；尊重下级法院，面对困难有担当；对兄弟法院和其他政法、行政部门行事坦诚，作风豁达，才能获得科学发展的不竭动力。做不到这些，即便法院案件体量再大、人员再多、硬件设施再高级，也与优秀无关。

第一章
审判管理的内容和理念

做好审判管理工作，首先要有正确的审判管理理念，其次要有科学的审判管理方法。方式方法不科学，可能会引发管理资源浪费、管理效能降低，管理任务无法完成；理念出现偏差，甚至是错误，则可能会导致审判态势运行混乱、审判质效下降，影响人民法院的长远发展。

司法管理最早源于企业管理和政务管理，因此，企业管理和政务管理的很多原则和理念都对审判管理有一定的借鉴作用；同时，审判管理也有其自身的特点和规律，开展审判管理工作，必须遵循审判规律，尊重司法实践规则，因地制宜。一些司法管理人员不认真学习、研究基础的管理学知识，甚至对基本的管理理念、管理方法缺乏了解，凭经验确定管理措施，“拍脑门”下达管理任务，引发了审判人员巨大的管理反弹。可以说，当前，广大审判人员对于审判管理工作的诸多误解和抵触，在某种程度上，与部分院庭长和专业审判管理人员在审判管理实践中，违背基本审判管理理念、缺乏科学管理举措方法息息相关。

本部分内容中，我们除了简单介绍审判管理的基本内涵外，将重点介绍几个在人民法院审判管理实践中非常重要、实用有效的理念，其中包括“分级管理、逐层精细”的系统管理理念，以及“精细化管理”“差异化管理”等可操作性理念。这些理念，在人民法院审判管理工作中被广泛应用，对于管理效能的发挥具有极其重要的作用和意义。

第一节　审判管理的基本内涵

审判管理是什么？从实践情况看，我们对审判管理可作广义与狭义之分。广义的审判管理，包括内在于审判权运行过程中的各种管理行为和外在于审判权运行过程的各种管理活动；狭义的审判管理是指近些年发展起来的外在于审判过程的各种专门管理活动。

一、审判管理的概念

审判管理的主体是各级人民法院，具体管理职责由审判委员会、院长、庭长、审判长及专门审判管理部门依法依规行使。从目前人民法院的机构设置和工作运行机制看，具体的审判管理主体和渠道是多元的，在审判权运行过程中，审判委员会、院长、庭长、审判长通过组织调度、监督指导、审核把关、讨论决策，客观上也在履行审判管理的职责，在这方面，审判行为和审判管理往往是紧密结合在一起的。

一般认为，审判管理的对象不是审判权本身，更不是行使审判权的法官，而是审判活动或审判工作。例如，立案、庭审、裁判、执行都属于审判活动，而统一立案、排期开庭、审限提示、文书评比、绩效评价就属于审判管理活动。同时，审判绩效考核的对象应该是人民法院、审判业务庭室和个人，因此，法官、法官助理、书记员一般应是人民法院考核的被考核主体。从这个意义上讲，审判管理调整的是法官的审判活动，而审判绩效考核评价的是从事审判活动的法官。

有理论认为，审判管理分为四个层次：(1)审判委员会：宏观管理；(2)审判管理办公室：专门管理；(3)庭室：具体管理；(4)法官：自我管理。有人对于法官到底是管理主体，还是被管理主体存在争论，同时认为，“自我管理”的说法将管理者和被管理者集于一体，本身就存在逻辑漏洞。当然，如果我们把审判管理的对象理解为法官的审判活动而非从事审判活动的法官，“自我管理”可以理解为法官对于自身从事的审判活动的安排、调度和管理，可以纳入法官工作方式、方法和审判习惯范畴，则会更容易理解一些。

2010 年以来，人民法院所推行的创新和加强审判管理，主要标志是建立专门的审判管理机构，在整合既有管理资源的基础上，与时俱进地推出了一系列新的管理措施，如审判质量评估、案件评查、庭审评查、裁判文书评比、审判绩效考评以及审判运行态势评估分析等。这方面的管理工作，与审判权的运行是并行不悖的两条线，依附于审判权而不介入、不干预、不取代审判权的行使。

因此，我们可作这样一个归纳：人民法院的专门审判管理，是为了有效整合司法资源，科学安排审判工作，严格规范审判过程，客观考评审判质效，服务保障审判权依法、独立、公正、高效、廉洁行使而开展的组织、协调、评估、考核、指导、督办等一系列管理活动的总和。

关于审判管理的目的，最高人民法院已经有了比较规范、统一的表述，即“规范、保障、促进、服务审判”10 个字。这 10 个字做到了，怎么管的问题也就基本解决了。应当看到，专门审判管理的出现，体现了审判管理由分散化到集约化、由粗放化到精细化、由简单化到科学化的转变。

二、审判管理的内容

关于审判管理工作包含的内容，一般认为，在讨论审判管理工作内容时，一般指专门审判管理工作的内容，即作为专门管理机构的审判管理办公室的工作职能。《最高人民法院关于加强人民法院审判管理工作的若干意见》（法发〔2011〕2 号）、《最高人民法院关于新时期进一步加强人民法院审判管理工作的若干意见》（法发〔2014〕8 号）对审判管理办公室的职能进行了规定。按照最高人民法院的意见，审判管理办公室一般应具备以下七项基本职能：

1. 案件信息管理

案件信息是法院数据库最重要、最核心的内容，是法院信息化的根本基础。案件信息管理主要涉及案件司法统计、案件信息修改审批、数据准确性管理等，这是一项传统的审判管理职能，其职能最早大部分由技术部门或者研究室等部门行使。

2. 案件质量评估

案件质量评估一般是针对某一法院或某一庭室审判质效的整体性评估。案件质量评估一般分为公正、效率、效果三个维度，涉及的指标主要是整体性评价指标，用于综合评价某一法院、审判业务领域或审判业务庭室的整体审判质效情况。

3. 案件质量评查

一般意义上的案件质量评查，主要指个案质量评估。这是人民法院个案质量管理最重要的方式。20 世纪 90 年代开始，全国各地法院开始陆续开展个案质量评查工作，也积累了一些经验。截至目前，个案质量评查仍然是人民法院质量管理的核心抓手。

4. 审判流程管理

审判流程管理既是效率管理的重要内容，也是人民法院审判管理工作发展初期，最先得到各地法院重视和认可的审判管理内容。人民法院最初的审判流程管理主要是以审限为中心开展的案件效率管理。随着管理的逐渐精细化推进，流程管理从审限管理向节点管理不断转变，管理模式也从个案管理向个案管理与整体效率管理相结合推进。例如，对某一流程节点平均用时的分析和评估等。

5. 审判运行态势分析

审判运行态势分析是审判管理办公室这一专门审判管理机构成立后，新增加的一项职能。此前，人民法院虽然在管理过程之中，也间或有对审判运行情况进行分析研判的情形，如在年初工作会的领导讲话中，一般会对上一年度的审判情况进行分析和总结，指出面临的一些问题，并针对问题提出下一步的工作思路和要求。但这种审判态势的分析研判一般缺乏系统性，时间间隔也不固定，很难及时发现审判运行态势中出现的问题，并有针对性地提出相应的管理举措和调整、调度方案。应该说，将审判运行态势分析确定为审判管理办公室的固定职能，有效促使全国各地人民法院对于本院和辖区法院审判运行情况进行分析研究，及时、有针对性地提出审判管理举措，大幅提升了各地法院的审判管理工作水平。

6. 审判绩效考核

很多人对于案件质量评估和审判绩效考核的关系存在模糊认识，不清楚二者之间的区别。一般而言，案件质量评估是对审判质效的整体性评价，而审判绩效考核是对法院、庭室，特别是审判人员审理案件情况的考核。虽然评估和考核一般都使用指标的方式进行相应评价，但是评估指标是"体检表"，更侧重于客观反映审判质效的实际状况，旨在发现问题、堵塞漏洞、解决问题；考核指标是"指挥棒"，偏重于引导被考核对象采取积极措施，提高指标数值，达到管理目的。

很多人还有一个模糊的认识，认为考核应为政治部门的职权，而非审判管理部门的工作内容。应该说，对法院审判部门和法官的审判绩效进行考核，是一项专业性极强的工作，必须由专门的审判管理部门开展。人民法院的考核工作非常复杂，涉及多个职能部门的工作职责，因此，各地法院的考核工作，一般由政治部门牵头，联合多个部门共同成立本院的考核领导小组。其中，审判管理部门作为人民法院考核领导小组的重要成员单位，负责对被考核主体的审判质效情况进行指标设置、数据统计、结果复核等工作，并将审判绩效考核结果报送给考核领导小组，由考核领导小组结合其他考核内容，形成最终考核结果，综合运用。

7. 审委会事务管理

审委会事务管理一般包括审判委员会的规则制定、会议组织协调、审委会决议的制作和督办等。由于全国各地法院管理体制的差异，部分法院的审委会事务管理职能并没有及时划归审判管理办公室，而是由研究室等部门行使。

有些人认为，审委会事务主要是组织召开会议、形成审委会决议、为审委会委员服务等内容，工作事项都是以事务性工作为主，不存在管理内容，因此，不应该纳入审判管理工作的范畴。实际上，由于审判委员会是人民法院内部对审判工作行使集体领导的组织形式，对于审判事务和案件处理拥有最高权力，其关于制定审判工作重要决策、审议审判管理政策、对审判质效存在突出问题的审判庭室进行质询等工作职能，对于加大审判管理工作力度，提高审判管理效能具有非常重要的意义。审判委员会事务看似以事务性工作为主，但是，相关职能部门在从事事务性工作的同时，对于审委会议题的选择和确定、审委会议题的排期、审委会决策的表述方式、审委会决议的督促落实等，仍然具有重要的话语权和相当程度的影响力。因此，将审委会事务纳入审判管理范畴，对于推进审判管理工作具有非常重要的意义。换句话说，审判委员会也是人民法院审判管理的核心主体，审判委员会的一项重要职能就是开展审判管理工作。审判管理办公室作为人民法院的专门审判管理机构，负责审判委员会的事务性工作，可以辅助审判委员会开展审判管理决策，也有助于保证审判管理办公室能够及时、准确把握审判委员会的管理思路和重要决策，从而制定相应的管理举措予以落实。

随着近些年审判管理工作的深入推进和开展，审判管理办公室的工作职能也不断丰富，至少增加了以下两项基本职能：

（1）司法公开管理，主要包括审判流程公开管理、庭审公开管理、裁判文书公开管理、执行信息公开管理等内容。

（2）重大敏感案（事）件管理，主要包括重大敏感案（事）件的识别、风险研判、会商协调、督办和考核等内容。

三、“三驾马车”的大审管格局

审判管理是人民法院管理工作中的最核心内容。设立专门的审判管理办公室，可以有效提高审判管理的科学化、专业化水平，但单纯依靠审判管理办公室开展管理工作，仍然无法解决很多重大管理建议难以被采纳、一些严格的管理举措难以落实到位、管理反弹矛盾难以调和等一系列问题。考虑到很多审判管理内容决定着法院的发展方向，涉及审判资源的调整调配，关系审判人员的切身利益，甚至直接触及院庭领导的权力范畴，因此，人民法院的审判管理，必须按照“大审管”的思路，建立以院党组、审判委员会、庭室领导、各职能部门与专业审判管理机构融合一致、相互配合的“大审管格局”。特别是，我们强调，审判管理是“一把手”工程，法院的主要领导重视审判管理工作，强化审判管理的研究，推动审判管理的举措落实到位,法院的审判运行态势就会更加趋于良性,各项审判质效指标就会持续向好。

因此,我们说人民法院最理想的管理格局是形成“大审管格局”,在人民法院构建“三驾马车”的管理模式。具体为:(1)以审判管理办公室牵头的审判管理,这也是“三驾马车”最核心的“一驾”。(2)以政治部门为首的人员管理。(3)以综合办公室或后勤行装部门主导的行政事务管理和财、物管理。

这“三驾”的管理内容和对象各有侧重,分别是审判管理办公室“管案”、政治部“管人”、综合办公室“管事”。

这种“大审管格局”,还包括以下几项具体内容:

1.“三驾马车”模式管理的“案”“人”“事”,几乎涵盖了人民法院全部的管理事项。人民法院以审判执行为主业,人民法院的管理也必须以审判管理为核心,“三驾马车”必须以“审判管理”作为推动法院科学发展的主要驱动力。对于“人”的管理和对于“事”的管理,应该以审判为核心,为审判执行工作提供支撑、服务和保障,同时,积极配合、协助审判管理工作。

当前,审判管理工作虽然越来越受到重视,但各地人民法院审判管理工作的发展水平仍然参差不齐。个别法院党组并没有把审判管理部门作为加强人民法院管理的核心抓手,任凭审判管理部门单打独斗,甚至弱化审判管理部门的管理职能,将一些本属于诉讼服务部门的评估、鉴定、卷宗移转等事务性工作交由审判管理办公室处理,将审判管理部门沦为处理审判事务甚至诉讼服务、保障事务的部门。特别是,没有尊重审判管理部门在人民法院重大审判事务中的决策建议权和在一般性审判事务中的决策权、管理调度权,在决定人民法院重大审判事务过程中,仍然单纯由党组,甚至是“一把手”凭经验决策,没有让审判管理办公室参与态势研判,提出决策建议。

2.“三驾马车”模式强调“三驾马车”,而不是“四驾马车”“五驾马车”,这是为了将分散的管理职能分类集中,统筹协调,以发挥更好的集约优势、管理效能。例如,政治部门对“人”的管理职能,一般由政治部统一行使,政治部再下设干部人事部门、组织宣传部门、教育培训部门等。对于行政事务的管理,也应该强调统筹思维,建立统一的综合办公室,负责协调处理整个法院的财、物,以及其他后勤保障和综合行政事务工作。

3.当前,在各地法院的组织架构中,领导干部职级高配的部门一般仅有政治部和执行局,审判管理办公室的级别与一般的审判业务庭室相同。在这种情况下,审判管理办公室推动管理举措落实、指挥调度审判业务庭室的难度很大,审判人员的管理反弹非常明显，甚至有一些庭室领导带头给审判管理工作设置障碍。如果法院党组不能够充分信任审判管理人员，强力支持审判管理工作，审判管理办公室的工作开展将举步维艰。

一些地方的法院为了加强审判管理部门的权威性，采取了组建审判管理部，由党组成员、主管副院长任部长，审判管理办公室、干部处、诉讼服务办公室、信息技术部门等与审判管理相关的部门作为成员单位，统筹开展审判管理工作。还有的法院明确审判管理办公室主任为当然的审判委员会委员，或者任命审判委员会专职委员担任审判管理办公室主任。还有一些法院明确规定审判管理办公室主任列席党组会。实践中可以考虑，在政治部部门级别已经高配的基础之上，将审判管理办公室和整合后的综合办公室部门级别高配，两个部门分别下设相应的工作组，以方便统筹协调、加强管理。

四、管理反弹

管理反弹问题既是与管理实践相伴而生的问题，也是困扰众多专业审判管理人员及院庭长的一块"心病"。正确认识管理反弹，合理规避和控制管理反弹，对于开展好审判管理工作具有重要意义。

在控制管理反弹问题中，笔者有以下几个方面的认识和读者分享：

（一）审判管理人员要有管理耐心和管理自信

首先，我们应该承认，管理者和被管理者的矛盾是天生的、无法完全规避的。虽然按照我们的理论，审判管理工作的对象是审判活动或审判工作，而不是审判人员。但在管理的过程中，对于审判活动和审判工作的负面评价，必然会影响审判人员；一些管理举措和要求的落实，也必须由审判人员具体实施；一些业绩评价和审判绩效考核工作，也与审判人员的切身利益相关。总体而言，审判人员对审判管理工作是高度关注的。其次，审判管理工作的性质和职能决定了审判管理工作以规范审判活动为主要管理内容，以发现审判工作中存在的问题并予以解决为主要管理方式，以警示、通报、评价、考核等为主要管理手段，在与审判人员接触的过程中，大多以给审判人员"找问题""挑毛病""提要求"的形象存在，因此，审判人员很难从心理上认同和支持审判管理工作。最后，"会哭的孩子有奶吃"，在某种程度上，审判人员的管理反弹也是在对抗管理行为中获取管理利益的重要手段。后文中，我们会讨论管理差异化的问题，在实践操作中，什么样的差异化应该予以考量，什么样的差异化应该忽略，存在一定的裁量空间。对于那些管理反弹表现强烈,反复强调甚至夸大管理差异化,质疑管理行为科学性的法院、庭室或审判人员,审判管理工作人员在制定管理决策时难免会受到影响。在这种博弈过程中,管理决策者很可能会放松管理标准,降低管理要求,从而使反弹者获得额外的管理利益。

没有人天生愿意接受管理和约束,特别是审判管理工作的意义和价值更多的是针对法院的科学发展、审判质效的整体跃升等宏观方面,很少有直接针对审判人员个体的实质性管理回报。有的管理人员在经历了长久的管理反弹后,心灰意冷,对审判管理工作的价值也产生了怀疑。在这种情况下,审判管理人员必须面对现实,保持平和的心态。特别是,我们不能把审判管理工作沦为单纯的审判事务的执行者和上级法院管理要求的分解执行者,要加强对审判管理理论的研究和学习,有科学的管理理念和独立的价值追求,从而产生管理自信和职业成就感,坚定地认为"自己做的事情是正确的"。这对于抵御管理反弹带来的困扰,具有重要意义。

(二)传播管理理念比强制推行管理要求更有价值

只有让审判人员了解管理要求产生的背景和发挥的管理效益,审判人员才可能理解和接受管理的强制,减少不必要的对抗和反弹。因此,审判管理人员不仅必须保证和确信"自己做的事情是正确的",还需要将管理的必要性和科学性传达给审判人员。特别是,我们要向党组成员、审判委员会委员和法院的中层管理人员普及一些审判管理的基础知识,让他们逐渐树立科学的审判管理理念,从而认同和支持审判管理工作。

事实上,管理反弹给审判管理人员带来的最大困扰,更多的是法院的其他管理人员对于审判管理工作的负面评价。

首先,我们一直强调审判管理工作是"一把手工程",审判管理是法院核心管理者推行管理理念、实现管理目的的关键抓手。我们说审判管理工作是"一把手工程",不仅仅在说审判管理工作是"一把手"落实核心管理者意志的关键抓手,更重要的是,"一把手"必须坚定不移地信任和支持审判管理工作和审判管理人员。

其次,我们必须强调一项重要的内容:让法院中层管理者理解和认同管理工作,和中层管理者保持顺畅的沟通关系,对于能否做好审判管理工作,至关重要。

在一个法院的管理架构中,中层管理者,也就是法院的庭长、副庭长,是承上启下的关键一环,可以说“中层强、法院兴”。因此,专业审判管理人员的一项重要工作,是做好与中层管理者的沟通、协调工作,尽可能地通过征求意见、反馈情况获取中层管理者的支持。下文中会专门讨论关于管理层级的问题,也就是说,在一个法院中,专业审判管理人员的管理理念和管理要求很难直接传达给一线审判人员,必须通过管理层级进行管理传递。没有中层管理者的支持,管理要求就无法有效传达和落实,管理效能就无法有效发挥。特别是,中层管理人员在面对一线审判人员的管理反弹时,是采取解释、说服的方式帮助专业审判管理人员消弭管理对抗,还是将管理对抗直接回传给专业审判管理人员,是影响审判管理工作效果的关键因素。

此外,中层管理者在法院工作的评价体系中,具有相当的话语权。特别是,在很多情况下,“一把手”和党组对于一线审判人员情况的了解,主要的信息来源渠道是中层管理者。我们看到很多这样的例子,由于中层管理者不恰当地将一线审判人员的管理反弹回传给审判管理办公室,甚至夸大了管理的反弹效果,导致“一把手”和党组对于审判管理办公室的审判管理行为产生怀疑,对审判管理工作的支持发生了动摇,从而打击了专业审判管理人员的管理自信。

(三)改善管理方式、提升管理技巧是解决管理反弹的重要方式

“打铁必须自身硬。”专业审判管理人员必须在开展审判管理工作中创新思路方法,尽可能地避免和减少不必要的管理反弹,规避法院核心管理者因管理反弹产生对专业审判管理工作的质疑。我们从以下三个方面对这个问题进行阐述:

1. 在实现核心管理目的的基础上,调整工作方法和评价方式

例如,在案件评查工作中,需要首先明确我们的基本理念:推行案件质量评查,强调的是内部质量监管,主要是为了起到发现问题、警示风险、规范工作程序、统一裁判尺度的作用,而不是直接与追责、惩戒联系在一起,不能简单将二者画等号。因此,考虑到实际情况,一些法院在开展案件评查工作初期,为了有效打开管理局面,避免管理反弹,可以采取“严格评查标准,适当放宽差错结果运用”的方式。也就是说,评查标准不降低,但评查出差错之后,与审判人员的切身利益轻挂钩或不挂钩,减少差错结果对审判人员的实质性影响。这种做法,既可以适当缓冲管理压力,也与“根据差错结果开展质量讲评,实现规范审判工作、统一执法尺度作用”的评查制度定位不矛盾。此外,我们还可以在管理措施方面适当做些调整。比如,在“定差错”的同时“评优秀”,可以在每一季度的日常评查和专项评查中,除了确定差错,选择一些审理程序规范、裁判结果精准、文书说理充分、社会效

果好的案件作为优秀案件，给予公示、表扬和表彰；也可以在一些专项评查中确定优秀，如评选优秀裁判文书、优秀庭审、优秀调解案件等。这种做法，一方面，可以对一些好的工作做法、好的案件予以推介，供审判人员学习；另一方面，也可以适当缓解单纯评定差错带来的管理反弹，吸引和聚集一批案件评查制度的支持者。

例如，有的法院尝试在裁判文书上网率年终考核评价中，采取“两次取值、就高评价”的方式，降低被考核评价主体的工作难度和压力。具体的操作方式是，在每一年度的 12 月 31 日裁判文书上网管理平台公示的该年度 1 月 1 日至 12 月 30 日的裁判文书上网率，以及在次年度的 1 月 1 日裁判文书上网管理平台公示的上一年度 1 月 1 日至 12 月 31 日的裁判文书上网率中，通过两次就裁判文书上网率进行取值，并选取两者中的高值，作为被考核评价主体该年度的裁判文书上网率最终考核值。我们的想法是：要求被考核评价主体达到 100% 的裁判文书上网率，实际上只是通过指标管理引导被考核评价主体实现“应上网尽上网”的裁判文书上网管理要求。对于那些因为特殊情况和操作意外等原因导致的小疏忽，如果采取过于严苛的态度处理和对待，很容易打击被考核评价主体的积极性，甚至引发不必要的管理对抗和反弹，对于这项工作的推进也没有过多的实际意义。“两次取值、就高评价”的方式大大减轻了被考核评价部门中负责裁判文书上网工作管理的工作人员的负担和考核压力。

2. 抓大放小，逐步实现管理目的

一方面，审判管理是非常综合的一门学问，涉及法院工作的方方面面，可以说，法院的任何一项工作，都与审判管理工作有着或多或少的关联。专业审判管理工作“广阔天地，大有作为”。另一方面，法院审判态势的运行和审判工作的可持续发展，受到多方面因素的影响，绝不是单纯通过加强审判管理工作就能够解决所有问题。因此，专业审判管理人员既要有敏锐的辨识能力和精准的判断能力，又要避免“一蹴而就”的想法，要学会抓住主要矛盾，抓住矛盾的主要方面。要科学分析法院发展所处的阶段和法院面临的实际情况，尊重审判规律，掌握发展时机，保持战略定力。要视野开阔、头脑清醒，明白在纷繁复杂的管理工作中，哪些工作要先做，哪些工作要后做；哪些必须马上做，哪些目前还没法儿做；开展的管理工作哪些必须不折不扣严格落实，哪些可以适当宽松，甚至可以作出一些变通。

例如，在下文中，我们在第一章第三节“精细化管理”中提出，全国法院的审判管理水平，如果按照精细化管理的三个层次理论进行评价的话，绝大多数法院处在第一层次,即规范化管理层次,或者在第一层次向第二层次逐渐迈进的过程中。即便是在一些经济发达地区,一些人民法院审判管理理念相对先进,法官的审判能力水平相对较高,这些法院也只是基本上完成了从规范化到精细化的跨越,目前正处于第二层次的起步阶段,仍然没有形成比较成熟完备的精细化审判管理体系和格局。在这种情势的判断下,我们如果不切实际地跨越阶段开展管理工作,就无法取得预期的效果,甚至会碰得头破血流。

例如,我们在下文中也会讨论到,在法院审判管理工作开展的初期,一般应该率先推进以审限管理和结案调度为中心的效率管理,既容易很快看到管理效果,也没有太大的管理难度。在效率管理达到一定水平后,才能全面推进难度大、见效慢的质量管理和效果管理举措。如果我们贪大求全,很可能会在初期就遇到难以承受的巨大管理反弹,"出师未捷身先死"。在第二章第一节"结案调度"的讨论中,我们可以看到,有的法院在开展结案调度工作中,采取了从"年度结案率控制"再到"半年结案率控制"再到"指导性指标与考核性指标结合的季度结案率控制"等多个步骤,经过几年的持续努力,最后实现从"结案率控制"到"结收比控制"的实质性管理跨越。在第二章第四节"长期未结案清理"的讨论中,我们可以看到,有的法院多年持续地开展三年以上未结案清理,才使三年以上未结案数量控制到了基本符合预期的水平。

3. 不能放弃底线和原则

很多时候,专业审判管理人员为了弥合管理矛盾,保全自身,不得不在管理要求上作出一些让步。但是,我们必须清醒地认识到,落实核心管理者决策、规范审判行为、推进法院的科学发展是我们身上的神圣责任,也是专业审判管理人员存在的最大意义。如果我们遇到了埋怨和诋毁,就放弃一名专业审判管理人员的底线和原则,一味地"和稀泥",当"老好人",过"无功无过"的日子,看起来一时风平浪静、海阔天空,最终只会毁了我们的审判管理事业,危害法院的科学发展。

例如,在第三章"案件评查"中,我们会讨论到,一些法院在案件评查过程中,由于有一些被改判发回案件存在法律上的争议,导致在评查定错时遇到较大的管理反弹。一些法院的评查人员被迫放松标准,以上下级法院认识不同为由,对被改判发回案件的定错进行降档处理,或不认定为差错。由于案件评查标准把握不严,很多法院的案件评查工作都变成了"鸡肋"。我们之所以说变成了"鸡肋",是因为案件评查工作最终要确定差错,这对审判人员而言,关系到他们的切身利益和个人荣辱。因此,案件评查的程序一般都要求相对规范严谨,定错的程序也相对繁杂。所以,在开展案件评查工作时,需要动用大量的人力和精力,消耗很多司法资源。但是,如果我们没有办法严格评查标准,确定案件差错,就无法进行案件评查结果的成果转化,特别是无法通过开展质量讲评的方式规范审判行为、改善工作作风、统一执法尺度。一些法院消耗了大量的司法资源开展案件评查工作,但最终没有起到案件评查工作应该起到的质量管理作用。

再如,我们在第四章"审判质效评价"中会讨论到案件信息修改权限问题。跨越统计期修改案件信息,看起来是一个很小的管理事项,但是在笔者从事审判管理工作期间,一直负责案件重要信息修改的审批工作,特别是针对那些可能改变司法统计结果和考核指标数据的案件信息修改,采取了极为严苛的管理标准。一些法院为了提高考核指标得分,想沟通协商修改案件数据,笔者一律采取了回绝的方式。应该说,确实客观存在一些数据填录错误、与实际不符的情况,但逐一对案件信息修改申请进行是否存在客观错误的判断,既存在现实难度,也违背了司法统计的基本原则。因此,笔者确立的底线是,所有影响考核指标结果的跨统计期信息修改申请,从未批准过。这种方式从表面上看,可能过于严苛,但客观上,可以规避很多次生的管理困扰,也维护了审判管理制度的权威和一名专业审判管理人员的尊严。

因此,一方面强调要改善管理方式,提高管理技巧,避免和减少不必要的管理反弹。另一方面,管理工作不可能让所有人都满意,加大管理力度、严格管理标准就必然意味着管理反弹的加剧。在审判管理工作中,"无功"便是"过",是在浪费生命。审判人员的管理反弹,对专业审判管理人员而言,既是反思自身的一面镜子,换一个角度看,也是彰显业绩的一枚勋章。

第二节　分级管理、逐层精细

人民法院审判管理工作的重点和难点,究其根本,是解决管理的精细化和差异化的问题。

做好人民法院的精细化管理,核心在于运用好管理层级,也就是我们提出的"分级管理、逐层精细"的理念。一般而言,如果管理内容较少,管理项目不多,或者管理对象较少,都可以采取传统的"人盯人"的方式,逐人、逐事、逐项去管理、督促。但是,一旦被管理对象较多,管理内容庞杂,这样"人盯人"的方式就显得捉襟见肘了。

一、层级管理

在人民法院的管理中，即便是一个案件数量相对较少的基层法院，被管理人数和案件数量也超出了“人盯人”可以有效实施管理目的的范畴。在这种情况下，要提高管理效能，就必须增设管理层级，通过“分级管理”的方式，实现管理目的。我们以一个审判业务庭室的管理为例，一般而言，庭长需要对于本庭室的审判人员开展审判行为管理和其他的日常行政管理。如果一个庭室的人数是在10人以下，庭长对于每个人都很熟悉，也有时间去与每个人进行工作的交流和沟通，及时地发现问题、指导工作，这种情况下，庭长的管理相对来说就会简单很多，有时候甚至不需要过多的信息化等辅助手段。但是，对于人数相对较多的庭室，庭长对于人员的熟悉程度就会下降，很难对每个人的情况都了如指掌；对于庭里的案件，也不可能做到每件都很熟悉，只能通过抓重点的方式去进行管理。一旦庭室的人数进入30～50人这个区间，基本上，庭长进行直接的扁平化管理就会很费力了，这就是我们常说的“人盯人、盯不住”。

在第三轮司法改革中，人民法院普遍开展了内设机构改革，很多基层法院的内设机构从此前的二三十个削减为十几个，导致很多庭室需要进行业务上的合并。一些大的庭室，如民事审判庭、速裁审判庭、执行局等人数都显著增加。在一些经济发达地区的基层大院中，甚至出现了百人庭室、二百人庭室。这样体量的庭室，俨然就是一个小法院。在这种情况下，如果我们仍然以传统的庭室管理方式进行扁平化管理，其管理效能是可想而知的。因此，我们说，无论从人数的角度，还是从案件数的角度看，一旦被管理的对象和内容增加到一定级别，就必须通过增设管理层级的方式，才能更好地实现管理目的。

例如，我们在一个百人庭室内，设置10个左右的审判团队，每个审判团队大约有法官、审判辅助人员等10人。也就是说，在庭室的层级下增设了审判团队这样一个管理层级，审判团队的负责人就变成了二级的管理者。在这种情况下，庭长作为一级管理者，主要的管理职能是下达管理指令，并要求和监督二级管理者，也就是团队负责人认真落实管理指令、实现管理要求、反馈管理意见和建议。二级管理者则成为审判团队的10个人的管理核心，负责根据庭室的管理指令细化管理要求，协调团队内的审判及行政事务。通过这种层级的设置，实现了管理对象和管理内容的数量拆分，也将工作任务进行了相应的细化和分解。庭室完成的管理任务，实际上是通过下一层级的管理单元完成本单元的管理任务后，最终汇总综合成整个庭室的管理结果。

如上文所述，增设管理层级是实现复杂任务管理，或者多对象管理的必然选择，但也同时带来了管理成本增加、管理难度和风险加大等一系列问题。这也要求审判管理必须遵循一定的规律和基本原则，必须讲究科学的方式方法，否则就无法形成有效的管理体系，无法完成复杂的管理任务。在这种多层级的管理体系中，单独依靠个别管理者的管理才能，不重视整个管理体系的科学性建设，是很难提高整体管理效能的。也就是说，不同层级的管理者在管理体系之中，在各自的位置上发挥各自的管理作用，整体性地、综合性地完成管理任务。个体管理者的管理能力以及整个体系的科学性，都对最终的管理效能发挥重要的决定作用。

一个最理想的状态是：(1)整个管理体系是完整的、科学的。(2)每个管理层级的管理者能力是基本合格的，而不需要每个管理者的能力都是出色的、优秀的。(3)作为最顶层的管理者，即一级管理者的管理决策是正确的，并且能够及时对下级管理者怠于行使管理职责的行为予以督促，对下级管理者明显偏差的管理行为予以纠正。

在遵循层级管理基本原则的基础之上，为了加强审判管理的整体统筹，实现一些特定的管理目的，必须要对一定事项开展跨层级管理。需要特别注意的是，跨层级管理只能是在特定情形下的特殊处理。原则上，仅限于以下几种具体情形：

1. 需要在多个层级内统一管理标准的事项

一般而言，这些事项都相对重要，有必要通过统一管理的方式，强化管理效果，实现相对严苛的管理目的。特别是在这些管理事项中，差异化的问题并不突出，或者为达到严苛的管理目的，需要弱化差异化问题的考量。

例如，基于对院庭长办案管理工作的高度重视，中央政法委和最高人民法院分别下发规定，明确了具体的工作要求，甚至直接确定了每一个院庭长角色应该办理案件的具体数量比例、计算标准、办理案件方式等。因此，以省级法院为例，为了统一辖区内的考核标准，严格管理要求，在管理工作量可以承受的范围之内，可以开展跨层级管理。省高级人民法院可以牵头制定辖区法院统一的考核评价标准，建立统一的信息化动态展示平台，定期对辖区法院院庭长办案情况进行公示、督促。

2. 需要在不同层级内进行横向比较、参照的事项

这些事项理论上还是各层级自行管理、评价的范畴，但由于事项属于各个层级都会面临的通用性管理事项，因此，各层级在管理过程中可能会希望能够参考

和借鉴其他层级的管理方式，了解和知悉相关层级主体的基础评价数据，以加强管理效能，提高管理的针对性。

例如，在法官办案业绩评价事项中，由于各法院、各审判业务口、各庭室之间差异性相对明显，需要作相对精细的差异化考量。因此，一般由各个管理层级自行确定评价标准为宜。但由于法官办案业绩属于一个通用性的管理事项，各个管理层级都会遇到，并且，在一些情况下，我们需要跨越管理层级对被考核主体进行横向的业绩比较。因此，需要一级管理确定法官办案业绩评价的一些基本的原则、标准和基础系数。但是，这种一级管理确定的原则和标准，是一些基础的、粗线条的标准，难以进行更精细化的考量，因此不能直接用于考核管理，需要允许各管理层级根据实际情况进行相应的个性化调整，如适当增删业绩评价项目，修改评价系数、权重等。在这种情况下，一级管理确定的基本原则和标准，是各层级进行本层级内部管理的重要参考依据。

3. 需要通过一级管理进行示范性管理的事项

在一些情况下，一级管理希望对某一管理事项确定基本标准，引导和鼓励各管理层级开展相应的管理活动，提示和警醒各管理层级存在的问题，因此，需要跨越层级对下一层级的被管理主体直接开展管理活动。这种管理活动一般不是一种通用性的、全面的管理活动，而是一种随机的、示范性的管理活动。

例如，在案件评查过程中，一级管理要求各二级管理单位开展各自的日常评查和专项评查工作。但各管理主体的工作开展并不均衡，有一些二级管理主体对这项工作不重视，评查标准掌握宽松，评查过程流于形式。在这种情况下，一级管理可以针对辖区内的各个法院开展跨层级的案件抽查活动，通过对下一层级的法官办理案件情况直接进行个案评估，示范性地确定各管理主体开展案件评查工作应该遵循的基本流程、掌握评查标准的严苛程度，引导和鼓励各二级管理主体“对标对表”一级管理主体确定的工作要求和标准。

二、层级确定

审判管理是分层级的。我们一般用“一级管理”“二级管理”这样的表述来区分审判管理的层级。但是，具体什么是一级管理，什么是二级管理，在不同的语境和不同的管理实践中，指代的很可能是不同的含义。一般情况下，我们说的一级管理和二级管理主要有以下四种情形：

1. 在全国法院的管理体系中，最高人民法院对于全国各高级人民法院审判活动开展的审判管理工作，可以称为一级管理；各高级人民法院落实最高人民法院的管理要求，并根据本地区审判工作实际，对其辖区内的人民法院，特别是中级人民法院审判活动开展的审判管理工作，可以称为二级管理。

2. 在各高级人民法院的管理体系中，各高级人民法院对中级人民法院审判活动开展的审判管理工作，可以称为一级管理；各中级人民法院对其辖区的基层人民法院审判活动开展的审判管理工作，可以称为二级管理。对于某一个中级人民法院而言，高级人民法院对于各中级人民法院审判活动开展的审判管理工作，可以称为一级管理；该中级人民法院针对本院各审判业务庭室审判活动开展的审判管理工作，可以称为二级管理。

就直辖市的人民法院管理体系而言，与各省、自治区的管理体系存在一定的差异，一般是由高级人民法院直接对辖区内的各中、基层人民法院一并开展包括审判管理在内的各项管理工作。各省、自治区的人民法院一般由高级人民法院对辖区内中级人民法院的审判活动开展审判管理工作，中级人民法院再对辖区内基层人民法院的审判活动开展审判管理工作。各直辖市的审判管理工作中，少了中级人民法院这一个审判管理层级，而是由高级人民法院直接“一管到底”。对于直辖市而言，高级人民法院针对全市各中、基层人民法院审判活动开展的审判管理工作，可以称为一级管理；各中、基层人民法院开展的本院范围内的审判管理工作，主要是针对本院各审判业务庭室和审判人员的审判活动开展的管理工作，可以称为二级管理。

在本书中，我们主要是以某一地区高级人民法院的视角，重点讨论高级人民法院对于各中、基层人民法院审判活动开展的审判管理工作，以及各中、基层人民法院针对本院的审判业务庭室和审判人员的审判活动开展的审判管理工作。因此，本书中绝大多数情形下，在讨论中涉及的一级管理都是指某地区高级人民法院对辖区各中、基层人民法院的审判活动开展的审判管理工作；二级管理指的是各中、基层人民法院针对本院审判业务庭室和审判人员的审判活动开展的审判管理工作。

3. 在一个人民法院内部的审判管理体系中，一般而言，一级管理指的是法院层级的管理，如法院对各审判业务庭室审判活动的考核管理。一级管理的管理主体主要指院长、副院长或者院党组、审判委员会。在具体实施过程中，除了一些必须由院长、副院长直接实施的重要的审判管理事项之外，主要由专业化的审判管理机构，即审判管理办公室来落实法院党组或审判委员会的管理意图和要求，具体实施管理职能。二级管理指的是审判业务庭室对于审判人员审判活动开展的管理。二级管理的管理主体指的是审判业务庭的庭长、副庭长。具体的管理职能由庭长、副庭长直接实施，或者由内勤等管理人员实施。这种对于一级管理和二级管理的划分，是对审判管理进行研究和讨论最经常使用的视角。

4. 在一个审判业务庭室的管理体系中，庭长、副庭长对于各审判团队审判活动开展的审判管理，可以称为一级管理；审判团队负责人针对团队内的法官、法官助理和书记员的审判活动和审判辅助活动开展的审判管理工作，可以称为二级管理。

关于管理层级的划分问题，有以下几个方面需要加以明确和关注：

1. 从以上的讨论中我们可以看出，对于一级管理和二级管理的划分，更多考虑的不是理论问题，而是一个语境问题。一般而言，我们在讨论时，首先要明确研究和讨论所涉及的管理体系范畴，而以这个范畴为基础所实施的顶级管理，或者全范畴管理，就可以称为一级管理；相对于一级管理而言，下一个管理层级开展的审判管理工作，就可以称为二级管理。以此类推，理论上还有三级管理和四级管理。但是实际在讨论中，我们经常会把三级管理或者四级管理分成两个一级管理和二级管理进行不同语境下的讨论。例如，我们可以把最高人民法院针对全国各高级人民法院审判活动开展的审判管理工作、高级人民法院针对全省中级人民法院审判活动开展的审判管理工作，以及中级人民法院对辖区内基层人民法院审判活动开展的审判管理工作，分别称为一级管理、二级管理和三级管理。实际上，我们很少在同一个语境下共同研究这三个管理层级之间的关系。大多数情况下，我们都是在某一个语境下，研究最高人民法院针对全国各高级人民法院审判活动开展的审判管理工作，以及高级人民法院针对全省中级人民法院审判活动开展的审判管理工作；在另一个语境下，我们再去研究高级人民法院针对中级人民法院审判活动开展的审判管理工作，以及中级人民法院对辖区内基层人民法院审判活动开展的审判管理工作。因此，我们经常听到的管理层级就是一级管理和二级管理。

2. 我们在讨论管理层级时，要特别注意上文中的研究结论，那就是：审判管理的对象不是审判权本身，更不是行使审判权的法官，审判管理的对象应当是审判活动或审判工作。因此，我们一般会表述为"高级人民法院针对中、基层人民法院审判活动开展的审判管理工作"，或者"人民法院针对本院审判业务庭室和审判人员的审判活动开展的审判管理工作"，而避免将人民法院审判庭室或者审判人员作为审判管理对象，直接表述为"高级人民法院对中、基层人民法院的管理"或者"人民法院对本院审判业务庭室和审判人员的管理"。但是，很显然，我们所谓的准确的、标准的表述在交流时显得有些烦琐，因此，很多时候，我们仍然会习惯性地用"一个管理层级对另一个管理层级的管理"的错误表述去替代"一个管理层级对另一个管理层级范围内的审判活动开展的审判管理工作"的表述,某种程度上,这也是可以理解的。

3. 我们一般所说的一级管理和二级管理,是在同一个审判管理体系中,用以描述相邻的两个管理层级开展的管理工作。在一些时候,一级管理和二级管理的内容并不是像理论研究那样的特别清晰明确、泾渭分明。特别是,有时候,上一个管理层级的管理工作可能会跨越管理层级直接针对下一层级管理范畴内的审判活动开展和实施。但是,这种个别发生的跨越层级的管理方式,并不意味着可以否定和推翻一级管理和二级管理的层级划分。管理存在层级,层级管理是确保管理效能有效发挥的重要方式,仍然是人民法院审判管理工作必须遵循的重要原则。

第三节　精细化管理

最开始接触审判管理的院庭长和专业管理人员对如何开展审判管理工作往往有很多困惑。事实上,审判管理工作同其他的各种管理工作,包括政务管理,甚至企业管理,在基础理念和基本原则上都是相通的,只是在具体的管理措施、方式手段上有所区别。对于那些不知如何开展审判管理工作的人员而言,要解决这个困惑,首先需要了解精细化管理的概念。

一、基本原则

精细化管理是一种理念、一种文化。它是源于发达国家(日本 20 世纪 50 年代)的一种企业管理理念,是社会分工的精细化,以及服务质量的精细化对现代管理的必然要求,是建立在常规管理的基础上,并将常规管理引向深入的基本思想和管理模式,是一种以最大限度减少管理所占用的资源和降低管理成本为主要目标的管理方式。现代管理学认为,科学化管理有三个层次:第一层次是规范化,第二层次是精细化,第三层次是个性化。

笔者认为,目前,全国法院的审判管理水平,如果按照科学化管理的三个层次理论进行评价,绝大多数的法院都处在第一层次,即规范化管理层次,或者在第一层次向第二层次逐渐迈进的过程中。即便是在一些经济发达地区,有一些人民法院审判管理理念相对先进,法官的审判能力水平相对较高,这些法院也只是基本上完成了从规范化管理到精细化管理的跨越,目前正处于第二层次的起步阶段,仍然没有形成比较成熟完备的精细化审判管理体系和格局。

在人民法院的审判管理工作中，如何进行精细化管理呢？我们可以看到，大多数的管理工作，包括审判管理工作，都可以分解成若干个具体的管理任务，这些若干个具体的管理任务，并不是由管理人员最终完成的，而是由管理人员通过任务分配、管理调度、进程督促和成果检验等过程，由被管理者具体操作完成的。做好管理的核心任务，就是让被管理者按照管理者的思路完成工作任务。

就审判管理工作而言，整体上看头绪较多，各项工作之间虽然有一定联系，但基本上是相对独立、可分解的。例如，结案调度工作和长期未结案清理工作，有一定的联系，在制定工作举措上也可能有一些重合，但是相互可以独立地进行工作分解，也可以分别制定相应的、独立的管理措施。对每一项管理任务而言，要想让管理对象能够按照管理者的思路完成工作任务，要解决的首个难题，就是工作内容规模较大、管理对象数量相对较多的问题。例如，在一个法院，可能有几百名甚至上千名法官和法官助理要参与到结案调度工作中，扮演不同的角色，共同完成结案任务。管理者的主要工作，除了要确定管理任务之外，更重要的是要建立层级制的管理体系，并按着层级制的关系下达管理任务，督促管理进程，验收管埋成果。这个过程就是实施精细化管理的过程。对于复杂的审判管理任务而言，如果不进行层级制的、精细化的管理任务分解，是很难实现管理目的的。

在审判管理的精细化实践中，还有一项重要的原则，就是在层级制的管理体系内，必须坚持逐层精细的管理方法。这既是从宏观到微观传达管理任务要求、完成具体管理工作的必然要求，也是科学化的层级制管理体系能够有效运转的重要基础。这里所说的逐层精细，具体指的是管理层级越高，精细化程度要求越低；管理层级越低，精细化程度要求越高。对于一级管理而言，只需要下达一个整体上、宏观的任务要求，或者对完成任务的状况进行一个描述，而不需要做过多的差异化区分。对于下一层级甚至更下一层级的管理者而言，则需要对上一层级的管理任务和管理要求进行一定的细化，这种细化必须是在考虑到本层级管理对象的具体情况的前提之下，并进行适当的差异化考量之后，才能够制定相应的细化的管理举措。

以结案调度为例，高级人民法院作为各省、自治区、直辖市法院的一级管理者，只需要制定一个宏观的结案任务，如整个地区法院结收比到年底时达到100%。我们可以不考虑各个基层法院之间的实际差异，也可以只是粗线条地、简单地考虑这种差异，如案件体量相对较大的法院结收比要达到98%，而案件体量相对较小的法院结收比要达到100%。这种差异化考量是粗线条的，是按照较大的类别进行的分解。当任务分解到一个具体的基层人民法院时，则需要将这个100%的结收比进行更为细化的分解。例如，将年底的结案任务分解成四个季度去完成；再如，对不同的审判庭室设置不同的具体的结收比工作任务。每一个庭室在接受本法院的结案任务要求后，再将每个季度的结案任务分解为每个月，并将结案任务分解到不同的审判团队。审判团队在接受任务后，再将结案任务分解到每旬或每周。在有多个审判人员的复杂团队中，再将具体的结案任务分解到每一名团队内的法官，明确相应的法官助理和书记员在结案任务中应该承担的工作职责。

从这个整体的流程上可以看到，在第一层级的管理中，只需要明确一个整体的管理任务和要求，而不需要具体去考量下一个层级所需要面临的差异化情形，也不需要去考虑下一个层级的管理者及管理对象如何分解指标以完成管理任务。作为一级管理者，不需要去考虑一个基层法院的某一个庭室在整体的工作任务中扮演什么样的角色，有哪些工作困难，任务如何进行差异化调整，以及最终采取哪些举措才可以完成任务；更不需要考虑某个具体团队，甚至某一个具体法官所面临的具体情况，例如，如何去解决审判中存在的一些程序性障碍，以使案件能够及时在年底审结，完成相应的结收比工作任务。这些具体的管理要求，应该由本层级的管理者去进行任务安排。这就是我们所说的“逐级分解任务，层层传导压力”。

二、应注意的问题

在“分级管理、逐层精细”管理思路的具体实施过程中，容易出现三种错误的管理情形，具体为：

1. 管理者决策特别是一级管理者决策出现偏差和错误。这可能会导致下一层级管理者的决策也出现相应的偏差和错误，或者无法完成管理要求，从而导致整体的管理效能下降，甚至无法实现管理的基本目的。管理者的决策是否正确，主要取决于管理者的决策能力和对管理内容的调查研究水平。

2. 某一层级管理者没有准确领会上一层级发布的管理任务，未科学、准确地实施管理分解。上一层级的管理者也没有完整、全面地把控下一层级管理者的管理行为，对于这些管理出现问题的情形，没有及时发现、督促和给予相应的指导。从而导致在管理的树形结构中，在某一个管理枝杈发生管理事故，管理对象无法完成管理要求。

一般而言,在一个复杂的管理树中,完全不出现任何管理事故,所有层级的管理对象都按照管理预期,完成分解的管理任务,这只是一个理想状态,在实践中是很难实现的。但我们进行管理控制的一个基础的思路是,要让管理事故尽量地出现在相对较低的管理层级,这样管理事故的规模就会比较小,对于整体管理任务完成的影响度就会相对较低。

考虑到每个管理层级在分解管理任务时都有一定的风险预期,并且在实际的管理任务完成过程之中,很有可能有一些管理对象的完成情况超出了管理预期。那么对于整个管理层级而言,虽然个别管理对象没有按照预期完成管理任务,但是整个层级整体上仍然可以完成管理任务。也就是说,个别管理对象的工作失误和偏差,并没有实质性地影响整个层级管理任务的完成。应该说,管理事故出现的频率越低,出现的层级越低,对于整体管理任务的影响就会越小,整体管理任务的完成就会更加可控。反之,管理事故出现的频率越高,出现的层级越高,整体管理任务无法完成的风险就越大。如果在较高管理层级出现了管理事故,很可能会直接导致整个管理任务的失败。这也是我们在精细化管理体系中的风险控制理念和建立容错机制的基本思路。

3. 如上文所述,在精细化的管理体系中,必须坚持逐级精细的管理思路。如果上一层级的管理要求过于精细,则会影响和制约下一层级的管理自由度,不利于下一层级管理者管理积极性的发挥。之所以在管理体系中设置层级,就是因为管理任务过于复杂。如果上一层级过于精细,将触手伸到下一管理层级的管理对象之中去,很可能由于管理任务过于复杂,无法充分考虑到各种实际情况和差异化需求,导致管理决策出现偏差和错误。

这件事情讲起来很简单,但在人民法院的管理实践中,很多的院庭长和管理者都不自觉地违背了这一管理原则。很多较低层级的管理者,不抓具体问题,搞“大撒把”,不将上一层级的管理任务按照要求分解到审判团队,分解到每一个法官,而是寄希望于法官的自觉性,最终导致整个管理结果失控,无法完成管理任务。还有一些较高层级的管理者,制定管理决策时,不从宏观着手,要求过于精细、过于具体,管了下一管理层级应该管的事,既操了不该操的心,又影响了下一层级管理者的工作积极性。这些管理者看起来很辛苦、很勤勉,兢兢业业。但是,他们不是一个好的管理者。他们的一个通病是对下属和法官不放心,总觉得自己多说几句、多管一下,工作才做得好,才不会出事儿。这样的管理者,培养不出优秀的下属,更无法在下属中培养出优秀的管理者。

司法责任制改革的一个重要理念是“还权合议庭”,要将司法权运行过程及结果的控制权完全交由合议庭的法官来行使。在这种情况下,一些院庭长的管理理念没有转变过来,总觉得自己更高明,对法官“一百个不放心”,怕出质量问题。事实上,只有给予法官充分的权利,让他们对司法权运行的过程和结果有充分的控制权,才能够让他们承担义务,担负相应的司法责任。

所以,我们总结起来就是两句话:一是每个层级的管理者都做好自己管理层级的事儿,不要过多地插手和干预其他管理层级的事儿。二是管理层级高的管理者要管住大事儿;管理层级低的管理者要管好小事儿、管好具体事儿。整个管理体系中的管理者都按着这两句话行事,才能各司其职、分工协作,既能捡起“芝麻”,又能抱住“西瓜”。

第四节　差异化管理

上节中我们提到,有一些院庭长和审判管理专业人员在刚接触审判管理工作时,会存在不知管什么、怎么管的问题。此外,院庭长做了几年之后,或者审判管理专业人员逐渐熟悉了业务之后,还容易有一个困惑,那就是在审判管理过程之中需要考虑的因素太多、特殊情况太多、被管理者提出的反馈意见和个性化要求太多,一旦哪一方面考虑不周,或者哪一方面的意见没有得到充分满足,很容易引起管理反弹,成为完成审判管理任务的障碍。这个困惑归纳起来,本质是在审判管理过程之中,如何解决差异化的问题。

精细化和差异化,是审判管理工作中最核心的两个问题。它们是一对孪生兄弟,相互关联、互相作用、缺一不可。管理的精细化,是为了解决管理任务复杂、管理对象较多的问题;管理一旦精细化之后,差异化的问题也容易随之暴露出来。越是精细到末梢,越可能出现这样那样的特殊情况,越需要考虑这种那种的特定因素,不能大而化之,不能搞“一刀切”。精细化就是为了解决具体问题,而这些具体问题,绝大多数都是差异化带来的问题。

因此,我们说,真正的精细化,是包含了差异化的精细化;真正的差异化,是在精细化基础之上的差异化。

一、整体把控、异常管理

审判管理的最基本方法是“整体把控、异常管理”。具体的含义是,在确定审判管理的目标时,要从整体出发;提出的具体管理要求,也应该是针对所有管理对象和管理内容的。在具体管理过程中,除了针对所有的管理对象和管理内容均衡施策、一视同仁之外,更重要的是要通过一定的方式,筛选和识别出管理对象和管理内容的异常情况,针对这些异常的管理对象和管理内容开展有针对性的具体管理。

这种“整体把控、异常管理”的基本方法,旨在解决人民法院审判管理的管理对象和管理内容相对繁多和复杂的问题。例如,在一个基层人民法院的审判管理工作中,需要管理的案件数量庞大,涉及的审判人员和辅助人员人数众多,因此,我们在确定审判管理目标时,必须考虑到本院的实际情况,包括考虑到本院的人员状况、案件数量、人案配比、案件增长等一系列具体情况,确定整体性的审判管理目标和任务。但在实现这些审判管理目标和任务的过程中,由于涉及的各类管理对象和案件数量较多,同时,各管理对象和管理内容又存在巨大的差异,如果对所有的管理对象和管理内容都均衡用力,将会产生巨大的管理成本,实践中也无法操作。因此,要在众多的管理对象和管理内容中筛选和识别出那些与管理任务相对背离、对管理目标实现存在较大障碍的管理对象和管理内容,有重点、有针对性地开展具体管理活动。

例如,在数量管理中,我们一般习惯用结案数量去评价一个法院、一个审判庭室或一名法官的审判工作量。当然,更精细化的评价方式是对不同的案件类型和不同的结案方式采取相应的系数折算方式,以使不同类型的案件和以不同结案方式审结的案件具有更强的可比性。如果我们简单地用结案数量进行评价,可能会发现大量的批量案件导致评价结果异化,使案件数量无法真实反映被评价主体的审判工作量情况。因此,这些批量案件就成为数量管理的异常案件,我们需要对它们进行一定的差异化考量,如通过串案折算的方式,使串案在整体工作量中的权重降低,最终使工作量的对比相对公平。还有一些案件是大要案和专案,这些案件往往涉及众多的当事人,法律关系非常复杂,需要多个人组成工作团队集中一段时间专项审理。在这种情况下,把这些案件当成一起案件计算工作量显然是不公平的,即便是在进行了相对精细化的管理中,建立了复杂案件和简单案件的折算关系,这些大要案和专案也很难折算出相对合理的工作量。因此,对于这些大要案和专案的工作量计算,需要采用特定的标准研究和评估,甚至是“一案一研究、一案一评估”,否则很可能会导致在评价结果中出现不公平的情形。

例如,在质量管理中,案件的改判发回重审率是审判质量评价的一个重要指标,而在一审案件中,绝大多数案件当事人都能够在一审程序中息诉服判,即便是在那些当事人不服一审判决或裁定，提起上诉的案件中，最终被上级法院改判或发回重审的案件数量也仅占相对较小的比例。这些被改判和发回重审案件，就可以看作质量管理中的异常案件。我们可以粗略地认为，案件被改判或发回重审，很可能是由于案件质量出现问题导致的，这些案件与我们提高案件质量的管理目标背离程度更显著。因此，在质量管理中，这些案件将会成为重点案件，需要采取更具体、更有效的管理方式和手段进行质量控制。

例如，在案件评查中，我们大多数采取抽查的方式进行个案质量评估。但是，在很多情况下，这种抽查并不是完全随机的抽查，而是有重点、有针对性的随机抽查，甚至是定向检查。比如，我们抽取那些经过很长时间审理仍未审结的案件进行质量检查，这些案件相对于正常审限内审结的案件属于异常案件；抽查这个范围内的案件，在审理程序推进等方面，很可能更容易发现质量问题。例如，我们对一审被改判、发回重审案件进行逐案的全量个案质量评估，就是针对这一部分已经出现质量问题信号的异常案件进行定向的质量检查。这种评估比起我们在所有案件中无差别地进行随机抽样，发现质量问题的概率会更大，产生的评价效果会更好。

事实上，进行上述异常管理的一个根本原因是，我们没有足够多的管理成本和精力对所有的案件都进行严格细致的个案质量评估，因此，必须要采取抽样的方式进行。对异常案件进行管理和重点关注，就会使我们的抽样评估行为更有针对性，管理效果更明显。

再如，在效率管理中，审限管理是效率管理的基础内容，而审限管理的基本方法，就是一种"整体把控、异常管理"的方式。对于那些在正常审限内审结的案件，不需要采取特别的管理措施；对那些在正常审限内无法审结的案件，无论是申报了延审还是采取扣除审限的方式，抑或未采取任何措施的超审限案件，都属于在审限管理中的异常案件，应该采取有针对性的管理措施。例如，审限提醒的管理方式，就是对接近正常审限的案件，或是已经超出正常审限的案件进行异常提示。此外，长期未结案管理也是对异常案件的管理方式。在长期未结案管理中，针对未结案件的实际审理时长，一般还会将异常情况再分为不同的等级，如 2 年至 3 年的未结案和 3 年以上的未结案，并根据不同的等级，采取不同的清理措施。

在流程管控中也有很多"整体把控、异常管理"的例子。例如，有的法院在案件流程管理中提出一项管理举措，即"指导各基层法院审判庭、审判团队对超过 15 日未成功送达案件、超过 1 个月未开庭案件进行管理干预、重点监控"，这就是对流程异常的一种管理模式。并不是说所有立案后 15 日未成功送达，或者超过 1

个月未开庭的案件，都存在质量问题，但至少说明这些案件在流程推进中出现了和大多数普通案件不同的障碍，导致案件送达程序和开庭程序的推进过程晚于普通案件。对于这些案件的重点关注，对因客观原因导致的流程推进延后予以管理标注，对于因主观原因导致的流程拖延予以督促，是流程管控的基本方式。

近年来，一些法院积极开展静默式流程管控模式。这种静默式管理是通过信息化技术将案件办理在线上开展，并将办理程序区分成不同的流程节点，通过对流程节点推进过程中存在的障碍，以及各流程平均用时进行自动分析统计，识别出流程推进迟缓，或存在障碍的异常案件，进行提示、提醒等预警操作，达到相应的管理目的。静默式管理的实现，需要很多基础的信息化建设和系统支撑工作。一个重要的前提条件是，所有案件以及所有案件的流程必须都在线上办理，每一个流程节点都在系统中留痕，并且这种案件的办理流程和节点所采集的数据，必须具有较高的完整度和准确性。否则，数据统计分析所产生的所谓常态和异常态的数据，都将缺乏置信度，自然也无法实现相应的管理目的。一般而言，静默式管理涉及的重点节点是送达（主要指针对被告的起诉材料送达）和开庭两个节点。应该说，这两个节点是案件办理流程中最重要的两个节点，也是在流程管控中容易出现失控的两个关键节点，抓住这两个节点，再配合基础审限管理，整个案件流程就可以基本掌控了。在更精细的静默式管控方式中，还可以再增加一些二次开庭、庭前举证、刑事案件的庭前会议、合议、专业法官会议和审委会讨论、文书撰写、宣判等节点，可以使整个的流程管控更加精密、顺畅。

二、应注意的问题

解决差异化的问题，是审判管理精细化过程中极为复杂的课题。这主要是因为在审判管理过程中，差异化的因素过多，很难考量。在管理实践中，有以下三点需要注意：

1. 差异化是多维度、多层面的差异化

如上文中提到的，这种差异可能源于法官、审判辅助人员的能力水平，或者是人员配置状况。例如，在有些地方的辖区法院中，有的是郊区法院，有的是城区法院。不同的法院整体案件体量、受理案件的类型，以及法官的职业能力、工作强度等，都存在很大的差别。即便同为郊区法院，也会因地域的差异，存在收案结构、区域经济发展状况、社会效果要求等差异。

这些差异也可能源于案件本身，例如，在调解率的指标考核中，一般只能考核民商事案件，而无法对刑事案件和行政案件进行考核。即便是我们对刑事附带民事诉讼案件和行政和解案件进行考核，也与民商事案件的调解率考核存在很大的差异。即便同在民商事案件范畴，不同的案件分类也会导致调解率考核需要更精细化的考量。例如，一般认为，劳动争议案件调解率偏低；还有一些特殊类型案件，如医疗损害责任纠纷、建设工程施工合同纠纷等，都是调解率比较低的案件类型。如果在某地区法院考核辖区中、基层法院时，我们就不必考虑这些案件类型的差异，只需要对法院整体的民商事案件提出一个调解率考核要求即可。在地区法院机关考核本院各个庭室，特别是民商事案件庭室，以及庭室考核各个审判团队时，就必须考虑这种差异，设置相对差异化的考核指标，避免有的庭室和审判团队不需努力就能够完成考核任务，而另一些庭室和审判团队则无论如何努力，都无法达到考核指标要求。

2. 在差异化管理过程中，必须做到整体控制

如果只是考虑各个被考核主体的差异化需求，对整体的完成情况没有通盘的把握，这种差异化的管理就谈不上真正的精细化。总体而言，我们的整体把握，基本上可以用这样的简单表达来概括："有些地方高点儿，有些地方低点儿，再留点儿余地。"大致的意思是，对于那些完成任务情况较好、没有太多困难的被考核主体，可以设置比整体考核要求更高一些的考核任务指标；对那些存在困难的被考核主体，要适当调低考核任务要求，最后保证所有被考核主体任务完成情况综合后，能够整体上完成任务。一般在任务分解过程中，为了确保整体任务完成，降低管理风险，还需要在整体任务分解时留出一定余地，以确保在某一些被考核主体没有能够按照预期完成管理任务时，整体任务完成仍然不至于受到影响。

例如，某个季度，整体的任务要求是完成 90% 的结收比。我们可以给那些完成情况较好、困难较小的庭室制定 93% 的结收比要求；对那些存在困难的庭室制定 89% 的结收比要求。在所有的庭室都能够按照预期完成任务要求时，大致会实现 91% 左右的结收比。这样，即便个别庭室没有能够完全按照预期达到要求，最后也可以有较大把握实现 90% 的结收比，从而整体上仍然能够完成任务。

3. 在差异化管理过程中，要适当控制差异化的精细程度

一般认为，在审判管理过程之中越精细，完成任务的效果会越好，尽管这可能会消耗更多的管理成本。因此，我们很少提出应该控制精细化程度的问题。但是，在差异化管理过程之中，由于涉及的因素非常多，情况也非常复杂。如果不控制差异化的精细程度，很可能会造成过度差异化的管理。这不仅要消耗大量的

管理成本，而且可能会降低管理成效。如果一个考核要求没有相对统一的标准，而是根据每一个人的差异化情况都设置一个特殊的标准，搞“千人千面”的考核，这种考核工作可能无法实施。因此，我们说，在差异化管理过程中，一定要把握好“度”。既不能完全忽略差异化，不讲道理地搞“一刀切”，也不能过分受制于差异化的要求，把管理工作做成“五花八门”“天花乱坠”。同时，我们还必须注意的是，很多时候，被考核主体提出的差异化要求，管理者需要进行认真甄别，有些被管理者会出于自身利益的考虑，夸大差异化的情形，甚至刻意制造差异化的因素以获得相对宽松的管理要求。如果我们不进行认真甄别，可能会觉得“公说公有理、婆说婆有理”，导致很多管理要求和管理措施无法推行和落地。

第五节　审判管理与信息化

信息化技术的发展，使审判资源配置更加科学有效。特别是对于审判辅助性事务而言，信息化发挥了集约作用，让辅助性事务能够更加高效运转，甚至在某种程度上可以取代人力。近年来，全国各地人民法院高度重视信息化建设工作，创造了很多好的应用经验。一个比较典型的例子就是庭审语音转录，在实施庭审语音转录相对比较好的法院里，可以在一定程度上替代书记员记录。尽管这种语音转录技术仍然存在一定的问题，如因语料学习不够，导致语音转录的准确性还有不足，很难达到较高的正确识别比例。此外，对于一些复杂的庭审而言，由于庭审时间长，当事人表达的内容较多，庭审语音转录只能做到每言必录，无法对于当事人表达的内容进行适当的提炼梳理。对于一些重复的表述和无意义的表述，无法进行筛选、剔除，最终导致庭审记录过长，法官在撰写裁判文书时想要准确找到相应的庭审记录内容比较困难。尽管如此，这项技术在当事人争议不大、案件事实相对简单、庭审时间较短的速裁案件审理中还是发挥了重要作用，弥补了法官助理和书记员人员资源不足的现实状况。

在各地法院都存在技术开发者和系统应用者之间对于信息化技术和信息系统评价的差异问题。信息化技术开发者提供的信息系统审判人员不爱用、不想用，认为不好用；信息化技术开发者认为主要是审判人员观念和意识没有到位，审理习惯过于守旧，不主动接受新鲜事物，不愿意受到信息系统的监管。实际上，问题产生的主要原因在于系统开发的导向问题，也就是管理导向还是用户导向的问题。

很多系统的开发需求,最初都是源于管理目的。准确地说,是一些职能部门在管理中存在一些问题,他们希望通过信息化技术提高管理效率和精准度,因此提出了一些信息系统的开发需求。在系统开发的过程中,开发者没有很好地研究审判规律,研究审判人员审判过程中的实际需求和工作思路,没有很好地征询审判人员这些实际的系统用户的想法和意见。这些系统被开发出来之后,由于设计思路主要是为管理者服务的,因此,不可避免地造成了用户在使用过程之中出现界面不友好、流程不合理、数据填录工作量过大、给使用者的应用回报过少等一系列问题。

一、顶层设计

在早期的信息系统开发过程中,开发需求都是零散的,技术开发的主管部门更多是被动地完成各个相关职能部门和业务部门的开发需求,缺乏整体的统筹。而经过一些年的发展之后,会发现一个法院开发了很多相对独立的信息系统,而这些信息系统有一些功能是重合的,甚至是冲突的。更重要的是,这些信息系统之间相互独立,无法互联互通、相互整合。在一个系统中产生的数据或解决的问题,在另外一个系统中无法得到复用。

近年来,信息化技术不断发展,对于信息系统互联互通的要求越来越迫切。各地法院开始重新审视顶层设计问题,并且开始用很多时间、很大精力去解决此前各个系统如何进一步发展的问题。然而,在现有的各个独立系统的基础上重新考虑顶层设计问题,有时候比重新规划和构建一套新的系统难度要更大。因为,此前的很多系统在开发时并没有考虑统一的数据标准、统一的流程逻辑、统一的工作模式等诸多问题,甚至开发团队、开发语言都有很大的差异。要想实现这些系统之间的互联互通,实际上是一件非常困难的事情。

在后期进行系统优化的过程中,一些法院做的第一步是实现各个系统之间的一键登录。用户在输入一次用户名和密码之后,可以实现多个系统的同时登录,而不需要多次输入用户名和密码。然而,这样的系统之间的所谓联通,实际上只是一种形式上的联通。各个系统之间真正的联通,应该是数据和功能上的联通。因此,真正的顶层设计应该是所有的系统都服从顶层设计理念的要求,各个系统不是各自独立的系统,而是在整个顶层设计的大的系统中,作为一个功能模块而存在,各个功能模块之间可以相互融通。相互融通的一个核心标准是数据的复用。

这种顶层设计应该是所有的功能模块有一个共同的底层数据,在这个底层数据中,数据存储标准是统一的,数据的接口是规范的,所有功能模块产生的数据并不存储于模块内部,而是存储到底层数据库中。某个功能模块需要使用这些数据时,要从底层数据库中调用这些数据。当功能模块调用这些底层数据产生新的附加数据时,这些附加数据也以同样的数据存储标准,再次存储到底层数据库中。这样的方式,最大限度地保证了数据的统一性和规范性,确保同样的数据在底层数据库中只存储一次,不至于产生数据之间的冲突和差异。例如,审判人员的人事数据存储在底层数据库中,当审判系统调用人事数据时,需要从底层数据库调用。人事系统在维护审判人员职务变更、人员变动等情况时,也是从底层数据调用基础数据;维护完成后,重新存储回底层数据库。这时,当审判系统再次调用审判人员数据时,就能够保证调用的数据是最新的、准确的数据。因此,我们说,这种信息系统的顶层设计,从特征上来看,可以归纳为"底层数据标准统一、上层模块互通互联"。

二、信息系统的"三维理念"

在审判相关的信息系统开发中,管理需求和用户需求可能是同时存在的。在这种情况下,我们单纯依靠用户导向或管理导向,难以解决实际应用中存在的问题。因此,笔者提出了一种信息系统顶层设计的"三维理念"。

"三维理念"基于这样一个基本事实:人民法院的信息系统,特别是与审判相关的信息系统,主要涉及三个维度。第一个维度是"案","案"指每一起案件。当然,案件本身还有一个内部维度,即审判流程的维度。第二个维度是"人",主要指法官和审判辅助人员。第三个维度是"事",这个"事"主要指管理事项,如案款管理、裁判文书上网管理等。我们可以看到,人民法院的所有信息系统,特别是与审判相关的信息系统,都必然会有这三个维度参与。有一些相对简单的系统可能涉及两个维度,而更多的系统是同时涉及三个维度。这三个维度是支撑人民法院各项管理的最重要的三个因素,也是审判人员行使审判权审理案件,以及管理人员从事包括审判管理在内的各项管理工作中,必须依靠和遵循的维度。

其中,"案"这个维度主要针对的是用户需求。我们这里说的用户主要是指一线的法官和审判辅助人员。他们在行使审判权审理案件和从事审理案件的辅助工作时,产生的信息化需求我们称为用户需求。"人"和"事"这两个维度,主要是管理需求。管理主体包括各级行政领导、审判职务领导和各职能部门等。我们所说的管理需求主要是这些管理者在行使审判监督管理权等管理权限时,需要从

“事”的维度和“人”的维度汇集数据、分析研判,从而形成管理意见。

很多时候,上述用户需求和管理需求,可能在同一个信息功能模块中同时存在。例如,对于裁判文书公开功能模块,审判人员需要从“案”的维度了解裁判文书公开情况,进行裁判文书公开的文书上传、信息隐匿等操作;审判管理人员也需要从“事”的维度了解全院以及各庭室、各审判人员的裁判文书上网情况。在这种情况下,为了同时满足用户需求和管理需求,除了我们在顶层设计上遵循上述“底层数据标准统一、上层模块互通互联”的基本要求外,还需要功能模块能够在“案”的维度和“事”的维度都有入口和出口,能够自由切换。例如,在系统设计上,裁判文书上网公开操作中产生的数据,应该存储在底层数据库中,这些数据,又与文书对应的案件数据相关联,而案件数据与裁判文书上网公开数据又同时与案件承办法官、审判辅助人员,即“人”的维度相关联。所有的数据都从底层数据库抽取,形成新的数据后再存储回底层数据库。这样既可以方便某一个功能模块从不同的角度调用数据,也可以方便不同的功能模块按着其需要的逻辑调用和使用数据。

对审判管理者而言,一般更多是希望从“事”的维度调用数据。例如,把审判庭室的组织信息、人员信息、人员对应的案件信息、案件对应的文书信息、文书对应的公开信息等按照管理逻辑进行汇总统计,从法院到庭室、到人员、到案件逐级进行下钻。这样管理者可以很明确地看到裁判文书上网工作的整体情况,并可以通过裁判文书上网率等一些指标判断出裁判文书上网工作在哪些部门和人员中做得比较好,在哪些部门和人员中做得相对较差。特别是在裁判文书上网率没有达到100%的部门和人员中,能够明确看到是哪些案件没有完成上网工作,以便于对相应的庭室管理者和审判人员进行提示、管理和督促。

从用户角度,特别是从审判人员的角度,一般更多是希望从“案”的维度使用该功能模块。在审判人员进入某起案件的办理系统时,可以具体进行文书上传、信息隐匿等文书上网的相关操作,而不是从法院信息下钻到庭室信息,再下钻到个人的审判人员信息,最后下钻找到自己应该上网的案件进行相应操作。也不应该是需要单独登录一个裁判文书公开系统,再寻找自己的应上网案件列表进行相应操作。当然,对于审判人员而言,从自我管理的角度,也会有一定的管理需求。例如,需要在办案系统的固定位置,有就该事项的统计情况:自己本年度累计新收、审结了多少案件,有多少案件未结;在已结案件中,有多少案件已经完成了裁判文书上网工作,还有多少案件需要进行裁判文书上网相关操作,特别是有多少案件已经临近或超过了裁判文书上网工作的时限要求。从这个简单的数据统计页面，审判人员可以全面地了解自己审判相关的基本概况，包括裁判文书上网工作的整体情况，并可以通过数据直接下钻到具体的案件列表和案件详情，从而进行相应的文书上网工作操作。

还有一个维度，是“人”的维度。例如，我们在全面评价一名审判人员时，除了查看他的履历信息等，可能还需要查看审判业绩档案的相关内容。裁判文书上网情况作为司法公开情况的一项重要内容，也是审判业绩档案中的一部分，需要从“人”的维度将这些审判信息进行汇总，以评价该审判人员的审判业绩。

从以上的例子，我们能够更好地理解系统顶层设计的“三维理念”。当我们在设计一个信息化功能模块时，要同时考虑到三个不同维度的需求，既满足管理要求，也满足用户需求。不同的用户和管理者，可以自由选择从三个维度中的任一维度进入系统，查看相关信息和信息的汇总，进行相关的功能操作。同时，从其中的一个维度进入后，在涉及其他维度时，可以自由转换到其他维度。再以上述裁判文书公开功能模块为例，管理者可以从“事”的维度进入整体情况统计页面，然后逐级下钻到人，再下钻到该名审判人员办理的某一起案件，进入到案件办理的维度。在这起案件办理的维度中，涉及案件承办法官或审判辅助人员的信息时，可以通过点击人员姓名的方式，再自由切换到“人”的维度，如查看该案件承办法官相关的业绩档案情况、工作履历等内容。当我们设计的一个信息化功能模块，可以从“案”“人”“事”三个维度进入，并可以从一个维度任意切换到另一个维度时，就基本上可以同时满足和较好融合管理者的管理需求和审判人员的用户需求。

这里还必须强调的是，为了确保三个维度顺畅切换，我们在系统设计时，必须实现所有数据的逐级下钻功能。例如，一个法院的案件总数，可以下钻到庭室；庭室的案件总数，可以下钻到每名审判人员的案件数量；每名审判人员的案件数量，可以下钻到案件列表；案件列表中的每一起案件，可以下钻到具体案件详情。这种统计表格的逐级下钻功能，既解决了不同层级的管理者使用同一平台进行统计、查看、管理的现实需求，也有助于我们在管理中有针对性地查找问题，进行异常数据复核、可疑数据纠错。例如，在一个裁判文书上网管理系统中，我们可以从裁判文书上网率统计表格中，通过逐级下钻的方式，轻松地找到没有完成裁判文书上网率要求的具体审判人员，以及涉及的具体案件或裁判文书，以便有针对性地开展督促工作。如果我们在信息系统设计中，没有设置这种数据下钻功能，就会给管理者造成很大障碍，大大增加异常数据排查、复核的成本。

三、信息化工作的反思

近年来,信息化技术迅猛发展,人民法院也高度重视信息化技术在审判工作中的应用,开展了智慧法院建设,其中利用了很多信息化技术发展的新成果,取得了一定效果。但也有一些法院对于信息化技术如何保障和服务审判存在一定的认识偏差,试图利用现有技术辅助和取代法官的判断权,并形成了一些所谓的信息化成果。在我们真正实际考察这些成果时,会发现这种对于法官判断权的辅助甚至取代,只能基于特定的案件案由和预设好的案件因素,当把这些成果应用于纷繁复杂的各类案件时,并不能够达到很好的预期效果。

因此,在大力推动信息化建设对于法院发展的重要作用的同时,我们更应该清醒地认识到,信息化建设是一个长期、艰巨、复杂的系统工程,很多技术发展仍有瓶颈。更重要的是,如何让信息化技术与审判工作紧密结合,在尊重审判规律、尊重法官独立人格的基础上,利用信息化技术为审判工作减负增效,仍然有很多问题需要研究。这个问题不认清,开发的信息系统很可能要么做了法官不需要信息化技术做的事,要么做了信息化技术不能做的事。例如,我们看到,一些司法研究以及一些法院开发的信息系统表示使用了大数据技术,但是事实上,我们看到他们对于数据的使用并不是全量数据、海量数据的使用,只是一种统计分析的基础应用而已。这种数据的使用和运算方法,早在十几年前就一直在使用,他们对于全量数据的使用,更多的不过是一种总数的统计、趋势变化的分析和对一两个因素的数据拆分和相互比较。大多数的研究结论,都是基于一种预设的结果,并在预设的条件下,寻求数据的趋势变化。

尽管很多法院在信息化技术应用审判方面都取得了很好的成绩和经验,但是我们对于信息化应用审判的实际作用和发展前景,仍然需要有相对客观的认识。目前来看,信息化技术应用较好的范例主要集中在案件管理、统计和数据分析层面,而真正介入到审判工作本身的内容,主要集中在程序性、流程性的部分,很难介入到判断权范畴。

在一些地区法院中,管理思路和用户思路之间、管理导向和用户导向之间的冲突被进一步放大,一些管理者的技术开发思路发生明显偏差,产生了一种领导导向、演示导向、“大屏”导向。这种被异化了的技术开发思路,主要是源于为了证明本单位信息化技术水平高、软硬件支持强、系统整合好。他们在硬件方面,斥巨资购买大屏用以展示信息化成果,包括播放宣传片,展示信息系统结构、各系统之间的关系、审判案件的整体概况等。很多展示内容都是概念化的,一些数据的整体概况也仅限于收结案数和一些角度的简单统计分析，如案件当事人来源的地域、网上立案的时间段分布等，大多没有特别大的统计意义和价值。而且由于这些系统仅是为展示而用，绝大多数的数据都无法逐级下钻，查看具体的案件分布和详情，实现真正的管理目的。

不仅如此，信息化工作还可能在某种程度上出现影响和阻碍法官判断权行使的情形。近年来，各地法院纷纷热衷于运用信息化技术研发刑事案件量刑指引和简单案件裁判结果预判等软件系统。这些软件通过预设一定的基础条件、计算公式、分析方法等，特别是将既往案例进行分析后预置到系统中，制定一定的量刑幅度计算规则和案件裁判结果形成规则，进而应用这些规则，对某一案件进行分析，形成供法官参考的结果。

这种开发思路从理论上符合“归纳→演绎”的基本逻辑，但在实践操作中，却可能存在很大问题。特别是，即便我们不考虑一个法官的个性化裁判方式、审理习惯和特殊的逻辑思路，每一起案件也都有其特定的、差异化的情节和考量因素。事实是，在一起很简单的案件中，这些特定的情节和考量因素也会非常多，其对于结果的综合影响会非常复杂。更何况很多案件一旦事实和证据稍有增加之后，这种判断就会更加繁复，很难用抽取一些简单的因素和规则的方式，形成机械化的演算公式。也就是说，这些案件特定的情节和考量因素几乎不可能完全预置到规则之中。我们对已有案件进行分析，并对新案件进行结果预判的考量因素，并不是涉及已有案件和新案件的全部的考量因素。因此，这种预判的结果必然会存在一定偏差。从这个角度上，笔者认为，没有严格意义上完全一致的“同案”，所以，理论上，我们也无法通过“同案”去推导“同判”的结果。这也是我们说为什么机器不能够取代人作复杂判断的核心原因。

在实际应用软件的过程中，很多审判人员会因为系统软件“结果偏离预警”的功能而受到干扰。当审判人员认为案件的裁判结果和量刑幅度不符合软件根据规则计算的结果范围时，大部分软件会认为审判人员的裁判结果出现偏离，系统会自动识别、标记，并要求审判人员填写结果偏离的考量因素和原因。在这种情况下，审判人员为了规避裁判风险，很可能会尽量选择在系统提示的结果幅度范围内进行裁判，从而导致应用了软件和不应用软件的审判人员对于案件的裁判结果会产生差异。例如，某一起案件中，审判人员认为考虑本案的特殊因素，应该确定被告人的刑期为7年；系统根据大数据测算出，与这起案件“相类似”的案件，被告人的刑期基本上在3～6年的幅度范围内。如果法官坚持判被告人刑期为7年，则必须对这种结果偏离进行特殊说明，接受管理者的监督和审查。在这种情况下,法官很可能会根据软件提供的量刑幅度范围,将刑期由 7 年调整为 6 年,从而避免结果偏离预警的出现。我们一般会称,在这种情况下,法官“被信息化技术绑架”了。

第六节　司法统计

司法统计工作是审判管理的一项基础性工作,也是审判工作存在之初就相伴而生的一项传统工作。从目前的审判管理体系来看,司法统计工作主要包括以下几方面的内容:

一、案件信息管理

案件信息管理的内容主要包括:(1)案件信息收集、存储、使用标准的确定。(2)对案件信息修改的管理,如增删案件当事人信息,修改案件标的、结案方式等审理信息,甚至是销案等管理内容。一般需要根据案件信息的重要程度、案件所处的审理阶段(如立案阶段还是审理阶段、未结状态还是已结状态)、信息是否影响司法统计结果等因素,设置不同的修改权限。(3)对案件信息准确性的管理。一般通过普遍抽查、异常管理、通报、考核等方式,确保案件信息填录及时、准确、完整。这也是审判人员应用的办案信息系统,以及管理人员应用的管理信息系统得以准确、顺畅运转的基础。

二、案件数据统计

案件数据统计主要是通过各种维度和统计口径,统计出符合条件的具体案件数量,从而为了解审判运行态势、分析研判收结案趋势、完成审判指标要求、做好结案调度等工作提供基础的数据支持和参考依据。在全国绝大多数地区法院,一般以司法统计月为周期,发布审判执行数据月报,向审判人员和管理人员通报整体案件数据统计情况。同时,还有一个重要的管理作用是,通过地区法院发布审判执行数据月报,确定数据取值口径,确立数据权威标准,避免辖区各法院多头统计出现数据偏差,从而造成管理混乱。因此,我们尤其强调,对于整体性的审判执行数据,必须由司法统计部门确定统计标准和统计口径,并每月发布权威统计结果。其他各部门,包括下级法院审判管理部门和各级审判业务部门、职能部门,不得发布和使用与司法统计数据相冲突、存在差异,统计口径和结果不一致的司法统计数据。

司法统计月报的基本样式，一般可以包括以下几部分：

（一）重点数据提示

这部分一般在正文之前，不列序号，主要用以提示统计期内重要数据变化，如收结案数的增长、下降趋势等，或提示数据的重要变化情况，如某一法院、庭室或某一案件类型出现异常增长、下降等情况。

示例1－1：重点数据提示

【重点数据提示】

◎收案上升×%，结案上升×%，未结案下降×%。

◎刑事案件、民事案件、行政案件、国家赔偿与司法救助案件、国际司法协助案件、司法制裁案件、非诉保全案件、执行案件、强制清算与破产案件收案上升，管辖案件、区际司法协助案件收案下降。

◎收案高级法院上升×%，中级法院上升×%，基层法院上升×%。

（二）总体情况

一般列在正文的第一部分，主要列明辖区内收、结、未结案总体情况，还可以具体列明收、结、未结案中，各种案件类型的具体数量和变化趋势。在案件类型分类中，按照最高人民法院确定的司法统计标准，一般可采取以下分类方式：(1)管辖案件；(2)刑事案件；(3)民事案件；(4)行政案件；(5)国家赔偿与司法救助案件；(6)区际司法协助案件；(7)国际司法协助案件；(8)司法制裁案件；(9)非诉保全案件；(10)执行案件；(11)强制清算与破产案件。在收、结、未结案总体情况部分，除了列明整体收、结、未结案情况外，有辖区或内设部门的法院，还可以列明辖区法院或内设部门的收、结、未结案情况，具体的列明方式与整体收、结、未结案情况类似。如省、自治区、直辖市法院，可以分别列明"高级法院收、结、未结案情况""中级法院收、结、未结案情况""基层法院收、结、未结案情况"，省、自治区的中级法院，还可以分别列明每个辖区基层法院的收、结、未结案情况，基层法院可以列明内设审执庭室的收、结、未结案情况。辖区基层法院或内设审执庭室数量过多的，可以列明部分重要法院的情况，全部基层法院或内设审执庭室的数据，可以通过附表的方式列明。

示例1－2：收、结、未结案总体情况

×年1～×月全省法院总收案×件，其中旧存×件，新收×件，同比上升×%（×件）；审结×件，同比上升×%（×件）；未结×件，同比下降×%（－×件）；结收比×%,同比上升×个百分点。其中,审判案件新收×件,同比上升×%;审结×件,同比上升×%;未结×件,同比下降×%;结收比×%,同比上升×个百分点。执行案件新收×件,同比上升×%;审结×件,同比上升×%;未结×件,同比下降×%;结收比×%,同比上升×个百分点。

收案中,管辖×件,同比下降×%;刑事×件,同比上升×%;民事×件,同比上升×%;行政×件,同比上升×%;国家赔偿与司法救助×件,同比上升×%;区际司法协助×件,同比下降×%;国际司法协助×件,同比上升×%;司法制裁×件,同比上升×%;非诉保全×件,同比上升×%;执行×件,同比上升×%;强制清算与破产×件,同比上升×%。

结案中,管辖×件,同比下降×%;刑事×件,同比上升×%;民事×件,同比上升×%;行政×件,同比上升×%;国家赔偿与司法救助×件,同比上升×%;区际司法协助×件,同比下降×%;国际司法协助×件,同比上升×%;司法制裁×件,同比下降×%;非诉保全×件,同比上升×%;执行×件,同比上升×%;强制清算与破产×件,同比上升×%。

未结案中,管辖×件,同比下降×%;刑事×件,同比下降×%;民事×件,同比下降×%;行政×件,同比上升×%;国家赔偿与司法救助×件,同比上升×%;区际司法协助×件,同比上升×%;国际司法协助×件,同比上升×%;司法制裁×件,同比上升×%;非诉保全×件,同比上升×%;执行×件,同比下降×%;强制清算与破产×件,同比上升×%。

(三)各种案件类型情况

一般可采取上述分类方式列明11种案件类型收、结、未结案情况。在一些案件类型的数据统计中,还可以按照最高人民法院确定的司法统计标准,参考相关案由规定,再细分为几种具体的类型,列明收、结、未结案情况。

具体可以参考以下案件类型的分类方式:

1. 管辖案件:(1)提级管辖;(2)指定管辖;(3)管辖上诉;(4)管辖协商。

2. 刑事案件:(1)危害公共安全罪;(2)破坏社会主义市场经济秩序罪;(3)侵犯公民人身权利、民主权利罪;(4)侵犯财产罪;(5)妨害社会管理秩序罪;(6)危害国防利益罪;(7)贪污贿赂罪;(8)渎职罪;(9)其他。

3. 民商事案件:(1)人格权纠纷;(2)婚姻家庭、继承纠纷;(3)物权纠纷;(4)合同、无因管理、不当得利纠纷;(5)知识产权与竞争纠纷;(6)劳动争议、人事争议;(7)与公司、证券、保险、票据等有关的民事纠纷;(8)侵权责任纠纷;(9)适用特殊程序案件。

4. 行政案件：在新收行政案件中，可以区分为行政知识产权案件和普通行政案件。在行政一审收案中，可以区分为：(1)行政行为；(2)行政处罚；(3)行政强制措施；(4)行政强制执行；(5)行政许可；(6)行政征收或者征用；(7)行政登记；(8)行政确认；(9)行政给付；(10)行政允诺；(11)行政征缴；(12)行政奖励；(13)行政收费；(14)政府信息公开；(15)行政批复；(16)行政处理；(17)行政复议；(18)行政裁决；(19)行政协议；(20)行政补偿；(21)不履行职责；(22)规范性文件审查；(23)法律法规有明确规定名称的可诉的行政行为/事项；(24)尚无法律法规明确规定名称的不可诉的行政行为/事项。

审结的一审行政案件，按照结案方式的不同，可以区分为：(1)判决；(2)不予立案；(3)驳回起诉；(4)准予撤诉；(5)按撤诉处理；(6)其他。

5. 执行案件：可以区分首次执行案件和恢复执行案件。在结案中，可以根据结案方式不同区分为：(1)不予执行；(2)驳回申请；(3)执行完毕；(4)终结执行；(5)终结本次执行程序；(6)销案；(7)不予立案。

6. 国家赔偿与司法救助案件：(1)行政赔偿；(2)国家赔偿；(3)司法救助。

7. 再审审查案件：(1)刑事；(2)民事；(3)行政。

8. 知识产权案件：(1)刑事；(2)民事；(3)行政。

示例1－3：司法统计月报附表、附图

附表1　×年1～×月某地区辖区法院收结案统计

法院	本月各类案件						累计各类案件							法官人均结案	政法编人均结案	全员人均结案
	旧存	新收	已结	未结	收案与去年同期相比	结案与去年同期相比	旧存	新收	已结	未结	结收比	累计收案与去年同期相比	累计结案与去年同期相比			
A法院																
B法院																
……																
合计																

附表 2　×年 1～×月某地区法院各类案件收结案统计

类型	本月各类案件									累计各类案件								
	收案			结案			未结			收案			结案			未结		
	今年	去年	升降	今年	去年	升降	今年	去年	升降	今年	去年	升降	今年	去年	升降	今年	去年	升降
管辖																		
刑事																		
民事																		
行政																		
国家赔偿与司法救助																		
区际司法协助																		
国际司法协助																		
司法制裁																		
非诉保全																		
执行																		
强制清算与破产																		
合计																		

附表3　×年1～×月某地区法院刑事案件收结案统计

类型	收案			结案				未结		
	今年	去年	同比升降	今年	去年	同比升降	结收比	今年	去年	同比升降
刑事一审案件										
刑事二审案件										
刑事依职权再审审查案件										
刑事申诉再审审查案件										
刑事抗诉再审审查案件										
刑事再审案件										
申请没收违法所得案件										
死刑复核案件										
法定刑以下判处刑罚复核案件										
特殊假释复核案件										
申请强制医疗审查案件										
解除强制医疗审查案件										
强制医疗复议案件										
强制医疗监督案件										
停止执行死刑请求审查案件										
依职权停止执行死刑案件										
停止执行死刑调查案件										
停止执行死刑调查审核案件										
刑罚与执行变更审查案件										
刑罚与执行变更监督案件										
刑罚与执行变更备案案件										
其他刑事案件										
合计										

附表4　×年1～×月某地区法院民事案件收结案统计

类型	收案			结案				未结		
	今年	去年	同比升降	今年	去年	同比升降	结收比	今年	去年	同比升降
民事一审案件										
民事二审案件										
民事依职权再审审查案件										
民事申请再审审查案件										
民事抗诉再审审查案件										
民事再审案件										
第三人撤销之诉案件										
选民资格案件										
宣告失踪、宣告死亡案件										
财产代管人申请变更代管案件										
行为能力认定案件										
监护人指定异议案件										
监护人关系变更案件										
认定财产无主案件										
实现担保物权案件										
调解协议司法确认案件										
撤销仲裁裁决案件										
申请确认仲裁协议效力案件										
民事特别程序监督案件										
公示催告案件										
申请支付令审查案件										

续表

类型	收案			结案				未结		
	今年	去年	同比升降	今年	去年	同比升降	结收比	今年	去年	同比升降
支付令监督案件										
人身安全保护令申请审查案件										
人身安全保护令变更案件										
其他民事案件										
合计										

附表 5　×年 1～×月某地区法院行政案件收结案统计

类型	收案			结案				未结		
	今年	去年	同比升降	今年	去年	同比升降	结收比	今年	去年	同比升降
行政一审案件										
行政二审案件										
行政依职权再审审查案件										
行政申请再审审查案件										
行政抗诉再审审查案件										
行政再审案件										
非诉行政行为申请执行审查案件										
非诉行政行为申请执行审查复议案件										
其他行政案件										
合计										

附表 6　×年 1 ~ ×月某地区法院执行案件收结案统计

类型	收案			结案				未结		
	今年	去年	同比升降	今年	去年	同比升降	结收比	今年	去年	同比升降
首次执行案件										
恢复执行案件										
财产保全执行案件										
执行异议案件										
执行复议案件										
执行监督案件										
执行协调案件										
其他执行案件										
合计										

附表 7　×年 1 ~ ×月某地区法院国家赔偿与司法救助案件收结案统计

类型	收案			结案				未结		
	今年	去年	同比升降	今年	去年	同比升降	结收比	今年	去年	同比升降
行政赔偿一审案件										
行政赔偿二审案件										
行政赔偿依职权再审审查案件										
行政赔偿申请再审审查案件										
行政赔偿抗诉再审审查案件										

续表

类型	收案			结案				未结		
	今年	去年	同比升降	今年	去年	同比升降	结收比	今年	去年	同比升降
行政赔偿再审案件										
其他行政赔偿案件										
法院作为赔偿义务机关自赔案件										
赔偿委员会审理赔偿案件										
司法赔偿监督审查案件										
赔偿确认申诉审查案件										
司法赔偿监督上级法院赔偿委员会重审案件										
司法赔偿监督本院赔偿委员会重审案件										
其他赔偿案件										
司法救助案件										
合计										

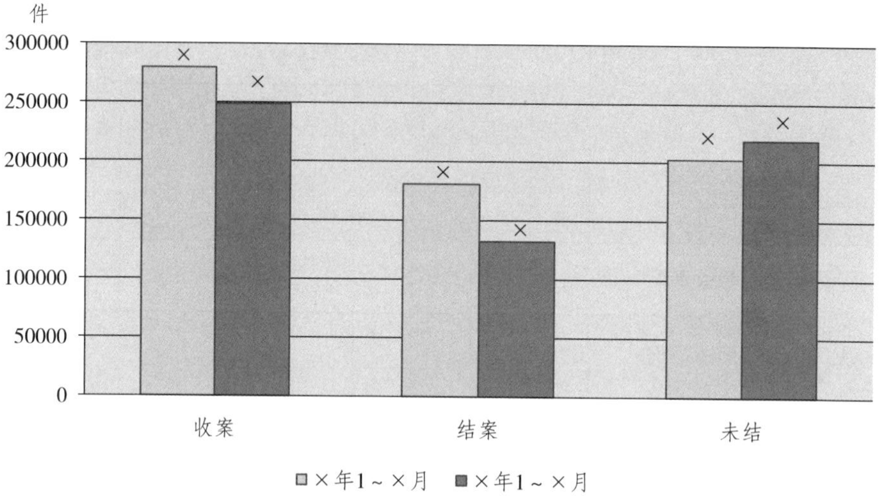

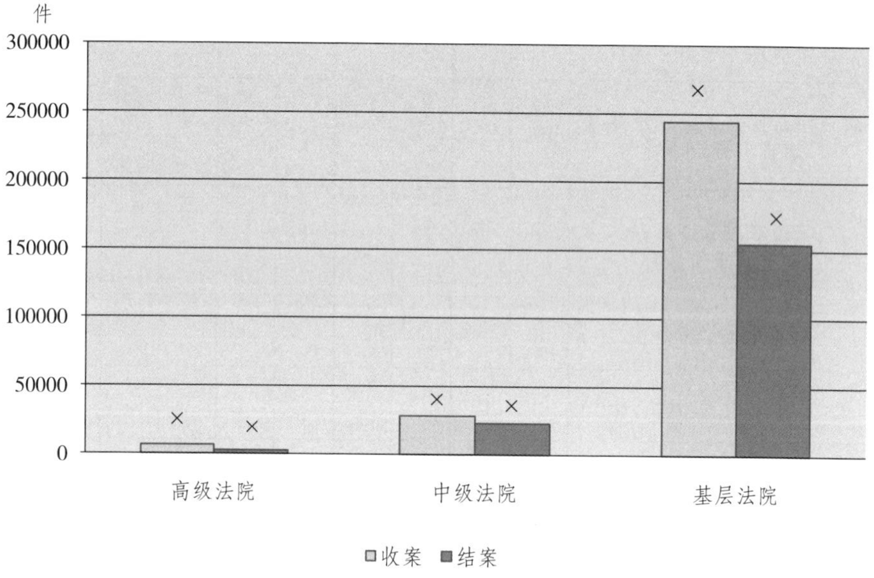

附图1　×年1～×月某地区法院收结案情况

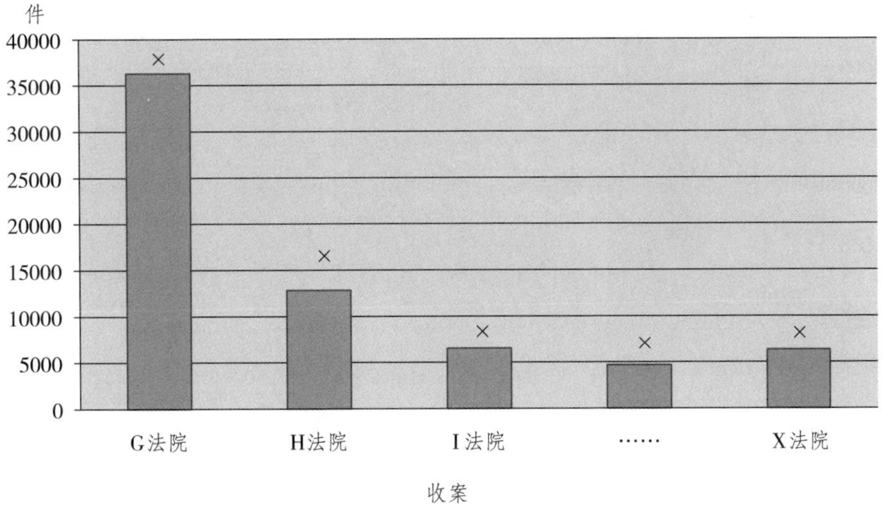

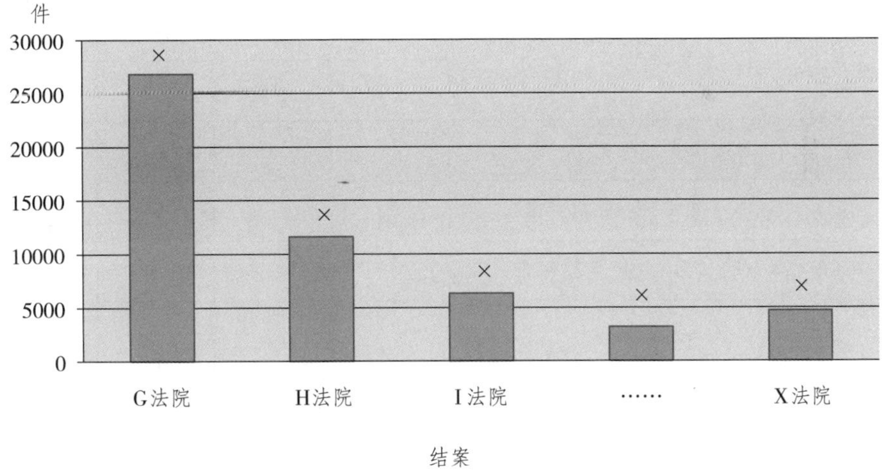

附图2　×年1～×月某地区辖区基层法院收结案情况

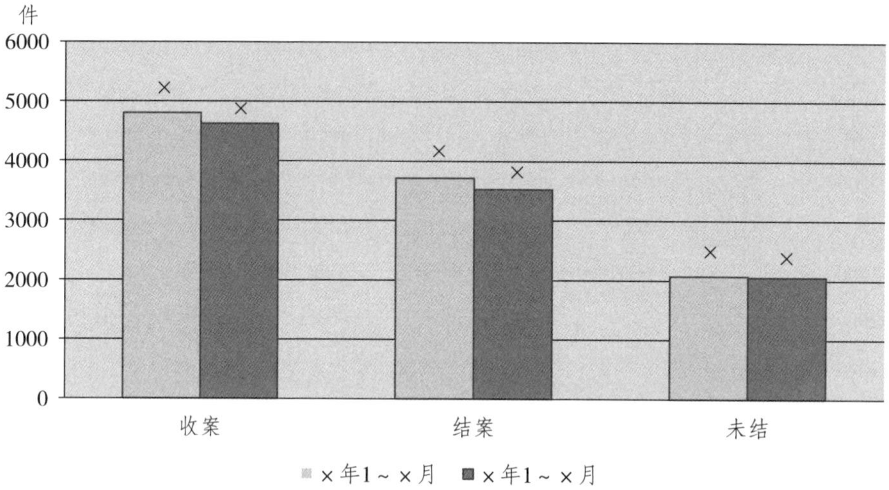

附图3　×年1～×月某地区法院刑事一审案件收结案情况

附表8　×年1～×月某地区法院刑事一审案件收结案情况

案件类型	×年1～×月		×年1～×月	
	收案	结案	收案	结案
危害公共安全罪				
破坏社会主义市场经济秩序罪				
侵犯公民人身权利、民主权利罪				
侵犯财产罪				
妨害社会管理秩序罪				
危害国防利益罪				
贪污贿赂罪				
渎职罪				
其他				
合计				

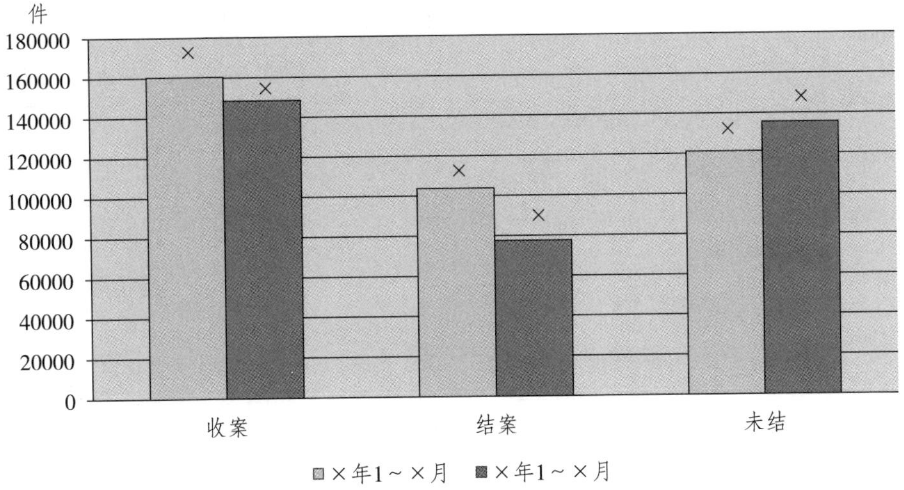

附图4　×年1～×月某地区法院民事一审案件收结案情况

附表9　×年1～×月某地区法院民事一审案件收结案情况

案件类型	收案	结案	结案中				
			判决	不予受理	驳回起诉	撤诉	调解
人格权纠纷							
婚姻家庭、继承纠纷							
物权纠纷							
合同、无因管理、不当得利纠纷							
知识产权与竞争纠纷							
劳动争议、人事争议							
与公司、证券、保险、票据等有关的民事纠纷							
侵权责任纠纷							
适用特殊程序案件							
合计							

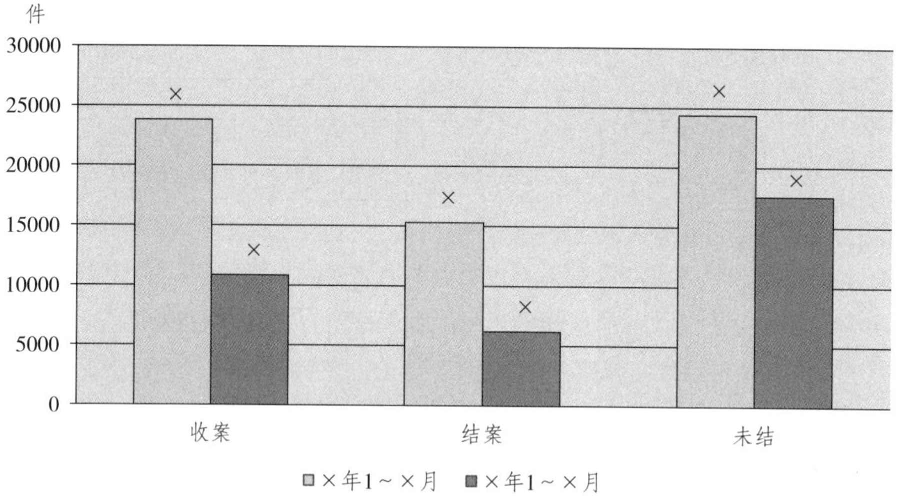

附图5　×年1~×月某地区法院知识产权一审案件收结案情况

附表10　×年1~×月某地区法院知识产权一审案件收结案情况

案件类型		×年1~×月		×年1~×月	
		收案	结案	收案	结案
刑事					
民事	知识产权合同				
	知识产权权属、侵权				
	不正当竞争				
	垄断纠纷				
	小计				
行政					
合计					

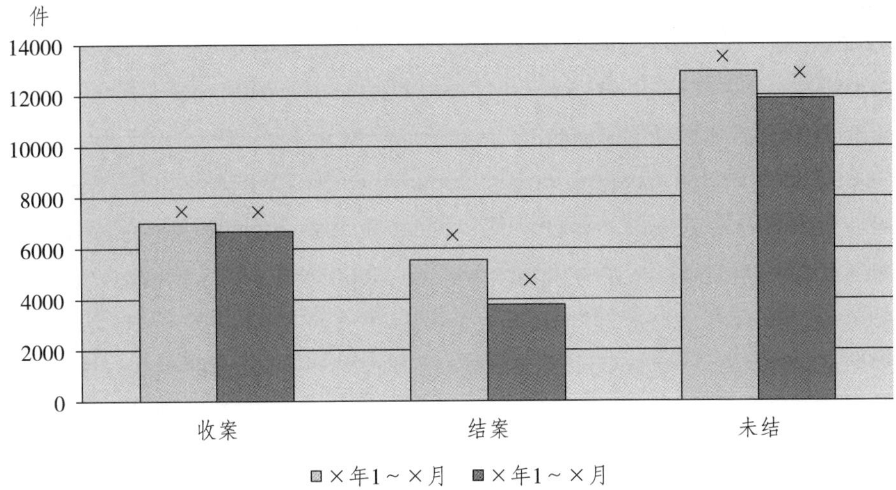

附图6　×年1～×月某地区法院行政一审案件收结案情况

附表11　×年1～×月某地区法院行政一审案件收结案情况

案件类型	×年1～×月		×年1～×月	
	收案	结案	收案	结案
城建				
专利				
商标				
公安				
劳动、社会保障				
工商				
资源				
交通				
税务				
其他				
合计				

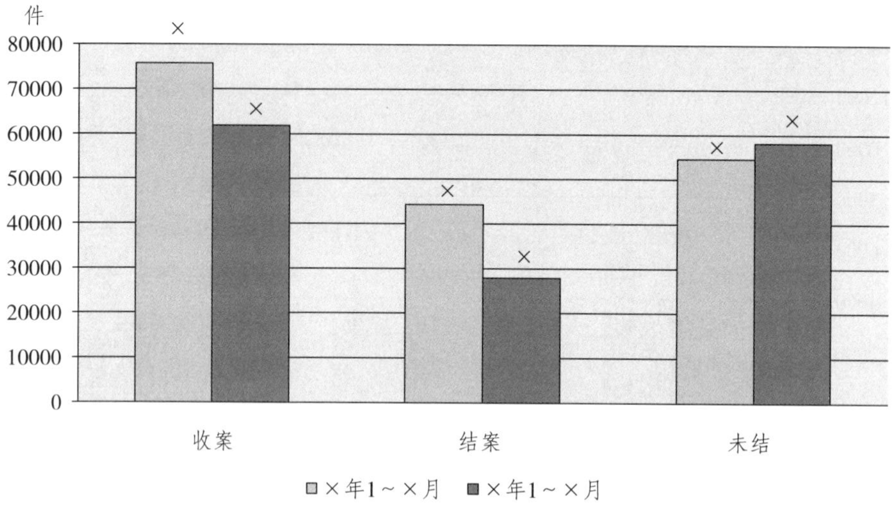

附图7　×年1～×月某地区法院执行案件收结案情况

附表12　×年1～×月某地区法院执行案件收结案情况

案件类型	×年1～×月		×年1～×月	
	收案	结案	收案	结案
首次执行				
恢复执行				
财产保全执行				
执行异议				
执行复议				
执行监督				
执行协调				
其他执行				
合计				

三、司法统计分析课题管理

司法统计分析课题的管理和其他司法研究课题的管理方法基本一致。一般的司法统计分析课题内容主要包括基本数据情况、问题分析、解决的对策和建议等部分。需要强调的是，司法统计分析是一种实践性非常强的调研课题，基本上都是从司法实践出发，以“发现问题→解决问题”的模式撰写课题报告。评价课题质量的重要标准是是否对司法实践中发现的问题进行了准确、全面、深入的分析,并提出了可以用以指导实践的对策建议。司法统计分析课题重点并不在于"统计",而在于"分析",以及在分析研判基础之上提出解决问题的对策建议。因此,曾有管理者提出,应该将统计分析上升为数据分析,让数据分析工作真正为一线法官服务;为审判管理服务,为精细化管理提供支撑;为党和政府、相关部门决策服务。这也是司法统计分析课题研究的意义和价值所在。

(一)重点课题申报

1. 选题

申报单位结合实际,对制约影响法院科学发展的突出问题,审判执行工作中出现的新情况、新问题以及审判实务中的热点、难点问题自行申报 1 ~2 个题目,既可申报各审判业务类型、审判形势分析的相关题目,也可申报有关法院管理、司法改革、司法统计理论研究等综合题目。

2. 课题申报

拟申报的司法统计分析重点课题,需要填写《司法统计分析重点课题选题申报书》。组织者会根据申报单位调研能力、往年课题完成情况、本次申报课题组主持人、课题申报设计创新性和可行性等因素,择优确定年度重点课题。

示例 1 -4:司法统计分析重点课题选题申报书

<table>
<tr><td>选题名称</td><td colspan="3"></td></tr>
<tr><td>申报单位</td><td></td><td>课题主持人及职务</td><td></td></tr>
<tr><td rowspan="4">其他课题组成员</td><td>姓名</td><td>工作单位</td><td>职务</td></tr>
<tr><td></td><td></td><td></td></tr>
<tr><td></td><td></td><td></td></tr>
<tr><td></td><td></td><td></td></tr>
<tr><td colspan="4">选题价值和意义;主要研究问题;预期成果</td></tr>
<tr><td colspan="2">本课题组联系人:</td><td colspan="2">联系方式:</td></tr>
</table>

(二)课题中期检查

为了解司法统计分析课题进展情况,强化课题过程管理,指导、督促各课题组开展调研工作,确保司法统计分析课题质量,需要由组织评选的法院审判管理办公室对各单位承担课题的进展情况进行中期检查。

检查一般采用书面检查和个别督促指导相结合的方式，也可以采取召开会议、听取汇报后由检查组进行现场评议的方式。采取书面检查时，各课题组需要结合承担课题的调研情况，围绕前期准备、撰写进度、成果转化情况或方案、下一步研究计划以及课题进行中遇到的难点问题等撰写书面汇报材料，并填写《司法统计分析重点课题中期考核表》。

示例 1－5：司法统计分析重点课题中期考核表

<table>
<tr><td>课题主持人</td><td colspan="3"></td></tr>
<tr><td>课题负责人</td><td colspan="3"></td></tr>
<tr><td>课题执笔人</td><td colspan="3"></td></tr>
<tr><td>课题名称</td><td colspan="3"></td></tr>
<tr><td colspan="4">一、课题概述（研究目的、方法及预期成果等）</td></tr>
<tr><td colspan="4">二、课题的工作档案（反映司法统计分析课题工作进程的主要事项记录）</td></tr>
<tr><td>活动开展时间</td><td>活动开展形式</td><td>活动主要内容及成效</td><td>活动主要参加人员</td></tr>
<tr><td></td><td></td><td></td><td></td></tr>
<tr><td></td><td></td><td></td><td></td></tr>
<tr><td></td><td></td><td></td><td></td></tr>
<tr><td></td><td></td><td></td><td></td></tr>
<tr><td></td><td></td><td></td><td></td></tr>
<tr><td colspan="4">三、课题的阶段性成效（含司法统计分析报告进展情况和成果转化情况）</td></tr>
<tr><td colspan="4">四、下一阶段司法统计分析课题的调研设想和进度安排</td></tr>
<tr><td colspan="4">五、存在的问题、困难和建议</td></tr>
<tr><td colspan="4">考核小组意见（完成课题的质和量、分析能力、工作态度等）</td></tr>
<tr><td colspan="4">考核结果：通过（　）　不通过（　）　（请在合适栏画“√”）</td></tr>
</table>

（三）课题报送和评选

1. 报送要求

（1）各单位限推荐×篇作品，组织者根据公开、公平、公正的原则，评选出优秀司法统计分析一等奖×篇、二等奖×篇、三等奖×篇。

(2)各单位推荐的×篇作品须包含本单位承担的司法统计分析重点课题。司法统计分析数据应截至×年×月×日。

(3)各单位推荐作品需要填写《优秀司法统计分析参评作品推荐表》,并按照参评作品格式要求排版打印×份。

2. 评选条件和范围

围绕审判执行工作中的重点、难点和热点问题开展司法统计数据分析,通过数据对审判执行工作规律进行预判和评估,并提出具有前瞻性、预见性的意见和对策。

3. 评选标准

(1)主题突出,观点鲜明。充分运用统计数据,紧紧围绕人民法院审判执行工作实际和当前审判执行工作热点、难点,题材新颖,论述充分,观点明确。

(2)结构完整,层次清晰。按照提出问题、分析问题、解决问题的脉络全面客观分析情况,既肯定成绩也要揭示问题。

(3)数据准确,文字流畅。坚持定性与定量分析相结合,注重归纳、总结、分析审判执行工作特点、发展趋势,对审判执行工作进行科学预测。

(4)成果转化,指导工作。统计分析被上级采用或实现成果转化、影响较大,对辖区法院或本院审判执行工作起到积极推动作用。

示例1-6:优秀司法统计分析参评作品推荐表

<table>
<tr><td>文章标题</td><td colspan="5"></td></tr>
<tr><td rowspan="5">由个人完成</td><td>成员</td><td>姓名</td><td>职务</td><td>单位</td><td>分工情况</td></tr>
<tr><td>第一作者</td><td></td><td></td><td></td><td></td></tr>
<tr><td>第二作者</td><td></td><td></td><td></td><td></td></tr>
<tr><td>第三作者</td><td></td><td></td><td></td><td></td></tr>
<tr><td>第四作者</td><td></td><td></td><td></td><td></td></tr>
<tr><td rowspan="5">由课题组完成</td><td>课题组组长</td><td></td><td></td><td></td><td></td></tr>
<tr><td rowspan="2">执笔人</td><td></td><td></td><td></td><td></td></tr>
<tr><td></td><td></td><td></td><td></td></tr>
<tr><td rowspan="2">其他成员</td><td></td><td></td><td></td><td></td></tr>
<tr><td></td><td></td><td></td><td></td></tr>
<tr><td>撰写说明</td><td colspan="5"></td></tr>
</table>

续表

被采用、转载及转发情况	
推荐单位意见	签　章 年　月　日
评选委员会意见	签　章 年　月　日
备注	

四、司法统计分析方法

关于司法统计分析方法，笔者认为，有三个比较常见的问题，或者说研究者容易犯的三个错误需要讨论。

第一个问题是，一些研究者动辄就说运用“大数据”进行了分析，但拿过来文章一看，其据以研究的数据基础不过是本院某一类型案件的数据统计，或者在中国裁判文书网用某一个关键词搜出了一百多篇裁判文书。对于“大数据”而言，不同的研究者有不同的定义，但基本上有两个统一的认识：一是大数据必须是全量数据，二是这些数据用传统的方式很难统计、计算和处理。我们提这个问题，是想提示一些研究者不要陷入一些花哨的误区，另外也是想说明，正是由于我们很多时候掌握的数据不是全量数据，因此在数据分析中，往往采取“用局部替代整体”的方式推导结论。很多情况下，这些研究都离科学的“演绎”相去甚远，只能说是“以偏概全”。这样得出的研究结论，难免存在一定的偏差。例如，我们以某一地区中级人民法院受理买卖合同二审案件数量为基础，想要通过某一年度数据的增长得出本地区经济下行，引发大量买卖合同违约问题。但其实我们稍微思考一下，就知道这样的数据变化趋势和结论之间基本不存在对应关系，因此，我们这种从数据得出结论的研究方法，看似有理有据，其实是在误导读者。事实上，我们知道，一个法院的某一类型案件数量发生变化，有很多偶然因素，也可能存在多方面很复杂的原因。从上述的例子看，基于样本本身数量很少，某一法院某一年度某一类型案件发生变化，很可能是偶发的情况。即便我们要寻找原因，也可能非常综合。例如，因为受理了一宗大规模的关联案件，导致总体案件数量增加；又如，立案部门基于某种原因，调整了受理案件的标准和口径；再如，上一年度年底积压了一批案件没有及时立案，造成年初案件数量短时间内激增。

第二个问题是，很多研究者在进行数据分析时，经常是先预设了问题的结论，再通过数据统计验证预设结论。这种研究方式在个别情况下应用是没有太大问题的，但是如果都用这种方式开展研究，显然背离了通过数据分析发现问题、寻求规律的研究初衷，使数据统计完全成了论证的套路，丧失了数据分析的创新价值。

第三个问题是，很多司法统计分析课题报告在数据变化和结论之间，缺乏直接的逻辑对应关系，从而使结论不可信。这看起来是一个很低级的问题，但实际上，我们只要随便翻看一些法院的司法统计分析文章，就会发现这种低级的问题比比皆是。有一些是研究者本身忽略了逻辑的严谨性；而另一些情况，则是研究者干脆无视这种逻辑，硬生生地将数据分析和结论直接绑在了一起。例如，上述关于买卖合同纠纷的研究中，即便抛开上述讨论的种种，单纯从某一个中级法院的二审案件数量变化，直接推导某一地区买卖合同违约情形增长，也存在重大逻辑问题。再如，我们看到有一些法院在发布的白皮书中，统计了法院受理的离婚案件数量变化，用以说明离婚率的变化情况。这种方式，一方面，忽视了个别法院受理的离婚案件数量不是全量数据，对整体变化规律的参考意义很小；另一方面，绝大多数离婚的夫妻，都是协议离婚，而非选择通过诉讼方式进行。因此，法院受理的离婚案件数量变化，只能在某种程度上说明有离婚意向的人群中，选择通过诉讼解决问题的人数增多，但并不能够直接推导出全社会或某一地区离婚率的变化。

我们再举一个复杂的例子，用以说明如何在司法统计分析课题中运用数据得出研究结论。在这个例子中，一名研究者想写一篇关于黑车比白车更容易发生交通事故的论文，因此准备检索某一年度某一地区法院机动车交通事故责任纠纷案件上网判决书，希望从文书中获取其中车辆颜色的信息，并进行统计分析。在检索到的 1023 篇判决书中，有 86 篇文书出现了事故车辆颜色，其中出现白色车辆的为 27 篇、黑色车辆的为 51 篇，判决书中还出现了一些其他车辆颜色，如红色、蓝色等。因此，研究者得出结论，基于白车比黑车更容易被交通参与者识别的原因，相比颜色较深的车辆，颜色较浅的车辆发生交通事故的概率更低。这一切似乎基本能够说得通，但是如果我们遵循严格的论证逻辑，会发现上述研究存在很多问题。我们不妨列举如下：

1. 从叙述中，研究者显然预设了研究的结论，即“黑车比白车更容易发生交通事故”，我们更希望研究者研究的课题是“车辆颜色与交通事故概率的相关性”。

2. 研究者在通过数据得出结论的过程中，增加了“基于白车比黑车更容易被交通参与者识别的原因”，而这一所谓的“原因”并没有任何数据或逻辑支撑。笔者认为，更顺畅的逻辑是，“数据显示黑车发生交通事故的数量比白车发生交通事故的数量明显更多”+“实验证明，在大多数的光线条件下，相比颜色较深的车辆，颜色较浅的车辆更容易被交通参与者识别”+“研究证明，交通参与者对车辆识别度的高低，与发生交通事故的概率之间有明显的负相关关系”→“相比颜色较深的车辆，颜色较浅的车辆发生交通事故的概率更低”。

3. 从数据层面，我们看到，在检索到的1023篇判决书中，只有86篇文书出现了事故车辆的颜色，这说明绝大多数的裁判文书在叙述交通事故事实时，并不会描述车辆颜色，那么对于一个样本集，仅有少数有效数据的情况下，偶然性带来的结果偏差可能就会很大。因此，应该考虑深入获取更多数据，提高有效数据比例。例如，通过翻查卷宗材料的方式，获取那些判决书中没有表述车辆颜色的案件的实际数据。

4. 研究者采取了通过互联网检索裁判文书的方式获取数据，但是我们知道，有很多机动车交通事故责任纠纷案件是通过调解方式解决的，或者是调解后通过撤诉方式结案的。在这些案件中，要么裁判文书不上网公开，要么公开的裁判文书不会记载有效信息，因此，我们单纯通过检索判决书的方式，显然在数据收集中存在“以偏概全”的问题。从另一个逻辑角度分析，假设那些严重的交通事故往往涉及比较高额的赔偿请求，这些案件双方矛盾冲突会更大，因此相比那些车辆剐蹭等轻微的机动车交通事故责任纠纷，前者更难以通过调解方式结案。也就是说，在以判决方式结案的样本中，更多涉及一些严重的交通事故。那么，我们是不是需要从逻辑上首先证明，交通事故的严重程度，并不会影响车身颜色与事故概率之间的关联关系，这样，用判决书这个局部的样本去验证一个整体性的结论（也就是结论中并没有区分或表述车身颜色与交通事故严重程度的关系问题），才会是逻辑更严谨的。

5. 研究者使用了某一地区法院某一年度的数据进行研究，为尽可能降低因地域和时间产生的偶然性对研究结论的影响，我们应该尝试将样本涉及的地域范围扩大、将时间跨度增加，以获取更多、更全量的样本，提高样本收集和论证过程的科学性。

6. 基于上述同样的逻辑，法院相关纠纷案件的样本，实际上是所有交通事故的全量数据中，当事人无法自行协商解决而通过诉讼裁判的少量样本，我们用这些少量的特异样本，去推导一个全量数据（所有交通事故）的结论，也是“以偏概全”的。如果我们只能够获取这些样本，从逻辑上，还必须证明这部分样本的特异性并不会实质影响研究的内容和结论。也就是说，这些样本可以用以推导全量数据的结论。对于上述样本特异性对研究内容和结论的影响，我们可以作以下逻辑假设:选择通过诉讼解决纠纷的当事人大多难以沟通,而这些当事人的性格很可能是执拗、急躁的,这些当事人作为交通参与者时可能会更容易发生交通事故;这种性格的当事人在购买车辆的时候,可能对白车和黑车会有一定的颜色偏好,从而使这些当事人更多地实际驾驶了某种颜色的车辆;选择通过诉讼解决的纠纷,可能是基于交通事故较为严重,损害赔偿数额大,当事人更难协商解决等原因。我们可以看到,如果上述的一些逻辑假设成立的话,可能会影响分析结论由样本到全量数据“演绎”过程的科学性。

7. 基于上述类似的逻辑,我们可以发现,还有很多与交通事故相关的因素可能会影响结论。理论上,这些因素都必须进行具体的分析和排除,否则很可能是这样的:我们假设实际的情况是“黑车发生交通事故的概率比白车小,但是黑车发生严重交通事故的概率比白车更大”,那么结合上述的逻辑,由于进入法院通过诉讼解决的机动车交通事故责任纠纷大多涉及严重的交通事故,所以我们应用法院诉讼的样本直接推导全量数据结论时,得到了“黑车发生交通事故的概率比白车更大”,这实际上是与事实不符的。这些与交通事故相关的因素至少包括:地域是否对结论会产生影响,如在区分车辆行驶区域为城市道路和乡村道路时,“白车发生交通事故的概率比黑车小”的结论是否一致;光线是否会对结论产生影响,也就是说,如果白天“白车发生交通事故的概率比黑车小”,那么晚上光线较弱时,或者在没有路灯的情况下,上述结论是否仍然成立;交通事故的类型是否对结论有影响,如两车事故、多车事故、机动车与非机动车之间的事故等分类,在两车事故中,具体可能还包括并线事故、追尾事故等分类,发生事故车辆所处的道路(高速公路或者普通城市道路)、车道(内道、外道,左转、直行、右转车道,高速车道、普通行车道)等分类;交通事故责任是否对结论有影响,也就是说,驾驶某种颜色的车辆发生交通事故时,驾驶人过错是否影响结论;驾驶人性别、年龄、驾龄、性格因素等是否会对研究结论产生影响,等等。

8. 我们再跳脱出去,还必须解决在某一个样本采集区域中,白车数量和黑车数量本身的差异问题,否则“黑车发生交通事故的概率比白车更大”的结论,很可能仅仅是因为黑车数量多而已。少了这种考量,很可能会使上述所有数据分析和研究的根基轰然倒塌。

综上所述,我们得出以下几个结论:一是数据分析是很复杂的,至少比很多研究者想象的复杂得多,需要考虑很多因素对结论的影响,需要建立严谨的逻辑闭环。二是在收集数据时,我们要尽可能地扩大样本数量,增强样本的普适性和随机度,避免用特异性样本替换全量数据推导结论,很多时候,“科学的演绎”与“以偏概全”很难划分明确的界限。三是数据分析和研究要深入和具体，尽可能地排除一些相关因素对结论的影响。当然，由于很多研究的相关因素非常多，考虑到研究精力、数据获取难度等，现实中不可能一一进行深入分析和研究，那么我们要尽可能排除那些明显可能产生干扰的因素，使结论具有更强的盖然度。或者，我们莫不如缩小研究范围，将研究题目从“白车与黑车发生交通事故的概率研究”具化为“在黑夜无路灯情况下白车与黑车发生交通事故的概率研究”。

第七节 审判运行态势分析

审判运行态势分析是最高人民法院推动全国各级人民法院成立专门审判管理机构后，由专门审判管理机构，即审判管理办公室承担的一项非常重要的职能，也是实现审判管理专业化的重要举措。

专门审判管理机构成立后，除了将分散的审判管理职能聚合在一起，形成管理合力外，还有一个重要的意义在于，专门的审判管理机构可以综合各种管理资源，对审判管理工作，特别是审判运行情况开展定期的专业的分析研判，提出审判管理对策和建议。对于一般性的管理调度举措，可以由审判管理办公室决定，并予以实施；对于方向性的、基础性的管理建议，和可能影响法院审判工作全局，甚至法院发展方向的决策，审判管理办公室可以将分析研判结果、对策建议向党组或审判委员会汇报，由党组或审判委员会审议决定，再由审判管理办公室牵头组织相关部门落实。从这个意义上讲，审判管理办公室不仅仅是一个开展管理工作的实操部门，更是一个决定审判工作，甚至是全院工作格局和发展方向的一个重要决策建议部门，是法院科学发展和审判工作良性运行的“专业智囊”。

审判运行态势分析是审判管理办公室发挥专业研判和决策建议职能的重要方式。通过定期对审判态势进行分析研判，发现审判运行规律，提示审判运行风险和问题，研究影响审判质效的关键事项，并提出相应的对策建议或直接提出管理工作要求。

在一些审判管理水平较高的地区法院，辖区各级法院均建立了以月为单位发布司法统计月报、以季度为单位编写审判运行态势分析的制度。同时，地区法院要求辖区各法院审判委员会每季度应当听取审判管理办公室提交的审判运行态势分析汇报，对相关决策建议进行审议和决策。并且，这种由审判委员会每季度审议、研究审判运行态势分析报告的要求，还由地区法院主导，纳入了辖区各中、基层法院的考核。这种方式，一方面，提高了辖区各法院审判管理办公室开展审判运行态势专业分析的能力和水平,有助于推动各法院提高审判管理决策的科学性和专业性。另一方面,每季度向审判委员会汇报审判运行态势分析研判情况的制度,也使院庭领导和审判委员会委员能够定期全面了解审判运行态势情况,加深对审判工作规律和存在问题的把握,同时,有助于院庭领导理解和支持审判管理工作,带头落实审判管理举措,推动审判管理工作的有力开展。

审判运行态势分析一般包括常规的、综合性审判运行情况分析和审判运行态势专项分析两种形式。例如,我们可以就长期未结案情况进行专项分析,或对超审限案件检查结果进行通报和分析等。常规的、综合性审判运行态势分析一般以季度为单位,每一季度的分析内容为当年度审判工作和审判指标的累计运行情况。例如,第四季度的审判运行态势分析,除了对当季度的运行状况进行重点研判外,还应该对本年度第一季度至第四季度,即全年的审判运行态势情况进行整体性分析。审判运行态势分析报告的具体内容一般包括:(1)审判态势运行的基本情况和特点;(2)存在的问题及原因分析;(3)针对性的对策建议及下一阶段的工作举措和要求。

审判运行态势分析、司法统计月报和司法统计课题报告三者之间存在一定关联,但也有一些明显的区别。

首先,从内容上来看,司法统计月报的内容主要是案件数量和变化趋势的统计,内容相对简单、客观,分析研判的内容较少,甚至没有。审判运行态势分析和司法统计分析课题的内容中,审判数据的分析研判是非常重要和关键的部分。审判运行态势分析的内容一般集中在审判运行的规律研究等领域,涉及的数据主要是收结案和审判质效指标等数据。司法统计分析课题在实践应用的基础上更偏重理论化一些,可以使用一些统计模型和分析工具进行研究,内容也不仅仅涉及审判态势运行和审判质效等方面,还可以对某些案件处理的实体问题进行研究,如对受贿罪案件量刑幅度的统计分析等。

其次,从周期上来讲,司法统计月报一般以司法统计月为周期发布,更注重发布数据的及时、权威。审判运行态势分析一般周期会稍长一些,以便于能够清楚地看到一段时期的审判运行态势变化。司法统计分析课题则不存在周期问题,其是对一定统计时期内的相关数据进行专项统计和分析研判,这个统计期可长可短,可能是一年,也可能是五年、十年,主要根据统计需要的数据样本数量来确定数据统计期。

最后,从发挥的作用来看,司法统计月报主要是提供收结案等各类的权威、精准的数据。审判运行态势分析的主要目的并不在于提供数据本身,而是通过数据发现问题，提出管理对策和工作要求。因此，审判运行态势分析是专业化审判管理所依赖的一种重要方式和途径。司法统计分析课题则是对审判领域的某一事项开展的专项统计分析和研究，是司法调查研究的一种具体形式，其研究结论大多是一种学术上的建议。

为了让读者更好地了解审判运行态势分析的撰写方法，我们将报告分为“总体情况”“需要关注的问题”“对策建议”“附表”四个部分，分别提供了撰写示例。这样的结构区分方法，强调了在分析研判基础数据的基础上，发现审判运行态势中出现的规律和存在异常的问题，并根据对这些规律和问题进行研判的结果，提出审判管理的对策建议和下一步如何进行结案调度等具体的工作要求。

示例1-7：审判运行态势分析“总体情况”部分示例

t年，某地区法院审判运行态势整体平稳。地区法院总收案×件，其中，旧存×件，新收×件，同比上升×%（×件）；审结×件，同比上升×%（×件）；未结×件，同比下降×%（-×件）；结收比×%，同比上升×个百分点（结案率×%，同比上升×个百分点）。其中，审判案件新收×件，同比上升×%；审结×件，同比上升×%；未结×件，同比下降×%；结收比×%，同比上升×个百分点。执行案件新收×件，同比上升×%；审结×件，同比上升×%；未结×件，同比下降×%；结收比×%，同比上升×个百分点。

第一季度审判执行工作呈现四个特点：一是地区法院收结态势平稳。地区法院收结案呈现收案数、结案数、结案率上升，未结案数下降的“三升一降”良好态势。二是地区法院审判质效指数呈下降趋势。地区法院审判质量综合指数为×，同比下降×%，其中，公正、效果指数同比下降，效率指数同比上升。三是院庭长办案数量有一定提高，所占结案比重同比上升。地区法院院庭长共办结案件×件，其中承办案件×件，同比上升×%，占全部结案数量的×%，同比增加×个百分点；参与合议庭审理案件×件。四是积案清理数量同比下降，部分法院积案数量仍居高不下。截至×月×日，地区法院三年以上未结案件×件，同比上升×%（×件）。

示例1-8：审判运行态势分析“需要关注的问题”部分示例

（一）收案增幅超过全国法院平均增幅

第一季度，地区法院继续保持收案大幅增长态势，收案同比上升×%，比全国法院平均收案增幅×%高出×个百分点；地区法院收案数量排在全国省、自治区、直辖市、兵团法院第×位，收案数量最多的是×省法院（×件）。第一季度，地区法院收案×件，其中，国家赔偿与司法救助收案×件，同比上升×%；执行收案×

件，同比上升×%；行政收案×件，同比上升×%；民事收案×件，同比上升×%；刑事收案×件，同比上升×%。第一季度，×法院、×法院、×法院收案增幅分别为×%、×%、×%，增幅居辖区法院前列。

（二）结案效率落后状况初步扭转，排在全国法院第×位

……

（三）案件质效指数存在一定程度下滑

……

（四）长期未结案清理任务依然艰巨

……

（五）司法公开工作稳步推进

……

（六）院庭长办案数量同比上升

……

示例1-9：审判运行态势分析“对策建议”部分示例

（一）以审判绩效考核为指引，继续做好下一季度结案调度工作

一是运用“结收比”做好结案调度。辖区各法院要充分认识到结收比指标的重要性，这是目前案件管理调度最核心、最关键的指标，一定要咬紧牙、铆足劲，继续做好下几个季度的结案调度工作。我们在第一季度、第二季度流下的汗水，必将在年底结案攻坚中获得回报；从长远来看，也必将对地区法院审判态势的更加良性运行、案件消化能力的持续加强，发挥不可估量的作用。二是坚持精细管理，科学分解任务。继续坚持“分级管理、逐层精细”的思路，逐级压实责任，层层传导压力，不断提升均衡结案调度工作的精细化水平。要制定好全年各月的结案任务规划，对审判态势进行月度管理，调控好各审判业务口、各审判庭的资源配置和任务指标。三是进一步压缩案件审理周期。通过完善案件审理流程，缩短审理周期，是提升法院案件消化能力的必经之路、核心举措。压缩审理周期、提高案件周转速度是一项复杂的系统工程，不是单纯靠压任务能实现的。要切实提升案件审判效率，在法院审判质效考核中，大幅提高效率指标权重，引导各法院建立宏观、中观、微观管理手段相结合，符合本院实际的综合管控机制，科学压缩案件审理周期。

（二）关口前移，下大决心、花大力气清理长期未结案

一是明确工作目标……二是建立“治标又治本”的长效机制……三是加大串案的督促力度……

（三）加大公开力度，实现司法公开的全面化、实质化、常态化

一是深化文书公开，实现应公开全公开……二是加强庭审公开，推动直播常态化……三是完善流程公开，提升有效公开率……

（四）压实院庭长监督管理职责，提高案件质量

一是做好案件评查工作……二是做好院庭长办案工作……三是做好重大敏感案（事）件管控工作……

示例 1－10：审判运行态势分析附表

附表 1　t 年第×季度某地区法院收结案情况

法院	旧存	新收	已结	未结	结收比	收案同比	结案同比	法官人均结案	全员人均结案
A 法院									
B 法院									
……									
合计									

附表 2　t 年第×季度某地区法院长期未结案清理情况

法院	一年至两年（预警区）	两年至三年（警示区）	三年以上（监控区）
A 法院			
B 法院			
……			
合计			

附表 3　t 年第×季度某地区法院审判质效指标情况

序号	指标分类	指标名称	s 年第×季度	t 年第×季度	同比
1	公正指标	立案变更率			
2		一审案件陪审率			
3		一审判决案件改判发回重审率（错误）			
4		二审改判发回重审率（错误）			
5		二审开庭审理率			
6		生效案件改判发回重审率			
7		对下级法院生效案件再审改判发回重审率			
8		再审审查询问（听证）率			

续表

序号	指标分类	指标名称	s年第×季度	t年第×季度	同比
9	效率指标	法定期限内立案率			
10		一审简易程序适用率			
11		当庭裁判率			
12		法定(正常)审限内结案率			
13		平均审理时间指数			
14		平均执行时间指数			
15		延长审限未结比			
16		结案均衡度			
17		法院年人均结案数			
18		法官年人均结案数			
19	效果指标	一审服判息诉率			
20		调解率			
21		撤诉率			
22		实际执行率			
23		执行标的到位率			
24		裁判自动履行率			
25		调解案件申请执行率			
26		再审审查率			

第八节　审判管理工作指引

制定审判管理工作指引并不是审判管理办公室的常规性工作职能。高级人民法院制定审判管理工作指引，主要是为了统一本地区法院审判管理相关工作的理念、标准，明确本年度审判管理的主要工作方向和重点内容，确保辖区各法院能够按照高级人民法院的审判管理工作思路开展相应的审判管理工作。

自2018年开始，最高人民法院开始制定全国法院审判管理工作指引，明确最高人民法院当年度审判管理工作的重点内容、工作方向等，用以指导全国各级法院开展审判管理工作。此后，部分省、自治区、直辖市高级人民法院也陆续开始制定本地区法院审判管理工作指引，指引的内容一般包括年度审判管理工作的主要任务，以及在各项工作任务中应该确立的审判管理理念、应该遵循的基本工作原则、应该采取或建议采取的审判管理举措等内容。因此，可以说，高级人民法院制定审判管理工作指引，是凝聚辖区法院审判管理工作合力、提高审判管理效能的重要举措。各中、基层人民法院可以参照高级人民法院的审判管理工作指引内容，制定本院的审判管理工作指引或审判管理工作计划，一方面，向本院党组报告年度审判管理工作的思路和想法；另一方面，向相关职能部门和审判业务部门通报年度审判管理工作重点，以使在审判管理工作开展过程中，能够获得相关部门的理解和支持。

审判管理工作指引一般以年度为单位，每年年初制定并公布。我们以某地区法院为例，撰写了审判管理工作指引示例，供读者在研究审判管理工作指引的撰写方法和包含的主要内容时参考。

示例 1－11：审判管理工作指引

×年，地区法院审判管理工作的任务是：提高审判管理精细化水平，推动审判格局优化调整；狠抓执法办案，积极应对案件增长；加强案件质量管理，认真落实司法改革相关要求。审判管理工作的重点是：加快案件周转，提升消化案件能力。

一、加强结案均衡调度，推动审判态势良性运行

一是要进一步加强宏观管理，做好任务分解，保持审判态势良性运行。地区法院将制定全市法院半年、全年审执数量任务指标和第一季度、第三季度审执数量指导性指标。各法院要遵循“分级管理、逐层精细”的思路，根据本院情况，年初制定好全年各月的结案任务规划，对审判态势进行月度管理，调控好各审判业务口、各审判庭的资源配置和任务指标，加强结案均衡调度。二是要高度重视年初执法办案工作，在合理张弛，做好工作休整的同时，适当提高第一季度结案数量，为全年审判态势良性运行奠定基础；要均衡全年四个季度的工作量，在精准测算的前提下，将本院全年案件增量基本消化在前三个季度，维持第四季度整体工作量与去年基本持平。三是各法院审判管理部门要指导本院庭室和审判团队进行更为精细化的管理，强化审理进度规划和结案调控，确定庭室或团队内每名法官的基础工作量，落实院内的月度结案任务和指标管理要求。四是各法院审判管理部门要认真落实每月发布司法统计数据月报、每季度向审判委员会汇报审判运行态势的工作要求，要在制定月度均衡结案指标、优化和创新执法办案工作举措、调整审判工作格局、提出审判管理建议等方面发挥作用。

二、加强审限管理，压缩案件审理周期，提高消化案件能力

一是进一步加大对多元化解和速裁工作的支持力度，加强对速裁团队运行机制的深入研究，发挥法官助理在团队运行中的关键作用，鼓励各法院打造充分剥离事务性工作的复杂标杆团队，推广优秀速裁团队运行经验。二是法院审判质效考核中，大幅提高效率指标权重，引导各法院建立宏观、中观、微观管理手段相结合，符合本院实际的综合管控机制，科学压缩案件审理周期。三是加强对审限延长、扣除审限的管理，开展专项整治工作，逐渐解决虚假填录扣除审限信息、不规范扣除审限、多次扣除审限等顽疾。申请扣除审限，必须符合法律规定的情形，同时提供庭外和解申请书、管辖异议申请书、委托评估鉴定书、送达公告、中止审理裁定书等卷宗材料。重点规范因当事人申请庭外和解扣除审限的情形，必须提供双方当事人申请庭外和解的申请书，且申请书明确载明申请和解的期限，或提供明确记载了双方同意庭外和解及就庭外和解期限达成一致意见的询问笔录。四是指导各法院对审判流程环节进行更为精细化的管控，在部分庭室探索统一排庭、在部分审判团队探索由法官助理统一排庭的模式，压缩庭前流程周期；鼓励法官、法官助理在庭前通过电话等方式了解当事人诉求，对当事人开展举证指导，提高庭审一次成功率；对于案情简单、当事人争议不大的案件，大力提倡法官当庭宣判，压缩庭后审理环节周期。五是指导各基层法院审判庭、审判团队对超过15日未成功送达案件、超过一个月未开庭案件进行管理干预、重点监控。六是在涉外案件集中的法院建立涉外送达统一登记管理机制，有条件的法院，探索建立涉外送达事务性工作集中处理模式。

三、严格执行司法改革相关要求，全面落实司法责任制

一是地区法院将在人员分类的基础上，进一步完善各类人员的绩效考核办法，健全绩效考核体系；各法院要认真落实考核办法，完善本院差异化考核项目，满足本院差异化考核需求。二是全面推行随机分案，建立重大敏感案件指定分案、其他案件一律在审判业务口内或庭室内随机分配的制度。在适当保留专业审判团队的前提下，鼓励各法院民商事案件口内统一分案，解决不同审判人员工作量不均衡状况。各法院建立的随机分案制度，不是绝对的平均分案，而是设置了一定专业权重、案由权重、未结案数量权重、关联案件特殊分配规则等固定条件的随机分案；建立专业案件特殊分配规则的法院，在多个承担专业案件审判工作的法官之间，也要随机分配。三是严格落实院庭长办案要求，地区法院将对院庭长组建办案团队情况和办案指标进行公示，各法院要认真做好院庭长办案的提示、督促、辅助保障工作。各法院审判管理部门要按照疑难案件指定分案和一般案件随机分案的要求，做好本院院长、副院长的案件分配保障工作。四是深入推进裁判文书公开、审判流程信息公开、庭审公开、执行信息公开四大平台建设。各法院要进一步加强对不公开上网裁判文书的监督与管理，严格不适宜上网文书的审批标准，特别是对于涉及个人隐私信息的文书，一般要进行隐匿处理后公开，而不能不予公开；要大力推进庭审公开工作，提高在中国庭审公开网直播案件的数量，逐步实现庭审直播工作常态化；积极推进审判流程信息公开管理平台建设，加强对审判流程信息公开的管理；及时准确更新法院网站审务公开栏目，为人民群众提供实时精准的司法服务信息。

四、积极开展案件质量评查工作，推进裁判尺度统一

一是高度关注案件质量，积极探索司法改革背景下的案件评查模式。各法院要组织专职评查人员或员额法官开展日常评查工作，对员额法官办案质量进行评估，在一定周期范围内，实现所有员额法官案件质量评估的全覆盖。配合地区法院做好专项评查工作，对于改判发回案件、年底突击审结案件、长期未结案件、批量收案批量撤诉案件等进行重点评查，地区法院将通过抽查的方式对各法院自查情况进行复核并公开通报。二是严格评查工作标准，避免评查工作“走过场”。研究、总结对未结案件进行评查的工作方式、方法，对未结案件的评查，不得涉及案件的实体处理，不得干预和影响法官对于裁判结果的判断；要改进评查方法，提高评查效率，避免影响案件正常审理；对评查发现的工作懈怠、流程严重拖延等问题，应根据情况确定差错，并向相关庭室、承办法官发出评查建议。在改判发回案件评查中发现上下级法院裁判结果存在不同认识的，要进一步明确哪个“认识”是“更优认识”，能够实现更好的法律效果和社会效果，对于难以判断“更优认识”的，应以上级法院的“认识”为准，不得简单以“认识不同”放宽评查定错标准。三是二审法院要严格案件发回重审标准，院庭长要加强对发回重审案件的个案监督管理，避免程序空转，纠纷长期无法得到解决，损害当事人合法权益；一审法院经过审判委员会讨论决定的案件，二审合议庭决定改判或发回重审的，原则上应提交本院审判委员会讨论决定。四是做好典型案件的培育工作，发挥院庭长、审判业务专家在审理典型案件方面的引领示范作用。总结去年优秀裁判文书网上评选活动经验，继续办好今年的优秀裁判文书评选活动，打造地区法院精品裁判文书品牌，带动裁判文书质量和水平的整体提升。

五、切实加强积案清理工作，建立“治标又治本”的长效工作机制

一是制定三年以上未结案清理工作指标……二是从年初就狠抓清理积案工作……三是加强对案件长期未结原因的专项调研分析……四是要对行之有效的工作做法进行总结，形成长效机制……

六、向数据要质量，继续开展案件信息准确性专项检查

一是加强案件信息管理工作……二是组织开展案件信息准确性专项检查……三是开展优秀司法统计分析评选……四是推动审判管理工作与信息化的高度融合……

七、完善重大敏感案(事)件办理机制和外部领导干部过问案件登记制度

一是进一步强化重大敏感案(事)件监督管理平台应用……二是进一步落实重大敏感案件的"三同步"处置规则……三是压实院庭长对个案的监督管理责任……四是进一步防范干预过问司法案件……

第二章
效率管理

效率管理是审判管理工作中非常重要的一项基础性内容。效率管理的水平，决定了审判运行态势整体状况的良莠，进而深层次地影响审判质量和效果等维度。很多法院重视和推动专业审判管理工作，都是从开展效率管理开始的。同时，很多审判管理的专业人员也都是从效率管理中积累了指标管理、结案调度等审判管理经验，进而开始研究和学习开展质量管理的相关内容。从这个角度而言，效率管理对审判管理专业人员也有特殊的意义。

第一节　结案调度

虽然从20世纪90年代开始，就有司法实务研究人员关注到年底突击结案造成审判质量下降这一现象，并开始研究结案均衡问题，部分地区法院管理人员也陆续在审判管理实践中探索均衡结案的具体方式，但时至今日，很多管理人员和审判人员对于均衡结案仍然缺乏科学的认知，部分地区的法院管理人员虽然对"均衡结案"这个词很熟悉，却没有建立科学的均衡结案管理制度，也明显缺乏结案调度能力。

一、半年结案调度

我们以某地区法院 r 年的结案调度作为实施例进行说明。r 年 4 月中旬，某地区法院召开审判管理工作协调会，公布了辖区法院 r 年第二季度结案目标要求，即"辖区法院第二季度累计结案 18 万～20 万件，辖区法院结案率超过60%，基本实现第二季度收结平衡，即第二季度的结案总数和收案总数基本持平，不在未结案上'欠新账'。截至第二季度末，辖区 F 法院、I 法院、J 法院结案率要达到50%，其他法院结案率要达到65%"。这是该地区法院首次对辖区法院进行半年的结案调度，在此前，该地区法院一直没有建立均衡结案管理制度。在这次的调度中，数量指标区分成两类。其中，F 法院案件积压数量较多，辖区 I 法院、J 法院作为规模较大的基层法院，受理案件数量较多，因此确定了这 3 个法院半年结案率达到 50%；其他法院情况相对比较类似，确定了统一的结案指标。我们可以看到，这个实施例中，将指标仅分为两类，相对比较简单。其主要是考虑到这是该地区法院首次在辖区法院范围内对半年结案任务进行调度，对辖区法院的差异性了解仍然不够深入，因此不宜进行过多的差异化考量，数量指标也没有定得过高。实践中，从 F 法院、I 法院、J 法院的收结案情况看，完成 50% 的指标存在非常大的困难。但反过来从另一个角度看，如果将这 3 个法院的结案指标确定得过低，使其指标任务与其他法院差异过大，也容易造成政策制定的失衡。

在这个实施例中，管理者之所以确定了 50% 和 65% 两个档次，主要是根据当时的收结案情况进行测算，希望实现辖区法院在第二季度收结案的基本平衡。也就是说，第二季度的结案总数要和收案总数基本持平，不在未结案上"欠新账"。从以往的经验来看，第一季度和第二季度收案数量较多，但结案数量相对较少，未结案数量逐季度不断增加。因此，这次调度的主要目的并不在于辖区各法院均完成结案任务和指标，而是为了使辖区法院整体的收结案数量在第二季度达到平衡，使未结案数量的压力不向下半年过渡。

从这个实施例的调度结果看，r 年 1 ~ 6 月，辖区法院旧存 10.9 万件；新收 40.0 万件，同比上升 16.9%；结案 31.8 万件，同比上升 33.4%；未结 19.1 万件，同比下降 11.1%；结案率 62.6%，同比上升 9.8%。其中，第二季度新收 17.6 万件，结案 19.4 万件，辖区法院整体完成了工作目标。从实际的控制效果看，结案总数超乎预期地精准落入 18 万 ~ 20 万件，实现了第二季度收案和结案的持平，且结案数量高于收案数量近 1.8 万件，为下半年结案打下了坚实基础。从各法院的情况来看，仅有两个法院没有完成预定的审执数量指标任务，其中距离审执数量指标差异较大的是 F 法院，这是在预料之中的。另一个是 L 法院，由于案件数量大幅增长，导致其结案率距离任务相差 2 个百分点。除了这两个法院外，其他法院均超额完成了任务，特别是辖区 I 法院、J 法院在进行了差异化的指标设定之后，分别超出差异化指标 3.6 个、1.4 个百分点。各法院具体完成情况如表 2 - 1 所示：

表 2－1　某地区法院完成 r 年上半年审执数量指标情况

单位:%

法院	结案率	指标要求	完成任务情况
……			
B 法院	80.3	65.0	15.3
C 法院	78.1	65.0	13.1
D 法院	82.1	65.0	17.1
E 法院	66.1	65.0	1.1
F 法院	32.4	50.0	－17.6
G 法院	67.2	65.0	2.2
H 法院	65.0	65.0	0.0
I 法院	53.6	50.0	3.6
J 法院	51.4	50.0	1.4
K 法院	66.6	65.0	1.6
L 法院	62.9	65.0	－2.1
M 法院	72.4	65.0	7.4
N 法院	69.6	65.0	4.6
O 法院	70.5	65.0	5.5
P 法院	68.5	65.0	3.5
……			
合计	62.6	60.0	2.6

从这次结案调度的情况来看,有两个经验非常重要。一是在确定审执数量指标时,管理者对辖区法院的差异化考量究竟应该做到何种程度的精细化?我们的一个基本想法是,在没有较高的调度能力和调度经验的情况下,不要做过多的差异化考量,避免增加调度难度和测算难度。一旦对辖区法院的调度能力明显增强,对各法院收结案情况的预测能力达到一定程度时,可以做更多的差异化考量,但进行差异化考量也要有一定的限度,并不是越精细越好。二是在管理调度中,只要确定的审执数量指标基本合理,在确定总体指标时,可以不要制定得过满,给各法院留有一些余地。也就是说,如果我们想要辖区法院整体结案率达到 62% 或 63% 时,我们并不是一定要用 62% 或 63% 进行分解,可以考虑用 60% 进行分解,剩下的差额通过各法院自行的努力在整体上实现。如果我们直接用 62% 或

63%进行分解,很可能最终达到64%左右的结案率,但是会出现部分法院结案难度增大,实现指标非常困难的情形。如果有过多的法院在初期结案调度中难以达到结案指标,势必会影响相关法院的工作信心,同时,也会对管理者结案调度的科学性提出质疑,增加各法院的管理反弹。

在上一个实施例中,我们介绍了某地区法院首次尝试半年结案考核调度的情况,下面我们再介绍某地区法院次年进行半年结案考核调度的实施例。在这个实施例中,s 年 4 月下旬,某地区法院在第一个实施例的基础上,制定了 s 年半年审执数量指标,该指标为结案率指标,具体为:(1)B 中级法院、C 中级法院、D 中级法院:80%;(2)F 法院:35%;(3)H 法院:68%;(4)I 法院:58%;(5)J 法院:56%;(6)L 法院:79%;(7)K 法院、O 法院、P 法院、Q 法院、R 法院:69%;(8)其他法院:70%。

与 r 年的半年结案指标相同,这次的结案指标也是考核指标。主要变化之处在于,根据 s 年上半年各法院的收结案情况,参考往年的数据,管理者将辖区所有中、基层法院的指标区分为 8 档。一般而言,考虑到案件类型和审级不同等因素,中级法院的案件周转速度与基层法院有较大差异。因此,中级法院的季度、半年结案指标一般高于基层法院,这与二审案件审限和周转周期短有较大的关系。考虑到各个基层法院之间差异较大,有的是城区法院,有的是郊区法院,案件体量的差异很大,审判管理水平特别是案件调度能力和案件消化能力也存在较大的差别。为了确保各个法院既不能轻易地取得考核分数,又不至于通过努力也无法实现指标要求,管理者根据不同法院的收结案情况、人均工作量情况、案件调度能力等因素,除中级法院外,在基层法院中区分了多个档次。这是对半年结案指标进行的一次较为精细化的分解。我们一直强调,审判管理要朝着精细化的方向发展,但同时也要考虑到,一级审判管理和二级审判管理在整个管理体系中发挥的作用不同。在推进管理精细化的过程中,要进行逐层精细。因此,一级管理并非越精细越好,不能用一级管理的精细化替代二级管理,要把更多的精细化分解工作放在二级管理中。这样的精细化管理才更符合工作实际,更能契合差异化的需求。

从实施例的调度结果看,s 年 1~6 月,辖区法院总收案 55.5 万件,其中旧存 10.3 万件,新收 45.2 万件,同比上升 13.1%(5.2 万件);结案 35.7 万件,同比上升 12.1%(3.9 万件);未结 19.8 万件,同比上升 4.1%(0.8 万件);结案率 64.3%,同比上升 1.7 个百分点;法官人均结案同比增加 46.5 件,全员人均结案同比增加 2.4 件。从 s 年上半年审执数量指标完成情况看,完成指标的法院有 16

个,未完成指标的法院有7个,完成指标的法院数量略低于预期,部分法院实际结案率与指标相差较大。s年上半年,F法院自成立以来首次完成了确定的结案任务要求,对增强审判人员信心、逐步扭转案件积压现状具有重要意义。地区法院审判管理办公室在此前发布的审判管理工作指引中,要求辖区法院"均衡全年四个季度的工作量,在精准测算的前提下,将本院全年案件增量基本消化在前三个季度,维持第四季度整体工作量与去年基本持平"。从实际情况看,上半年,辖区法院审判运行态势整体平稳,但结案状况未达预期(见表2-2)。

表2-2 某地区法院完成s年上半年审执数量指标情况

单位:%

法院	新收同期对比	已结同期对比	结案率	结案率同期对比	半年指标	完成情况
……						
B法院	16.5	12.9	83.8	3.5	80	3.8
C法院	4.7	11.9	82.8	4.7	80	2.8
D法院	4.9	8.8	84.8	2.7	80	4.8
E法院	77.0	35.4	55.1	-11.0	70	-14.9
F法院	10.8	36.2	35.8	3.4	35	0.8
G法院	-0.8	5.2	73.3	6.1	70	3.3
H法院	17.1	15.5	68.3	3.3	68	0.3
I法院	10.4	6.6	53.3	-0.3	58	-4.7
J法院	16.5	16.6	54.0	2.6	56	-2.0
K法院	23.2	18.6	68.5	1.9	69	-0.5
L法院	31.1	60.6	79.5	16.6	79	0.5
M法院	-4.9	-5.1	72.0	-0.4	70	2.0
N法院	2.8	-1.0	70.2	0.6	70	0.2
O法院	12.6	-6.6	61.6	-8.9	69	-7.4
P法院	8.5	9.9	72.4	3.9	69	3.4
Q法院	43.2	41.6	71.9	3.1	69	2.9
……						
合计	13.1	12.1	64.3	1.7		

二、季度结案调度

下面我们介绍第三个实施例，是关于季度结案调度的。季度结案调度相对半年结案调度而言，调度周期明显缩短，调度难度加大，因此，在第一次进行季度结案调度的管理实践中，笔者建议采取指导性调度，而非考核调度，避免出现管理偏差。在这个实施例中，某地区法院 s 年第三季度对辖区法院首次进行了指导性指标的调度，指导性指标为非强制性指标，供各法院在结案调度中参考，其结果不纳入考核。

为合理分解下半年审执工作任务，s 年 7 月下旬，某地区法院管理者根据各法院实际情况，参考各法院指标分解数据，确定了 s 年第三季度审执数量指导性指标，该指标为结案率指标，区分审判案件和执行案件分别予以确定，供各法院在结案调度时参考，不纳入考核。第三季度结案数量 21 万～22 万件，1～9 月结案率在 70% 左右，详见表 2－3。

采取这种方式，主要有两点考虑：一是这是某地区法院首次对季度进行调控，为了避免过多的管理反弹，仅作为指导性指标，而不进行考核的加减分，是为了对下一阶段季度的强制考核和调度做好准备。二是长期以来，辖区各中、基层法院习惯了年底结案指标的强制要求以及对半年结案指标的冲击，对于第一、二季度进行结案调度仍然不够习惯。在这种指标调度下，各法院的结案习惯将会发生如何转变，与各法院如何落实和分解季度指标有较大关系。在缺乏足够的管理经验和预判的情况下，不宜直接进行硬性考核，避免调度出现明显偏差。这次指导性指标的确定方式也极其特别，其确定方式的结果具有较大的参考意义。具体的调度方式为，首先要求各辖区法院根据年底的结案要求进行收结案的整体测算，然后让各法院的审判管理部门将结案强制分解到第三季度和第四季度两个季度中，并要求第三季度和第四季度的结案数量在测算中基本持平。

这种调度方法和指导性指标的确定方式，主要是为了调动辖区中、基层法院审判管理部门在收结案预测和管理调度方面的能动性。同时，也是为了解决管理者在处理各法院的差异性问题上，很难做到非常精细化的难题。为了避免法院在结案的季度分解中，将过多的结案数量分解到第四季度，从而将第三季度的指导性指标制定得偏低，管理者要求，各法院在进行结案测算时，要保持第三季度和第四季度的结案数量大致持平。当然，根据以往的工作经验看，第四季度的结案数量整体要比第三季度结案数量高出比较大的数量级，强行将第三季度和第四季度的结案数量进行相对持平的分解要求，将会导致第三季度的指导性指标确定过高，实际上难以完成任务。同时，考虑到有一些法院可能出于各种管理目的，并未将收结案的真实预测情况完整、准确地上报管理者，因此，管理者在收到各法院的收结案预测之后，仍然根据对于辖区各法院收结案趋势的判断、调度能力和消化案件能力的预测，在保证第三季度和第四季度结案数量存在一定差异，但差异又不宜拉得过大的前提下，对第三季度的指导性结案指标进行了相应的调整，并适当降低第三季度的结案数量要求和指导性指标。

表 2-3　某地区法院完成 s 年第三季度审执数量指导性指标情况

单位：%

法院	审判案件			执行案件			全部案件		
	指导性指标	实际结案率	完成情况	指导性指标	实际结案率	完成情况	指导性指标	实际结案率	完成情况
……									
B 法院	91.70	92.95	1.25	75.00	76.09	1.09	90.00	91.12	1.12
C 法院	91.50	92.01	0.51	76.00	74.70	-1.30	90.00	89.74	-0.26
D 法院	91.70	87.62	-4.08	75.40	72.85	-2.55	90.00	86.00	-4.00
E 法院	74.20	69.11	-5.09	80.00	69.12	-10.88	75.10	69.11	-5.99
F 法院	40.00	43.51	3.51	—	—	—	40.00	43.51	3.51
G 法院	78.00	73.87	-4.13	69.00	65.33	-3.67	75.00	71.26	-3.74
H 法院	65.20	60.86	-4.34	70.00	64.51	-5.49	65.60	61.66	-3.94
I 法院	65.70	65.65	-0.05	64.10	65.33	1.23	65.30	65.56	0.26
J 法院	64.50	59.39	-5.11	66.40	59.33	-7.07	65.00	59.38	-5.62
K 法院	73.10	74.96	1.86	66.40	63.64	-2.76	71.50	72.15	0.65
L 法院	50.60	55.21	4.61	60.60	72.08	11.48	53.80	60.65	6.85
M 法院	83.50	76.18	-7.32	62.90	75.16	12.26	75.00	75.84	0.84
N 法院	80.70	80.00	-0.70	68.40	71.15	2.75	77.50	77.70	0.20
O 法院	78.00	84.77	6.77	69.00	63.02	-5.98	76.00	80.06	4.06
P 法院	71.70	70.53	-1.17	70.90	50.12	-20.78	71.50	63.28	-8.22
Q 法院	74.00	79.23	5.23	63.30	72.25	8.95	71.30	77.62	6.32
……									
合计		70.17			65.54		70.00	69.04	-0.96

考虑以上因素，管理者对辖区各法院的测算结果进行了修正，确定了最终各法院的第三季度指导性指标。同时，s 年也是一个非常特殊的年份，“全国法院基

本解决执行难”行动处于攻坚阶段,各法院“基本解决执行难”工作的难度差异很大,执行案件结案程序要求越来越高,越来越规范,使执行案件的结案难度加大,不确定性也持续增加。这些具体的实际情况,只有各法院的审判管理部门,甚至是只有各法院的执行部门才能够准确作出预测和判断。因此,地区法院在要求各法院制定指导性指标时,要区分审判案件和执行案件两部分分别进行分解,各法院要预测出审判案件的收结案情况,做好任务分解;同时,也要预测出执行案件的收结案情况,做好任务分解。再将两部分的分解情况进行合并,形成本院全部案件的任务分解。管理者在制定第三季度的指导性指标时,也分为三个部分,即审判案件的指导性指标、执行案件的指导性指标和全部案件的指导性指标。

在这个实施例中,从实际的调度结果看,s 年 1 ~ 9 月,辖区法院总收案 83.6 万件,其中旧存 10.3 万件,新收 73.3 万件,同比上升 16.7%(10.5 万件);结案 57.7 万件,同比上升 13.8%(7.0 万件);未结 25.9 万件,同比上升 12.6%(2.9 万件);结案率 69.0%,同比上升 0.2 个百分点。其中,审判案件新收 55.2 万件,同比上升 17.6%;审结 39.0 万件,同比上升 13.5%;未结 18.8 万件,同比上升 13.0%;结案率 70.2%,同比上升 0.1 个百分点。执行案件新收 18.1 万件,同比上升 14.3%;执结 13.5 万件,同比上升 14.9%;未结 7.1 万件,同比上升 11.6%;结案率 65.5%,同比上升 0.6 个百分点。第三季度辖区法院共审结案件 22.0 万件,结案率 69.0%,低于预计结案率 1 个百分点,基本完成第三季度工作任务。

从具体法院看,第三季度完成全部案件审执数量指导性指标的法院有 13 个,未完成指标的法院有 9 个;完成审判案件指导性指标的法院有 12 个,未完成指标的法院有 10 个;完成执行案件指导性指标的法院有 8 个,未完成指标的法院有 13 个。

这次的季度指导性指标确定方式非常特别,对于结案调度研究具有重要的参考意义和价值。尽管从审判案件、执行案件和全部案件三个维度的调度结果来看,最终的结案数量和结案率情况与预期差异都相对较小,但是三部分未完成指导性指标的法院数量都相对较多。在审判案件指导性指标部分中,有 10 个法院未完成指标;在执行案件的指导性指标部分中,有 13 个法院未完成指标;在全部案件的指导性指标中,有 9 个法院未完成指标。特别是在执行案件的指导性指标部分,有部分法院的实际结案情况与指导性指标差异较大。这既是由于“基本解决执行难”工作导致的收结案预测和调度难度明显加大,也同时说明了各法院审判管理部门对于本院收结案情况的管理和调度能力仍然有待加强,地区法院管理者在对辖区法院的季度指导性指标的调度能力方面也需要进一步总结经验。此外,从管理调度的科学性上来看,这次的指导性指标分为三个部分,整体上也显得过于复杂,增加了各个法院在实际的审执工作中分解办案任务和管理调度的难度。

三、年终结案调度

一般而言,年底的结案调控要求相对更为精细、精准,任务的刚性也更强。由于结案率调控既受到收案数量变化的影响,也受到旧存案件的影响,并与收案增长幅度、消化案件能力等因素息息相关,在年底总未结案数量相对较小的情况下,这些因素对于最终结案结果的影响作用就会更加凸显。因此,单纯用结案率或者用差异化的结案率指标方式,很难达到足够的精细化要求。所以,年底的结案调控一般都通过未结案总数控制的方式实现。具体的分解方法一般为首先确定总未结案数,或者通过先确定总结案率的方式再换算出总未结案数。其次根据法院的收结案情况、收案增幅、案件调度能力和消化能力的差异,重点参考上一年度未结案数量情况,确定每个法院的未结案数指标及未结案数的总量控制方法。一般而言,在结案率分解中,实际的分解值要略低于预期的结案率,如果分解结果相对科学准确,最终达到的总结案率会略高于分解的指标结案率;在未结案总量控制中,由于对于指标完成结果要求相对精准、严苛,因此,实际用于分配的未结案数量要略低于总体未结案预期数。也就是说,在整体分解过程之中,要设定一部分预留未结案指标,用于防止因为部分法院在未结案控制之中出现问题,从而使整体未结案控制失败的情形发生。这也是半年结案控制和年终结案控制的区别所在。半年的结案率控制一般为“保低争高”,而年终的未结案控制一般为“确保不突破总数”。

以某地区法院为例,r 年、s 年年底,结案控制均采取了未结案总量控制的方式。r 年的年终审执数量指标为,“将年底未结案控制在 11 万件之内,三年以上未结案控制在 100 件之内”。s 年的年终审执数量指标为,“辖区法院未结案总数控制在 102859 件至 11 万件,整体结案率不低于 88.9%。各法院具体结案数量指标均为一个年底未结案数量区间值,要求各法院根据本院实际情况,年底未结案数量不得高于区间高限,争取实现区间低限,鼓励有条件的法院突破区间低限,为辖区法院整体完成结案任务贡献力量”。

我们可以看到,r 年的指标分解相对简单,即将总的未结案数量在预留一定比例的情况下,分解到各中、基层法院。s 年的指标分解方式相对复杂,除了预留一定的未结案数量外,对辖区各法院的未结案数量采取了区间控制的方式,这种控制方法的初衷，是为了充分发挥辖区各法院的结案潜力，允许辖区各法院在完成结案指标时，可以根据本院的实际情况，选择符合自己法院实际的区间值进行调控。采取 r 年总量直接分解的方式，对于一些法院而言，一旦完成指标之后，就没有更大的动力进一步压缩未结案数量，也很难为整个地区法院尽可能压缩总未结案数量做出努力（见表 2－4 至表 2－7）。

表 2－4　某地区法院 r 年年终审执数量指标测算

法院	r 年旧存案数/件	r 年 1～9 月 收案同比增幅/%	r 年年终未结案指标数/件
……			
B 法院	949	9.4	774
C 法院	508	6.9	490
D 法院	261	10.0	258
E 法院	348	－33.4	324
F 法院	6757	63.6	6650
G 法院	4540	14.4	4514
H 法院	8842	18.9	8808
I 法院	29494	24.7	29430
J 法院	18513	40.1	18496
K 法院	6857	32.2	6829
L 法院	2322	46.5	2313
M 法院	695	28.2	694
N 法院	2838	22.9	2831
O 法院	7477	－7.4	7477
P 法院	4428	27.2	4424
Q 法院	2799	33.0	2792
……			
（机动）			2340
合计	108920	20.8	110000

表 2－5　某地区法院完成 r 年年终审执数量指标情况

法院	实际结案率/%	实际未结案数/件	未结案指标数/件	完成件数/件	完成比例/%
……					
B 法院	98.7	255	774	519	67.1
C 法院	97.3	623	490	－133	－27.1
D 法院	98.7	317	258	－59	－22.9
E 法院	88.5	381	324	－57	－17.6
F 法院	57.9	9309	6650	－2659	－40.0
G 法院	91.1	3821	4514	693	15.4
H 法院	88.3	7574	8808	1234	14.0
I 法院	81.6	29369	29430	61	0.2
J 法院	82.6	18010	18496	486	2.6
K 法院	89.9	5799	6829	1030	15.1
L 法院	93.2	2296	2313	17	0.7
M 法院	93.9	676	694	18	2.6
N 法院	94.9	1959	2831	872	30.8
O 法院	90.1	6468	7477	1009	13.5
P 法院	91.3	3704	4424	720	16.3
Q 法院	93.6	2496	2792	296	10.6
……					
合计	88.3	102859	107660	4801	4.5

表 2－6　某地区法院 s 年年终审执数量指标测算

法院	s 年旧存案数/件	s 年 1～9 月收案同比增幅/%	s 年年终未结案指标数区间/件	
			区间低限	区间高限
……				
B 法院	255	13.3	350	412
C 法院	623	5.4	400	483
D 法院	317	13.1	300	342
E 法院	381	41.3	300	366

续表

法院	s 年旧存案数/件	s 年 1～9 月收案同比增幅/%	s 年年终未结案指标数区间/件	
			区间低限	区间高限
F 法院	9309	8.2	12500	12833
G 法院	3821	0.7	3500	3651
H 法院	7574	33.3	7000	7292
I 法院	29369	24.0	28300	29633
J 法院	18010	14.5	17000	18583
K 法院	5799	18.4	5000	5375
L 法院	2296	52.3	2300	2592
M 法院	676	9.6	630	655
N 法院	1959	-0.6	1830	1901
O 法院	6468	1.7	6000	6333
P 法院	3704	15.3	3600	3683
Q 法院	2496	30.0	2450	2533
……				
（机动）			1438	2179
合计	102859	16.7	102859	110000

表 2-7 某地区法院完成 s 年年终审执数量指标情况

法院	旧存案数/件	实际未结案数/件	未结案指标数区间/件		完成指标情况/件		完成情况	未结是否低于旧存
			区间低限	区间高限	完成低限情况	完成高限情况		
……								
B 法院	255	286	350	412	64	126	超额完成	
C 法院	623	362	400	483	38	121	超额完成	是
D 法院	317	366	300	342	-66	-24	未完成	
E 法院	381	777	300	366	-477	-411	未完成	
F 法院	9309	12496	12500	12833	4	337	超额完成	
G 法院	3821	3424	3500	3651	76	227	超额完成	是
H 法院	7574	7285	7000	7292	-285	7	完成	是

续表

法院	旧存案数/件	实际未结案数/件	未结案指标数区间/件		完成指标情况/件		完成情况	未结是否低于旧存
			区间低限	区间高限	完成低限情况	完成高限情况		
I 法院	29369	29288	28300	29633	-988	345	完成	是
J 法院	18010	17962	17000	18583	-962	621	完成	是
K 法院	5799	5197	5000	5375	-197	178	完成	是
L 法院	2296	2541	2300	2592	-241	51	完成	
M 法院	676	629	630	655	1	26	超额完成	是
N 法院	1959	1867	1830	1901	-37	34	完成	是
O 法院	6468	5915	6000	6333	85	418	超额完成	是
P 法院	3704	3573	3600	3683	27	110	超额完成	是
Q 法院	2496	2483	2450	2533	-33	50	完成	是
……								
合计	102859	104513	101421	107821	-3092	3308	完成	

关于预留未结案件数量问题，既要留出一定比例，确保在个别法院出现控制问题时，不至于影响整体未结案指标的实现，也要避免预留比例过大，造成各法院实际分配到的未结案指标过少，人为增加控制难度。以上述实施例中某地区法院r年为例，整体控制指标为“未结案低于11万件”，实际分解指标数为107660件，预留指标数量为2340件，预留比例为2.1%。s年未结案总量的控制目标为区间值，即辖区法院未结案总数控制在102859件至11万件，根据这个指标区间的低限和高限实际分解的指标数量为101421件和107821件，预留比例分别为1.4%和2.0%。一般而言，指标分解越精细，考虑因素越多，全面调度失控的可能性就越低，预留指标的数量占全部指标的比例就可以越小。

第二节　结收比

在人民法院审判管理的长期实践中，结案率始终是评价结案调度效果的核心指标。但“一刀切”的年底结案率指标要求、高结案率要求带来的年底突击结案等问题，使结案率指标饱受审判人员甚至管理者的诟病。2010年前后，一些法院的管理者开始尝试摆脱旧存案件数量差异对结案率产生的影响，用在一定的统计期内,结案进度是否能够与收案进度保持一致,从而实现审判态势的动态、良性、均衡运行为评价标准,将传统的结案率替换为结收比进行评价考核。经过数年的实践,结收比已经被全国绝大多数管理者所认可和接受,在各地人民法院的结案调度实践中得到广泛应用。可以说,结收比指标的出现和应用,大幅度推进了审判管理工作的科学化水平,标志着人民法院审判效率管理水平跃升到一个新的阶段。

一、用结收比替代结案率

在人民法院的结案管理中,受到不同案件类型、案件办理难度差异、周转速度差异以及管理能力差异等因素影响,不同的法院、法院的不同庭室在年终结案时,未结案数量存在较大差异。因此,在考核结案率时,即便要求所有的法院和庭室都完成同样幅度的工作量,也必须考虑旧存案件数量的差异,确定不同的结案率差异化指标。

传统结案率 = 审结案件数量 ÷(旧存案件数量 + 同期新收案件数量)×100%

结收比,又称同期结案率,公式是审结案件数除以同期新收案件数,旧存案件数量并不参与公式的计算。

结收比 = 审结案件数量 ÷ 同期新收案件数量 ×100%

这个指标考察的是在一定周期之内已结案件占新收案件的比例。尽管这个公式中并没有旧存案件数量参与公式计算,但是旧存案件实际参与了案件周转。也就是说,公式的被除数,审结案件数量中,既包括新收案件中在这段时间内审结的案件数量,也包括旧存案件中在这段时间内审结的案件数量。从这个角度来看,旧存案件数量较大,会使总收案件数量增加,从而降低结案率的数值;在结收比计算方式上,由于旧存案件数量较多,在一定情况下,可周转案件总数量增加,有利于提高结案数量,从而在一定程度上对结收比数值增加产生正向作用。这种正向作用在第一季度的考核中表现更加突出,主要是由于第一季度总收案件数量相对较少,案件受理后周转周期较短,而在半年结案甚至全年结案中,旧存案件数量对整体可周转案件总数量影响不大,因此,对于结收比数值的正向推动作用也越来越小。

在我们接下来的实施例中,t 年,某地区法院借鉴上海、山东等法院的成功经验,计划将传统的结案率调控更改为结收比调控,并将半年一次的结案调度修改为季度结案调控。这种调整主要是基于以下几个方面的原因:

1. 解决被考核对象的可比性问题

传统的结案率方式,在计算过程之中,由于有旧存案件加入计算公式,因此,计算结果受到旧存案件数量多少的影响,在可比性上存在一定缺陷。

我们将在本书第二部分专题研究中,介绍“可周转案件”这个问题。合理确定可周转案件数,是保持审判态势良性运行,合理确定法院、庭室、法官工作量,即结案数量指标的重要基础。同时,我们在研究可周转案件数这个变量时,还必须同时注意到,在一定的审判运行态势下,可周转案件是一个相对固定的常数,而从一个较长的周期来看,可周转案件数会随着案件数量增长、审判人员工作量增加,以及结案调度能力、案件消化能力的变化而发生变化。

我们一般认为,年底未结案数量过多,结案率就会偏低,代表年终的结案效率不高。但从结收比的公式我们可以看出,上一年度的未结案数量多,意味着本年度的旧存案件数量多,进而意味着年初的可周转案件数增加。在人民法院的结案调度中,可周转案件数无法保持相对恒定,特别是,由于上一年度年底追求过高的结案率指标要求,导致本年度年初可周转案件数过低,甚至无案可结,是一个必须解决的重要问题。

如果仅仅为了解决被考核对象的可比性问题,我们也可以通过其他方式解决,如结案率的差异化设置等方式。事实上,在上文实施例中,某地区法院在结案调控中就多次尝试了使用差异化结案率的方式去解决被考核对象的可比性问题。当然,这个可比性问题不仅仅是由于旧存案件数量差异造成的,还包括新收案件增幅的差异、案件调度能力和消化能力的差异等因素。

同时我们必须看到,从传统的结案率考核修改为结收比考核,必须建立在辖区各法院的审判运行态势基本上都能够良性运行,结案效率具有相当可比性,没有太多法院存在严重案件积压问题的基础之上,否则就很难实现两种考核方式的良性过渡。换句话说,如果在辖区范围内,一些法院上一年度结案效率较高,导致本年度旧存案件数偏低,年初可周转案件数偏低;另一些法院由于案件积压严重,上一年度结案效率较低,导致本年度旧存案件数量很多,年初可周转案件数相对较高,那么,在将传统的结案率考核修改为结收比考核时,两类法院在完成同样的结收比任务时,就会存在很大的难度差异。例如,在同样全年完成100%的结收比指标时,那些原本结案效率较高的法院就会更加吃力;那些原本案件积压严重、结案效率偏低的法院,只需要继续保持低效率的结案运行状态,就可以完成结收比任务。这种考核方式,显然对前者不公平,也无助于激励落后者改善案件积压状态,提高结案效率。

因此,在这个实施例中,某地区法院从传统的结案率考核修改为结收比考核,经历了几年的前期准备工作,特别是通过强制调度工作,将绝大多数法院的结案效率提升到一个相对高效的状态,审判态势持续保持良性运行。在这种情况下,在实现结案率向结收比过渡时,各法院所处的基础状态是基本相同的、可比的,也是相对公平的。

实施例中,我们设置了一个存在特殊情况的辖区法院F法院,相比其他法院而言,案件积压状况相对严重,尽管在不断努力改善,但是收效并不明显。因此,在此前的结案率考核中,F法院的考核结果都是非常不理想的,而切换为结收比考核后,其由于可周转案件数相比其他法院高,案件周转相对容易,考核结果跃升为领先状态。当然,这只是一个个例,我们可以通过在确定结收比考核任务时,再进行差异化处理,为F法院设置高于100%的结收比指标。实践中,管理者并没有采取这样的差异化处理,而是在结案调度过程中,鼓励和引导F法院自行加压,提高结收比指标要求,降低积压案件数量。从实际的调控效果看,t年,F法院结收比达到104.9%,未结案数从s年的12496件下降为11394件;u年,F法院结收比达到103.8%,未结案数下降为10501件,柔性调度起到了预期效果。

2. 强调案件在一定周期内的周转速度

结收比指标的第二个重要作用就是强调案件在一定周期内的周转速度。实施例中,我们预设的一个前提是:较长一段时间以来,某地区法院和上海法院在管理模式、结案调控手段、流程管控的精细化程度等方面存在较大差异。因此,某地区法院的结收比长期落后于上海等先进地区法院(见表2-8)。

表2-8　某地区法院第一季度、第二季度结收比情况

单位:%

季度	o年	p年	q年	r年	s年	t年
第一季度结收比	55.8	53.7	58.2	55.3	53.2	64.8
第二季度结收比	74.0	65.2	70.0	79.7	79.0	82.7

实施例中,从o年到t年,某地区法院的第一季度结收比始终在53%~65%,而上海法院近年来,四个季度的结收比指标分别确定为93%、96%、99%和100%。从t年第一季度的数值来看,上海法院也实际完成了93%的结收比指标,达到了93.6%。如果从一个较长的周期来看,比如一年,某地区法院和上海法院的结收比基本上都在100%左右,差异很小。但是,如果把这个考核周期缩小为一个季度,去考察每个季度的案件周转速度和周转情况,某地区法院和上海法院之间的差异就非常明显。以t年第一季度为例,某地区法院的结收比落后上海法

院大约 30%。

我们之所以强调案件周转速度，是因为案件周转速度是决定一个法院、一个庭室和一个法官案件消化能力的重要指标和评判标准。一旦周转速度增加，就意味着案件的平均审理周期下降，也意味着一个法官同时能够周转的案件数量增加；在同一个周期之内，审结案件的数量也会增加。这样，一个法官就能够在同样的情况下审结更多的案件，即消化案件能力的增加。

近年来，为了解决人案矛盾，全国各地法院都出台了各种举措，包括大力推进多元化解和速裁工作，增加辅助人员力量，将事务性工作集约处理，或者通过购买社会服务的方式，剥离非核心审判事务，推进信息化建设等。应该说，所有这些举措如果发挥了作用，那其首先必然降低了案件的平均审理周期，提高了案件的周转速度，才进而增加了法院、庭室和法官的案件消化能力。如果某项举措没有实质性地提高案件周转速度，那么其对于提高案件消化能力的作用就不可能发挥。当然，提高案件周转速度是一个很复杂的系统工程，需要通过宏观、中观、微观等多个层面的举措综合施策，才能够发挥作用，而不是简单地通过任务分解、强压硬派的方式解决。

在实施例中，某地区法院的第一季度结收比如果是 60%，意味着在第一季度的新收案件之中，有 60% 的案件完成周转，被审结了。当然，这 60% 的案件中也包括一些旧存案件参与了周转。上海法院第一季度的结收比达到 93%，意味着在第一季度的新收案件之中，有 93% 的案件已经完成周转，被审结了。在同样的一个周期之内，周转案件的数量存在较大差异，意味着案件的审理周期存在较大差异。一旦到了第二季度末，周转周期变成半年，周转案件的数量差异就会变得小了一些，结收比的差距也会缩小。当这个周期变成一年的时候，也就是在考察年终结收比时，两个法院的差距几乎不存在了。因此，某地区法院将结案率考核调整为结收比考核，并且把考核周期从一年、半年，缩短为一个季度，就是将考察案件周转速度的周期缩短为一个季度，通过这个指标督促各个法院在完成季度指标的同时，实现案件周转速度的提升，进而提升法院的案件消化能力。

因此，在这种情况下，管理者需要将压缩案件审理周期、提高案件消化能力作为审判管理的一项非常重要的基础性工作，我们拟定了以下几方面的举措，用于说明如何实现上述管理目标：

（1）进一步加大对多元化解和速裁工作的支持力度，加强对速裁团队运行机制的深入研究，发挥法官助理在团队运行上的关键作用，鼓励各法院打造充分剥离事务性工作的复杂标杆团队，推广优秀速裁团队运行经验。（2）年初对辖区基层法院开展调研督导，让各法院充分认识到加快案件周转对提高案件消化能力的关键作用；在辖区法院考核中，大幅提高效率指标权重，引导各法院建立宏观、中观、微观管理手段相结合，符合本院实际的综合管控机制，科学压缩案件审理周期。(3)配合内设机构改革，在辖区各中、基层法院全面推行随机分案，建立重大敏感案件指定分案、其他案件一律在口内或庭室内随机分配的制度。在适当保留专业审判团队的前提下，鼓励各法院民商事案件口内统一分案，解决不同审判人员工作量不均衡状况。各法院建立的随机分案制度，不是绝对的平均分案，而是设置了一定专业权重、案由权重、未结案数量权重、关联案件特殊分配规则等固定条件的随机分案；建立专业案件特殊分配规则的法院，在多个承担专业案件审判工作的法官之间，也要随机分配。(4)加强对审限延长、扣除审限的管理，开展专项整治工作，逐渐解决虚假填录扣除审限信息、不规范扣除审限、多次扣除审限等顽疾。申请扣除审限，必须符合法律规定的情形，同时提供庭外和解申请书、管辖异议申请书、委托评估鉴定书、送达公告、中止审理裁定书等卷宗材料。重点规范因当事人申请庭外和解扣除审限的情形，必须提供双方当事人申请案外和解的申请书，且申请书明确载明申请和解的期限，或提供明确记载了双方同意庭外和解及就庭外和解期限达成一致意见的询问笔录。(5)指导各基层法院对审判流程环节进行更为精细化的管控，在部分庭室探索统一排庭、在部分审判团队探索由法官助理统一排庭的模式，压缩庭前流程周期；鼓励法官、法官助理在庭前通过电话等方式了解当事人诉求，对当事人开展举证指导，提高庭审一次成功率；对于案情简单、当事人争议不大的案件，大力提倡法官当庭宣判，压缩庭后审理环节周期。(6)指导各基层法院审判庭、审判团队对超过15日未成功送达案件、超过一个月未开庭案件进行管理干预、重点监控。(7)在涉外案件集中的法院建立涉外送达统一登记管理机制，有条件的法院，探索建立涉外送达事务性工作集中处理模式。(8)以提高商事案件审执效率为重点，全力做好为优化地区营商环境提供司法保障工作；推进执行转破产工作，进一步加大对破产案件的支持保障力度，提高破产案件工作量考核系数，切实加强对破产管理人工作的指导、监督，推动破产案件加快审理进程。

我们可以看到，这些举措，既有宏观层面上的举措，如推进多元化解和速裁工作；也有中观层面上的举措，如推进随机分案；还有一些微观上的举措，特别是鼓励审判人员养成良好的审理习惯、主动压缩案件审理周期等。这些举措必须综合施策，才能够真正降低案件审理周期，提高案件周转速度。因此，我们说，某地区法院和上海法院在这方面的差距是由于多年来管理模式和法官审理习惯等方面的差异而形成的。看起来结收比只是一个效率指标,一般而言,效率指标的提高相比质量指标提高要容易得多,但这个指标本身融合了较为复杂的因素,因此,要有大幅度的提升,实际上非常困难。所以我们说,仅仅是这样一个效率指标的差距,也至少需要通过三五年左右的不断调整,多措并举,才能够逐渐缩小差距。

3. 引导季度结案均衡

将结案率调控改为结收比调控的第三个目的是引导季度结案均衡。从审判管理的一般经验来讲,结案数量出现波峰、波谷,年底出现突击结案等问题,是不可避免的,也是审判人员在当前案件调控实践下的正常回应。如果在人案矛盾不突出的状况下,只需要对结案均衡情况进行适当的调控即可;当人案矛盾突出,案件消化能力的提高成为完成任务的主要手段时,均衡结案工作就显得尤为重要。我们的基本思路是,要提高全年的案件消化能力,必须要抓住那些消化案件数量相对较少的季度和月份,通过平衡工作量的方式,增加该期间的结案数量,从而实现全年审结案件数量的提升。如果我们把新收案件的增量都压到年底,在工作量已经满负荷的情况下,再加上案件增量,很可能会造成“崩盘”,使审判运行态势出现重大问题。管理者通过设置季度的结收比指标,引导各法院均衡不同季度的工作量,为第四季度结案高峰“泄洪减压”。这也是对结案进行强制性季度调控的意义所在。在一些地区法院的审判管理实践中,提出了一个非常理想的调控思路,那就是通过多措并举,提高案件消化能力,并积极进行结案调度,将全年的案件增量基本消化在前三个季度,从而保持第四季度的工作量与上一年度基本持平。

二、结收比考核

关于结收比的考核问题,很多地区法院都经历了一个从结案率考核到结收比考核的过渡过程,在均衡结案控制实践中,也大多经历了从年调度向半年调度以及季度调度,甚至月调度转变的过程。根据本书第一章关于层级管理的理论,对于法院的结案调度考核,不宜精细到月调度的层面,而是以半年调度或季度调度为宜。从具体的考核实践中,我们以某地区法院为例,设置了以下考核实施例:

结案调度(6.8分)

结收比=审结案件数量÷同期新收案件数量×100%

结收比指标按季度考核,每季度基础分0.9分,最高不超过1.7分,全年满分6.8分。

第一季度:B中级法院、C中级法院、D中级法院结收比达到68%以上的,计

0.9分,每高1%加0.08分;达到66%以上的,计0.4分;低于66%的,不计分。I法院、J法院结收比达到60%以上的,计0.9分,每高1%加0.08分;达到57%以上的,计0.4分;低于57%的,不计分。H法院、K法院、L法院、O法院、P法院、Q法院、X法院结收比达到62%以上的,计0.9分,每高1%加0.08分;达到59%以上的,计0.4分;低于59%的,不计分。其他法院结收比达到64%以上的,计0.9分,每高1%加0.08分;达到61%以上的,计0.4分;低于61%的,不计分。

上半年:B中级法院、C中级法院、D中级法院基础结收比设定为86%,其他法院基础结收比设定为83%,达到基础结收比的,计0.9分,每高1%加0.16分,低于基础结收比的,不计分。

前三季度:B中级法院、C中级法院、D中级法院基础结收比设定为89%,其他法院基础结收比设定为86%,达到基础结收比的,计0.9分,每高1%加0.2分,低于基础结收比的,不计分。

全年:基础结收比设定为99%,达到基础结收比的,计0.9分,每高0.5%加0.4分,低于基础结收比的,不计分。

从指标的分值看,实施例中,在假定全部考核总分为100分的情况下,我们为结案调度指标配置了单项指标的最高分值,即6.8分。此外,在指标设定中,每季度考核一次,并且每一季度考核分值相同,均为1.7分。这体现了这样一个思想:尽管对于法院而言,年底的结收比是更为重要的,但是,如果把过多的精力和分值都放在年底,不注重平时的结案调度,也难以起到非常好的效果。因此,将四个季度的权重配置为相同,有助于被考核者更加关注整体的结案均衡情况。

我们知道,结收比考核以及其他绝大多数的审判指标考核都是一种累计指标考核。也就是说,1~6月的结案情况,包含了1~3月的结案情况。那么,年初的结案调度工作就显得尤为重要。如果第一季度完成了结收比指标,调度工作比较理想,第二季度、第三季度在完成调度任务时,就会相对轻松。如果不重视年初的结案调度工作,第一季度没有完成调度任务,不仅无法获得第一季度的考核分数,更对第二季度完成调度任务造成了持续的难度和障碍。要完成第二季度的调度任务,必须先将第一季度调度任务中没有完成的部分补齐;即便如此,第一季度的考核分数也已经失去了。这种计算方式,要求被考核主体高度重视年初的指标管理工作。

在指标设计中,每一季度都为被考核主体设置了一个结收比基础值,并规定结收比达到这个基础值时,可以获得基础分,即0.9分。在超过基础值的前提下,达到了更高的结收比,可以获得相应的加分。这种规定的方式,有助于引导被考核主体将基础考核值确定为结收比指标调控的低限,对于调控能力较强的法院,可以将满分对应的结收比数值确定为结收比调控的高限。之所以将基础分设定得相对较高,即1.7分中的0.9分,是为了引导被考核主体尽可能地达到基础结收比,以获得基础分。从另一个角度来讲,是为了管理者更容易对考核结果获得满意预期,从而在整体上把控辖区法院的结案情况。

在考核实施例的差异化考量中,我们在前三个季度对中级法院(B中级法院、C中级法院、D中级法院)和基层法院进行了区分,主要是考虑中级法院在受理案件类型、审级和审限方面与基层法院有显著的区别,从而导致案件的客观周转周期不同。一般而言,中级法院的案件周转速度要高于基层法院。在不考虑客观因素的情况下,如果我们忽略各个法院之间受理案件的差异,所有的基层法院应该采取同样的结收比指标要求。在考核实施例中,管理者在第一季度考核时对于案件体量较大、人均结案数量较多的法院,与其他法院相比作了一定的差异化考量。这种考量主要是从实际情况出发的。从审判实践来看,案件体量较大、人均结案数量较多的法院,结案调度难度会明显加大,调度所需要考虑的因素更多,可能存在的调度风险也更大。从近年实际的结收比指标来看,这些法院在年初的结案效率数值明显低于其他法院。如果我们不考虑这种差异化的现状,可能会导致这些法院难以完成年初的结案调度任务。但是,随着调度周期的增长,到第二季度甚至到第三季度时,就可以适当放宽这种差异化考量。否则,将无法完成第四季度,即全年的调度任务。

还有一个问题,就是年底结案调度的问题。在结收比考核指标体系中,一般年底的结收比指标会设定为99%或100%左右。但是,这种调度方式相比未结案数调度而言,差异化的考量和精细化程度仍然存在一定欠缺。如上文中所提,在未结案调度中,我们可以在分配未结案数量指标时,更多地考虑到各法院工作量大小、案件增长幅度、管理调度能力等,适当地进行差异化的未结案指标分配。在结收比考核之中,这种差异化的考量就会更加困难,管理者也更难向被考核主体说明差异化要求的依据。

在结案调度效果上,结收比调度的准确程度将难以和未结案指标调度相比较。具体而言,假如某一个法院案件积压严重,对于这个法院的管理要求,不仅仅应该要求其审结与新收案件同等数量的案件,还应该加大结案力度,降低未结案数量,缓解案件积压现状。但在结收比考核指标之中,这种差异化的考量就会更加困难。特别是在上一年度为年终未结案指标控制,下一年度更改为年终结收比控制的情形下,一些在上一年度未结案控制较好、未结案数量相对较低的法院,在下一年度的结收比调控中,将会面临更大的困难。也就是说,要完成年终100%

的结收比要求，意味着本年度的未结案数必须与去年持平。由于去年未结案控制得较好、数量较低，就意味着今年也要将未结案控制为同样低的水平。那些在上一年度未结案数相对较多的法院，反而能够更轻松地完成100%的年终结收比指标要求。

因此，也可以考虑在年终结收比调度中，作类型化的差异考量。比如，在数个中、基层法院中，可以考虑分组考核，即根据上一年度年终结案率数值的高低，将所有被考核法院分为三个梯队，将年终结案率数值较高的第一梯队的基础结收比下调1个百分点，而将年终结案率数值较低的第三梯队基础结收比上调1个百分点。对于第一梯队而言，由于上一年度年终结案率数值较高、未结案数相对较少，本年度年终结收比达到98%时，即可以获得基础分数，指标值达到99%，可以获得指标满分。对于第三梯队，由于上一年度年终结案率数值较低，未结案控制不够理想，本年度结收比达到100%时才能够获得基础分数，达到101%时才能够获得指标满分。

第三节　人案矛盾研究

近年来，全国法院受理案件数量持续增长，除受疫情等影响，2020年、2022年全国法院受理案件数量同比小幅下降外，每年增幅为10%～20%，2022年全国法院新收案件数达到2015年新收案件数的2.05倍。根据公开报道数据，2017年以前，全国有约21万名法官；员额制改革开始后，截至2017年7月，有12万名法官入额；2018年6月，全国有12.4万名法官；到2022年11月，全国有12.8万名法官。根据上述数据测算，2017年员额制改革之前，全国法院法官人均结案数约为95.8件；员额制改革后，法官人数大幅减少，虽然此后略有增加，但增加幅度很小，以2022年为例，全国法院法官人均结案数为271.1件（见表2－9）。

表2－9　全国法院收案增长情况

类别	2015年	2016年	2017年	2018年	2019年	2020年	2021年	2022年
新收案件/万件	1679.2	2017.1	2279.4	2521.3	2878.3	2833.8	3596.3	3438.8
审结案件/万件	1653.2	2013.1	2296.3	2531.5	2905.6	2876.6	3445.0	3470.7
新收案件同比增幅/%	7.2	20.1	13.0	10.6	14.2	－1.5	26.9	－4.38

可以说,人案矛盾将是全国法院当前以及今后一段时期面临的最核心的管理课题,特别是对于经济发达地区法院而言,案件数量增长大多超过全国平均增幅,人案矛盾愈加明显。

一、用“人案矛盾”替代“案多人少”

我们来谈一下“人案矛盾”和“案多人少”这两个词。近年来,很多人都会习惯性地使用“案多人少”这个词来形容当前法院审判工作面临的困难和问题。从审判管理的专业角度看,“案多人少”只是描述了一个客观的状况和现象,但产生这种状况和现象的原因很可能是多方面的,这与使用者使用这个词汇所希望表达的意思并不完全一致。因此,笔者建议,使用“人案矛盾”这个词替代“案多人少”。

一般意义上,我们讲“案多人少”,表达的是一个相对的“多”与“少”的概念,用以形容承担案件审理任务的法官或审判人员的工作负担重、人均审理案件工作量过高。但很多时候,或在很多场景下,“案多人少”都是一个伪命题。例如,在某一个法院,一线办案人员相对较少,法官负担的审理案件人均工作量偏大。这个时候,我们可以说,法院“案多人少”。但是,很可能造成这种现象的根本原因在于,法院将更多的人员投入到了司法辅助部门和行政事务部门,导致一线办案人员不足。如果解决了这种人力资源配置不合理的状况,“案多人少”的问题很可能就不复存在了。也就是说,造成审判人员审理案件人均工作量偏大的原因,并不是案件与人员之间绝对配比不均衡造成的。

笔者发现,一些法院与另一些法院相比,法官人均办案数量存在巨大差异,有的甚至相差十几倍、几十倍。产生这种差异的原因,除了客观案件审理工作量的“多”和人员“少”的实际状况因素外,还存在法官案件消化能力的差异问题。实践中,审判管理效能没有发挥、辅助人员配置力量不足、信息化辅助功能不到位、审判流程衔接不顺畅、法官缺乏良好的审理习惯等原因,都将实质上影响法官的案件消化能力。很可能,一个案件消化能力较低的法院谈论的所谓“案多人少”问题,在另一个消化能力较高的法院看来,根本不是问题。因此,抛开这些问题和因素,笼统地去谈“案多人少”,显然是不科学的。对于解决这一现象和问题,也是没有帮助的。

“人案矛盾”这个词语表达的则是一个管理命题,描述了人员资源与案件审判任务之间存在的不均衡、不匹配的客观状况。这种“矛盾”的状况,既可能是由于绝对的“案多”与“人少”造成的,也可能是由于人员资源配置不合理造成的,抑或由于审判管理效能发挥不充分造成的。但无论基于何种原因,这种人员资源与案件审判任务之间存在的不均衡、不匹配的状况是客观存在的。因此,我们需要对“人案矛盾”产生的原因进行分析研判,从而找出产生矛盾的症结,有针对性地解决。这正是审判管理工作需要研究和解决的问题。因此,我们有必要使用“人案矛盾”替代“案多人少”这种表述。

二、解决路径

笔者认为,解决经济发达地区法院人案矛盾的路径主要包括以下几个方面:

1. 优化资源,增强合力

审判人员资源是审判工作的核心资源。长期以来,由于区域经济发展不均衡、队伍状况差异大、法院发展不同步等原因,很多地区法院都形成了辖区各法院审判人员资源分配不均,办案压力不平衡的现实局面。以 q 年为例,某地区法院法官平均办案数为 154.8 件,辖区 W 法院平均办案数为 53.5 件,而辖区 O 法院平均办案数为 426.6 件,是 W 法院的 8 倍;中院层面,辖区 B 中级法院平均办案数为 45.0 件,而辖区 D 中级法院则为 98.0 件,是 B 中级法院的 2.2 倍。

员额制推进过程中,各法院人员资源分布不均衡的状况得到一定程度缓解,但是受到各法院编制和队伍结构等因素制约,调配工作面临巨大的实际困难。随着人财物统管的要求,如果能够建立辖区法院员额法官及辅助人员的统一管理、动态调整机制,将会有效弥合因为人员资源分布不均衡导致的审判压力不均衡问题,最大程度发挥审判资源的整体合力。

一是进一步完善员额法官交流制度,在本院不同审判部门间、本部与派出法庭之间对员额法官按比例交流,盘活队伍;对于优秀的员额法官,定期交流到工作压力大、条件艰苦的法院和岗位,培养人才。二是在充分考虑法官工作地点变动对生活的影响下,参考个人意愿,对现有的员额法官进行跨院调配,优化资源;尝试开展跨区遴选法官,不区分法院,统一遴选为辖区基层法院员额法官,遴选合格后,根据人员调配需要,参考个人意愿,统一分配到各基层法院,实现辖区基层法院法官统一遴选、动态配置。三是辖区法院审判辅助人员实行统一招录、动态调配,可以考虑在员额法官短期内无法实现均衡配置的情况下,通过增加辅助人员数量的方式,缓解部分法院员额法官配置不足问题;对于高、中级法院缺少基层工作经历的法官助理,分批交流到人员短缺的基层法院。四是充分利用本地区高等院校、法律人才储备等资源,借鉴部分地区法院法律志愿者制度、部分地区法院由在校研究生担任法律助理等制度,增强辅助人员力量。同时,可以考虑通过购买社会服务的方式，为志愿者和法律助理发放一定数量的补贴。

2. 精细管理，释放效能

在全国的很多地区，从其辖区法院的审判管理格局看，精细化管理薄弱，结案均衡程度较差，特别是，各辖区法院审判管理能力和水平参差不齐，审判运行状况差异很大。这些问题，在很大程度上制约了辖区法院整体审判质效的提高。

我们从某地区法院月度结案情况进行举例分析：q 年，某地区法院 1 月、2 月分别结案 2.7 万件和 2.6 万件，而 11 月、12 月分别结案 9.3 万件和 11.3 万件，合计占到全年结案的 31.4%。r 年，管理者通过采取“重心前移”的宏观调控方式，使某地区法院第二、第三两个季度同比上一年度多结案 12 万件，提前消化了全年案件增量。也就是说，虽然当年某地区法院收案增幅达到 18.5%，但第四季度的工作压力基本与上一年度持平。如果管理者不调整节奏，将增量累积到第四季度，审判人员将不堪重负，很可能造成“崩盘”的状况。

事实上，上海法院在审判运行态势的宏观调控、审判管理的精细化程度方面十分突出，其结案率也一直排在全国法院首位。在某些地区法院，人均结案数与上海法院相去甚远，但法官却苦不堪言；一些地区法院，通过加强结案调度工作，形成了更为顺畅的结案节奏、更为良性的审判运行态势，其案件吞吐能力显著高于其他法院。以某地区 I 法院为例，r 年加强管理调控，仅第二季度就同比多消化 4 万件案件，长期未结案件数量也明显降低。这在一定程度上是加强管理带来的效益增量。

按照“分级管理、逐层精细”的管理思路，一是管理者对辖区法院审判节奏进行宏观管理，通过每年 2 ~ 3 次控制，调整整体格局，特别是着力解决不同法院审判资源和管理水平的差异性问题；二是各法院对审判运行态势进行月度管理，确定本院结案目标和节奏，调控各审判业务口、各庭室的资源配置和审判指标状况；三是庭室和审判团队进行更为精细化的管理，实行周度审理进度规划和结案控制，确定庭室或团队内每名法官的基础工作量，落实院内的月度结案任务和指标管理要求。

3. 机制分流，加速周转

以 q 年为例，上海法院民事一审案件的平均审理时间为 37 天，而同为经济发达地区的其他一些法院，平均审理时间却明显比上海法院长，有的地区法院的平均审理时间达到了 79 天。如何降低民事一审案件审理周期，提高流转速度，将是解决法院案件吞吐能力的关键。可以说，优化资源配置、调整管理格局都将增强审判队伍消化案件的能力，但其效果是有一定限度的，而强化机制分流，大力推进多元纠纷化解和速裁工作，形成“用少数人快审多数案件，用多数人精审少数案件”的格局，是解决人案矛盾的根本途径。

一是高度重视多元纠纷化解场所建设，切实落实人民调解员驻院、驻法庭调解，实现纠纷在立案阶段的“同站换乘、即时导出”，形成一批“经法院培训、听法院指挥、主要由法院资金供给”的人民调解员队伍，是解决多元纠纷化解工作瓶颈的有效途径。二是进一步规范多元纠纷化解工作流程，避免程序空转，实行30日化解期后自动立案进入诉讼程序，将多元纠纷化解程序的蓄水池功能逐渐回归为正常周转功能；加强人民调解员队伍培训管理，提高多元纠纷化解成功率，增加化解体量，有效分流法院案件增量。三是在业务庭内设置速裁合议庭或速裁组的方式消化案件能力十分有限，无法发挥速裁工作的效能，因此，在所有基层法院组建或改造专门的速裁庭，对速裁工作有效推进至关重要。四是要进一步探索、规范速裁工作程序，在明确简繁标准的同时，不必受案由和标的限制，尽可能多地将案件导入速裁；要进一步规范速裁案件回流比例和程序；要优先保障、配齐配强速裁团队辅助人员力量，加强辅助性事务，特别是送达、传唤、排期开庭、文书草拟等事务的集约处理，尝试一名法官加多名法官助理和书记员的模式，提高速裁团队快速化解案件能力；进一步加强速裁程序研究，特别是在举证期限、答辩期限、开庭程序、文书制作等方面加大调研力度，为简案快审、快结提供审理程序保障。

4. 事务集约，技术助力

加强精细化管理，可以提高队伍整体消化案件的能力；科学剥离非核心审判事务，则可以提高员额法官个体结案数量。对审判辅助事务采取集约化处理、引入社会化服务、通过信息化方式提高辅助事务的处理效率，都是解决目前审判辅助力量不足的有效途径。

一是明确法官与审判辅助人员的分类职责，科学界定核心审判事务和非核心审判事务；加强审判团队配置的宏观指导，要在总结经验的基础上，遵循审判规律，立足审判实践，建立团队配置示范样本，推广团队运作成功模式，实现审判团队配置模式的适度标准化，特别是要重点研究速裁团队配置和运作方式，建立由少数员额法官团队化解绝大多数民商事案件的工作格局。二是在对审判辅助事务进行科学分解后，逐一研究，确定符合实际的地区法院集约、各辖区法院集约、审判庭室集约和团队集约的具体方式，确定可以通过购买社会服务方式实现标准化辅助的项目内容。三是充分运用技术手段，增强审判辅助事务集约化处理能力；增强网上办公、网上办案的用户体验，降低法官、审判辅助人员使用系统的时间消耗。四是加强办案规范化建设，并与信息化技术融合，推行大部分简易案件在多元纠纷化解程序和速裁程序中的标准化审理,在提高案件效率的同时,解决司法标准统一问题。

第四节　长期未结案清理

长期未结案件的数量多少,从根本上来讲,是审判运行态势是否良性运转的一个重要标志。

一个法院、一个庭室,无论是因为人案矛盾突出、工作量过大,还是因为管理松懈,没有发挥院庭长的监督管理职能,只要审判态势运行不够顺畅,流程管控不够严格,长期未结案数量就容易发生失控。而且这种长期未结案数量的失控,不仅仅表现在3年以上未结案数量较多,同时,1年至2年、2年至3年的长期未结案数量也会同比例增多,导致清积工作十分困难。有的法院由于审判态势调控不力,3年以上未结案数量过多,可一旦开始强力清理,这个月刚清完,下个月又有新的3年以上未结案冒头,清理工作十分艰难。

从审判管理的角度,清理3年以上未结案,要从两个方面认识:一方面,就长期未结案清理这项工作本身而言,其清理方式不外乎强力督促。另一方面,长期未结案数量过多,本身反映的是审判运行态势运转不力、案件周转周期过长,因此,单纯通过清理长期未结案的举措,只会陷入疲劳的奋战之中。要想从根本上解决长期未结案过多的问题,需要不断通过各种举措优化审判格局,加强审判管理。特别是要加强院庭长对于案件审判流程的督促和管控。同时,还要调整审判人员的工作习惯,让审判人员有意识地压缩审理周期,提高案件周转速度。总之,长期未结案件数量过多,看起来是一些个案审理流程失控的问题,而从根源上讲,是一个综合的审判管理问题,是审判运行态势调度失控的外在反映。关于审判运行态势调度失控,我们在其他章节已有涉及,此部分我们重点介绍如何从宏观层面管控长期未结案数量。

一、阶段识别

清理长期未结案工作的第一个基础性问题就是对长期未结案进行分阶段识别和管控的问题。全国各地法院在清积工作中大多建立了这种机制,例如,某地区法院根据审理时间的不同,将长期未结案件区分为三类,分别为预警区、警示区和监控区。最开始的分类标准是,审理时间为1年至1年半的未结案为预警区,1年半至3年的未结案为警示区,3年以上的未结案为监控区。由于当时主要的清理精力都在3年以上的监控区范围之内,对于预警区和警示区的案件涉及较少,因此,这种分类标准并未表现得明显不妥。

随着清理工作的不断深入,清理的触手不断前移,管理者发现,在这种分类标准中,警示区的区间过大,案件数量过多。从清理监控区的长期未结案迁移到清理警示区的长期未结案过程中,数量出现大幅激增,导致清理措施很难实施。因此,管理者调整了三个区域的分类标准:将审理时间为1年至2年的未结案设定为预警区,将审理时间为2年至3年的未结案设定为警示区,将审理时间超过3年的未结案设定为监控区。这种分类标准的意义之一,是根据实际情况,确定哪一个区域内的案件属于当前一段时间的清理重点;另一个重要的意义是为不同区域的案件设定合理的清理指标标准(见表2-10)。

表2-10 长期未结案阶段识别标准

类别	预警区	警示区	监控区
调整前	1年至1年半	1年半至3年	3年以上
调整后	1年至2年	2年至3年	3年以上

二、积案清理考核

为了更好地管控长期未结案,笔者创设了一个指标,叫作"长期未结案占比"。具体的计算公式是:

$$长期未结案占比 = 长期未结案数量 \div 当前未结案总数 \times 100\%$$

笔者认为,在审判态势相对良性运行的基础上,长期未结案件总数占当前未结案总数的比例应该是一个相对恒定的值,或者这个值应当控制在一定的合理范围之内。

关于如何确定指标的合理值,以某地区法院t年的未结案数据为例,经过反复测算,笔者认为,一个审判态势运行相对良性的法院,审理时间超过3年的未结案件数量应该控制在当前未结案总数的万分之三以下;审理时间在2年至3年的未结案件数量应该控制在当前未结案总数的千分之三以下;审理时间在1年至2年的未结案件数量应该控制在当前未结案总数的百分之三以下。

笔者现在说的这个比例,应该是一个相对恒定的比例。在任何一个时间点,这个比例应该都在一个相对稳定的范围之内浮动。但是,事实上,对于结案数量较多的法院,这个比例往往随着清理力度的变化发生较大波动,特别是在年底清理力度加大时,这个比例的变化幅度会更大。所以,在实际考核过程中,我们并不是进行年底的一次考核,而是通过确定几个时间点进行综合考核。例如,作为清理工作的重点,3 年以上未结案每季度考核一次,而 1 年至 2 年、2 年至 3 年未结案每半年考核一次。

以某地区法院为例,拟定指标考核实施例如下:

积案清理(6 分)(本指标考核 B 中级法院、C 中级法院、D 中级法院、E 中级法院时,总分 5 分,考核其他法院时,总分 6 分)

一年至两年、两年至三年未结案件①占比按半年考核,满分各 1 分;三年以上未结案件占比按季度考核,B 中级法院、C 中级法院、D 中级法院、E 中级法院满分各 0.25 分,其他法院满分各 0.5 分。

一年至两年未结案件占比:截至 6 月 30 日,B 中级法院、C 中级法院、D 中级法院积案数量占同期未结案件的比例未超过 2% 的,计 1 分,超过的不计分;F 法院积案数量占同期未结案件的比例未超过 8% 的,计 1 分,超过的不计分;I 法院、J 法院积案数量占同期未结案件的比例未超过 5% 的,计 1 分,超过的不计分;H 法院、K 法院、O 法院积案数量占同期未结案件的比例未超过 4% 的,计 1 分,超过的不计分;其他法院积案数量占同期未结案件的比例未超过 3% 的,计 1 分,超过的不计分。

截至 12 月 31 日,B 中级法院、C 中级法院、D 中级法院、E 中级法院积案数量占同期未结案件的比例未超过 4% 的,计 1 分,超过的不计分;F 法院积案数量占同期未结案件的比例未超过 8% 的,计 1 分,超过的不计分;I 法院、J 法院积案数量占同期未结案件的比例未超过 5% 的,计 1 分,超过的不计分;H 法院、K 法院、O 法院积案数量占同期未结案件的比例未超过 4% 的,计 1 分,超过的不计分;其他法院积案数量占同期未结案件的比例未超过 3% 的,计 1 分,超过的不计分。

两年至三年未结案件占比:截至上半年末、全年末,B 中级法院、C 中级法院、D 中级法院,H 法院、K 法院、O 法院积案数量占同期未结案件的比例未超过 0.4% 的,计 1 分,超过的不计分;E 中级法院、I 法院、J 法院积案数量占同期未结案件的比例未超过 0.5% 的,计 1 分,超过的不计分;F 法院积案数量占同期未结案件的比例未超过 1% 的,计 1 分,超过的不计分;其他法院积案数量占同期未结案件的比例未超过 0.3% 的,计 1 分,超过的不计分。

三年以上未结案件占比:截至每个季度末,基层法院积案数量占同期未结案

---

① 长期未结案件不包括执行、国家赔偿、减刑假释、申诉审查、破产清算案件,刑事被告人脱逃或无受审能力案件。

件的比例未超过0.03%的，计0.3分，超过的不计分，为0的，计0.5分；B中级法院、C中级法院、D中级法院、E中级法院积案数量超过1件的，不计分，为1件的，计0.15分，为0的，计0.25分；F法院积案数量超过1件的，不计分，为1件的，计0.3分，为0的，计0.5分。因特殊客观原因导致的5件以上三年以上关联未结案，经受理法院申请，审核后对三年以上未结案总数进行扣减，扣减后按照"相应计分×0.5"计算本指标分数。

这里有两个问题需要特别说明：(1)长期未结案占比这个指标的差异化处理问题。一般认为，中级法院和基层法院在案件类型、审理周期等方面有着较大的差异。因此，长期未结案形成的规律也会有所不同。在确定长期未结案占比这个指标时，一般应对中级法院和基层法院进行相对差异化的考量。理论上，对各基层法院而言，一般不应做相对差异化的考量；而管理者在指标确定时，对于部分法院放宽了考核标准，提高了基础指标值。主要原因是，这些法院在长期的发展过程中，由于人案矛盾、管理调度能力等方面的差异，造成了长期未结案数量相比其他法院明显偏多，如果不做适当的差异化考量，而是与其他基层法院用同一个标尺来卡，这些法院将无法获得相应的考核分数，从而无法发挥考核指标的引导和激励作用。因此，我们不得不正视这种差异，对这些法院进行适度的差异化考量。

(2)对于存在一些客观原因无法审结的3年以上未结案，是否需要进行扣除的问题。这个问题相对来说比较复杂，很难一概而论。但从笔者多年清理积案的经验来看，案件长期不能审结，一般必然会有客观不能审结的原因和因素，但同时，大多数的长期未结案也糅杂了主观因素和原因。例如，有些案件不能审结，是因为涉外送达和评估、鉴定，但是，如果我们单纯去考量涉外送达和评估、鉴定这些客观原因，就会发现，这些原因并不足以导致这些案件长达3年仍不能审结。其中仍有一些管理上的因素，如审判人员流程管控不力、部分审理过程拖沓、因更换案件承办法官等原因造成案件审理耽搁等。在这种情况下，如果我们在考核时单纯地认定这些案件因为存在不能审结的客观因素，在考核指标中予以扣除，将难以达到督促法院院庭长和审判人员加快推进审理进程、尽快审结案件的管理目的。在实际操作中，客观原因和主观可控原因是如何共同影响了案件审理进程，很难确定。因此，我们一个初步的思路是，对于长期未结案件的统计和考核，不考虑其原因是客观因素，还是主观拖延、管理失控等导致案件长期无法审结。

当然，也存在一些极为特殊的情况。特别是在多起关联案件审理过程之中，发生极特殊的因素导致这些案件不能审结时，如果不做适当的技术处理，将导致这些法院无论如何都无法拿到考核分数。这样的结果可能会使这些法院放弃这个指标,对其他能够进行督促、加快审理进程的长期未结案,也没有动力严格管理。因此,在实施例中,我们在严格设定条件的情况下,对这种极特殊情况进行了适当的差异化考量。这种考量,一方面对这种特殊情况在总数上予以适度扣除,另一方面对其考核分数也要做一定的扣减,否则对于没有这种特殊情况的法院来讲也不公平。如果这些案件做了完全的扣除,对于法院考核分数没有任何影响,也可能导致承办法官对于这些案件的督促和流程推进抱有放任态度,不利于这些案件审理流程的持续推进。

三、关口前移

在长期未结案清理中,一个有效的措施是关口前移,将督促的关键点从 3 年以上未结案延伸到 2 年至 3 年的未结案,甚至延伸到 1 年以上的未结案。事实上,有些地区法院长期未结案清理工作相对落后,长期未结案数量在全国法院中排名也较为靠后,一个很重要的原因是迫于清理难度和庞大的案件数量,关口未能前移。此项工作做得比较好的一些先进法院,如上海法院、江苏法院、浙江法院等,长期未结案的重点已经转移到 12 个月以上或 6 个月以上。

关口前移是解决长期未结案边清边积、清理后迅速反弹问题的重要举措,也是人民法院在重点清理 3 年以上未结案取得阶段性成果后,下一步必须采取的管控方式,否则,清积工作将会永远成为一项难点工作,耗费大量人力物力,但成效不高。在一些长期未结案件相对较多、案件积压相对严重的法院,我们曾提出,在结案控制之中,采取“双指标”的控制方式,即在确定结案数量任务指标时,除了确定一个法官团队每月应审结的案件总数,还要同时确定在这些应审结的案件总数中,应包括多少件以上的长期未结案。通过这种方式,可以避免审判人员将长期未结案越放越久,为了完成结案数量任务,只审理那些易于处理的新收案件。

应该来说,清理长期未结案的举措相对比较单一,主要就是督促。有些法院将其总结为“围追堵截”。另一个举措就是根据承办法官、庭长、主管副院长、院长等不同的级别和权限,确定在满足一定条件下,由不同的主体进行监督和管理。从法院的清理经验来看,要解决长期未结案积压问题,一方面要靠审判人员的责任心和审理习惯的逐渐改变;另一方面主要靠院庭长的监督管理。那些院庭长审判监督管理职责发挥得比较好的法院,长期未结案清理工作就做得比较好,甚至可以在长期未结案数量明显偏高的情况下,在较短的时间内打出翻身仗。那些院庭长审判监督管理职责发挥不到位的法院,长期未结案数量往往积累得越来越多,清理工作也很难看出成效。

在某地区法院,曾经出现过运用强势的管理手段清理长期未结案的例子,一位庭长因在督促管理长期未结案过程中,没有尽到监督管理职责被就地免职,该措施取得了震慑性的管理效果。应该说,长期未结案的清理是一项审判管理中的专项工作,但管理涉及面广,协调难度很大,因此,我们说,长期未结案的清理是"一把手"工程。从管理实践看也是如此:"一把手"重视程度高、管理决心大、管理措施比较坚决的法院,往往能够迅速改善局面,取得较好的清理效果;"一把手"对审判管理,特别是长期未结案清理工作重视不够,单纯依靠主管院长、庭长的督促,很难取得很好的清理效果。因此,笔者更倾向认为,长期未结案清理是检验一个法院党组,特别是"一把手"落实能力的重要标准。

当然,在清理长期未结案时,在下真功夫、花大力气,采取硬措施的同时,也要注重尊重审判规律,确保案件公正审理,保障当事人合法的程序性和实体性权利,不能单纯为了消减长期未结案数量而损害当事人的合法权益。

近年来,在清理长期未结案的过程中,笔者也对长期未结案的成因作了一定的分析和研究。一般而言,长期未结案的客观形成原因主要为:

1. 因一案等另一案结果而导致案件中止审理。

2. 涉外送达程序。一些案件经过多次涉外送达程序,仍无法有效送达。

3. 公告、评估、鉴定等延误时间,特别是涉及重复评估、鉴定,多次评估、鉴定的案件,容易形成长期未结案。例如,在建设工程施工合同纠纷案件中,可能会需要经历工程质量鉴定、修复方案鉴定和修复工程造价鉴定等,并且原则上这三个鉴定必须按照顺序逐一进行,从而导致案件审理周期较长。还有一些离婚、分家析产案件会涉及多项财产的价值评估,同时可能会叠加笔迹鉴定、行为能力鉴定等,从而导致案件审理周期偏长。一些涉众型经济犯罪刑事案件,经侦机关未对犯罪嫌疑人的公司账目进行详细审计,亦未对众多被害人状况、被害人具体损失金额进行清登、统计,甚至随案查扣的财产都存在权属不明、状态不清等各种问题,导致刑事案件审理过程中需要通过评估、审计等方式固定证据、确定犯罪金额等,从而使案件审理周期过长。由于这些案件涉及受害人人数众多,情况复杂,账目混乱、不完整,统计和甄别的难度非常大,因此,审理工作用时较长,延误了案件审理进程。

4. 多次追加当事人。特别是一些案件当事人在诉讼进程中死亡,需要追加继承人参加诉讼;同时由于继承人的原因,需要再采取涉外送达、公告送达等。

5. 还有一些极特殊案件,需要协调相关部门,征求相关部门意见,以追求更好的社会效果,也容易造成审理周期拖延。

6. 在主观层面，承办法官审限意识不强、对于流程管理控制不严格，造成流程拖沓、审理周期过长的情况是其中的主要原因。

7. 还有一些案件由于法官工作岗位调整、辞职、交流等原因更换案件承办法官，最终导致案件长期未结。有些案件多次更换承办法官，甚至更换承办法官后新的承办法官没有做任何实质性工作，就再次更换了承办法官。这种情况属于明显的管理问题，说明院庭长对于案件的流程督促管理没有发挥作用。院庭长在日常管理中，应该对案件整体情况进行监督管理、分析研判，做到心中有数。特别是在承办法官申报延审、扣除审限等程序中，院庭长应该在审批之前，对这些案件的情况进行询问，必要时给予相应的指导和监管，以起到督促长期未结案尽快审结的作用。

近年来，在积案清理实践中，有的地区法院审判管理部门联合相应的业务部门和负责评估、鉴定的诉讼服务部门，共同对辖区法院 3 年以上未结案进行逐案督导，要求各法院对 3 年以上未结案进行梳理，填写相应表格，并且逐案向审委会汇报，由审委会听取案件情况后及时作出审理结果、决议或对审理进程提出明确要求。因此，在 3 年以上未结案登记表中，专门有一个必填项，即审委会听取案件后的决议和要求。同时，还有一个表单，是此前已经登记过的 3 年以上未结案在下一次清理中仍然没有审结的，需要填写进度表，以确保承办法官在一定期间内对 3 年以上未结案进行相应的审理推动工作。这些排查表和审理进度表由承办法官填写，一案一表。基层法院逐案层报院长审批，高、中级法院逐案层报主管副院长审批，并由审判管理部门填写汇总表。这些措施旨在督促各中、基层法院管理者做好 3 年以上未结案摸清底数、加强管理的工作。

在以下的管理实施例中，我们以某地区法院为例，在对本院和辖区法院年底 2 年以上未结案开展逐案排查、审委会审议和督导时，为提高清理成效，提出了一些具体的工作要求和管理措施：

1. 清理范围：截至 t 年 12 月 31 日审理时间超过 2 年的案件，不包括执行、国家赔偿、减刑假释、申诉审查、破产清算案件，刑事被告人脱逃或无受审能力案件。

2. 由各法院审判管理部门牵头，联合相关业务部门，将截至 t 年 12 月 31 日审理时间超过 2 年的案件按照示例 2－1 样式填写排查表，t 年上半年已经填写过排查表的未结案按照示例 2－2 样式填写审理进度表，一案一表，基层法院逐案层报院长审批，高、中级法院逐案层报主管副院长审批。审判管理部门按照示例 2－3 样式填写汇总表。请于 t 年 10 月 15 日前将表格纸质版、电子版报送至地区法院审判管理办公室。

3. 对于截至 t 年 12 月 31 日预计不能审结的案件（包括上一年度、本年度上半年本院审判委员会已经审议过，但预计本年度 12 月 31 日前仍不能审结的案件），各法院审判委员会应于 t 年 9 月 30 日前，案件数量较多的法院最迟不超过 10 月 15 日前，逐案听取汇报，确定审理方案和下一步的工作要求。各单位在报送上述案件排查表时，应按照表格样式填写本院审判委员会意见。

4. 地区法院审判管理部门将于 t 年 10 月中下旬开始开展逐案督导工作。

5. 本次积案清理工作数量大、任务重，各法院要高度重视，提前部署，特别是积案数量较多的法院，要专门研究部署清理工作，确保按时完成规定要求，达到清理效果。各法院要将审议 2 年以上未结案作为审判委员会的重要工作内容，建立长效机制，提前排查，逐月审议。

示例 2－1：两年以上未结案排查表

法院		承办庭室		承办人	
案号			案由		
立案日期			合议庭成员		
当事人基本信息					
基本案情					
审理进程中的重要节点					
不能审结原因					
审委会听取汇报结果（高院填写主管院长听取汇报情况）（此项必填）					
下一步工作举措					
预计审结时间（填写具体时间）					
庭长意见					
主管院长意见					
院长意见					
备注					

注：审理进程中的重要节点项填写立案、送达、管辖权争议、开庭、鉴定、合议、延长审限、中止审理等影响审理进程的重要流程的开始时间、结束时间或期间。

示例 2-2:两年以上未结案审理进度表

法院		承办庭室		承办人	
案号			案由		
立案日期			合议庭成员		
当事人基本信息					
基本案情					
本季度所做工作及下一步工作举措					
审委会听取汇报结果(高院填写主管院长听取汇报情况)(此项必填)					
预计审结时间(填写具体时间)					
庭长意见					
主管院长意见					
院长意见					
备注					

示例 2-3:两年以上未结案汇总表

序号	承办法院	案号	案件类型	诉讼程序	案由	当事人	立案时间	承办部门	承办人	是否经审委会讨论	未审结原因	预计审结时间	备注

注:“未审结原因”填写要求:(1)刑事案件:a 被告人下落不明,b 被告人不具备受审能力,c 其他,选择“其他”时,请填写具体原因;(2)民事案件:a 等待其他法院在审案件审理结果,b 等待刑事案件侦查处理结果,c 评估、鉴定、审计,d 等待政府行使行政权,e 向当事人送达法律文书困难,f 上级法院协调,g 上级法院要求暂缓审理,h 管辖权争议处理中,i 调解,j 信访,k 涉案当事人正处于破产程序,l 当事人诉讼主体问题,m 其他,选择“其他”时,请填写具体原因;(3)行政案件:a 等待其他法院在审案件审理结果,b 等待刑事案件侦查处理结果,c 评估、鉴定、审计,d 等待政府行使行政权,e 向当事人送达法律文书困难,f 上级法院协调,g 上级法院要求暂缓审理,h 管辖权争议处理中,i 调解,j 信访,k 涉案当事人正处于破产程序,l 当事人诉讼主体问题,m 其他,选择“其他”时,请填写具体原因。

从我们调研的情况来看,一些审理流程拖延、频繁更换承办法官等原因造成的长期未结案,都属于管理性问题,可以通过设定相应的管理制度和加强督促管理等方式予以解决。例如,为了解决更换承办法官造成案件长期未结的问题,一些地区法院规定案件审理时间超过一定期限就更换承办法官为副庭长,再超过一定期限就更换承办法官为庭长，审理时间再长的，就由副院长或院长承办。这些举措都起到了一定的作用，但是从管理的角度而言，我们应该尽量避免非必要性地更换承办法官，而是通过加强院庭长的管理督促去解决流程拖延等相关的管理问题。一些地区法院在确定院庭长办案的工作规定中明确，长期未结案属于疑难复杂案件，院庭长应该带头办理。同时，规定因承办法官辞职、辞退等原因需要更换一年以上未结案承办法官的，由庭长、副庭长承办。这种规定的前提条件是因承办法官辞职、辞退等原因必须要更换承办法官，在这种情形下，由庭长、副庭长承办有利于促进案件尽快审结。考虑到一些基层大院法官变动频繁，如果规定由院长、副院长承办，涉及的案件数量可能比较多，实际操作起来会存在较大的难度。因此，由庭长和副庭长承办相对比较现实。

四、长效机制

在清理长期未结案的过程中，各法院的管理者应该从年初就狠抓清理积案工作，特别是利用第一季度审判压力相对较小的契机，进一步加大清理力度，巩固3年以上未结案件清理成果，避免积案数量反弹；对行之有效的工作做法进行总结，形成“治标又治本”的长效机制。

在分析长期未结案原因时，我们发现，有一些造成案件长期未结的原因，并非纯粹的管理问题，而是涉及案件审理的程序性，甚至实体性问题，包括审判人员的审理习惯、判断规则、价值取向等。这些问题需要审判管理部门和业务部门共同作深入研究。例如，我们发现，在部分法院中，存在中止审理案件的标准过于宽松的问题，这导致很多案件需要等待其他案件的审理结果之后才能够继续审理，从而造成一些非必要性的案件长期未结。对于这个问题，我们认为，应该加强对案件长期未结原因的专项调研分析，严格中止审理标准，解决关联案件适用中止审理过宽的问题；有效运用合并审理制度，把实际属于同一案件的不同案件合为一案，把不属于同一案件的关联案件以适当方式合并审理，避免因一案拆分成多案、关联案件分散审理导致案件相互等待、审理周期不确定。我们的一个大的思路是，在清理长期未结案过程中，对于程序性事项引发案件长期未结，造成审理障碍的，相对一般案件而言，可以做适当突破。在充分研判突破程序障碍可能对当事人造成影响的情况下，适当放松程序性要求，加快审理进程，使案件能够尽快推进或审结。

再如，我们在调研中发现，有一些案件当事人提出了评估鉴定申请，这些案件也符合进行评估鉴定的条件。但很多法官在收到评估鉴定申请之后，处理评估鉴定申请的过程相对拖沓，很长时间过去了，仍然没有启动评估鉴定程序，甚至没有确定评估鉴定所需要的检材，没有组织双方当事人对检材的真实性进行质证。还有一些案件当事人，基于各种考虑，对评估鉴定进程设置障碍，拒绝提交符合条件的检材或者拒绝缴纳相应的鉴定费用，导致鉴定迟迟无法启动。法院在鉴定过程中被“牵着鼻子走”，丧失了流程推进的主动权。还有一些法官在鉴定过程中没有积极主动与鉴定机构做好沟通协调，以先行确定鉴定所需检材类别和对于材料的具体要求，启动鉴定程序很长时间后被鉴定机构以材料不符合评估鉴定条件为由退回，造成流程拖延。因此，我们认为，要进一步规范委托评估鉴定流程，合理压缩评估鉴定周期，特别是压缩从当事人提交鉴定申请到实际委托鉴定的周期。法官在询问中要向当事人明确告知应提交的鉴定材料、提交期限、缴费期限等，并明确逾期不提交材料、不缴费的法律后果，避免因当事人迟迟不提交鉴定材料、不缴纳鉴定费用造成鉴定程序无法启动；要加强与鉴定机构的沟通，避免委托鉴定很长时间后才被鉴定机构以缺乏必要鉴定材料等理由退回，或因反复补充鉴定材料造成鉴定周期过长等情形发生。

我们在督办长期未结案的过程中发现，除了一些管理问题和审判人员的审理习惯问题，如流程管控拖沓等问题之外，还有一些属于审判人员审理思路问题。比较常见的情况是，由于审判人员对于案件的审理思路不清晰、不明确，而当事人又不断地提出各种申请、要求，从而导致审判人员无所适从，被当事人“牵着鼻子走”，没有积极主动地把控流程进展，推进案件审理节奏。例如，在很多继承、分家析产和离婚后财产纠纷等案件中，当事人不断地提出新的财产线索；法官出于负责任的态度，不断地随着当事人提供的线索进行核实，导致案件长期无法审结。在督办长期未结案的过程中，法官甚至有些委屈。他们认为，案件长期未结，主要是由于案件本身情况比较复杂、当事人财产线索多导致的，并没有自己主观拖延的成分；反而是因为自己比较认真负责，对于当事人提供的财产线索没有遗漏和放弃，逐一进行核查，才导致案件长期未结。我们一般认为，在这类案件审理过程之中，法官通过查阅卷宗、询问等方式了解案件基本情况，可以在一定时间内就能够整体把握案件的审理难度，大致厘清当事人涉案的财产线索范畴，以及当事人提供财产线索的难度。在这种情况下，法官应该根据案件的实际情况，给予双方当事人提供财产线索适当的举证期限，并且告知双方当事人在举证期限内不能提供财产线索的处理方式。必要时，也可以和双方当事人进行沟通和协商，共同确定财产线索的提供时限。这种方式可以使法官和双方当事人有比较好的预期，也能够对双方当事人提供线索的行为进行一定的约束，增强当事人的举证紧迫性，避免让当事人认为无论何时找到财产线索，只要案件没有结案，就可以不断地提出来，让法院不断地去核实、审查。这样，法官就可以在一定的期间内确定案件进行分配的财产范围；对于超过举证期限提供的财产线索，除了一些极特殊的情况外，一般可告知当事人另案处理。这样，即便是案件涉及的财产线索较多、财产处置相对复杂，也可以在确定财产整体范围的情况下，多个财产线索并行进行处置，该评估的评估，该审计的审计，整体上的审理进程就基本可控。而不是像有些案件一样，当事人提出一个财产线索，法官就进行一个财产线索的核查处置；等到财产线索核查处置结束后，当事人又提供了另一个财产线索，法官就又进行下一个财产线索的核查处置。最终导致的结果是，所有的案件财产线索处置处于一个串联的状态，占用了大量的审理时间，而不是将所有的财产线索固定后并行处理。

还有一些案件，由于法官没有及时地适用证据规则，或行使对程序性事项的处置权，导致案件长期未结。如当事人提供了境内被告的境外居住地址，要求法院委托涉外送达。送达失败后，再次提供被告境外的另一居住地址，要求法院重新进行涉外送达。有些案件的当事人以各种理由拖延诉讼，阻碍审理进程，以自己在外地或境外为由，或以自己一段时间身体不适为由，不予出庭，不配合法院的审理进程。或者一些涉外案件当事人不断表示要积极应诉，不需通过涉外送达和涉外公告方式送达，但却迟迟不提供主体证明，也不积极地委托境内代理人参加诉讼，一直以正在办理公证、认证手续材料等理由不断拖延，导致一些案件长达一两年仍未进入合法、有效的送达程序。还有一些案件，当事人出于各种原因不愿意尽快地推进审理进程，称双方正在调解，并表示已有很大进展，很有可能达成和解协议。于是法官长时间等待双方当事人进行和解的结果，暂停推进各项审理进程，直到很长时间过去之后，院庭长进行长期未结案件的督查时，法官才发现有一些事实尚未查清、一些程序事项尚未推进。还有一些案件涉及复杂的账目核对、工程量核对等内容，部分还需要进行现场勘验。有一些法官既不委托专业机构进行评估、审计，也不愿带领双方当事人进行现场勘验和账目核对，完全依赖双方当事人自行进行工程量确认和账目核对等工作，而由于双方当事人对于一些工作量的确认和账目上存在争议，各持己见，无法达成一致，导致对账工作迟迟无法推进，延误审理进程。在处理复杂的医疗损害责任纠纷案件时，当事人对于医疗过错鉴定的结果持有异议，法官不是从证据规则出发，而是滥用自由心证，在不符合重新鉴定的条件下，重新启动鉴定程序，不仅延误了案件的审理周期，而且导致在出现两个相异鉴定结论的情况下，无法下判。这些问题的发生，和法官的审理习惯、对于流程的把控能力以及对于某一种类型案件的审判思路都有很大的关系，更深层次的是法官的审判能力问题。这需要对法官进行不断地培训和指导，才能够解决这些深层次的问题。

从督导实践看，还有一个现象值得关注，那就是不同的法院，特别是不同的基层法院，最终形成的长期未结案类型往往相对较为集中。例如，在某地区法院，长期未结案数量相对较多的三个辖区基层法院，其长期未结案类型分别为：(1)因一案等另一案结果而中止诉讼，这类案件主要集中为合同纠纷案件、分家析产纠纷案件、婚姻家庭纠纷案件等，因等待相关的合同效力认定或不动产权属认定案件的裁判结果而中止诉讼；(2)医疗损害责任纠纷案件；(3)建设工程施工合同纠纷案件。

我们最开始的判断是，这可能与各基层法院因区域特点导致的受理案件类型差异相关，但经过分析后发现，医疗损害责任纠纷案件形成长期未结案最多的法院，并非医疗机构相对集中、受理医疗损害责任纠纷案件最多的基层法院。另外两个法院，因建设工程施工合同纠纷案件和中止案件相对较多导致长期未结案数量较多，但从案件类型上分析，这两个法院受理相关案件的数量并不明显高于其他法院。

经过个案督导，我们发现，该基层法院在办理医疗损害责任纠纷案件过程中，法官审理能力不强，审理思路经常出现偏差，导致案件出现不必要的多次鉴定、重复鉴定等问题；此外，合议庭缺乏有效措施处理当事人缠诉、闹访问题，部分案件迟迟不敢下判。在另外一个辖区内医院数量较多、受理医疗损害责任纠纷案件数量最多的基层法院中，由于长期以来高度重视医疗损害责任纠纷案件的审理和研究，该法院建立了专业化的审判队伍，培养了专家型的审判人才，积累了较为丰富的审理经验。特别是在解决长期未结案方面，采取了以下两方面的举措：(1)对于经初步审查，符合一定条件的医疗损害责任纠纷案件，经双方当事人同意，在诉前调解阶段即启动医疗过错鉴定程序，避免因鉴定程序耗时过长，影响案件审理周期。(2)对于一些经过医疗过错鉴定程序无法得出鉴定结论的案件，尝试通过举行专家论证会的方式，由相关领域专家听取双方当事人的陈述意见，审查相关证据材料，形成相对一致的倾向性意见后，法院直接根据专家论证意见确定医疗损害过错和赔偿标准，从而解决了一些案件因无法鉴定或无法得出鉴定结论导致法官难以下判的问题。

通过这两个法院的例子可以看出，这种某一类型案件在某一法院发生长期未结案聚集现象的原因，更多的是与法官审理能力、审理思路，以及长期以来形成的审判方式传统等息息相关。从这个角度来讲，研究长期未结案类型化聚集问题，有针对性地解决长期未结案产生和积压的深层次原因，并通过相互交流借鉴、调整审判思路和裁判方法等方式，解决制约某一类型案件长期未结的痛点、难点，是审判管理部门在长期未结案清理工作中的一项重要且复杂的工作。

还有一个问题值得讨论，那就是在处理因关联案件未审结，导致案件长期未结的处理问题。我们采取的一个清理措施是由负责长期未结案审理的合议庭与负责关联案件审理的合议庭进行沟通协调。一方面，争取让审理关联案件的合议庭尽可能地加快审理进程，推进案件进展；另一方面，通过沟通协调，让关联案件合议庭了解另案状况，全面掌握纠纷的产生和发展背景。更重要的是，通过沟通协调，大致了解关联案件走向，以便对长期未结案清理作出更优的方案选择。这种方案选择中，一个非常重要的方式是，经过两个合议庭对案件走向的沟通，在关联案件下判但未生效的期间内，根据尚未生效的关联案件结果，对长期未结案进行判决；在某些特定情况下，也可以选择协调后将关联案件和长期未结案同时下判。这就是我们常说的本案与关联案件“压着判”和“同时判”。

理论上讲，如果一案的裁判需要以另外一案的结果为前提，应该是另外一案先行判决，等待判决生效后，本案才能够作出裁判。在实践中，案件判决后还可能有二审程序，即便当事人没有提起上诉，也需要经过一段上诉期，案件才能生效。很多时候，在长期未结案的强力督导过程中，我们经常要求案件必须在一定时间内审结，很可能无法等到另一案裁判结果生效。在这种情况下，经过对案件走向和案件风险进行充分研判后，选择在另一案作出裁判结果后，但该裁判结果尚未生效的情况下，本案依据该未生效的裁判结果进行裁判，是一种不得已的变通方式。这种方式很明显有一定的风险，也就是当另一案经过上诉程序，裁判结果被改变的情况下，很可能导致本案的裁判结果也同时发生错误。但是，为了能够完成长期未结案的清理任务，尽早地审结案件，这种“压着判”“同时判”的情况也时有发生。

很多人可能会产生怀疑，认为这明显是审判管理要求过于严苛，导致审判人员被迫违反审判规律，产生错案风险。事实上，从审判管理的角度看，这种方式在一定情况下仍然需要采取。或者说，这种管理模式仍然有着它的积极作用。主要理由是：

1. 有一些案件，如果经过严格的法律分析，我们会发现，尽管其与关联案件存在形式上的关联关系，但其处理结果并不必然对本案的处理方式和结果产生差异性的影响。也就是说，无论关联案件的结果如何，本案的处理结果都不会发生变化。在这种情况下，实际上并不需要等待关联案件的裁判结果，即可以对本案作出裁判。但如果管理者对一案等一案的问题持宽松的态度，很可能导致合议庭并不认真研究这些问题，而是选择直接搁置案件。

2. 在另一些案件中，合议庭并没有真正认真研究本案和关联案件之间的逻辑关系，仅仅是从形式上认为应该等待关联案件的处理结果，从而导致合议庭缺乏积极态度，没有与关联案件合议庭协调案件推进进程，沟通关联案件的结果走向。如果对这些案件不采取相对严苛的管理举措，把这种等待关联案件处理结果的原因，作为长期未结案清理的除外情形，很可能导致这些案件持续长期未结，甚至有可能关联案件已经审结或生效多时，本案合议庭仍然不知悉相应情况，持续将案件搁置，不主动推进案件的审理进程。在督导个案的过程中，经常发生法官对于等待结果的关联案件进展毫不知情、不闻不问的情况，特别是当关联案件是外地法院审理的案件时，法官更是以各种理由，懈怠推动案件进展，这显然不符合我们的管理要求。

3. 如上文所述，很多长期未结案的形成原因相对复杂，经常是糅杂了多个主观原因和客观原因，最终导致案件长期无法审结。如果仅仅因为案件存在需要等待关联案件裁判结果这一客观原因，而在长期未结案督导和考核过程中放松标准，管理者很可能难以发现和惩戒导致这起案件长期无法审结的主观问题，难以全面推进清理长期未结案的管理举措。

4. 正如前文所提到的观点，对于长期未结案的清理，必须采取强力的督导措施，层层传导压力，推动下一层级管理者和法官想尽一切办法，达到消减长期未结案数量的管理目的。尽管在个别案件清理过程中，可能会出现一些超常规做法。例如，在一些程序性事项的处理过程中，超越一般的处理规则，在不实质性影响当事人诉讼权利和实体利益的情况下，以最便捷、最直接的方式处理相关的程序性事项，尽可能快地推动案件进展。再如，笔者刚才提到的，经过慎重的风险研判后，适当冒着裁判结果可能被改变的风险，采取本案和关联案件“压着判”“同时判”的措施，尽快地作出裁判，尽早地实现定分止争的目的，保障当事人实体权利和胜诉利益。这既是一个复杂的管理问题，也是法官在裁判过程中，对于不同的价值评判标准进行考量和平衡的问题。

第三章
案件评查

在案件质效评估指标体系中，效率指标一般相对明确，指向性非常明显，提高指标值也相对比较容易。效果指标一般相对综合，很难通过单一的方式提高指标值，其考核的导向作用相对较弱，一般用于案件质效评估而非进行硬性考核。对于质量指标而言，可以量化的指标数量相对较少。一些指标只能够反映案件质量的某一个方面或某一个流程环节的问题。应该说，案件质量高低是一个非常综合的问题，涉及队伍素养、案件类型差异、审级差异、审判人员审理习惯、教育培训、执法尺度统一等诸多方面的问题。现有的案件质量评估体系确定的指标，大多是以案件的裁判结果为依据评价案件的整体质量。这种评价方法存在很多科学性的问题。例如，我们通常会通过案件是否被改判、发回重审，来评价一审案件审判质量的高低。案件被改判、发回重审这件事情本身存在很多影响因素，单纯地用改判发回重审率去比较，并用以评价一审案件审判质量的高低存在一定问题。再如，我们用案件评查结果中的差错率或差错个数去评价一个法院或一个审判人员的案件质量，这种评价方式一方面受到抽样率和抽样方式的影响；另一方面也与案件评查程序、定错机制等息息相关。

总之，我们说，审判质量评估是一件相对复杂的事情，很难通过一两个核心指标准确判断。同时，审判质量指标的提升也受到多方面因素的影响，难以通过一两项举措非常迅速地提高指标数值。很多提高审判质量的举措无法在短时间内看到实际效果，而是需要很长时间才能够发挥提升案件质量的作用。例如，在案件评查中，我们发现有一些法官知识更新存在问题，对于一些新颁布的法律法规和司法解释不了解或适用不准确，造成了案件被改判、发回重审。要解决这一问题，比较直接的方式是加强教育培训，特别是针对新颁布的法律法规和司法解释等开展有针对性的培训和辅导。对这项举措而言，如果我们不积极开展教育培训，因为法官知识更新问题产生的改判、发回重审案件在将来仍然可能会发生。

即便我们开展了这样的教育培训，也无法完全杜绝这类问题，或者说，我们开展知识更新的教育培训，并不能够很直接、迅速地降低案件改判发回重审率。

对于很多法院的审判管理工作而言，管理者更加关注的是那些能够尽快看到成效的管理举措，以及能够快速达到改观效果的审判指标。这些指标一般都是效率指标，如结收比、法定（正常）审限内结案率等。但是，一个法院、一个庭室的审判管理水平要不断提高，提高效率指标只是其中的第一个层面，必须通过一些基础性的举措，逐步提高审判的质量。一个法院的审判管理工作要想上层次、上水平，单纯靠提高效率指标是不够的，必须从效率管理过渡到效率管理和质量管理并重，必须要固本夯基，推行一些基础性工作。例如，加强教育培训，提高审判人员职业素养；加强规范管理，改变审判人员审理模式和习惯，营造重业务、重研究的工作氛围；加强调查研究，统一执法尺度等。

当然，我们也必须注意到，从管理规律、管理难度等方面考量，一个法院要实现比较完善的审判管理，审判态势的良性运行是基础，而审判态势良性运行的核心评价指标是效率指标。特别是以审限监管为中心的案件流程管控机制，以及以均衡结案为中心的案件调度和结案任务分解机制。要实现较好的质量管理，其基础是要实现效率管理的良性运行，特别是在一些人案矛盾相对突出的地区，如果不做好效率管理，就没有精力去做质量管理。因此，效率管理既是质量管理的前提和基础，也是做好质量管理的保障。从审判管理的规律来看，一个法院审判管理水平的不断提升，必然要经历一个从效率管理向质量管理逐渐过渡和迈进的过程。

第一节　案件评查定位

质量是人民法院审判执行工作的生命线。案件评查是质量控制的一种非常直接、有效的管理方式。从审判管理的角度来看，我们首先要明确案件评查在质量管理中的定位，即案件评查作为人民法院内部的一种质量监督管理方式，主要是为了发现问题、警示风险，规范工作程序、统一裁判尺度，而不是直接与追责、惩戒联系在一起，不能简单将二者画等号。

在司法责任制改革不断推进的过程中，一些法院在研究审判责任追究、法官惩戒等问题的时候，将案件评查作为追责和惩戒的一个来源。这种认识基本上是没有问题的，但是，如果将案件评查的主要目的定位在确定差错，进而进行审判责任追究和法官惩戒，则和审判管理中通过案件评查进行质量控制的定位有一定偏差。

特别是我们在案件评查过程中，一般是通过卷宗、裁判文书等评查材料，按照一定的客观标准，确定法官在裁判过程中和裁判结果上是否存在差错和瑕疵。在确定差错和瑕疵的过程中，我们不需要考量法官在行使司法权过程中的主观状态。同时，案件评查结果是针对案件形成的差错和瑕疵认定，而非是针对法官形成的。尽管这种对于案件形成的差错和瑕疵认定，最终在法官业绩评价时会与法官相关联，但这种评价更多的是对于案件本身的评价，而不是对人的评价。在司法责任追究及法官惩戒过程中，除了要有案件差错事实的存在，还需要有法官在行使司法权过程中对于案件差错事实的产生存在故意或重大过失等主观因素。因此，笔者认为，案件评查的结果不能直接运用于司法责任追究和法官惩戒。

一、功能与定位的反思

对于案件评查的定位问题，一直以来，全国各地人民法院都有一些认识上的争论。最高人民法院认为，案件质量监督管理，特别是案件评查，是各地法院在司法实践中，根据司法审判工作发展需要和人民法院自身职能要求开创的一项工作，经历了从萌芽探索、初步建立和不断完善的过程，裁判文书评查、庭审质量评查、案件回访等工作成为一些法院保证案件质量的重要举措。20 世纪 90 年代末，全国各地法院开始逐渐探索建立法院内部的案件质量评估制度，主要的表现形式就是制定案件质量评查标准，对个案进行评查；同时设立了一些固定的机构和人员。案件评查的方式主要为日常案件抽查、重点案件检查和专项检查。经过多年的不断发展，案件评查主体逐渐清晰，特别是在最高人民法院确定的审判管理专门机构的 7 项职能中，明确将案件评查纳入法院审判管理专门机构的职责范围，在全国法院案件评查工作中起到了加强组织保障、明确评查机构、确立评查定位的积极作用。

在案件评查制度发展的过程中，各地法院的评查主体不统一，也没有相对统一的模式。例如，有的法院由纪检监察部门负责案件评查；有的法院组成临时性的案件评查组或案件检查委员会、督导组；还有一些法院由审监庭负责案件评查。从纪检监察部门和审监庭负责案件评查的制度发展史上可以看到，最开始的案件评查工作，在很大程度上是为了发挥纠错职能。从审判管理的角度看，案件评查的目的除了进行纠错之外，更重要的是起到规范、警示和统一执法尺度的作用。或者说，纠错只是其中的一个相对很小的功能而已。

关于案件评查人员的问题，在第三轮司法改革之后，也有一定争论。在案件评查制度不断发展的过程中，案件评查人员主要来源于以下几种方式：一是评查主体的工作人员。如纪检监察人员、审判管理人员。一些法院为了加强案件评查工作，在这些部门设立了专职评查人员，这些评查人员大多是在员额制改革之前具有法官职称的一些资深法官。二是临时性抽调和组织的法官作为评查人员。一些法院建立的评查制度是在每一次评查中，随机或按照一定规则选择审判业务部门法官组成评查小组，对案件进行评查。在员额制改革之后，一些法院对于评查人员是否需要具有员额法官资格产生了一定争议。一些员额法官和从事评查工作的人员认为，非员额法官不能评查员额法官办理的案件。笔者认为，这种观点是错误的。法官是不是入额决定的是法官是否能够行使审判权，而案件评查工作并不是审理案件，不是行使审判权作出裁判结果，而是对行使审判权的过程和结果进行评价。这种评价是审判管理权的内容，不需要具有行使审判权的资质。审判管理权可以依据职责产生，也可以通过授权获得。因此，那些因为岗位职责所确定的案件评查人员和通过一定程序确定的评查人员，无论是否具有员额法官的身份，都可以开展案件评查工作。

在实践中，我们发现还有一些问题，无论是法官还是从事纪检监察和惩戒工作的人员都存在一些模糊认识，特别是对于法官职责范围如何确定的问题。如果不能够准确界定法官职责范围，那么，对于法官的某一行为是否应纳入纪检监察和惩戒的范围，就更难以认定。例如，一般而言，送达工作是法官助理和书记员等辅助人员的工作职责，如果因为送达工作出现问题，导致审理程序和案件结果出现严重偏差，损害当事人利益的，法官是否应承担相应的责任？再如，法官除了审判职责外，还有一些其他的工作职责，如审判信息准确录入、裁判文书和庭审公开等，如果这些职责没有很好地落实和完成，是否也属于法官惩戒的范围之内。笔者认为，对法官的惩戒主要是针对法官没有按照法律规定行使审判权的行为，因此，惩戒应该限于对法官行使审判权过程的范畴之内；对于非审判权行使的一些其他工作职责，如审判信息的准确录入、司法公开工作等内容，可以作为案件评查的内容，如果不完成这些工作要求，案件可能会被确定为警示和差错，但这些工作职责的内容不应该纳入法官惩戒的范围之内。

2016 年 10 月 12 日，最高人民法院、最高人民检察院印发《关于建立法官、检察官惩戒制度的意见（试行）》（法发〔2016〕24 号），规定法官、检察官违反审判、检察职责的行为属实，惩戒委员会认为构成故意或者因重大过失导致案件错误并造成严重后果的，人民法院、人民检察院应当依照有关规定作出惩戒决定，并给予相应处理。《最高人民法院关于进一步全面落实司法责任制的实施意见》(法发〔2018〕23 号)中明确要求,各级人民法院对法官涉嫌违反审判职责行为要认真调查,法官惩戒委员会根据调查情况审查认定法官是否违反审判职责,是否存在故意或重大过失,并提出审查意见,相关法院根据法官惩戒委员会的意见作出惩戒决定。从上述规定也可以看出,法官惩戒的内容限于审判职责,而非一般的工作职责和工作要求。在主观状态上,要求法官的行为存在故意或重大过失。在一些地方此后陆续出台的法官、检察官惩戒实施细则或工作办法中,对法官、检察官的惩戒条件作了进一步细化。《最高人民法院关于深化司法责任制综合配套改革的实施意见》(法发〔2020〕26 号)中,要求健全法官惩戒工作程序,完善调查发现、提请审查、审议决议、权利救济等程序规则,坚持严肃追责与依法保障有机统一,严格区分办案质量瑕疵责任与违法审判责任,细化法官和审判辅助人员的责任划分标准,提高法官惩戒工作的专业性、透明度和公信力。2021 年 12 月 8 日,最高人民法院印发了《法官惩戒工作程序规定(试行)》(法〔2021〕319 号),明确规定了法官惩戒适用的情形、管辖和回避、受理和调查、听证和审议、处理和救济等工作程序,规定中明确需要惩戒的行为系“法官在履行审判职责过程中,故意违反法律法规办理案件,或者因重大过失导致裁判结果错误并造成严重后果”的行为。

因此,如果符合法官惩戒的条件,首先要有《法官惩戒工作程序规定(试行)》中所罗列的具体审判行为,如故意违反规定裁判,伪造卷宗、案件材料等。同时,这些行为必须是审判人员故意或存在重大过失而为之,在这种情况下,才要求对于行为后果进行考察,如行为是否导致裁判结果错误或引发严重后果。案件评查与法官惩戒工作之间的衔接点更多地在于裁判结果是否错误这一点上,法官惩戒规定所关联的其他要素都不是案件评查工作可以覆盖的。

二、评查内容和范围

按照以上的案件评查定位,笔者认为,案件评查的基本方法包括以下几种:(1)固定评查和随机抽查相结合;(2)日常评查和专项评查相结合;(3)卷宗报送检查和档案抽查相结合;(4)卷宗检查和裁判文书检查、庭审现场观摩检查、庭审音视频检查等相结合;(5)“找差错”和“推优秀”相结合。

“固定评查”一般包括:纪检投诉案件、信访案件、代表督办案件、被改判发回案件、媒体报道案件、根据下级法院反映情况检查案件等;“专项评查”一般包括:特定案件类型、特定审判人员、特定结案方式、特定审判流程环节等的检查。

从个案质量评查的范围来看,一般包括:(1)案件程序是否规范、适当;(2)案件实体处理是否正确；(3)卷宗质量；(4)裁判文书质量；(5)案件效果评价，包括审理思路是否生硬、机械，审判人员案件流程推进是否存在拖延等；(6)案件信息检查，包括信息系统中案件信息填录是否及时、准确、全面等。

三、未结案件评查

对于未结案件评查的问题，我们知道，案件评查虽然作为评判案件质量的一个重要方式，也起到了发现问题、统一尺度、规范审判行为的重要作用，但其本身对于提高和促进审判质量的作用还是非常有限的，更多的是起到一种评估作用。其中一个很重要的原因就是我们的案件评查是以事后评查为主，这种评查行为是在司法权运行过程已经结束后的评价行为，不是一种审判质量的过程控制方式。因此，全国各地人民法院都在积极探索从案件质量结果控制向过程控制的转变问题。但是，这种转变也遇到了种种实践上的障碍，如如何保证审判管理的过程监督与司法权行使之间平行运行，避免相互交叉、干预的问题，特别是避免审判管理权介入和影响司法权的运行。因此，在案件评查中，过程评查适用范围相对比较窄。目前，各地人民法院普遍适用的是庭审评查，也是一种专项评查、阶段评查。部分地区法院在案件评查中也尝试对长期未结案件进行评查。因此，我们要研究、总结对未结案件进行评查的工作方式、方法，对未结案件的评查，不得涉及案件的实体处理，不得干预和影响法官对于裁判结果的判断。笔者认为，对于未结案件的评查，更多的是对于已经完成的流程环节或正在进行的流程环节中已经完成的工作内容的评价。这些流程环节一般应该是以程序性的环节为主，评价依据主要涉及法律规定的程序性工作要求和一些审理工作规范。

四、流程拖延评查

在没有明确的、硬性的工作要求的基础上，对于工作懈怠、流程拖延的问题是否可以确定差错？我们的观点是明确的，那就是对于工作懈怠、流程严重拖延的情形，可以确定相应差错。一般来讲，案件的审理进程应该由审判人员自行把控，特别是在审限范围内，审判人员根据自己的工作安排、案件的特点等实际情况，对于何时开展下一步的审理工作，何时推进下一步的审理流程拥有自主权。这也是对审判人员审理习惯、审判方式的一种尊重。但是，对于超出正常审限的案件，即便是承办法官按照法律规定扣除了相应的审理期限或申报了延审，但根据一般审理习惯和审理工作要求，审判人员在较长的一段时间内未积极开展审理工作、推进审理进程，导致案件长期未结，甚至损害当事人权益，产生不良后果的，应在案件评查中确定为差错。一些法院就相关的情形尝试向审判庭和承办法官发放案件评查建议函,督促承办法官推进审理进程,积极落实整改。以前,我们在长期未结案评查过程中,也听到一些审判人员有这样的说法:涉外案件没有审限,管理人员没有权力强制要求审判人员在一定时间内审结案件。我们认为,这种说法也是明显错误的。法律上没有设置审限,并不意味着审判人员对审理工作有无限制的自主权,可以任意搁置案件审理,停滞审理进程。对因流程拖延、工作懈怠导致当事人权益发生重大损害的,不仅在评查中应该定错,根据具体情形,甚至可以依法对法官予以追责。

五、"认识不同"问题

在全国各地法院的案件评查中,被改判发回的案件都是评查的重点。很多法院要求对上级法院改判发回的案件进行逐案评查,逐案分析研判。对这些案件的评查,是统一执法尺度、和上级法院审判思路对标的重要方式。因此,各级法院对于改判发回案件的评查都比较重视,改判发回案件评查也是确定评查案件差错的主要来源之一。然而,一些法院在案件评查过程之中,发现有一些被改判发回案件存在法律上的争议,导致在评查定错时遇到较大的管理反弹。一些法院的评查人员被迫放松标准,以上下级法院认识不同为由,对被改判发回案件的定错进行降档处理,或不认定为差错。由于案件评查标准把握不严,很多法院的案件评查工作都变成了"鸡肋"。之所以说变成了"鸡肋",是因为案件评查工作最终要确定差错,这对审判人员而言,关系到他们的切身利益和个人荣辱。因此,案件评查的程序一般都要求相对规范严谨,定错的程序也相对烦琐。所以我们在开展案件评查工作中,需要动用大量的人力和精力,消耗很多司法资源。但是,如果案件评查工作最终没有严格评查标准,确定案件差错,就无法进行案件评查结果的成果转化,特别是无法通过开展质量讲评的方式规范审判行为、改善工作作风、统一执法尺度。一些法院消耗了大量的司法资源开展案件评查工作,但最终没有起到案件评查工作应该起到的质量管理作用。

我们认为,要避免这一现象,案件评查部门首先要明确评查工作定位,在这个定位基础上,要明确案件评查的工作规则,规范定错流程,明确定错标准。最重要的是,必须严格评查标准和定错尺度,不能够搞变通、讲人情、"和稀泥",搞"大事化小、小事化无"的那一套。我们认为,在案件评查过程中,特别是在改判发回案件的评查中,不存在理论上的认识不同。如果在改判发回案件评查中发现上下级法院裁判结果存在不同认识的,要进一步明确哪个"认识"是"更优认识",能够实现更好的法律效果和社会效果，对于难以判断“更优认识”的，应以上级法院的“认识”为准，不得简单以“认识不同”放宽评查定错标准。例如，吉林法院针对改判发回案件开展了双向评查工作。所谓双向评查，就是对一起改判发回案件，既要评查一审案件为什么被改判发回，又要评查二审案件依据什么改判发回。这种评查制度的一个基本逻辑是，上下级法院对于同一案件的两个不同裁判结果，必定有一个裁判结果是正确的、更优的；另一个裁判结果就是错误的、需要改进的。通过这种双向的评查机制，可以有效避免在单独评查一审案件或二审案件时，在没有另一级法院裁判观点对抗的情况下，评查人员以认识不同为由不确定差错。

前文提到，案件评查工作对于审判人员个人利益影响重大，因此非常容易遭遇管理反弹。特别是在严格评查标准的时候，确定差错的数量必然较多，也会引发一些被管理者的不理解、不认同。对此，我们的基本思路是：

1. 必须提高认识。严格标准是管理的需要，是为了实现提升审判质效的更高价值目标，因此，评查人员必须坚持原则、守住底线。

2. 在管理措施方面适当做些调整。例如，在“定差错”的同时“评优秀”，可以在每一季度的日常评查和专项评查中，除了确定差错，还可以选择一些审理程序规范、裁判结果精准、文书说理充分、社会效果良好的案件作为优秀案件，给予公示、表扬和表彰；也可以在一些专项评查中确定优秀，如评选优秀裁判文书、优秀庭审、优秀调解案件等。这种方式，一方面，可以对一些好的工作做法、好的案件予以推介，供审判人员学习；另一方面，也可以适当缓解单纯评定差错带来的管理反弹，吸引和聚集一批对于案件评查制度的支持者。

3. 在严格评查标准的基础上适当放宽差错结果运用。进行案件质量评查，强调的是内部质量监管，主要是为了起到发现问题、警示风险、规范工作程序、统一裁判尺度的作用，而不是直接与追责、惩戒联系在一起的，不能简单将二者画等号。但在绝大多数法院的案件评查制度中，都规定了评查结果的运用制度，特别是纳入法官业绩档案，评查结果与评优评先、晋职晋级等挂钩。还有一些法院把评查结果与绩效奖金挂钩，通过“扣钱”的方式对差错案件承办法官予以惩处。事实上，确定差错本身，已经对被评查人员起到了非常大的警醒作用。很多法官对于评查确定差错之所以有比较大的管理反弹，是因为其非常重视自身的职业荣誉，认为差错案件是自己从事司法工作的一个污点。因此，笔者认为，考虑到实际情况，特别是一些法院在开展案件评查工作初期，为了有效打开管理局面，避免管理反弹，可以采取“严格评查标准，适当放宽差错结果运用”的方式。也就是说，评查标准不降低，但评查出差错之后，与审判人员的切身利益“轻挂钩”或“不挂钩”,减少差错结果对审判人员的实质性影响。这种做法,既可以适当地缓冲管理压力,也与“根据差错结果开展质量讲评,实现规范审判工作、统一执法尺度作用”的评查制度定位不矛盾。

第二节　案件评查标准

一、评查结果等次

关于评查定错的等次问题,各地法院有不同的做法。笔者从以下几个方面进行介绍和讨论:

1. 一些法院对案件评查结果的分类相对粗放,仅区分“合格案件”和“错误案件”,还有的把“错误案件”替换为“瑕疵案件”,总之,对于确定为存在“瑕疵”或“差错”的案件,并没有区分“瑕疵”或“差错”的等次和程度。使用“瑕疵”案件的表述,更规避了“差错”这个错误意味更浓的定性。评查实践中,评查人员可以将一些“错别字”“卷宗顺序错误”等细小的问题归入“瑕疵案件”,以避免没有评查出“差错”案件的尴尬。这种评查结果的分类方式,似乎注定是要为评查过程和结果“放水”的。

2. 一些法院将差错区分为一般差错和严重差错,还有的法院会更细分为大错(重大差错)、中错(中等差错或一般差错)、小错三个类别。区分差错类别有利于对差错性质作更为细致的区别,从而在法官考评中,可以区分不同的差错结果,给予不同的考核分数扣减。在区分了差错等次的评查实践中,评查人员在遇到管理反弹时,往往会通过差错等次调整进行管理勾兑。在初评结果作出时,评查人员倾向于按照相对严格的标准,确定案件的差错等次,在沟通过程中,再适时调低部分差错案件的差错等次,以确保所有案件的差错结果得到审判庭室领导和审判人员的接受和认可。最后的一个结果是,尽管我们设置了差错的不同等次,但是从实际的评查结果来看,确定的案件差错等次一般都是“小错多、中错少、大错几乎没有”的局面。

3. 还有一些法院,在实践操作中,为了规避确定“重大差错”的管理难度,再次将差错等级细化,如增加“小错高等”“中错高等”这样的不规范等次,以此达到既区分低层级的差错等次,又避免晋级到下一个高层级的差错等次。事实上,一旦我们将差错区分为不同的等次,在评查过程中,确定一个差错等级高的差错类型,如“重大差错”的难度就会显著加大,审判人员的管理反弹也会显著强烈。笔者在从事案件评查工作的时候,最初给其他的审判人员确定“中等差错”时,都会好几个晚上睡不好觉,作了很久的思想斗争和心理建设。因为,此前的评查实践中,被确定中等差错的案件凤毛麟角,中等差错和重大差错的等次几乎形同虚设,而要改变这一现状,充分发挥案件评查作用,避免出现上文提到的“鸡肋”效应,我们必须狠下心来,严格案件差错标准,确定一批中等差错案件,甚至是重大差错案件。笔者心里很清楚这其中的利害关系,也知道自己做的是正确的事情,但是面对一个个具体的审判人员时,心里难免还会犹豫,还会“心存愧疚”,这可能是管理者都需要经历的过程,都需要做的心理建设。

4. 刚才我们说的“小错高等”“中错高等”等不规范的差错等级,是为了解决差错等级“升档困难”的问题;同样,为了实现差错等级“降档”的目的,一些法院又在基础差错等级的基础上,发明了“瑕疵”“警示”等非差错的“问题类等次”,用以规范一些细小的内部工作不规范问题,如笔录漏签字、卷宗封皮信息填写不全面、卷宗材料顺序错误等问题。一般认为,“瑕疵”的程度比“警示”的程度高,还有一些法院,在“警示”之下,又发明了“提示”等次,以作“蜻蜓点水”之用。

5. 为了发挥评查“既‘找差错’也‘推优秀’”的定位,一些法院在“合格案件”的基础上,推出了“优秀案件”或者“优秀文书”等层级或等次,用于弥合管理反弹。一般情况下,在公开进行差错通报或展示时,倾向于隐去差错案件审判人员的姓名,而在“优秀案件”的公示中,则大张旗鼓地“点名道姓”,甚至配合审判人员的照片进行宣传,以达到推优的目的。这样,审判管理人员的管理手段就不仅仅是因“找差错”进行考核扣分,还包括“推优秀”进行考核加分,正负向的管理手段结合,更有助于推进审判管理工作的开展。

二、差错合并规则

还有一个重要问题,就是在评查定错实践中,如何对一起案件存在多个差错,或多起案件存在相同情况的差错进行处理。笔者结合各地法院评查定错的实践,认为差错合并的基本原则是:

1. 一起案件存在多个相对独立的问题,应该根据不同的问题分别确定差错等次,然后根据差错等次进行是否合并或吸收的考量。

2. 一起案件因多个相互独立的问题被确定多个差错,基本的处理规则是:(1)高层级的差错吸收低层级的差错,不再分别确定,如在一起案件中,确定了1个“中错”、2个“小错”、1个“提示”,则“中错”吸收“小错”和“提示”,案件最终确定差错等次为“中错”;(2)同一等次的多个差错,分别确定,不相互吸收合并,如一起案件因不同的问题,确定了2个“小错”,则最终的差错结果就是“2个小错”;

(3)同一等次的多个差错,不同等次的多个差错,不作“合并升档”处理,即我们一般不宜将“2个小错”合并升档,确定为“1个中错”,同样,也不宜将“1个中错、2个小错”合并升档,确定为“1个大错”。

3.在多起案件,特别是关联案件中均存在性质相同、情况相同的差错,导致同一个差错后果的,比如在5起关联案件中,均因为送达不规范,损害了当事人的程序性权利,从而被二审法院发回重审,在确定差错案件时,每起案件都应确定为差错案件,但在法院、庭室或审判人员考核中,应该合并确定为一个差错。当然,在考虑一个差错造成了多起案件被发回重审的后果的情况下,可以在确定差错等次时从高确定。例如,如果依据一般的评查标准,在一起案件存在上述差错时,我们会确定为“中等差错”,那么在考虑到5起关联案件均存在相同问题时,将差错等次从高确定为“重大差错”,但在考核扣减相应分数时,仅计算1个重大差错并进行相应的扣减,而非计算“5个中等差错”或“5个重大差错”。这样的计算方式,是为了避免在关联案件确定差错时,出现特殊情况,导致考核分数扣减过多,从而引发不公平问题的发生。

三、差错案件示例

笔者认为,人民法院应该建立“庭室日常检查”“审判管理办公室专项评查”两个案件评查层级。

“庭室日常检查”主要包括“庭室自查”和“庭室互查”两种方式。鼓励和引导各审判业务庭室调整内勤职能,建立各庭室以“裁判文书差错、基础法律适用理解”为核心的案件“常规性差错”核查机制。

“审判管理办公室专项评查”内容包括:(1)上级法院改判发回本院案件;(2)再审改变本院生效裁判结果案件;(3)纪检投诉案件;(4)申诉信访案件;(5)上级督办案件;(6)下级法院反馈存在质量差错的案件;(7)重点工作专项评查。其中,第(1)~(6)项内容主要解决案件出现的“方向性差错”和“操作性差错”;第(7)项内容配合当前重点工作,督促、检查各庭室重点工作落实情况,解决审判工作中出现的有代表性的问题。

审判管理办公室制定“常规性差错列表”和“庭室审判质量检查规范”,指导各庭室开展审判质量检查工作;组织开展“庭室互查”,对“庭室自查”工作进行检查;协调解决“庭室日常检查”中出现的问题。

审判管理办公室可以聘请各审判业务口资深法官、中青年骨干若干名,作为“审判质量监督员”,主要履行以下三方面具体职责:(1)按照审判管理办公室安排,具体监督“庭室日常检查”工作;(2)参与“审判管理办公室专项评查”中的“方向性差错”“操作性差错”评议;(3)接受审判管理办公室委托,从事具体案件评查工作。

从评查差错的表述看,只要能够准确表达出差错情况,表述内容应尽量简洁,便于审判人员查阅、学习。在差错涉及一类通用性的问题时,也可以抽炼出问题,总结差错形成的原因和避免方式。

以下我们对评查差错举一些示例,以帮助审判管理人员撰写评查结果报告时参考。

示例3-1:案件质量日常评查差错汇总(虚拟)

一、刑事案件

1. 文书主文案号错误:“(r)×字第×号”误写为“(s)×字第×号”。

2. 虽填写了扣除审限审批表,但扣除审限的事由并非应予扣除审限的法定事由。

二、民商事、审监案件

1. 裁定书将当事人“彭×”错写为“狄×”;卷宗中缺少向被申请人送达补正裁定的回执。

2. 卷宗未附开庭公告。

3. 调解协议只有一项,不需加“一、”序号;调解主文段末无标点;本案原审原告还有其他诉讼请求,因此,调解主文宜增加“双方别无其他争议”条款。

4. 文书中将“深圳A机电设备公司上海分公司”简称“A上海公司”,而将“深圳A机电设备公司上海分公司B修理部”简称“深圳A公司”,指代混乱。宜简称“A上海分公司B修理部”,或简称“B修理部”。

三、执行案件

1. 副卷无合议笔录。

2. 终结本次执行程序未向被执行人送达裁定书。

以上是一种罗列式的评查差错情况汇总,一般用于讲评或差错通报,有时候我们也会使用表格的方式,标注存在问题的具体案件的案号,涉及的法院、庭室和承办法官,并具体明确差错等级。

示例3－2:案件质量专项评查差错汇总(虚拟)

序号	案号	承办法院	案件类型	结案方式	评查建议	评定原因
1	(×)×字第×号	×法院	民事	判决	重大差错	对于违约行为的认定以及解除合同的依据等认定不当,属基本事实认定不清
2	(×)×字第×号	×法院	民事	判决	重大差错	因当事人下落不明公告送达第一次开庭传票,但第二次开庭未予公告,违反审判程序
3	(×)×字第×号	×法院	民事	判决	一般差错(2)	简易程序转普通程序未依法作出裁定;案件受理费计算错误;缺开庭公告
4	(×)×字第×号	×法院	民事	判决	瑕疵(2)	呈批表缺合议庭成员签字;缺宣判笔录
5	(×)×字第×号	×法院	民事	判决	瑕疵(2)	开庭笔录缺时间、地点等信息;案卷排列顺序不规范,送达材料应放在判决后面

在一些专项评查工作中,由于大量差错情况类似,没有一一表述的必要。为了更好地说明情况,笔者将差错进行汇总,并通过差错示例的方式,将部分典型差错的表现形式予以描述。笔者用以下一个裁判文书专项检查的汇总情况作为示例进行说明。

示例3－3:裁判文书专项检查报告(虚拟)

本次检查共发现差错45处,其中语言表达类差错20处,占44.4%;格式规范性差错10处,占22.2%;文书内容差错15处,占33.3%。

具体情况见附表1:

附表1　裁判文书专项检查差错情况

差错类型	具体表现	数量	示例
语言表达类差错	字词重复错漏多字	8	如“该该车辆”“显示公平”
	标点错误	12	如段尾无标点;只有前引号无后引号

续表

差错类型	具体表现	数量	示例
格式规范性差错	序号错误	1	序号不连续
	中文数字与阿拉伯数字混用	1	事实叙述中的数字未使用阿拉伯数字
	法条引用不规范	3	如引用法条具体项序号未使用“()”
	零的写法不规范	4	如“二O二一年”“二0二一年”
	其他	1	换行不当导致段落分割
文书内容差错	当事人或诉讼地位表述错误	14	如“上诉人×公司”误写为“被上诉人×公司”
	案件信息与系统不一致	1	报结日期与文书落款日期不一致

经分析,产生差错的原因主要为:

(1)文书未经软件校核。评查显示,裁判文书中依然存在较多错漏多字及标点错误等语言表达类的常规性差错,甚至出现将当事人或当事人的诉讼地位混淆的严重文书内容差错,反映出这些裁判文书未使用“校对软件”进行校核。

(2)不良文书写作习惯。本次评查还发现了一些由于裁判文书的不良写作习惯造成的差错,例如,“(原审被告)”误写为“(原审赵×)”的错误是由于对当事人名称进行全文替换后未再次校核导致的。另外,在套案的裁判文书写作中,由于套用同一文书而未仔细校核导致同一差错在套案文书中反复出现。

(3)文书制作不规范。本次评查发现较多裁判文书制作格式不规范,未严格按照制作裁判文书有关技术要求制作,因而导致裁判文书出现数字、标点符号用法不规范,裁判文书落款日期中零的写法错误,落款日期不完整等问题。

还有一些情况,笔者将一些案情、存在的差错、评查意见,甚至评查建议和提示一并总结归纳后予以表述:

示例3-4:评查差错情况归纳(虚拟案例)

1. 调解书主文第二项“自本调解书送达之月起,李×1每月给付子女抚养费六百元,于每月十五日之前给付,至李×2十八周岁止”,该调解书送达之日为×年10月31日,按照协议,×年10月是否应给付抚养费,何时给付,易产生歧义。

2. 村委会为了整治村容村貌,将某村民在集体土地上种植的树木进行了修剪,剪除了影响通行的部分树枝。村民起诉要求赔偿,一审判驳。二审中承办法官与评估单位联系询问是否可以对树枝损失进行评估,评估单位回答可以评估,但费用很高。故二审认定一审在审理中未对砍掉的树枝进行评估,发回重审。评查认为,一是要考虑赔偿损失要求的合理性,即赔偿损失的诉讼请求是否应得到支持;二是假如其要求应支持,鉴于损失额较小,可以找有经验的村民或林业技术人员进行咨询,酌情确定价格。评查建议:要结合具体的案件决定处理方式,不能过于机械。

3. 原告朱×诉被告×公司借款合同纠纷案审理中,×公司提交朱×出具的"13 万元已收到"的收条。一审认为,根据收条,证明×公司已返还朱×13 万元。二审维持原判。再审认为,该"收条"上下边缘均有裁剪痕迹,且"13 万元已收到"几个字分两行书写,不符合通常书写习惯,该"收条"从形式上看存在疑点,被告未能提供其他旁证予以佐证偿还朱×13 万元现金,由此,仅凭该"收条"尚不能充分证明被告已给付朱×13 万元。

还有一些案件评查报告,由于涉及的案情相对复杂,特别是案件存在审理思路偏差和实体处理差错等,需要详细分析论证是否存在差错,以及确定差错的理由等。这种评估报告一般出现在被改判、发回重审案件的专项评查中,如果我们严格把握案件评查标准,在改判、发回重审案件的评查中就必须要一案一评议、一案一报告,特别是,不仅要对确定差错的被改判、发回重审案件论述为什么确定差错,还需要对那些没有确定差错的被改判、发回重审案件进行评查,详细说明为什么案件被二审法院改变了裁判结果,但一审案件仍不应确定为差错案件。以下笔者以 3 起被改判、发回重审案件的个案评估报告作为示例,说明这类案件的评查方法和报告撰写方法。

示例 3-5:被改判、发回重审案件评查报告(虚拟案例)

(一)陈×故意杀人案

案号:(×)×字第×号

【主要案情】

被告人陈×及与其一起工作的于×、饶×、曾×(均另案处理)因工资问题对雇主李×心存不满。四人经商议后,于×年×月×日×时许,在本市×区×号房屋内,由陈×用胳膊猛勒李×的颈部,于×用缝纫机板、饶×用铁锤先后猛砸李×的头部。在李×口中被塞入毛巾后,陈×等人又对李×进行捆绑,致李×机械性窒息死亡。被告人陈×作案后于×年×月×日被公安机关查获归案。一审法院认为,被告人陈×犯故意杀人罪,判处无期徒刑,剥夺政治权利终身;赔偿附带民事诉讼原告人黄×等5人赔偿金、丧葬费、被扶养人生活费共计人民币四十六万九千四百八十元五角。二审法院认为，鉴于二审期间，陈×的亲属能够积极代为赔偿附带民事诉讼原告人的经济损失，且双方达成谅解协议，可对陈×酌予从轻处罚。故将陈×的刑期减为有期徒刑十五年，剥夺政治权利三年。

【评查意见】

本案改判原因系被告人亲属在二审期间赔偿被害人亲属经济损失，得到了被害人亲属一定程度谅解。评查认为，一审法院认定事实清楚，证据确实充分，建议不确定差错。

（二）A集团公司与B房屋拆除公司承揽合同纠纷案

案号：（×）×字第×号

【主要案情】

A集团公司（英属维尔京群岛注册成立）与B房屋拆除公司签订了《×大厦拆除工程承包合同书》，约定，B房屋拆除公司向A集团公司承揽拆除×大厦等单位的楼房及部分平房，工程机械费和人工费等一切费用共计人民币140万元。后A集团公司以因政策调整，项目的房屋拆除均由政府统一安排为由诉至法院，请求判令解除双方之间的合同。B房屋拆除公司答辩并提出反诉称：我公司已完成大部分拆除工程，合同不能全部履行是由于A集团公司的自身原因导致，反诉请求判令A集团公司支付工程款并赔偿经济损失。

一审法院经审理，判决解除涉案合同，A集团公司赔偿B房屋拆除公司损失人民币130万元。二审法院经审理，以A集团公司未提交经过所在国家或地区有关机关公证认证的证明其诉讼主体资格存在的相关法律文件，一审判决程序错误为由，裁定发回重审。

【评查意见】

评查认为，虽然A集团公司向一审法院提交了经过中国委托公证人及中国香港特区律师公证的材料，且对方当事人B房屋拆除公司在两审中对A集团公司的主体资格均未提出异议。但法院应对当事人主体资格进行主动审查，A集团公司系依据英国法律成立的域外公司，在中国提起诉讼，应提交经公司注册地英国的有关机关公证认证的证明其诉讼主体资格的相关法律文件。一审法院在A集团公司未提交上述法律文件的情况下，立案审理并作出实体裁判，立案审查人和案件承办法官均存在工作差错。建议确定本案一审立案人、承办法官各小错高档1次。

（三）A 公司诉张×、B 公司借款合同纠纷案

案号：（×）×字第×号

【主要案情】

2020 年 5 月 11 日，A 公司与张×、B 公司签订《还款协议》，约定：鉴于 A 公司与张×于 2017 年 11 月 25 日签订《借款协议》，A 公司借款给张×人民币 2000 万元，约定张×在 2018 年 11 月 25 日前偿还给 A 公司，但至今未归还，现重新签订《还款协议》，确认张×应偿还 A 公司本金 2000 万元、利息 600 万元，合计 2600 万元，应于 2020 年 7 月 15 日之前、8 月 15 日之前、9 月 15 日之前、10 月 15 日之前各偿还 650 万元。B 公司以其合法持有的"×铁路"股票股份作为担保，承担连带担保责任。协议签订后，B 公司按约定的分期还款日期，于 2020 年 7 月至 10 月向 A 公司分别开出 4 张票面金额各为 650 万元的远程支票，其中两张因账户余额不足被退票，其余两张因印鉴与银行留存不符被退票。2021 年 3 月，A 公司诉至法院，请求判令：张×向 A 公司支付欠款共计 2600 万元，并依据合同约定加倍支付逾期付款违约金；B 公司对张×的债务承担连带责任。张×辩称该债务系赌债，其系受到胁迫签订《还款协议》；A 公司 2018 年 7 月 17 日才成立，不可能于 2017 年 11 月 25 日与张×存在借款关系。对此，A 公司主张，2017 年 11 月 25 日，张×向 A 公司投资人于×借款 2000 万元，双方约定 2018 年 11 月 25 日前全部偿清。2018 年 7 月 17 日，A 公司成立，于×将其债权转让给 A 公司。

一审判决认为：A 公司主张其实际投资人于×与张×之间存在借款关系，在 A 公司成立后，于×将其债权转让给 A 公司，对于上述主张，A 公司虽未提交直接证据，但根据张×与 A 公司签订的《还款协议》以及张×出具支票还款的事实，可以认定 A 公司与张×之间的借款关系成立。张×主张 A 公司持有的债权系因赌债而形成，不应受到法律保护，因张×对此未提交相应的证据，故其该项抗辩理由缺乏事实依据，不予支持。张×作为债务人未依约偿还借款，应承担相应的违约责任，故判决：张×向 A 公司偿还欠款 2600 万元，并支付逾期付款违约金；B 公司对张×应当偿还的债务承担连带清偿责任。二审法院认为：张×始终否认其与于×之间发生过借款关系，也不承认收到过于×给付的现金；而 A 公司未能说明于×现金支付的具体情节，亦未提供于×现金来源等相关证据，更无证据证明于×是 A 公司的实际投资人及于×同意将其所谓的债权转让给 A 公司。A 公司现有证据不能证明于×与张×之间实际存在真实的借款关系，在本案所涉款项数额如此巨大的情况下，仅凭内容与实际相矛盾的《还款协议》及当事人现金支付的陈述即认定 A 公司与张×之间借款关系成立，依据不足。因此，A 公司的诉讼

请求，在没有佐证证明于×实际向张×支付2000万元借款且于×同意转让债权的情况下，不能予以支持。据此裁定：一、撤销原判；二、驳回A公司对张×、B公司的起诉。

【评查意见】

在审理当事人对借款合同关系是否成立存在争议的案件时，人民法院应结合双方当事人的主张，通过询问、调查、指导举证、限期举证等方式，对借款合同的真实性、借款原因、资金给付、款项使用等情况进行充分查明，最后再结合证据进行综合判断，而不宜在没有查清、查尽的情况下，直接应用证据优势原则进行认定。本案中，首先，A公司提供的《还款协议》显示，2017年11月25日，张×向A公司借款2000万元。经查，该时间A公司尚未成立，A公司又主张系张×向A公司投资人于×借款2000万元，后于×将其债权转让给A公司，但从A公司的工商资料看，于×并非A公司的直接投资人。在上述疑点客观存在的情况下，一审法院对转让债权的相关事实未予深入调查，而是直接根据《还款协议》反推A公司主张的事实存在，依据不足。其次，在张×否认借款关系真实存在的情况下，一审法院对借款双方张×与于×之间存在何种经济往来和合作关系、借款用途等未予核查。再次，A公司主张2000万元款项的支付方式为现金支付，该主张有违一般商业习惯。最后，一审法院对张×主张的《借款协议》的手写字体“深圳”与B公司股东决议上的“深圳”二字字体相同，两份材料系在同一时间、同一地点填写的，以及担保股权存在瑕疵等问题，未予进一步核实，以间接印证双方主张。综上，一审法院审理思路和审判方式存在一定偏差，建议确定为中错。

审判管理办公室提出工作建议：鉴于本案与(×)×字第×号改判案件，均涉及在判断借款(付款)关系是否存在时，应如何进行事实查明及证据认证等问题，建议相关庭室对上述问题进行研究讨论，捋顺审理思路，统一裁判标准，形成一致意见后报审判管理办公室，审判管理办公室经审核后呈报审判委员会。

四、优秀案件示例

我们说的“个案质量评估”中的“评估”结果，本身就包括正向评价和负向评价两个维度。对于个案质量的负向评价，可以起到警示错误、规范行为的作用，对于个案的正向评价，可以起到鼓励先进、树立标准的作用。同时，对于审判管理人员而言，将“找差错”与“推优秀”结合，可以扩展案件质量评价的广度，强化管理的引导作用，降低管理反弹。因此，有一些人民法院也将案件评查作为发现优秀案件的重要途径。优秀案件的评选，一般包括两种渠道：一是在案件质量随机抽查的过程中,发现优秀案件;二是确定优秀案件的基本标准,由被评查主体主动报送或推荐。除了优秀案件的评选,一些人民法院还开展了优秀裁判文书、优秀庭审、优秀卷宗等专项评估活动。关于优秀裁判文书的推荐评选工作,笔者在后面还会重点讨论。

笔者此前在从事案件评查工作的时候,也开展过优秀案件评选的工作,一般认为,优秀案件的标准主要是:审理程序规范、裁判文书说理充分、裁判结果精准、案件处理的法律效果和社会效果好等。当然,也有一些优秀案件仅仅因为某一个程序性事项或者某一个流程环节处理得比较精彩而被评选为优秀案件。评选为优秀案件的,我们会专门在全院印发和网发优秀案件的评析材料,显著地标注优秀案件的承办法官姓名,并且配上法官的彩色照片。这种方式,受到了很多审判人员的欢迎,很多审判人员都将评选为优秀案件作为一种荣誉。一些庭室和审判人员还特地精心培育优秀案件,希望能够被评选展示。优秀案件的评选,也成为开展审判管理工作的一种手段。此前,案件评查工作主要是"找差错",因此,在初评结果作出后,评查人员与庭室领导或审判人员沟通时,遇到了很多障碍。而优秀案件的评选,得到了庭室领导和审判人员的重视,甚至成为与庭室领导沟通、协商的手段和筹码,在某种程度上促进了案件评查工作的推进。

一段时间的尝试之后,我们发现,各庭室自行申报的季度优秀案件大多为调撤案件,一些案件虽然达到了平息矛盾、化解纠纷的目的,但从职业化、专业化角度衡量,卷宗材料及申报材料中,无法看到体现法官较高审判能力和水平的内容。因此,为了推选出更优秀的案件,我们又提出以下申报建议:(1)优秀案件并非要求案件本身具有较大的社会影响,而是要体现法官较高的审判能力和水平。(2)各庭室应在申报时适当增加一些判决结案案件,特别是一审判决结案案件和二审改判案件。(3)各庭室申报优秀案件时,应该在申报材料中标注案件亮点,该亮点必须与承办法官的审判工作相关,而非案件本身的客观影响力和复杂性。

示例3-6:优秀案件评析(虚拟案例)

【案件一】

案号:(×)×字第×号

承办法官:×庭　刘×

基本案情

吉×驾车发生交通事故,致韦×受伤,交管局认定吉×负全责。医院诊断韦×右小腿下段后侧及右拇趾右足第二趾皮肤软组织挫伤,右跟腱挫伤。医院连续出具诊断证明,韦×休息三周余。韦×发生医疗费492.3元。韦×所在的×商贸服务总公司证明，韦×是其员工，月收入5000元，因上述事故误工23天，单位扣发工资4700元。韦×提交工资条与出租车票若干张，还估算了营养费。一审法院判定保险公司给付韦×医疗费492.3元、误工费1512元、交通费150元。韦×上诉，本院二审改判保险公司赔偿韦×医疗费522.3元、误工费4700元、交通费207元。

案件点评

案件最大的亮点是文书写得好。

一是格式及语言规范。逻辑严密，言辞考究、流畅。论理层层剖析，主次分明，显示出清晰的审判思路和较高的理论素养。

二是论证严谨，法律条文引用精准。文书论理直接从侵权法律关系成立要件审查，综合各种证据，准确引述各项法律规定，注重二审全案审查，细致严谨，裁判客观公正，合理运用自由裁量权，体现了对被侵权人合法权益的保护和对客观事实的尊重。

三是文书充分体现人文关怀。论理结尾处承办法官向当事人提出诚恳的建议和提醒，彰显了法官的扎实作风和为民情怀。引述如下："在诉讼即将完结之际，本院亦在此提醒各方当事人，本案交通事故已经造成一定损害后果，对韦×身体所受伤害本院深感同情，对赔偿义务人由此所负债务本院亦感遗憾。望各方在今后的生产生活中均认真吸取教训，严格遵守我国道路交通法律法规之规定，机动车驾驶人和行人均应牢固树立安全意识，进一步采取有效防范措施，以避免此类事故再次发生，同时也避免他人及自己的人身权益受到侵害和财产蒙受损失。对赔付过程中的相关具体问题，本院亦倡导各方互谅互让，通过协商等途径依法予以妥善解决。"

【案件二】

案号：(×)×字第×号

承办法官：×庭　刘×

基本案情

王×1与杜×离婚纠纷案，一审法院判决准予王×1与杜×离婚；婚生女王×2由杜×抚养。本院二审认为，对于双方所生之女王×2的抚养问题，因王×2已满12周岁，现其到庭表示愿随王×1生活，故结合王×1、杜×各自情况改判王×2由王×1抚养。

案件点评

承办法官在庭审中询问孩子王×2时，充分尊重孩子的感受，言语温和亲切。

同时,在询问中先通过一些简单的问题了解情况,再根据孩子的反应逐渐切入主题,最后还询问孩子有无补充。整个询问过程简洁流畅,颇具技巧,值得学习。现引述庭审记录如下:

(王×2进入法庭)

法官:孩子你叫什么?

王:王×2。

法官:王×2,我现在有几个问题需要与你沟通,你是想单独跟我沟通还是想你的父母都在场?

王:我希望父母都在场。

法官:你怎么想的就怎么告诉我,好吗?

王:好。

法官:你什么时候出生的?

王:×年×月×日。

法官:在哪读书?

王:小学上完了,该上初中了。

法官:学校找好了吗?

王:找好了。

法官:明天开学是吗?

王:是。

法官:你父母由于他们的情感问题产生纠纷,涉及你今后抚养的问题,就是以后你跟谁过,你有什么想法?

王:我想跟我爸过。

法官:你还有什么要说的吗?

王:没有了。

法官:我要问的就这些,你先到外面等一会儿吧。

王:好。(离开法庭)

【案件三】

案号:(×)×字第×号

承办法官:×庭　李×

基本案情

×年×月×日,A公司与B公司签订《房屋买卖协议书》,约定A公司向B公司购买1002室、1003室两套房屋。此后,A公司依约向B公司交付购房款,B公司于×年×月×日为A公司开具收款289475元的发票。B公司已依约将房屋交付A公司，但未为A公司办理所有权转移登记手续。×年×月×日，B公司出具《关于1002及1003房屋有关情况的说明》，称由于经营、改制等方面原因，未能及时办理该房屋的产权过户手续，但确认该房屋的所有权归A公司所有。

B公司于×年×月经法院裁定宣告破产，目前已进入破产清偿阶段。清算组出示的审计报告未将诉争两套房屋纳入B公司资产范围。B公司称已于×年将诉争两套房屋作为出资交与C证券公司。×年，C证券公司经本院裁定宣告破产。C证券公司破产管理人出示的审计报告未将诉争两套房屋纳入C证券公司资产范围。

截至本案庭审前，1002室、1003室两套房屋所有权仍登记于B公司名下。1002室由A公司交由其职工居住使用；1003室目前空置，但由A公司实际控制。

现A公司诉请要求B公司配合其办理所有权变更登记手续。承办法官综合原告付清房款及控制房屋的事实，被告及第三人不将诉争房屋纳入破产财产的事实以及原、被告的约定等，认定诉争房屋不属于B公司破产财产，其应配合原告进行所有权变更登记。

案件点评

一是庭审规范严谨。本案庭审过程流畅，规范严谨，体现了承办法官较高的庭审驾驭能力和专业素养。观摩人员对本案的庭审驾驭、举证质证认证、法庭辩论指导等方面都给予了极高评价。庭审后，合议庭还现场向当事人征询了对案件审理及对合议庭成员的意见，在判后答疑的同时主动接受当事人监督以提升审判水平。

二是庭前充分调查，确保事实清楚。本案诉争房屋的交易时间较早，目前的房屋现状及权属现状如何，是本案的重要事实。开庭审理前，承办法官到诉争房屋现场勘验了房屋现状，并向房屋的居住人进行了调查询问；到物业公司询问了房屋的物业登记及供暖、物业费用的缴纳情况；到诉争房屋登记的某区房管局查明了房屋的查封、他物权登记情况。通过充分调查，对房屋的现状及权属状态有了准确把握，确保了案件事实的清楚查明。审理中，本院还根据被告申请，依法追加C证券公司为第三人，听取了其对案件的意见。

三是灵活、准确适用法律。该案中出卖房屋的公司破产，同时还涉及该公司将诉争房屋出资的问题，接受出资的公司也已进入破产程序，各方法律关系复杂。两公司的破产案件均在本院审理，涉及破产案件中相关诉讼的审理在法院内部业务庭之间的管辖问题、相关诉讼与破产诉讼之间的协调问题、诉讼程序的衔接等问题。以上问题，合议庭在充分合议的基础上都作出了正确处理。本案最为关键的还是诉争房屋到底是应当作为破产财产还是作为原告的财产进行取回。承办法官综合案件具体情况,灵活适用《最高人民法院关于审理企业破产案件若干问题的规定》第七十一条第(六)项之规定,认定诉争房屋不属于B公司破产财产,其应配合原告进行所有权变更登记。

四是对案件事实、法律关系把握精准,并当庭宣判,效果良好。基于对事实的精准把握,对各方法律关系的正确厘定及对法律的灵活准确适用,承办法官组织合议庭对案件进行了休庭合议,并进行了当庭宣判,体现了承办法官深厚的业务功底和丰富的审判经验。案件宣判后,各方均未上诉,效果良好。

【案件四】

案号:(×)×字第×号

承办法官:×庭　管×

基本案情

王×2及其法定代理人诉至原审法院称:董×与王×1于×年×月相识,后建立感情在一起同居。×年×月×日,董×生下一女王×2。后董×发现王×1早已结婚,遂提出分手,并要求王×1承担王×2的抚养费,但王×1拒不给付。故王×2及其法定代理人要求确认王×2由董×抚养;王×1每月给付抚养费8000元;王×1给付王×2从出生至今的饮食和日常生活费用、医疗费等。在原审法院审理中,董×与王×1就王×2与王×1是否具有亲子关系存在争议,王×2申请进行亲子鉴定,原审法院委托×司法鉴定所对王×2、王×1之间是否存在亲子关系进行鉴定。该鉴定所出具鉴定意见书,载明"在排除同卵多胞胎、近亲及外源干扰的前提下,支持王×1、董×是王×2的生物学父、母亲,从遗传学角度可以得到科学合理的解释"。

案件点评

本案是双上诉案件,双方当事人情绪激动,曾多次扬言要做出极端举动。法院审理中,王×1坚称自己不具备生育能力,请求法院重新启动鉴定程序。为查明案件事实,承办法官联系出具医学检查报告的医师,医师答复王×1生育后代的概率极低。经审查后发现原鉴定程序存在瑕疵,且当事人提交的相关证据及咨询意见与鉴定意见出入较大,合议庭研究后决定重启鉴定程序。双方当事人均对司法鉴定程序极不信任,担心人为干扰鉴定程序,为打消当事人的顾虑,承办法官多次联系鉴定机构,确定由当事人见证观察试验过程的鉴定方案。在鉴定机构现场,承办法官带领当事人见证DNA提取、扩增、分型、比对、统计分析等各个环节,并当场拿到DNA分型图谱和基本鉴定意见。整个过程历经12小时,经科学鉴定确认王×1系王×2生物学父亲,双方对鉴定结论均表示认可。为彻底化解当事人心结,合议庭在鉴定后再次组织开庭,为从未谋面的父女安排了"法庭亲情探望"。在探望过程中,承办法官因势利导开展调解。有了公开透明的鉴定程序作为铺垫,调解推进十分顺利。最终双方达成调解协议,王×1当庭给付了前欠的2万元抚养费,并承诺每月按时给付抚养费。考虑双方之间不存在夫妻关系,今后在抚养教育王×2的问题上难免还会出现分歧,在送达调解书的同时,承办法官还向双方送达了精心制作的"法官寄语"。内容如下:

父母子女之间基于血缘产生的亲子关系是永恒不变的。非婚生子女享有与婚生子女同等的权利。子女是父母恩爱的美好结晶,但是因父母之间不具有婚姻关系,使子女失去了本应拥有的完整家庭。孩子是无辜的,在感情的世界里,他们仍希望得到完整的爱,仍希望拥有关系和谐、共同关心自己的爸爸和妈妈。如果父母不能妥善处理有关抚养、探望等纠纷,将会对子女的心灵造成更严重的伤害。父母应共同考虑如何给子女更多心灵上的慰藉,避免使子女卷入到双方的矛盾中去。

父母与未成年子女之间应该有良好的情感交流和沟通,直接抚养未成年子女的父、母应在悉心照料子女生活、关心子女学习的同时,引导其正确认识父母的问题及其与父母的关系,以助其心智、性格等方面的健康发展;不直接抚养未成年子女的父、母亦应尽到为人父、母的责任,在学习、生活上多关心子女,加强与子女的交流,让孩子仍能感觉到完整的关爱。

一方面,王×1作为不直接抚养王×2的一方应当主动履行给付抚养费的义务,从而保证其日常生活与学习有充分的经济支持。另一方面,董×应尊重王×1探望子女的合法权利,协助王×1加深与王×2的父女感情。

在抚养问题上,王×1、董×作为王×2的父母应相互信任,从有利于孩子健康成长、最大限度地保护其合法权益的原则出发,妥善处理相关问题。诚然,直接抚养孩子的父或母一方教育孩子的方式对于孩子今后的成长乃至人格之形成都具有至关重要的意义。所以,希望王×1、董×冷静处理双方之间的矛盾,避免影响孩子健康成长的处理方式,努力为孩子创造一个稳定、和谐、快乐、幸福的生活环境。

第三节　评查结果运用

案件评查仅是案件质量个案评估的手段之一,不能过分夸大其在审判质量管理中的作用。笔者认为,案件评查的基本功能包括:(1)通过个案质量结果评估实现对审判人员审判过程的警示作用;(2)通过个案质量评估实现规范审判行为、统一审理思路的作用;(3)内部质量监管(纠错)和责任追究。在实际工作中,应该确保(1)的作用发挥,努力实现(2)的作用,弱化(3)的作用。

特别是对于管理人员而言,必须清醒地认识到以下两点:(1)确定差错是案件评查的手段而非目的,应发挥案件差错对审判人员案件质量的客观评估作用,又要避免案件差错对审判人员的心理压力和个人绩效考评结果产生过大影响。(2)要注重评查结果的应用,加强讲评工作,将案件评查结果与制订审判工作规范、类案审判要点,统一执法尺度结合起来。

案件评查更多的是一种抽样评查。在对个人审判质量进行评估的过程中,能够起到一定的科学作用,但是其直接对于案件质效提升所发挥的作用相对有限,而真正能够促进案件质效提升的是差错结果的运用。因此,案件评查制度的一项重要内容是强化评查结果运用,不仅仅让评查结果规范和警醒案件承办法官本人,更重要的是,要通过公开评查结果开展案件质量讲评,提示、警醒其他审判人员,发挥对全员审理行为进行规范的作用。有的地区法院每年都组织一次专项评查,其中包括各法院的案件自查和地区法院对辖区各法院的案件抽查。抽查结束后,审判管理部门会出具案件评查报告,并强制要求辖区法院组织召开全体员额法官参加的案件质量讲评,或覆盖所有员额法官的分口案件质量讲评,提示问题,规范审判工作。这是案件评查结果运用的一种重要方式。

为充分发挥案件评查提示、警醒审判人员,规范审判行为、统一裁判尺度的作用,笔者认为,评查结果运用主要有以下几个方面:

一、通报公示

案件评查结果要起到提醒、警示审判人员的作用,首先必须要让包括被评查人在内的所有审判人员知悉案件评查结果。对案件评查结果的通报、公示,是案件评查结果最基础的一种应用方式。一般而言,由于案件评查是一种内部质量监督机制,因此,对于案件评查结果的通报、公示,一般也限制在审判人员内部的范围,是一种相对的公示,而不是绝对的、对公众的公示。具体的方式,一般是采取在一定范围内印发案件评查结果通报或在内部网站上公布的方式。在案件评查早期,有一些法院将差错案件、问题文书汇集后,做成展板,在法院大厅或走廊中展示;近些年,也有一些法院在内部网站设置了“差错曝光台”之类的栏目,用以通报、公示差错案件。在通报、公示的过程中,我们不仅要通报具体的定错结果,更重要的是,要公布差错情况和评估定错的理由,以使审判人员能够通过公示有所警醒。在以下的通报示例中，评查人员将差错承办法官的姓名隐去，将差错情况进行了编辑，以一种“小案例”的形式，展示了差错的具体情形和对审判人员的规范建议。

示例3－7：案件质量问题通报（虚拟案例）

问题案件：未现场查明，如何“本院认为”？

【简要案情】

郭×1与郭×2恢复原状纠纷一案，双方当事人系邻居关系，因宅基地使用问题素有矛盾。本案双方争议的焦点为：郭×2是否将其毁坏的郭×1卫生间墙后的散水（两家房的夹道）修复平整。一审期间，承办法官到现场进行了勘查，勘验笔录显示，郭×1对郭×2修复的散水提出了异议。一审判决：郭×2将毁坏郭×1临街东房北侧的“金边”恢复原状（具体为将郭×1家的临街的东房北房墙的地面向上修建高21厘米、厚度为5厘米、长度为整个北房墙毁坏“金边”的长度）。郭×1不服，提起上诉，理由仍针对其卫生间墙后的散水问题，要求恢复原状。二审期间，承办法官没有到现场进行勘查，与双方谈话后作出了维持原判的判决，判决理由为：“郭×1上诉称郭×2用水泥抹平的位置与原状不一，导致其卫生间房后低洼，要求郭×2重新恢复原状，依据不足，本院不予支持。”

【问题剖析】

本案双方当事人因宅基地使用等问题存在多起诉讼，积怨较深。就本案而言，双方争议的散水问题虽小，但涉及具体事实认定。法院在二审过程中，未亲赴现场，对双方争议的散水是否已修复平整、恢复原状问题进行勘查，即以“依据不足”为由，简单驳回上诉人主张。

【规范建议】

对于排除妨碍、恢复原状等相邻关系纠纷案件，无论一审是否已对现场进行勘查，二审承办法官原则上均应现场勘查，查明事实，掌握第一手资料，以免双方当事人各说东西，承办法官难辨虚实。一些案件中，虽然当事人提供了照片、示意图等证据材料，但大多数照片均是局部细节，很难反映现场整体情况；加之拍摄角度、物体大小、位置、方向等因素影响，承办法官不到现场，很难掌握客观情况。此前评查中，曾发现一起案件，承办法官因未到现场勘查，判决主文中将农村房屋流水走向写反，最终导致再审改判。本案二审期间，如果二审承办法官能到现场勘查，做到“心中有数”，工作有的放矢，即使“维持原判”，也是判决有据，易于化解矛盾，让当事人信服。

二、审判质量讲评

审判质量讲评是发挥案件评查作用的最核心方式,不夸张地说,没有讲评的案件评查工作,就失去了灵魂和基本的意义。以某地区法院为例,为了树立正确的案件评查工作导向,推动评查结果的正确应用,在t年的考核工作中,首次将开展案件质量讲评纳入辖区中、基层法院考核,规定辖区法院在每季度开展日常(专项)质量评查的基础上,必须每年进行一次全员案件质量讲评,否则其案件评查工作所获得的分数将不被计分,实际上是采取了一种类似“一票否决”的方式,足以看出该地区法院对于案件质量讲评工作的重视程度。具体的规定为:“每季度针对上一季度二审、再审改判发回、指令再审案件,长期未结诉讼案件等开展日常(专项)质量评查,并向地区法院报送载明逐案分析的案件质量评查报告的,每期计0.3分,地区法院根据评查工作效果,酌情加分,每季度满分0.5分,全年满分2分。12月1日前未完成一次全体员额法官参加的案件质量讲评或覆盖所有员额法官的分口案件质量讲评的,本日常(专项)评查项目不计分。”

实践操作中,案件质量讲评还包括案件质量监管部门针对评查工作和评查结果的讲评,通过讲评通报评查结果,提出质量管理的规范和建议。如有的法院根据审判质量评估结果,由审判管理办公室每季度在审判管理联席通报会上对中层领导进行讲评,重点讲评存在的“方向性错误”“操作性错误”;评查人员根据情况到各庭室、各审判业务口进行有针对性地讲评;主管院长每年组织一次口内审判质量讲评。审判质量讲评一般包括以下几个部分:一是评查工作基本情况,主要描述评查的内容、重点、过程,整体评查结果等;二是评查中发现的问题,一般根据评查产生的差错集中情况,分类别、有重点地指出评查中存在的主要问题,分类叙述时,可以按照程序性差错、实体性差错分别说明,也可以分为改判发回案件、一般案件等,审判案件、执行案件等,卷宗差错、裁判文书差错等分类叙述;三是产生问题的原因分析,如主观原因、客观原因,或者制度层面原因、操作层面原因、监管方面原因等;四是工作建议,主要是针对错误情况和原因分析,制定相应的整改措施,纠正错误,避免同类错误再次发生。①

示例3-8:审判质量讲评“评查中发现的问题”

(一)改判发回案件、检察院抗诉案件实体问题、程序问题突出

……

---

① 潘俊美参与了“审判质量讲评”部分示例的起草。

（二）违规扣除审理、执行期限，诉前调解程序超期成为案件不合格的重要问题

……

（三）部分常见程序性问题依然突出，执行终本案件不规范问题仍需重视

程序性问题方面，此次评查中因程序性问题被评为不合格案件的比例最高，除前面分析的违规扣除审理、执行期限和诉前调解程序超期两个问题外，在抽查中因转换审理程序不规范、归档超期等其他程序问题被定错的案件有×起，占全部被定错案件的×%，部分常见程序性问题依然突出。(1)简易程序转普通程序不规范，未严格依照《最高人民法院关于适用〈中华人民共和国民事诉讼法〉的解释》第258条的规定，未作出裁定并将合议庭组成人员及相关事项书面通知双方当事人，或程序转换未审批。(2)合议程序不规范，主要体现为合议流于形式，合议笔录内容仅是对裁判文书相关内容的简单复制、粘贴，缺少实质性讨论内容；卷中缺少合议笔录、合议笔录未签字、合议笔录时间错误等。(3)缺少二审发回重审函，部分被抽查的发回重审案件中，未将二审发回重审函入卷，直接影响了案件评查工作。(4)归档不规范，主要是归档超期、卷宗材料不全、卷宗封面填写信息不全或错误、卷宗材料装订顺序混乱或放置位置错误、未按规定立副卷等，其中归档超期问题依然严重。(5)签字不规范，主要体现为承办法官、合议庭成员、书记员未按照法律规定在相应谈话笔录、开庭笔录、合议笔录等材料上签字。执行终本案件方面，不规范问题主要体现为“有财产未予以执行但以无财产可供执行终本”“卷宗中无执行通知、报告财产、限制高消费、纳入失信等材料”“无副卷且结案报告放入正卷”“笔录、文书签字不全”等方面。

（四）由责任心引发的问题不容忽视，部分低级错误损害司法公信

……

示例3-9：审判质量讲评“产生问题的原因分析”

（一）人案矛盾问题突出，审判人员缺乏责任心

……

（二）法官司法能力欠缺，规范意识不足

法官司法能力欠缺是造成案件出现实体问题和部分程序问题的重要原因，主要体现在三个方面：一是审判经验缺乏，庭审驾驭能力不足，举证责任分配不当，无法在有限的庭审时间内充分查清案件事实，导致裁判结果中基本事实认定不清；二是知识积累不足，学习不够主动，对法律法规理解不全面、不深入，裁判时出现新旧法律适用错误、法律法规未适用或错误适用，导致裁判结果错误；三是处理

疑难复杂案件的能力不足,遇到案情复杂、程序繁杂的案件时,无法及时作出裁判,导致案件长期无法审结,或者出现遗漏诉讼请求、当事人的情况。大部分程序问题与法官规范意识不足密切相关。在部分法官意识中,“重实体轻程序”“重习惯轻规范”的观念长期存在,一方面认为案件只要结果处理正确,程序不规范情有可原;另一方面认为在程序上习惯性都是这么操作,自己这么做也没问题,导致违规扣除审限、诉前调解程序超期、程序转换不规范等问题长期存在。

(三)团队内部管理不善,机制职能未充分发挥

随着司法体制改革的不断深入,人民法院组建了各种形式的审判团队,团队中的法官除了承担审判任务外,还需负起管理团队的责任,特别是在基层法院中普遍采取“1+N+N”的组建模式中,通过法官有效管理实现团队成员各司其职、相互配合,就显得尤为重要。在审判执行工作中,设计了多种机制来预防低级错误发生,如法官在开庭前须对送达、开庭公告等程序进行审核和在归档前对归档卷宗进行检查,团队成员对裁判文书进行相互校核等。实践中,由于有些法院审判团队内部管理模式陈旧、手段落后,部分法官依然沿用放任型的团队管理模式,未对案件质量进行整体把控,加之团队成员责任意识不强,直接导致部分预防出现错误的机制作用无法发挥。

(四)制度规范落实不力,监督管理缺位

……

示例3-10:审判质量讲评“工作建议”

(一)坚持打造过硬队伍,进一步提升法官司法能力

一是要切实加强思想政治建设,提升法官履职尽责的使命感、责任感……二是要深入开展全员、分级、分类培训……三是要加强审判理论研究、审判业务研究……

(二)完善审判权运行机制,进一步优化审判格局

一是要加强规范化建设,进一步完善审判流程管理……二是要加强审判团队建设……三是坚持开展全员考核……

(三)全面落实司法责任制,进一步加强审判监督管理

一是要健全案件质量评查,对改判发回、指令再审、长期未结案件每季度开展专项评查;要以评促改、以点带面,通过对改判发回、指令再审、检察院抗诉案件,长期未结案件,诉前调解程序案件,执行终本案件等重点案件的评查,深入挖掘影响审判质效常见多发问题和人民群众反映强烈的问题,认真分析原因,完善长效机制,防范质量风险;对评查发现的工作懈怠、流程严重拖延等问题,应根据情况

确定差错，并向相关庭室、承办法官发出评查建议，严肃落实整改；要做好差错案件的整改，特别是对于重大差错案件，审判管理部门要“一督到底”，对于长期存在的突出问题，要有针对性地制定制度机制。二是要继续加强对审限延长、扣除审限的管理，开展专项整治工作，逐渐解决虚假填录扣除审限信息、不规范扣除审限、多次扣除审限等顽疾，要重点规范因当事人申请庭外和解扣除审限的情形；要做好临近审限的案件及时提示、警示，严格审查审限延长、扣除审限事由，规范审限变更审批流程，对审限延长、扣除审限的案件实行动态跟踪管理。三是压实院庭长对“四类案件”的监督管理责任，在确保不违法干预案件处理结果的同时，院庭长对所有分管案件的审理过程、流程环节、程序事项、工作作风要不断加强监督管理，特别是要切实履行对程序转换、审限扣除、审限延长等事项的审批监督职责。

（四）做好均衡结案调度，进一步破解“人案矛盾”

一是要深刻认识均衡结案对于保障审判态势良性运行，避免突击结案引发质量问题的基础性作用……二是要深化多元化解和速裁工作……三是要进一步加强信息化建设……

三、审判质量规范

审判质量规范是指在案件评查等审判质量评估和研判的过程中，审判管理办公室针对案件审理中存在的问题，特别是一些通用性的质量瑕疵问题，提出规范性意见和要求，由相关庭室在今后的审判工作中贯彻执行。这些规范性意见，既可能是案件审理的实体性、程序性要求，也可能是审理工作相关的一些工作标准和流程要求。

审判质量规范一般可以分为两种：一种是针对个案存在的实体问题、程序问题等进行评估，并提出规范建议或工作要求；另一种是在评查过程中，针对某一类带有共性的问题，提出相应的规范要求。

一些法院为了确保审判质量规范意见能够切实得到审判人员的重视和执行，避免同一质量瑕疵问题反复出现，在公布或讲评案件质量规范的同时，规定对于已经提出规范性意见，审判人员此后继续出现此类差错的，评定的差错等级上调一级。

例如，s 年，某地区法院一篇裁判文书出现文字性低级错误引发不良影响，审判管理部门经评估认为，裁判文书是人民法院代表国家行使审判权的载体，是明确当事人法律权利义务的重要凭证，体现国家强制力，具有高度的严肃性和权威性。近年来，随着裁判文书常态化公开以来，地区法院裁判文书质量有了明显提升，但也反复出现个别裁判文书存在明显低级错误，引发当事人质疑、产生负面舆情的情况。此次裁判文书出现的错误，既反映出承办法官、辅助人员工作不严谨、责任心不强的问题，也反映出裁判文书审核把关机制不健全、文书质量监管缺失等突出问题。为切实提高裁判文书质量，狠抓监督管理，最大限度减少裁判文书低级错误发生，审判管理部门提出以下工作意见和要求：(1)依据案件评查工作规范确定案件差错，记入该案承办法官、书记员的审判业绩档案；要求庭室领导对相关人员进行警示谈话；要求合议庭及时出具补正裁定，做好当事人的解释说明工作。(2)各审执业务庭室要高度关注审判质量和裁判文书质量，特别是在年底结案高峰期间，更要以此为警醒，举一反三，引以为戒，杜绝类似低级错误发生。(3)庭室领导要进一步落实监督管理责任，加强质量管控；要定期开展案件质量、裁判文书质量自查、讲评工作，建立健全庭室案件质量内部监管机制、裁判文书审核把关机制。(4)各审执业务庭室要普及裁判文书校核软件应用，要确保员额法官、法官助理、书记员等审判业务相关人员实现全员安装、使用，将文书校核软件作为人工校对的前置程序，减少低级错误。

在上文的实施例中，某地区法院针对裁判文书出现低级错误问题，不仅提出了一些通用性的要求，还就裁判文书校核软件应用提出了具体的案件质量规范意见，将原本倡导性的工作要求，变成相对强制性的工作规范。同时，审判管理部门协调技术部门为全体人员安装了裁判文书校核软件，并进行了安装和使用情况检查。

事实上，全国很多地区法院都在审判质量评估中关注到了裁判文书校核软件对于避免文字性低级差错的重要作用。研究发现，尽管目前裁判文书校核软件存在智能化不高、校对规则相对简单、经常出现误判误报等问题，但是，在案件评查过程中发现的文字性差错，特别是一些丢漏字、错别字、常见词语搭配错误、字词重复等问题，绝大多数都可以通过裁判文书校核软件予以识别。也就是说，如果法官和书记员在制作裁判文书过程中使用了校核软件，很多错误就不会发生。一些校核软件在开发过程中，尝试调用案件基础数据库信息进行差错识别，设置了更为复杂的校验规则，例如，校验案号是否存在、案号与当事人是否对应、当事人诉讼地位是否错误、合议庭组成人员是否与系统填录信息一致、裁判文书落款日期是否与系统立案和结案时间矛盾等，甚至可以通过系统立案标的等信息，校验诉讼费用数额是否正确、当事人负担比例是否恰当、多方当事人负担后总数是否与案件受理费数额相符等。因此，部分地区法院在发布了强制性使用裁判文书校核软件的同时，规定在此后的案件质量评查中，裁判文书出现可由校核软件识别的文字性错误的,直接确定为差错。

以某地区法院为例,在此前的案件评查定错规则中,裁判文书出现文字性差错的,定错标准为:(1)发现错漏关键字、错漏当事人、错案号、错案由的,确定为小错或中错;(2)错字、漏字3处(含本数)以上的,确定为小错;(3)错字、漏字不足3处的,予以警示或提示。根据审判管理部门发布的审判质量规范,评查人员在裁判文书质量评查中,可以径行使用校核软件对裁判文书进行复核,一旦发现裁判文书存在可由校核软件识别的文字性错误的,无论文字差错数量为几处,一律直接确定为差错。这种差错确定方式明显是严格了差错认定标准,甚至是提高了差错等级。我们可以这样认为,在审判质量规范发布之后,审判人员作出的裁判文书经评查发现存在可由校核软件识别的文字性错误的,该案件存在的质量瑕疵,不仅仅是裁判文书存在文字性差错,还包括裁判文书制作人员未遵守使用校核软件进行错误筛查的工作规范要求;在某种程度上,后者的差错是更为严重的,应该受到案件评估程序的警示和惩戒。

示例3-11:审判质量规范

1.关于损害赔偿计算

近期,审判管理办公室在个案评查中发现,部分审判人员在审理交通事故损害赔偿案件中涉及多项赔偿款数额的计算问题,但审判人员在判决书"本院认为"部分并未明确叙述判决数额的计算公式,卷宗中也没有损失计算明细表,合议笔录中也没有详细的计算过程讨论,导致评查人员对于损失计算结果是否正确难以进行核验,也引发当事人的信访投诉等问题。现就相关问题规范如下:侵权类案件、合同类案件中,判决结果涉及损害赔偿费、合同款、违约金等金钱数额计算的,如计算项目超过两项,应书面列明计算依据、计算公式和计算结果,入副卷备查。在文书撰写中,所有产生计算结果的基础数据,应在事实查明部分有相应体现。对于有明确的计算依据和公式的,原则上应在"本院认为"部分指明计算依据和计算公式,涉及多个项目的,应分别列明。判决结果中涉及的金钱给付数额为酌定的,应在"本院认为"中明确酌定参考的因素。对于通过判决文书无法推知判决给付金钱数额的计算方式,副卷亦无计算表的,审判管理办公室将根据情况,在案件评查中确定为差错。

2.关于裁判文书落款日期

审判管理办公室在进行裁判文书专项检查时,发现部分庭室的部分审判人员裁判文书结尾处不填写结案月、日,而是在送达裁判文书时手工填写。根据《民事诉讼法》的规定,人民法院对公开审理或者不公开审理的案件,一律公开宣告判决。公开宣判案件，应在确定的宣判日期三日前通知当事人和其他诉讼参与人，并公告当事人姓名、案由和宣判时间、地点。因此，上述情形既不符合案件公开宣判的要求，形式上也不严肃，还可能引发多份裁判文书落款日期不一致等现象。因此，审判管理办公室规范如下：所有裁判文书尾部必须明确印刷落款年、月、日，不得手工填写和涂改。

四、审判质量建议

审判管理办公室通过审判质量研判、审判质量评估，对于需要进一步研究和统一的问题（如对案件适用法律是否精准、审理方式是否最优、审判思路是否存在偏差等）提出工作建议，限期要求相关庭室进行研究、讨论，形成一致意见或整改措施后，提交审判管理办公室，由审判管理办公室审核后呈报审判委员会。

示例 3－12：审判质量建议

1. 审判管理办公室在案件评查中发现，在审理因快递丢失引发的财产损害赔偿纠纷案件中，不同审判人员存在不同处理标准，形成了不统一的裁判结果。建议×庭组织全体审判人员讨论因快递公司丢失邮件引发的财产损害赔偿纠纷案件审理相关问题，形成一致意见后报审判管理办公室，审判管理办公室审核后呈报审判委员会。研究问题包括：(1)此类案件确定为财产损害赔偿纠纷、委托合同纠纷、服务合同纠纷中的哪一类案由更准确，确定不同的案由，对当事人主张权益有何影响；(2)如何确定快递公司关于"未保价快件丢失、毁损或短少，按照资费的三倍赔偿"等类似合同条款的效力；(3)案件处理应遵循什么原则；(4)如何根据证据确定邮寄物品的财产价值；(5)其他相关问题。

参阅案件：（×）×字第×号、（×）×字第×号、（×）×字第×号、（×）×字第×号。此项工作请于×年×月×日前完成。

2. 审判管理办公室在案件评查中，多次发现部分审判人员、书记员同一案件保存多份裁判文书电子版本，导致在网上办案系统上传文书、送达当事人、入卷归档的文书出现版本不一的情形。各庭室应提示审判人员、书记员养成良好的工作习惯，明晰工作分工和责任，避免差错发生。例如，要求承办法官每份裁判文书只保存一个电子版本，对于草稿、审书之间交换的校对稿等用"案号＋初稿""案号＋第×次校对稿"等命名方式加以区别，印刷用的电子版本一律由承办法官最后确认，并重命名为"案号＋终稿"或"案号＋印刷稿"后发送给书记员交付印刷。裁判文书终稿一律由承办法官负责保存，并在电脑中设置裁判文书终稿专用文件夹保存。

被评查主体对于审判质量建议的反馈，也可以予以公开、公示，供相关审判人员参阅、借鉴，进一步发挥案件评查在统一裁判尺度、规范审判行为方面起到的积极作用。

示例3－13：审判质量建议反馈

审判管理办公室根据×年第×季度案件评查情况，建议×庭就"因快递公司丢失邮件引发的财产损害赔偿纠纷案件审理相关问题"进行研讨，以捋顺思路，统一认识。现将×庭室相关工作情况呈报审判委员会，并供各庭室领导参阅。

参阅案件：（×）×字第×号、（×）×字第×号、（×）×字第×号、（×）×字第×号。

一、此类案件确定为财产损害赔偿纠纷、委托合同纠纷、服务合同纠纷中的哪一类案由更准确；确定不同的案由，对当事人主张权益有何影响

×庭经研究认为，快递公司系提供快递服务的经济主体，寄件人将物品交付快递公司进行寄递，快递公司为寄件人出具快递详情单，双方已形成服务合同关系。快递公司在履行合同过程中丢失物品，寄件人起诉快递公司赔偿物品损失，系基于双方之间存在服务合同关系。故根据《民事案件案由规定》，此类案件应确定为邮寄服务合同纠纷，并适用《民法典》合同编的相关规定进行审理。

二、如何确定快递公司关于"未保价快件丢失、毁损或短少，按照资费的三倍赔偿"等类似合同条款的效力

该问题涉及格式条款的司法审查问题。格式条款是当事人为了重复使用而预先拟定，并在订立合同时未与对方协商的条款。格式条款具备三项法律特征：一是广泛性和持久性，即要约向全社会发出，在某一特定时期内用于将要订立的全部合同；二是唯一性和不变性，即一方基于独占利益拟定，与全部合同条款为一整体；三是垄断性，即排除协商的可能性。根据以上特征，快递公司关于"未保价快件丢失、毁损或短少，按照资费的三倍赔偿"等类似合同条款应属于格式条款。

根据《民法典》合同编的相关规定，提供格式条款的一方应当履行如下义务：一是公平义务，即遵循公平原则确定双方权利义务；二是提示义务，即以合理方式提请对方注意增加、免除、限制责任的条款；三是说明义务，即按对方要求对条款进行解释说明。基于此，对格式条款的司法审查应当把握以下三个判断标准：第一，是否违反了事先告知义务。受要约人虽无协商权，但有选择权，格式条款要想受到法律保护，必须使对方充分了解，否则无约束力。第二，是否违反了解释原则。对格式条款的理解发生争议的，应当按照通常理解给予解释，有两种以上解释的，应当采纳不利于提供者的解释。第三，是否违反了公平原则。格式条款具

有法律规定的合同无效情形,或者免除其责任、加重对方责任、排除对方主要权利的,该条款无效。

根据以上判断标准,对于"未保价快件丢失、毁损或短少,按照资费的三倍赔偿"等类似合同条款的效力,可分以下情况进行认定:

1. 从是否履行了提示、说明义务的角度认定

当事人双方对快递公司尽到提示、说明义务无争议,则保价条款有效。寄件人进行了保价的,按照保价数额或物品价值赔偿,寄件人未进行保价的,按快递单的约定赔偿(一般为邮资的数倍)。

当事人双方对快递公司是否尽到提示、说明义务有争议的,根据证据规则,应由快递公司承担举证责任,法官应综合案件全部事实认定快递公司是否已尽到提示、说明义务以及寄件人是否知道或应当知道该格式条款的内容。这里的综合案件事实,主要包括寄件人一方的职业、使用快递业务的频率、快递详情单上对于保价条款一项的位置、字体、颜色等环节的设计等。根据以上情况,如果可以认定快递公司已经对格式条款尽到了提示、说明义务,或者根据寄件人一方的职业、使用快递业务的频率等情况,能认定其知道或应当知道相应保价条款时,则该格式条款对双方具有法律约束力。否则,不能认定该条款对寄件人一方有约束力。

2. 从是否违反了公平原则的角度认定

"未保价快件丢失、毁损或短少,按照资费的三倍赔偿"等类似合同条款是当前国内快递行业普遍应用的规则,寄件人要想通过快递寄送物品,就不得不接受类似的合同条款。从公平和诚实信用原则的角度讲,寄件人既然接受了快递公司制定的限制己方责任的条款,快递公司就应当全面、审慎地履行自己的义务,才能实现双方权利义务的对等。快递公司是专业从事快递业务的企业,更应了解快递服务中的关键环节,更有义务,亦更有条件增强快递服务过程的严谨性。因此,快递公司如果出现因故意或重大过失丢失物品的情况,则根据法律规定,即便其对保价条款履行了提示、说明义务,该条款对相对人亦不产生约束力。

三、案件处理应遵循什么原则

1."未保价快件丢失、毁损或短少,按照资费的三倍赔偿"等类似合同条款目前已被国内快递行业普遍采用,且《中华人民共和国邮政法》中亦有"未保价快件赔偿三倍邮费"的规定,虽然快递企业不属于邮政企业的范围,但该赔偿规则已被法律所确定,故该条款本身的效力不应否定。

2. 从该类似条款是否对寄件人产生约束力的角度进行审查。在此过程中,应适当加大快递企业的责任,对快递企业援用该类似条款减轻责任进行一定限制。

从当前现状看,快递行业准入标准低、运行管理不规范、从业人员文化水平不高,服务质量差或物品丢失的情况时有发生,此种情况与缺乏有效的法律规范存在一定关系。为更有力地保护普通消费者的合法权益,促进整个行业的健康发展,基于快递企业相对于普通消费者的专业性和强势地位,应对其行业道德风险进行有效预防,适当严格快递企业的责任。

3. 除了快递公司的责任之外,寄件人亦应承担部分责任。理由如下:寄件人作为具有完全民事行为能力的人,在其利用邮寄的方式运送贵重物品的情形下,应有关注进而问询快递公司当邮寄物发生毁损灭失等情况后如何处理的义务。这种义务属于不真正义务。与真正义务不同的是,不真正义务的履行义务主体和相对人都是当事人自身,即向自己履行。但其本质仍是义务,不同于权利的是如不履行依然会有后果和责任产生,后果由自己承担。综上,当寄件人一方没有尽到关注进而问询快递公司当邮寄物发生毁损灭失等情况后如何处理的不真正义务时,应该就因此产生的损害结果承担部分责任。

四、如何根据证据确定邮寄物品的财产价值

一般来讲,要根据寄件人提交的正规发票确定邮寄物的价值。如果不能提交,在快递公司及寄件人对所邮寄物品的核心信息(如类型、材质、品牌、新旧程度等)无异议的情况下,可以按照市场普遍情况进行认定。如快递公司或寄件人对所邮寄物品的核心信息有异议,应按照证据规则的规定进行认定。如果快递公司的快递单上没有填写相关物品的情况介绍一项,那么快递公司亦应承担一定责任。

五、决策参考

审判管理部门在案件评查过程中,可以就法院审判质量整体情况、改判发回案件情况、再审改变本院生效裁判结果情况、需要研究和统一的事项等进行分析、研判,并将研判结果和决策建议向审判委员会汇报,向各业务庭室通报。

示例3-14:审判质量决策参考

【审判质量研判情况】

1. 在对m年一审改判发回案件的质量评查中发现,刑事的故意伤害罪、故意杀人罪、诈骗罪,普通民事的建设工程施工合同纠纷、房屋买卖合同纠纷、租赁合同纠纷,商事的借款合同纠纷、买卖合同纠纷、股权相关纠纷,知产的侵犯专利权纠纷是改判发回相对集中的案由。上述改判发回案件在案由上的集中规律与k年、ℓ年情况高度一致。

2. 从 ℓ 年被改判发回的 65 件案件的一审审结时间看,被改判发回案件的一审审结时间呈现严重不均衡状况,畸高地集中在 12 月(见附图 1),占全部被改判发回案件的 52.3%。特别是,在 12 月审结的 34 件案件中,12 月 26 日至 31 日审结的为 25 件,即在这 6 天审结的案件中被改判发回的数量,占全部被改判发回案件数量的 38.5%。而在 k 年被改判发回案件中,这个数据为 31.6%。

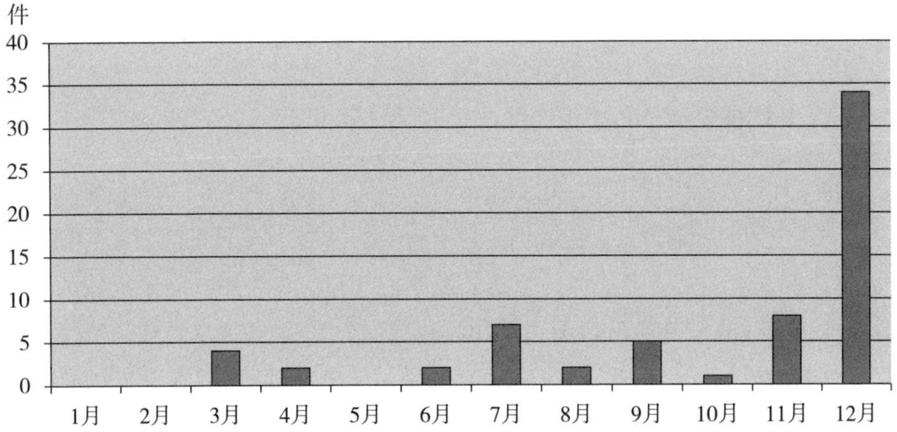

附图 1　改判发回案件一审审结时间分布

3. 从 ℓ 年被改判发回的 65 件案件的一审平均审理天数看,改判发回案件的平均审理天数大多大幅超过法定审理期限。在民商知产改判发回的 35 件案件中,审理时间超过 800 天的案件有 10 件,审理时间超过 1000 天的案件有 4 件(见附表 1)。

附表 1　改判发回案件一审平均审理天数情况

类别	刑事		民商知产	
	改判	发回	改判	发回
案件数量/件	20	10	23	12
法定审限天数/天	45		180	
实际审理天数/天	149.7	77.0	528.2	319.5
法定审限内结案数量/件	2	2	7	3
法定审限内结案率/%	10.0	20.0	30.4	25.0

【决策建议】

针对被改判、发回重审案件在部分案由显著集中的情况,我们认为,编撰类案审判要点，特别是前述重点案由的审判要点，是总结和传承审判经验，捋顺审判思路，统一执法尺度的重要途径。

被改判发回案件的一审审理周期过长、法定审限内结案率低、一审结案不均衡现象十分显著。具体原因相对复杂，案件疑难复杂是造成这种状况的原因之一，其他原因还有待进一步分析研究。虽然目前没有确切证据证明上述案件审理流程失控问题与审判质量直接相关，但深入开展一审案件均衡结案工作势在必行。

六、考核评价

将案件评查结果应用于对审判组织和审判人员的业绩评价，是当前案件评查工作结果应用的普遍方式。但我们必须明确的是，与案件整体的质效指标评价不同，案件评查大多是一种抽样的个案质量评估，因此，案件评查结果反映的仅仅是被抽查案件的审判质量情况，并不能够完整、全面、客观地反映被评查主体的整体审判质效情况。因此，将个案评查结果用于考核评价，存在一定的科学性问题。

一般而言，将个案质量评价结果用于审判组织的考核评价，如对某一法院、某一庭室的评价，更倾向于用案件差错率的指标进行评价；将个案质量评价结果用于审判人员的考核评价时，更倾向于用案件差错数量的指标进行评价。当然，无论我们用哪种方式进行考核评价，考虑到案件差错存在一定的等次，在考核中都需要对不同等次的差错设置不同的负面评价权重，并应用一定的合成方法最终形成考核评价结果。

关于考核评价问题，我们后面会有章节专门进行研究，并就二级考核中如何进行案件评查结果考核的问题进行具体的讨论。

七、裁判纠错

在案件评查结果运用方面，还有一个值得讨论的问题。那就是对于生效案件而言，被评定为差错案件，特别是确定案件的裁判结果存在差错的情况下，是否需要与审判监督程序衔接，启动再审程序，纠正裁判结果错误的问题。这个问题相对比较复杂，从目前全国各地人民法院案件评查制度的开展情况来看，在这方面作出有价值探索的还比较少，大部分法院的案件评查结果与审判监督程序都没有有效的对接程序。还有一个实际问题，即一些案件的评查工作并不是基于当事人不服生效裁决，通过申请再审或信访投诉等线索开展的，而是常规性的案件抽查。

也就是说，尽管一些案件在案件评查过程中确定裁判结果存在错误，但当事人已经息诉服判。在这种情况下，是否仍然需要启动纠错程序，通过本院发现的方式提起再审，纠正裁判结果错误，对此问题，仍有一定争议。从全国法院审判管理实践来看，在此方面作出的探索也比较少。

这个问题一般可分为三种情形：(1)对于那些评查发现的不影响案件实体结果，不损害当事人程序性权利的小瑕疵，如裁判文书出现不影响文意的错别字、合议笔录记录不完整、卷宗材料顺序错误等，没有必要纠正。(2)对于评查发现的程序性错误，影响当事人诉讼权利行使，但是裁判结果正确，未影响当事人实体权益的，可以根据当事人是否提起申诉，以及程序性错误的性质、程度等情况综合考虑，先由申诉审查程序审查，符合条件的，再通过审判监督程序纠正。(3)对于评查中发现的裁判实体结果存在明显错误，严重影响当事人实体权益和程序性权益的，在当事人未提起申诉的情况下，可以考虑通过“本院院长发现”的方式，直接通过审判监督程序予以纠正。

当然，这些观点也有争论。很多人认为：(1)纠错仅是案件评查的功能之一，并且，纠错的方式有很多种，内部的惩戒是对案件和法官的一种否定性评价，本身也是纠错的一种形式。(2)在追求实体公正和程序正义的同时，我们还必须考虑司法裁决的稳定性问题，当一份有瑕疵甚至有错误的判决生效了很长一段时间，当事人的权利义务已经履行或强制执行完毕，“定分止争”已经结束，社会关系长期稳定，此时，不轻易破坏这种稳定的社会关系，保持社会秩序稳定，也是必须考虑的一项重要价值。(3)尽管评查发现可以作为“本院院长发现”的一种方式，但是，如果将案件评查差错常态化地作为启动再审程序的手段，可能会混同案件评查定错和再审审查的关系和认定标准，变相增加提起再审的途径，影响法定的诉讼制度体系运行。

第四节　优秀裁判文书评选

裁判文书是审判权行使的成果，直接体现了审判人员的法律适用能力。全国各地人民法院都高度关注裁判文书撰写工作，制定了一系列措施提高裁判文书质量，增强裁判文书释法说理。其中，比较受到审判人员认可的一项举措就是评选优秀裁判文书并予以通报、表彰。因此，优秀裁判文书评比也是案件质量评估工作“推优秀”的最重要形式。

为全面落实司法责任制，加强和规范裁判文书释法说理，最高人民法院自

2010年以来，开展了优秀裁判文书评选工作，调动了广大法官的工作积极性。2012年，最高人民法院优秀裁判文书评选工作更加规范，首次成立了优秀裁判文书评选委员会。此外，最高人民法院各审判业务条线也开展了本业务领域优秀裁判文书评选活动，如全国优秀行政裁判文书评选、全国优秀环境资源保护裁判文书评选等。2018年开始，由最高人民法院审判管理办公室牵头，组织了"全国法院百篇优秀裁判文书""全国法院百场优秀庭审"评选活动。评选范围、规模不断拓展，规范性和权威性显著提高。

本节将以某地区法院优秀裁判文书评选活动为示例，从评选组织者的角度，介绍优秀裁判文书评选的方案制定、评选流程、结果应用等内容。①

一、评选方案

（一）工作目标

通过开展优秀裁判文书网上评选活动，培育、汇集、表彰一批"形式语言规范、释法说理充分、裁判结果精准"的标杆文书，为法官打造一个优秀裁判文书交流与学习平台，营造一种敢于说理、善于说理的裁判文书撰写氛围，形成一股崇尚精品、追求卓越的裁判文书写作文化，推动法院裁判文书质量不断提升。充分发挥裁判文书定分止争和价值引领的作用，展示司法公正，提升司法公信，弘扬法治精神，实现法律效果和社会效果的统一。

（二）参与方式

组织推荐与个人自荐相结合。

（三）文书范围

参评裁判文书为s年×月×日至t年×月×日（时间范围为一个整年度）已在互联网公开的裁判文书，为了配合最高人民法院开展的"全国法院百篇优秀裁判文书"评选活动，建议优先选择落款日期在s年1月1日至s年12月31日的裁判文书。裁判文书格式符合上网公开匿名处理规范要求。裁判文书类型包括判决书、裁定书、决定书、通知书。

（四）评选方式

评选分为初评、复评和总评三个阶段：初评阶段包括文书推荐，干警评分；复

---

① 本部分参考了某地区法院优秀裁判文书评选方案，白菁华参与了方案的起草。

评阶段包括审判业务专家线上评审，干警网上投票；总评阶段包括人大代表、政协委员、学者、律师等特邀嘉宾评审，社会公众网络投票。

（五）评选步骤

1. 初评阶段

（1）各法院推荐（1 个月）。各法院组织开展优秀裁判文书评选活动，采取自我推荐和部门推荐相结合的方式，由各法院对本院申报的裁判文书进行初评。各法院在评选活动中，要积极探索所有员额法官"全员被评""全员参评"的模式。个人自荐和组织推荐的裁判文书均需撰写裁判要旨，组织推荐的裁判文书需要填写推荐意见，具体格式可参照"中国司法案例网"案例库中案例推荐样式。评选结果经本院审判委员会或专业法官会议讨论决定后报地区法院审判管理办公室，刑事、民事、商事、知识产权、行政、执行等各类裁判文书所占比例由各法院酌定。综合考虑辖区各法院收案数量、审级等因素，对各法院推荐优秀裁判文书参加复评的数量分配如下：A 法院每个审执业务庭室 1～2 篇，B 法院、C 法院、D 法院各 9 篇，E 法院 4 篇，F 法院 8 篇等。以上合计约 150 篇。

（2）全员五星评分。个人可自行推荐本人撰写的裁判文书，通过"裁判文书网上评选系统"直接上传提交。各法院推荐参加复评的文书也由本人通过系统上传，由各法院管理员进行勾选区分。辖区各法院的全体干警进入系统后可以选择自己感兴趣的文书查阅、评分和评论，得分较高且参与评分人数较多的文书在系统中优先展示。各法院结合本院实际，在确定推荐裁判文书时可以将文书的五星得分情况作为参考。

2. 复评阶段

（1）专家线上评审（1 个月）。由地区法院审判业务专家约 60 人组成专家评审委员会，通过"裁判文书网上评选系统"对各单位推荐的约 150 篇优秀裁判文书进行线上评审。每位专家评审约 20 篇文书，每篇文书至少由 5 名专家评委打分，取平均分作为该篇文书的专家得分。

（2）干警网上互评（20 天）。根据专家评审结果，得分前 30 名的裁判文书在"裁判文书网上评选系统"进行展示，接受干警评分、评论和投票评选。由于各法院干警人数差异较大，投票将结合参评文书数量，对各法院参与投票的人数进行限制，从总量上控制有效票数。各法院具体参与投票人数分配如下：A 法院、B 法院、C 法院、D 法院各 80 人，E 法院 50 人，F 法院 70 人等。合计拥有投票权的人数为 1700 人左右。具体参与投票人员由各级法院自行决定，重点抽取一线办案法官,同时兼顾不同人员类别,确保参与人员具有代表性。享有投票权的干警每人 15 票。

(3)结果测算(10 天)。根据专家打分和干警网上投票情况,按照一定权重,确定复评阶段裁判文书得分,排名前 20 的裁判文书进入总评阶段。

3. 总评阶段

(1)特邀嘉宾评审(20 天)。邀请上级法院法官、人大代表和政协委员、法学教授、知名律师、媒体人作为评审嘉宾,对入围总评阶段的 20 篇裁判文书进行评选。

(2)网络公众投票(20 天)。将入围总评阶段的 20 篇裁判文书通过地区法院官方网站、官方微博、微信公众号等渠道进行公开展示,接受广大网民投票和留言评论。

(3)专业法官会议复核(10 天)。针对在复评和总评阶段,专家评委及特邀嘉宾评委认为裁判结果错误或存在其他明显瑕疵的文书,由地区法院各相关业务部门组织召开专业法官会议,对问题文书进行评议,确有错误的取消评优资格。

(4)结果测算(10 天)。根据特邀嘉宾评审结果、网络公众投票情况,结合复评结果,按照一定权重,确定总评阶段裁判文书的最终得分。

4. 表彰奖励

(1)最终结果测算。将复评阶段得分和总评阶段得分按照一定权重,测算裁判文书的最终得分,并按照得分由高到低确定最终获奖人员名单,报地区法院审判委员会审议。

(2)组织奖获奖规则。单位组织奖根据各法院裁判文书获奖数量、获奖等次、组织推荐情况、干警评分参与情况、干警投票参与情况等综合确定。

(3)召开表彰大会。评选活动设立单位组织奖和优秀裁判文书个人奖,其中,单位组织奖 5 个,个人奖 100 名。

(六)结果应用

1. 纳入法官和法院的考核评价体系。法官个人获奖情况纳入法官办案业绩评价档案,优秀裁判文书评选结果纳入年度法院考核。

2. 获得推荐资格。根据最高人民法院评选“全国法院百篇优秀裁判文书”活动工作的相关要求,根据本届优秀裁判文书的评选进度,将进入复评或总评阶段的裁判文书与去年获奖文书相结合,从中筛选出符合条件的优秀裁判文书向最高人民法院推荐。

3. 表彰宣传。邀请主流媒体和记者参加表彰大会，大力宣传优秀裁判文书评选活动，并将获得一等奖的裁判文书及法官通过地区法院官方微博和微信公众号进行重点宣传报道。

4. 成果转化。将所有获奖裁判文书在互联网集中展示，并将获得一等奖、二等奖的裁判文书结集出版。

（七）工作要求

1. 高度重视。开展优秀裁判文书评选活动，主要目的是调动广大法官制作优秀裁判文书的积极性，通过民主、开放、互动的模式，为法官搭建一个相互学习、交流、展示的平台。各法院党组要高度重视，切实加强裁判文书规范化建设，强化精品文书意识，由各法院审判管理部门牵头，认真组织广大干警积极参与，确保评选工作取得实效。

2. 客观公正。评选活动要立足审判实践，坚持客观、公正，本着对审判事业负责、对法官负责的态度认真行使投票权，使真正顺应时代要求，具有理论水平、实践价值的优秀裁判文书脱颖而出，评选出真正符合人民法院司法能力、业务水平的优秀裁判文书。

3. 注重实效。通过评选活动，真正涌现出一批格式规范、逻辑严谨、说理透彻、结果精准，能够代表人民法院审判水平的优秀裁判文书，激发广大干警制作精品文书的主动性、积极性，提升地区法院裁判文书整体质量，进而培育一批理论基础扎实、审判经验丰富、文书制作精良的审判业务骨干。

二、评选流程

为了保证评选工作公平有序开展，组织者根据实际情况，可以制定优秀裁判文书评选活动实施方案，明确参与方式、评选程序、时间安排。通过评选活动，探索所有员额法官“全员参与”“全员被评”的模式，努力为法官提供一个自我展示、相互交流学习的平台，整个评选过程可以分为三个阶段七个环节：

1. 初评阶段，自我推荐与组织推荐相结合。初评工作由各级法院自行组织，努力实现员额法官全覆盖。为保证公平，在综合考虑各法院收案数量、审级等因素的基础上，事先对各法院推荐优秀裁判文书的数量进行分配。以某地区法院 t 年的优秀裁判文书评选活动为例，经过初评，共收到各辖区法院推荐的优秀文书 158 份，其中刑事 21 篇、民商事 92 篇、行政 24 篇、知识产权 17 篇、执行 4 篇。法官还可以通过裁判文书网上评选系统上传文书进行自我推荐，接受法院干警的点赞和评论。

2. 复评阶段,专家评审与干警网上互评相结合。复评阶段邀请审判业务专家组成专家评审委员会,对进入复评阶段的裁判文书进行评审。以某地区法院 t 年的优秀裁判文书评选活动为例,共计邀请复评评委 60 人,每篇文书由 5 名专家评委打分,确保评选活动高水准、专业化又兼顾公平。根据专家评审结果,排名前 30 的裁判文书进入干警投票环节。为了防止各法院由于干警人数差异对参评文书造成较大影响,组织者预先按比例对各法院享有投票权的干警人数进行了分配。以某地区法院 t 年的优秀裁判文书评选活动为例,辖区法院享有投票权限的干警共 1714 名,有 1558 名干警完成了投票,共投出 23370 票,投票率为 90.90%,有 18 个辖区法院的投票率达到 100%。干警投票得分的折算方法为:文书获得票数 ×50/1558(完成投票人数)。将专家评分和干警网上互评投票得分,按照 7∶3 的权重进行计算,即"专家评审得分 ×0.7 + 网上互评投票得分 ×0.3",确定复评阶段裁判文书的得分,排名前 20 的裁判文书进入到最后的总评阶段,其中刑事 3 篇、民商事 10 篇、行政 3 篇、知识产权 4 篇。

3. 总评阶段,嘉宾评委评审与网络公众投票相结合。总评阶段邀请知名学者、人大代表、政协委员、社会关注度高的知名案件承办法官、新闻媒体代表以及上级法院法官和外地资深法官等组成评审委员会,对进入总评阶段的 20 篇裁判文书进行评审。同时,地区法院官网、官方微博、微信公众号对进入总评阶段的 20 篇文书集中展示、推送。同时开通投票功能,接受网络公众投票。总评阶段得分为嘉宾评审得分与网络公众投票得分相加之和。以某地区法院 t 年的优秀裁判文书评选活动为例,累计收到网友投票 143533 票。文书最高得票 28017 票,最低得票 678 票,除去 4 份得票过高的文书,其他文书的平均得票为 3086 票。在进入总评的 20 份文书中有 4 份文书的得票在 2 万 ~3 万,明显高于其他文书。出于公正考量,避免因网络投票情况影响裁判文书总体排名,组织者对网络投票折算后的最高得分进行了限制,即最高不超过 3 分。具体网络投票的折算方法为:公众号得票数 ×50/143533(总票数),满分 3 分。经折算,网络投票的平均得分为 1.075 分,最高分与最低分相差 2.76 分。从另一个角度,考虑到公众投票环节的设置,会给参评人带来转发、拉票等很多工作负担,且最终的公众投票结果的置信度偏低,较难客观反映公众对于裁判文书质量的意见,因此,在一些法院的评选活动中,仅对进入总评的裁判文书进行公开展示、推送,没有设置公众网络投票环节。

4. 启动专业法官会议复核,确保评审结果公正权威。经过复评和总评,会收到评委认为裁判文书存在瑕疵的意见,为了进一步提升评选结果的权威性,需要对拟获得一等奖、二等奖的裁判文书进行重点筛查，对在裁判结果和审理程序方面评委争议较大的裁判文书，提交专业法官会议复核。以某地区法院 t 年的优秀裁判文书评选活动为例，经过专家评审和嘉宾评审，活动累计收到评委认为文书存在瑕疵的意见 37 条，经过整理筛查，多数意见为格式、标点、文字错误及说理不充分等问题。为了确保获奖裁判文书质量，针对 3 篇评委对裁判结果持有异议或认为存在错误的文书启动了复核程序，分别提交相关领域专业法官会议进行复核。经专业法官会议复核，认为 3 篇文书的裁判结果均不存在错误。评审结束后，组织者汇总整理各阶段评委的评审意见，将评委姓名隐去后，逐一反馈给承办法官本人作为参考。

活动获奖情况如下：

1. 单位组织奖。单位组织奖根据各法院裁判文书获奖数量、获奖等次、组织推荐情况、干警评分参与情况、干警投票参与情况等综合确定。获得一等奖、二等奖、三等奖、优秀奖每篇文书分别计 8 分、5 分、3 分、2 分；组织推荐情况、干警评分参与情况、干警投票参与情况等计 0 ~ 8 分。综合各法院得分情况，最终确定获得组织奖的法院 5 个。

2. 个人单项奖。裁判文书总评得分和复评得分按照 6.5∶3.5 的权重，采用“复评阶段总分 ×0.35 + 总评阶段评审得分 ×0.65”的公式，确定裁判文书的最终得分。按照得分排名确定获得一等奖的裁判文书。综合复评和总评阶段裁判文书的得分情况，最终确定一等奖 10 篇、二等奖 20 篇、三等奖 30 篇、优秀奖 40 篇，合计获奖裁判文书为 100 篇。为了表彰先进同时加快成果转化，将全部获奖裁判文书在互联网进行公开展示，并将获得一等奖、二等奖的裁判文书编辑成册，出版发行，充分发挥优秀裁判文书的引领示范作用。

三、活动特色

1. 结合专家评审与公众投票，评审结果客观权威。将有组织的专业化评审与干警自主参与的群众性评价贯穿于评审过程的每一个阶段，整个过程组织有序，参与有度。一是专家评审为主导，确保入围裁判文书质量过硬。在复评和总评两个阶段，皆以专家评审为主导，确保评选结果的专业性和权威性。在上述某地区法院的评选活动实施例中，保证每篇获得二等奖的裁判文书平均经过 15 名专家评委评审，每篇获得一等奖的裁判文书经过 25 名专家评委评审。二是公众投票为辅助，扩大裁判文书评选活动的影响力。无论是复评阶段的法院干警投票还是总评阶段的社会公众投票，皆采取专家评审在先、公众投票在后的模式，既保证了投票结果的相对集中，又实现了优中选优的评审目的。

2. 评审过程线上完成，评审方式公开透明。运用“裁判文书网上评选系统”，实现从文书自荐、初评推荐，到专家打分、全员点赞、干警互评、公众投票等全过程均在线上进行，实现全程无纸化评选；每个阶段的得分和计分方式全部公开。根据不同环节干警参与方式的不同，还可以设计专家评分榜、网上互评榜、干警点赞榜、文书热评榜等多个榜单，各榜单数据实时更新，排名情况一目了然。

3. 评选方式多元化，评审过程为干警提供了裁判文书展示交流的平台。采取全员网上点赞、专家线上打分、干警网上互评、外请嘉宾评审、网络公众投票等多种评选方式，提高了干警参与度。所有参选裁判文书均在“裁判文书网上评选系统”上展示，干警可按法院、案件类型、案号、承办法官等多种方式索引，既可浏览裁判文书也可点赞、评论，为干警提供了一个裁判文书展示交流、学习讨论的平台。

4. 提高评审规格，增加评委数量。为了进一步凸显评审工作的权威性、公正性，将参与评审工作的评委人数不断增加。在总评评委中，除了邀请专家、学者、人大代表、政协委员、律师、知名媒体人等作为评委外，还邀请上级法院法官和外地资深法官参与总评，提升活动的影响力。

四、信息化支撑

为了做好裁判文书评选工作，我们可以运用信息化技术，搭建“裁判文书网上评选系统”，使网上点赞、专家线上打分、干警网上互评、外请嘉宾评审、网络公众投票等评审过程全程线上完成，评审方式公开透明，既降低了管理者的组织难度，又提高了干警参与度。下面我们将介绍“裁判文书网上评选系统”的主要内容，供读者参考。

1. 系统主展示模块

所有用户均可浏览参评者上传的文书，并进行“五星点赞”、评论、分享拉票等操作，系统主体展示部分设置专家评分榜、网上互评榜、干警点赞榜、文书热评榜等多个榜单，各榜单数据实时更新，排名情况一目了然。同时，还为用户提供多途径的裁判文书检索功能。

我们强调的数据实时更新，不仅为用户提供了更好的系统体验，而且有效防止了评选过程中的作弊行为。例如，一篇参评文书需要 5 名评委打分，取平均分为该文书的初评成绩。在文书的详情页面，用户虽然无法看到评委的具体姓名，但是可以实时看到已打分评委的平均打分。也就是说，评委在评委打分系统打分完毕提交后，数据自动展示在裁判文书详情页面，向所有用户公开，并且其分数排名会经过系统自动计算更新。这就使整个评选过程非常公开、透明，评选组织者没有任何人为修改、控制分数的余地。

2. 用户中心模块

系统与法院裁判文书公开平台对接，由用户设定条件进行已上网文书的检索，确定后直接将已上网文书上传至评选系统参与评选，这样的设计，避免用户上传时的版本与已公开上网的版本不一致，也可以通过上网公开的日期，限定裁判文书参评的时间范围，避免用户提交文书时作弊。

关于裁判文书参与评选的条件问题，我们一般认为，参与裁判文书评选的，必须是已生效文书，未生效文书在评选过程中，甚至在获奖后，很可能因为二审、再审程序改变裁判结果，变成被改判或被发回重审的文书，从而为评选带来障碍。此前的一些文书评选中，我们一般通过核查裁判文书生效日期的方式限定参与裁判文书评选的时间范围，但是对于参加评选的一审裁判文书而言，生效时间取决于二审文书的作出时间，需要参评者提供二审文书予以佐证，给评选带来了很大的工作量，还容易出现一些人员找组织者说情，希望能够将差几天就落入参评时间范围内的文书纳入参评范围。

运用信息系统，我们通过对裁判文书上网公开的时间进行限制，可以确保裁判文书已经生效，并且不需要再通过提交材料的方式验证是否实际生效的问题。这种文书上网时间的限制条件是非常刚性的，如果不在系统预设的时间范围内，即便只差一天，用户也无法检索到结果，更无法提交推荐。即便有人说情，我们也可以告知系统由软件公司统一开发，不可能为某个人修改程序。同时，所有参评文书都通过系统直接调取已上网公开的裁判文书版本，用户没有重新提交文书、修改文书落款时间的机会。此外，全部文书都在系统中公开展示，如果有不符合条件的文书参评，甚至最后获了奖，所有用户都能够轻易发现问题。

尽管我们对参评文书的时间限定方面比较严格，但对于所有审判人员而言，都是公平的。并且，每年参评文书的限定时间是相互衔接的，也就是说，虽然这篇文书因为上网时间差几天无法纳入本次的评选范围，但其必然可以纳入去年或明年的文书评选范围，不会出现轮空的问题。此前一些法院在裁判文书评选的时间限定中，为了确保参评的裁判文书生效，又想将一些生效时间过长的文书排除到评选范围之外，采取了“双时间限定”的方式，如限定条件为“本年度作出并生效的文书”。这种限定条件很明显人为将一些文书作出时间和生效时间跨年度的文书永远排除在评选范围之外。

用户进入系统后显示个人中心，单击右上方“点击添加”按钮，个人介绍区域变为可输入状态，可以输入300字以内的个人介绍，点击“提交”按钮后，在弹出的提示框中点击“确定”即可保存。如需修改，重复上述步骤即可。个人介绍不可超过300字，修改后的个人介绍不能为空。

用户可以上传个人风采照，未上传个人风采照前，图片位默认显示“暂无图片”。个人风采照最多上传4张。点击个人风采照部分的“上传图片”按钮，单击左上角的“选择文件”按钮，选择最多4张图片并保存。单击“确定”按钮，即可完成个人风采照上传。点击“取消”按钮，取消上传风采照并返回个人中心。如需修改、删除已上传的个人风采照，可点击风采照缩略图右上角的“×”，在弹出的“你确定要删除吗?”系统提示框中点击“确定”按钮，即可删除该张图片。

点击个人中心主界面左下角的“自荐文书”按钮，即可进入个人裁判文书检索页，在页面上方的文书检索区域，可根据案号、文书公开时间、案由、文书标题对本人裁判文书进行检索。检索时可模糊输入，可通过多项条件同时检索。填写检索条件后，点击“检索”按钮即可在下方文书列表中显示出符合条件的裁判文书。点击列表中的文书标题进入文书预览提交页。以t年裁判文书自荐工作为例，限制范围为s年×月×日至t年×月×日(时间范围为一个整年度)已公开的裁判文书，不在此范围的裁判文书不会在此显示。

在文书检索页点击文书标题进入文书预览提交页，自荐文书前必须填写300字以内的裁判要旨和自荐理由。预览文书确认无误后，将页面滚动至底部，或点击页面右侧的“自我评价”按钮，在页面底部的文本框中填写300字以内的裁判要旨和自荐理由，点击“提交”按钮，即可将该篇裁判文书选为本期参选文书。

用户如需在文书自荐阶段结束前，更换其他裁判文书参选，重复上述步骤，将要参选的文书自荐至系统即可。用户如需修改对裁判文书的自我评价，在个人中心主页面点击参选文书模块中的本期参选文书标题，即可进入文书预览提交页，在页面最下方修改自我评价并点击“提交”按钮即可完成修改。

3. 五星点赞和投票模块

干警网上互评的设计也是比较令人头疼的一件事。以某地区法院为例，其开展的评选活动，采取的方式是用点赞总数和投票总数确定名次。结果发现，由于辖区各法院人数差异很大，各法院对活动的重视度和参与度也很不一样，最后所有排在前面的文书，都是同一个法院的。

因此，我们在设计评选流程时，要吸取这样的教训。可以尝试把文书的网上评价分成两个部分：一部分是点赞，另一部分是投票。为了避免点赞人数对文书排序产生决定性影响，我们可以借鉴“淘宝五星点赞”机制，文书的得分由所有点赞人的平均分决定，点赞的人越多，说明分数越真实、稳定，这就解决了靠人多刷分的可能性。

但是投票环节就会更复杂一些，这个没法算平均数，只能用票数决定结果。实践中，我们可以采取"限定投票人数、限定投票票数"的方法。具体来说，对各法院参与投票的人数进行限制，从总量上控制有效票数；享有投票权的干警每人15票，不能多投或少投。这样的设置，使投票人除对本院裁判文书投票之外，还必须要对其他法院裁判文书投出一定数量的选票，从而保证"有效票数总体可控、投票结果相对客观"。

说起来好像还算简单，但是实际操作起来其实烦琐得很，首先要分配各法院的投票人数，然后让各法院报送投票人名单，再将这些人通过投票系统逐一作权限控制。在投票中，要确保每个干警必须投出15票，不能多投也不能少投，否则无法提交。为了避免让投票者一个一个"对号"去查是不是正好选了15篇，或者因为没有正好选15篇，无法提交结果，从而对于这么严苛的规则产生厌恶情绪，我们可以在投票页面做一个贴心的提示，每勾选一篇文书，就会在页面上自动显示："您有15票，现在已经选择了几篇文书，还需要选择几篇文书，或者需要取消选择几篇文书。"

这些复杂的规则设置，是为了整个评选过程更加公平、公正，避免出现漏洞。但是，一旦规则变得复杂，就会给用户，无论是投票者还是评委带来更多的麻烦，因此，必须通过信息化的手段，增加界面的友好程度，给予适当的提示和辅助，以帮助用户提高体验度。

参与网上互评投票的干警进入评选系统，点击"网上互评"按钮进行投票，参与投票的干警需要对所有入围优秀裁判文书（30篇）进行五星评分后，方可投票。参与投票的干警每人15票，每篇文书只能投1票；勾选拟投票的15篇文书后提交投票，多选或少选均无法提交投票结果。网上互评投票功能设置了开放时间和关闭时间，一般为一周左右。

4. 评委评分模块

由于进入复评的文书有时候会很多，如上文实施例中的150篇，这样，我们就不得不采取分组的方式，每个评委评20篇左右，这其实增加了很多不确定性因素。比如，不同评委打分标准可能不一致，有的手松有的手紧，我们通过对评委平均分和不同分数段的文书数量进行限制的方式，要求评委90分以上的只能有几篇，80分以上的只能有几篇，强制评委必须将手里的20篇文书按照规则分布在不同的分数档次中。比如，大多数评委都有自己的专业，对于本专业的偏好可能也会导致结果异化，因此，我们在分配评委的时候确保一篇文书有3～4名本专业评委评审，也要安排有1～2名其他专业的评委。再如，为了避免有些评委对于某篇文书过于偏好或不满，导致评选结果不公平，我们把评委人数尽可能地增加，如把复评的评委人数确定为60人，每篇文书需要由5名复评评委打分，总评评委人数为20人，将对复评排名前20名的文书全部进行评分，这样，依据我们此前的规则，每篇获得一等奖的裁判文书（10篇）评审人次就可以达到25人次，每篇获得二等奖的裁判文书（20篇）评审人次在5～25人次，平均为15人次。同时，我们还必须考虑到，参与复评的审判业务专家分布在辖区各法院，必须让本人回避本院的文书。这种复杂的考虑，无疑大大增加了工作的难度。因此，需要设计一个非常复杂的表格，将待评文书和评委之间匹配起来，同时，这种匹配又要符合上述的所有要求和条件。

评委登录系统后，可以使用优秀裁判文书线上打分功能，每位专家评审约15～18篇文书，每篇文书由5名专家评委打分，取平均分作为该篇文书的专家得分。在系统首页点击“专家评审”按钮，即可进入专家评审模块，开始为本人负责的待评审裁判文书进行评分。

在专家评审模块，可以查看评选活动中本人参与评审的文书和当前已评分情况。点击文书案号，可打开裁判文书详情页进行浏览。点击“文书下载”按钮，可将本人需要评审的文书一次性导出。

在裁判文书详情页，浏览完毕裁判文书后，点击页面上方的“专家评分”按钮，即可打开该篇裁判文书的评分表。点击“文书下载”，可将当前文书导出，方便随时浏览。

专家在为裁判文书进行评分时，评分表中有一个项目需要评委进行瑕疵判断，该项为必填项，如无瑕疵需填写“无”。表格打分区域可进行分项打分，当文书的总分超过80分时，必须填写50字以上的推荐理由；低于80分时可不填。完成所有必填项的填写后，可点击“保存”完成评分。已评分的文书需要修改分数时，点击该篇文书得分右侧的“修改”按钮，可直接打开评分表进行修改。完成全部裁判文书的评分工作后，点击“提交评分”按钮即可最终提交评分。提交后，评分方可生效；评分提交后将不能修改，评委需确认评分无误后再进行提交。

专家在本系统进行评分时需要注意：90分以上的文书不超过总数的15%，80～89分的文书不超过总数的20%，必须有文书分数小于60分；如果提交评分时不满足上述任一项要求，将无法成功提交评分。本系统在专家评审模块为评委提供了打分情况统计，供调整评分时参考。这种规则的设计主要是强制每名评委的打分都有一定的分差，并且每个评委的分差基本均衡，避免出现部分评委分差大、部分评委分差小，导致在总分计算时的实际权重不均衡；同时，我们对不同分数范围内的文书数量进行严格限定，主要目的是尽可能降低不同评委评分差异给参评者带来的影响。

示例 3－15：评委评分表

<table>
<tr><td>案号</td><td colspan="2"></td><td>总得分</td><td colspan="2"></td></tr>
<tr><td colspan="2">是否认为本案裁判结果错误或有其他明显瑕疵</td><td colspan="4"></td></tr>
<tr><td>项目</td><td colspan="2">标准</td><td colspan="2">分值</td><td>得分</td></tr>
<tr><td rowspan="5">诉辩、证据、事实</td><td colspan="2">诉辩主张概括简明准确</td><td>5</td><td rowspan="5">30</td><td rowspan="5"></td></tr>
<tr><td colspan="2">证据列载清晰</td><td>5</td></tr>
<tr><td colspan="2">证明对象表达准确</td><td>5</td></tr>
<tr><td colspan="2">证据认定说理充分</td><td>7</td></tr>
<tr><td colspan="2">审理查明案件事实清楚</td><td>8</td></tr>
<tr><td rowspan="6">论理</td><td colspan="2">说理层次清晰、论证有力、逻辑严谨</td><td>15</td><td rowspan="6">45</td><td rowspan="6"></td></tr>
<tr><td colspan="2">对诉（控）辩意见作出明确回应</td><td>5</td></tr>
<tr><td colspan="2">法律条文适用规范、完整、正确</td><td>5</td></tr>
<tr><td colspan="2">裁判主文表达规范、准确</td><td>7</td></tr>
<tr><td colspan="2">裁判结果正确</td><td>8</td></tr>
<tr><td colspan="2">裁判结果法律效果、社会效果好</td><td>5</td></tr>
<tr><td rowspan="4">格式规范及语言表达</td><td colspan="2">裁判文书格式规范</td><td>5</td><td rowspan="4">25</td><td rowspan="4"></td></tr>
<tr><td colspan="2">结构完整、要素齐备</td><td>5</td></tr>
<tr><td colspan="2">标点、符号、数字、字体等使用规范</td><td>5</td></tr>
<tr><td colspan="2">语言表达规范、流畅</td><td>10</td></tr>
<tr><td colspan="2">推优理由（总分 80 分以上必须填写 50 字以上，低于 80 分可不填）</td><td colspan="4"></td></tr>
<tr><td>评委姓名</td><td colspan="5"></td></tr>
</table>

示例3-16:专家评审说明

尊敬的专家评委:

感谢您接受邀请,担任“优秀裁判文书评选活动”复评阶段的专家评委,参与裁判文书的评审工作。经过初评,共有150篇裁判文书进入复评阶段。按照评选要求,复评阶段将由审判业务专家60人组成专家评审委员会,通过“裁判文书网上评选系统”对各级法院推荐的优秀裁判文书进行线上打分。每位专家评审15~18篇文书,每篇文书由5名专家(原则上是3名本领域专家和2名其他领域专家)评委打分,取平均分作为该篇文书的专家得分。现将相关事项说明如下:

1.评审采取全网络无纸化评审,评委只需在网络上打分提交即可,每篇文书5名评委的平均打分也会实时显示在裁判文书页面,所有干警登录都可以看到(但不会看到每名评委姓名)。此外,此次评审未对文书采取匿名处理,评委打分时可以看到文书撰写者的法院、姓名、裁判要旨、自荐理由、推荐意见、其他干警的点赞评分等信息,请各位评委本着公平公正的态度打分。

2.为了评委打分方便,目前评分表中仅有“诉辩、证据、事实”“论理”“格式规范及语言表达”三项,评委只需为每个项目打一个总分即可。在评分表中,还为每个项目包含的具体内容及该项内容参考的分数进行了细分,仅供评委打项目总分时参考。

3.请各位评委打分时,尽量将分数拉开一定差距,保证您的评审分数在总分排名中有较大权重的体现。每篇文书满分100分,建议最高分和最低分的差值在40分以上。其中,90分以上的文书不超过总数的15%,80~89分的文书不超过总数的20%,要有一定数量的文书总分低于60分。系统会在文书列表页面自动统计评委当前最高评分、最低评分、平均分等,供评委调整分数参考。

4.如果认为裁判结果存在错误或其他瑕疵(如诉费计算错误、存在错别字等),请务必在打分表中予以标注,并简要说明理由,以便我们另行组织力量进行复查,避免存在明显瑕疵的裁判文书最终以较高名次公开,产生不良效果。

5.总分数在80分以上的文书,必须在评分表最下方的相应栏内填写不少于50字的推优理由。

6.每篇文书填写一份评分表,评委评分后,点击保存按钮暂存评分,待评委完成个人参评的所有裁判文书的评分后,统一确认提交,提交前可根据评分的整体情况对评分结果进行修改。

7.请各位评委于×月×日前完成裁判文书的阅评工作。

再次感谢您的辛勤付出以及对我们工作的大力支持!

5. 管理员模块

模块为管理者提供了各项统计数据和进度情况，供裁判文书组织者使用，可以查看有多少用户使用系统，提交文书数量情况，点赞、评论情况，还可以显示不同角色的用户参与评选过程的情况，如院庭长参与“五星点赞”的人数和平均的点赞星级等。同时，管理员模块还提供已设定有投票权的用户投票完成情况、每名评委的评审进度等，以便于更好地督促、提醒各法院组织者及评委及时、按要求完成投票和评分等相关工作。

第四章
审判质效评价

人民法院的审判质效评价以及对于审判人员的审判业绩评价,是审判管理工作的重要内容。一方面,通过审判质效的指标管理,可以有效引导审判人员落实审判管理举措,实现审判管理要求。另一方面,审判质效评价的结果以体系化的方式,量化展示了人民法院审判质效的基本情况,以及审判人员的审判业绩情况,进而反映了审判管理举措的落实效果、指标管理的指引效果。如果审判管理工作出现了方向性的错误,也很容易在质效评价结果中得到直观的验证。

审判质效评价既是实现审判管理任务的最核心、最有效的手段,也是审判管理反弹的主要事项。因此,质效评价是审判管理工作中难度最大、需要考量因素最多的一项工作。从质效评价和考核体系的构建,到具体质效评价和考核指标的设置,涉及诸多细节,需要考量多项因素,一旦有某一个细节没有处理妥当,很可能使整个考核体系的引导作用产生重大偏差,引发巨大的管理反弹。因此,如何运用精细化管理和差异化管理手段,以及如何协调和平衡精细化管理和差异化管理问题,是开展人民法院质效评价工作的最关键内容,直接影响着质效评价体系和具体指标设置的科学性,并决定了质效评价工作的引导方向和效果。

第一节　考核评价理念

关于考核评价的理念,有很多文章进行了讨论。特别是,由于司法绩效评价理念源于企业绩效管理理念,进而引入政务评价和司法评价领域,因此,很多关于企业绩效管理的理念和方式,对于司法质效评价也有着很好的借鉴作用。本书在第二部分第十三章“司法改革背景下法院人员分类考核研究”论述了人民法院人员分类考核的理念、体系构建和方式方法等内容。因此,相关内容我们在本部分不再赘述,仅就一般意义上的质效评价理念进行简单的描述,并就两个质效评价中讨论较多的问题提出笔者的观点。

一、评价体系和原则

一般认为，人民法院质效评价的基本原则包括以下三个方面：

1. 导向正确。首先，审判工作是法院工作的中心，在对审判团队和人员进行考核时，应加大审判工作部分的考核权重，适当下调审判辅助工作、非审判工作等考核内容的权重。其次，基于科学评价工作的考核目的，法院分类考核的项目设置既要基本全面反映审判工作整体要求，又要突出重点工作。

2. 符合实际。首先，法院分类考核必须以审判规律为根本的出发点和落脚点，不能违背客观实际和审判规律设置考核项目、确定考核标准、分配指标权重。其次，立案登记制实施后，各地法院收案数量均有一定增长；法官员额制实施后，员额法官承办案件数量有大幅增长，人案矛盾进一步加剧。因此，在司法改革背景下，对法官工作量的评价十分重要，只有让那些完成了更多审判工作量的团队和法官获得相应多的考核基础分，才能保障改革平稳推进。最后，考核不能搞"一刀切"，要充分考量各审判团队和法官审理案件的类型差异、审级差异等因素，合理调整考核项目、权重和考核标准，以使被考核主体处在一个基本平等的基础上进行考核。

3. 简便易行。首先，考核体系不能过于复杂。最高人民法院案件质量评估体系分为三级 31 项指标，涉及无量纲化等数学运算，审判人员理解起来非常困难。因此，虽然其作为质量评估体系是相对科学的，但作为审判绩效考核体系直接予以应用，易产生操作不便、引导性不强等弊端。其次，考核项目不能过于繁多，否则容易使被考核主体负担过重的考核压力，在实际工作中无所适从。

这里，我们还必须对质效评价体系和考核体系进行区分。一般认为，质效评价体系是"体检表"，对评价结果科学性要求相对较高。因此，质效评价体系可以相对复杂，合成方法和指标的计分方式都可以采用相对复杂的运算方式，以满足评价结果的科学性要求。正是因为评价体系不具有直接决定和影响被评价主体工作业绩的功能，因此，评价体系的指引性相对较弱。被评价主体不需要详细了解复杂的评价体系和运算方式的来龙去脉，只需要关注评价体系所产生的结果和结论即可。考核体系是被考核主体行动的"指挥棒"，直接决定和影响了被考核主体的工作业绩。因此，被考核主体必须了解和熟悉评价体系和指标的运算方式，以采取相应的改进措施，获得更高的考核分值。这也是考核体系的指引性要求所决定的。因此，考核体系必须具有简便易行的特点，才能够充分发挥考核体系的指引性作用，让被考核主体非常简单明确、清晰明了地了解"指挥棒"指引的方向和要求,将更多的精力集中在如何落实管理举措、实现管理要求上,而不是费尽心思学习和研究指标繁杂的运算方式。例如,审判人员可以将考核指标体系简单理解为"不延审案件,就不会在法定(正常)审限内结案率考核中丢分""多调解一起案件,就能够获得0.1分的加分"等简便易行的规则,而评价体系如果过于简单、绝对,则很可能会影响其评价的全面性、客观性和准确性。

遵循以上原则,我们大致构建了一个法官评价体系模型(见图4-1)。这个模型整体上把握了几个基本的标准:一是内部评价和外部评价相结合;二是主观评价与客观评价相结合;三是多主体综合评价;四是对审判工作的评价中,整体评价和个案评价相结合;五是在审判业绩和其他考核内容的权重配比方面,坚持以审判业绩为核心进行评价。例如,我们为审判工作业绩配置60%的权重。在这个评价体系模型中,我们对于一个法官的评价内容主要包括以下七个方面:(1)工作量完成情况;(2)审判质量(整体质量评估、个案质量评估);(3)重点审判工作(如专案审理等)、重点指标完成情况;(4)审判延伸工作完成情况(调研、宣传等);(5)非审判工作完成情况(行政管理任务完成情况、党团工作、表彰奖励等);(6)外界反馈情况:内部监管反馈(廉政部门、信访部门、申诉部门等),外部监督反馈(当事人满意度);(7)民意测评,即主观评价内容,包括本部门测评、相关部门测评、领导评价。

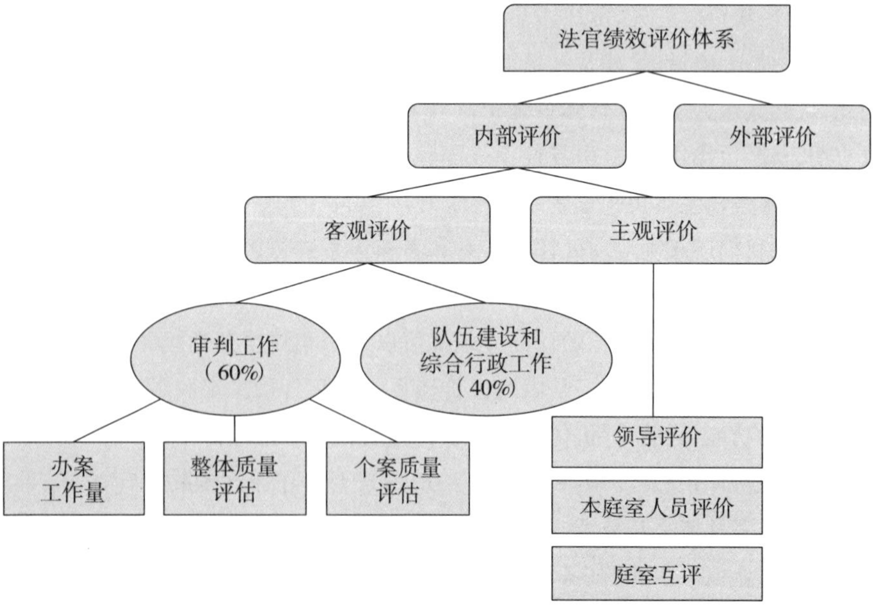

图4-1 法官评价体系模型

二、团队考核问题

一些管理人员在研究绩效考核时，尝试将法官的个人绩效考核项，类推到对审判团队的考核中，并参考对于法官个人考核的指标体系，构建了包括工作量、案件质量、案件效率、案件效果等基础指标在内的审判团队绩效管理指标体系；同时增加了审判团队的沟通协调能力，法官的管理能力，辅助人员的辅助事务、行政事务和调研宣传等事务的完成度等指标。这些指标主要是针对审判团队主体之间的沟通协调，和不同角色之间的职能划分而单独设定的。应该说，构建审判团队的绩效管理指标体系并不困难。但是，在实际操作中，仍然存在很多问题难以解决。

1. 审判团队相对固定化的问题。目前，各个法院的各个庭室之间、各个团队之间，尽管人员相对固定，但是仍然存在一定频度的人员交流，而审判团队一旦发生人员交流变化，对于整个团队的绩效将会产生重大影响。

2. 审判团队标准化建设问题。我们知道绩效考核体系不仅仅是为了评价某一个审判团队的业绩，更重要的是要对不同的审判团队的业绩进行横向比较。这种横向比较的一个基础，是这些审判团队之间存在一定的可比性。审判团队的标准化建设，将是审判团队可比性的前提和基础。审判团队的标准化建设并不代表着要求所有的审判团队按照同样的模式进行配置，而是要求审判团队在人员配置、团队运行职责分工等方面确定一定的标准、形成一定的规则。在这种情况下，即便团队和团队之间因审理的案件不同或因审级不同存在团队配置和运行方式等差异，但这种差异是受一定的规则限制的，是可衡量、可比较的。因此，在设计审判团队的绩效考核方式时，可以对这些因素进行相对标准的差异化考量，从而使差异化的审判团队之间仍然具有可比性。如果没有审判团队的标准化建设做支撑，各个审判团队在人员配置状况、职责分工、运行模式等方面千差万别，很难用同一个标准进行业绩考核和管理。或者说，即便我们对这些团队进行了业绩考核和管理，也无法对这些业绩考核和管理的结果进行横向比较，从而无法进行考核结果运用。

3. 审判团队的配置受到一些资源状况等现实因素的制约，很可能造成审判团队的过分差异化。在第三轮司法改革初期，很多管理者热心于研究审判团队的配置模式，并构想出很多种不同的团队运作方式。然而，在现实改革过程之中，我们会发现，即便我们设想出多么理想和科学的团队配置方案，在现实中，仍然会受到审判资源状况，特别是人员资源状况的严重制约，从而导致很多的想法无法实现。

例如,我们认为,在某一类型案件审理过程之中,应该采取“1(法官)+2(法官助理)+1(书记员)”的方式,但这种想法能否真正落地,往往取决于我们的审判辅助人员配置能否达到这样的水平。因此,对于一个法院来讲,主流团队采取何种的人员配置比例,更多的是取决于法官助理和书记员之间的人员实有比例。此外,还有一个问题,那就是不同的人员之间存在能力、经验水平等方面的巨大差异。这些差异,在对于同一类别的人员个体进行考核时,会直接反映到业绩的差异上来。这在对个体考核中是基本公平的,也就是说,我们对于一个审判工作中的新手和一个经验丰富的老法官,用同一个标准去考核工作量和工作质效,并没有太大的问题。但是,在团队中,人员配置的基本状况将会在很大程度上直接决定团队的最终业绩。例如,从管理上讲,我们采取“一老带一新”的方式去搭配审判团队,可能有助于对于年轻法官的培养,但是,在业绩比较上“一老带一新”的方式与两个经验丰富的成熟法官组成的团队之间,就存在人员配置基本状况的重大差异。在这种情况下,我们很难通过审判团队的业绩考核体系去解决这种资源配置上的基础性差异。这意味着我们考核的根基就建立在一个并不公平的基础之上。

4. 考核结果运用问题。我们对于审判团队的考核,可以区分出不同的团队在业绩方面的差异,从而能够准确地评价不同团队在运作能力、工作业绩方面的优劣。但由于团队中,不同人员分处于法院的不同的人员类别和发展阶段,因此,对于每个人员而言,其工作业绩将会与其所处的个人发展阶段息息相关,如晋级晋职、评优评先等,都是直接与个人挂钩,而非与团队挂钩的。因此,在考虑这些评价结果运用的过程中,我们无法用团队的业绩直接去替换个人的业绩。更何况,如上文所述,团队的业绩受到很多基础因素的影响,并不完全与个人的努力息息相关。这就说明,我们在对团队进行评价的同时,仍然需要一个评价体系去评估团队内每个个体的业绩,或者说我们需要一种评价方式,将团队的业绩分解为个人的业绩。这既是人民法院目前管理方式的现实需求,也是个人发展的现实需求。

我们必须要解决的问题是,如果我们对审判团队进行评价,势必还要保留此前对于个人的评价方式,或者是我们必须在设计审判团队评价模式的同时,设计出对审判团队中的个人业绩的拆分评价方式。这无疑使整个评价体系变得过于复杂,从而也使审判团队的业绩评价结果变得价值不大、应用性不强。这正是审判团队的评价方式没有得到普遍认可和应用的一个重要原因。所以,我们认为,在现有阶段下,在我们必须保留对不同的分类主体的个人评价体系和结果运用的现实基础上，对审判团队的业绩评价，应该采取更为简洁的方式实现，而不宜单独设计一个评价体系，以替代目前的法官和法官助理等个人的业绩评价体系。一个比较简单的方式是，应用法官个人业绩评价结果，以及法官助理的业绩评价结果进行业绩累加，再辅助以适当的团队运行指标进行结合评价的方式，是比较现实和易于操作的。也就是说，审判团队的业绩是建立在对团队个人业绩评价的基础之上的，而不是将审判团队的业绩进行系统性评价之后，再将业绩拆分为团队个人的工作业绩。

三、单独考核问题

关于单独考核问题，近些年来谈论得比较多。主要是部分被考核主体基于其存在的一些特殊性，要求在考核方面有更多的主动性和话语权，从而获得更大的考核利益。在讨论这个问题之前，我们首先要明确一个概念，那就是管理是分层级的。我们一般认为至少存在一级管理和二级管理的区分；相应地，考核工作也是分层级的，一般认为，也至少存在一级考核和二级考核的区分。此外，一级管理和二级管理在被管理主体上，存在明显的差异。相应地，一级考核和二级考核在被考核主体上也存在明显的差异。

以某省级地区法院为例，一级考核一般指高级人民法院对辖区各中、基层人民法院的考核，被考核主体是法院。二级考核一般指各中、基层人民法院对本院各庭室及个人的考核。在一级考核中被考核主体的法院和二级考核中被考核主体的庭室，可以认为是一个办案人员组成的集合，因此这种考核是一种对组织的考核；在二级考核中，对于审判人员的考核是一种对个人的考核。还有一些考核体系中，增加了对审判团队的考核，这种考核介于对组织的考核和对个人的考核之间，兼具两种考核的特点。在对个人的考核中，还可以具体地区分为对法官的考核，以及对法官助理、书记员等辅助人员的考核。因此，我们在讨论单独考核这个问题时，不能笼统地说是合理的，还是不合理的，而是应该在一定语境下区分不同的考核层级和不同的被考核主体进行研究。

对于这个问题，我们考虑的一个基点是，考核是一个复杂的体系，其目的是科学评价被考核主体的工作业绩，难点在于解决被考核主体的差异化问题。只有把被考核主体纳入同一个考核体系下，用同一套标准去衡量被考核主体的工作业绩，评价结果才具有横向可比性，这也是建立考核体系的核心价值所在。在对被考核主体进行横向比较时，就必须解决被考核主体的差异化问题。我们说的用同一套标准去衡量，并不是绝对地说，所有的被考核主体都必须用完全相同的指标基础值、计分方式和合成方法进行考核评价，而是要求在一个科学的评价体系内建立一套相对科学的指标项目、计分标准和合成规则。即便基于差异化的考量，每一个被考核主体的指标数量，甚至是指标项目、计分方式和合成方法都有一定的差异，但这种差异是建立在整体的评价体系下进行的综合考量，其最终产生的量化结果仍然具有相当的可比性。被考核主体依据差异化的指标和差异化的评价方式所获得的工作业绩评价，整体上是公平的。

从这个角度上来讲，对于被考核主体的差异化考量，本身就是一个科学的考核体系中能够解决、应该解决和必须解决的问题。一般情况下，这种差异化考量不必要通过单独建立考核体系进行另行评价的方式来解决。如果我们采用两套不同的考核体系去解决被考核主体的差异化问题，而不是在同一个考核体系下用差异化的评价方式去解决这个问题，则会导致不同的考核评价体系产生的评价结果难以进行横向比较，从而丧失了考核评价体系对差异化的被考核主体的评价结果可横向比较的最大价值。

在实践中，差异化被考核主体之所以提出单独考核的命题，其根本的诉求在于让管理者充分认识其工作内容的差异化，从而给予其在考核过程中更优惠的、条件更宽松的评价方式，以产生更好的评价结果。我们这里说得更优惠、更宽松、更好等，都是在不同考核主体之间进行比较后才能够产生的概念。如果因为被考核主体的个性化差异，我们建立了两个完全不同的考核体系，对两类被考核主体分别进行考核，两类被考核主体之间将无法进行横向比较，自然不存在所谓的更优惠、更宽松和更好。从这个角度上来讲，所谓的单独考核，也不符合主张单独考核的被考核主体的核心诉求。因此，我们说，这种被考核主体所诉求的单独考核，实际上并不是一般意义上的新建一个考核体系，而是要求在同一考核体系内实现充分差异化考核。

特别是，在审判人员的个人考核中，会遇到各种复杂的现实情况。例如，一名审判人员因为工作岗位调整，在一个考核年度内，有一部分时间从事普通的案件审判工作，一部分时间从事需要特殊化考量的审判工作。如果我们不在同一个考核体系下对这名法官的工作进行量化，将会导致他在同一个考核周期内两段时间的业绩评价结果无法进行累加计算，从而难以与其他被考核主体进行比较评价。事实上，审判人员调整工作岗位的情况经常发生，在法官入额、评优评先、晋职晋级等情形下，也经常需要对一名审判人员连续多年的不同工作岗位的工作经历和业绩进行综合评价，或者对不同的审判人员之间进行横向比较评价。如果仅仅因为审判人员从事的审判工作存在特殊性，或者其审理的案件类型具有特殊性，就单独建立一套完全独立的不同的评价体系，则会在这些需要进行连续评价和比较评价的情形下，产生操作障碍。

还有一个问题是，这种基于被考核主体特殊性的充分差异化考核，一般仅在本考核层级内考虑。精细化管理需要分层级进行，一级管理相对宏观，二级管理则相对精细。大多数需要差异化考量的内容都属于二级管理的内容，一般需要在二级管理中予以解决，而不是跨越管理层级，在一级管理中解决，也不必要或不应该在两个管理层级同时进行差异化考量。例如，在省级高级人民法院的一级管理中，被考核主体是各中、基层人民法院，各中、基层人民法院之间的差异化问题，大多是整体性的差异。比如，基层法院存在体量大小的差异，这种差异又直接导致了案件工作量、结案调度难度、人员配比等方面的差异；基层法院存在城区法院和郊区法院的差异，这也直接导致了案件消化能力、队伍职业能力、办案成本等方面的差异。如果一级管理者对这些情况不进行考量，很可能在一些指标考核中，或者在整体考核结果上存在不公平的情形。还有一些具体问题，虽然比较细碎，但是可能会涉及一些考核指标的可操作性问题，如果不在本层级内进行解决，将直接导致指标设置、计分方式或合成方法等方面的困难。例如，某专业法院不受理执行案件，那么，在考核该法院时，应该将相应的执行案件指标所涉及的分值分解到其他指标上。

当然，在考核体系构建中，"简便易行"也是需要遵循的一项重要原则。这就意味着并不是所有的差异化问题，都需要解决或者都需要在本考核层级内解决。为了追求体系的简便易行，在考核体系构建中，很可能需要忽略那些一般性的、细小的差异化问题，从而在考核操作难度和考核结果公平之间寻求一种平衡。对那些重大的差异化问题，或者说是严重差异化问题，如果不进行解决，在指标设置、计分方式和合成方法等方面予以特殊考量，将会较大地影响整个考核体系的科学性和考核结果的公平性。即便如此，在具体的解决方式上，我们也必须遵循这样一个原则：能在下一个管理和考核层级中解决的问题，就尽量不在上一个管理和考核层级中解决，这也是"分级管理、逐层精细"思路的一种具体要求。事实上，一些客观存在的差异化因素，往往在下一个层级中对被考核主体的影响更大、更强烈。因此，会被这个管理层级认为是一种严重的差异化问题，而在上一个管理和考核层级，尽管对被考核主体也会产生一些影响，但这种影响可能只是一般的、轻微的影响，在考核体系构建时就可能会被忽略。

例如，破产案件在案件审理难度和审理周期等方面都具有较大的特殊性。从理论上讲，在结收比、平均审理天数等指标考核时，会对法院整体的数据产生一定影响。但是,由于相比一个法院的总体案件数量而言,破产案件数量非常少,几乎可以被忽略。因此,在某地区法院针对各辖区法院的一级考核中,管理者在设定结收比指标的时候,一般不需要对破产审判存在的特殊性问题进行考量;这个特殊性问题一旦进入到二级考核中,其差异性对于考核结果的影响将会放大。例如,负责破产审判的商事审判庭受理的案件中,会有较大比例的破产案件。在各辖区法院对本院审执业务庭室进行二级考核时,如果不进行适当考量,很可能造成公平性问题。特别是当破产案件集中审理,成立专门的破产审判庭,或者在二级考核中,在对从事破产案件审判的法官与承办普通民事案件的法官进行业绩比较时,如果不对案件的差异化问题进行充分考量,将会导致考核结果的严重失衡。

综上所述,我们认为所谓的单独考核问题,在很大程度上是一个由于对考核体系和考核方法存在误解而产生的伪命题。其核心在于解决被考核主体的严重差异化问题,而解决的方案不是建立一套新的、独立的考核体系,即不是所谓的"单独考核";而是在同一考核体系内,对被考核主体进行"充分差异化考核",并且这种"充分差异化考核"一般只在具体的考核层级内进行,不宜跨越考核层级考量,或者在多个考核层级内同时考量。

第二节　最高人民法院 31 项案件质量评估体系

最高人民法院 2008 年推出的"人民法院案件质量评估指标体系",是研究人民法院审判指标管理和绩效评价的重要参考,也直接深刻影响了此后全国法院审判业绩管理工作的内容和方向。由于其指标数量经过调整后,最终确定为 31 项,因此,我们习惯性地称它为"最高人民法院 31 项案件质量评估体系",或者简称为"最高人民法院 31 项指标""31 项指标"。下文将要介绍的案件质量考评体系实施例中,有很多指标是直接来源于最高人民法院 31 项案件质量评估体系,或者是从其中的指标改造形成的。

一、评估体系建立背景

最高人民法院 31 项案件质量评估体系并不是凭空而来的,而是审判管理专业化发展到一定水平必然产生的。人民法院的内部管理需求,社会各界特别是当事人对于提升案件质效的司法需求是建立案件质量评估体系的现实基础和内在推动力。因此,有必要确立案件质量的量化标准,建立案件审判质效全面、动态、多维的评估、指导、决策、监督机制,通过客观、公正、科学地评价法院的案件质量,加强审判管理,促进司法的公正、效率、效果,推动人民法院案件质量提高和各项事业的科学发展。

从司法质效评估体系产生的国际背景看:(1)质量管理、绩效管理最初起源于企业管理。(2)在西方国家,绩效管理真正运用到政府等公共部门的管理中,肇始于20世纪50年代美国的绩效预算制度。20世纪80年代,西方国家开始全面推行政府绩效评估。20世纪90年代,公共部门绩效评估在西方各国达到鼎盛时期。(3)很多国家把这场"新公共管理运动"推及司法部门,如美国、加拿大、法国、德国、奥地利、日本等国逐步推行了诸如法官绩效考核、司法质量评估或司法绩效评估等制度。1999年,荷兰启动了司法质量强化项目,其方法是确定一系列法官能够接受的职业质量评估指数,开发专门软件以介绍并自由获取这些指数,引入外部观察,建立衡量公众满意程度的工具,撰写包含以上各方面内容的质量契约。

从司法质效评估体系产生的国内背景看:(1)20世纪80年代到90年代,我国对公共部门进行粗放型的部门考评,主要与特定工作任务挂钩,没有固定的评估模式和评价指标,大检查、大评比、专项调查是评估的主要形式。(2)自20世纪90年代以来,公共部门评估逐步发展,产生了普适性的政府机关绩效评估,也产生了许多具体行业的组织绩效评估。(3)20世纪90年代末至今,绩效评估作为一种有效的管理工具已经被大多数的政府部门所接受,一些部门开始逐步建立绩效评估体系。(4)人民检察院也在积极推进质量管理,探索建立主要由评估标准、评估程序、评估结果三部分组成的案件质量评估体系。

从中国司法绩效评估的发展看:(1)我国古代曾设立法官责任制、录囚复审制、御史监察制、法司会审制和申诉与死刑奏报制等考核责任制和纠错制度。其重点为对个案的评估和对官吏的考核。(2)中华人民共和国成立后,1988～1997年(案件质量管理萌芽阶段),最高人民法院采取"解剖麻雀"的方法检查下级法院审判质量,施行"三堂会审"或"四堂会审",发现案件差错,纠正错误。(3)1998～2003年(个案质量评估阶段),一些法院开始建立法院内部的案件质量评查标准,设置固定的评查机构和人员。(4)2004～2007年(整体质量评估阶段),最高人民法院全面开展了司法大检查工作,使全国法院系统普遍推行以审判流程管理为中心的审判管理制度,案件质量评估从个案评查向整体案件质量评估体系转型,质量评估工作的信息化水平进一步提高。(5)2008～2010年(案件质量评估体系的构建和试运行),最高人民法院发布了《关于开展案件质量评估工作的指导意见(试行)》,确定北京、上海、江苏、吉林、内蒙古等11个省、自治区、直辖市的高级人民法院为重点试点单位。(6)2011 年至今(案件质量评估体系的修订和正式运行),2011 年 3 月,《最高人民法院关于开展案件质量评估工作的指导意见》,确定了目前 31 项指标的案件质量评估体系。①

2005 年 10 月,最高人民法院在发布的《人民法院第二个五年改革纲要(2004 ~ 2008)》中,首次提出在人民法院系统建立科学统一的审判质量和效率评估体系。为贯彻该项改革纲要所确立的重点内容,同年 12 月 21 日,最高人民法院召开"人民法院审判质量效率评估体系研讨会"。之后又经过近两年的实践总结,最高人民法院于 2007 年 12 月 10 日讨论通过了人民法院案件质量评估体系,形成了《最高人民法院关于开展案件质量评估工作的指导意见(试行)》。2008 年 1 月 11 日,以法发〔2008〕6 号文件下发至各高级人民法院,并指定北京、上海、江苏、吉林、内蒙古等 11 个省、自治区、直辖市的高级人民法院作为该指导意见的重点试行单位。随着该文件一同下发的还有最高人民法院制定的《人民法院案件质量评估指标体系》,该体系所确立的 33 项评估指标,成为各级人民法院建立审判质量效率评估量化模型的具体指导性指标。

《最高人民法院关于开展案件质量评估工作的指导意见(试行)》规定:评估指标体系根据审判工作管理的需要,划分为审判公正、审判效率、审判效果 3 个二级指标,二级指标由 33 个三级指标组成。各级人民法院可以根据实际情况增加或者减少指标。

其中,规定审判公正指标 11 个,由立案变更率、一审陪审率、一审上诉改判率、一审上诉发回重审率、生效案件改判率、生效案件发回重审率、二审开庭率、执行中止终结率、违法审判率、违法执行率、裁判文书质量指标组成。审判效率指标 11 个,由法定期限内立案率、法院年人均结案数、法官年人均结案数、结案率、结案均衡度、一审简易程序适用率、当庭裁判率、平均审理时间与审限比、平均执行时间与执行期限比、平均未审结持续时间与审限比、平均未执结持续时间与执行期限比指标组成。审判效果指标 11 个,由上诉率、申诉率、调解率、撤诉率、信访投诉率、重复信访率、实际执行率、执行标的到位率、裁判主动履行率、一审裁判息诉率、公众满意度指标组成。

在评估中,可以运用数量研究方法,通过专门计算机程序编制案件质量评估综合指数、二级指数和三级指数,以及诉讼和执行各环节,刑事、民事、行政各部门审判的类型指数。

---

① 参见最高人民法院研究室编著:《人民法院案件质量评估体系理解与适用》,人民法院出版社 2011 年版,第 7 ~ 14 页。

2011 年 3 月，为了更加全面、客观、公正地评价人民法院的审判工作，最高人民法院对原评估体系又进行了调整和完善，公布了《最高人民法院关于开展案件质量评估工作的指导意见》（法〔2011〕55 号）。新的指标体系更加充分地实现了对案件审判质量的全方位、多侧面的科学评估。

2011 年 3 月，全国法院案件质量评估工作电视电话会议召开。最高人民法院在会议中强调，案件质量评估工作是人民法院的基础性和系统性工程，是有效推动“三个提升”的重要抓手。会议对案件质量评估体系的修订作了说明，要求各级法院要结合本地和本院工作实际，认真学习领会并切实贯彻落实好修订后的《最高人民法院关于开展案件质量评估工作的指导意见》。

修订说明指出，2008 年开始试行的全国法院案件质量评估体系，由评估指标、指标权数、同度量化方法和合成方法四个子体系组成。本次修订坚持了三项原则，即科学原则、简便原则、导向原则。本次指标的修订，主要是通过新增、合并、取消，进一步规范三级指标，调整二级、三级指标权数的方式，对试行的评估体系作了较大的修改完善。虽然指标数量减少了，但指标的评估范围更宽了，评估的科学性更强了。新指标体系更加立体、全面，涵盖了立案、审判、执行、事后监督等各个环节，统筹兼顾宏观与微观，法院内部与外部，公正、效率与效果，实体与程序，可以更加充分地实现全方位、多侧面对案件审判质量进行综合科学评估。

关于公正指标的修改情况是：（1）对原指标体系中的“上诉改判率”“上诉发回重审率”“生效案件改判率”“生效案件发回重审率”进行修改，合并成“一审判决案件改判发回重审率（错误）”和“生效案件改判发回重审率”。通过对改判和发回重审原因的区分，对不属一审或原审法院错误的改判或发回重审，不计为下级法院负向评价指数，更有利于下级法院接受上一级法院裁判和正确评价法院工作。（2）新增“二审改判发回重审率（错误）”“对下级法院生效案件提起再审率”“对下级法院生效案件再审改判发回重审率”3 个对上级法院的正向公正指标。目的是鼓励上级法院依法严肃公正审理二审和再审案件，该改判的必须改判，该发回的没有顾虑地发回，明显有助于加强上级法院对下级法院的监督指导工作。（3）新增“再审审查询问（听证）率”。目的是鼓励各级法院通过听证审理，进一步提高司法公开和透明度，保障当事人的程序性权利，促进缠诉、闹访案件通过“听证”审理实现案结事了。（4）由于“终结本次执行程序”成为执行案件中的新型结案方式，导致原对执行中止案件的评估失去意义。因此，新指标体系取消了“执行中止终结率”，同时为防止执行乱终结现象的发生，大大提高了效果指标“实际执行率”的权重，由原 10% 修改为 15%。

关于效率指标的修改情况是：(1)新增“法定（正常）审限内结案率”，取代年“结案率”统计，使效率评估符合案件审理规律。(2)取消“平均未审结持续时间与审限比”和“平均未执结持续时间与执行期限比”，同时新增“延长审限未结比”。目的在于鼓励各级法院在法定审限内进一步提高办案效率，避免违反规定随意批准延长审限。(3)新增“平均审理时间指数”和“平均执行时间指数”，取代原“平均审理时间与审限比”和“平均执行时间与执行期限比”。新增指标均是正向指标，通过评价方法的优化，既鼓励了各级法院尽量缩短案件审理时间，也可以防止过度压缩审理时间现象的发生，保障案件审理的公正性。

关于效果指标的修改情况是：(1)由于“上诉率”和“一审服判息诉率”在评价效果方面存在较大的重复性，且上诉是当事人的合法权利，因此，新指标体系取消了“上诉率”统计，只保留了“一审服判息诉率”这一正向指标。(2)修改“调解率”的计算方法。新的“调解率”统计将简易程序案件和普通程序案件进行了区分，目的在于鼓励各级法院加大对普通程序案件的调解力度，争取更好的社会效果。(3)修改“执行标的到位率”的计算方法。原指标计算方法导致了一些法院在分配执行力量时采取“抓大放小”的做法，影响了小标的案件申请执行人权益的实现。新指标将每个金钱债权执行到位率的平均值作为评价依据，做到了更为合理地评价法院执行工作的效果，也鼓励各级法院全面抓好执行案件。(4)修改“裁判自动履行率”的计算方法。新指标将“裁判自动履行”的案件范围扩大到执行程序以外，提高了对生效裁判实际效果评价的全面性。(5)新增“调解案件申请执行率”指标。调解生效案件能否自动履行，反映了调解案件的质量。增加本指标的目的是引导各级法院正确看待“调解率”，通过合法、正当调解，确保以调解方式结案能真正化解矛盾纠纷。

《最高人民法院关于开展案件质量评估工作的指导意见》规定，通过评估体系能够确立人民法院审判质量的量化标准，建立法院内部全新的动态监督机制和科学化审判管理，能够分析影响审判质量的各种因素，从而为各级人民法院审判决策和管理提供完整、详细的参考依据，推动法院审判质量的全面提高。通过评估体系指标之间的关联、制约和综合指数的协调和整合作用，能够进一步加强人民法院审判工作的科学化管理，最大化地实现审判的公正与效率。

案件质量评估应当坚持正确导向，节约诉讼成本，避免片面追求高指标、妨碍审判独立、损害当事人诉讼权利和其他合法权益。应当坚持管理民主的思想，要把数据收集、汇总、整理过程公开，确保评估具有良好的客观性、预期性和公信力。为适应评估目的多元化的要求，采用模块化的指标设计方法，除对审判质量进行综合评估外,通过评估指标、评估指数的转换和组合,实现对诉讼和执行各环节、各类审判的评估,以及对法官办案质量的评估。

评估指标体系根据审判工作管理的需要,划分为审判公正、审判效率、审判效果 3 个二级指标。二级指标由 31 个三级指标组成。各级人民法院可以根据实际情况增加或者减少指标。审判公正指标 11 个,由立案变更率、一审案件陪审率、一审判决案件改判发回重审率(错误)、二审改判发回重审率(错误)、二审开庭审理率、对下级法院生效案件提起再审率、生效案件改判发回重审率、对下级法院生效案件再审改判发回重审率、再审审查询问(听证)率、司法赔偿率、裁判文书评分组成。审判效率指标 10 个,由法定期限内立案率、一审简易程序适用率、当庭裁判率、法定(正常)审限内结案率、平均审理时间指数、平均执行时间指数、延长审限未结比、结案均衡度、法院年人均结案数、法官年人均结案数组成。审判效果指标 10 个,由一审服判息诉率、调解率、撤诉率、实际执行率、执行标的到位率、裁判自动履行率、调解案件申请执行率、再审审查率、信访投诉率、公众满意度组成。

在评估中,可以运用数量研究方法,通过专门计算机程序编制案件质量评估综合指数、二级指数和三级指数,以及诉讼和执行各环节,刑事、民事、行政各部门审判的类型指数。

最高人民法院根据评估目的、审判工作的特点,参考全国法院近年评估指标的平均值、最大值和最小值,确定评估指标的合理值、警示值。权数是反映某一指标在综合评估体系中重要性程度的数值。最高人民法院根据评估目的和指标的重要性程度、可能产生的负面影响,以及数据来源的可靠性等因素合理确定评估指标的权数。各级人民法院可以根据本院的工作重点,适当调整评估指标的权数。

2011 年 10 月,最高人民法院研究室编著的《人民法院案件质量评估体系理解与适用》出版,旨在帮助各级法院审判管理人员和司法统计人员正确、快速地掌握案件质量评估体系的修订要点,推动案件质量评估工作扎实开展。这本书成为研究中国司法绩效评价、考核体系的最重要、最有代表性的指导性书籍,也是人民法院专业审判管理工作人员必须认真学习和研究的参考书籍。

二、专业名词

1. 统计期

统计期指审判质效考核基础数据采集的期间。一个周期开始收集数据的日期是统计起始日,停止收集数据的日期是统计截止日。审判质效考核指标统计期以司法统计周期为依据,一般情况下,基础统计期为月,某月统计数据采集的起始日为每月 1 日 0 时，截止日为该月最后一天的 24 时。

关于司法数据统计期，以下几个问题值得关注和讨论：

（1）统计期调整带来的问题。此前人民法院的司法统计截止期为每月 20 日。后来考虑到 20 日的统计截止期与人们的一般习惯不符，因此调整为自然月的最后一天。当 20 日为司法统计截止日时，审判人员在 20 日前，加大结案力度形成结案高峰；20 日过后，会有自然的一个休整期，这个休整期往往会延续到该自然月的月底。特别是，每年度的司法统计截止日为 12 月 20 日，在全年结案高峰过后，直至新年假期结束，成为审判人员默认的年度审判工作的休整期。当司法统计截止日调整为每自然月的最后一日后，这种报结日与月底之间的时间空当没有了。刚结完案件，日期就变成了下一个自然月的开始，从心理上感觉毫无过渡，立即进入了下一个结案周期。所以，很多审判人员在调整统计截止日初期，觉得有些不太适应。还有一个现实的问题是，很多公共假期，包括"五一"假期、"十一"假期、新年假期等都在自然月的开始几日，这对从事司法统计工作的人员而言，意味着可能需要在假期中加班统计相应的数据。当然，这些变化和影响都仅仅是审判人员心理层面和工作人员工作习惯层面上的，并没有太大的实际问题。经过几年的运转，大家对以自然月进行司法统计逐渐接受，并且认为这种司法统计方式更符合审判规律和工作、生活习惯。

（2）提前报结日分散集中结案压力。一些审判管理者为了缓解司法统计截止日前，特别是年度司法统计截止日前，审判人员突击审结案件的情况，采取一定的管理措施，将报结截止日人为提前几日，避免大量案件堆积到截止日最后几日，影响案件质量。这种管理方法一般分成两种方式：一种管理模式是强制性将报结日提前，要求所有案件原则上必须在提前的报结日前审结，对于确因客观原因，案件必须在提前的报结日和实际的司法统计截止日之间结案的，设置一定的工作程序要求，如必须个案向审判庭庭长汇报。通过这种管理举措，可以强迫审判人员将流程推进和宣判、审结计划适当提前，使绝大多数案件在提前的报结日前审理完成；少部分疑难复杂案件和具有特殊客观情形的案件，经过一定工作程序后可以在提前的报结日和实际的司法统计截止日之间审结。这将在一定程度上分散年底案件集中审结的状况，缓解突击结案现象。另一种是采取倡导性、鼓励性的分散结案政策。例如，规定自 12 月 25 日开始，提前完成全部年度结案工作任务的，经审判庭庭长确认后，可以在完成工作任务后至 12 月 31 日，享受弹性工作待遇这种奖励政策。这种方式将有助于审判人员发挥主观能动性，自觉提前规划结案进程，分散年底集中结案压力。

(3)严禁跨统计期收结案。司法统计期的一个重要作用就是确定了司法统计的起始日和截止日。一般而言,司法统计期的具体统计标准为起始日的0时至截止日的24时。在信息系统实际信息生产和维护过程中,往往需要进行适当的调度调整。例如,有的审判系统为了提高数据的采集和使用效率,设置了生产库和应用库两个数据库,每天固定时间需要将生产库的数据同步到应用库,这导致很多应用程序使用的数据是截至前一天24时的数据,而不是实时数据。因此要保证生产库和应用库的数据准确,以年度司法统计为例,需要在12月31日24时审判人员完成生产库所有数据操作后,将12月31日当天的数据同步到应用库,这些数据的实际同步时间已经超过了12月31日24时,但系统必须调整记录为统计期内的数据。否则将会出现数据错误。两个数据库同步完成后,还需要对数据是否存在错误等进行检查和校准。待所有工作完成后,才能够固化统计期内的全部数据。司法统计工作抽取数据进行数据统计,其他数据应用程序开始抽取数据完成各类数据应用的计算,如裁判文书公开系统开始计算裁判文书公开率等指标,这些都需要一定的时间周期,而不是12月31日24时那一个时间点就能够完成的。

司法统计报表制作完成,其他各类数据应用程序完成数据应用计算,应及时进行统计期数据归档操作,避免出现后续系统错误或数据差异问题,如由于后期更改统计口径等原因,导致统计期数据发生变化。数据归档后,形成的数据将不能再修改变化,我们称为历史数据。当我们u年的某一天去查询r年的统计报表,或某一个应用程序调用r年度数据时,如果在查询当日计算即时数据,很可能与r年度统计期截止后当时查询和固定的数据不一致。因此,我们原则上应该使用当时归档的历史数据进行查询和数据应用。只有当归档数据无法满足使用要求,如需要统计非完整统计期的某项数据时,才使用即时数据进行查询和应用。

(4)严禁跨统计期修改数据。设置固定的司法统计期的重要意义在于确保固定的司法统计期内的数据稳定。一旦司法统计期经过后,不论何时查询和使用该司法统计的数据,只要统计的标准和口径是一致的,数据的查询结果也应该保持一致。在实践中,存在这样一个重要的操作问题,就是跨统计期修改数据问题。例如,一起案件实际上已经在12月30日宣判结案并将司法文书送达给双方当事人,法官助理或书记员应该及时操作审判系统并将结案日期填录为12月30日。但由于工作失误,法官助理和书记员未能及时进行报结操作,直到次年1月4日才进行报结操作。此时,上一年度的司法统计数据已经固化,形成了历史数据。如果允许这起案件的报结日选择实际报结日,即上一年度的12月30日,那么,该案件的结案数据将进入上一个统计周期，造成已经归档的历史数据与实际数据存在差异。为了避免这种情形发生，从司法统计的角度，应该将该案件的报结日确定为次年 1 月 4 日，进入下一年度的统计周期范围，而不是跨统计周期生产数据。因此，在司法统计层面，应该严禁跨司法统计周期修改数据。尽管很多需要修改的数据，客观上确实存在错误，但是，如果所有的错误都实事求是地予以修正，则统计数据会一直处于不稳定的状态，永远难以固化，历史数据与即时数据之间的差异将会越来越大。这对于案件数量非常庞大的统计系统而言，数据的置信度将会大幅降低，可应用性也会受到致命影响。因此，在绝大多数情况下，我们必须作出选择，允许一些系统数据与实际情况存在不符，而严格遵守不跨统计周期修改数据的基本要求，保证历史数据的稳定性和置信度。必要时，可将实际情况制作成工作记录，入卷留存。

关于司法统计数据修改，我们一般应该根据以下几种情况分别处理：①在实际操作中，我们以自然月为固定的统计周期时，允许审判人员在案件未结状态修改不影响司法统计信息的数据项，如增加延审信息、开庭信息等。对于可能影响案件统计信息的数据项，需要通过审批后进行修改，如修改案由和适用程序、销案等。②进行案件操作时，允许审判人员在本统计期内选择已经经过的日期作为结案日期。如一起案件审判人员在 12 月 30 日进行报结操作时，可以选择 12 月 25 日为结案日期。这样既没有违背跨统计期修改数据的基本要求，也给审判人员进行系统操作设置了一定的灵活空间，允许审判人员在统计期内适当延后进行报结操作。③一旦案件审结，在同一统计期内允许审判人员经过审批后在本统计期内修改相关数据，无论该数据是否影响司法统计和各项应用程序的数据使用。对于跨统计周期的修改数据请求，原则上一律不予准许，无论该数据是否影响司法统计和各项应用程序的数据使用。④在极特殊情况下必须修改数据时可以采用两种方式进行数据修改：一是手工修改、配平统计数据。如发现一起案件因系统统计口径错误导致其未被纳入上一统计周期的历史数据中，系统统计口径修正后，该案件处于未结状态，需要进行下一步的信息操作，但上一年度的未结案不包含该案件，而本年度的旧存案件包含该案件。从而产生上一年度的未结案与本年度的旧存案件数字不同的统计错误。为了解决这一实际问题，可以考虑对上一年度的历史数据不作修正，保留上一年度未结案件与本年度旧存案件数量不同的统计错误，直至进入下一个统计周期。当统计报表的逻辑计算规则出现错误时，通过手工调整数据的方式配平统计报表。二是通过替换案件的方式进行跨统计周期修改。例如，在上一个统计周期内，由于审判人员的错误操作，将一起未实际审结的一审案件报结，结案方式为撤诉，统计周期过后案件实际审结需要报结时发现操作失误问题。案件在当前统计周期实际审结，案件的实际结案方式为判决，当事人针对该判决又实际提起了上诉。如果不进行数据修改，则无法从系统中启动上诉流程和二审立案程序。为了解决这一实际操作问题，可以考虑将上一统计周期内已经报结的案件修改为未结状态，然后将另一起同一类型的、同一审理程序的准备在本统计周期以撤诉方式报结的案件作为替换案件，将替换案件跨越统计周期修改为上一统计周期以撤诉方式报结，然后在本统计周期内将已改为未结状态的案件按判决方式报结，并发起相应的上诉程序。这种替换过程确保上一统计周期的历史数据不发生变化，同时又解决了误操作案件无法在系统内发起上诉程序的问题。但这种替换案件的方式，实质上是制造一起人为的数据错误去弥补此前造成的数据错误，以保证历史数据不发生变化，是一种付出了极高代价的错误弥补方式。因此，如非确实必要，应该严格限制此种修改数据方式的适用。

2. 指标

指标是反映统计总体数量特征的概念和数值。每个具体的统计指标都由指标概念（名称）和指标数值（取值）两个基本要素构成，即指标名、指标值。指标名是对事物本质的抽象概括，指明了统计指标所反映的实际内容，是指标值的规定性，指标值的规定性包括指标概念、指标解释、统计口径、登记填报该指标的要求。指标值是指标在具体时间、地点、条件下的规模和水平（包括时间状态、空间范围、计量单位、计量方法等限定），是指标量的表现。

3. 正向指标

指标值越大越好的指标称为正向指标。在审判质效考核体系中，指标实际值与案件质效综合指数（越大越好）一致的是正向指标，如实际执行率，审判实践中要求实际执行率越大越好。

4. 逆向指标

指标值越小越好的指标称为逆向指标。在审判质效考核体系中，指标实际值与案件质效综合指数（越大越好）不一致的是逆向指标，如立案变更率，审判实践中要求立案变更率越小越好。

5. 指标权数（权重）

指标权数表示指标的重要程度。在考核体系中，对指标起权衡轻重的作用。权数一般根据指标在考核体系中的重要性程度确定。

6. 指数（总体数量变动的相对数）

指数是反映现象总体数量变动的一种特殊相对数。考核体系中的指数，一般指用来反映那些不能直接相加和对比的复杂现象总体综合变动程度的相对数。

7. 量纲

量纲一般指数据的计量（或称度量）单位。如人均结案数的计量单位为“件/人”，就称人均结案数的“量纲”为“件/人”。不同度量单位之间的数据不能直接进行计算和比较，如人均结案数（件/人）不能和法定期限内立案率（%）相加。

8. 无量纲化（同度量化）

所谓无量纲化，是指去掉指标的计量单位（去掉指标的量纲）。所谓同度量化，是指将不同计量单位的指标转化为相同计量单位的指标，也就是将不同性质和不同计量单位的指标用一个统一的标准将其量化，这样，就可以实现不同指标之间的比较。即指标的无量纲化解决的是单项指标的量化问题，指标的同度量化解决的是不同指标之间的不可公度问题，是在不同指标之间确立统一的标准或尺度而实现指标之间的比较。

在审判质效考核体系中，指标的同度量化是通过特定数学模型，在指标实际值与该指标的另外一些值（满意值和不允许值）之间进行比较，从而得出一个分值，这个“分”值实际上是没有计量单位的（也可以说是人为赋给它的）。因此，指标的同度量化实际上就是指标的无量纲化。

9. 无量纲化（同度量化）模型

即对指标进行无量纲化处理的数学模型（一般表现为数学公式）。在多指标综合考核中，各个不同指标之间具有不同性质、不同计量单位（量纲），需要对指标进行无量纲化（同度量化）处理，将这些指标转换成同度量的指标，才能进行互相比较。无量纲化模型是为指标设置量化的标准。最高人民法院 31 项案件质量评估体系中的指标无量纲化数学模型为幂函数功效系数法。

幂函数是底数为自变量、指数不变的函数。

功效系数是指各评价指标实际值与指标不允许值之差占该指标允许变动范围的相对位置。

功效系数法是在进行综合评价时，先运用功效系数函数对各指标进行同度量转换，然后再对各项功效系数进行加权平均求得总功效系数，作为总体的综合评价值，并加以比较判断。

功效系数法是常用的适应各类正、逆向指标，兼顾指标平均水平和离散度的多指标综合分析方法。其公式为：

$$d = \left(\frac{x - x^s}{x^h - x^s}\right)^{1.4} \times 40 + 60$$

x 为指标实际值，x^h 为指标的满意值，x^s 为指标的不允许值；当 $d \geq 100$，令 $d = 100$；当 $d \leq 40$，令 $d = 40$。一些地区法院在实践中，调整了 d 的取值范围，修改为：当 $d \geq 120$，令 $d = 120$；当 $d \leq 48$，令 $d = 48$。

例如，1～8 月，某庭室的二审开庭率为 18.7%，二审开庭率指标满意值为 60，不允许值为 5，则：

$$d = \left(\frac{18.7 - 5}{60 - 5}\right)^{1.4} \times 40 + 60 = 65.71$$

在公式中，指数 1.4 是不变量，其值 =7/5，在设定这个指数时，我们必须保证指数的分子和分母均为奇数，才能够使 $(x - x^s)$ 和 $(x^h - x^s)$ 经过幂函数计算后仍然保持原本的正负值关系，不会被绝对值化，之所以选取 7/5，是通过测算后取得的较为符合评价预期的数值。我们从公式可以看出，当指标实际值 $x = x^s$ 时，公式的前半部分为 0，则 $d = 60$。有法院在依据最高法院 31 项案件质量评估体系设置本地区法院案件质量评估体系时，将公式的最后一项 60 修改为 70，也就是说，当指标实际值等于指标不允许值时，公式合成值从此前的 60 变为 70，很显然，这样的修改方式提高了基础指标值，评价标准更为宽松，缩小了被考核主体之间的分数差距。

由于无量纲化计算相对复杂，给管理者造成了许多困扰。这里介绍一下通过 Excel 办公软件计算指标无量纲化值的方法：在表 4－1 中，第一行 A、B、C、D 的字母代表一个表单中的列号，表格第一列 1、2、3、4 的数字代表表单的行号，要计算指标的无量纲化值，需要在表格内填写 B 列实际值、C 列满意值、D 列不允许值三个数字，然后通过公式自动计算出 d 实际值，最后自动计算出指标的无量纲化值。

以 E2 单元格为例，计算公式可设置为 =(IF(((B2－D2)/(C2－D2))<0,((－1)*POWER(((B2－D2)/(C2－D2)*(－1)),(5/7))),POWER((B2－D2)/(C2－D2),(7/5))))*40+60。计算出 d 实际值后，F2 单元格的公式可设置为 =IF((E2>120),120,IF((E2<48),48,E2))。上述 E2 和 F2 单元格的公式，可以通过鼠标拖动的方式，直接复制到整个 E 列和 F 列的其他单元格，不需要再逐一设置公式。具体计算结果见表 4－1：

表 4－1　使用 Excel 计算无量纲化值

序号	A	B	C	D	E	F
1	指标名称	实际值	满意值	不允许值	d 实际值	无量纲化值
2	立案变更率	0	0	1	100.00	100.00

续表

序号	A	B	C	D	E	F
3	一审案件陪审率	21.77	90	15	61.38	61.38
4	一审判决案件改判发回重审率(错误)	4.37	0.1	0.5	-142.35	48.00
5	二审改判发回重审率(错误)	1.52	3	1.5	60.09	60.09
6	二审开庭审理率	11.44	60	5	61.99	61.99
7	对下级法院生效案件提起再审率	0	0.4	0	60.00	60.00
8	生效案件改判发回重审率	0.26	0	0.1	4.04	48.00
9	对下级法院生效案件再审改判发回重审率	40	60	25	72.21	72.21
10	再审审查询问(听证)率	0	10	0	60.00	60.00
11	法定期限内立案率	93.17	100	90	68.01	68.01
12	当庭裁判率	3.06	30	5	53.56	53.56
13	法定(正常)审限内结案率	99.56	100	95	95.16	95.16
14	平均审理时间指数	0.76	0.9	0.6	76.59	76.59
15	平均执行时间指数	0.47	0.85	0.4	62.96	62.96
16	延长审限未结比	2.4	1	30	97.32	97.32
17	结案均衡度	0.62	0.75	0.4	80.88	80.88
18	法院人均结案数	34.92	150	40	55.55	55.55
19	法官人均结案数	63.87	200	30	64.18	64.18
20	一审服判息诉率	83.67	100	80	63.73	63.73
21	调解率	8.09	40	10	54.41	54.41
22	撤诉率	16.23	30	8	70.10	70.10
23	实际执行率	65.2	95	60	62.77	62.77
24	执行标的到位率	73.94	90	20	87.77	87.77
25	裁判自动履行率	74.94	100	50	75.11	75.11
26	调解案件申请执行率	0.28	0	35	99.55	99.55

10. 合成方法(合成模型)

合成方法是指将同度量化后的指标相对值,经过一定方法进行综合,从而得到综合指数(如将审判质效的各指标同度量化值计算成审判质量指数)的方法。

合成模型指的是合成的数学模型（一般表现为数学公式）。合成方法有多种，不同的合成方法体现不同的评价思想。审判质效考核体系中的合成方法包括三种，即加权几何平均合成模型、加权算术平均合成模型和混合合成模型。

11. 加权几何平均合成模型

加权几何平均数是一个数列的连乘积的项数方根。几何平均数对较小值的反映比较敏感，因而是一种“鞭策落后”式的平均，体现了鼓励指标均衡发展的考核要求和目的。

其公式为：$D = \sqrt[\sum_{i=1}^{n} w_i]{\prod_{i=1}^{n} d_i^{w_i}}$

设 $\sum_{i=1}^{n} w_i = 1$，则公式简化为：$D = \prod d_i^{w_i}$

12. 加权算术平均合成模型

加权算术平均是合成方法之一，为不同指标同度量化值与其权数乘积的算术平均值，算术加权平均对不同大小的数值都是同等对待，因而是一种“取长补短”的平均方法。

其公式为：$D = \frac{1}{\sum_{i=1}^{n} w_i} \sum_{i=1}^{n} d_i w_i$

设 $\sum_{i=1}^{n} w_i = 1$，则公式简化为：$D = \sum d_i w_i$

例如，某一个法院的公正指标、效率指标、效果指标指数分别见表 4－2：

表 4－2　加权算数平均合成模型计算示例

案件质量指标指数	指数值	权重/%
公正指标	85.84	40
效率指标	76.7	30
效果指标	49.57	30

那么，应用加权算数平均的方式进行计算时，最高人民法院 31 项案件质量指标指数 = 85.84 × 0.4 + 76.7 × 0.3 + 49.57 × 0.3。

13. 混合合成模型

为了同时反映指标的功能性（导向性）和指标的均衡性（协调性），采取加权算术平均模型与加权几何平均模型，对这两种模型再进行加权算术平均，其公式为：

$$D = \lambda \frac{1}{\sum w_i^{(1)}} \sum d_i w_i^{(1)} + (1 - \lambda) \sqrt[\sum w_i^{(2)}]{\prod d_i^{w_i^{(2)}}}$$

其中，$w_i^{(1)}$、$w_i^{(2)}$分别为加权算术平均法与加权几何平均法的权数，$0<\lambda<1$。

如果加权算术平均法的权数等于加权几何平均法的权数，即 $w_i^{(1)}=w_i^{(2)}=w_i$，总权数为1，即$\sum w_i=1$，则上述公式简化为：

$$D=\lambda\sum d_i w_i+(1-\lambda)\prod d_i^{w_i}$$

当$\lambda=1/2$，则$1-\lambda=1/2$，则上述公式简化为：

$$D=\frac{1}{2}\left(\sum d_i w_i+\prod d_i^{w_i}\right)$$

例如，1～6月某审判业务庭室公正指标共有5项，具体指标值、无量纲化值和权重见表4-3：

表4-3　混合合成模型计算

公正指标	指标值/%	无量纲化值	权重/%
立案变更率	0.0167	99.77	10
一审案件陪审率	85.49	96.67	8.75
一审判决案件改判发回重审率(错误)	0.16	106.64	24
生效案件改判发回重审率	0.04	81.76	26.5
司法赔偿率	0	100	12.5

在利用混合合成模型计算公正指标指数时，假设$\lambda=1/2$，那么，公正指标指数$=0.5\times(99.77\times0.1+\cdots+100\times0.125)+0.5\times(99.77^{0.1}\times\cdots\times100^{0.125})$。

14.满意值和不允许值

在评估理论中，称目前条件下指标可能达到的最优值为满意值，称该指标不应出现的最差值为不允许值。满意值和不允许值是指标实际值的比较基数，是衡量各评估对象的统一尺度，是为指标设定的评估标准，计算中应用于指标无量纲化公式。

《最高人民法院关于开展案件质量评估工作的指导意见》规定，最高人民法院根据评估目的、审判工作的特点，参考全国法院近年评估指标的平均值、最大值和最小值，确定评估指标的合理值、警示值。一般而言，在利用最高人民法院31项案件质量评估体系进行审判质效评价或考核时，首先要对指标进行一定的筛选，选择符合被考核主体实际的指标进行考核，而不是直接复制整个31项指标体系。在确定一定的指标进行评价和考核后，还需要对指标的满意值和不允许值进行适当调整。由于不同地区的法院、同一地区的不同法院在指标实际值上都存在比较显著的差异，因此，应该参照被考核主体的实际情况确定指标的满意值和不允许值，不宜简单地照抄照搬。

总的原则是，要确保一部分法院的指标数值达到，或者经过努力后，可以达到满意值；也要保证少部分法院依照目前的工作状态，其指标数值很可能在不允许值之下。除非此项工作整体状况比较良好，指标评估和考核仅是为了进一步巩固和加强此项工作，这时，可以将满意值确定为指标的最高值，而不必然要求同时提高不允许值，从而使部分法院必须在不允许值附近。例如，近些年，某地区法院裁判文书公开情况整体较好，裁判文书公开率处在全国领先水平，绝大多数法院文书公开率都达到了 100%。此时，可以将该指标的满意值确定为指标的最高值，即 100%，并考虑将不允许值设置为 90% 左右，以使绝大多数法院在此项指标的得分中都处于接近指标满分的状态。即便有个别法院没能达到 100%，其指标得分也与其他获得满分的法院差异很小，从而达到对被考核主体全面鼓励的目的。

在最高人民法院 31 项案件质量评估体系出台后，全国很多地方法院曾尝试参照该指标体系开展中、基层法院的审判质效考核。例如，某地区法院从最高人民法院 31 项案件质量评估体系中，抽取 13 项指标，建立了审判质效评估考核体系，并根据这 13 项指标近三年的指标实际值情况，确定了指标的满意值区间参考标准。表 4－4、表 4－5 是 t 年某地区法院指标满意值区间参考标准，读者可以从中了解确定指标满意值区间的基本原则、方法。

表 4－4　中级法院指标满意值区间参考标准

指标	近三年中位数	最小值	最大值	满意值	不允许值
立案变更率	0.15	0	0.406	0	0.2
二审改判发回重审率（错误）	2.97	1.90	2.58	3	1
生效案件改判发回重审率	0.26	0.10	0.37	0	0.3
对下级法院生效案件再审改判发回重审率	64.11	48.15	73.94	70	25
法定期限内立案率	94.93	94.09	95.36	100	94
法定（正常）审限内结案率	95.85	84.41	99.52	100	96
结案均衡度	0.50	0.28	0.65	0.75	0.4
法院年人均结案数	33.56	32.33	34.79	60	20
法官年人均结案数	60.04	58.21	61.86	100	40
实际执行率	54.02	44.06	69.30	70	40

续表

指标	近三年中位数	最小值	最大值	满意值	不允许值
执行标的到位率	60.15	56.60	63.70	70	40
再审审查(听证)率	4.09	1.79	7.13	0.2	5
裁判文书上网率	—	—	—	90	80

表4－5　基层法院指标满意值区间参考标准

指标	近三年中位数	最小值	最大值	满意值	不允许值
立案变更率	0.079	0.070	0.089	0	0.1
生效案件改判发回重审率	0.057	0.05	0.06	0	0.1
一审判决案件改判发回重审率(错误)	0.32	0.30	0.34	0.1	0.5
法定期限内立案率	87.08	84.44	88.45	100	95
法定(正常)审限内结案率	98.62	97.60	99.55	100	95
结案均衡度	0.57	0.55	0.58	0.8	0.4
法院年人均结案数	60.68	33.41	98.88	100	30
法官年人均结案数	112.41	104.06	120.75	130	90
一审服判息诉率	85.80	84.57	87.60	90	80
实际执行率	71.63	68.15	77.17	70	40
执行标的到位率	85.55	79.09	92.15	70	40
再审审查(听证)率	0.96	0.62	1.24	0.2	1
裁判文书上网率	—	—	—	95	85

三、评估体系评价

在最高人民法院31项案件质量评估体系出台之后，各地法院根据该指标体系开展了指标管理工作。但很多审判人员，甚至很多管理者对评估体系颇有微词，主要意见集中为：(1)认为审判指标数量过多，指标计算和合成方法过于复杂。很多审判人员和管理者都是文科出身，缺乏理工背景，对于指数、量纲等概念非常陌生，又不愿深入研究，因此，在一知半解的情况下，认为最高人民法院的指标体系是“阳春白雪”，不接地气，不符合审判工作实际。(2)一些管理者在实际的指标管理过程中对于部分指标理解不够深入，没有结合本地审判工作实践选择评估考核指标，并确定指标满意值区间，导致评估体系水土不服，出现一些指标异化情况，引发管理反弹，甚至出现一些数据作弊行为。因此，认为部分指标本身或指标体系不科学、不合理，不适用于基层法院审判工作管理实践。(3)还有一些审判人员和管理者对于指标管理和量化管理本身仍存质疑，认为法官的工作是创造性劳动，不能单纯通过冰冷的数字和机械的指标进行量化和评价，这种管理方式抹杀了法官的个性化色彩，因此，对评价考核工作本身产生抵触。

笔者认为，我们应该客观看待、科学评价最高人民法院31项案件质量评估体系。最高人民法院31项案件质量评估体系是人民法院第一次全面、系统地对案件质效建立科学、规范、可量化的指标评价体系，其对于人民法院的审判管理工作发挥了重要的价值和作用。其主要体现在以下三个方面：

1. 最高人民法院31项案件质量评估体系是人民法院建立案件质效指标管理体系的重要标志。此前人民法院的指标管理工作处于一种不完善、不成熟的状态，各级法院对于审判质效的指标集中在结案率、改判发回率、调解率等几个基础性指标，没有形成完整、科学的指标体系。最高人民法院31项案件质量评估体系将指标评价的方向分为公正、效率、效果三个维度，不仅对此前已经使用的几项指标进行了评价方向上的归类，还大大增加了指标数量，形成了相对完整的指标体系。此前，各地法院在对结案率、改判发回率、调解率等指标的传统管理模式中，缺乏对于指标满意值区间的研究，导致部分人民法院在指标管理工作中过分强调某个指标的作用，引发一些指标异化等问题。例如，多地人民法院在调解率指标管理中，没有对调解率满意值区间进行研究，确定的指标满意值显著偏高，或没有设定满意值上限，很多审判人员为了获得考核分数，一味地追求虚高的调解率，甚至出现了久调不决、强制调解、欺调骗撤等违反审判规律、违反工作要求的一系列问题。

2. 最高人民法院31项案件质量评估体系是人民法院案件质效评价从个案评价向整体评价发展的重要标志。从前面对于人民法院审判质效评价发展历程的介绍可以看出，在最高人民法院31项案件质量评估体系出台之前，各地法院对于审判质效的评价主要采取的是以案件评查为核心的个案质量评价方式。虽然也开展了调解率等几个整体性审判质效指标的管理工作，但这些指标数量较少，管理方式也是零散的、不成体系的，难以全面准确评价某一法院的整体案件质效。最高人民法院31项案件质量评估体系预设的评价对象是各级人民法院，或将各省、自治区、直辖市全部法院作为一个整体进行评价。因此，其评价指标都是整体性评价指标。这个指标体系的建立，意味着人民法院审判质效整体评价体系得以建立。各法院之间，以及各省、自治区、直辖市全部法院作为一个整体，可以通过科学的、可量化的标准进行横向比较，这使最高人民法院在评价各省高级人民法院，以及各省高级人民法院在评价辖区法院整体案件审判质效方面有了科学的数据依据，也便于各法院在进行评价结果研判的基础上，提高管理水平，作出科学决策。

3. 最高人民法院31项案件质量评估体系是人民法院审判管理专业化、精细化发展的重要标志。指标管理是人民法院量化管理的前提和基础，而量化管理是人民法院审判管理精细化、可视化的前提和基础。因此，最高人民法院31项案件质量评估体系的建立和评价工作实践，标志着人民法院审判管理工作的专业化、精细化水平跃升到了一个新的层次。此后的各地人民法院专业审判管理工作，主要围绕最高人民法院31项案件质量评估体系开展。特别是，在审判业绩评价、审判绩效考核等方面，有了长足的发展和进步。可以说，最高人民法院31项案件质量评估体系深刻而长远地影响了人民法院审判管理工作的方向和水平。

诚然，最高人民法院31项案件质量评估体系也确实存在一些问题，或者我们更准确地说，案件质量评估体系也受到了其适用范围的制约。案件质量评估体系只有严格在其适用范围内，结合本地审判管理和审判工作实践，科学运用，才能发挥其最大管理效能。具体而言，这种适用范围的制约，主要体现在以下几个方面：

1. 体系上是相对科学的，但仍有几个问题值得讨论。(1)鉴于目前的案件质量评估体系更多的是一种整体质量评估体系，因此，对于审判质量的科学评价，应该与个案评估，特别是改发案件、信访案件等个案评估相结合。(2)最高人民法院31项案件质量评估体系将指标分为三类，分别为公正、效率、效果。按照最高人民法院的逻辑，“质量”一词是一个广义的概念，包括公正、效率、效果三个维度的内容。这种分类方式与我们实践中的一般称谓存在出入。在大多数情况下，我们对于“质量”的理解，都是一个相对狭义的概念，是与“效率”相对应的一个概念。在这种语境下，案件评估体系的三个维度应该是“质量”“效率”“效果”。(3)在最高人民法院31项案件质量评估体系中，将“法院年人均结案数”和“法官年人均结案数”两个反映数量的指标纳入效率指标范畴，有一定道理。因为人均结案数指标体现了法院平均工作量情况，特别是人案配比的情况，是案件平均审理效率的评价基础。同时，由于反映数量的指标只有两个，如果将指标分为数量、公正、效率、效果四个维度，可能会导致不同维度的指标数量存在较大差异。但是，数量指标并不单单与审判效率相关联，实质上，人案配比情况是审判质量、效率、效果各个维度的评价基础。只是该指标对于效率的影响更为直接，而对于审判质量和效果的影响相对间接而已。因此，如果从更为科学的角度来讲，将指标分为数量、公正、效率、效果四个维度更为适宜。或者按照上述(2)的语境，应该将指标分为数量、质量、效率、效果四个维度。(4)审判质量评估是一项非常复杂的工作，特别是，有一些内容难以通过指标的方式量化。尽管最高人民法院31项案件质量评估体系相对科学、系统，但是，单纯依靠现有的评估体系，仍然无法完全科学、客观地反映审判质量的全貌。因此，我们也不能过分高估评估体系的作用，要坚持主观评价和客观评价相结合、定性评价和定量评价相结合、内部评价和外部评价相结合等多种方式、多个角度、多个维度、多个主体地开展案件质量评估工作。

2. 最高人民法院31项案件质量评估体系是一种整体质量评估体系。特别是，当被评价主体审理的案件数量相对较多、类型相对较全的情况下，评价结果的稳定性就会更好，被评价主体的可比性就会增强。一旦到庭、到人评估，容易出现指标特异值，科学性下降。当评估的范围缩小时，应结合个案质量评估结果进行综合评价。事实上，近年来，对于最高人民法院31项案件质量评估体系的反对意见，很大程度上是由于各地法院忽略了评估体系的指标主要是整体评价指标，利用评估体系搞层层分解、逐级考核，特别是在到庭、到人评价考核过程中，没有解决好被考核主体因人案配比、审理的案件类型等方面的差异带来的评价结果差异，也没有合理地调整指标满意值区间，避免指标出现特异值，从而引发审判人员对指标，乃至整个评估体系科学性的质疑。

3. 对科学的考核体系构建有参考意义，但不宜直接作为考核体系应用。主要原因为：(1)部分指标考核价值很低；(2)到人考核容易出现特异值；(3)指标数量过多，体系过于复杂，考核引导作用不明显。

4. 要科学研判指标评价结果，不能简单地将评价指数的高低等同于审判质量的好坏。(1)指标管理有其自身的弊端，特别是指标评价受到数据可信性的影响较大，指标管理方式一旦出现问题，容易出现数据作弊行为，影响评价效果。很多指标数值上的提高，并不一定代表审判质量的提高。因此，构建科学的、与质量评估体系同向的考核体系非常重要。(2)管理者在应用案件质量评估体系时要警惕“评估工作考核化”的倾向，避免过度加重审判人员绩效考核负担，同时，避免审判人员被指标高低错误引导，盲目甚至欺骗性地提高指标值。(3)建立案件质量评估体系的最核心目的，并不是进行绩效考核和评比排名，而是要通过这些工作对审判质量进行客观评估，帮助院长、庭长、审判团队负责人解决“是什么”“为什么”的问题，为领导决策提供参考，进而解决“怎么办”的问题。以中、基层法院对本院审执业务庭室开展的二级管理为例，如何从评估值中看到“是什么”和“为什么”，具体包括以下几个方面：与相关庭室、相关人员的指标值横向比较，看指标值在全院庭室、全院人员中所处位置；与指标满意值、不允许值，与全庭、全院、全市、全省、全国平均值参考比较；指标值同期增长、环比增长情况；造成指标值偏高或偏低的客观因素排除。

四、年初指标管理问题

在指标管理中，还有一个需要关注的问题，那就是，要高度重视年初的指标管理工作，努力提高年初的各项指标数值。年初和年末在指标管理上的区别可以从以下几个方面理解：

1. 绝大多数审判指标都是累计指标。从目前的指标管理体系看，几乎所有的指标都以年度累计值为计算标准，这就使年初的数据会一直累计计算在全年此后各月的各项指标中，因此，年初指标的高低，将对全年的指标计算产生重要影响。例如，我们所说的 7 月的二审开庭审理率，实际上是 1 ~7 月的累计二审开庭审理率，而不是 7 月单月的二审开庭审理率；同理，我们说的第二季度二审开庭审理率，一般指的并不是 4 月、5 月、6 月三个月的合计二审开庭审理率，而是指 1 ~6 月的累计二审开庭审理率。

2. 在很多考核体系中，都采取了分段加权的方式计算全年的考核总分，以体现“平时考核和年终考核相结合”的考核理念。有一些指标采取的是半年加权的方式，即半年、全年各考核一次，并将结果按照一定的规则合成该指标年度的考核分值，如在上文中提到的某地区法院对辖区各中、基层法院进行考核时，对于长期未结案占比指标，就采取了半年、年终两次考核；有一些指标采取的是季度加权的方式，即每个季度考核一次，并将四个季度的考核结果合成为指标的年度考核分值；还有一些体系中，对于一些特定指标会采取月度考核的方式，如在本院对各审判执行业务庭室进行结案率或者结收比考核时，可能会采取月度考核的方式。对于合成方法，大多采取了算数平均的方式，或者配置了一定的权重，如将年底的考核权重加大。以季度考核、算数平均的合成方法为例，分析一下年初指标管理的重要性。例如，在以季度考核为单位，计算年度调解率考核得分时，计算公式为［（1 ~3 月调解率得分）+（1 ~6 月调解率得分）+（1 ~9 月调解率得分）+（1 ~12 月调解率得分）］÷4。从上述公式我们可以看到，1 ~3 月的指标分实际上被计算了四次，4 ~6 月的指标分被计算了三次，7 ~9 月的指标分被计算了两次，而 10 ~

12 月的指标分仅被计算了一次。也就是说，年初的指标数值对全年考核得分的影响权重非常之大。

3. 年初是指标管理的最薄弱环节。从目前的审判实践看，年底追求高结案率，突击审结大量案件，极大地破坏了稳定的审判运行态势，导致年初，特别是 1 月、2 月，成为全年指标管理的最薄弱环节。事实上，很多被考核主体都因为没有关注指标管理的均衡问题，忽视年初指标管理工作，从而出现年初指标大幅落后，全年处于被动提升局面的情况。要弥补年初指标数值低带来的劣势，需要在此后付出加倍的努力才能实现。因此，我们说，要高度重视年初的指标管理工作，努力提高年初的各项指标数值。

以最高人民法院 31 项案件质量评估体系的指标为例，要打好指标领先基础，关键是在 1 ~ 4 月努力提高各项指标数值，尤其要重点提高单月结案数量、结案均衡度、调撤率、二审开庭审理率、一审案件陪审率、当庭裁判率、法定期限内立案率、再审审查询问（听证）率、实际执行率、执行标的到位率等指标。

为了更好地说明上述问题，我们模拟了以下情形：假设某庭室全年审结 400 件案件，每季度审结 100 件，全年调撤案件 80 件，那么该庭室全年调撤率，即 1 ~ 12 月的调撤率应为 80 ÷ 400 = 20%。同时我们假设调撤率的考核分数计算是每 1 个百分点计 1 分，那么，20% 的调撤率可以得到 20 分。

在第一个模型中，我们假设该庭室年初调解状况不太好，后来经过努力逐渐追赶上来，实现了全年调撤率 20% 的指标要求。具体为：第一季度调撤案件 5 件，第二季度调撤案件 10 件，第三季度调撤案件 25 件，第四季度调撤案件 40 件；全年合计 80 件。那么，四个季度的调撤率，即 1 ~ 3 月、1 ~ 6 月、1 ~ 9 月、1 ~ 12 月累计调撤率分别为：5%、7.5%、13.3%、20%；四个季度的考核得分将分别是 5 分、7.5 分、13.3 分、20 分，全年得分为（5 + 7.5 + 13.3 + 20）÷ 4 = 11.45 分。

在第二个模型中，我们假设该单位年初的调解状况较好，而后有些松懈，但仍然实现了全年调撤率 20% 的指标要求。具体为：第一季度调撤案件 40 件，第二季度调撤案件 25 件，第三季度调撤案件 10 件，第四季度调撤案件 5 件；全年合计 80 件。那么，四个季度的调撤率，即 1 ~ 3 月、1 ~ 6 月、1 ~ 9 月、1 ~ 12 月累计调撤率分别为：40%、32.5%、25%、20%；四个季度的考核得分将分别是 40 分、32.5 分、25 分、20 分，全年得分为（40 + 32.5 + 25 + 20）÷ 4 = 29.38 分。

也就是说，在实际工作量相同，即全年调撤案件均为 80 件的情况下，审判管理工作的方式方法差异，对全年的调撤率指标值及考核值都产生了重要的影响。

第三节　审判质效考核实践

最高人民法院 31 项案件质量评估体系出台后，对全国各地法院的审判质效考核思路产生了重要的引导和影响作用。我们在前文介绍过，很多地区法院直接应用上述评估体系进行考核，发现问题后，调整为仅保留了一些与本地区审判质效联系比较紧密的指标进行考核，舍弃了一些计算方式过于复杂，考核引导性不强的指标。随着审判管理者对于案件质量评估和审判质效考核之间区别和联系的认识越来越深入，很多地区法院开始尝试重新构建审判质效考核体系。当然，基于最高人民法院 31 项案件质量评估体系对于法院审判管理工作产生的重要及深远的影响，各地法院在这些新的考核体系建立过程中，仍然以该评估体系作为重要的参考依据，特别是在一些考核指标的设置、计分方式与合成方法等方面，都沿用或借鉴了最高人民法院 31 项案件质量评估体系的内容。在本部分内容中，我们将从一个地区法院的视角，对审判质效指标进行考核实施例的研究，在相关指标的设置中，有一些是直接引用了最高人民法院 31 项案件质量评估体系的指标或者对相关指标进行了适当的修正，还有一些指标，则是在最高人民法院 31 项案件质量评估体系之外，探索设置了一些新的用以考核评价审判质效的指标。

在这一部分，我们将介绍一些最高人民法院 31 项案件质量评估体系中具有一定考核意义、相对重要的指标，其中包括数量指标“法院年人均结案数”“法官年人均结案数”，公正指标“一审判决案件改判发回重审率（错误）”“生效案件改判发回重审率”，审级监督指标“二审改判发回重审率（错误）”“对下级法院生效案件再审改判发回重审率”，审限控制指标“法定（正常）审限内结案率”“延长审限未结比”，结案调度指标“结案均衡度”，效率指标“平均审理时间指数”“平均执行时间指数”，效果指标“一审服判息诉率”等。同时，我们还会介绍一些各地法院根据审执工作自行设置或优化，以及笔者自行设置的指标，供管理者在考核中参考。

一、考核体系

在我们研究的实施例中，虚拟的考核场景是某地区法院对各辖区法院的审判质效进行考核。在这个考核体系中，考核的指标包括综合工作（40 分）、审判执行工作（60 分）和绩效加减分（20 分）三部分内容，满分为 120 分。其中，审判执行工作考核分为审判质效考核和审判管理工作考核两类。审判质效考核从最高人民法院31项案件质量评估指标中选取了部分核心指标,结合司法公开相关指标,对办案工作量、质量、效率和效果进行全面评价。审判管理工作考核包括院庭长办案、案件质量评查、案件质效监管、重大敏感案(事)件处置等审判管理重点工作内容。具体而言,审判执行工作考核包括审判数量,结案调度,审判质量,审判效果和司法公开,立案、多元化解和速裁工作,优化营商环境工作,积案清理,执行工作等8个指标。

这里我们需要讨论一下分类考核的问题。在这个实施例中,我们对各辖区法院并未进行分类考核,而是针对所有辖区法院统一设置考核指标,并在绩效考核部分设置相对严格的计分标准,确保审判执行工作考核分值能够适当拉开差距,增强考核对提升审判质效的引导作用。

我们认为,一般情况下,除非特别有必要,不宜将被考核主体进行分类表述。如在中、基层法院考核中,根据基层法院的案件体量大小,区分为一类法院、二类法院等,并设置不同的考核指标和不同的指标值。分类表述的弊端是:(1)人为将被考核主体进行分类,在描述每一类被考核主体时,一般使用数字序号等进行指代,而从被考核主体的角度看,排名序号靠后的被考核主体在情感上似乎很难接受"二类""三类"这样的名称指代。(2)被考核主体为了获取考核利益,往往尝试通过改变收案数、调整案件体量等方式实现跨类别的目的,如人为使一个二类法院加入一类法院序列进行考核,或将一个一类法院降档为二类法院序列进行考核等,从而滋生被考核主体的作弊行为。对被考核主体差异化的考量,完全可以直接通过为不同的被考核主体设置不同的指标项目,或设置不同的指标满意值予以实现。在实操层面,没有必要人为划分被考核主体的类别。当然,我们必须要清楚这样的思路,尽量避免分类考核并不代表不开展差异化考核。应该说,分类考核是针对被考核主体设置了差异化的考核标准,包括差异化的指标设置、指标满意值等;一般所说的差异化考核,主要是指在考核中,针对特定的考核指标,在指标满意值设置或指标计分方式等进行的差异化考量。

我们在构建上述某地区法院的审判质效考核实施例中,主要的考核思路包括以下几个方面:①

1. 坚持任务考核与绩效考核相结合。审判管理工作考核以任务考核为主,强调完成重点工作内容,通过任务考核保障相关工作全面落实、稳步推进。审判质效考核指标主要为综合指标,既有任务考核内容,也有绩效考核内容,在要求指标

---

① 本部分实施例部分参考了某地区法院对辖区中、基层法院的考核规定,黄源泉参与了规定起草。

值达到基础值的同时,鼓励被考核主体通过进一步提高质效获得更高考核分数。

2. 适当增加审判效率指标数量及分值。我们针对某地区法院存在较突出的人案矛盾这一现状,认为提高审判效率是当前的一项重点、难点工作,因此,在质效考核中,对办案工作量、结收比、长期未结案占比、平均审理时间指数等审判效率指标设置了相对较高的权重,充分体现考核的目标导向和问题导向。当然,实施例中的考核偏好是针对其面临的审判工作困难和难点设置的。并且,这种困难和难点有些是一时的,有些是长期的,我们在考核指标年度调整时,都要重新对这些问题进行研究,优化和完善考核体系和考核指标。例如,经过几年的审判管理努力,审判效率问题逐渐得到解决后,管理者则需要结合实际,对效率指标内容及权重进行调整。

3. 注重平时考核与年度考核相结合。对于具有持续性、过程性的考核指标,按照半年或季度进行考核,对于过程性不太明显的考核指标,仅进行年度考核。

4. 从考核效果上考虑,我们希望尽量通过指标满意值和计分方式的设置,使不同的考核主体最终的考核得分产生较大幅度的差异,特别是针对重点指标,通过拉大指标分差的方式提高考核的引导性。例如,在上述指标体系中,审判执行工作的总分值是60分,我们认为,针对被考核主体而言,让最高分和最低分之间的区间大致分布在25~55分的区间,让绝大多数被考核主体的考核分数落入35~50分这样的区间,更符合管理者的考核预期。当然,我们也看到,在一些地区法院的考核实践中,虽然在整个考核体系设置中,管理者为审判指标设置了较大的比重,如占总考核分值100分中60分的比例,但是最后各被考核主体的分差只有一两分,我们认为,这样的指标设置,浪费了60分的考核权重,没有起到相应的导向作用。总体上,我们觉得适当拉大分差,让每一分得来都不是轻而易举,这个方向是对的。但至于到底分差多大合适,如何和其他部分的分差进行平衡,还需要不断在实践中摸索研究。

二、办案数量考核

办案数量一般包括一般案件数量和特殊案件数量两种。笔者虚拟了以下一个实施例,同时考核了一般案件数量和某专项工作案件数量两种类型。其中,一般案件数量用一个比较复杂的合成公式进行计算。某专项工作案件数量也根据该类案件的结案方式不同,设置了不同的计分方式。具体指标设置为:

审判数量(5分)

(1)办案工作量(5分)

办案工作量=(审结案件工作量÷员额法官数)+(审结案件工作量÷政法

编人数) + (审结案件工作量 ÷ 全员人数)

办案工作量计分依据法官办案业绩评价系统进行测算,员额法官数、政法编人数和全员人数以第四季度法院干部部门提供的人数为准。

办案工作量从高到低排序,最后一名计 0.17 分,名次每增加一名加 0.23 分,第一名计 5 分。

(2) 涉某专项工作案件工作量(1 分)

以调解方式结案的,1 件案件计 0.012 分,以其他方式结案的,1 件案件计 0.006分,满分 1 分。在专项工作案件管理系统中存在明显虚假标记情形的,此项不计分。

(1)(2) 两项工作量总分以 5 分为限。

在这个实施例中,我们在对一般案件办案工作量考核时,舍弃了最高人民法院 31 项案件质量评估体系中的"法官年人均结案数"和"法院年人均结案数"两项指标,增设了"办案工作量指标"。其主要特点在于:取代此前考核人均结案数量的做法,考核人均办案工作量,充分考虑不同审级、程序、类型、结案方式等案件之间工作量的差异。

这里需要强调以下几点:

1. 我们使用了"平均工作量"的计算方式去替代"平均结案数"的计算方式。这是因为,不同的法院之间,在案件类型、关联案件数量等方面存在一定的差异,单纯通过人均案件数量难以准确反映各法院工作量的差异。因此,我们依据法官办案业绩评价办法对办案工作量进行测算,这样的测算结果,考虑到了不同的法院层级、不同的案件类型、不同的审理程序和不同的结案方式等带来的案件工作量差异,同时对关联案件进行了适当的折算。每个法院的总工作量是通过其审理的全部案件工作量累计计算出来的。这种计算方式比单纯地进行案件绝对数量的比较更为科学精准。具体的测算方法,我们在本书的第五章将会做详细的介绍。

2. 由于不同法院受到人员编制、队伍的历史形成状况、队伍结构等多方面的影响,其不同类别的审判力量配置是存在客观差异的。有的法院法官数量比重较高,有的法院书记员数量比重较高。单纯通过员额法官人均办案量,或者单纯通过全员人均办案量,都难以准确评价一个法院的审判资源配置和人案矛盾状况。因此,在考核时,我们尝试将员额法官人均办案工作量、政法编人均办案工作量和全员人均办案工作量三者求和计算分值。在公式设置中,我们将三个部分配置了相同的权重,但由于政法编人均办案工作量和全员人均办案工作量相较员额法官人均办案工作量而言，数值较小，故该指标主要考量的仍是员额法官人均办案工作量的差异。这也说明，员额法官资源是法院最核心的审判资源，评价一个法院工作量的主要依据，仍然是员额法官人均办案工作量。

3. 考虑到大小院获取部分考核指标分数的难度不同，办案工作量指标能够起到调节获取分数难度差异的作用。应该说，办案工作量这个指标，一方面是给人均工作量大的法院一个辛苦分；另一方面也是考虑到，人均工作量大的法院，在部分指标的管理调度上，难度更大，所以先给了他们一些补偿分。至于这个辛苦分到底给多少合适，这个补偿分是在这里给，还是在具体指标里考虑各法院具体情况进行差异化设置，大小院之间立场不同，各有各的理由，也需要在实践中不断研究，尽量做好平衡。

4. 关于涉某专项工作案件工作量指标，是针对服务保障区域重点工作设置的专门指标，主要考核标记、办理相关案件的工作量，并在办理过程中，倡导以调解方式化解纠纷，以达到更好的法律效果和社会效果。根据计分方式，一个法院审结大约 167 件相关案件，即可获得该指标的满分。如果都是以调解方式结案，则只需要审结 83 件案件，即可以获得指标满分。计分方式的设置，是根据上一年度辖区各法院受理和审结相关案件的基本情况进行测算得出的，以确保有一部分，且仅有一部分法院能够获得满分。由于这个指标的取值方式是通过审判系统自动识别审判人员标记好的特定案件，因此设置这样的指标，也可以引导审判人员及时、全面标记相关案件，使专项案件的统计更加精准。

5. 在这个指标中我们又细分了两项分指标，并且在这两项分指标的合成方法上采用了“总分以 5 分为限”的特殊合成方法。这种设置主要是为了实现各项指标满分值高低的平衡，实际上，这种合成方法，系在有限的考核总分中拆借了 1 分。同时，采用这种方式，实际上降低了被考核主体在此项指标中获得满分的考核难度。一般情况下，这种合成方法并不常用。

三、结案调度考核

在结案调度中，一般包括结案率、结收比、结案均衡度等指标，还有一些法院设置了年底未结案控制等指标，这些在本书第二章中的部分内容也有所涉及。这里我们重点介绍结收比和结案均衡度两个指标。

1. 结收比

我们前面介绍了结收比这个指标的意义，在很多地区法院，管理者都放弃了对结案率和结案均衡度等指标的考核，而是使用结收比指标进行结案调度。结收比是结案数与同期新收案件数的比值,关注的是一定周期内案件的消化速度。为改变以往存在的前松后紧、年底突击结案的工作习惯,实现均衡结案,结收比指标可以考虑分季度考核,考察一个季度内的案件周转速度。也就是说,结收比能够同时实现结案率和结案均衡度两项指标的考核目的。在指标满意值设置方面,r年,上海法院四个季度的结收比指标分别为93%、96%、99%、100%,显著高于全国各地区法院同期结收比。在确定季度结收比指标时,我们要充分考虑辖区法院往年结收比情况以及此后可能的案件增量,采取相对严格的标准,特别是在案件周转成为制约效率管理的瓶颈时,可以考虑仅少数的法院往年同期结收比能够达到基础指标值,大部分法院需要采取措施进一步加快案件周转速度,才能获得考核分数。通过考核引导的方式,可以逐步提高基础指标值,有计划地缩小与苏、浙、沪等地结案调度工作较好的法院在此项指标上的差距。

在本书第二章的讨论中,我们为某地区法院设置了以下考核实施例:

结案调度(6.8 分)

结收比 = 审结案件数量 ÷ 同期新收案件数量 × 100%

结收比指标按季度考核,每季度基础分0.9 分,最高不超过1.7 分,全年满分6.8 分。

第一季度:B 中级法院、C 中级法院、D 中级法院结收比达到68%以上的,计0.9 分,每高1%加0.08 分;达到66%以上的,计0.4 分;低于66%的,不计分。I法院、J 法院结收比达到60%以上的,计0.9 分,每高1%加0.08 分;达到57%以上的,计0.4 分;低于57%的,不计分。H 法院、K 法院、L 法院、O 法院、P 法院、Q法院、X 法院结收比达到62%以上的,计0.9 分,每高1%加0.08 分;达到59%以上的,计0.4 分;低于59%的,不计分。其他法院结收比达到64%以上的,计0.9分,每高1%加0.08 分;达到61%以上的,计0.4 分;低于61%的,不计分。

上半年:B 中级法院、C 中级法院、D 中级法院基础结收比设定为86%,其他法院基础结收比设定为83%,达到基础结收比的,计0.9 分,每高1%加0.16 分,低于基础结收比的,不计分。

前三季度:B 中级法院、C 中级法院、D 中级法院基础结收比设定为89%,其他法院基础结收比设定为86%,达到基础结收比的,计0.9 分,每高1%加0.2 分,低于基础结收比的,不计分。

全年:基础结收比设定为99%,达到基础结收比的,计0.9 分,每高0.5%加0.4 分,低于基础结收比的,不计分。

在这里我们看到,由于中级法院二审案件数量多、审限周期短,所以我们在前三个季度的指标设置中,为中级法院设置了更高的基础值和满意值。从第二章的介绍我们知道,周转速度必须放在一个特定的周期内考察,如一个季度;随着这个周期越来越长,如一年,这种周转速度的差异就会越来越小,甚至被完全消弭,这也解释了为什么在全年结收比的基础值和满意值设定中,我们取消了所有的差异化考量,设置了统一的指标值。

结收比指标是所有审执指标中最重要、最核心的一个指标。这里说明两点:一是均衡结案是人民法院审判态势良性运行的最根本基础,而考察均衡结案的核心指标就是结收比,而且必须是季度考核,否则这个指标就丧失了其考察案件周转速度的最核心价值。二是结收比这个指标看起来是一个效率指标,但是提高起来非常复杂,必须通过宏观、中观、微观等多个层面的举措综合施策,多维度、系统性地逐步解决,绝不是单纯靠压任务、加班加点就能够解决问题的。事实上,在实际考核过程中,一些地区法院第一季度的结收比达到了 50% 或者 60% ,已经欢欣鼓舞,但是上海法院第一季度结收比指标是 93% ,他们 t 年第一季度结收比实际上达到了 93.6% ,差距非常之大。有些地区法院反映,我们已经加班加点了,我们已经非常努力了,可是结收比还是和别的法院差距很大。这不是法官的问题,是审判管理的问题。我们讨论“分级管理、逐层精细”这个审判管理的最根本思路,就是要解决管理的精细化问题,解决逐级分解任务、层层传导压力的问题。所以我们说,一些地区法院和苏、浙、沪等地法院的差距,从表象上看是案件周转速度的差距,本质上是审判管理精细化程度的差距。我们希望通过加强管理的精细化,一方面,使案件消化能力有显著提高;另一方面,也使我们审判管理工作方式更科学、手段更规范、过程更从容。不仅要完成各项审执任务,更重要的是,要让审执任务按照我们的调度从容地、必然地完成,真正实现“变化可预测、结果可预期”。

我们可以看到,在上述考核实施例中,除了对中级法院和基层法院进行了差异化考量之外,还对不同地域、不同案件体量的基层法院进行了分类的差异化考量。在考核实践中,我们发现,越是案件体量大、人均结案数高的法院,在结案调度指标中得分往往越低,引发了这些大院的强烈不满。我们说,结收比考察的是案件周转速度,因此,从理论上看,大院在结案调度上确实存在更大的管理难度,那么这个难度到底是从工作量上补偿,还是在这个指标中直接给大院做差异化处理,仍然需要进一步研究。但是,从客观上看,一些地区的个别大院本身也长期存在调度能力上的问题,特别是管理精细化程度不够、解决问题的手段单一、审判管理部门督促力度不足的问题,这些问题,都对结收比指标考核分值的获取带来了更大的难度。t 年,上海浦东新区法院在全国基层法院中案件体量排名第二,第一季度的结收比达到了94.8%，从这个例子我们可以看出，并非只有小院才能做好案件调度工作。因此，对于结收比指标不理想的全国各地区法院而言，只有辖区的几个基层大院真正提高调度能力，整个地区法院才有可能与苏、浙、沪等地先进法院逐步缩小差距。

2. 结案均衡度

在最高人民法院31项案件质量评估体系中，“结案均衡度”这个指标非常重要，也非常有代表性，甚至可以说，这个指标是最高人民法院31项案件质量评估体系中最核心、最具创造性、个性化色彩最浓厚的一个指标。尽管目前全国各地法院在考核管理体系中，大多并没有直接选取这个指标进行考核，但这个指标对于开展均衡结案工作，特别是深入理解结案调度的基本原理和规则，具有相当重要和特殊的意义。

实践中，很多审判人员会将指标错误地称为“均衡结案度”，是因为大家对于“均衡结案”工作比较熟悉，又认为这个指标是评价“均衡结案”的“程度”的指标，所以会错误地将指标称为“均衡结案度”。实际上，我们可以简单地将这个指标理解为一个评价“结案的均衡程度”的指标，所以应该称为“结案均衡度”。

2.19 结案均衡度

【指标描述】结案数的标准差系数与1的差，反映法院审判工作良序运转状况。(1)人民法院办案不仅应当在法律规定的期限内办结，也应当保持办案的逐月均衡，避免年底不收案和突击办案等现象，切实保障当事人诉权；(2)结案均衡度高，反映法院审判工作良序运转的程度高。

【指标方向】正向指标

【计算公式】

$$结案均衡度 = 1 - \frac{\sigma}{\bar{x}}，其中$$

$$\bar{x} = \sum_{i=m_1}^{m_2} x_i\ ,\ \sigma = \sqrt{\frac{1}{m}\sum_{i=m_1}^{m_2}(x_i - \bar{x})^2}$$

$x_i = i$ 月结案数

m_1、m_2 为评估开始月和结束月，$m = m_2 - m_1 + 1$

【数据来源】结案日期在统计期内的各类案件的结案数。

【注意事项】标准差系数是统计指标的标准差与统计指标的平均数之比，统计指标的标准差则为统计指标的各标志值与统计指标的平均数之差的算术平方根。

结案均衡度的指标计算相对复杂,我们可以简单理解为:尽量让每个月的结案数量都接近全年月结案平均数,高于平均数或低于平均数,都会影响结案均衡度。特别是,当出现1月、2月这样的结案低谷月和11月、12月这样的结案高峰月时,全年的结案均衡度将受到重大影响。

对于此指标还有以下几个问题需要注意:

1. 绝对的均衡是不现实的,因此,我们所要做的是让月结案数尽量均衡,特别是,要尽量避免出现结案数畸高月和结案数畸低月。

2. 结案均衡度在一定程度上会受到收案不均衡的影响,但是,从整体而言,如果收结案处在一个相对良性的运行态势下,收案数量的小幅不均衡波动,对结案均衡度的指标值影响很小,甚至可以忽略不计。很多审判人员会抱怨:收案不均衡,怎么让我结案均衡?事实上,相对于审判人员而言,收案确实是客观的、不可控的,也很难达到理想的均衡状态,但是,从一个较长的周期来看,如果抛开在收案中人为控制节奏的影响,人民法院收案情况还是基本稳定和有一定规律可循的。在大多数情况下,收案不会出现严重不均衡的异常波动。同时,我们要求审判人员结案尽量均衡,并不是要求审判人员将本月新收的案件在当月均衡审结,而是要求将其现有的未结案尽量均衡审结。事实上,审判人员的未结案,或者说其结案工作的可周转案件,不仅仅包括本月新收的案件,更多的是本月初旧存的案件,是较长的周期未结案件的一个累积。特别是在下半年,当月新收案件在总体未结案件中所占的比重会越来越小,结案状况受到当月新收案件的影响也会越来越小。因此,我们说,收案不均衡对于结案均衡的影响,并没有审判人员想象得那么大。当然,如果出现收案数量的异常波动时,或者是在年初时,审判人员可周转的旧存案件数量较少时,或者当结案均衡度考核范围不断缩小到审判人员个人时,收案不均衡问题才会成为影响结案均衡的一个必须考量的因素。

3. 结案均衡度的高低,除了与均衡结案管理工作相关外,还与案件类型差异、审级差异、审限差异、法院或庭室收案总量大小有一定关系。一般而言,案件审理难度越大,审理周期越长,实现结案均衡的难度就越大。因此,以中级法院为例,从一般意义上讲,与二审案件多的庭室相比,一审案件多的庭室提高结案均衡度就更困难;与刑事审判庭相比,民事审判庭提高结案均衡度就更困难(因为民事案件的审限周期较刑事案件长,周转速度慢,当然,这种考量是在忽略案件审理难度差异的基础上作出的)。此外,收案数量小的庭室,受到收案不均衡等特殊因素的影响会更大,更难提高结案均衡度。例如,某地区C中级法院某庭室在m年11

月受理并审结了134件一审关联案件,致使其1～11月的结案均衡度大幅下降。

4.此前,很多法院的结案管理体系都是以结案率为导向的,实质上是建立在年底高结案率要求的基础上的按月均衡。相较之下,结案均衡度的指标虽然更难操作和把握,但是却更接近真正意义上的均衡结案理念。因此,以结案均衡度为重要考量标准的、科学的均衡结案体系将是我们均衡结案工作发展的必然方向。鉴于很多法院在应用结案均衡度进行评价时,同时也结合结案率进行评价,以保证全年结案总工作量达到一定的要求,而结案率的按月分解与结案均衡度的要求,很多时候并不完全一致,甚至会存在一定冲突。在这种情况下,我们要做的是:在完成现有的结案率指标要求的基础上,尽可能地提高结案均衡度。

关于如何"在完成结案率指标要求的基础上,尽可能地提高结案均衡度",我们以某中级法院收结案情况为例,作如下说明:m年,某地区C中级法院平均月结案数约为1980件,从图4－2可以看出,该院m年5月、8月的结案数比较理想;3月、6月、9月、11月、12月结案数过高,特别是3月、11月、12月高出平均值较多;1月、2月、4月、7月、10月结案数过低,特别是1月、2月、10月结案数低于平均值较多。

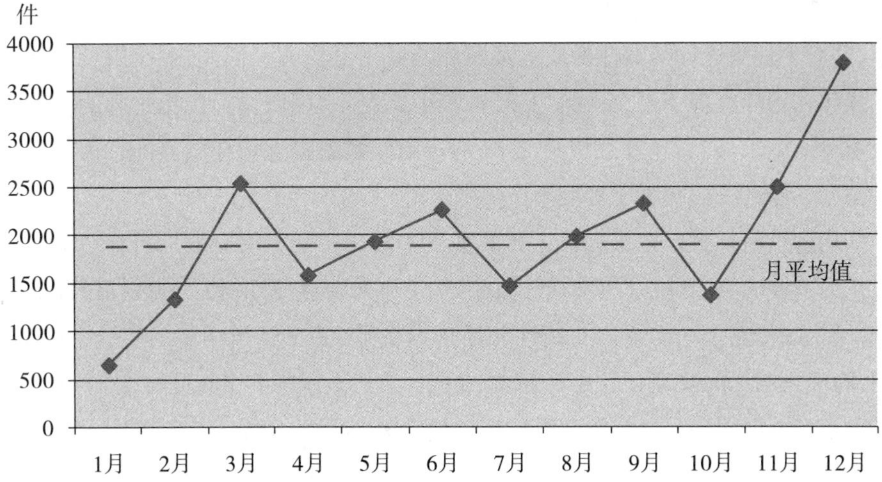

图4－2　某地区C中级法院月结案情况

因此,要在完成现有的结案率指标的基础上,尽量提高结案均衡度,就必须实现月结案数的"削峰填谷"。要实现这个目标,根本的措施是:尽量提高1月、2月、4月、7月、10月这些低谷月的月结案数量,实现"填谷"的目的,从而间接地在一定程度上实现"削峰"的目的。除此之外,以下技术层面的操作技巧可供参考:

精确控制季度末，即3月、6月、9月、12月的结案数，在结案率达到指标要求后，不再要求多结案，而将可审结的案件移到下一月，即4月、7月、10月、次年1月（甚至次年2月）这些结案低谷月审结，这样，可同时实现“削峰”和“填谷”的目的。以上述某地区C中级法院某庭室的情况为例，由于11月、12月都是高峰月，因此，这一批案件在11月或12月审结对全年的结案均衡度影响较小，但如做以下技术操作，仍可对结案均衡度产生小幅影响：目前该庭室11月结案为181件（含134件一审关联案件），12月为127件。如果将134件一审关联案件分流27件至12月1日审结，则11月、12月的结案数均为154件，那么该庭室1～12月的结案均衡度将可以从0.28提高到0.30。如果上述134件一审案件的收案时间为9月，那么，将结案数量从9月（结案高峰月）大量分流到10月（结案低谷月），则会大幅提高结案均衡度。

数据层面的技术操作、数据作弊行为是指标管理工作中很容易遇到的问题。对此，我们应该有的态度是：（1）鼓励和提倡切实提高指标数值本身的管理工作。（2）数据层面的技术操作在一定程度上会间接对审判质效起到促进作用，且对指标管理工作本身基本无伤害性。例如，为了实现“削峰填谷”的目的，某庭室将12月的结案率精确控制在95.0%～95.2%而非98%左右，使那些剩余一定审限、仍然存在一些审理问题、结案条件尚不成熟的案件，过渡到次年1月，甚至是2月审结，这对于提高这部分案件的质效具有相当重要的意义。因此，一定限度内的技术操作在指标管理中是允许的，甚至在某种情况下，可以作为指标管理的一种手段加以运用。（3）无论在任何情况下，通过虚假数据提高指标数值的行为都无任何益处，因此，我们坚决反对数据作弊行为。

均衡结案是审判态势良性运行的最根本基础。结案均衡度是衡量均衡结案工作的重要的、相对科学的指标。因此，在工作初期，我们采取一些数据层面的技术操作，以使整个均衡结案的良性秩序逐渐形成，并且积累相应的经验，是必要的，而不是简单的管理者的数字游戏。但是，我们做这些工作的目的，绝不是单纯为了指标数据的提升。就像全国各地法院最初开展均衡结案工作时，“一刀切”地要求大家完成月结案率指标，并进行考核，这些只是手段，目的是通过均衡结案的控制，实现审判态势的良性运行，培养审判人员良好的结案习惯，并且通过审判流程的捋顺，间接提高案件质量。

由于结案均衡度指标计算相对复杂，给管理者造成了许多困扰。这里介绍一下通过Excel软件计算结案均衡度的方法，在表4－6中，第一行A、B、C、D的字母代表一个表单中的列号，表格第一列1、2、3、4的数字代表表单的行号，要计算结案均衡度的值，需要在表格内 O～Z 列填写被评价主体（如某庭室）1～12 月每个月当月结案数量，然后通过公式在 B～M 列分别计算出该评价主体 1 月、1～2 月、1～3 月，直至 1～12 月的结案均衡度指标值。

以 B3 单元格为例，要计算 A 庭 1 月的结案均衡度，计算公式可设置为 = IF（O3 = 0，""，1 －（SQRT（DEVSQ（$O3：O3）/（COLUMN（）－1））/AVERAGE（$O3：O3）））。上述 B3 单元格的公式，可以通过鼠标拖动的方式，直接复制到 B3：M17 整个区域的其他单元格，不需要再逐一设置公式。以 E4 单元格为例，该单元格将计算 B 庭 1～4 月的结案均衡度，该单元格的公式经过拖动复制后，自动变化为 = IF（R4 = 0，""，1 －（SQRT（DEVSQ（$O4：R4）/（COLUMN（）－1））/AVERAGE（$O4：R4））），单元格返回的计算值为 0.33。

需要注意的是，我们在表格中填写的被考核主体的各个月度的结案数量，是单月的结案数量，而我们计算出的结案均衡度的指标值是累计的指标值，如 1～4 月的结案均衡度。根据公式我们可以看出，当我们计算一个被评价主体 1 月的结案均衡度时，由于只有 1 个月的结案数，因此，其结案均衡度的计算结果为 1，是指标计算结果的最大值。如果每个月的结案数都与 1 月的结案数量相同，则累计结案均衡度计算结果都将为 1。一旦有某月的结案数出现了或高或低的变化，结案均衡度计算结果将小于 1。为了便于管理者开展指标月度管理，持续跟踪计算每月的累计结案均衡度指标值，我们在公式中首先进行了当月结案数是否为空值的校验，如果当月结案数为空值，则结案均衡度指标计算单元格返回为空值。当管理者在表格中填入当月的结案数之后，该月的累计结案均衡度指标计算单元格将根据最高人民法院 31 项案件质量评估体系中的公式返回指标计算值。还有一个特殊情况，由于我们在对结案均衡度指标值计算时，先对该月的结案数是否为空值（0 值）进行了校验，当某个被评价主体某月的实际结案数确实为 0 时，为了避免公式出错，可将 0 值手动修正为一个极小数，如表格中将 Q16 单元格 N 庭 3 月的结案数从 0 修改为 0.0001，以确保公式返回正确的指标计算结果。具体计算结果见表 4－6：

表 4－6　使用 Excel 计算结案均衡度

序号	A	B	C	D	E	F	G	……	M	N	O	P	Q	R	S	T	……	Z
1		结案均衡度									每月结案数							
2		1 月	1～2 月	1～3 月	1～4 月	1～5 月	1～6 月	……	1～12 月		1 月	2 月	3 月	4 月	5 月	6 月	……	12 月
3	A 庭	1.00	0.85	0.86	0.48	0.53				A 庭	56	39	56	151	120			
4	B 庭	1.00	0.73	0.29	0.40	0.47				B 庭	15	30	113	66	71			
5	C 庭	1.00	0.85	0.81	0.81	0.82				C 庭	43	62	76	53	73			
6	D 庭	1.00	0.85	0.86	0.85	0.87				D 庭	39	57	54	41	51			
7	E 庭	1.00	0.87	0.57	0.60	0.62				E 庭	11	15	34	34	37			
8	F 庭	1.00	0.59	0.44	0.52	0.57				F 庭	49	146	319	223	217			
9	G 庭	1.00	0.73	0.56	0.61	0.65				G 庭	99	198	370	215	290			
10	H 庭	1.00	0.80	0.71	0.68	0.68				H 庭	136	224	323	151	334			
11	I 庭	1.00	0.77	0.48	0.45	0.52				I 庭	41	73	179	59	117			
12	J 庭	1.00	0.66	0.45	0.47	0.52				J 庭	31	76	172	69	146			
13	K 庭	1.00	0.36	0.46	0.40	0.37				K 庭	12	102	130	38	38			
14	L 庭	1.00	0.62	0.35	0.44	0.50				L 庭	62	172	494	299	276			
15	M 庭	1.00	0.54	0.53	0.58	0.55				M 庭	14	51	76	75	30			
16	N 庭	1.00	1.00	0.39	0.48	0.39				N 庭	4	4	0.0001	4	1			
17	合计	1.00	0.72	0.55	0.60	0.64				合计	612	1249	2396	1478	1801			

四、审判质量考核

在审判质量考核中，我们重点研究案件被改判发回重审情况、为统一执法尺度开展审级监督工作情况、控制对下级法院发回重审案件比例情况等考核项目。同时，为了更好地考察审判质量管理工作，我们还将研究案件评查及日常质量监管情况考核指标。在讨论案件被改判发回重审情况、开展审级监督工作情况时，我们将介绍最高人民法院31项案件质量评估体系中的"一审判决案件改判发回重审率（错误）""生效案件改判发回重审率""二审改判发回重审率（错误）""对下级法院生效案件再审改判发回重审率"四个关联指标。

1. 案件被改判发回重审情况

最高人民法院31项案件质量评估体系中，"一审判决案件改判发回重审率（错误）"是评价一审案件审判质量最重要的指标，特别是对于以一审案件为主体的基层法院而言，这个指标成为评价基层法院案件质量的重要依据；"生效案件改判发回重审率"则是从再审改变原生效裁判结果的角度对法院的案件审判质量进行评价。从评价的广度来看，"生效案件改判发回重审率"既涉及一审案件，也涉及二审案件，而"一审判决案件改判发回重审率（错误）"只涉及一审案件。从这个角度而言，"一审判决案件改判发回重审率（错误）"对基层人民法院的考核适应度更好一些，而对于以二审案件为主，一审案件仅占很小一部分的中级人民法院而言，考核适应度更差一些；"生效案件改判发回重审率"则无论是对基层人民法院，还是对中级人民法院，都有较好的考核适应度。

由于"生效案件改判发回重审率"指标在计算中，被再审改判、发回重审的案件数量相对较少，指标实际值会很小，在被考核主体案件体量总体较少的情况下，极易出现特异值，所以，从指标本身的考核价值而言，"生效案件改判发回重审率"会低很多，一些地区法院在设定考核体系时，为了精简指标数量，很可能会舍弃"生效案件改判发回重审率"指标。为了解决这一问题，可以尝试将上述两个指标作为一个项目组合考核，或者设置一个由两个指标合成的复合指标进行考核。我们拟定了以下实施例：

案件被改判发回重审情况（本指标考核基层法院时，总分4.2分；考核中级法院时，总分3.2分，最终计分 = 指标计分 ÷4.2×3.2）

一审判决案件改判发回重审率按照由低到高排名计分，满分1.7分。第一名计1.7分，名次每降低一名扣0.09分，第二十名及以后不计分。

一审判决案件改判发回重审率（错误）按照由低到高排名计分，满分1.7分。

第一名计1.7分,名次每降低一名扣0.09分,第二十名及以后不计分。

生效案件改判发回重审率(错误)不超过0.02%的,计0.4分,每低0.002%加0.04分,满分0.8分;高于0.02%的,不计分。

在这个实施例中,我们将"一审判决案件改判发回重审率""一审判决案件改判发回重审率(错误)""生效案件改判发回重审率(错误)"进行了组合考核。特别是,我们设置了"一审判决案件改判发回重审率"和"一审判决案件改判发回重审率(错误)"两项指标,对一审判决案件质量进行二次考核。主要考虑在于,前者不区分改判、发回重审原因进行无差别考核,用来解决被改判、发回重审案件的整体评价问题;后者仅对在统计意义上认定错误的案件进行重点考核,这种错误为"统计意义上的错误",而非"实质意义上的错误",会受到信息录入准确性的影响。仅单纯设置其中一项指标存在考核不全面的问题或指标异化的可能性。因此,同时设置两项指标进行合成计分,能够解决整体性和特殊性的综合评价问题,更加准确客观地评价一审判决案件质量。

一般而言,"统计意义上的错误",是通过由上级法院审判人员在结案中填录的改判、发回重审原因项信息确定的;"实质意义上的错误"指改判、发回重审案件通过案件评查等个案评估程序,因案件存在实体上或程序上的瑕疵,被确定为差错。显然,相比"统计意义上的错误","实质意义上的错误"在考核中更科学、更精准,但由于将"实质意义上的错误"纳入考核,需要在地区法院范围内按照统一的评查主体、统一的评查标准,对被改判、发回重审的所有一审案件进行全量质量评查,否则,这种考核方式将无法实际操作实施。这种大规模的统一的全量评查工作,在目前的管理体制下,是很难开展的,因此,我们在改判、发回重审案件的考核中,也自然无法将"实质意义上的错误"指标应用在考核中。

2. 审级监督情况

审级监督指标是专门针对二审法院设置的考核指标,我们在这里设计了一个实施例,在这个实施例中,审级监督情况由四个指标组成,分别为"召开辖区法院业务会议"的工作指标、"二审改判发回重审率(错误)""对下级法院生效案件再审改判发回重审率(错误)"和"对下级法院发回重审比例"指标,其中"对下级法院发回重审比例"是我们自行设计的一个指标。考核实施例的具体情况如下:

审级监督情况(3分)(本指标仅考核中级法院)

加强审级督导,统一裁判尺度,每年12月1日前,各审判业务口分别召开辖区法院业务交流会议,并就本业务口年度对下级法院改判发回案件进行梳理总结的,计2分。二审改判发回重审率(错误)达到2%的,计0.3分,每高0.4%加

0.03分，满分0.6分；低于2%的，不计分。对下级法院生效案件再审改判发回重审率（错误）达到36%的，计0.2分，每高2.8%加0.02分，满分0.4分；低于36%的，不计分。严格案件发回重审标准，适当控制对下级法院发回重审案件比例，避免程序空转，对下级法院发回重审案件比例超过30%的，本“审级监督情况”指标不计分。

对下级法院发回重审比例＝二审、再审发回重审案件数÷（二审、再审改判案件数＋二审、再审发回重审案件数）

近年来，随着人民群众的法律意识不断增强，社会对于人民法院的关注和期盼越来越高，人民法院也创新举措提高审判质效，缓解人案矛盾。以一些经济发达地区法院为例，人民群众反映强烈的事项发生了一些变化。当事人通过诉讼服务热线，以及人大代表、政协委员、律师等针对人民法院工作反映最多、诉求最强烈的，不是案件质量问题，而是案件效率问题。特别是部分案件因各种原因长期无法审结或反复被发回重审，造成程序空转，纠纷无法得到及时化解，当事人合法权益难以保障。当事人和社会各界针对人民法院案件质量问题所提出的意见建议，更多的不是集中在个案的司法公正上，而是执法标准不统一问题。上述问题的解决方式比较复杂，其中很重要的一条解决路径是发挥二审、再审法院的审级监督职能。因此，我们尝试设计了两项审级监督指标：第一项指标属于工作事项完成指标，具体的工作事项是召开辖区法院业务交流会；第二项指标是对下级法院改判案件数量与发回重审案件数量之间进行相应的比例控制的指标，即“对下级法院发回重审比例”指标。

北京、上海、天津、重庆四个直辖市法院与其他各省、自治区法院在管理体系上存在一定差异，直辖市法院由于辖区面积相对较小、法院数量相对较少，采取了由直辖市高级人民法院统管全市中、基层人民法院的管理模式。各省、自治区法院普遍采取了由高级人民法院统管各中级人民法院，各中级人民法院分别管理辖区基层人民法院的两级管理模式。特别是，一些省、自治区的中级人民法院，除了统管辖区法院行政事务之外，对统一执法尺度、发挥审判监督管理职能作用等方面也加强了统筹协调。因此，在直辖市法院管理体系中，中级人民法院对辖区基层人民法院的行政管理职能缺失，基层人民法院的人财物等资源配置和管理统一由高级人民法院行使。这就使中级人民法院在整个直辖市法院管理体系中地位虚化，进而导致中级人民法院在发挥审级监督职能作用时也存在力度不够、措施不到位等情况。直辖市中级人民法院除了在个案中行使审级监督权之外，对于辖区法院整体审判质效、执法尺度统一等的监督管理职能进一步被弱化。实践中，直辖市高级人民法院往往受制于行政事务多、案件压力逐年加大等客观原因，难以充分有效地对全市中、基层人民法院的案件质效开展监督管理，解决执法统一等具体问题。因此，从审判管理角度看，应该进一步加大直辖市中级人民法院的职能作用发挥，特别是在确保中级人民法院行使个案审级监督职能的同时，发挥规范辖区裁判标准、统一执法尺度的重要作用，缓解高级人民法院在具体监督管理职能发挥中的事务性压力，从而使中级人民法院在直辖市法院管理体系中，扮演中间管理层级的角色，发挥承上启下的管理作用。

在直辖市中级人民法院发挥审级监督职能的具体方式中，有一项工作尤其重要，那就是分口召开辖区法院业务交流会。一般而言，这种业务交流会以研究本业务口近期疑难复杂问题、统一裁判思路为主要目的。特别是以近一段时期改判、发回案件为基础，进行案件梳理，指出二审法院在相关问题上的裁判思路、倾向意见等。这种沟通交流方式有一个好处，就是虽然相关问题的裁判思路和倾向意见来源于改判、发回的个案，但实际情况下，改判、发回案件情况非常复杂。有些改判、发回案件并不具备普遍意义，没有指导同类案件的价值，而下级法院法官很难区分这些特殊情况，容易造成误判。一般在业务交流会上，二审法院所明确的裁判思路，是经过本业务口专业法官会议及院庭长审核确认的，更能够代表二审法院的裁判思路。此外，相较二审法院法官与原审法院法官之间一对一地就个案进行沟通，业务交流会通过公开的方式，明确二审法院的裁判思路，指出一审法院存在的问题，更便于让一审法院所有相关法官普遍知悉二审的裁判标准、一审容易出现的错漏问题，便于对标对表、统一思路。各审判业务口分别召开辖区法院业务交流会议时，必须就本业务口年度对下级法院改判、发回案件进行梳理总结，而且这种梳理总结最好是逐案地分析研判，并且从中抽炼出具有普遍指导意义的裁判规则和审理思路。

关于审级监督情况评价，我们选取了“二审改判发回重审率（错误）”和“对下级法院生效案件再审改判发回重审率（错误）”两个指标，这两个指标反映了中、高级法院作为二审法院和再审法院，对原审法院案件的审级监督力度。关于这两项指标，很多管理者和审判人员都认为指标设置得不科学、不合理。特别是在最高人民法院31项案件质量评估体系刚公布的初期，反对者指出，对于案件的改判、发回重审，同一起案件被考核两次：一审法院案件被改判发回要扣分；二审法院和再审法院改判、发回原审法院的案件，会获得正向指标的激励分数。因此认为，这种考核方式属于重复考核。我们说，这显然不是重复考核问题，而是就同一事项针对不同的被考核对象采取了不同的评价方式。“一审判决案件改判发回重审率(错误)"和"生效案件改判发回重审率(错误)"的评价对象是审理一审案件的法院;"二审改判发回重审率(错误)"和"对下级法院生效案件再审改判发回重审率(错误)"的评价对象是审理二审和再审案件的法院。被考核对象不同,不存在重复考核的问题。两组指标针对的确实是同一事项,即案件被改判、发回重审,但针对不同的被考核对象会产生不同的评价结果。一审法院的案件被改判、发回重审,证明案件质量不高;二审和再审法院及时发现了一审法院的案件质量问题,对裁判结果进行了纠正,发挥了其作为二审法院和再审法院的审级监督职能,应该给予相应的正向评价。管理者正是针对案件被改判、发回重审这一核心质量问题,在一审法院和二审、再审法院之间设置了相互牵制、彼此制衡的两组指标。

需要说明的一点是,在最高人民法院 31 项案件质量评估体系中,"生效案件改判发回重审率""对下级法院生效案件再审改判发回重审率"两个指标的名称后面并没有"(错误)"字样,但根据该指标的计算公式和统计口径,两项指标分子中仅统计再审改判、发回重审错误案件,为了便于理解,并和"一审判决案件改判发回重审率(错误)""二审改判发回重审率(错误)"两个指标保持形式统一,我们在描述指标时,将其名称后面加上了"(错误)"字样。

在最高人民法院 31 项案件质量评估体系中,"一审判决案件改判发回重审率(错误)""二审改判发回重审率(错误)""生效案件改判发回重审率""对下级法院生效案件再审改判发回重审率"四项指标的序号分别为"1.3""1.4""1.7""1.8",指标的计算公式和统计口径如下:

1.3　一审判决案件改判发回重审率(错误)

【指标描述】上诉案件改判、发回重审数(错误)占一审判决结案数的百分比。

【指标方向】逆向指标

【计算公式】

一审判决案件改判发回重审率(错误) =

$$0.4\times\frac{\text{上诉案件改判数(错误)}}{\text{一审判决结案数}}+0.6\times\frac{\text{上诉案件发回重审数(错误)}}{\text{一审判决结案数}}\times100\%$$

注:上诉案件改判、发回重审数(错误)包括刑事上诉或抗诉案件、民事上诉案件、行政上诉案件的改判和发回重审数。改判原因是事实不清、证据不足,认定事实错误,适用法律错误,不包括出现新证据等原因;发回重审原因是事实不清、证据不足,违反法定诉讼程序,不包括出现新证据等原因。

1.4　二审改判发回重审率(错误)

【指标描述】二审案件改判、发回重审数(错误)占二审结案数的百分比。

【指标方向】正向指标

【计算公式】

二审改判发回重审率(错误)=

$$0.6\times\frac{\text{二审改判数(错误)}}{\text{二审结案数}}+0.4\times\frac{\text{二审发回重审数(错误)}}{\text{二审结案数}}\times 100\%$$

注:分子说明:二审案件的结案日期在统计期间内,案件进展阶段为已结,结案方式为改判或者发回重审的案件。包括刑事(不包含死刑复核案件)、民事和行政案件。改判原因是事实不清、证据不足,认定事实错误,适用法律错误;发回重审原因是事实不清、证据不足,违反法定诉讼程序,不包括出现新证据等原因。

1.7　生效案件改判发回重审率

【指标描述】再审案件改判发回重审数占生效案件总数的百分比。

【指标方向】逆向指标

【计算公式】

生效案件改判发回重审率=

$$0.4\times\frac{\text{再审案件改判数}}{\text{生效案件总数}}+0.6\times\frac{\text{再审案件发回重审数}}{\text{生效案件总数}}\times 100\%$$

注:(1)再审案件改判数=刑事再审改判案件+民事再审改判案件+行政再审改判案件;改判原因是事实不清、证据不足,认定事实错误,适用法律错误,不包括出现新证据等原因。

(2)再审案件发回重审数=刑事再审发回重审案件+民事再审发回重审案件+行政再审发回重审案件;发回重审原因是事实不清、证据不足,违反法定诉讼程序,不包括出现新证据等原因。

(3)生效案件总数:包括刑事、民事、行政,本院审理的一审或者二审案件,生效日期不为空。

1.8　对下级法院生效案件再审改判发回重审率

【指标描述】对下级法院生效案件再审改判和发回重审数占对下级法院生效案件再审结案数的百分比。

【指标方向】正向指标

【计算公式】

对下级法院生效案件再审改判发回重审率=

$$\frac{\text{对下级法院生效案件再审改判和发回重审数}}{\text{对下级法院生效案件再审结案数}}\times 100\%$$

注:(1)对下级法院生效案件再审改判数 = 对下级法院刑事再审改判案件 + 对下级法院民事再审改判案件 + 对下级法院行政再审改判案件;改判原因是事实不清、证据不足,认定事实错误,适用法律错误,不包括出现新证据等原因。

(2)对下级法院生效案件再审发回重审数 = 对下级法院刑事再审发回重审案件 + 对下级法院民事再审发回重审案件 + 对下级法院行政再审发回重审案件;发回重审原因是事实不清、证据不足,违反法定诉讼程序,不包括出现新证据等原因。

(3)对下级法院生效案件再审结案数 = 对下级法院刑事再审结案案件 + 对下级法院民事再审结案案件 + 对下级法院行政再审结案案件。

从上述的描述,我们可以看到一些有趣的内容:"一审判决案件改判发回重审率(错误)""生效案件改判发回重审率"两个指标的计算方式都是由"改判率(错误)"和"发回重审率(错误)"两部分复合而成的。指标为这两部分设置了不同的权重,"改判率(错误)"的权重为40%,"发回重审率(错误)"的权重为60%。之所以配置不同的权重,我们可以这样理解:这个指标考察的是一审案件的审判质量,指标预设的前提是案件质量出现问题,会被二审和再审程序所纠正。与案件被二审或再审改判相比,案件被二审或再审发回重审是更严重的错误,对当事人的权益影响更大,因此,在质量评价中应该赋予更高的权重评价。由于这项指标是一项逆向指标,我们可以简单地理解为:如果被改判一件案件,被扣0.4分,那么被发回重审一起案件,错误更加严重,惩罚更加严厉,会被扣0.6分。

在审级监督指标中,"二审改判发回重审率(错误)"指标的计算方式也是由两部分复合而成的,分别是"二审改判率(错误)"和"二审发回重审率(错误)"。指标为这两部分也设置了不同的权重,但是权重的比例与上述两个指标恰恰相反。"二审改判率(错误)"的权重为60%,"二审发回重审率(错误)"的权重为40%。这种相反的权重配置,我们可以这样理解:这个指标是审级监督指标,考察的是二审法院发挥审级监督职能,发现一审案件的错误,并通过裁判行为予以纠正的情况。二审法院将案件发回重审,从某种意义上讲,只是发现了错误,但并没有进行实质上的纠正,而是从程序上将案件发回给原审法院,由原审法院在重新审理过程中对错误进行纠正。二审法院将案件进行改判,不仅是发现了原审法院的错误,而且通过自己的裁判行为,在实体上进行了纠正。这种审级监督方式是一种更完全、更彻底的监督方式,在指标的考核评价中应该给予更大权重的正向鼓励。因此,对于二审法院而言,改判案件比发回重审案件在考核中会获得更高的考核分数。

同时,我们还发现了另外一个有趣的内容,那就是"对下级法院生效案件再审改判发回重审率”这个指标，并没有像其他三个指标一样，在计算方式上采取两部分复合的方式予以计算，而是直接将“对下级法院生效案件再审改判数”和“对下级法院生效案件再审发回重审数”进行加和，然后与“对下级法院生效案件再审结案数”形成比值。之所以采用这样区别的计算方式，主要是由于对被考核主体而言，生效案件进入再审的数量相对较小，再审的结果是改判还是发回重审随机性很高。因此，我们采取了更为简单的方式进行计算，实际上是赋予了“再审改判率（错误）”和“再审发回重审率（错误）”相同的权重，即各 50%。这样的计算方式，也可以适当降低分母数值过小、分子随机性过大对于指标计算结果的影响。

当前，数据准确性问题已经成为科学评价审判质效、实现司法公开目的的最基础性问题，审级监督指标的数据准确性问题也是指标评价中遇到的一个瓶颈问题。由于案件被改判、发回重审对原审法院和原审法官的考核评价产生了较为重要的影响，并且，改判、发回重审原因是否为错误和瑕疵，完全由二审、再审法院信息填录人判断填写。因此，原审法院和原审法官迫于考核压力，往往通过各种方式与上级法院就改判、发回重审问题进行沟通，希望尽量减少改判、发回重审案件数量，或者在改判、发回重审案件原因填录中进行适当规避，从而使改判、发回重审案件不落入审级监督指标中改判、发回重审（错误）案件的统计口径内。二审、再审法院和法官也经常受制于上下级法院的关系处理、人情世故等，调整指标信息项填录内容。这种上下级法院的非正常协调和勾兑，严重影响了审级监督指标的信息录入准确性。

我们在之前的讨论中指出，“一审判决案件改判发回重审率（错误）”“二审改判发回重审率（错误）”“生效案件改判发回重审率”“对下级法院生效案件再审改判发回重审率”四项指标，分别作为一审案件的重要审判质量指标和二审案件核心的审级监督指标，在整个评价体系中具有相互牵制、彼此制衡的作用。因此，在进行考核时，可以考虑将两组指标同时考核，这样，一旦二审、再审法院为了协调与原审法院的关系改变指标信息数据内容，虽然可以避免原审法院和原审法官在考核中失分，但这种行为同时将导致其所在的法院和其本人作为被考核主体时，在审级监督指标中失去应有的正向评价分数。这种方式，可以在一定程度上减少因主观原因造成的审级监督指标数据准确性问题。

为确保审级监督指标数据录入准确性，引导审判人员如实填报数据，杜绝为规避统计口径录入虚假数据的行为，o 年，某地区 C 中级法院对该院二审改判发回重审率（错误）、对下级法院生效案件再审改判发回重审率指标数据录入准确性进行了逐案检查。检查涉及二审改判发回重审案件 34 件，对下级法院生效案件再审改判发回重审案件 1 件,合计 35 件。通过与裁判文书或发回函对比检查,共发现上述案件改判、发回重审原因项数据录入不准确案件 22 件,数据准确率为 37.1%。

这种数据准确率明显偏低的状况,除了上述的数据填录人主观原因之外,还有一个非常重要的原因,那就是判断改判、发回重审具体原因情况相对复杂,很多负责信息填录工作的法官助理和书记员很难精准作出判定,从而影响了信息录入的准确性。因此,我们根据指标设置要求和统计口径,并结合法院案件审判系统设置状况,采取了相对严格的统计标准,总结了以下审级监督指标信息录入指引:

(1)人民法院在审判工作中,应遵循审判客观规律。一方面,不要刻意提高两项指标数值;另一方面,也应避免审判人员在审理二审、再审案件中因信访、案件评查等原因,出现“当改不改”等情形,导致二审法院在审级监督指标项目上失分。各法院应通过案件自查等方式,要求审判人员在审理二审、再审案件时坚持“当发则发、当改则改”的工作思路。

(2)审判人员应遵循实事求是的工作态度,如实填报数据。对于二审、再审改判、发回重审原因为“事实不清”“证据不足”“认定事实错误”“适用法律错误”“违反法定诉讼程序”的,不得规避统计口径,将改判、发回重审原因填写为“出现新证据”或“其他”。严格禁止各法院及审判人员在与基层法院进行案件改判、发回重审交流时,以“帮助下级法院规避统计口径”为“条件”,协调上下级法院关系。

(3)审判人员在填报二审、再审改判、发回重审原因项时,应依照案件具体情况,结合二审、再审裁判文书引用法条情况如实填写,并遵循以下数据录入技术规范和要求:

①不宜将“适用法律错误”单纯理解为“引用法条错误”,而应理解为“依据案件事实形成裁判结果的处理过程存在错误或偏差”,如“上下级法院对某一法律问题认识不一致”“原审法院计算双倍工资差额标准不当”“原审对于合同押金的处理不当”“认定车辆贬值损失欠妥”“计算劳动者工资的依据与法律规定不符”等,均应填报为“适用法律错误”。

②对因原审漏判导致改判的案件,改判原因应填报为“事实不清”或“适用法律错误”,对因原审漏审、漏判导致发回的案件,发回重审原因应填报为“违反法定诉讼程序”。

③仅当案件出现新证据导致原审处理结果错误(包括因出现新证据导致原审认定事实错误)时,应将改判、发回重审原因填报为“出现新证据”。

④不应将改判、发回重审原因项中的“其他”等同于“原审承办法官无过错”“原审案件无质量差错”“上下级法院认识不一致”等情形。根据目前掌握的司法

实践中的情形，仅当案件出现以下两种情形时，应将改判、发回重审原因填报为“其他”。除此之外，其余情形均不得填报为“其他”。

第一，二审、再审出现新情况，具体包括：自然人死亡，需要由继承人承受权利义务而导致主文表述更改；法人名称变更导致主文表述更改；当事人的权利依据丧失或标的物毁损、灭失导致改判；因当事人自愿承担义务导致加判项；因当事人自动放弃权利、诉讼请求导致判决结果变更；因法律修订、新的政策出台等原因，需变更原处理结果；因刑事案件被告人在二审期间立功、积极赔偿等调整刑期。上述情形出现在原审期间，原审未予发现和处理，导致案件改判、发回重审的，不得将改判、发回重审原因填写为“其他”。

第二，原审判决主文存在纯文字性差错，如出现多、漏、错别字等，需要予以更正。此种情形不包括判决支付金额计算错误、给付对象错误、权利义务主体指代不清、未指定履行义务期限、判决主文表述存在歧义、判决主文无法实际履行等，上述情形应填报为“适用法律错误”。

⑤对于一起案件同时存在“事实不清”“适用法律错误”等原因及“出现新证据”“其他”原因的，应优先填报“事实不清”“适用法律错误”等原因。

在审级监督情况考核中，我们新增加了一个指标，即“对下级法院发回重审比例”指标。这个指标主要用以解决当事人、人大代表、政协委员和律师普遍反映的案件审理周期长、程序空转等效率问题。从“二审改判发回重审率（错误）”指标的讨论中我们就可以看出，从绩效评价管理者的视角，案件被发回重审并不是很好的审级监督方式，通过改判的方式纠正错误，直接在二审或再审中作出生效裁决，定分止争，才是最应该鼓励的审级监督方式。

2021 年修正的《民事诉讼法》第 177 条第 1 款规定：“第二审人民法院对上诉案件，经过审理，按照下列情形，分别处理：（一）原判决、裁定认定事实清楚，适用法律正确的，以判决、裁定方式驳回上诉，维持原判决、裁定；（二）原判决、裁定认定事实错误或者适用法律错误的，以判决、裁定方式依法改判、撤销或者变更；（三）原判决认定基本事实不清的，裁定撤销原判决，发回原审人民法院重审，或者查清事实后改判；（四）原判决遗漏当事人或者违法缺席判决等严重违反法定程序的，裁定撤销原判决，发回原审人民法院重审。”从该规定可以看出，二审法院发现原判决、裁定存在适用法律错误的，应该予以改判、撤销或变更；存在事实错误的，分两种情形，认定事实存在一般性错误的，应该予以改判、撤销或变更；存在基本事实不清的，应该发回重审，或者查清事实后改判。对于一审判决存在严重违反法定程序错误的，应该发回重审。

由于《民事诉讼法》对于事实问题，是采取改判的方式，还是采取发回重审的方式进行审级监督，存在一定的裁量空间，一些二审法院的承办法官为了避免补充查明事实耗费大量时间、精力，或者担心直接改判会造成当事人不满，甚至信访、闹访等多种原因，更倾向于采取发回重审的方式解决事实错误问题。司法实践中，有个别案件由于一些特殊原因多次被发回重审，一起案件经过数个审理程序仍然无法作出生效裁决，当事人耗费了大量的时间成本和精力、财力，对人民法院的审判工作意见很大。为了解决这一问题，严格控制对下级法院发回重审案件比例，避免程序空转，损害当事人合法权益，我们设置了"对下级法院发回重审比例"指标，这个指标对于二审再审法院改判和发回重审案件的总体数量并没有进行限制，而是限制发回重审案件数量占改判和发回重审案件总数的比例。这种考虑主要是不同的二审、再审法院，由于案件类型差异、辖区法院案件处置能力差异、本院审理习惯和思路差异等原因，实际改判和发回重审案件的数量往往存在较大差异。即便是同一法院，在不同的审判年度，改判和发回重审案件数量也会产生较大波动，难以通过总量限制确定合理指标值。

此外，案件是否应该改判或发回重审，是由一审判决、裁定是否存在错误这一客观事实决定的，对于改判、发回重审数量进行限定，也会违背审判规律。因此，这个指标仅仅是限制了发回重审案件在所有纠正原审错误的审级监督个案中所占的比例，从而引导审判人员严格案件发回重审标准。特别是在涉及事实问题时，一些案件可能存在可改可发的裁量空间，此时，应该尽量采取查明事实后直接改判的方式进行审级监督，减少简单采取发回重审方式进行监督的情形。对于一审判决、裁定存在适用法律错误的，严格禁止采取发回重审方式予以纠正。对于一审判决、裁定确实存在严重程序性问题的，引导二审、再审审判人员加大调解力度，尽可能通过其他方式实质性化解纠纷。

关于此项指标的满意值问题，在设置时也要很慎重。整体的思路是，指标的满意值应该设置得尽量宽松，使绝大多数被考核主体均能在正常情况下获得考核分值，仅有个别被考核主体需要适度调整工作习惯，才能获得考核分值。也就是说，仅通过指标设置发挥鼓励、引导作用即可，避免指标值设定过于严苛，使大多数被考核主体刻意调整工作习惯，甚至改变审理思路，违背审判规律，以迎合考核要求。

从近年来某地区部分二审、再审法院对下级法院发回重审的实际比例来看，法院与法院之间的差异较为明显（见表4－7）。同一个法院不同年度之间，也因为一些特殊原因，如关联案件被改判、发回重审，而波动较为明显。还有一些法院，由于二审、再审案件体量较小，容易出现0值等特异值。在实施例中，我们根据以上的指标值设定思路最终确定指标的满意值为30%，这也符合近年来各法院平均值为30.5%的现状。这个值对于绝大多数二审、再审法院而言，不需要刻意引导，即可以获得考核分数，对于部分法院、部分考核年度而言，需要审判管理部门和相关审判业务庭室对相关情况及时进行监测，发现指标异常，及时提示提醒、分析研判。总体而言，达到这个指标的难度并不大。

表4－7　某地区部分法院对下级法院发回重审比例情况

单位：%

法院	p年	q年	r年	s年
A法院	11.1	7.8	3.6	7.2
B法院	47.7	40.5	39.3	42.1
C法院	44.7	43.7	41.3	41.9
D法院	39.1	24.9	28.1	28.0
E法院	0.0	33.3	0.0	46.9
F法院	40.0	13.5	5.3	18.2
合计	40.4	31.8	29.2	30.5

3. 案件评查及日常质量监管情况

关于案件评查工作的考核，我们首先必须明确考核的目的，是通过案件评查方式去评价案件质量情况，还是评价案件评查工作开展情况。如果是前者，评价的具体方式应该是通过案件评查结果，设置不同的差错等级对应的分数扣减规则。这种考核评价存在一个明显的问题：案件评查工作是以随机抽取的方式为主要的案件选择原则的，案件评查的结果很大程度上只能够反映抽取案件的审判质量情况。在实践操作中，由于我们抽取案件的比例往往非常小，因此，在对法院进行考核时，如果单纯用抽取案件进行评查的方式去替代案件审判质量情况予以评价，评价结果随机性过大，容易产生科学性问题。

我们一般认为，在案件质量评价中，改判、发回重审状况是评价一审案件整体审判质量的重要内容，案件评查结果是评价个案审判质量的重要方式。因此，对于法院这样的被考核主体，一般更倾向于用整体评价指标，慎重使用个案评价指标评价质量情况。在二级考核中，法院对于审判业务庭室和审判人员的评价中，个案评价指标的适用性会有所加强。特别是对个人的审判质量评价中，案件评查结果可以作为审判质量的重要评价指标。因此，某地区法院在对辖区各中、基层法院进行考核评价时，考核的是案件评查工作开展的情况。实际上是对审判管理工作的一种考核，而不是对案件质量本身的一种评价。我们看以下的考核实施例：

案件评查情况（2分）

每季度针对上一季度二审、再审改判发回、指令再审案件，长期未结诉讼案件等开展日常（专项）质量评查，并向地区法院报送载明逐案分析的案件质量评查报告的，每期计0.3分，地区法院根据评查工作效果，酌情加分，每季度满分0.5分，全年满分2分。12月1日前未完成一次全体员额法官参加的案件质量讲评或覆盖所有员额法官的分口案件质量讲评的，本日常（专项）评查项目不计分。

在这个实施例中，我们特别强调了各法院案件评查工作必须每季度针对上一季度二审、再审改判发回、指令再审案件，长期未结诉讼案件等开展日常（专项）质量评查，撰写载明逐案分析的案件质量评查报告，每年12月1日前要完成一次全体员额法官参加的案件质量讲评或覆盖所有员额法官的分口案件质量讲评。这些工作要求是根据案件评查工作开展实践总结和梳理的，强调了以下几个关键问题：

（1）案件的日常评查工作应该以季度为单位开展，保持一定的频次，同时必须确保对二审、再审改判发回、指令再审案件等重点案件开展评查工作。部分辖区法院由于长期未结诉讼案件问题凸显，因此，也将长期未结案件评查纳入了必须开展的重点评查范畴中，提出强制性的工作要求。

（2）评查报告撰写必须通过逐案分析的方式进行，特别是对于改判、发回重审的重点案件的评查报告，必须进行逐案分析。这种工作要求表面上是对评查报告撰写方式的要求，实质上是对开展评查工作精细化程度的要求。如果评查工作浮于表面，对于案件质量的评价和审查，大而化之、笼而统之，不深入、不具体、不较真，就难以发现个案存在的深层次问题，自然会影响案件评查的结果和评查所应发挥的效果。从实际操作看，一些法院对于该项工作要求的理解确实存在一定偏差。部分法院认为交了评查报告后，就能够得满分，但是最后发现被扣了分。扣分的主要原因是，我们要求的是在二审、再审改判发回、指令再审案件，长期未结诉讼案件等质量评查中，必须进行逐案分析，不能笼统地说改判发回几件，最后定错几件。改判发回案件中，定错的要逐案分析为什么定错，没定错的也要逐案分析为什么二审改判、发回重审了我们却没有定错。因此，没有进行逐案分析的，我们都扣了相应分数。此外，在评查工作效果加分上，我们可以考虑各法院日常案件评查工作程序的规范性、是否进行了讲评等评查结果运用，还可以适当考虑案件评查实际确定的差错比例情况。这种考量，是为了贯彻对于案件评查的工作定位要求，就是要“适当严格差错评定标准，放松差错结果与个人奖惩的挂钩”，一方面，要确保评查工作能够起到规范、提示、警醒，以及统一执法尺度的作用；另一方面，也是为了推动工作，避免不必要的管理反弹。

（3）案件评查结果必须进行成果转化，才能够发挥案件评查工作的作用。从审判管理的角度，通过案件评查纠正个案、惩罚具体承办法官，并不是案件评查工作的核心价值。通过对案件评查结果的成果转化，特别是通过案件质量讲评等方式发挥案件评查的规范、提示、警醒以及统一执法尺度作用，才是这项工作开展的最大意义所在。

对于审判管理工作的考核，我们选择了两项日常工作进行了强制性的工作要求：一是以月度为单位编发审判管理工作月报，二是以季度为单位编写审判运行态势分析，向审判委员会汇报。我们拟定了以下的考核实施例：

日常质量监管情况（1分）

定期编发审判管理工作月报，并于每月20日前向地区法院报送上一月份月报的；每季度编写审判运行态势分析，向审判委员会汇报，并于每季度第二个月月底前向地区法院报送上一季度审判运行态势分析及审判委员会决议的，计1分。未按要求编发并报送月报的，每期扣0.1分；未按要求完成态势分析工作并报送的，每期扣0.3分。扣分以1分为限。

在这个实施例中，对于辖区法院审判管理工作的考核，实际上是强制要求各法院加强审判管理，进而推动审判质效的提升。审判管理工作不应该是简单的事务性工作，更重要的是要发挥数据统计、审判态势分析等工作的作用，分析研判问题、预测趋势，提前谋划、周密部署、慎重决策。因此，审判管理工作最核心的价值应该是辅助领导决策，推动法院审判工作可持续良性发展。要做好辅助领导决策工作，首先要增强审判管理人员的分析研判能力，确保审判管理人员对于态势的分析是全面客观的、对于趋势的预测是准确的、对于问题的发现是敏锐的、对于工作措施的建议是科学的。因此，我们要求各法院审判管理人员必须每月编发审判管理工作月报，统计、分析数据和相关重要审判工作情况，为科学分析决策打下坚实的数据基础。同时，每季度要进行审判运行态势分析，提出下一阶段的工作建议。为了确保这些工作建议受到党组重视、获得党组支持，并能够在全院范围内顺利贯彻推行，我们要求各法院审判委员会必须每季度听取审判管理部门关于审判运行态势的分析研判，并对下一阶段的工作建议表态，作出具体部署。这也是通过考核的方式，强制推行辖区各法院的审判管理工作方法和理念，特别是利用审判委员会这一各级法院拥有最高审判权力的组织的作用，推动各法院党组重视审判管理工作，支持审判管理部门开展管理行为，及时研究审判管理问题，推行审判管理措施。

这里还涉及一个审判管理人员队伍建设和能力培养的问题。最高人民法院《2019 年人民法院审判管理工作要点》关于“切实加强审判管理机构、队伍及能力建设”中要求，在基层法院按要求设置“审判管理办公室（研究室）”。此后，全国很多地区基层人民法院都陆续开展了内设机构改革，审判管理办公室与研究室合并，成立“审判管理办公室（研究室）”，简称“审研办”。在这个过程中，审判管理专业人员队伍受到了一定程度的冲击，一些法院审判管理工作因此受到了很大的影响。笔者认为，在这种变动中，各基层人民法院应该及时调整、捋顺审判管理职能，保留骨干力量。同时应该认真研究内设机构改革后“审判管理办公室（研究室）”不同职能的分工协作模式，避免外合内分，实现审判管理工作和审判研究工作的深度融合，特别是，要发挥审判理论研究人员优势，在审判态势研判、提供决策建议、制定管理制度、开展数据统计课题等方面提高审判管理科学化水平。

五、审判效率考核

1. 法定（正常）审限内结案率

司法效率是世界银行全球营商环境评价中非常重要的评价内容。在世界银行的评价中，有两个指标与人民法院工作具有直接关联：一个是执行合同指标，另一个是破产审判指标。在执行合同指标中，案件处置效率是非常重要的考核点。我们一般说的案件审判效率，是以一个审判程序为周期进行评价的，如一审案件平均审理时间、二审案件平均审理时间、执行案件平均审理时间等。世界银行在评价时，采取了整体评价的方式，计算一起纠纷从提起诉讼到执行完毕需要的整体时间周期。这样的评价方式是从当事人解决纠纷的角度去进行评价的，需要法院各个审理程序和执行程序都要整体提高效率。对于管理者和诉讼服务部门而言，还需要加强各个程序衔接的用时控制。例如，要缩短从一审提起上诉移转案件到二审立案的周期。

审限管理是效率管理的核心内容。在专业审判管理部门设立之前，全国各地法院就一直在开展相关的审判管理工作。但基于人案矛盾逐年加剧、审判管理精细化程度不够、流程管控不严格、部分审判人员工作习惯拖延等多方面原因，案件积压状况仍在部分法院长期存在，案件审理整体效率仍然有待提高。此前，一起案件无法在法定审限内审结，审判人员大多采取延审的方式，以获取额外的审理时长。由于延审问题非常普遍，特别是在一些审判领域司空见惯，院庭长的审判监督管理职能也没有发挥到位,往往是不进行审核,便直接予以签批,甚至会有一些案件出现未经审批超审限的情况。

近年来,审判效率问题逐渐得到各级法院的重视,特别是审判管理专门部门的成立,推动了以审限管理为中心的司法效率管理工作。管理初期,各法院狠抓超审限问题,严格控制延审案件数量,起到了一定的积极作用。但对于部分法院部分审判领域而言,人案矛盾问题、流程管理精细化问题等仍然没有得到根本性解决。因此,单纯依靠控制延审案件数量,难以解决所有问题。一方面,审判人员需要应对考核要求,不能够任意申报延审;另一方面,确实有大量案件难以在法定审限内审结,只能通过扣除审限的方式,解决案件审理时间过长问题。因此,一段时间以来,各级法院不规范扣除审限问题十分严重。

一些地区法院为解决这一问题,确保司法统计数据客观、准确、真实,开展了一系列的专项检查工作,管理者随机抽取辖区法院每院一定数量存在延长审限、扣除审限情形的已结或未结案件进行检查,重点检查民商事案件。检查内容主要包括以下两个方面:一是延长审限是否符合法定程序;二是扣除审限是否符合法律规定的情形,是否符合法定程序,是否存在虚假填录扣除审限信息、不规范扣除审限、多次扣除审限等问题。

从检查结果看,被检查卷宗存在的主要问题按照问题出现的频率排序,主要包括以下四个方面:

(1)系统填录扣审时间与卷宗不一致。扣审的起始时间早于实际审批日期、终止时间晚于审批日期,变相延长审理期限。

(2)扣审材料不完备。其中一类为当事人申请案外和解扣除审限时,仅提供一方当事人申请案外和解的申请书或申请书未载明申请和解的期限;另一类为无任何材料佐证变更审限情形。

(3)审批手续不规范。一是部分延审案件第二次以上延审未层级报送上级法院审批;二是部分案件扣审、延审无任何审批手续。

(4)扣审不存在法定事由。检查中发现部分案件扣审事由并非法定事由,如财产保全、人员工作调动、向主管院长汇报、送达、调查取证、找不到被告等。

评价延长审限规范程度的一个重要指标是法定(正常)审限内结案率。这个指标是最高人民法院31项案件质量评估体系中的一项效率指标。指标计算公式和统计口径为:

2.15　法定(正常)审限内结案率

【指标描述】在法律规定审理期限内审结案件数占结案数的百分比,反映审判执行效率。(1)案件审理和执行工作应当保持高效率,防止积压案件和超法定审限,避免损害当事人诉权;(2)法定(正常)审限内结案率高,反映审判效率越高。

【指标方向】正向指标

【计算公式】

$$法定(正常)审限内结案率 = \frac{法定(正常)审限内结案数}{结案数} \times 100\%$$

【数据来源】

结案数:结案日期在统计期内,有法定审限(或者有法定执行期限)且计算实际审理(执行)时间案件的各类案件数;

法定(正常)审限内结案数:结案日期在统计期内、审理天数在法定审限(法定执行期限)内的,有法定审限(或者有法定执行期限)且计算实际审理(执行)时间案件的各类案件数。

注:1. 案件中不包含涉外、涉港澳台等案件,法定审限内结案数不包含延长审限案件。

2. 法定(正常)审限不包括申请批准延长的审限,中止审限的案件如果未超审限则属于正常审限内结案的案件;结案数包括一审、二审、再审、再审审查、执行、司法赔偿、刑罚变更、非诉执行审查案件,不包括刑事复核案件、保全措施审查案件、特殊程序案件、破产与公司清算案件、涉外、涉港澳台案件以及其他没有审限或者不计算实际审理(执行)时间的案件。

我们设计了以下考核实施例:

法定(正常)审限内结案率(0.5分)

为降低延审案件数量,法定(正常)审限内结案率达到99%以上的,计0.3分,99.5%以上的,计0.5分,低于99%的,不计分。

各地人民法院从专业审判管理推行之初,工作重点主要为以审限管理为中心开展效率管理工作,并以结案率、法定(正常)审限内结案率、延长审限未结比等审限管理相关指标为基础,开始了相对系统的指标评价工作。法定(正常)审限内结案率这个指标也给各级法院的法官和书记员们留下了较为深刻的印象。此后若干年,各地人民法院审判管理部门加大管理力度,开展了一系列的审判质效评价和指标管理工作。管理力度的增强,给审判人员带来了各种压力。同时,经济社会发展,人民群众权益保护意识增强,案件数量持续增长,人案矛盾不断加剧，审判人员工作量与日俱增，多种因素叠加，审判人员包括部分作为管理者的院庭长，对于审判管理工作都产生了巨大的抵触和反弹情绪。

特别是，相当数量的法官对于效率管理意见很大，他们认为，我国诉讼法建立了审限制度，就是要求审判人员尽可能地在审限内审结案件，这是对案件审理效率的最基本和最核心的要求。目前的审判管理工作无视审限制度的核心要求，一味要求尽快结案。一方面，给审判人员造成了巨大的工作和心理压力，损害了审判人员的身心健康；另一方面，这种做法也违背审判规律，审判效率的持续提高，审理周期的不断压缩，实质上是以牺牲审判质量为代价的。因此，他们通过各种渠道，在不同的场合中，鼓吹取消结案率等考核指标，仅保留法定（正常）审限内结案率指标，要求审判人员按照诉讼法规定，在审限内审结案件即可。

应该说，审判人员巨大的审判工作压力是客观存在的。他们希望通过更科学、更简便易行的考核方式减轻考核负担、缓解工作压力的心情是可以理解的。但是，审判人员的审判工作压力是多方面原因导致的，既有本身案件数量激增，总工作量超负荷的问题，也有审判资源，特别是人员资源配置不平衡、不科学的问题，还有审判管理工作不精细、管理效能未能充分发挥的问题，以及审判人员工作习惯和审理方式不合理等各种原因。要解决这些问题，涉及法院管理的方方面面，甚至涉及法院外部环境改善的问题。即便我们单纯从法院的内部管理着手讨论，也不仅仅是审判管理的问题，还包括人员管理、行政管理、后勤保障等多个层面的问题。即便我们单纯从审判管理着手讨论，也包括质量管理、效率管理、考核评价体系等多个维度的问题。因此，我们说解决这些问题非常复杂，绝不是一套科学的考核体系所能解决的，更不要说通过设定单一的指标就可以轻易实现。

那些取消结案率等一系列考核指标，要求通过法定（正常）审限内结案率单一指标进行评价考核的呼声，显然是对于法院管理、审判管理缺乏基础的研究和了解，甚至他们对于法定（正常）审限内结案率指标也存在一定的误解，将这个指标的评价内容等同于"让案件在法定时限内审结"，这显然是单纯从指标名称的字面上径行理解造成的。我们不妨作以下讨论：

（1）从法定（正常）审限内结案率的指标含义上看，"法定（正常）审限"不包括申请批准延长的审限，换句话说，只有案件申请批准延长审限或者无正当理由超过法定审理期限审结，才会排除在指标的统计范围之外。要提高指标值，只需要避免无故超审限情形发生，同时严格限制延审审批数量即可。这个指标只规范无故超审限和申请延长审限行为，并不规范扣除审限的行为。因此，如果我们使用法定（正常）审限内结案率单一指标进行考核，审判人员只需要将原本申请延长审限的行为，替换为扣除审限的操作（当然，这种扣除审限的方式很可能是不规范的），就可以达到变相延长审限、轻易规避指标监管的目的。所以我们说，单纯这一个指标对于审限管理的作用是非常有限的。

（2）法定（正常）审限内结案率的满意值并没有设定为100%，是因为在审判实践中，确实存在一些案件在法定审限内无法审结，必须通过延长审限的方式增加审理时间。因此，我们必须为法定（正常）审限内结案率设置一个低于100%的满意值。由于这个指标统计的案件是审结的案件，也就是说，案件申请延长审限或者已经无正当理由超过正常审限，但只要案件没有审结，就不会进入到指标的统计范围。所以，被考核的法官迫于完成指标考核要求的压力，很可能选择将那些已经申请延长审限或已经无正当理由超过正常审限的案件继续搁置，始终不结，从而达到暂时规避指标统计的目的。这显然与管理要求相悖。

事实上，针对这一问题，最高人民法院31项案件质量评估体系中，利用了两个指标结合的方式，解决了延长审限未结案件的评价问题，即对于延长审限未结案件，通过“延长审限未结比”指标予以评价考核；一旦案件审结，则通过法定（正常）审限内结案率指标予以评价考核。两个指标的结合，使审判人员无法规避指标统计口径，必须想办法尽快审结案件，否则案件只要没有审结，则在案件申报延审后的任何一个统计周期内，都将计入延长审限未结比指标的评价范围，持续对被考核主体的办案效率发挥负面评价作用。

（3）如果我们仅要求所有的案件只需要在正常审限周期内审结即可，没有结案率的强制要求，这在事实上也是不可能实现的。对于审判人员的工作习惯和审判方式而言，如果没有指标管理要求，审判人员整体将会处于一种无序状态，案件流程推进会被习惯性拖延，整体审判效率将会大大降低。这是审判人员作为一个整体，在没有管理状态下的自然选择，与部分审判人员是否具有责任心并无关联。因此，我们说“最坏的管理是没有管理”。我们无法依赖审判人员的个人自律达到理想的管理目的。例如，我们发现，当我们要求年底达到一定结案率要求时，审判人员会集体性、倾向性地选择在年底前结案；当我们把年底的结案要求分解成不同的季度要求时，就会破坏审判人员这种集体性、倾向性的选择，转而变成了在每个季度末的集体性、倾向性的结案行为。

实践中，案件的难易程度区别很大，有些案件并不需要用足全部审限时间即可审结；有些案件由于过于复杂，在审限时间内因客观原因确实无法审结。如果我们不对这些案件作一个区分，最后导致的结果是，即便是案件能够尽快审结，审判人员由于没有结案压力,也会倾向于将案件拖延到审限将至时再审结;那些确实因为客观原因无法审结的案件,审判人员将会选择继续拖延,持续使案件处于未结状态。

这样的结果是,审判人员对于疑难复杂案件没有推进流程进展的积极性。即便是对大部分的简单案件而言,也会造成案件审理周期不必要的延长,使大量案件同时处于未结状态。这在审判人员工作量很小、不存在明显人案矛盾的情况下不会产生太大问题,但在审判人员工作量较大,人案矛盾突出的情况下,大量案件处于未结状态,意味着审判人员同时需要推进多起案件的审判进程;一旦这个数量超过审判人员能够把控的临界值,将会导致案件积压,出现"交通堵塞"状况,审判人员的精力会被大量消耗浪费,从而降低了实际能够推进案件进程的效能。这也是我们在此前"案件调度"部分讨论的一个核心观点:要提高案件消化能力,必须通过各种举措,降低案件平均审理周期,提高案件周转速度,以使得审判人员同一时间未结案件数量处于一个可控的数值之内。

综上所述,我们认为,法定(正常)审限内结案率指标对于控制延审案件数量具有积极意义,是一项与审限管理相关的重要的效率指标。但该项指标很容易产生规避统计口径的行为,造成不规范的扣除审限问题。因此,其对于审限管理的价值是有限的,需要与其他相关指标和其他控制审限相关问题的管理举措合并适用,才能发挥更大的管理效能。

2. 平均实际审执时间指数

我们先介绍一下最高人民法院31项案件质量评估体系中平均审理时间指数和平均执行时间指数两个指标。平均审理时间指数的计算公式和统计口径为:

2.16 平均审理时间指数

【指标描述】普通程序案件实际审理时间与法定审限之比的平均数。

【指标方向】正向指标

【计算公式】

$$平均审理时间指数 = \frac{1}{n}\sum_{i=1}^{n} 案件\,i\,审理时间指数$$

n = 结案数

$$案件\,i\,审理时间指数 = \begin{cases} 0.9, & 0 \leqslant x_i < 0.5 \\ 0.8, & 0.5 \leqslant x_i < 2/3 \\ 0.6, & 2/3 \leqslant x_i < 1 \\ 0.3, & 1 \leqslant x_i < 1.5 \\ 0, & x_i \geqslant 1.5 \end{cases}$$

其中，x_i = 案件 i(审理天数 - 有法定事由应扣除天数) ÷ 案件 i 法定审限

这个指标看起来比较复杂。一般而言，我们为了评估案件的审判效率，大多通过粗放式的案件平均审理天数进行计算，将所有案件的审理天数进行相加后，除以总案件数，获得一起案件审理天数的平均值。我们之所以说，这种计算方式是粗放式的，是由于这种平均是一种绝对的平均，没有考虑到不同的审理程序、不同的案件类型的法定审限是不同的。因此，对于案件的审理效率，或者具体地说，对于案件的平均审理天数的预期也是不同的。一起普通程序审理的民事案件，法定审限是 6 个月，而一起一审公诉刑事案件，法定审限是 2 个月。如果将民事案件和刑事案件的审理期限强行进行平均值计算，可能会导致计算结果无法科学反映案件的实际审理效率。此外，案件平均审理天数还受到不同审理程序的影响，如简易程序案件和普通程序案件在审理周期的预期上就会有较大差异。一审案件、二审案件和再审案件在审理周期的预期上也会有一定区别。因此，除非被考核对象受理的案件类型相对单一、审理程序相对统一，具有相当的可比性，此时，使用案件平均审理天数进行案件审判效率的评价才具有一定的价值和意义。否则，案件平均审理天数将无法准确反映被考核主体的审判效率。

平均审理时间指数就是为了解决不同案件类型、不同审理程序案件，因案件审理难度差异、法定审限差异等造成的平均审理时间预期存在的差别。在这个指标计算公式中，将每一起案件的实际审理时间与该案件类型的法定审限计算出比值 x_i，这个比值 x_i 的大小就较为精确地反映了该起案件与同类型案件相比的审判效率情况。然后再将所有案件的比值 x_i 进行算术平均，从而反映被考核主体审理的所有案件的整体审判效率情况。

我们以一审普通程序审理的民事案件为例，该种类型案件以该种审理程序审理时，法定审理期限为 6 个月，那么，当案件的实际审理时间小于 3 个月，即案件在 3 个月内审结，此时 x_i 就 ≥ 0，且 < 0.5。根据公式，此时案件 i 的审理时间指数就为 0.9；以此类推，当案件在 3 个月至 4 个月内审结，x_i 就 ≥ 0.5，且 $< 2/3$，案件 i 的审理时间指数就为 0.8；当案件在 4 个月至 6 个月内审结，案件 i 的审理时间指数为 0.6；当案件在 6 个月至 9 个月内审结，案件 i 的审理时间指数为 0.3；当案件的审理时间超过 1.5 倍审限，也就是超过 9 个月审结，案件 i 的审理时间指数为 0，即无法获得指标分数。

从公式我们可以看出，案件 i 的审理时间指数的计算是采取分段式的方式进行的，而不是用一个公式进行精确的连续计算。采取这种方式的一个最大好处是：考核具有较强的引导作用，被考核主体会跟随引导产生一种在考核中“赚分”

的心理。当然,这种引导作用也同时会给被考核主体带来巨大的心理压力和影响。特别是对于从事审判工作的法官而言,考核带来的心理压力很可能会影响和改变审判人员的工作节奏和审理习惯。这种改变既可能是正向的,符合考核预期的;也可能是负面的,以牺牲审判质量等方式为代价的,甚至是违背审判规律的。案件 i 的审理时间指数采取了分段的计算方式,会给审判人员一种引导作用。这种引导作用具体包括两部分内容:一是案件尽快审结,可以获得更积极的考核评价。二是案件只要在某一个时间区间内审结,无论是具体哪一天审结,获得的考核分数都是一样的。因此,审判人员只需要注意考核涉及的时间区间节点即可,而不必时刻处于焦虑状态,分秒必争地提高审判效率。

我们继续以一审普通程序审理的民事案件为例,审判人员在一半审限内,也就是 3 个月内审结案件所获得的分数是一致的,都是最高分 0.9。这样,审判人员只需要尽量地将案件在 3 个月内审结即可,而不需要在 3 个月内再不断地“抢时间”,争取一个月内甚至几天内审结案件,从而影响案件审判质量。当案件无法在 3 个月内审结时,审判人员只需要尽可能地在 4 个月内审结,或者在 6 个月内审结即可。如果采取连续计算的方式,审判人员每节约一天审理时间,就会获得更高一点的考核评价分数。尽管这种分数增加幅度微小,但仍然会持续地给审判人员造成心理压力,并很可能产生错误的引导效果。

还有一个值得关注的问题是,当案件的实际审理时间超过了 1.5 倍审限,案件 i 的审理时间指数将为 0,无法获得考核分值。单纯从这个指标上来看,当一起案件已经超过 1.5 倍审限未能审结的情况下,审判人员可能会倾向持续保持案件的未结状态,而没有考核动力推进案件的审理进程。当然,我们的观点是,每一个指标都只能解决一个方面、一个层面,甚至是一个细节方面的问题。很多时候需要多个指标共同发挥作用,才能够解决一个更全面、更综合的审判质效问题。因此,上述指标无法解决的长期未结案清理的推动问题,需要通过延长审限未结比、多次延审的严格控制、积案清理等指标进行规范和引导。

当被考核主体同时审理的案件有多种案件类型或适用了多种审判程序,案件 i 审理时间指数的计算就会稍微复杂一些。我们以表 4 -8 为例,计算某个法官审理 7 起案件的平均审理时间指数。

表 4 -8　平均审理时间指数计算

案件	法定审限	实际审理天数/天	x_i取值	案件 i 审理时间指数
案件 1	6 个月	700	3.8	0

续表

案件	法定审限	实际审理天数/天	x_i取值	案件 i 审理时间指数
案件 2	45 天	30	0.67	0.6
案件 3	20 天	20	1	0.3
案件 4	3 个月	50	0.55	0.8
案件 5	3 个月	25	0.27	0.9
案件 6	3 个月	15	0.16	0.9
案件 7	6 个月	70	0.77	0.6

根据表 4-8 列明的情况，对于案件 1 而言，x_1 = 700 天/6 个月，由于其结果大于 1.5，根据公式，案件 1 审理时间指数 = 0，以此类推，我们计算出每一起案件的审理时间指数。最终，该法官的平均审理时间指数 = (0 + 0.6 + … + 0.9 + 0.6) ÷ 7 = 0.59。

2.17　平均执行时间指数

【指标描述】实际执行天数与法定执行天数之比的平均数。

【指标方向】正向指标

【计算公式】

$$平均执行时间指数 = 1 - \frac{1}{n}\sum_{i=1}^{n}\frac{案件 i(执行天数 - 有法定事由应扣除天数)}{案件 i 法定执行期限}$$

n = 执结数

案件 i 执行时间指数 = 1 - 案件 i 实际执行时间/案件 i 法定执行期限

【数据来源】

执结数：执结日期在统计期内的案件数；

案件实际执行时间：立案日期次日到执结日期之间扣除有法定事由应当扣除时间、执行期限顺延时间的时间。

【注意事项】没收财产执行案件、对下级法院执行异议裁定申请复议的案件因没有法定执行期限，不计算实际执行时间指数。

考虑到执行案件与审判案件在性质上的差异，平均执行时间指数采取了更为严格的计算方式。从具体的指标计算方式来看，计算方式 1：平均执行时间指数 = 1 - “案件 i 实际执行天数与法定执行期限之比的算数平均值”，与计算公式 2：平均执行时间指数 = 案件 i 执行时间指数的算术平均值，其中，案件 i 执行时间指数 = 1 - (案件 i 实际执行时间 ÷ 案件 i 法定执行期限)，两种计算公式结果相同。最高人民法院31项指标案件质量评估体系采用了上述计算公式1,但实际上,计算公式2更容易理解,并且与平均审理时间指数的计算方式保持一致,只是在计算案件i的审理时间指数和执行时间指数时,计算公式存在一定区别。例如,某执行案件实际执行时间为2个月,则该案件的执行时间指数=1-2个月÷6个月=2/3,在计算某法官的平均执行时间指数时,则需要计算统计期内该法官执结的所有执行案件的执行时间指数的算数平均值。

从公式上,我们可以明确看出,案件i执行时间指数的计算采取了精确的连续计算方式。虽然使整个公式变得更简洁,计算方式相对简单,但其考核引导作用也将会更加强烈。特别是当案件的实际执行时间超出法定执行期限时,案件i执行时间指数将会出现负值,并且由于案件i执行时间指数的计算使用了连续的方式进行计算,如果案件长期未能执结,实际执行时间不断加大,当案件执结进入实际执行时间的取值范围时,案件i执行时间指数的负值的绝对值也将变得非常大。由于被考核主体的平均执行时间指数是所有案件的执行时间指数的算术平均值,一旦有部分案件的执行时间指数出现负值,在计算算术平均值时将会消耗掉那些执行时间低于法定执行期限的案件所获得的正向考核评价,特别是当一起案件执行时间过长,使该案件的执行时间指数出现了绝对值较大的负值,很可能一次性抵消多起案件获得的正向考核评价,大幅降低所有案件的执行时间指数的平均值。从这个角度来看,平均执行时间指数的评价方式无疑是非常严苛的。

根据以上介绍的情况,为了避免“平均审理时间指数”和“平均执行时间指数”两个指标在考核中存在的弊端,笔者对上述两个指标进行了复合和改造,探索设计了“平均实际审执时间指数”指标。指标的计算公式及考核实施例如下:

平均实际审执时间指数指标(5分)

$$平均实际审执时间指数 = \frac{1}{n}\sum_{i=1}^{n} 案件\,i\,实际审执时间指数$$

n=有审限和执行期限案件的结案数(无审限案件不取值)

$$案件\,i\,实际审执时间指数 = \begin{cases} 1, & 0 \leqslant x_i < 0.5 \\ 0.8, & 0.5 \leqslant x_i < 2/3 \\ 0.6, & 2/3 \leqslant x_i < 1 \\ 0.3, & 1 \leqslant x_i < 1.5 \\ 0.1, & 1.5 \leqslant x_i < 2 \\ 0, & x_i \geqslant 2 \end{cases}$$

其中,x_i=案件i实际审执时间/案件i法定审限或执行期限,案件i实际审执

时间 = 结案日期 - 立案日期。

平均实际审执时间指数按照由高到低排名计分，满分5分。第一名，得5分，名次每降低一名扣0.25分，第二十名及以后，不得分。

"平均实际审执时间指数"与最高人民法院31项案件质量评估体系中的"平均审理时间指数"不同，"平均审理时间指数"的审理时间是由"实际审理天数 - 有法定事由扣减天数"计算得来的，而本指标"平均实际审执时间指数"在计算时，不对有法定事由扣除天数、审理期限和执行期限延长时间进行扣减，是直接应用"结案日期 - 立案日期"的计算结果。也就是说，实际审执时间（"结案日期 - 立案日期"）为法定审限或执行期限的2倍以下的，案件可以获得一定分数，但是超过法定审限或执行期限2倍的，无论该案件是否有因法定事由扣除或延长审限、执行期限情形，案件均不得分。同时，本指标对于各种情形下的指数得分进行了进一步细化。

我们将最高人民法院31项案件质量评估体系中的"平均审理时间指数"和"平均执行时间指数"两个指标进行改造，形成"平均实际审执时间指数"指标，主要基于以下几方面的考虑：

（1）最高人民法院31项案件质量评估体系中，对平均审理时间指数和平均执行时间指数采取了差异化的指标计算方式，在全国各地区法院针对辖区法院开展的一级考核中，被考核主体为辖区各中、基层法院，这些法院同时受理审判案件和执行案件，这就意味着，在考核的过程之中，需要同时对案件的审理效率和执行效率进行考核。如果使用最高人民法院31项案件质量评估体系中现有的两项指标进行考核，需要同时使用两个考核项目，并为两个考核项目配置相应的权重，或采用一定的方法进行合成。这在某种程度上增加了考核的复杂程度，降低了考核的指引作用。并且，我们认为，虽然审判案件和执行案件存在客观的差异，但案件的审理效率评价和执行效率评价并无太大的本质区别。没有过多必要对两类案件的效率评价进行差异化处理。在最高人民法院31项案件质量评估体系中，平均执行时间指数的评价方式过于严苛，特别是针对少数特别疑难复杂的执行案件，客观上很可能经过数个执行周期都无法执结，这将对于平均执行时间指数的计算产生重要影响，降低平均执行时间指数指标计算结果的科学性。这种评价方式很可能对执行法官造成巨大的考核压力，从而产生负面的引导作用。因此，有必要在对中、基层法院进行考核时，将平均执行时间指数的计算方式参照平均审理时间指数的计算方式，采取统一的计算公式评价案件的审理效率和执行效率，既适当放宽对执行效率的评价标准，也降低考核的复杂程度。

(2)最高人民法院31项案件质量评估体系中,在计算平均审理时间指数和平均执行时间指数时,使用了“实际审理时间”和“实际执行时间”的概念。这里的“实际审理时间”和“实际执行时间”的计算方式是“审理天数或执行天数-有法定事由不计入审理期限和执行期限的时间”。其中,审理天数或执行天数=审结时间或执结时间-立案时间。从这个统计口径上来看,这里的“实际审理时间”和“实际执行时间”并不是绝对的实际审理时间和绝对的实际执行时间,而是扣除了因法定事由不计入审理期限和执行期限的时间后的审理天数和执行天数。从前面的法定(正常)审限内结案率指标的讨论中,我们知道,这种统计口径很容易造成扣除审理期限和扣除执行期限行为的滥用,将本应延长审理期限和执行期限的情形,通过扣除审理期限和执行期限的方式予以规避,达到变相延长审理期限和执行期限的目的,影响指标实际的评价效果。事实上,最高人民法院31项案件质量评估体系中,所有与效率管理相关的指标均对因法定事由不计入审限情形持极其宽容的态度,没有任何一项指标对于因法定事由不计入审限的情形进行负面评价。与此同时,法定(正常)审限内结案率、延长审限未结比、平均审理时间指数、平均执行时间指数等多项指标,均对延长审限(执行期限)行为给予了严苛的规制。

事实情况是,在全国很多地方法院前期推行最高人民法院31项案件质量评估体系的过程中,已经出现了无法定事由扣除审限、不规范扣除审限、多次扣除审限等效率管理的顽疾,需要逐步规范和清理。因此,我们将新的指标名称从“平均审执时间指数”修改为“平均实际审执时间指数”,并将公式中的案件实际审执时间,调整统计口径,修改为绝对实际审执时间。即 x_i =案件i实际审执时间÷/案件i法定审限或执行期限,案件i实际审执时间=结案日期-立案日期。这样修改后,在计算案件i实际审执时间时,无论案件申报了延长审限和延长执行期限,还是因法定事由扣除了审限和执行期限,都将影响案件i实际审执时间的数值,获得负面的考核评价。这样的修改方式,对于逐步规范扣除审限行为存在一定的积极意义。

(3)我们在参照平均审理时间指数改造平均实际审执时间指数时,对于案件i实际审执时间指数在各种情形下的指数得分进行了进一步细分和优化。首先,我们将案件i实际审执时间指数的最高得分从0.9调整为1。从我们的朴素观念来看,指数的最优得分应该是1,而不是0.9,将案件i实际审执时间指数的最高得分从0.9调整为1,可以优化被考核者的心理感受,同时,也将指标的得分范围从0~0.9分扩大到0~1分,有助于更准确地实现指标的评价目的。其次,我们将案件i实际审执时间指数指标的得分情形,从5种情形细化为6种情形。将此前的“$x_i \geq 1.5$ 时,案件i审理时间指数=0”情形,细化为“$1.5 \leq x_i < 2$ 时,案件i实际

审执时间指数 =0.1”和“$x_i \geqslant 2$ 时，案件 i 实际审执时间指数 =0”两种情形，在一定程度上增强了指标对于审判人员尽快审结长期未结案件的动力。仅当案件的审理时间超过2倍审限和执行期限时，指标才对该案件给予完全的负面评价。

之所以选取两倍审限和执行期限作为指标改造的一个时间点，这与实施例中的虚拟场景息息相关：我们假定某地区法院在设定指标时，3年以上未结案清理工作取得实质性成效，清理重点调整为2年至3年的未结案，并已经开展了逐院、逐案督导，审委会审议等清理活动。因此，实施例中将指标给予完全负面评价的案件，从此前的实际审执时间超过法定审限和执行期限的1.5倍，放宽到超过法定审限和执行期限的2倍，也是为了避免进入完全负面评价范围的案件数量过多，影响指标实际评价效果。同时，适当放宽指标评价标准，也有助于加强审判人员清理审理时间较长案件的积极性，推动长期未结案件清理工作。

六、审判效果和司法公开考核

从前面的一些介绍中我们知道，审判效果是非常难以量化的，因此，审判效果指标也一般仅能从某一个方面反映审判效果，如调解率仅能反映民事案件的调解工作情况，一审服判息诉率仅能从反面反映案件当事人不服一审判决提起上诉的情况等。因此，效果指标如果设置了不合理的满意值，非常容易产生被滥用的情况。此前很长一段时期，学者和法院内部的管理者都对调撤率的考核存在巨大争议，认为畸高的调撤率指标造成了审判人员“久拖不判”“久调不决”，甚至出现“欺调骗撤”“强制调解”等乱象。这些问题并不代表调撤率指标本身存在科学性问题，更多的应该是管理者在指标的满意值设置方面出现了问题，导致指标的考核引导作用出现了异化现象。

1. 一审服判息诉率

在这里，我们重点介绍一下在最高人民法院31项案件质量评估体系中一个非常重要的效果指标，即一审服判息诉率。我们先看以下的考核实施例：

一审服判息诉率(0.5分)(本指标仅考核基层法院)

一审服判息诉率达到90%的，计0.2分，每高0.5%加0.03分，满分0.5分；低于90%的，不计分。

下面，我们介绍一审服判息诉率指标，这个指标的计算公式和统计口径为：

3.22　一审服判息诉率

【指标描述】本院审理的一审案件中，提起上诉案件的收案数与一审结案数之比与 1 的差。

【指标方向】正向指标

【计算公式】

$$一审服判息诉率 = 1 - \frac{上诉案件收案数}{一审结案数} \times 100\%$$

注:(1)上诉案件收案数 = 刑事上诉案件收案数 + 民事上诉案件收案数 + 行政上诉案件收案数;

(2)一审结案数 = 刑事一审结案数 + 民事一审结案数 + 行政一审结案数;

(3)系统中填写上诉信息并保存之后,计算公式中上诉案件收案数就已经计算在内了。

一审服判息诉率是研究指标取值中同期、同质问题的一个非常典型的指标。在研究审判指标中,经常会遇到通过分子分母的比值形成某一个比率的计算公式,这就产生了一个关于取值范围的问题。原则上,分子中的案件应该包含在分母的案件范畴之内;分子分母获取的值应该是同一统计区间内的案件。这两个公式计算的基本要求,我们分别称为同质和同期。理论上讲,如果分子和分母不同质和不同期,这样计算出来的比值是缺乏科学性的。例如,在计算调解率的公式中,我们用调解成功案件数除以一段周期内的结案数进行计算,分子和分母在统计时应该是同期的。我们计算某一年度 1 ~6 月的调解率,分子应该是 1 ~6 月以调解方式结案的案件数,分母应该是 1 ~6 月审结的民事案件数。也就是说,如果一起案件被统计到公式的分子之中,这起案件必然也在公式的分母的案件集合之中。分母中的案件数包含分子中的所有案件,还包含一些以其他方式结案的案件。这样的计算结果,反映了在 1 ~6 月结案的所有民事案件中,以调解方式结案的案件所占的比例。

但是有一些指标计算起来就显得有些复杂,如一审服判息诉率。从公式可以看出,“一审服判息诉率 = 1 - 上诉率”,因此,我们在讨论一审服判息诉率的同期、同质问题,实质上是在讨论上诉率的同期、同质问题。我们知道,一起案件结案后提起上诉,会经历一段周期,造成同一起案件的结案时间和上诉时间之间存在一个时间差,这在指标取值中就会产生统计周期的交错。根据指标解释,上诉率的分母和分子的取值要求分别是,一审结案数为结案日期在统计期内,审判程序为一审的各类案件数(刑事、民事、行政);上诉案件收案数为立案日期在统计期内,二审法院受理当事人因不服一审判决或裁定而上诉,检察院因不服法院对公诉案件所作的一审判决或裁定而抗诉的各类案件数。我们发现一个问题,一旦一起案件审结,这起案件就进入了分母的取值范畴,但此时案件还无法确定当事人是否会提起上诉，因此暂时无法进入分子的取值范畴。只能等经过一段周期之后，结果确定了，才能够明确这起案件是否能够进入到分子的取值范畴。如果是这样的话，公式的分子将时刻处于一个不稳定、不准确的状态，自然无法计算出公式的准确值。

在这种情况下，我们必须在同期和同质之间作一个选择，而无法二者兼得。如果要选择同质的话，就需要先确定一批案件作为跟踪统计的对象，这批案件结案后进入分母的取值范围，待到案件确定是否上诉或没有提起上诉之后，再计算出分子的准确数值。这种统计方式需要一个较长的统计周期，因为有一些案件基于送达等各方面原因，可能需要经过很长的一个周期才能够确定是否提起上诉。同时，要作出精准的统计，需要对大量的案件进行跟踪识别，操作难度非常大。因此，我们在上诉率的计算中，一般采用同期不同质的方式进行计算。先确定一个统计周期，然后分别计算这个统计周期内符合分母和符合分子的取值要求的案件数，最终计算出上诉率的值。这种统计方式，保证了分子和分母的统一统计周期，统计工作量也没有明显增加，但是分子和分母存在不同质的问题。一些案件在该统计期内结案并提起上诉，这起案件属于统计期内的同质案件。还有一些案件，在统计期内结案但在统计期后提起上诉，或者是在统计期前已经结案，在统计期内提起上诉。这部分案件在统计期内将只会进入分母或分子，属于统计期内的非同质案件。当然，这些因为统计周期交错原因出现的非同质案件，尽管没有进入到这个统计期内的分子或分母的取值范围，但它必然会进入到另一个统计期的分子和分母的统计范围，并且，在所有统计期集合范围内，必然会出现且只会出现一次，不存在重复统计或遗漏统计的问题。

综上所述，在上诉率指标计算时，采用同期的方式进行计算，主要理由为：(1)所有数据均能够在统计期内予以体现，不会出现无数据或同一数据集合分布在多个统计周期内的情况；(2)统计难度较小；(3)在统计期足够长的情况下，基本能够反映指标变化情况。

同期不同质的问题，由于并不存在重复统计或遗漏统计的问题，仅仅是分子、分母在统计上的时间交错，因此，在统计期足够长的情况下，数据会相对稳定，基本上能够反映指标变化，不会对评价效果产生较大影响。但当统计期较短，并与收结案波动问题相叠加时，就容易出现特异值。特别是在年初时，分母收案数量相对较小，同时，上一年度年底审结的一大批案件陆续进入上诉程序，导致分子数量加大，经常会出现分子大于分母的情况，从而导致上诉率超过100%。在计算比例值的指标中，如果分子和分母同期又同质，则不可能出现分子大于分母，指标值超过100%的情形。由于一审服判息诉率的计算方式是“1－上诉率”,因此,当年初上诉率出现特异值,超过100%时,一审服判息诉率就会出现负值。如果我们不从同期同质的角度认真研究指标的计算方式,就很难理解指标负值的真正原因和实际含义。当统计期逐渐增大,特异值出现的概率降低,数据逐渐恢复正常。特别是当指标值的统计区间为一个年度时,一审服判息诉率的数值相对精准,因分子分母不同质问题导致的指标值偏差,几乎可以忽略不计。图4－3是某地区C中级法院k年、ℓ年、m年三个年度一审服判息诉率的月度变化情况。由于中级法院一审案件数量相对较少,更容易出现特异值,因此,相比案件体量较大的基层法院而言,这种年初指标出现负值,此后逐渐恢复平稳的现象,在中级法院的指标评价中会更为凸显。

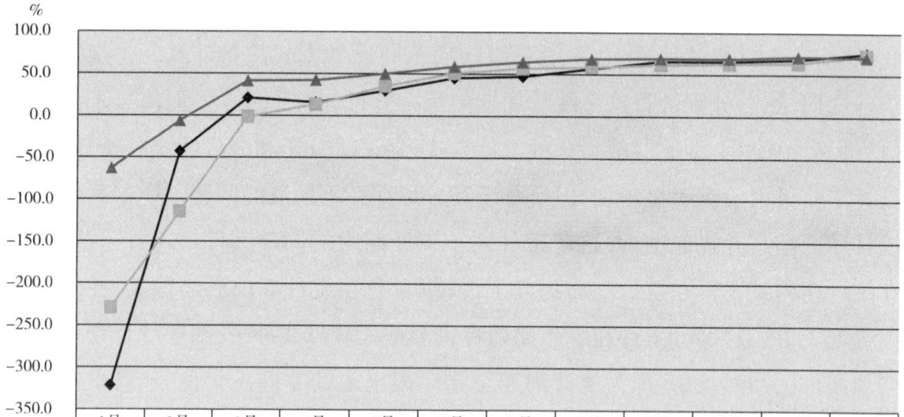

	1月	2月	3月	4月	5月	6月	7月	8月	9月	10月	11月	12月
k年	-321.4	-42.9	21.0	15.8	29.8	45.0	47.0	56.8	65.6	65.7	68.1	75.6
l年	-229.2	-114.7	-1.4	13.5	35.2	50.7	56.7	58.5	61.8	62.7	63.6	73.2
m年	-63.0	-6.3	41.3	42.2	50.0	58.5	64.1	68.4	69.1	68.9	71.6	70.9

图4－3　某地区C中级法院一审服判息诉率情况

关于同期和同质的问题,还有一个小插曲在这里一并分享。多年前,笔者在辖区法院进行调研督导中发现,部分基层法院在汇报案件增长情况数据时的统计口径和数据值,与我们掌握的不一致,认真一看,才发现他们统计的是总收案件的增长率。因此,我们在不同场合多次强调:在计算案件增长率时,只能计算新收案件的增长率,不能计算总收案件的增长率,或者说总收案件的增长率是没有统计意义的。我们知道,在进行增长率的计算时,分子和分母必须统计口径一致,统计时间相差一个统计周期。从这个意义上讲,由于分子分母数据不同期,因此,其数据中包含的案件必然不同质。如果计算总收案件的增长率,而总收案件是新收加旧存案件的合计,由于一个统计期内的旧存案件很大可能是上一个统计期的新收案件,这就意味着,在相邻两个统计期中,有一部分案件同时被统计到了分子和分母中,出现数据重复统计,即在不同统计期中,出现了同质数据。因此,这种统计方式在逻辑上是不通的。

从提高指标数值,获得更多考核分数的角度,我们认为,理解了一审服判息诉率产生负值的原因,就可以有针对性地开展工作,尽量避免年初出现负值的情况。在指标按照季度进行考核的情况下,做好一审案件均衡结案工作,避免年底突击审结一审案件,是解决本指标年初低,甚至出现负值的最有效途径。

我们用以下虚拟模型进行一个简要的说明,以便于理解一审案件均衡结案工作与一审服判息诉率指标情况的关系。

我们假设一个审判组织一年审结的一审案件为100件,这100件案件在一年的四个季度内分别审结,并且每季度审结的案件中,有50%的案件在第二个季度提出上诉,计入一审服判息诉率中上诉案件收案数的统计范畴。

在下列的虚拟模型A(见图4-4)和虚拟模型B(见图4-5)中,该审判组织在每年审结100件一审案件这个总工作量不变的前提下,案件审结的均衡程度有所差异。在虚拟模型A中,四个季度一审案件审结的数量分别为10件、20件、30件、40件。相应地,第一季度审结的10件一审案件中,有5件在第二季度提起上诉;第二季度审结的20件一审案件中,有10件在第三季度提起上诉;第三季度审结的30件一审案件中,有15件在第四季度提起上诉;第四季度审结的40件一审案件中,有20件在次年的第一季度提起上诉。根据以上数据,我们计算出该审判组织四个季度累计的一审服判息诉率分别为-100.0%、16.7%、41.7%和50.0%。

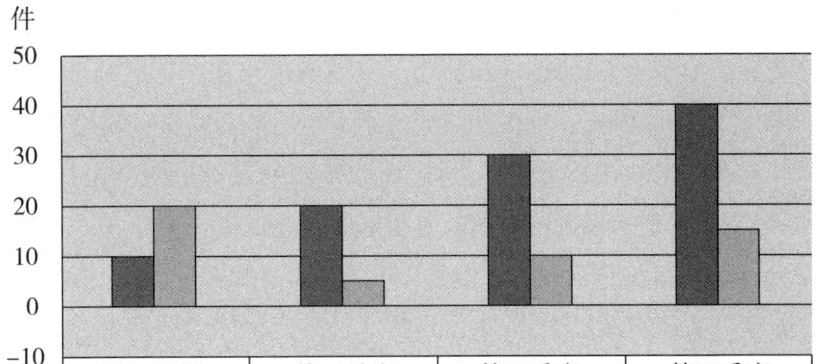

	第一季度	第二季度	第三季度	第四季度
■一审结案	10	20	30	40
■提起上诉案件	20	5	10	15

图4-4 一审服判息诉率计算虚拟模型A

在虚拟模型B中，一审案件审结的数量相比虚拟模型A更为均衡，四个季度审结一审案件的数量分别为20件、20件、30件、30件。按照相同的案件上诉比例和规则，四个季度提起上诉案件的数量分别为15件、10件、10件和15件。四个季度累计的一审服判息诉率分别为25.0%、37.5%、50.0%和50.0%。

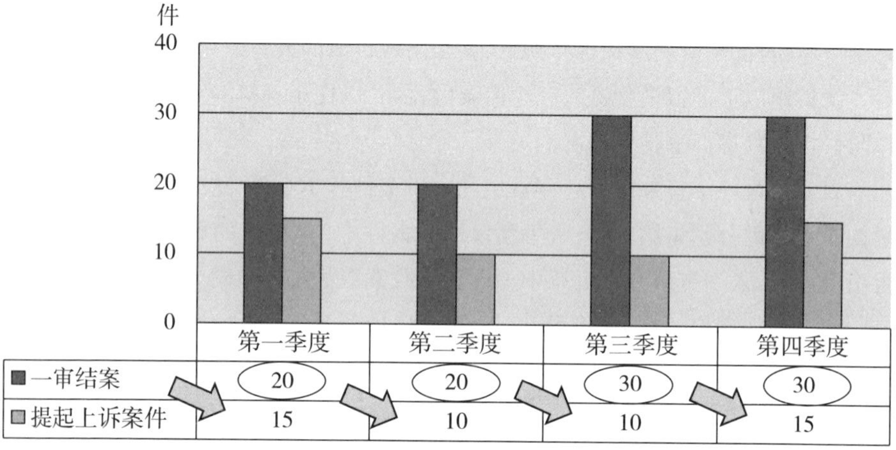

图4-5　一审服判息诉率计算虚拟模型B

我们可以看到，在两个虚拟模型中，尽管第四季度累计一审服判息诉率，即全年的一审服判息诉率均为50.0%，但在第一季度、第二季度、第三季度3个季度的累计一审服判息诉率指标值则相差巨大。如果考核体系设置的为季度考核，在两种模型中，一审案件均衡结案情况的差异，将导致季度累计一审服判息诉率指标考核分值出现重大差异。因此，为了有效解决年初一审服判息诉率偏低，甚至出现负值的状况，做好一审案件均衡结案工作是最直接和有效的手段。

均衡结案工作属于效率指标，而一审服判息诉率是效果指标。在这个模型中，出现了效率指标直接影响效果指标的有趣范例。此外，在另一种情形下，我们也会发现，均衡结案这个指标，还会间接影响案件质量指标。由于年底突击结案，大量案件集中审结，"萝卜快了不洗泥"，部分案件未查清即匆忙下判，导致次年年初上诉案件激增，被二审改判、发回重审案件数量迅速增长。这是效率指标间接影响案件质量指标的一个例子。

这些例子都说明，不同的指标是相互影响、互相作用和牵制的。做好指标管理工作，不能单纯地就指标研究指标，要理解指标背后蕴藏的审判管理问题，摸清指标之间的关联关系，综合施策、统筹管理，才能整体提高指标管理水平。

近年来，一些审判水平较高的地区法院的一审服判息诉率都处在比较稳定的状态下,基本可以保持在90%左右。一般而言,效果指标很难改进,难以通过某一两项具体的举措就能够立竿见影地提高指标值。一审服判息诉率作为效果指标中非常核心的一项指标,提高起来也十分复杂,其本身与审判人员的审判能力、审判流程的规范程度、案件整体质效状况等都存在基础性的关联。除此之外,还有以下几方面工作,对于从根本上提高服判息诉率具有重要意义:(1)加强诉讼调解工作,提高案件调撤比例。很多法院的审判质效评价结果都显示,案件调撤率与一审服判息诉率呈正相关关系,即案件调撤率提高,一审服判息诉率就会上升。(2)改善工作作风。(3)落实公开宣判,开展判后答疑,避免当事人单纯地因对判决结果不明白、不理解而提起上诉。(4)做好信访接待工作,避免出现群体性信访、极端信访事件等。

很多审判人员对于判后答疑存在抵触情绪,认为"判决之外,法官无言",作出裁判之后,审理程序已经终结,此时再做当事人的工作,已无实际意义,亦违背程序正义要求,当事人对裁判存在意见的应该通过上诉、提起再审等程序予以解决。这种理解具有一定的合理之处,但在"公正司法、司法为民"的大背景下,难免也有一些偏颇和绝对。

2005年11月,最高人民法院在全国法院立案审判工作座谈会上正式提出要在全国法院系统大力推行判后答疑制度。自此,判后答疑制度在全国如火如荼地推行。贵州省安顺市中级人民法院从2004年起实行法官判后答疑制度,对当事人的初次来访由原审法官和立案法官共同接待,对答疑主体、内容、时间和案件范围等方面进行规范,并将判后答疑作为考核的重要内容,同审判人员的审判业绩挂钩进行考核,取得了"定分止争、案结事了"的效果。湖北三级法院也采取了类似做法。[①] 重庆市高级人民法院立案庭制定了《法官判后答疑暂行规定(试行)》,规定在裁判文书生效后3个月内,案件当事人对判决有疑问来信来访的,由案件原审承办法官和有关审判庭进行判后答疑,而且审判长必须出席。[②] 某地区I基层法院在全院范围内全面推广实施判后答疑工作。当事人对判决有疑问的,可以在宣判后的3日内,书面申请法官解答疑问,法官也将根据这一申请,在5日内给予答复。[③] 这些法院的实践证明,法官判后答疑制度既可以增强审判法官对涉诉

---

① 参见《化解矛盾减少信访,安顺两级法院力推"判后答疑"》,载 https://news. sina. com. cn/o/2006-07-24/07499550904s. shtml。

② 参见《为"判后答疑"叫一声好》,载 http://www. dahe. cn/xwzx/pl/szjj/t20050415_76201. htm。

③ 参见《某地区I法院:案件当事人可要求判后答疑》,载 https://www. chinacourt. org/article/detail/2007/04/id/242087. shtml。

信访的预防意识,又可以大大提高信访的初访息访率,有利于提高司法公信力,及时化解矛盾,维护社会稳定,是从源头上治理涉诉信访的有效方法。

首先,判后答疑是人民法院承担裁判后工作的应有内容。面对当事人对审理程序、证据采信、裁判结果等方面的疑问和不解,法院应该积极给予解答,让当事人与法院的诉后矛盾化解在萌发阶段,杜绝后期当事人对法院工作的不满。这既是充分保障当事人诉讼权利的要求,也是法院贯彻司法为民理念的体现。其次,判后答疑是司法公开的必然要求。司法公开是保证司法公正的基础,也是保障当事人合法权益的基础。司法公开要求司法的各个环节公开和透明,包括判决理由的公开和透明。法官判后答疑是裁判后对审判活动和结果的进一步公开,能够在一定程度上消除和吸收诉讼当事人对审判活动的疑问与不满,增强司法公信力。最后,判后答疑是实现释明权和知情权的需要。虽然我国诉讼法并未使用"释明权"这一概念,但相关的内容和精神却散见于多项法律条文之中。释明权制度作为民事诉讼中的一项重要的法律制度,在倡导当事人主义和职权主义融合、交错的相对对抗制的审判方式改革模式下,诚信释明、中立释明、规范释明、适度释明的司法理念正逐步被接受与推行。① 释明权制度的设立,调整了当事人程序上的部分缺陷,从而切实达到司法公正、效率提高之目的。判后答疑是法官释明权的延续,具有释明权的意义。判后当事人上诉、申请再审是公民的诉讼权利,法官通过阐明、引导、启发等方式,使当事人正确行使诉权,其行为必然对于当事人的诉权产生影响。判后答疑制度可以实现当事人对于裁判过程、证据采信、裁判结果等内容和原因的知情权,保障当事人的权益。

因此,我们所说的判后答疑,并不是判决后继续开展程序上或实体上的裁判工作,也不是判决后继续开展诉讼调解工作,更不是做当事人工作让其放弃上诉的程序性权利,强制其息诉服判。判后答疑核心在于"答疑"。所谓"答疑",解决的不是当事人的实体性争议,而是当事人对于判决内容和法院审理进程的疑惑、不解;法官是应疑而答,不是主动地、毫无甄别地做息诉服判工作;答的方式主要是解释说明,而不是行使判断权的过程。

在司法实践中,很多案件的法律关系相对复杂,不具备法律专业知识的当事人很难理解,加之裁判文书撰写需要依据一定的样式和规范,有一些专业的术语和法律条文当事人很难非常准确地理解,因此,可能会对裁判结果产生一定的疑惑。还有一些当事人对法院的审理进程、程序性决定、流程推进,乃至工作作风都

① 参见陶郑忠、姚毅:《试论法官释明权制度的设立》,载《上海政法管理干部学院学报》2005年第2期。

会产生一些疑问、误解和质疑，特别是一些当事人在裁判结果对其不利的情况下，容易产生法官偏袒对方，甚至因为收取好处而枉法裁判的猜测，还有一些会产生一审法院和二审法院，法院和公安、检察等机关"官官相护"等想法。这些所谓的疑问、误解和质疑，大多是由于对法律规定不了解、对法院工作流程不熟悉、对法官的职业能力和工作作风不信任产生的。很多情况下，通过简单地解释说明、释法说理就可以打消当事人的顾虑，获取当事人的理解，达到息诉目的，避免当事人仅仅因为误解和质疑启动新的审判程序，或拒绝自动履行判决，从而浪费宝贵的司法资源，加大当事人的诉讼成本支出。

当然，判后答疑也需要进行一定的规范，不能超出必要的限度，更不能通过判后答疑强制当事人息诉服判，影响当事人诉讼权利的行使。笔者认为，做好判后答疑工作，应规范以下几方面的内容：

当事人可申请答疑的范围：(1)判决主文的具体含义；(2)法院裁判文书中对证据的认证情况；(3)法院裁判文书中所查明事实的依据；(4)法院裁判文书说理部分的具体含义；(5)法院裁判文书依据的法律条文的内容和含义；(6)对可上诉裁判文书提起上诉的相关问题；(7)当事人认为裁判文书有文字错误的问题；(8)与二审审判程序相关的问题；(9)关于退还证据原件和复印卷宗材料的相关问题；(10)对生效裁判文书当事人自动履行和强制执行的相关问题；(11)裁判文书公开等司法公开事项的相关问题；(12)其他与裁判文书相关的需要由审判人员进行答疑的问题。

当事人可申请答疑的期限，一般为判决书作出后 15 日内(涉外当事人为 30 日内)，裁定书作出后 10 日内(涉外当事人为 30 日内)，有关履行裁判文书的相关问题的答疑期限为裁判文书作出后至裁判文书规定的履行期限届满日止。

负责答疑的人员，一般由承办案件的审判人员负责。当事人提出对承办案件的审判人员不信任的，可以由该案件的审判长或合议庭其他审判人员负责为当事人答疑。

在一审服判息诉率的考核评价中，还有一个问题值得关注，那就是不同的案件类型、不同的法院层级对于指标值产生了不同的影响，导致一审服判息诉率实际值出现较大波动。如在具体案件类型中，行政案件、劳动争议案件、医患纠纷案件等案件类型上诉率明显偏高，一审服判息诉率相对较低。以知识产权案件为例，著作权案件由于案情相对简单、标的普遍较小，诉讼调解工作开展相对顺畅，因此一审服判息诉率明显较高。技术类案件，由于法律关系复杂、案件审理难度大、涉及当事人的利益较大，开展息诉服判工作难度较高，一审服判息诉率相对较低。知识产权商标行政、专利行政案件等相比一般的知识产权民事案件，上诉率也明显偏高。这些情况主要是由于案件类型差异造成的，还有一部分原因是和当事人的上诉成本等具有紧密的关系。如劳动争议案件诉讼费明显偏低，仅有10元，通过简易程序审理的案件诉讼费，减半后只有5元。很多当事人虽然对二审改变一审裁判结果不抱希望，但由于上诉成本接近于0，因此，产生了“不上诉白不上诉”的想法。特别是对于败诉案件的当事人而言，可以通过极小的诉讼成本，拖延案件生效、履行，从而导致这类案件的上诉率偏高、一审服判息诉率较低。

此外，法院审理层级往往对案件的服判息诉率也会产生影响。一般而言，中级法院受理的一审案件标的较大、难度较高，息诉服判工作较难开展。因此，中级法院一审案件的上诉率相比基层法院数值偏高。加之中级法院一审案件整体体量较小，上诉率和服判息诉率更容易出现特异值。因此，在各地区高级法院对辖区各中、基层法院开展的一级考核中，对于一审服判息诉率指标，大多未考核中级法院，而是仅对基层法院进行考核。在这个前提下，由于各基层法院的一审案件差异性相对较小，一审服判息诉率指标满意值可以采取“一刀切”的方式，确定一个统一的值进行考核，而各基层法院在对本院庭室和法官开展二级考核时，则需要考虑不同审判业务庭室审理案件的难易程度、案件类型差异、当事人情况差异等因素，做适当的指标满意值差异化处理。

2. 裁判文书上网率和庭审直播率

我们虽然将审判效果和司法公开并列予以描述，但根据最高人民法院31项案件质量评估体系，司法公开属于审判效果指标范畴，理由是司法公开情况反映了审判和执行工作的公开性和透明度。以裁判文书公开为例，认为裁判文书是人民法院审判和执行工作的载体，体现了法律权威性；裁判文书上网是审判公开原则的内在要求，可以促进司法公正，提升司法公信力；裁判文书上网率高，说明案件处理结果更为广泛地接受了社会公众的监督，能够更充分地满足公众对于审判执行工作的知情权。

本书第六章会对司法公开工作进行详细的介绍，我们先看以下两个考核实施例：

(1)裁判文书上网情况(2分)

裁判文书上网率(1.4分)。裁判文书上网率按半年考核，基础分各0.3分，满分各0.7分。上半年、全年裁判文书上网率99.5%以上的，计0.3分，达到100%的，计0.7分，低于99.5%的，不计分。

裁判文书不公开审批及撤回情况(0.6分)。(辖区各法院)经审批不公开的裁判文书数量占实际上网公开裁判文书数量的比例由高到低排名第一、第二的，不计分，排名第三、第四的，计 0.1 分，排名第五、第六的，计 0.2 分，排名第七及以后的，计 0.3 分。撤回裁判文书数量占实际上网公开裁判文书数量的比例由高到低排名第一、第二的，不计分，排名第三、第四的，计 0.1 分，排名第五、第六的，计 0.2 分，排名第七及以后的，计 0.3 分。

(2)庭审直播率(5 分)

庭审直播率 = 庭审直播数量 ÷ 新收案件数量 ×100%。

庭审直播率按半年考核，基础分各 1.3 分，满分各 2.5 分。指标总分 5 分。

上半年 B 中级法院、E 中级法院庭审直播率达到 11.5% 的，计 1.3 分，每高 1% 加 0.3 分；C 中级法院、D 中级法院庭审直播率达到 12% 的，计 1.3 分，每高 1% 加 0.3 分；其他法院庭审直播率达到 14% 的，计 1.3 分，每高 1% 加 0.3 分。最高 2.5 分。

全年 B 中级法院、E 中级法院庭审直播率达到 14.5% 的，计 1.3 分，每高 1% 加 0.4 分；C 中级法院、D 中级法院庭审直播率达到 15% 的，计 1.3 分，每高 1% 加 0.4 分；其他法院庭审直播率达到 17% 的，计 1.3 分，每高 1% 加 0.4 分。最高 2.5 分。

在上述关于司法公开工作的考核实施例中，我们设计了两个项目三个指标。这两个项目分别是裁判文书考核和庭审直播考核。实际上，司法公开工作还包括审判流程公开和执行信息公开。由于审判流程公开工作目前还缺乏相对科学准确的评价方式，涉及的指标也很难准确评估当前的审判流程公开工作。因此，审判流程公开工作主要通过信息系统自动推送实现，未进行相应的指标考核。执行信息公开工作，虽然也是此前人民法院三大公开平台之一，但在执行工作单独考核的大背景下，执行相关工作建立了单独的指标体系，执行公开工作也一般由执行局自行负责开展。因此，在审判管理办公室为主导的审执指标设置中，很少将执行信息公开工作纳入考核。

关于裁判文书上网率，我们虚拟的基础是：某地区法院经过几年的不懈努力，裁判文书上网管理工作已经相对成熟，地区法院文书上网率超过 99%，绝大多数辖区法院上网率可以达到 100%。为解决目前裁判文书不公开审批及撤回标准不严的问题，进一步规范裁判文书公开工作，管理者设置了裁判文书不公开审批及撤回情况指标，并针对两种情况分别配置了相对较低的考核分数，按实际占比进行排名计分。通过严格的考核管理，地区法院不上网审批数量和公开后撤回文书的数量也在全国处于较高水平。尽管裁判文书公开工作在司法公开工作中占据非常重要和关键性的地位，但是考虑到此项工作开展得相对顺畅，通过考核进行引导的作用已经比较小了。因此，在考核总分值设定时，与另一项“庭审公开工作”的总分值 5 分相比，裁判文书上网的两项指标合计仅设置了 2 分。同时，正是由于裁判文书上网工作开展得很好，因此，又设计了“裁判文书不公开审批及撤回情况”指标，设置了 0.6 分的考核分数。这是对裁判文书上网工作更精细化、更深入的管理和评价。如果我们设定的考核基础是某地区法院裁判文书上网工作整体开展得不够好，在设置考核指标时，就应该配置更大的权重，以加大考核引导力度。同时，会集中考核分值，重点考核裁判文书上网率这一关键性指标，而不会考虑设置“裁判文书不公开审批及撤回情况”指标。关于这两项指标的具体评价问题，我们将在司法公开的相关章节里详细进行讨论。

关于庭审直播率指标，为了让读者更好地理解不同情形下指标分值设定的参考因素，我们虚拟的基础是：某地区法院庭审直播数量一度不高，与先进法院存在较大差距，需要采取有力措施扭转落后局面。因此，我们参考了全国先进地区法院的庭审直播情况，设置了较为严格的庭审直播率指标，尽管各法院实际庭审直播数量与指标要求差距很大，但在当前技术支持保障的情况下，各辖区法院均能够通过加大庭审公开力度获得该项目全部考核分数。考虑到庭审直播是一项持续性、过程性的工作，以及年底结案力度大、庭审数量增多等因素，我们在实施例中为半年、全年设置了不同的比例指标，且在基础分上设置加分项，鼓励辖区法院进一步提高庭审直播数量。

尽管庭审直播案件范围仅限于依法公开开庭审理的刑事、民事、行政等案件，但为了统计、考核方便，庭审直播率的统计方式为庭审直播案件数量占新收案件数量的比值，分母未采用“实际应公开庭审数量”这种统计口径。在实际的审判管理工作中，各辖区法院应当结合各业务部门案件类型特点，将庭审直播任务进行二次分解。考虑到中级法院受理的二审案件相对较多，尽管我们大力提倡二审案件开庭审理，但仍会有相当数量的二审案件不需要开庭审理即可结案。因此，我们在设置实施例中的指标满意值时，对中级法院和基层法院进行了差异化设置，适当降低了中级法院的指标满意值。

从实际考核实践看，庭审直播率指标是发挥引导作用效果非常明显的指标之一，可以在一个考核周期内，如一年的时间，全面扭转落后局面。从审判管理的角度看，这个指标的管理难度和法院案件体量关联非常小，关键在于强有力地推动和督导。如果行动较晚，没有在考核周期一开始就积极推动这项工作，即便后期直播数量有一定的提升，也很难追上，并获得较好的考核分数。我们在前面的讨论中曾经指出，审判管理的绝大多数指标都是累计指标，这就要求审判管理部门必须早谋划、早部署，争取将所有指标在年初都打下良好基础，别让工作一直处在“补旧账”“追进度”的状态之中。

关于庭审直播率指标的其他问题，我们将在司法公开的相关章节中详细讨论。

七、积案清理考核

我们在本书第二章第四节讨论长期未结案清理时，以某地区法院为例，拟定了积案清理的考核实施例。在这个实施例中，为了让读者能够更全面、准确理解积案清理工作考核需要考量的因素，我们设置了一些相对复杂的差异化虚拟场景：r 年，某地区法院涉外案件占新收案件的 0.93%，除 F 法院占比 22.59%、A 法院占比 7.19%、E 中级法院占比 3.47% 外，其他法院占比均在 1% 以下。综合考虑涉外案件占比、审级因素等情况，在确定 1 年至 2 年未结案、2 年至 3 年未结案占当前未结案总数的比例指标时，实施例中区分不同类别法院，设置了不同的指标数值；考虑到年底积案清理力度加大、未结案数量减少的情况，为年中、年底设置了不同的比例指标。

我们之所以设计了复杂的差异化虚拟场景，是由于积案的形成受到了很多因素影响，包括案件类型、审判人员审理习惯、审判管理水平等，这些因素的差异导致即便在同一个地区，不同法院之间的积案数量也会有很大的差异。如果我们无视这种差异，直接确定一个统一的清理标准，看似很公平，但实际操作中，一些法院可能不需要怎么努力，就可以轻轻松松获得考核分数，而另外一些法院，可能花费再大的精力，短期内也无法扭转难以获得考核分数的困境。如果出现了上述情况，考核的激励和引导作用就没有发挥出来。因此，我们在实施例中，根据当前各辖区法院积案的现状，进行了较为复杂的差异化考量，同时，在设置 1 年至 2 年未结案占比、2 年至 3 年未结案占比指标时，采取了较为严格的标准，绝大多数被考核的法院都需要通过强有力的积案清理工作才能获得考核分数。积案数据统计时，不包括执行、国家赔偿、减刑假释、申诉审查、破产清算案件，刑事被告人脱逃或无受审能力案件。

这里我们需要关注 3 年以上未结案客观原因的扣减标准问题，这是实践中管理者必须解决的问题。笔者的意见是，在扣减问题上，要严格把握标准，尽量别太“松口”。主要原因是，笔者在督导和调研中发现，很多长期未结案不能审结，确有评估、鉴定、中止等客观原因，但是同时，这些案件还糅杂了审判流程拖延等承办法官的主观原因,以及多次更换案件承办法官等管理原因。因此,如果我们把口子开得太大,不仅标准很难把握,也不利于逐步改变“边清边积”的现象,实质性地消减长期未结案数量。毕竟我们面临两个客观的情况:一是最高人民法院在进行长期未结案考核通报时是完全不考虑未结原因的;二是部分地区法院尽管开展了很长期间的积案清理工作,采取了很多措施,也取得了一定进展,但是和先进地区法院相比,差距仍然非常巨大。笔者此前去苏、浙、沪、闽调研,各法院介绍审判管理工作时,大多都没有清理长期未结案的内容,偶尔有的法院提到,也是说我们在下力气清理6个月以上的未结案。一方面,管理者需要进一步研究扣减条件问题;另一方面,也必须让被管理者清醒地认识到,长期未结案清理是一项需要长期坚持、不能松懈的工作,需要持续发力,慎终如始,否则数据一旦反弹,几年的努力都会付之东流。一般而言,上半年审判压力相对小一些,到了下半年,各法院都要开足马力结案,长期未结案清理工作可能会和结案调度相互掣肘,因此,各法院管理者要争取利用上半年的宝贵时间,加大清理力度,巩固来之不易的清理成果。有条件的法院,要提前将管理触手向1年以上,甚至6个月以上的未结案实质性介入,争取早点打出翻身仗。

八、执行工作考核

最高人民法院31项案件质量评估体系中,涉及执行的指标很少,没有针对执行工作形成相对完整的评价指标体系。基于条线管理的原因,近年来,在最高人民法院31项案件质量评估体系之外,最高人民法院执行局针对执行工作设定了一些考核和评价指标,对各省、自治区、直辖市法院开展考核和评价工作。全国各地法院执行局也根据实际情况,研究设置了一些专门针对执行工作的考核指标。这些指标主要包括:(1)执行质量指标:执行督促申请率、执行督促发令率、执行行为撤改率、执行异议裁定撤改率、终本案件检查卷宗合格情况等;(2)执行效率指标:有财产可供执行案件法定期限内实际执结率、首次执行案件执结率、首次执行案件人均结案数、首次执行案件结案平均用时、执行信访案件期限内办结率、执行信访案件办理及时度、督办事项期限内办结率、事项委托期限内办结率、执行案款收发工作情况等;(3)执行效果指标:实际执行率、执行完毕率、终结本次执行程序率、执行标的到位率、保全率、案拍比、执行信访率;(4)执行专项工作:执行指挥中心建设情况、执行信访工作情况、“一案双查”工作情况、执行宣传工作情况、执行信息化工作情况、民生案件执行情况、职务犯罪刑事案件执行情况、规自领域整治案件执行情况等。

关于执行质量指标，我们为了在以法院为考核对象的考核体系构建中，尽可能地简化指标体系，降低考核指标数量，可以考虑将执行督促发令率、执行行为撤改率、执行异议裁定撤改率三个指标合并成一个执行案件督促撤改率，具体的公式为：

执行案件督促撤改率 =（执行督促发令数 + 执行行为被执行异议、复议或执行监督程序撤销、变更数 + 执行异议裁定被执行复议或执行监督程序改判、撤销、发回数）÷ 执行案件数 ×100%

上述合并方式是将三个指标的分子和分母分别相加或合并，实质上存在一定的科学性问题，但考虑到上述三个指标的分子在实践中数量都比较小，加和计算有助于避免指标单独计算产生的特异值问题，因此，可以适当忽略指标分子分母不同质的科学性问题。此外，在计算变更、改判、撤销、发回数时，考虑到执行案件的撤改数量相比审判案件而言，数值偏低，容易出现特异值问题，因此，可以直接用撤改数参与指标计算，而不使用撤改数（错误）进行计算。这样的指标计算方式，也可以避免上下级法院在考核过程中发生勾兑。由于指标涉及的撤改案件实际数量很少，因此，勾兑行为可能会很轻易地实质影响指标的考核得分。综合以上考虑，我们用了相对客观的撤改数进行指标计算，而没有采用需要进行主观判断的撤改数（错误）进行指标计算。

参考平均审理时间指数和平均执行时间指数两个指标，我们可以自行设计一个执行信访案件办理时间指数指标。

$$执行信访案件办理时间指数 = \frac{1}{n}\sum_{i=1}^{n} 执行信访案件\,i\,办理时间指数$$

n = 统计期内办结的督办执行信访案件数

$$执行信访案件\,i\,办理时间指数 = \begin{cases} 1, & 0\,天 \leqslant x_i < 20\,天 \\ 0.9, & 20\,天 \leqslant x_i < 30\,天 \\ 0.8, & 30\,天 \leqslant x_i < 40\,天 \\ 0.6, & 40\,天 \leqslant x_i < 45\,天 \\ 0, & x_i \geqslant 45\,天 \end{cases}$$

其中，x_i = 案件 i 办结时间 − 案件 i 交办日期。

我们以案款发还工作为例，探索设计一个“执行案款规范发还率”考核指标，具体的指标计算公式和考核实施例如下：

执行案款规范发还率（3.2 分）

执行案款规范发还率 =

$$\frac{1}{12}\sum_{i=1}^{12}\frac{当月发放案款金额-月末超期未发放案款金额\times 5}{月末在账案款总金额}\times 100\%$$

及时发还案款，规范案款提存、延缓发放审批，消减在账案款总数，执行案款规范发还率由高到低排名第一名至第五名的，计0.8分，排名第六名至第十名的，计0.5分，排名第十一名至第十五名的，计0.3分，排名第十五名之后的，不计分。

因客观原因，导致涉众型经济犯罪执行案件存在超过100万元案款无法及时发放的，经地区法院审核确认，可以将该起案件无法及时发放的案款金额从月末在账案款总金额中予以扣减。

这个指标的制定，主要基于以下几点考虑：

(1)规范案款发还工作，核心要做好以下几方面工作：一是及时发还案款，确保无理由超期未发放案款持续清零；二是规范案款提存、延缓发放审批；三是科学研究，确保在账执行案款总金额稳定在合理区间，金额高于区间上限的，及时预警研究。反映执行案款工作成效最重要的两个标准：一是无理由超期未发放案款数为零；二是在账执行案款总金额下降。因此，我们针对上述反映执行案款工作的两个标准，设计了"执行案款规范发还率"指标。指标每月取值，我们用"当月发放案款金额÷月末在账案款总金额"这个比值来反映一个法院案款清理工作的力度，引导执行工作人员及时发放案款，避免款项积压。也就是说，发放案款数量越大，在账案款总金额消减越多，这个比值就会越大，考核得分就会越高。及时发放案款，既包括新入账案款要及时发放，也包括对于提存、延缓发放事由消失的案款予以及时发放，以实现增大案款发放金额，降低在账案款总金额的目的。

(2)为了规范案款发还行为，确保无理由超期未发放案款持续清零，我们在公式分子部分，用"当月发放案款金额－月末超期未发放案款金额×5"的方式，对于月末存在无理由超期未发放案款的被考核主体，给予了严厉的惩罚，即在"当月发放案款金额"中扣除5倍的"月末超期未发放案款金额"，以降低公式比值，从而实现考核分数的扣减。在特定情况下，某月的"(当月发放案款金额－月末超期未发放案款金额×5)÷月末在账案款总金额"的计算比值允许出现负数。当然，我们说，用"当月发放案款金额÷月末在账案款总金额"这个比值来反映一个法院案款清理工作的力度是基本科学的，而将上述比值的分子修正为"当月发放案款金额－月末超期未发放案款金额×5"，实际上是从"已发放"的案款中扣除了部分"未发放"案款数额，存在科学性问题，即"减数和被减数不同质"。之所以我们这样设计，是为了在一个简单的公式中，同时实现"消减案款总金额"和

“惩罚无理由超期未发放案款行为”的两个目的，从而在一定程度上牺牲了指标设计的科学性。

(3)关于因客观原因无法及时发放的案款的扣减问题，笔者认为，应采取相对严格的标准。在考核实施例中，我们仅针对案件来源为涉众型经济犯罪的执行案件，并且单起案件因客观原因无法及时发放的滞留案款金额超过100万元时，才予以审核扣减。这种方式，既保证了存在极特殊案件的情况下，单起案件或数起案件不会严重影响指标计算值，也避免被考核主体滥用扣减规则，将大量的正常提存、延缓发放情形作为案款清理工作不力的借口。

还有一个用以评价执行案款发还效率的指标，在最高人民法院执行条线考核中曾经使用过，那就是执行案款收发平均用时，具体的计算公式为在统计期内所有发还案款的收发平均天数，其中每笔案款的收发平均天数 = 案款发还支付日期 - 案款缴纳日期。具体考核实施例为：

执行案款收发平均用时(0.5分)

$$\text{执行案款收发平均用时} = \frac{1}{n}\sum_{i=1}^{n}(\text{案款}\,i\,\text{发还支付日期} - \text{案款}\,i\,\text{缴纳日期})$$

n = 发还日期在统计期内的案款笔数

中级法院该指标值≤30日计0.5分，≤40日计0.4分，≤50日计0.3分，>50日计0.2分；基层法院该指标值≤15日计0.5分，≤25日计0.4分，≤35日计0.3分，>35日计0.2分。

第四节　机关二级考核实践

我们在第三节讨论的是某地区法院针对辖区各中、基层法院开展的一级考核过程中应遵循的原则，以及如何进行体系构建和指标设置等问题。对于这个层面的一级考核而言，被考核主体为辖区的各中、基层法院，考核中的差异化考量，主要集中在法院的体量大小、专业法院和普通法院在受理案件类型上的差异、中级法院和基层法院在受理案件类型上的差异、城区法院和郊区法院在基础人力资源方面的差异等。对于被考核的中、基层法院而言，还需要将地区法院对于该法院考核中的指标进行相应分解，完成本院对各个审判业务庭室及其审判人员的考核。从某种程度上考量，法院的各个审判庭室之间的差异，有时候要比不同法院之间的差异更大。从考核体系构建上看，各中、基层法院不仅要完成对本院各个审判业务庭室考核的体系构建，还需要完成对审判人员包括法官、法官助理和书记员等不同分类人员的考核体系构建。不同的被考核主体在考核体系构建上,会有相应的差异,考核指标设置也有很大区别。因此,我们说,从差异化考量的角度看,本院的二级考核是更为复杂的。

对于二级考核的内容,还有一些法院,仅仅针对本院的各审判庭室开展,而将对审判人员的考核,放在下一个考核层级进行,即由各审判业务庭室在本庭室内部开展。我们一般认为,这种考核层级的划分模式,与人民法院考核管理的标准化、管理模式的一体化要求不相符合。同时,可能产生三个方面的问题:一是各庭室在开展本庭室内部的审判人员考核过程中,由于缺乏专业的审判管理人员,很可能会出现考核体系和指标设置不科学的问题。二是从整个法院的管理来看,由各审判庭室分别对审判人员进行考核,可能会造成各庭室的考核标准和尺度不一,落实考核要求的严格程度存在差异,从而引发不同庭室之间的审判人员相互比较,造成不必要的管理反弹。三是由于各庭室考核标准不一,导致考核结果应用范围和场景有限,难以对审判人员进行跨庭室比较和全院审判人员的评价排行。

下面,我们以某地区法院对本院机关各审判业务庭室和审判人员的二级考核为例,对二级考核应该遵循的原则和指标设置等问题进行讨论。[①]

在这个实施例中,某地区法院对本院机关的审判业务考核以促进提升审判质效为导向,分为部门业务考核和个人业务考核两个层级。其中,审执业务部门的业务考核以部门审判任务完成情况、结收比情况、长期未结案件情况、案件质量评查情况以及庭审直播情况等为重点,强化结案均衡调度和审判质量、效率、效果管理等,同时还设置了审判调研督导工作指标。法官的业务考核包括办案业绩基础指标、办案效率附加指标和非办案业绩指标,办案业绩基础分通过法官办案业绩得分直接折算,将改判发回、案件评查、审理期限、流程节点、司法公开、重大敏感案(事)件处置、均衡结案、文书质量等重要指标涵盖在内。审判辅助人员的业务考核,采取主客观相结合的方式,具体包括以辅助工作量和辅助工作质效为考核内容的客观考核和以政治、思想、态度、能力、配合度等方面业绩为考核内容的主观考核。

① 本部分考核内容、程序及实施例参考了某地区法院针对本院机关的考核规定,王姝参与了规定起草。

一、部门考核

(一)部门考核指标

在我们设计的实施例中,部门考核指标由共性指标、个性指标和附加指标三部分构成,考核按照“100 分 + 10 分”进行分值设置。其中,共性指标满分为 30 分,个性指标满分为 70 分,按照综合行政部门和审判部门分类核算。附加指标实行加分制,加分上限为 10 分。共性指标包括党的建设、队伍管理、新闻舆论和意识形态工作、党风廉政建设和纪律作风建设、机关司法行政管理工作等五部分,同时,设置一票否决情形。个性指标由各部门根据年度工作任务的基本内容形成年度工作任务书予以明确。附加指标主要包括调研工作奖励加分和部门附加奖励加分。

部门共性指标由考核领导小组根据地区法院整体工作部署、年度重点工作进行设置并细化赋分。综合部门个性指标由各部门根据年度重点工作任务及本部门工作职责进行设置并细化赋分,通过民主议定、反馈修改、领导审核等程序,形成部门年度工作任务书。审判部门个性指标由各部门根据年度重点工作任务及本部门工作职责,依据地区法院审判管理办公室下达的当年度审判绩效考核指标和审判督导工作指标,通过民主议定、领导审核、反馈修改等程序,形成部门年度任务清单。部门附加指标由考核领导小组根据重点工作目标,确定加分指标,明确评分标准和分值权重,进行细化赋分、审定公示。

(二)部门考核程序

各部门联络员负责将本部门的考核数据、考核结果按季度上报考核信息管理系统,搜集留存佐证文件,并对佐证文件、考核数据的真实性负责。各考核成员单位根据本部门工作职责及考核工作分工,对各部门共性指标完成情况进行评价打分,并详细记载各项指标考核情况。考核办负责组织对部门个性指标的考核工作。各部门根据工作任务完成情况随时填报相关数据,上传考核信息管理系统。考核办运用考核信息管理系统,对各部门履行职责和完成工作任务情况进行动态监控。年终,考核办组织成员单位和各部门联络员,对照部门年度任务清单,对部门年度工作完成情况进行考核,核算部门个性指标得分。考核周期内,审判管理办公室负责组织研究室、诉讼服务办公室等部门对审判部门的审判质效考核指标、调研督导工作指标完成情况进行评价打分。年底,各部门向相关考核成员单位申报部门附加指标加分,同时提供申报加分项目的证明材料并对材料的真实性负责;考核成员单位审核,出具加分意见,并对审核结果负责;考核办汇总后由考核领导小组研究审定。

(三)部门个性指标

部门个性指标由各部门根据目标任务完成情况随时填报相关数据,按季度对部门个性指标完成情况进行自查总结。年终,考核办组织成员单位和各部门联络员,对照部门年度工作任务书,对部门年度工作任务完成情况进行考核,核算部门个性指标得分,总分70分。

1. 综合部门个性指标(70分)

综合部门根据部门工作职责,按照地区法院重点工作任务的分工确定个性指标、评分标准和完成时限。

2. 审判部门个性指标(70分)

审判部门个性指标包括部门审判质效考核指标和审判调研督导工作指标。

(1)部门审判质效考核指标(40分),考核审判业务部门审判任务完成情况,审判工作量、质量、效率和效果情况。由审判管理办公室根据不同部门工作实际,设置不同考核指标项目、指标权重和计分标准,实行分类考核。我们设计了以下考核实施例:

部门审判质效考核指标(40分)(本部分考核刑事审判庭、民事审判庭、行政审判庭、审判监督庭时,最终得分=实际得分;考核执行局、国家赔偿办、申诉审查庭时,最终得分=指标得分÷30×40;考核立案庭时,最终得分=指标得分÷32×40;考核未成年人审判庭时,最终得分=指标得分÷29×40)

①审判工作量情况(6分)。按照法官办案业绩评价系统计算部门法官平均工作量,庭室排名第1位的得6分,排名末位的得1分,其他庭室根据庭室排位获得相应分值。

②结收比(10分)。包括半年指标(5分)和全年指标(5分)。半年指标达到71%得2.5分,每增加1%,加0.25分,满分5分;全年指标达到98%得3分,达到99%得4分,达到100%得5分;低于基准值的不得分。

结收比=审结案件数量÷同期新收案件数量×100%

③法定(正常)审限内结案率(2分)。部门法定(正常)审限内结案率达到99%得1分,达到99.5%得满分。

④长期未结案件情况(2分)。部门年底无三年以上未结案件的,得满分;存在一件及以上的,扣2分。因客观特殊原因导致的三年以上未结案件,经承办部

门主管副院长及审判管理部门主管副院长认定后,在考核时予以扣减。

(本指标不考核执行局、国家赔偿办、申诉审查庭)

⑤案件质量差错情况(3分)。部门审结案件出现重大差错的,每一起案件扣1.2分;出现一般差错的,每一起案件扣0.6分;出现瑕疵的,每一起案件扣0.3分。扣分以3分为限。

⑥裁判文书上网率(3分)。包括半年指标(1.5分)和全年指标(1.5分)。半年指标达到98%得0.8分,达到99%得满分;全年指标达到99%得0.8分,达到100%得满分;低于基准值的不得分。

(本指标不考核未成年人审判庭)

⑦庭审直播情况(6分)。包括半年指标(3分)和全年指标(3分)。公开开庭审理案件的庭审过程均应直播公开,半年部门庭审直播率达到7%得1.5分,每增加1%,加0.3分,满分3分;全年部门庭审直播率达到8%得1.5分,每增加1%,加0.3分,满分3分;低于基准值的不得分。

部门庭审直播率=部门庭审直播数量÷部门新收案件数量×100%

(本指标不考核执行局、立案庭、国家赔偿办、申诉审查庭、未成年人审判庭)

⑧对下级法院发回重审比例控制(2分)

适当控制对下级法院发回重审案件比例,避免程序空转,对下级法院发回重审比例达到30%的,不得分,低于30%的,得2分。

对下级法院发回重审比例=二审、再审发回重审案件数÷(二审、再审改判案件数+二审、再审发回重审案件数)×100%

(本指标不考核执行局、立案庭、国家赔偿办、申诉审查庭、未成年人审判庭)

⑨网上办案工作情况(4分)。包括电子送达使用率情况(1分)、电子卷宗同步生成和深度应用工作情况(2分)、诉讼服务平台回复情况(1分)。

部门电子送达使用率达到10%的计0.5分,超过15%的计1分。

电子送达使用率=部门使用电子送达的数量÷部门受理案件数量×100%

部门常态化地开展电子卷宗随案同步生成工作,确保电子卷宗随案同步完整扫描,电子卷宗扫描率达到100%的计1分,每低1个百分点扣0.1分,扣分以1分为限;部门积极推进电子卷宗深度运用功能实现6项(含6项)以上的计1分,实现4项(含4项)至6项的计0.5分,低于4项的不计分。

部门积极回应群众提出的联系法官、材料提交等诉求,诉讼服务平台工单规定期限内办结率排名第一至八名计1分,第九名之后计0.5分。

⑩卷宗归档情况(2分)。未按卷宗管理规定及时归档,扣0.8~2分。卷宗

归档存在严重不规范情形的，每一件扣0.3分。扣分以2分为限。

(2)审判调研督导工作指标(30分)

①完成本部门年度审判调研督导工作情况(20分)。落实地区法院调研工作部署，组织开展调研工作，实施本部门承担的地区法院重点调研课题，未完成的，扣1~10分。做好各类案例编写、报送工作，未完成的，扣1~8分。针对审判疑难问题、统一裁判尺度及时开展各类研讨活动、制定相关规范性文件，未完成的，扣1~7分。由研究室根据部门工作职责确定个性指标、评分标准和完成时限。

②完成本部门年度重点督导工作情况(满分10分)。按照年度工作部署，做好司法改革、服务保障大局等重点工作，未完成的，扣1~10分。由办公室、审判管理办公室、研究室、司法改革办公室会同各审判部门根据重点工作部署及司法改革工作部署确定。

(四)二级考核与一级考核的关系

在上述实施例中，某地区法院对于机关内审判业务庭室的考核以及对于审判人员的考核，相比于地区法院对辖区中、基层法院的考核而言，属于二级考核。一般而言，考核层级越低，考核内容越应该精细。以二级考核为例，其考核目的除了要完成本层级的管理要求之外，还要落实一级考核的目标任务，特别是要对一级考核的内容进行相应分解，转化为二级考核的项目、指标和工作要求，以使其作为一级考核的被考核主体时，可以整体性完成考核任务要求。因此，一般来讲，二级考核中对于审判业务庭室的考核部分，其考核的项目指标应与一级考核要求的项目与指标相对应，考核的体系方向与一级考核基本一致。当然，我们说二级考核相比一级考核往往更复杂，主要是因为二级考核要解决以下几个问题：

1. 我们在实施例里介绍的某地区法院机关的考核体系，虽然与某地区法院对辖区各法院的考核体系一脉相承，但二者并不是完全的二级考核和一级考核的关系。某地区法院机关的考核体系相对独立，不需要完成辖区法院考核体系中的指标任务，不需要按照一级考核的体系进行指标分解。事实上，在实施例中，由于某地区法院机关本身案件体量相对较小，对辖区法院审判质效的影响并不大；其作为上级法院，相比辖区各法院更强调审级督导、调研等职能，而非办案职能；其案件数量虽然比较少，但疑难复杂案件相对较多，在案件质效评价中存在较多的特殊情况；某地区法院长期作为考核主体而非被考核主体存在，内部审判质效管理并不十分成熟。因此，在考核项目和考核指标满意值设置上，我们都采取了相比辖区法院考核更为宽松的标准。尽管如此，我们针对某地区法院机关审判质效考核体系的研究，仍然对于我们研究二级考核如何分解一级考核中的指标任务问题，具有一定的参考意义。

2.要做好一级考核任务的分解工作。一般而言，二级考核在进行任务分解时，往往要将指标要求设置得略高于一级考核的指标要求，这样，当部分被考核主体出现客观情况或管理问题没有能够按照二级考核要求完成指标任务时，法院作为一个整体仍然能够达到一级考核的管理要求。

当然，在二级考核分解一级考核管理任务时，也并不意味着对一级考核的指标照抄照搬。有一些一级考核指标是整体性指标，在进行二级考核时，容易出现特异值，从而影响管理效果。因此，在分解一级考核任务时，需要对一些指标进行适当的转化和调整，如将一审案件改判发回重审率转化为一审案件改判发回重审件数。

在某地区法院机关考核审判执行部门的指标中，相对地区法院对辖区法院开展的一级考核而言，有一个指标进行了转化和调整，即"④长期未结案件情况"指标，规定"部门年底无三年以上未结案件的，得满分；存在一件及以上的，扣2分（本指标不考核执行局、赔偿办、申诉审查庭）"。这种转换，主要考虑以下几个方面：(1)考虑到部分庭室整体案件数量很少，用长期未结案占总未结案件的比率的计算方式，容易出现特异值，引导性也不明显，在实践中，庭室管理者和审判人员还是需要将比率换算成件数。(2)由于某地区法院机关各审判执行部门案件基数较小，按照对辖区各中、基层法院考核中关于长期未结案清理的比例要求，计算出的3年以上未结案数量经过四舍五入后，大部分均为0件。另外，考虑到某地区法院疑难复杂案件相对较多，长期未结案数量也处在辖区法院的较高水平。因此，采取了相对较为严格的考核标准，即只要存在1件及以上的三年以上未结案的，本项指标即不得分。(3)在实践操作中，很多庭室反映因客观原因造成三年以上未结案的问题，认为应在考核时予以扣除。同时，在机关的二级考核中，确实存在因各审判庭室承担的审判职能和审理案件类型的差异，造成本项指标达到满意值的难度存在较大差别，客观上造成了一定的不公平。特别是负责普通民事案件审理和负责商事案件审理的民事审判庭，要想获得指标分值十分困难。因此，我们对本项指标的计分标准进行了适当的变通，规定了一定条件下的扣减程序，即"因客观特殊原因导致的三年以上未结案件，经承办部门主管副院长及审判管理部门主管副院长认定后，在考核时予以扣减"。但这样的变通仅适用于地区法院机关的二级考核，并没有将其推广到对辖区各法院的考核中，主要是由于个案的长期未结原因识别情况相对复杂，工作量较大。此外，仅在地区法院机关的二级考核中进行适当变通，并不会对辖区各法院三年以上未结案清理工作产生较大影响。但如果变通方式扩展到辖区各法院，可能会导致要求个案扣减的案件过多，从而整体上无法对辖区各法院三年以上未结案的数量做到有效控制，丧失指标应有的考核引导作用。

在某地区法院机关二级考核实施例中，考核的基本项目和指标与地区法院对辖区中、基层法院开展的一级考核中的项目和指标基本一致，仅增加了“⑤案件质量差错情况”指标。这个指标在辖区中、基层法院考核中，指标项目为“案件评查及日常质量监管情况”，要求辖区各中、基层法院“每季度针对上一季度二审、再审改判发回、指令再审案件，长期未结诉讼案件等开展日常（专项）质量评查，并向地区法院报送载明逐案分析的案件质量评查报告”，同时，12 月 1 日前要“完成一次全体员额法官参加的案件质量讲评或覆盖所有员额法官的分口案件质量讲评”，这种规定，实际上是对案件评查工作开展情况的考核。在某地区法院机关针对各审判业务庭室的二级考核中将这项指标调整为“⑤案件质量差错情况”，并规定“部门审结案件出现重大差错的，每一起案件扣 1.2 分；出现一般差错的，每一起案件扣 0.6 分；出现瑕疵的，每一起案件扣 0.3 分。扣分以 3 分为限”。

这种考核方式是依据案件评查结果，对审判质量的考核和评价。这种考核方式也存在以下几个问题，需要予以关注：（1）由于案件评查工作一般是一种抽样评查，因此，其案件评查结果并不能够非常准确、完整地反映被评查主体的案件审判质量。因此，依据案件评查结果进行考核扣分，实质上是用抽样案件的评查质量替代整体案件质量，存在一定的科学性问题。（2）如果以法院为单位，根据案件评查结果，对不同法院的案件审判质量进行横向比较时，一般以差错率的方式进行计算较为科学。在具体计算时，也可以根据案件差错的程度、确定的具体的差错等级，赋予相应的权重进行合成计算。如果以个人为单位，根据案件评查结果，对不同法官的案件审判质量进行横向比较时，一般以差错个数的方式进行计算，并根据案件差错程度、具体差错等级进行不同分值的考核分数扣减。如果以审判庭室为单位，根据案件评查结果对不同庭室的案件审判质量进行横向比较时，到底是采取差错率的方式，还是采取差错数量累积的方式进行考核更科学，需要根据实际情况确定。诚然，以差错案件数量的方式进行考核，案件数量相对较多的庭室会处于天然的考核劣势。但是，考虑到地区法院机关各审判业务庭室的案件数量整体相对较少，如果使用案件差错率进行计算，极易出现畸高畸低的数值，很难确定指标的满意值区间，在考核的操作性上存在一定问题。（3）适用“差错率”计算还是用“差错个数”计算，也与在案件评查过程中的抽样规则息息相关。如果在抽样中统一按照一定的比例进行抽取,最终按照案件差错率进行计算,显然会更科学一些。但事实上,考虑到某地区法院机关部分审判业务庭室案件数量过少,如果都按照同样的比例进行案件抽取,可能会导致那些案件数量过少的审判业务庭室抽取案件数量过少,甚至为0件。因此,在评查案件抽取中,往往会采取差异化的抽取比例进行。对于案件数量较多的庭室,抽取的比例相对较小;对于案件数量较少,特别是一些案件数量过少的庭室,实际抽取的案件比例相对较高,从而在抽取数量上实现各审执业务庭室的基本均衡。从这个角度来说,在庭室审判质量考核中,用案件差错数量的方式进行考核分值扣减,也存在一定的合理性。另一个考量就是案件评查实际的差错数量情况。如果对于绝大多数的审判业务庭室而言,抽取的案件数量基数较大,评查出的差错案件数量也较多时,使用差错率的方式进行考核将会更加科学;如果在抽取案件的数量基数较小,评查出的差错案件数量也很少的情况下,这种案件差错的出现,就更具有随机性和偶然性。此时,使用差错数量进行考核分数累积扣减,则更具有实际可操作性。

3. 要解决被考核主体的差异化问题。我们上述讨论中提到二级考核比一级考核要求更精细,对于差异化的容忍度更低。因此,与一级考核不同,二级考核的重点、难点,不是考核评价体系的构建、项目指标的选择,而是在一级考核的体系要求下,解决被考核主体的差异化问题。这个问题,我们在前面专门讨论过,在此不再重复。

(五)部门考核的差异化解决

这里,我们还需要说明一个问题:对于一个法院而言,整体工作既包括审判执行工作,也包括调研宣传、党建队伍建设等其他工作。在前面提到的某地区法院针对辖区各法院开展的一级考核中,我们将审判执行工作和调研宣传、党建队伍建设等作为不同的考核内容,按照一定的权重比例,分别赋分。由于是在同一个体系下的不同考核内容,因此,每一部分考核内容的指标项目、计分方式等,都可以相对自由地设置,不需要强行进行统一,只需要在合成方法上保持体系上的一致性就可以了。然而,在各辖区中、基层法院对本院各内设部门和人员进行的考核中就会出现一些问题。例如,在内设部门中,有的部门是审判执行部门,有的部门是审判辅助部门,有的部门是司法行政部门,这些部门从事的工作内容差异很大。从理论上讲,如果要实现一级考核到二级考核的指标分解,只需要将一级考核中涉及内设部门工作内容的相应指标分解到该内设部门即可。但是,这就又产生了一个新的问题,那就是在二级考核中,不同的内设部门涉及的指标不同,考核项目、计分方式也有很大差异，使这些内设部门的考核结果出现了严重的可比性障碍。一般而言，解决这个问题，有两种不同的方式：

1. 通过对指标满意值和计分方式进行调整，增强可比性。尽管不同的内设部门涉及的考核项目和计分方式不同，但这些内设部门的考核仍然处在同一个考核体系内，考核的总分是一致的；或者，我们至少可以通过分数折算的方式，使各内设部门的考核总分保持一致。同时，各考核项目的合成方法是基本统一的。因此，可以考虑对这些内设部门的考核分数进行强行比较。当然，为了保持这种强行比较更加趋于合理，可以应用过往考核周期的指标数据进行测算，应用当前考核周期指标数据开展推演，对不同内设部门考核项目的满意值和计分方式进行适当调整，以使不同类别的内设部门的考核得分相对均衡地分布在一定的分数区间内，而不是出现某一类别的内设部门的得分整体比另一类别的内设部门的得分高或得分低，从而导致评价结果不可用。

我们对于考核项目的满意值和计分方式的适当调整，基于这样一个基本逻辑前提，即虽然审判执行业务部门、审判辅助部门和司法行政部门在工作内容上存在较大差异，但从整体上，每一个序列之间的工作量是基本均衡的，工作质效等业绩是基本平衡的。这种基本均衡和平衡，在考核分数上体现为，每一个序列的内设部门中业绩得分最高的一个或几个部门的得分是基本相当的。也就是说，在考核得分最高的那几个部门中，应该包括每个序列中得分最高的那个部门。同样道理，每个序列中的内设部门中，业绩得分最低的一个或几个部门得分也应该是基本相当的。从而，形成的结果是不同序列的内设部门业绩分都是有高有低，而且拉开的档次、最高分数和最低分数之间的分差是基本相当的。这样，所有系列的内设部门在统一混合排序时，是一种均衡的混合，而不是某一个序列整体上明显排名全部靠前或全部靠后。这种均衡混合的结果，无论对于管理者还是对被考核主体都是易于接受的。

2. 分类考核。从本质上讲，我们通过调整指标满意值和计分方式的方法，增强被考核主体的可比性，从而使被考核主体的考核得分相对均衡地分布在一定的分数区间内，其主要目的在于使考核得分具有可比性，从而可以利用考核得分进行不同被考核主体间的混合排序等结果应用。如果我们对不同的被考核主体采用分类的考核结果应用模式，则不需要对不同的被考核主体的得分进行横向比较。这种情况下，我们就不需要强求不同分类的被考核主体的评价结果具有可比性，因为我们的考核分数比较和考核结果应用，都是基于同一个被考核主体类别进行的。例如，我们可以将被考核的法院内设部门分为三个类别，分别是审判执行部门、审判辅助部门和司法行政部门，然后针对不同的类别设置不同的指标项目和计分方式。在进行考核结果应用时，我们只对同一类别的被考核主体进行比较，而不进行跨类别的被考核主体的横向比较。这种方式操作起来相对比较简单，尽管无法实现所有被考核主体的混排比较，但已经基本能够满足大多数情况下的考核评价需求。

二、个人考核

（一）个人考核指标

个人考核指标由共性指标、个性指标、附加指标三部分构成。

实施例中，共性指标是对个人"德、能、勤、廉"等情况进行的评价，满分 30 分。个性指标是对个人工作绩效进行的评价，满分 70 分。附加指标是获得表彰奖励的加分项，主要分为工作奖励和调研奖励，加分上限为 10 分。

个人共性指标由考核领导小组根据公务员考核相关规定进行设置并细化赋分。各部门根据部门共性指标和部门年度工作任务书，将年度目标任务细化分解到具体岗位和工作人员，由部门工作人员签订个人工作任务书，经主管院领导同意后，上传考核信息管理系统备案。审判部门法官和审判辅助人员的个性指标备案前，须经审判管理办公室审核。个人年度工作任务书作为个人目标任务完成情况的依据。年初，考核办根据法院工作重心调整和形势发展变化需要，合理设置个人附加指标和分值权重。

（二）个人考核程序

个人"德"（10 分）、"能"（5 分）的指标评价，由各部门组织所属人员进行评价打分。部门中层领导和所属人员分别以 40%、60% 权重计入评价得分。个人"勤"（5 分）的指标评价，由相关考核成员单位根据个人考勤情况，参加重大活动、重要会议等的出勤情况进行评价打分。个人"廉"（10 分）的指标评价，由纪检监察部门根据个人廉政情况进行评价打分。年底，考核成员单位组织各部门对个人共性指标进行评价打分。

个人个性指标考核根据个人年度工作任务完成情况进行评价打分。每季度末，综合行政部门所属工作人员，审判部门所属非办案工作人员，对照个人年度工作任务书撰写季度总结并上传考核信息管理系统，由部门中层领导组成考核小组，根据完成情况对个性指标进行评价打分。

每季度末，各审判部门中层领导组成考核小组，根据审判管理办公室提供的本部门所属办案法官、审判辅助人员完成个人年度工作任务书各项指标情况，确定个性指标分数。个人附加指标加分情况，由各部门向相关考核成员单位申报，同时提供申报加分项目的证明材料并对材料的真实性负责。考核成员单位出具加分意见并对审核结果负责。考核办汇总后按规定加分。

个人年度考核得分按照“100 分 + 10 分”进行分值设置，对中层领导和一般干警进行分别核算。个性指标按季度考核，共性指标和附加指标按年度考核。

中层领导年度考核得分 = 部门年度工作考核得分 ×60% + (个人共性指标得分 + 个人个性指标季度得分平均分) ×40% + 个人附加指标得分

一般干警年度考核得分 = 个人共性指标得分 + 个人个性指标季度得分平均分 + 个人附加指标得分

(三)个人个性指标

个人个性指标考核根据个人目标任务完成情况进行总结评价，实施例中，我们设置这部分的总分为 70 分。在具体考核中，还要区分综合部门所属人员、审判部门所属非办案人员个性指标，审判部门法官个性指标，审判部门审判辅助人员个性指标三部分。

1. 综合部门所属人员、审判部门所属非办案人员个性指标

可以综合行政部门所属工作人员，审判部门所属非办案工作人员的个人目标任务完成情况，由部门领导组成本部门考核小组，根据个人工作任务书进行总结评价并打分。

2. 审判部门法官个性指标

我们在实施例中，设定审判部门法官个性指标基础分为 70 分，包括办案业绩指标(50 分)和非办案业绩指标(20 分)。

(1)办案业绩指标(50 分)。以法官办案数量、办案质量、办案效率、办案效果以及审判工作重点为考核内容，以法官办案业绩得分为考核依据，以员额法官为考核对象(包括入额庭长、副庭长)。具体包括办案业绩基础指标(基础分 40 分)和平均实际审执时间指数(10 分)。

①法官办案业绩得分依据法官办案业绩评价体系进行测算。具体分类如下：

第一，员额法官考核以所属部门法官办案业绩得分平均值为基准。

员额法官办案业绩基础分 = 员额法官办案业绩得分 ×40 ÷ 本部门员额法官办案业绩得分平均值

第二，副庭长考核以所属部门法官办案业绩得分平均值的75%为基准，并依照院庭长办案规定对办案数量任务完成情况进行考核。

副庭长办案业绩基础分=(副庭长办案业绩得分×35)÷(本部门员额法官办案业绩得分平均值×75%)+副庭长办案任务完成分值

副庭长办案任务完成分值(5分)。完成办案任务的，得5分；未完成任务的，不得分。

第三，庭长考核以所属部门法官办案业绩得分平均值的50%为基准，并依照院庭长办案规定对办案数量任务完成情况进行考核。

庭长办案业绩基础分=(庭长办案业绩得分×35)÷(本部门员额法官办案业绩得分平均值×50%)+庭长办案任务完成分值

庭长办案任务完成分值(5分)。完成办案任务的，得5分；未完成任务的，不得分。

②平均实际审执时间指数达到所属部门法官平均值的，得4分，每高0.01加0.5分，加分以10分为限；低于平均值的不得分。

$$\text{平均实际审执时间指数} = \frac{1}{n}\sum_{i=1}^{n} \text{案件}\ i\ \text{实际审执时间指数}$$

n=有审限和执行期限案件的结案数(无审限案件不取值)

$$\text{案件}\ i\ \text{实际审执时间指数} = \begin{cases} 1, & 0 \leqslant x_i < 0.5 \\ 0.8, & 0.5 \leqslant x_i < 2/3 \\ 0.6, & 2/3 \leqslant x_i < 1 \\ 0.3, & 1 \leqslant x_i < 1.5 \\ 0.1, & 1.5 \leqslant x_i < 2 \\ 0, & x_i \geqslant 2 \end{cases}$$

其中，x_i=案件i实际审执时间÷案件i法定审限或执行期限，案件i实际审执时间=结案日期－立案日期。

(2)非办案业绩指标(20分)。考核法官从事调研、宣传、材料撰写、督导、教育培训、行政事务等非办案工作业绩，由各审判部门领导组成本部门考核小组，根据法官工作情况进行总结评价并打分。

3.审判部门审判辅助人员个性指标

审判辅助人员指协助法官履行审判职责，办理审判业务性、事务性工作的法官助理、书记员。我们在实施例中，审判辅助人员个性指标设定基础分为70分，包括客观考核指标和主观考核指标。

(1)客观考核指标(50分)。客观考核以辅助工作量和工作质效为考核内容，包括辅助工作量指标和辅助工作质效指标；针对不同考核对象，分类设置不同的计分方式。

首先，辅助工作量指标(基础分30分)，以所属部门同类别辅助人员工作量平均值为考核基准，辅助人员工作量依据法官办案业绩评价系统进行测算。

法官助理辅助工作量得分＝法官助理辅助办案工作量×30÷本部门所有法官助理辅助办案工作量平均值

书记员辅助工作量得分＝书记员辅助办案工作量×30÷本部门所有书记员辅助办案工作量平均值

其次，辅助质效指标(20分)，以审判辅助人员辅助办案质量、效率、效果为考核内容，根据质效情况进行个案扣分，扣分以20分为限。实施例中，具体可以包括：

①笔录制作指标(5分)。制作的庭审笔录和其他各类笔录存在瑕疵、错误，庭前准备或审理阶段审判事务性工作、法律文书校对、诉讼文书送达等存在不及时、不规范，以及出现差错情况的，每一起案件扣0.5分。

②卷宗归档指标(5分)。案件卷宗归档不及时，或存在不规范情形的，扣0.5~5分。

③质量评查指标(5分)。因履职存在瑕疵或错误，导致案件被评查部门确定为瑕疵或差错的，扣0.5~5分。

④工作效果指标(5分)。因工作作风等问题被投诉并经查证属实，造成严重社会影响或负面舆情的，扣2分；通过采取措施尚可挽回社会影响、舆情的，扣1分；未造成社会影响或负面舆情的，扣0.5分。

(2)主观考核指标(20分)。用以反映审判辅助人员一定周期内的政治、思想、态度、能力、配合度等方面业绩情况，由审判辅助人员辅助的法官进行考评。

(四)个人考核的差异化解决

1.个人考核的差异化问题更为复杂。全国很多地区法院在对法院人员进行考核时，并不区分人员类别，而是统一按照公务员考核的基本要求，从“德、能、勤、绩、廉”五个方面进行考核打分。在上述的某地区法院机关二级考核的实施例中，我们仍然基本沿用了“德、能、勤、绩、廉”五个方面的考核项目，把“德、能、勤、廉”

四个项目作为共性项目予以考核，将“绩”作为个性项目予以考核。在进行个性项目考核时，区分了人员分类；对于不同类别的人员，设置了不同的考核指标和计分方式，用以计算“绩”项目分值。特别是，在对审判人员的“绩”进行考核时，设置了具体的客观指标，这就改变了此前一直进行主观评价的考核模式。也就是说，如果考核结果都是通过主观打分的方式进行评价，尽管从打分主体方面可以区分为领导打分、部门和团队人员互评打分等各种不同的方式，但都是采取主观评价的方式，只是将评价的整体得分分为五个项目，对主观评价得分进行汇总而已。这种打分的模式，缺乏客观参考依据，科学性存在一定问题。按照上述考核实施例的考核体系结构，将“德、能、勤、廉”四个项目作为共性指标，通过主观评价的方式进行考核评价，而将“绩”这个指标权重设置为70%，基本上采用客观指标的方式进行评价，使整个考核体系主观和客观结合，注重实际工作业绩，考核方式更加科学。

2. 在具体人员分类中，按照第三轮司法改革的人员分类标准，法院工作人员应该包括法官、审判辅助人员和司法行政人员三个类别。在实际的考核工作中，我们需要解决三类人员评价结果的可比性问题，以实现不同类别人员的考核得分混合排序。即便我们对考核结果的应用要求不需要十分精细，也必须解决在同一个内设部门中所有人员的可比性问题，以实现该内设部门内部不同类别人员的考核得分混合排序。

在审判业务部门中，一般包括法官、审判辅助人员两个类别，而实际上还存在从事内勤工作和专门从事党务、调研宣传等事务的人员，这些人员从工作内容上更接近于司法行政人员。为了解决这一部分人员的考核分类问题，有必要在审判部门内单独设立一个类别，即审判部门所属非办案人员。当然，实践中，还存在一些人员主要的工作职责是从事内勤等行政事务性工作，同时也参与一些案件的辅助事务，但从考核上考量，一名被考核人员不能同时适用两种不同的考核标准。因此，在这种情况下，应该由本部门领导综合该名人员的主责工作和实际工作情况，选择审判辅助人员和审判部门所属非办案人员两个类别中的其中一种考核标准进行考核评价。

对于审判辅助部门，如审判管理办公室、研究室等部门，以及综合行政部门的人员，原则上，应该包括审判辅助人员和司法行政人员两个类别，但是，由于审判辅助部门并不直接办理案件，因此，审判辅助部门的审判辅助人员与审判业务部门的审判辅助人员从工作内容上仍然有较大差异，难以通过辅助案件的数量设置相应的考核指标。因此，审判辅助部门的审判辅助人员与司法行政人员的评价模式更为接近。在上述的考核实施例中,我们将法院工作人员区分为三类,分别为:①审判部门法官;②审判部门审判辅助人员;③综合部门所属人员、审判部门所属非办案人员。也就是说,在审判业务部门的人员中包括法官、审判辅助人员和部门所属非办案人员三个类别;在审判辅助部门和司法行政部门的人员统一归入综合部门所属人员,并与审判部门所属非办案人员划分为同一类别,应用统一考核标准进行评价。

3. 在对于三个类别人员的考核中,实施例还进行了一些更为精细化的考量。例如,在对审判部门、法官进行考核时,又具体区分了一般的员额法官、庭长和副庭长三个类别,采用三种不同的计分方式。主要考虑是,庭长和副庭长除了要履行员额法官的审判职能,审理一定数量的案件外,还应该履行庭长的审判监督管理职责。同时,对于庭长和副庭长还必须完成院庭长的办案任务要求。因此,将庭长和副庭长的审判工作业绩区分成两部分:一部分是其承办案件、参与审理案件,以及参加审委会、专业法官会议等研究案件的审判工作业绩;另一部分是院庭长任务完成情况。这两部分得分之和,作为庭长和副庭长的审判业绩得分进行评价。在业绩得分的具体计算方式上,我们直接引用了法官办案业绩评价系统进行测算。考虑到法官办案业绩评价系统在进行业绩得分测算时,不仅计算了法官承办案件、参与审理案件,参加审委会、专业法官会议等审判工作的工作量,还对于超审限情况、案件评查差错、裁判文书上网等审判质量、效率、效果等指标进行了总分的加减分合成。因此,在对法官进行业绩评价时,直接引用了法官办案业绩评价系统的合成结果,而没有再单独设置审判指标。如果采取单独设置审判指标的方式,应该参照一级考核以及二级考核中对于庭室的审判指标,进行相应的分解和调整,从审判工作量、审判质量、审判效率、审判效果四个维度进行指标设置,并进行考核分数的合成评价。

在个人年度考核得分的核算中,我们将庭长、副庭长等中层领导和一般干警又进行了差异化的考量。其中一般干警年度考核得分为"个人共性指标得分 + 个人个性指标季度得分平均分 + 个人附加指标得分",而中层领导年度考核得分为"部门年度工作考核得分 ×60% +(个人共性指标得分 + 个人个性指标季度得分平均分)×40% + 个人附加指标得分"。也就是说,对于一般干警而言,其个人年度考核得分完全取决于其个人的共性指标、个性指标和附加指标得分;对于中层领导而言,其除了作为法官要从事审判工作之外,还要作为管理者承担对整个部门的监督管理职责,那么对于中层领导的个人年度考核得分,就由其作为法官的个人审判业绩得分情况,和作为管理者对本部门履行监督管理职责的情况,按照一定的权重复合计算而得。并且，从公式中我们可以看到，院庭长履行对本部门监督管理职责的情况，我们直接用部门年度工作考核得分予以替代，并且此部分的权重占到了中层领导个人年度考核总分的60%。换句话说，笔者认为，部门考核得分高，说明中层领导的监督管理职责发挥得好；反之，部门考核得分低，说明中层领导的监督管理职责发挥得差。

4. 另一个考量的问题是，对于审判辅助人员的评价体系，实施例采取了与法官的评价体系相对差异化的处理方式。对于法官而言，其审判工作业绩是由审判工作量、审判质量、审判效率、审判效果四个维度的客观指标评价合成的。在对审判辅助人员的审判业绩评价中，将70分分成两部分，一部分为客观考核指标50分；另一部分为主观考核指标20分。客观指标又具体细分为辅助工作量指标30分和辅助质效指标20分，并设置了笔录制作、卷宗归档、质量评查和工作效果4个辅助质效指标。主观考核指标用以反映审判辅助人员一定周期内的政治、思想、态度、能力、配合度等方面业绩情况，由审判辅助人员辅助的法官进行考评。这种考量主要是基于审判辅助人员工作的辅助特性设置的。对于审判辅助人员的评价，除了要从客观上评价审判辅助人员的工作量和工作质量、效率、效果等，还必须考察其辅助行为的工作态度、配合能力、配合度等。这些内容往往是决定其最终辅助效果的关键因素。因此，在对审判辅助人员的评价中，我们加大了主观评价的比重，并且将这种评价权交给了审判辅助人员的辅助对象，即法官。由法官对辅助其工作的人员的整体工作情况进行评价，实际上是赋予了法官对于助理业绩评价的一定程度决定权，这对于辅助人员服从管理、听从调配，实现更好的辅助效果有着重要的意义。

5. 在对审判部门法官进行业绩考核时，实施例将考核项目区分为办案业绩指标（50分）和非办案业绩指标（20分）两部分。在办案业绩指标部分中，我们又具体区分为办案业绩基础指标（基础分40分）和平均实际审执时间指数（10分）。平均实际审执时间指数指标是一个非常明确的效率指标。之所以单独设置这样一个效率指标，并且赋予如此大的分值权重，也是基于考核中要求审判人员尽可能加快案件周转，降低案件审理周期，解决人民群众反映强烈的司法效率问题的价值导向。这里的平均实际审执时间指数和一级考核中对中、基层法院进行考核时的平均实际审执时间指数指标相同。这个指标是一个很特殊的指标，从指标分类上其属于整体性评价指标，但从具体的指标计算方式上看，其又是由每一个具体案件分别评价计算后的一个合成指标。因此，这个指标虽然是整体性指标，但在被考核主体的案件范围不断缩小的过程中，并不会出现一般的整体性指标在指标分解过程中容易出现的特异值问题。这个指标既可以作为评价一个法院的整体性指标,也可以作为评价一个审判业务部门或一名审判人员的具体指标,而不需要对指标的满意值和计分方式等进行调整。

当然,在应用这个指标对审判业务部门和审判人员进行评价时,必须考虑不同审判业务部门和不同审判人员因办理案件的类型差异造成的指标值差异问题。如果我们应用这个指标对审判业务部门进行评价,就必须正视和解决差异化问题,在指标的满意值设置上进行差异化调整。在对审判人员进行考核时,如果我们的评价结果仅是在审判业务部门内部进行应用,则在同一个审判业务部门范围内,办理案件类型差异造成的审判人员指标值差异问题就会很小,甚至可以被忽略。因此,我们在上述实施例中可以看到,在地区法院对辖区各中、基层法院进行一级考核时,和地区法院对本院审判人员进行具体评价时,都设置了这个指标。在地区法院对本院审判业务部门进行评价时,并没有选择使用这个指标,主要的原因就是为了规避指标满意值的差异化调整问题。

第五节　考评的差异化设置

审判绩效评价和考核体系的科学性一般主要取决于两个方面:一是评价体系内容设置的科学性,主要包括体系结构设置、指标设置、计分方式和合成方法的科学性问题;二是被考核主体差异性的考量。

很多时候,除了实际从事审判管理和绩效考核工作的管理人员外,被考核主体对于评价体系的科学性缺乏关注,也不愿意深入地研究整体性、体系性问题。这些被考核主体对于评价体系科学性的直观认识,往往源于对考核体系某一个点的认识,如某一个考核指标的科学性问题,甚至某一个指标的满意值区间、计分方式等的科学性问题,并由此判断整个考核体系是否科学。这些关于具体指标科学性的问题,大多数是由于被考核主体的差异化引发的。很多时候,管理者的一个朴素的认识是:即便考核体系和考核规则存在一些不合理之处,但如果规则对于每一个被考核主体都是统一的、一致的,那么,考核规则至少是公平的。当然,这种所谓的公平是建立在被考核主体不存在明显差异的基础之上的。也就是说,状况基本相同的被考核主体,在面临相同的考核规则时,无论这个规则是否合理、科学,这种考核都可以被理解和接受。然而,一旦被考核主体存在明显的差异性,这时,当面临仍然相同的考核规则时,那些处于考核劣势的主体更倾向于放大差异性对考核结果的影响,要求在考核规则设置上予以差异化对待。从这个角度来说，解决被考核主体的差异化问题，是审判绩效评价和考核体系科学性面临的最大难题。

在绩效评价和考核体系差异化考量时，我们需要强调的是，差异化的考量要与考核的精细化程度相适应，并不是所有的差异都需要进行考量。只有当差异化问题相对突出，可能会实质性影响被考核主体的业绩评价，导致考核结果的不公平时，才有必要进行适当的差异化考量。事实上，一旦我们进行了相应的差异化考量，必然会增加考核体系的复杂程度，降低考核的引导性。同时，差异化考量是一项很复杂的系统工程，有时候比建立一个考核评价体系，或设置一个通用指标更加复杂。指标的差异化必然会降低规则的普适性，使被考核主体评价方案的可比性降低，如果差异化设置不尽科学合理，很可能产生新的公平性问题。

关于差异化设置的方法，主要分为以下几种：

一、评价体系的差异化设置

这种差异化设置主要适用于被考核主体所从事的工作内容存在明显差异，缺乏基本共通性的情况。例如，在二级考核中，法院对于审判业务部门和非审判业务部门进行的差异化设置。再如，在审判工作考核中对法官和法官助理个人业绩评价时进行的差异化设置。在这些例子中，我们很难找到可以普适的指标，用于同时评价不同的考核主体；即便是有个别指标可以同时用于评价不同的考核主体，其计算公式、计分方式也需要进行较大的差异化考量。例如，我们在对法官和法官助理考核评价时，都需要对审判工作量进行评价，但在具体评价时，计分方式会有一定的差异。其中，法官的工作量评价一般以其承办案件的数量为基础，在相对精细化的考核体系中，还可能会增加参加合议庭审理案件的工作量和参加专业法官会议、审委会等的工作量。对于法官助理的工作量评价，一般以其辅助的案件数量为基本参考依据，同时，还要区别不同的法官助理在从事具体案件的辅助事务时，由于参与方式不同，可能导致具体工作内容的不同。因此，在相对精细化的考核体系中，要针对法官助理实际的辅助工作内容进行相应的考量。同时，还要考虑在同一起案件中存在多名法官助理同时进行工作辅助时如何进行工作量拆分等相关问题。从这个例子可以看出，虽然我们在对法官和法官助理个人审判业绩评价中，都需要设置工作量评价指标，但具体的计算公式和计分方式存在实质性差异，基本不具可比性。

在本书的前面章节，我们曾讨论过关于单独考核的问题，按照那部分讨论的观点，所谓的评价体系差异化设置，其实也是一个伪命题。更准确地说，应该是针对各被考核主体,整体性地设置多个区别性考核评价指标,并设置指标的差异化计分方式,以实现在同一个评价体系内的充分差异化评价。这里的区别是,不同的评价体系之间,理论上其评价结果不具有可比性,而在同一个评价体系内的充分差异化评价则使用了基本相同的指标设置、计分方式和相同的指标分值合成方法。因此,即便对于不同的考核主体,我们设置了完全不同的两套考核指标,即便这些考核指标没有一项是重合的,但其使用相同的合成方法所形成的指标评价结果,仍然具有一定的可比性。因此,我们仍然可以说这是在同一个评价体系内的充分差异化评价方式,而非是相互独立的两个评价体系。

二、评价项目的差异化设置

大多数被考核主体的差异化问题都是通过评价项目的差异化设置解决的。这种差异化最典型的例子是在二级考核中,法院对于承担不同审判职能、审理不同案件类型的庭室进行考核时,需要对不同的被考核主体设置差异化的评价项目。以上述某地区法院机关二级考核为例,机关共有 10 余个审执业务庭室,考核时共设置了 10 个考核项目。但是,由于被考核主体的审判职能差异,部分考核项目无法适用于所有被考核主体,因此必须对考核项目进行差异化的设定。从表 4 -9 我们可以看到,考核体系为刑事审判庭、民事审判庭、行政审判庭、审判监督庭设置了 10 个考核指标,考核项目总分值为 40 分;其他审判业务庭室均无法考核“7. 庭审直播情况”“8. 对下级法院发回重审比例控制”两项指标。未成年人审判庭由于大多数裁判文书均涉及未成年人隐私,属于法定不上网的裁判文书类型,因此,对未成年人审判庭不考核指标“6. 裁判文书上网率”。这样,立案庭一共考核 8 个指标,考核项目总分值为 32 分;未成年人审判庭一共考核 7 个指标,考核项目总分值为 29 分。按照最高人民法院关于审判案件长期未结诉讼的统计口径,长期未结案件不包括执行、国家赔偿、减刑假释、申诉审查、破产清算案件,刑事被告人脱逃或无受审能力案件,因此,执行局、国家赔偿办、申诉审查庭不考核“4. 长期未结案件情况”指标,这些庭室考核项目共 7 个,考核项目总分值为 30 分。具体情况见表 4 -9:

表4-9　某地区法院机关二级考核指标差异化情况

考核项目	项目分值	被考核对象			
		刑事审判庭、民事审判庭、行政审判庭、审判监督庭	立案庭	未成年人审判庭	执行局、国家赔偿办、申诉审查庭
1. 审判工作量	6	√	√	√	√
2. 结收比	10	√	√	√	√
3. 法定(正常)审限内结案率	2	√	√	√	√
4. 长期未结案件情况	2	√	√	√	
5. 案件质量差错情况	3	√	√	√	√
6. 裁判文书上网率	3	√	√		√
7. 庭审直播情况	6	√			
8. 对下级法院发回重审比例控制	2	√			
9. 网上办案工作情况	4	√	√	√	√
10. 卷宗归档情况	2	√	√	√	√
考核项目总数		10	8	7	7
考核项目总分值		40	32	29	30

我们在前面介绍的某地区法院对辖区各中、基层法院进行一级考核的实施例中,也同样存在被考核主体的差异化问题,但是这种差异化与二级考核中审判业务庭室作为被考核主体时的差异化相比要小得多。同时,在一级考核中,精细化要求要比二级考核的精细化要求更低。因此,考核规则对于差异化的容忍度更高。除了一些问题需要通过设置差异化的考核项目解决之外,大多数的差异化问题都是通过指标差异化的计分方式予以解决的。

在某地区法院对辖区各中、基层法院进行的考核实施例中,涉及的差异化考核项目设置主要包括以下内容:

1. F法院作为专门法院,未承担执行工作职能,其审理案件的执行工作由B中级法院负责,因此,涉及执行工作的考核项目无法考核F法院。

2. F法院、X法院作为专门法院,没有刑事审判工作职能,因此,涉及刑事审判的专项工作指标无法考核F法院和X法院。

3. 由于在这个考核体系中,中级法院和基层法院同时作为被考核主体,涉及一审服判息诉率等指标,主要用于评价一审案件审判效果,而中级法院一审案件数量较少，虽然该指标也可以适用于中级法院，但其评价意义较小，因此，实施例中，该指标仅用于评价基层法院，不再考核中级法院。审级监督指标，则仅用于评价中级法院。为了尽量弥补因考核项目数量差异造成的考核项目总分值差异，我们还对部分考核项目的分值进行了适当的差异化设置。例如，“案件被改判发回重审情况”项目，指标考核基层法院时，总分 4.2 分；考核中级法院时，总分 3.2 分，最终计分 = 指标计分 ÷4.2 ×3.2。通过这种分值调整，一方面，体现了二审法院一审案件数量相对较少，“案件被改判发回重审情况”项目对于二审法院整体质量的评价意义相对较低。基层法院受理的案件主要都是一审案件，“案件被改判发回重审情况”项目是案件整体质量的核心指标，因此，在设置该项目分值时，区分基层法院和中级法院设置了不同的项目分值。另一方面，这种差异化的分值设置，也为二审法院审级监督指标在总考核分值中预留出一部分项目分值。再如，“积案清理”项目，指标考核 B 中级法院、C 中级法院、D 中级法院、E 中级法院时，总分 5 分，考核其他法院时，总分 6 分，这种差异化设置，除了对中级法院和基层法院进行了区分之外，在考核该项目时，把作为中级法院的 F 法院按照基层法院的项目分值对待，主要是基于 F 法院由于没有刑事案件、执行案件，考核项目数量相比其他中级法院少。为了避免再进行项目总分值差异的调整，因此，按基层法院的标准，对该项目的考核分值设置为总分 6 分，而不是 5 分。

关于指标项目的差异化设置问题，一般有以下几种解决方案：

1. 比较理想的方式是，针对差异性问题对不同的被考核主体设置不同的考核项目，以平衡所有被考核主体的考核项目数量。例如，在对审判业务庭室和执行业务庭室同时进行考核时，一些审判案件指标无法考核执行工作。因此，可以通过增加部分执行工作专门指标的方式补齐考核项目数量，从而达到审判业务庭室和执行业务庭室考核项目总数和考核项目总分值基本均衡的状态。

2. 当不同的被考核主体的考核项目存在少量差异时，可以对一些考核项目分值采取差异化设置，以平衡所有被考核主体考核项目的总分值。例如，我们在上文中提到，某地区法院在对辖区各中、基层法院进行考核时，“案件被改判发回重审情况”项目指标考核基层法院时，总分 4.2 分，考核中级法院时，总分 3.2 分。在使用这种方式进行考核总分值平衡时，需要注意的是，要对用以平衡考核项目总分值的个别指标进行适当的筛选分析，结合指标在不同被考核主体评价中的重要程度、评价范围、评价意义、指标实现难度等，对考核项目分值采取差异化设置；而不宜不加选择地随便选取一个对被考核主体而言并无差异意义的指标，强行采取项目分值差异化设置，从而在解决一个考核科学性问题的同时，人为产生另外一个新的问题。

3. 直接保留被考核主体考核项目的差异化现状，通过考核分数折算完成考核分数的合成。在上述某地区法院机关二级考核实施例中，“部门审判质效考核指标”部分总分为 40 分，规定“考核审判业务部门审判任务完成情况，审判工作量、质量、效率和效果情况。由审判管理办公室根据不同部门工作实际，设置不同考核指标项目、指标权重和计分标准，实行分类考核。”为了平衡不同的被考核主体因考核项目数量差异造成的考核项目总分值差异，在“部门审判质效考核指标”部分的合成方法中规定，“本部分考核刑事审判庭、民事审判庭、行政审判庭、审判监督庭时，最终得分 = 实际得分；考核执行局、国家赔偿办、申诉审查庭时，最终得分 = 指标得分 ÷ 30 × 40；考核立案庭时，最终得分 = 指标得分 ÷ 32 × 40；考核未成年人审判庭时，最终得分 = 指标得分 ÷ 29 × 40”。采取这种方式解决差异化问题，虽然比较简单易行，但在实际操作中也容易出现一些公平性问题，特别是当不同的被考核主体考核项目数量差异较大时，如果仅仅通过合成方法的折算解决考核项目总分值差异问题，可能会导致那些考核项目数量较多的被考核主体承担更多的考核压力，获得更高考核分数的难度增加；那些考核项目数量较少的被考核主体，则可以集中精力提高指标值，因而获取了额外的考核优势。

4. 在比较复杂的情况下，我们可以同时应用第二种和第三种方式。例如，某地区法院对辖区各中、基层法院进行考核的实施例中，我们对一些考核项目分值采取了差异化设置，但由于考核项目过多，差异化问题过于复杂，单纯通过对部分考核项目采取差异化设置的方式，仍然无法完美解决因考核项目数量差异造成的考核项目总分值的差异问题，因此，必须同时使用两种解决方案，在最终的合成方法上进行综合折算。在这个考核体系中，“审判执行工作”部分总分为 60 分，考核办法在该部分的合成方法中规定：“本部分第 4（1）（2）项、第 6（4）项、第 8 项不考核 F 法院。考核 F 法院时，本部分满分 49.5 分，最终计分 = 实际指标计分 ÷ 49.5 × 60。本部分第 3（2）项、第 4（2）项指标不考核 X 法院。考核 X 法院时，本部分满分 59.5 分，最终计分 = 实际指标计分 ÷ 59.5 × 60。”

三、指标满意值的差异化设置

在一些情况下，即便是考核项目数量相同，考核项目总分值一样，不同的被考核主体也可能基于审判职能差异等客观原因，获取考核分值的难度存在较大差异。例如，在长期未结案清理指标中，虽然同时考核立案庭和民事审判庭，但由于立案庭承担的案件审判职能主要为管辖异议案件、不予受理案件等，产生长期未结案的可能性极低；民事审判庭承担各类民事案件的审判职能，一些建设工程施工合同纠纷案件，医疗损害责任纠纷案件，复杂的析产、继承纠纷案件等比较容易出现长期未结案。因此，对于立案庭和民事审判庭而言，获得长期未结案清理指标分值的难度差异是非常大的。这些问题可以通过差异化设置指标满意值的方式予以一定程度地解决。因此，我们说，指标满意值的差异化设置，主要是为了解决被考核主体针对同一考核指标获取考核分值的难易程度差异问题。

再如，某地区法院对辖区各中、基层法院进行考核的实施例中，“庭审直播率”指标按半年考核，基础分各 1.3 分，满分各 2.5 分；指标总分 5 分。在进行差异化考核时规定：“上半年 B 中级法院、E 中级法院庭审直播率达到 11.5% 的，计 1.3 分，每高 1% 加 0.3 分；C 中级法院、D 中级法院庭审直播率达到 12% 的，计 1.3分，每高 1% 加 0.3 分；其他法院庭审直播率达到 14% 的，计 1.3 分，每高 1% 加0.3 分。最高 2.5 分。全年 B 中级法院、E 中级法院庭审直播率达到 14.5% 的，计 1.3 分，每高 1% 加 0.4 分；C 中级法院、D 中级法院庭审直播率达到 15% 的，计 1.3 分，每高 1% 加 0.4 分；其他法院庭审直播率达到 17% 的，计 1.3 分，每高 1% 加 0.4 分。最高 2.5 分。”这种差异化考量主要考虑了以下几个因素：(1)基层法院一般以一审案件为主，原则上都需要进行开庭审理；而中级法院一般以二审案件为主，有一部分案情简单、争议不大的案件，可以通过承办法官询问的方式进行审理，而不必全部开庭审理。因此，我们认为，中级法院在完成指标的难度上相比基层法院更大。所以，实施例为 B 中级法院、C 中级法院、D 中级法院、E 中级法院 4 个法院设置了更低的满意值。(2)在对 B 中级法院、C 中级法院、D 中级法院、E 中级法院 4 个法院的差异化考量中，考虑到 B 中级法院不仅要承担本院审理案件的执行职能，还同时承担 F 法院审理案件的执行职能，由于执行案件无法开庭审理，因此按照我们设计的庭审直播率计算公式，B 中级法院完成相同的庭审直播率难度更大；E 中级法院由于承担了地区行政机关被诉的行政案件，敏感案件相对较多，部分案件不适宜在互联网上直播庭审，因此，完成指标的难度也相对较大。所以，我们为 B 中级法院、E 中级法院又设置了一个更低的指标满意值。(3)F 法院虽然也是中级法院，但基于其受理案件类型级别管辖的特殊规定，其受理的大部分案件都是一审案件，这与其他几个中级法院的案件结构存在明显差异。同时，其本院不受理执行案件，因此在指标满意值设置上，我们没有将 F 法院与其他中级法院设置相同的指标满意值，而是将其与主要审理一审案件的基层法院设置了相同的满意值。

差异性问题的考量与评价结果应用也有着密切的关系。我们之所以解决差异性问题,实质上是在解决在同一个评价体系中不同被考核主体的公平性问题。公平性问题出现的核心场景就是评价结果运用,只有当应用评价结果对被考核主体进行比较性评价时,因差异性导致的不公平问题才会凸显出来。

事实上,我们看到,在一些评价体系中,并没有过多地考虑、解决这些差异化问题,而是通过将被考核主体进行适当分类,并分类别进行考核结果运用,这样,理论上不同类别的被考核主体并不进行直接相互比较。因此,即便是存在因差异性导致评价结果的公平性问题,也可以被容忍和忽略。

例如,我们在对法官助理进行考核时,对从事审判辅助工作的法官助理,主要以其辅助案件的工作量和辅助工作质效为基础进行评价考核,而对于在司法辅助部门,如审判管理办公室、研究室等部门从事司法辅助工作的法官助理进行评价考核时,由于其并不实际辅助案件审判工作,难以采取相同的评价考核标准,所以采取了对工作内容进行分解,由其所辅助的直接领导对其工作量和工作质效进行评价的方式进行考核。

可以说,这两种考核方式存在非常大的基础差异,其评价结果很难具有可比性,但如果我们在评价结果运用中,对于从事案件审判辅助工作的法官助理和从事其他司法辅助工作的法官助理进行分类别的比较性评价,对于不同类别的法官助理不直接进行横向比较,这样就不会产生过多的公平性问题。例如,我们在评优评先过程中,首先人为根据两种类别审判辅助人员的人员状况,将奖励名额在两种类别的法官助理中先行分配,然后由不同类别的法官助理在本类别内通过评价结果进行比较后,获得该类别的评优评先资格。这样在实际操作中,一个类别的法官助理只需要考虑与其本类别法官助理的比较问题,不需要跨类别进行比较,那么,其他类别的法官助理的考核评价方式及评价结果的分数高低,与其并没有实质性的关系,对于这两种评价方式的差异性可能带来的评价结果的公平性问题,自然不会过于在意。

事实上,这种对于差异性问题的解决方案,在我们的实际考核评价工作中经常被应用。我们刚才的例子是对于从事不同工作内容的法官助理进行评价、结果分类比较的问题,实践中,更常见的例子是我们在进行人员的评价考核时,对于法官、法官助理和书记员三个类别的人员评价中,很难构建一个可以完美解决差异性问题的评价体系,从而使在同一个评价体系中,不同类别的人员可以直接进行评价结果的比较,因此,大多数地区法院普遍采取了分类别进行考核评价结果运用的方式解决这一问题。这样,在设置考核评价体系时,只需针对不同类别人员的实际工作内容、工作职责等情况分别设置不同的考核项目、考核标准即可,而不需要过多考虑和解决三个类别人员的差异性问题,从而大大降低了评价体系设置的难度和复杂程度。

第五章

法官办案业绩评价

构建符合审判权运行规律和司法职业特点的法官办案业绩评价机制，是推进法官职业化建设的重要举措，也是全面落实司法责任制和完善司法人员分类管理改革的现实要求。全国各地法院都高度关注这项工作，进行了很多探索和尝试，希望通过行之有效的法官业绩评价办法，力争用同一个评价标准解决法院不同层级之间、不同业务口之间法官评价的平衡问题，实现地区法院范围内法官业绩评价结果的可比性。通过建立以办案工作量为基础，辅助合成案件质效情况的评价方式，对法官办案情况进行客观、公正、透明的评价，激励和引导广大一线法官多办案、办好案，并为动态调整员额、增补辅助人员等提供决策依据。

我们在上一章“审判质效评价”中，讨论的主要内容是对以审判组织为被评价主体进行的评价，评价通过质效指标进行，一般分为数量、公正（质量）、效率、效果四个维度，偏重于整体性评价。我们特别强调，在对审判组织进行考核时，为了发挥考核的指引性作用，考核系统的构建和指标设置必须简便易行。

我们在本章中讨论的是对以法官为被评价主体进行的评价，评价的主要内容是办理案件的业绩。当然，我们在此部分中，也会参照对于法官的评价，讨论对法官助理和书记员等审判辅助人员的辅助办案业绩评价。传统的、粗放的法官业绩评价，是对法官办案数量的评价；在全国法院普遍存在人案矛盾的大背景下，以及目前的管理模式和评价导向下，对于法官的办案业绩评价，也是以工作量为核心的评价，并通过对公正（质量）、效率、效果等方面的辅助评价，进行相应的加减分合成，最终形成法官的办案业绩。法官的办案业绩评价，具有非常强的差异化色彩，并且，评价结果对于差异化因素的容忍度相对较低，因此，我们需要设置相对精细化的评价体系和指标项目，以增强评价结果的科学性。

第一节　办案业绩评价内容

全国各地法院对法官办案业绩评价内容的范围产生了很多争论。这些争论从体系的名称就可以看出一些端倪，比如，有的法院的体系名称叫业绩“考评”而非业绩“评价”，将业绩评价和个人业绩考核混同起来；有的法院的体系名称叫“法官业绩”，在评价法官办案业绩的同时，还对法官的调研、宣传等非办案业绩进行评价；有的法院的体系名称叫“审判业绩”而非明确为“办案业绩”，从而将立案审查、信访接待、法治宣传，以及院庭长指挥专案等审判相关事务工作量，混同为法官的办案数量进行评价。

笔者建议，体系的名称应该明确限定为“法官办案业绩”，而非“法官业绩”或“审判业绩”，评价内容主要包括办案数量、办案质量、办案效率和办案效果四部分，不包括信访接待、立案审查，担任内勤从事事务性工作或管理工作，承担调研、督导、文稿起草等其他非办案工作等。至于一项工作是办案工作，还是非办案工作，我们的评价标准是，从事工作事项的主体是否必须是拥有审判权的员额法官；办理工作事项的过程，是不是法官行使审判权的过程。例如，对大家讨论较多的信访接待工作，我们认为，此项工作的办理，可能需要接待人进行一定的法律判断，但是接待人的判断过程并不是在行使审判权；虽然从事信访接待工作的很多人员都是员额法官，但该项工作并非必须由员额法官办理。从本质上看，信访接待工作仅是法官办理的一项非办案工作。法官从事信访接待工作，可以计入其非办案工作业绩。非办案工作由组织、管理该项工作的具体部门另行评价，非办案工作业绩的评价结果与法官办案业绩评价结果共同组成法官综合业绩评价结果。

同时，体系名称应该设定为法官办案业绩“评价”体系，而非是“考评”体系或者“考核”体系，也就是说，我们的主要目的是对法官办案业绩进行客观量化和评估，至于该评估结果是否用于对法官的考核，属于结果运用问题，不是评价体系本身需要解决的问题。

一、评价体系主要内容

全国各地区的法院根据《最高人民法院关于全面深化人民法院改革的意见——人民法院第四个五年改革纲要（2014－2018）》（法发〔2015〕3 号）等精神要求，对构建司法改革背景下的法官办案业绩评价机制进行了积极探索。笔者结合各地法院的实践，认为应在法官业绩评价的评价主体、内容、方法及结果运用等方面进行完善和优化，建立以个案工作量、质量、效率和效果评价为基础的法官办案业绩评价模式。具体而言，笔者认为，评价体系的主要内容包括：①

1. 法官办案业绩评价结果由基础指标评价结果和附加指标评价结果组成。基础指标评价结果包括法官审理案件业绩结果、审委会讨论案件业绩结果、专业法官会议讨论案件业绩结果以及案件评查工作业绩结果四个部分；附加指标评价结果包括通用附加指标评价结果和自选附加指标评价结果两个部分。

2. 法官审理案件业绩结果由法官承办案件和参审案件的业绩结果组成；法官承办案件的个案业绩由"个案工作量"和"质量、效率、效果评价"两个部分组成；法官的个案工作量又由类案固定工作量和个案浮动工作量两个部分组成（见图5-1）。

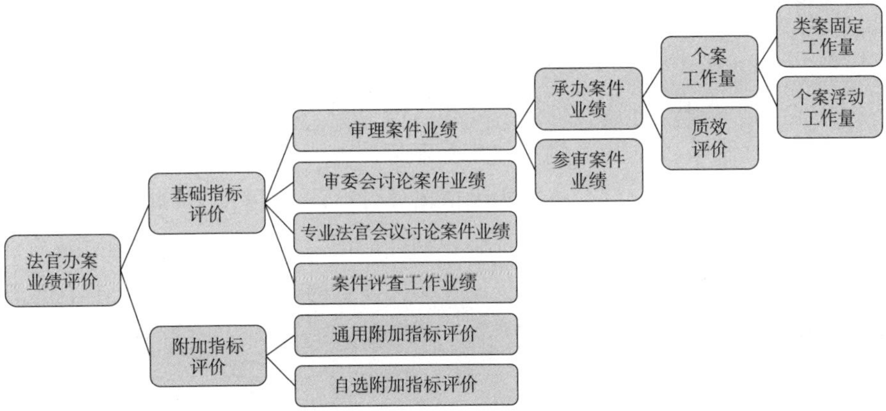

图5-1　法官办案业绩评价体系模型

根据上一模型实施例，法官办案业绩评价体系可以具体分为"总则""评价方式""基础指标""附加指标""合成方法""评价结果"六个部分。

（一）总则

其包括指导思想、评价原则、评价内容、评价主体、结果运用、评价对象、信息化要求七方面内容。

1. 指导思想：为建立健全法官办案业绩评价体系，全面、客观、科学、合理评价法官办案数量、质量、效率和效果，充分发挥法官办案业绩评价对执法办案的引导、规范和促进作用，根据《中华人民共和国法官法》《最高人民法院关于完善人

① 本部分参考了某地区法院制定的法官办案业绩评价办法，王姝、黄源泉参与了办法及折算系数实施例的起草。

民法院司法责任制的若干意见》《最高人民法院关于进一步全面落实司法责任制的实施意见》等有关规定和文件精神，结合法院工作实际，建立法官办案业绩评价体系。

2. 评价原则：开展法官办案业绩评价工作应坚持客观、公正、公开原则；遵循审判规律、树立正确业绩导向；突出法官作为办案主体的地位和责任，确保审判权规范高效运行。

3. 评价内容：法官办案业绩评价体系以办案数量评价、办案质量评价、办案效率评价和办案效果评价为基本评价内容；以地区法院一定时期内的审判、执行工作重点为附加评价内容。

关于评价体系中共性评价与个性评价的选择问题，《最高人民法院关于法官业绩评价工作的指导意见（第二次征求意见稿）》的说明指出，“由最高人民法院统一制定全国法院的业绩评价体系和算法，对业绩评价内容和权重进行统一规定，是开展法官业绩评价工作的理想目标，但在当前的历史时期，各级各地法院的法官业绩评价体系，更宜由本级本地法院在文件规定的基本框架内，在所属地方高级法院的具体指导下，结合审判实际情况进行设计、调整”。因此，全国各地法院在建立法官业绩评价体系时，都面临着同样的问题。一般而言，在建立法官业绩评价体系之初，管理者应该偏重于设计共性评价的内容，着力解决地区法院评价标准一致的问题，增强辖区不同法院、不同庭室、不同法官之间的可比性；但当体系建立后，在不断完善的过程中，管理者则需要参考各辖区法院的意见建议，充分考虑各辖区法院的审判差异性和现实需求，尝试在共性评价的基础上，解决评价内容个性化的问题。一方面，增设自选附加指标，允许各辖区法院在地区法院指导下，结合审判实际情况自行设置本院法官个性化的指标项目、加减分规则；另一方面，允许各辖区法院对重大疑难复杂案件工作量进行单项调整，避免共性评价在极特殊案件工作量测算上可能产生的误差。

4. 评价主体：各级法院考评委员会是开展法官绩效考核工作的机构，审判管理部门在考评委员会的指导下组织开展法官办案业绩评价具体工作。

对照《最高人民法院关于法官业绩评价工作的指导意见（第二次征求意见稿）》的文件精神，我们将“业绩评价”明确定位为“办案业绩评价”，并将其与调研、宣传、督导、教育培训、行政事务等其他非办案工作业绩进行明确区分，后者由组织、管理该项工作的具体部门在考评委员会的指导下，另行开展具体评价工作，两者共同组成法官综合业绩评价结果，作为考评委员会开展法官“绩效考核”的重要依据。也就是说，在对法官岗位的“绩效考核”中，考评委员会是行使考核权的专门机构,考核的依据来自考评委员会的各组成单位,包括办公室、政治部、研究室、审判管理办公室、教育培训部门、新闻宣传部门和法官所在业务庭室等提供的各类工作数据。

5. 结果运用:法官综合业绩评价结果由法官办案业绩评价结果,以及与办案不直接相关的调研、宣传、督导、教育培训、行政事务等非办案工作业绩的评价结果共同组成。法官综合业绩评价结果应当纳入法官业绩档案,作为各级法院考评委员会开展法官绩效考核工作的重要依据,并作为法官遴选委员会、法官惩戒委员会、政治部门开展员额管理、奖励惩戒、职务任免、职级调整等工作的重要依据。法官从事与办案不直接相关的调研、宣传、督导、教育培训、行政事务等非办案工作,由组织、管理该项工作的具体部门在各级法院考评委员会的指导下,另行开展具体评价工作。院庭长履行审判监督管理职责的业绩情况,另行评价。

6. 评价对象:法官办案业绩评价的对象为辖区法院的员额法官。

7. 信息化要求:法官办案业绩评价工作依托信息化技术,实现评价过程的自动化和评价结果的实时展示。地区法院信息技术部门为各级法院开设专项端口,由各辖区法院自行设置本院自选附加指标的指标项目和加减分值;对于无法通过信息系统自动提取的指标数据,由各辖区法院通过专项端口自行填报。

(二)评价方式

法官办案业绩评价围绕基本评价内容和附加评价内容,设置基础指标、附加指标两个一级指标。基础指标下设数量、质量、效率、效果四个二级指标;附加指标下设重点工作、突出业绩两个二级指标。数量、质量、效率、效果指标结合工作量核定,参照案件难易程度等标准,设置不同的权重系数,通过系数折算指标分值。重点工作、突出业绩指标根据工作导向性以及重要程度,设置不同的计分标准,通过加减分计算指标分值。二级指标分值通过加减分合成一级指标分值,一级指标分值累加合成法官办案业绩评价最终分值;最终分值不设最高限,但以0分为最低限,作为对法官办案业绩进行评价的结果依据。

(三)基础指标

其具体包括数量指标、质量指标、效率指标、效果指标四个维度,并分不同的维度设置相应的系数。

1. 数量指标

数量指标用以反映法官工作量情况。工作量情况是指法官在一定周期内开展审判、执行工作所体现的工作量,包括审理案件工作量、审委会讨论案件工作量、专业法官会议讨论案件工作量、案件评查工作量四种类型。

数量指标根据四种工作量类型,分别设置系数:(1)案件难易系数(审理案件工作量系数)。结合不同审级、不同程序、不同类型案件的性质和特点设定,实现案件难易程度的量化以及不同案件审理工作量的相对平衡。(2)审委会讨论案件工作量系数。结合讨论案件的难易程度和审委会类型设定,实现参加审委会讨论案件工作的量化。(3)专业法官会议讨论案件工作量系数。结合讨论案件的难易程度、专业法官会议类型设定,实现参加专业法官会议讨论案件工作的量化。(4)案件评查工作量系数。结合评查案件的难易程度和评查结果类型设定,实现案件评查工作业绩的量化。

案件难易系数分为固定系数和浮动系数。固定系数是根据案件普遍性特点设置的审理案件工作量基本系数。包括按照案件类型、程序、审级、结案方式、串案等影响案件难易程度因素设置的 A 类固定系数,以及按照法官参与案件身份、有无法官助理辅助设置的 B 类固定系数。浮动系数是根据案件性质、流程等特殊性,设置的审理案件工作量动态系数。

法官办案业绩评价体系要注重提升案件质量的重要性,探索完善保证案件质量和法律适用统一的新机制。其一,注重案件质量监督管理的作用。不仅将案件质量评查结果作为办案质量评价的重要内容,还将评查工作量纳入总工作量之中,通过评查工作业绩的量化,鼓励法官积极参与其中,进行自我管理。其二,注重对法律适用统一的促进作用。将参加审委会讨论和参加专业法官会议讨论的工作量都进行量化评价。这里需要注意的是,法官办案业绩评价体系虽然贴合了《最高人民法院关于加强各级人民法院院庭长办理案件工作的意见(试行)》的要求,将主持与参加专业法官会议、审委会等事务计入工作量,纳入了岗位绩效考核,但是这两类工作量的计算都不能充抵办案数量。

2. 质量指标

质量指标用以体现法官承办案件的程序、实体、法律文书及庭审等方面质量,根据指标的具体内容,设置不同的质量系数。

质量指标由三个指标组成:

(1)改判发回指标。被二审或再审或执行复议改判、撤销原裁定、发回重审、提起再审的,有下列情形的除外:①对法律、法规、规章、司法解释具体条文的理解和认识不一致,在专业认知范围内能够予以合理说明的;②对案件基本事实的判断存在争议或者疑问,根据证据规则能够予以合理说明的;③当事人放弃或者部分放弃权利主张的；④因当事人过错或者客观原因致使案件事实认定发生变化的；⑤因出现新证据而改变裁判结果的；⑥法律修订或者政策调整的；⑦裁判所依据的其他法律文书被撤销或者变更的；⑧审判委员会改变合议庭意见导致裁判结果错误的；⑨其他依法履行审判职责，不应当承担责任的情形。

（2）案件评查指标。案件、庭审、裁判文书被本院或上级法院评查出质量问题，确定为瑕疵、一般差错或重大差错的。

（3）执行质量指标。执行实施案件除前两项内容外，还存在以下情形的：①经本院或上级法院通过评查、执行异议、执行复议、执行监督等程序发现在结案中存在将非实际执结按实际执结报结、终结本次执行程序不符合司法解释和规范性文件规定的条件和要求的；②执行行为被执行异议、执行复议或执行监督程序认定为违法、错误的。

考虑到二审改判发回重审为“统计意义上的错误”，一般用来解决整体性评价问题，而案件质量评查错误为“实质意义上的错误”，因其“抽样评查”的局限性，单独扣分并不足以解决整体性评价问题。因此，法官业绩评价体系可以考虑对“统计意义上的错误”设置低分值扣分标准，而对“实质意义上的错误”设置高分值扣分标准，将两类错误进行累计扣分，用以解决整体性和特殊性的综合评价问题。

3. 效率指标

效率指标用以体现法官的案件审理周期及结案均衡情况；根据指标的具体内容，设置不同的效率系数。

效率指标由三个指标组成：

（1）审理期限指标。案件的立案、审理、执行未在法定（正常）审限内结案，存在以下情形的：①延审；②超审限；③长期未结案（自立案之日起，审理时间超过一定期限尚未审结的案件）。

（2）流程节点指标。案件在电子数据录入、文书送达、移送、纸质卷宗归档等程序性节点出现超期情形的或在电子卷宗同步生成等网上办案工作中出现瑕疵的。

（3）执行效率指标。执行实施案件除前两项内容外，存在以下情形的：①未在规定时限内发放案款且无正当理由的；②上级法院发出督促执行令的；③因怠于执行被上级法院决定提级自行执行或决定指定其他法院执行的。

我们把审判规范化中关于时间性、程序性的事项全部纳入办案效率评价，细化为审理期限和流程节点两类指标，设置了不同的评价分值。其中，审理期限指标重点关注立案、审理、执行的法定审理期限，并分为延审、超审限、长期未结案三类进行相应扣分，这种设置符合最高人民法院关于立案登记制、延审管理和长期未结案通报管理等工作的统计口径和具体要求。流程节点指标关注电子数据录入、文书送达、移送、归档等一般性程序性节点。实施例中，为全面推进电子卷宗随案同步生成工作，我们在程序性节点中补充了电子卷宗同步生成等网上办案工作的评价内容，将每一名法官每一起案件的网上办案情况都纳入日常考核的范畴。此外，法官办案业绩评价体系还可以将法官违反审判规范化要求纳入办案效果评价，对时间节点之外的审判行为也予以规范。

4. 效果指标

效果指标用以体现法官承办案件所取得的法律效果与社会效果；根据指标的具体内容，设置不同的效果系数。

效果指标由三个指标组成：

（1）规范化指标。因法官违反审判规范化要求，在实体、程序或审判行为方面存在不当，或造成一定后果的。

（2）司法公开指标。因法官承办案件的审判流程信息、庭审、裁判文书和执行等信息公开不及时或公开质量出现瑕疵，造成一定后果的。

（3）重大敏感案（事）件处置指标。因法官在处置重大敏感案（事）件过程中，存在瞒报、漏报、迟报情形，或拒不执行工作方案，影响重大敏感案（事）件妥善处置，或因不按工作流程进行处置，导致案件处理出现差错的。

（四）附加指标

附加指标用以体现法官在一定时期内重点工作任务完成情况以及审判突出业绩。以某地区法院为例，在建立法官业绩评价体系时，可以考虑分为地区法院统一设置的通用附加指标和各辖区法院自行设置的自选附加指标。

1. 通用附加指标

通用附加指标包括重点工作指标和突出业绩指标。根据具体审判工作特点，设置不同的加减分标准；重点工作任务在每年第一季度确定。

我们以某地区法院为例，根据该地区法院的实际情况，设置了两个通用附加指标中的重点工作指标实施例，具体为：（1）裁判文书上网指标：裁判文书上网率 = 100% 的，加 5 分；裁判文书应上网而未上网的，每份扣 0.1 分。（2）均衡结案指标：结案率以地区法院同类法官指标平均值为评价基准，大于平均值的，加 5 分；结收比（法官一定时期内结案数与新收数之比）大于 0.95 的，加 5 分。

上述实施例中，我们用裁判文书上网率、裁判文书上网数两项指标综合反映裁判文书上网情况，既能强调裁判文书100%上网率的重要性，又能避免比率指标对收案少的法官影响过大。同时，用结案率和结收比两项指标综合反映均衡结案的情况，比直接适用结案率这项传统指标更为科学，并将结案率和结收比设置为“一次性正向”加分，既能发挥正向的鼓励作用，又能避免正负分的“双向”设置导致分差过大，影响指标的实际效果。

我们以某地区法院为例，根据该地区法院的实际情况，设置了两个通用附加指标中的突出业绩指标实施例，具体为：(1)文书质量指标。因裁判文书质量突出而获奖的：被最高人民法院评为优秀裁判文书的，一等奖加30分、二等奖加25分、三等奖加20分、优秀奖加10分；被地区法院评为优秀裁判文书的，一等奖加20分、二等奖加15分、三等奖加10分、优秀奖加5分；被地区法院各审判业务部门评为地区法院专业领域内优秀裁判文书的，一等奖加10分、二等奖加8分、三等奖加6分、优秀奖加3分；被本院评为优秀裁判文书的，加2~5分。(2)表彰奖励指标。因某方面审判工作业绩突出或所承办的重大敏感、复杂疑难、新类型等案件处置得当，获得表彰的：被最高人民法院或中央机关表彰的，加30分；被地区法院或地区级机关表彰的，加20分；被本院或属地机关表彰的，加5分。

2. 本院自选附加指标

本院自选附加指标由辖区各法院结合本院审判工作实际需求自行设置，但设置的指标项目、加减分规则应报地区法院审核。

(五)合成方法

合成方法是指通过一定的计算方式将上述指标和系数进行运算，合成可用以横向比较的法官业绩评价的分值。具体包括：

1. 法官办案业绩评价最终分值计分公式为：

法官办案业绩评价最终分值 = 基础指标评价分值 + 附加指标评价分值之和

2. 基础指标评价总计分公式为：

基础指标评价分值 = 审理案件业绩分值之和 + 审委会讨论案件业绩分值之和 + 专业法官会议讨论案件业绩分值之和 + 案件评查工作业绩分值之和

3. 基础指标评价分项计分公式为：

个案难易分值 = 1 ×（A类固定系数值 + 浮动系数值之和）

个案工作量分值 = 个案难易分值 × B类固定系数值

审理案件业绩分值=个案工作量分值+质量系数值+效率系数值+效果系数值

审委会讨论案件业绩分值=个案难易分值×审委会讨论案件工作量系数值

专业法官会议讨论案件业绩分值=个案难易分值×专业法官会议讨论案件工作量系数值

案件评查工作业绩分值=个案难易分值×案件评查工作量系数值

(六)评价结果

评价结果包括分类标准、异议处理以及特殊情况处理三方面内容。

法官办案业绩评价结果按照不同标准进行分类,“分类标准”包括评价时间、审判部门、法院层级三种。但实际操作中,还可按照普通类、速裁类、院庭长类等标准在业务口内、在法院层级内进一步细化分类,增强评价结果的可利用性。具体为:(1)按照评价时间分为实时评价、月度评价、季度评价、年度评价;(2)按照审判部门分为立案、刑事审判、行政审判、民事审判、商事审判、知识产权审判、审判监督、申诉审查、未成年人审判、国家赔偿、执行等;(3)按照法院层级分为高级法院、中级法院、基层法院。

“异议处理”不仅应该明确法官提起异议的时间和法官业绩考评委员会处理异议的时间,还要对复核主体、告知程序进行明确。法官对办案业绩评价结果有异议的,应在系统发布评价结果信息后5日内向本院考评委员会提出申请;考评委员会组织审判管理部门开展复核,应在接到异议申请15日内,作出变更与否的决定,并告知申请人;经过复核的法官办案业绩评价结果应予公示。

“特殊情况处理”给重大疑难复杂案件的工作量测算留有调整空间。重大疑难复杂案件确有特殊原因,需要调整办案工作量分值的,经本院审判委员会讨论,报送地区法院审核同意后,在法官业绩评价系统中予以单项调整,并公开说明调整理由。

二、辅助办案工作量评价

为了落实法院人员分类管理改革要求,我们同样需要对审判辅助人员的辅助办案工作量进行评价。考虑到法官从事的办案工作和审判辅助人员从事的审判辅助工作都是围绕案件审理开展的,其所从事工作的难度、工作耗时与案件的类型和复杂程度直接相关,因此,在用案件办理工作量平均用时的方式评价法官工作量的同时,理论上,我们也可以用案件办理工作量平均用时的一定比例反映和评价审判辅助人员的辅助办案工作量。这也使我们有必要和有可能用同一个评价体系在解决评价法官办案工作量问题的同时,解决评价审判辅助人员的辅助办案工作量问题。

我们需要做的工作包括两个方面:一方面,综合考虑法官助理和书记员的职责分工、数量等因素,区别设置法官助理、书记员辅助办案工作量系数,科学测算法官助理和书记员辅助办案工作量。另一方面,考虑法官助理对法官审理案件工作量的剥离作用,计算法官个案工作量分值时,根据辅助个案办理的法官助理数量,设置法官办案被辅助系数。

1. 审判辅助人员辅助办案系数

由于审判业务性、事务性等辅助工作主要围绕案件开展,法官助理、书记员辅助案件的数量和难易程度对其承担的工作量起到基础性决定作用。随着案件复杂程度的增加和案件审理周期的延长,审判辅助工作量也会相应增加。我们将辅助个案办理工作量与现有的案件难易系数挂钩,增设辅助办案系数,法官助理、书记员辅助审理个案工作量分值为个案难易分值与辅助系数之积,辅助办案工作量分值为其辅助审理个案工作量分值之和,计算公式为:

辅助审理个案工作量分值 = 个案难易分值 × 辅助系数 = 1 ×(A 类固定系数值 + 浮动系数值之和)× 辅助系数

一般而言,辅助个案办理的法官助理或书记员数量越多,每名法官助理或书记员实际承担的工作量越少,故根据个案办理中法官助理或书记员的数量差异,区别设置辅助系数。考虑到书记员工作事项固定,总工作量相对恒定,故书记员辅助系数为"1 ÷ 个案审理过程中的书记员数量",即个案审理过程中书记员 1 名的,辅助系数为 1;书记员 2 名的,辅助系数为 0.5;书记员 3 名的,辅助系数为 1/3,依此类推。法官助理负责的审判辅助工作范围弹性较大,个案中辅助的法官助理越多,从法官处剥离的审判辅助工作总量越大,也就是说,个案审理过程中有多名法官助理辅助的,辅助系数之和应大于 1,故法官助理辅助系数未采取 1 除以辅助人数的计算方法。个案审理过程中辅助的法官助理 1 名的,辅助系数为 1;法官助理 2 名的,辅助系数为 0.6;法官助理 3 名及以上的,辅助系数为 0.4。

2. 法官被辅助系数

根据各类司法人员职责分工,法官助理主要从事与实体审理、裁判密切相关的审判辅助工作,工作范围弹性大。法官助理承担的审判辅助工作越多,越能够更大程度减轻法官的工作量。我们充分考虑个案审理中法官助理对法官办案工作量的剥离作用,计算法官个案工作量分值时,根据个案审理过程中有无法官助理辅助情况，设置被辅助系数，以更客观地反映法官实际承担的办案工作量。个案审理中无法官助理辅助的，被辅助系数为1；法官助理1名的，被辅助系数为0.8；法官助理2名的，被辅助系数为0.7；法官助理3名及以上的，被辅助系数为0.6。

考虑到案件审理均有书记员辅助，且书记员承担的总工作量拟制恒定，个案审理中书记员数量的多少仅对每名书记员承担的工作量有影响，不会影响法官承担的工作量，故设置被辅助系数时不考虑书记员辅助情况。

这里有一个问题需要说明：我们在计算法官、法官助理和书记员的工作量时，基于这样一个逻辑前提，那就是法官的办案工作量、法官助理和书记员的辅助办案工作量，都是基于案件产生的。因此，其工作量的确定，都应该以案件的工作量为基础，再设置一定的权重系数即可完成计算工作。案件疑难复杂，案件的工作量分值就会加大，办理案件的法官的办案工作量，以及法官助理和书记员的辅助办案工作量都将相应地加大。

从理论上讲，一起案件的总工作量，应该包括法官的办案工作量和法官助理、书记员的辅助办案工作量两个部分，二者应该是"此消彼长"的关系。也就是说，当一起案件的总工作量恒定的情况下，我们加大法官办案工作量的权重系数，提高了法官办案工作量占整个案件总工作量中的比重，就意味着必然要减小法官助理和书记员的辅助办案工作量权重，降低辅助办案工作量在总案件工作量中的比重，以确保两部分权重之和为1。但是从以上办案业绩评价体系的实施例中可以看出，我们并没有采取完全"此消彼长"的方式，将两部分的权重之和设置为1，而是在适当考虑两部分工作量相互关系的基础之上，对法官、法官助理、书记员分三个类别单独设置了权重系数规则。其主要基于以下几方面的考虑：

(1)严格遵循法官办案工作量和辅助办案工作量"此消彼长"的关系，将二者的权重系数之和设置为1的方式，可以准确体现一起案件工作量被不同类别的人员分解承担的状况。在这种系数设置规则下，法官、法官助理和书记员的工作量之间具有非常强的可比性，依据这种方式计算出来的不同类别人员的工作量得分，可以实现无障碍的横向比较；不同类别的人员可以实现业绩评价结果的混合排序。但这种系数设置存在较大的难度，特别是，如何精准区分法官、法官助理和书记员在一起案件中各自承担工作量的基础比例系数，又如何根据不同审判团队人员工作职责设置的差异、不同案件辅助人员数量的差异等因素，对上述基础比例系数进行精准调整，显然是一个非常复杂的问题。如果没有能够较好地解决这些问题，很可能引发某一类别人员对体系科学性的质疑，进而引发巨大的管理反弹。

(2)为了规避上述系统设置的难题,我们在计算工作量时,采取了不同类别的人员单独设置权重系数规则的方式,确保案件工作量的计算在同一类别的人员中具有较强的可比性,从而实现同一类别人员办案业绩评价结果,或辅助办案业绩评价结果的类别内排序,放弃了对不同类别人员业绩评价结果的混合排序比较。

(3)此外,如果我们采取上述严格的"此消彼长"权重设置方法,法官助理、书记员的辅助办案工作量的权重应该是一个很小的数值,比如0.2,或者0.1;但当我们采取了不同类别分别设置权重规则的方式时,我们可以将相应的权重系数的绝对值予以整体性提高。如当法官助理为1人,法官助理计算辅助办案工作量时,辅助系数为1;法官在计算办案工作量时,被辅助系数为0.8。当书记员为1人,书记员计算辅助办案工作量时,辅助系数为1。这种设置权重系数的方式,可以有效增强法官助理、书记员对评价体系系数权重的认同感,并且同时,又不至于在同一类别人员进行业绩比较时出现科学性问题。

(4)基于同样的理由,可以看到,在我们设计的评价体系权重系数规则中,在某些特定的情况下,多名法官助理同时辅助一起案件时,所有法官助理辅助工作量之和,可能会大大超过单一法官助理辅助工作量的数值。之所以采取这种方式,一方面是出于规则简便易行的考虑,我们对一起案件同时存在3名以上法官助理辅助办案时,没有进行更精细化的规则区分。另一方面也是考虑,如果我们在多名法官助理同时辅助办案时,过分降低每一名法官助理的辅助系数,很可能导致每名法官助理在案件中获得的工作量分值过低,降低其对评价体系科学性和业绩评价工作的认同感。此外,鉴于这种情况在实践中数量非常少,因此,这种规则的"漏洞",并不会实质性地影响整个体系的科学性。

第二节　折算系数研究

在上述的实施例中,我们试图在司法体制改革背景下,建立一套法官办案业绩评价机制,特别是建立一个相对科学的评价体系,尝试用同一个评价标准解决法院不同层级之间、不同业务口之间法官评价的平衡问题,实现某一地区法院范围内法官办案业绩评价结果的可比性。这种评价体系的建立,在促进审判人员提高质效方面将发挥积极作用,也会在考核评价、晋级晋职、评优评先、遴选入额等方面发挥重要的参考作用。从全国各地法院建立法官办案业绩评价体系的实践看，相关各法院、各审判业务口，以及众多法官均对此高度关注，并持续提出了很多意见、建议，特别是针对折算系数的讨论，是其中的重中之重。

一、折算系数的设置基础

从一些地区法院法官办案业绩评价体系的运行情况看，确实出现了一些具体的问题，比较集中的表现是在一定范围内，出现了各业务口之间法官办案业绩得分差异大、分布不均衡，速裁、速执法官与其他法官办案业绩得分差异明显的问题。经分析，主要有以下两方面原因：一是各业务口之间人案配备不均衡，导致法官人均承办案件工作量差异过大。由于办案工作量得分在法官综合业绩得分中占绝对比重，办案工作量的差异直接决定了综合业绩得分的差异。从实践看，各业务口法官办案工作量的差异主要体现为承办案件工作量的差异，例如，在一些经济发达地区，法院人案矛盾相对突出，往往出现执行、知识产权法官人均结案数和承办案件工作量高于立案、民事、商事法官，明显高于刑事、行政、申诉再审和未成年人案件审判法官。各业务口之间审判人员和案件资源配备不均衡，是导致各业务口之间法官办案业绩得分差异过大的直接原因。二是有些地区法院在落实繁简分流机制的过程中，速裁、速执法官办案数和业绩得分明显靠前。例如，在某地区法院，民商事和知识产权业务口均建立了相对完善的多元化解和速裁机制，执行业务口均建立了由特定法官集中办理小额速执案件的工作机制。速裁、速执法官在结案数量方面的显著优势，直接决定了他们在办案业绩得分上的领先，法官办案业绩得分排名辖区法院前 20 名，几乎被办理速裁或小额速执案件的法官包揽。在一些地区法院中，速裁和速执案件权重系数偏高，一定程度上助长了分值分布不均衡的情况。尽管速裁和速执法官人均结案数高是其办案工作量高的主要原因，但案件权重系数设置偏高进一步扩大了速裁、速执法官与其他法官的办案工作量得分差异，主要表现为三个方面：(1)对于多元化解案件，一些地区法院在大力推行多元化解和速裁工作的过程中，为了鼓励各法院积极在诉前导出案件，实现该项机制的有效运转，除多元化解审结计分外，为多元化解导出专门设置了权重系数，如将案件在诉前阶段导出到多元化解系统的，每件计 0.2 分，这样容易导致一起案件在导出环节和审结环节重复计分。(2)一些地区法院多元化解机制引入人民调解员开展工作，法官负责对人民调解员开展培训和指导。人民调解员经过培训后，一般工作一至两个月便能够独立进行调解，部分法院人民调解员调解案件能够占到其指导法官总结案数的 1/3。很多地区法院在建立法官办案业绩评价体系时，对于人民调解员调解成功的案件，均算作法官承办案件，计入法官办案工作量,这种方式未能客观反映法官实际的办案工作量。(3)对于小额速执案件,一些地区法院在建立法官办案业绩评价体系初期,未将其与普通执行实施案件区分开来,而是赋予了与普通执行实施案件相同的权重系数,导致集中办理小额速执案件法官的办案工作量得分比实际情况偏高。

我们在上文中提过,法官的办案业绩评价具有非常强烈的差异化色彩,同时,由于评价结果与法官的切身利益直接相关,因此,法官对业绩评价结果的敏感度非常高。为了解决这些问题,必须充分保证法官办案业绩评价体系的科学性,特别是要在具体计算方式中,充分考虑差异化因素的影响,设置相对合理的业绩分数对比关系。由于法官办案业绩的核心是法官审理案件的工作量,因此,如何科学、准确地确定一起案件的工作量成了法官办案业绩评价的关键问题。一般而言,确定法官审理案件工作量最科学的方式是通过计算法官办理案件所需要耗费的必要劳动时间予以确定。在这种确定方法中,我们的逻辑基础包括:

1. 法官在办理不同类型的案件,或者不同法官在办理同一类型的案件时,工作量的差异仅为办理案件耗时的差异。也就是说,我们在计算法官工作量时,不考虑单位时间内的工作强度问题,而是认为相同的工作时间消耗法官的工作量是相同的,或者说法官在相同的工作时间内办理案件所产生的业绩是一致的。

2. 办理一起案件的必要耗时,以办理该类型案件的一般熟练程度的法官的用时,或多名法官的平均办理用时为基准。我们在计算办理案件工作量时,不考虑不同法官在办理同一案件时,因对案件的熟悉程度、业务水平、职业技能等方面的差异而导致的用时差异。

3. 确定办理一起案件的必要耗时,一般采取流程分解的方式进行。先计算每一个办案流程所需要的平均用时,再对所有流程的平均用时进行累计加和。计算案件流程平均用时,可以采取耗时模拟、查阅卷宗材料、填写调查问卷等方法,通过对多个抽样计算平均值的方式进行。

4. 为了对不同类型的案件、具有不同特殊因素的同一类型案件的工作量进行差异化计算和比较,需要先行确定一类标准案件(标杆案件)作为比较基准。在确定办理标准案件的必要用时后,再通过其他案件与标准案件之间的差异化比较,确定其他案件与标准案件在办理耗时上的折算关系。

在某种程度上,对于从事不同类型案件审理工作的法官而言,其办案工作业绩的差异,受到了类型化案件与标杆案件之间折算关系系数的重大影响。因此,从结果导向来看,法官办案业绩评价体系的科学性,很大程度上取决于案件折算关系系数的科学性。尽管我们认为,采取必要耗时的方式确定办案工作量的方法是相对科学的，但在实际操作过程中，必要耗时的确定，会受到取样情况的影响，从而使计算结果或推算结果不可避免地出现误差。我们在计算一名审判人员甚至是一个庭室、一个法院在一定统计周期内办理案件的累计工作量时，由于案件数量较大，将会放大折算关系系数的误差，很可能导致工作业绩评价结果与客观情况不相符合，从而影响法官和管理者对业绩评价体系科学性的认识。

二、折算系数的优化修正

有些地区法院在构建法官办案业绩评价体系过程中，借鉴了其他地区法院的成熟经验，并应用本地区实际审判数据进行了模拟测算，作为设置和优化调整相关系数权重的数据基础。应该说，实际数据对于有效避免折算关系系数误差具有重要的参考价值，但是这样的实际数据，也是建立在先行确定的基础折算关系系数的基础上产生的实际数据。因此，实际累积数据的应用，并不能够从根本上解决折算关系系数的科学性问题，只能够适当缩小评价结果误差，或者说，可以使应用调整后的折算关系系数计算出的数据，更符合实际情况。从全国各地区法院确立折算关系系数的经验来看，应用折算关系系数对历史统计期数据进行模拟测算，是最直接和有效地调整折算关系系数、增强科学性的方法。

但是我们说，任何一种方法都存在局限性，难以完全解决纷繁复杂的现实问题。例如，在某地区法院，应用辖区 C 中级法院确定的基础折算关系系数，并根据 8 万余条实际累积数据对折算关系系数进行适当调整，这种确定折算关系系数的数据基础应该来讲已经非常扎实。但通过后期实践，我们看到，由于我们参考的基础折算系数和实际累积数据都是中级法院产生的，因此，业绩评价体系产生的结果在中级法院层面的适配度非常良好，但在基层法院层面，就产生了一些未预料到的问题。这也说明，无论是基础折算关系系数的确定，还是应用实际累积数据进行参考，都有一定的适配范围问题。

再如，我们在确定一些特殊类型案件的折算关系系数时，往往会产生更大的偏差，从而导致折算结果不符合预期。以某地区法院为例，管理者在 r 年制定评价体系时，基于破产清算案件样本少、样本个案工作量差异性巨大等因素，确定了中级法院审结 1 件申请破产案件相当于审结 2 件民事二审维持案件，审结 1 件实际破产案件相当于审结 8 件民事二审维持案件。经过一段时间的实际运行，管理者发现，这个折算系数并不完全符合强制清算与破产案件审理周期长、工作复杂等特点，系数值设置偏低，评价结果与实际情况预期存在很大差距。具体情况见表 5 – 1：

表5-1　某地区B中级法院破产审判法官办案业绩得分

姓名	结案数/件	调整前		调整后	
		业绩总分	地区法院排名	业绩总分	地区法院排名
法官 a	9	84.8	2398	154.8	2048
法官 b	24	160.79	2016	270.98	1364
法官 c	34	156.01	2042	329.67	1099
法官 d	33	161.94	2011	368.19	933

结合上述运行结果，管理者认为，一是提高强制清算与破产案件的A类固定系数。调整后，中级法院审结1件申请破产、申请强制清算案件按审结4件民事二审维持案件折算，审结1件实际破产清算、破产和解、强制清算案件按30件民事二审维持案件折算，审结1件实际破产重整案件按40件民事二审维持案件折算。二是考虑强制清算与破产案件与其他民商事案件相比较为特殊，该类案件的个性化系数设置未充分体现。因此增设了很多浮动系数项目，如债务人有财产：涉房屋、涉土地、涉车辆（京牌）、涉专利技术、涉成套机器设备、涉其他可供分配财产金额在5000万元以上；执行转破产案件（含审查）；以公开竞争方式选任管理人；债权人人数（每50人）；关联企业破产数（每件）；债务人有长期投资（每笔）等项目。根据上述调整方案，我们重新对某地区B中级法院清算与破产审判庭法官s年办案业绩进行初步测算，办案业绩最高得分排在地区法院第933名，最低得分排在地区法院第2048名。随着强制清算与破产案件收案数量不断增加，办理破产清算案件法官的工作量排名也将随之上浮，研究认为，调整后的排名情况基本符合预期。

再如，审判态势是不断发生变化的。在变化的过程中，不同案件类型的分布格局和人力资源配置情况都会发生较大变化。这些变化很可能最终导致法官业绩评价结果与法官、管理者的预期产生偏差。以某地区法院为例，管理者在r年制定评价体系时，该地区法院的多元化解和速裁工作还处在发展的初级阶段；在此后的几年内，相关工作得以大力推进，审判格局发生重大变化，人力资源配置情况也历经了多次调整。因此，办理不同类型案件的法官在计算办案工作量时，原本适配度很好的案件折算关系系数逐渐产生问题，案件折算关系系数误差产生的负面影响被不断放大，从而引发了对于评价体系科学性的质疑。该地区在最初确立刑事案件和民事案件的折算比例时，是依据案件工作量平均用时测算法确定的，为1.96∶1，而在法官办案业绩评价体系实际运行过程中发现，从历年地区法院法官办案业绩情况来看，受刑事案件相较民事、执行、行政案件体量偏小，年增长幅度偏低，以及刑事法官人均办案工作量偏低等因素影响，刑事法官办案业绩得分排名整体靠后,最终评价分值与基本预期存在偏差。为了让刑事法官综合业绩得分及排名分布更加均衡,并实现最高分、最低分和平均分与其他业务口法官的横向可比较,通过对评价数据进行分析,我们重新进行了模拟测算,建议将刑事案件“类型”系数由此前的1.96上调至2.2。根据调整后的“类型”系数,我们重新对刑事法官s年办案业绩进行大致测算,平均每件刑事案件的难易分值由调整前的2.5分上涨至2.8分左右。刑事业务口法官综合业绩最高分由调整前的1007.2分增长至约1130分,上涨了约12%,排名由调整前的196名提升至156名左右,大约上涨了40个名次。从刑事业务口法官综合业绩在地区法院分布看,调整后,综合业绩得分排名前500名的刑事法官数量由10名增加至13名,排在第500名至1000名的刑事法官数量由50名增加至63名,排在第1000名至2000名的刑事法官数量由108名减少至98名,排在2000名以后的刑事法官数量由60名减少至54名。调整后的评价结果基本符合评价预期。事实上,如果我们实施例中的模拟场景是刑事案件增幅明显高于民事等类型案件,刑事法官人均办案数持续增加,那么很可能导致的结果是刑事法官办案业绩排名处在比较理想的状态下,就没有必要对1.96的折算系数进行调整了,这也是折算系数的调整被审判运行态势和人员工作状况“裹挟”的一个例证。

事实上,从审判管理的专业角度来看,法官业绩评价体系的科学性,涉及非常复杂的内容和因素,既包括评价体系、评价内容、评价方式、计算方式的科学性问题,也包括标杆案件的选择、案件类型的划分、案件折算关系系数和浮动系数的确定等方面的科学性问题。一旦哪个因素确定得不尽合理,都可能影响整个评价体系的科学性。那些作为被评价主体的一线法官们,其本身对于评价体系的科学性缺乏足够了解,事实上,他们也并不关心评价体系的科学性。更多的情况下,他们仅是从自身的利益出发,将对与自身相关的评价结果的满意情况,作为判断评价体系科学性的依据。因此,他们的认识很可能是片面的、局部的、不科学的,但在审判管理实践中,我们如果不对这些问题进行梳理总结,并想办法进行相应的化解和疏导,很可能聚集为巨大的管理反弹力量,影响业绩评价工作的开展和推进。

因此,我们说,增强法官办案业绩评价体系和系数权重等因素与实际情况的适配性,让评价结果更符合法官和院庭长等管理者的预期,在某种程度上,比办案业绩评价体系实际的科学性更加重要。

前文“审判质效评价”部分,我们在讨论考核项目的满意值和计分方式的调整时,也提出过类似观点。那就是,当我们在同一个评价体系内需要评价两种或者更多的不同类别的被评价主体时,我们必须基于这样一个基本逻辑前提,那就是,不同类别的被评价主体虽然在工作内容上存在较大差异,但从整体上,每一个类别之间的工作量是基本均衡的,工作质效等业绩是基本平衡的。这种基本均衡和平衡,在评价结果上体现为,所有类别的被考核主体在横向比较和统一混合排序时,产生的是一种均衡的混合,而不是某一个类别整体上明显排名全部靠前或全部靠后。这种均衡混合的结果,无论是对于管理者还是对于被考核主体都是易于接受的。以法官办案业绩评价体系为例,我们应该基于这样一个基本逻辑前提,那就是,审理刑事案件的法官、审理民事案件的法官,以及开展执行工作的法官,作为三个不同的人员类别,虽然在工作内容上存在差异,但从整体上,每一个类别之间的工作量是基本均衡的,工作质效等业绩是基本平衡的。也就是说,审理刑事案件的法官中工作量最大的,与审理民事案件的法官中工作量最大的,以及开展执行工作的法官中工作量最大的法官,在三个类别整体混合排序时,应该处于基本相当的位置,不出现审理民事案件的法官整体排名靠前,审理刑事案件的法官整体排名靠后这种类似的结果。否则,这种评价结果就与各类别的法官和相应管理者的基本预期不符。对于某个具体的法官和某一个部门的管理者而言,在没有应用业绩评价系统进行测算和精细化管理之前,法官对于自身业绩所处的位置,部门管理者对于部门所有人员业绩的基本排序,会有一个大致的预期和判断。如果我们法官办案业绩评价体系的结果适配性较好,与法官对自身业绩所处位置的预期,和部门管理者对于部门所有人员业绩的基本排序判断大体一致,差距较小,则法官和管理者会认为评价体系是科学的、结果是精准的。一旦评价结果与这种预期和基本判断出入较大,法官和管理者一般不太可能理性地分析产生出入的具体原因,而会更倾向于认定是业绩评价体系科学性出现了问题。

所以,我们在最初确定折算关系系数,以及对相关系数权重进行优化和修正的讨论中,一部分是基于对评价体系和系数、权重本身科学性的考量;另一部分则是受到了评价结果反馈的"裹挟",是为了提高适配度,甚至是单纯为了让法官和管理者"感觉"评价体系更为科学,而作出的必要妥协。例如,r 年某地区法院在优化法官办案业绩评价体系时,把 B 类固定系数"合议庭其他成员"的参审系数值从 0.5 调低至 0.1,就是由于现实中出现了部分法官个人承办案件数量很少,但参与合议庭审理案件数量较多,最终业绩评价结果排名靠前;而该评价结果与庭室管理者应用传统思维,对该名法官在本部门所有人员业绩中的基本排序判断出入较大,引发了管理反弹。因此,为了解决适配性问题,我们将参审系数从 0.5 大幅降低为 0.1,强烈突出法官承办案件的得分,降低参审案件所累积的工作业绩权重,以避免出现评价结果与法官实际表现和管理者基本预期之间可能出现的误差。再如,在一些情况下,由于不同案件类型的分布格局和人力资源配置情况等发生变化,改变了评价结果原本的适配度,尽管可能这种评价结果就是与客观实际一致的,但为了解决适配度问题,我们不得不进行折算系数的调整,以使评价结果恢复原有的适配度。比如,上文说的速裁法官的工作量评价结果,由于客观形势的变化,从原本的适配度较好,变为适配度较差,或者说与大多数除速裁法官之外的法官和管理者的预期发生较大出入,在这种情况下,无论评价结果(比如在不同类别的法官混合排序时,速裁法官在整体上明显排名靠前)是否客观、准确,我们都不得不适当下调相应的折算系数,缓解这种与预期出入较大的状况。

三、法官办案业绩系数实施例

我们借鉴了全国多个地区法院的成熟经验,并应用工作量平均用时测定法对部分系数进行了测定和验证,以及通过实践经验进行了部分系数的优化和修正,从而拟定了以下法官办案业绩评价系统折算系数实施例,供读者参考(见表5-2至表5-16)。

1. A类固定系数和浮动系数

(1)一般类型案件

表5-2 一般类型案件难易系数

<table>
<tr><th colspan="3">类别</th><th>系数</th></tr>
<tr><td rowspan="14">A类固定系数</td><td rowspan="5">类型(A1)</td><td>民事</td><td>1</td></tr>
<tr><td>刑事</td><td>2.2</td></tr>
<tr><td>行政、知产</td><td>1.25</td></tr>
<tr><td>执行裁判</td><td>1</td></tr>
<tr><td>国家赔偿与司法救助</td><td>1</td></tr>
<tr><td rowspan="9">程序(A2)</td><td>一审简易</td><td>1</td></tr>
<tr><td>一审普通</td><td>1.5</td></tr>
<tr><td>二审</td><td>1</td></tr>
<tr><td>再审、被上级法院依再审程序撤销原判指令再审</td><td>3</td></tr>
<tr><td>死刑复核、刑事审查(内部请示程序)、刑事提前介入</td><td>1</td></tr>
<tr><td>国家赔偿与司法救助</td><td>1</td></tr>
<tr><td>执行异议</td><td>1</td></tr>
<tr><td>执行复议</td><td>0.7</td></tr>
<tr><td>其他</td><td>1</td></tr>
</table>

续表

<table>
<tr><th colspan="4">类别</th><th>系数</th></tr>
<tr><td rowspan="27"></td><td rowspan="15">结案方式(A3)</td><td colspan="2">判决(一审)</td><td>1</td></tr>
<tr><td colspan="2">裁定(执行异议)</td><td>0.8</td></tr>
<tr><td colspan="2">发回(二审)、裁判发回重新审查(执行复议)</td><td>1.5</td></tr>
<tr><td colspan="2">改判(二审)</td><td>2</td></tr>
<tr><td colspan="2">撤销、变更原裁定、决定</td><td>1.5</td></tr>
<tr><td colspan="2">维持(二审、执行复议)</td><td>1</td></tr>
<tr><td colspan="2">管辖异议裁定(二审、执行复议)</td><td>0.25</td></tr>
<tr><td colspan="2">调解</td><td>0.9</td></tr>
<tr><td colspan="2">撤诉、撤回申请</td><td>0.5</td></tr>
<tr><td colspan="2">决定</td><td>0.8</td></tr>
<tr><td colspan="2">终止救助</td><td>0.6</td></tr>
<tr><td colspan="2">驳回起诉</td><td>0.6</td></tr>
<tr><td colspan="2">不予受理</td><td>0.3</td></tr>
<tr><td colspan="2">其他裁定</td><td>0.5</td></tr>
<tr><td colspan="2">其他</td><td>0.2</td></tr>
<tr><td rowspan="3">审级(A4)</td><td colspan="2">基层法院</td><td>1</td></tr>
<tr><td colspan="2">中级法院</td><td>1.5</td></tr>
<tr><td colspan="2">高级法院</td><td>2</td></tr>
<tr><td rowspan="6">串案(A5)</td><td colspan="2">1</td><td>1</td></tr>
<tr><td colspan="2">2 ~ 4</td><td>0.4</td></tr>
<tr><td colspan="2">5 ~ 10</td><td>0.3</td></tr>
<tr><td colspan="2">11 ~ 20</td><td>0.2</td></tr>
<tr><td colspan="2">21 ~ 50</td><td>0.15</td></tr>
<tr><td colspan="2">>50</td><td>0.1</td></tr>
<tr><td rowspan="5">浮动系数</td><td rowspan="5">一般标准</td><td rowspan="5">重大敏感</td><td>三级一星</td><td>0.5</td></tr>
<tr><td>二级二星</td><td>0.8</td></tr>
<tr><td>二级三星</td><td>1</td></tr>
<tr><td>一级四星</td><td>1.5</td></tr>
<tr><td>一级五星</td><td>2</td></tr>
</table>

续表

类别			系数
		管辖权异议(一审)、指定管辖	0.3
		文书 > 一份(每份)	0.1
		评估、鉴定、审计	0.2
		评估人、鉴定人、审计人、证人、专家辅助人、技术调查官出庭	0.2
		当事人人数增加(每名)	0.02
		调查、取证、勘验	0.1
		异地办案(开庭、调查、取证、勘验、执行)	0.2
		开庭(执行听证) > 一次(每次)	0.1
		公告送达	0.1
		追加、变更或裁驳诉讼主体	0.1
		给予司法救助	0.2
		拘留、罚款	0.8
		限制出境	0.3
		当事人涉外和涉我国港、澳、台地区	0.1
		涉外公证认证、翻译、送达、公告	0.2
		外国法查明、外国法适用	0.3
		发送司法建议、审判监督函	0.4
		财产、行为、证据保全	0.2
		经专业法官会议讨论	0.2
		经审委会讨论	0.4
	民事	先予执行	0.1
		反诉	0.5
		心理疏导	0.1
		合适成年人参与诉讼	0.2
		社会观护	0.2
	刑事	刑事附带民事诉讼	0.5
		刑事案件数罪并罚	0.3
		补充侦查	0.1
		涉众型犯罪案件	2

续表

类别			系数
		变更强制措施	0.2
		暂予监外执行	0.2
		执行死刑	0.2
		判决无期徒刑以上	1
	行政	附带提起行政赔偿	0.5
		规范性文件一并审查	0.5
		民事争议一并审查	0.5
		行政协议	0.2
		行政机关负责人出庭	0.3
		复议双被告	0.5
	未审	心理疏导、测评（每次）	0.2
		合适成年人参与诉讼	0.2
		法庭教育（每次）	0.3
		回访帮教（每次）	0.3
		远程救助（每次）	0.2
		社会观护（每次）	0.3
		犯罪记录封存（每次）	0.3
		开展社会调查（每次）	0.3
		法官寄语（每次）	0.2
		亲情会见、探望（每次）	0.2
		家庭（亲职）教育（每次）	0.3
	赔偿	开展回访	0.1
		远程救助	0.2
		对外调卷	0.1
		联动救助	0.2
		心理疏导	0.1
		复议双被告	0.5
		经司法救助委员会讨论	0.1
		经赔委会讨论	0.2

(2)申诉审查案件

表5－3 申诉审查案件难易系数

类别			系数
A类固定系数	结案方式(A3)	驳回	0.5
		再审	2.2
		调解、撤回抗诉或申请	0.55
		终结(限于涉诉信访案件)	2.5
		其他	0.2
	审级(A4)	基层法院	1
		中级法院	1.5
		高级法院	2
	串案(A5)	1	1
		2～4	0.4
		5～10	0.3
		11～20	0.2
		21～50	0.15
		>50	0.1
浮动系数	重大敏感	三级一星	0.5
		二级二星	0.8
		二级三星	1
		一级四星	1.5
		一级五星	2
	当事人人数增加(每名)		0.02
	开庭(申诉听证)>一次(每次)		0.1
	当事人涉外和涉我国港、澳、台地区		0.1
	涉外公证认证、翻译、送达、公告		0.2
	外国法查明、外国法适用		0.3
	经专业法官会议讨论		0.2
	经审委会讨论		0.4
	心理疏导		0.1
	给予司法救助		0.2
	案外人申请再审		0.1

(3)执行实施案件

表 5-4　执行实施案件难易系数

类别			系数
A类固定系数	类型(A2)	“执”字号(首次执行案件)	1
		“执”字号(事项委托执行案件)	0.3~0.6
		“执恢”字号	0.9
		“执保”字号	0.4
	结案方式(A3)	全部执行完毕	1
		终本(已部分执行到位)	0.5
		终本(未执行到位)	0.2
		驳回申请、不予执行、终结执行	0.15
		销案	0.15
		其他	0.15
	审级(A4)	基层法院	1
		中级法院	1.5
		高级法院	1.5
浮动系数	重大敏感	三级一星	0.5
		二级二星	0.8
		二级三星	1
		一级四星	1.5
		一级五星	2
	管辖权异议(一审)		0.3
	文书>一份(每份)		0.1
	评估、鉴定、审计		0.2
	评估人、鉴定人、审计人、证人、专家辅助人出庭		0.2
	当事人人数增加(每名)		0.02
	调查、取证、勘验		0.1
	异地执行		0.2
	公告送达		0.1
	给予司法救助		0.2
	拘留、罚款		0.8
	限制出境		0.3

续表

<table>
<tr><th colspan="2">类别</th><th>系数</th></tr>
<tr><td rowspan="12"></td><td>当事人涉外和涉我国港、澳、台地区</td><td>0.1</td></tr>
<tr><td>经专业法官会议讨论</td><td>0.2</td></tr>
<tr><td>经审委会讨论</td><td>0.4</td></tr>
<tr><td>协调执行争议、联合执行</td><td>0.2</td></tr>
<tr><td>执行转破产</td><td>0.3</td></tr>
<tr><td>移送涉嫌犯罪的有关人员</td><td>0.3</td></tr>
<tr><td>纳入失信名单</td><td>0.1</td></tr>
<tr><td>限制消费</td><td>0.1</td></tr>
<tr><td>搜查</td><td>0.2</td></tr>
<tr><td>拍卖被执行财产</td><td>0.3</td></tr>
<tr><td>强制腾退房屋、土地</td><td>1</td></tr>
<tr><td>执行标的为行为或交付指定物</td><td>0.5</td></tr>
</table>

(4)强制清算与破产案件

表 5-5　强制清算与破产案件难易系数

<table>
<tr><th colspan="4">类别</th><th>系数</th></tr>
<tr><td rowspan="8">A类固定系数</td><td rowspan="5">程序(A2)</td><td rowspan="3">破产</td><td>申请破产</td><td>4</td></tr>
<tr><td>实际破产(破产清算、破产和解)</td><td>30</td></tr>
<tr><td>实际破产(破产重整)</td><td>40</td></tr>
<tr><td rowspan="2">强制清算</td><td>申请清算</td><td>4</td></tr>
<tr><td>实际清算</td><td>30</td></tr>
<tr><td rowspan="3">审级(A4)</td><td colspan="2">基层法院</td><td>1</td></tr>
<tr><td colspan="2">中级法院</td><td>1.5</td></tr>
<tr><td colspan="2">高级法院</td><td>2</td></tr>
<tr><td rowspan="6">浮动系数</td><td rowspan="2">特殊机构破产案件</td><td colspan="2">金融机构破产案件</td><td>1</td></tr>
<tr><td colspan="2">上市公司破产案件</td><td>1</td></tr>
<tr><td rowspan="4">债务人有财产</td><td colspan="2">涉房屋</td><td>0.1</td></tr>
<tr><td colspan="2">涉土地</td><td>0.2</td></tr>
<tr><td colspan="2">涉车辆(京牌)</td><td>0.1</td></tr>
<tr><td colspan="2">涉专利技术</td><td>0.1</td></tr>
</table>

续表

类别			系数
		涉成套机器设备	0.1
		涉其他可供分配财产金额在5000万元以上	0.1
	执行转破产案件(含审查)		0.5
	以公开竞争方式选任管理人		0.2
	债权人人数(每50人)		0.1
	关联企业破产数(每件)		0.3
	债务人有长期投资(每笔)		0.5

(5)减刑假释案件

表5-6　减刑假释案件难易系数

类别			系数
A类固定系数	程序(A2)	减刑假释	0.4
		刑罚与执行变更(减刑假释除外)	0.4
	审级(A4)	基层法院	1
		中级法院	1.5
		高级法院	2

(6)多元化解和速裁案件

表5-7　多元化解和速裁案件难易系数

类别			系数
A类固定系数	程序(A2)	多元化调解	0.4
		速裁程序	0.6
	串案(A5)	1	1
		2~4	0.4
		5~10	0.3
		11~20	0.2
		21~50	0.15
		>50	0.1

(7)特殊类型案件

表 5-8 特殊类型案件难易系数

类别		系数
A 类固定系数	行政非诉审查程序	0.5
	小额诉讼程序	0.6
	特别程序	0.4
	执行监督、执行协调和执行请示	1.5
	提级管辖、指定管辖、管辖协商	1
	强制医疗	1
	没收违法所得	1
	非诉保全、诉前保全	0.4
	人身安全保护令案件、安置教育类型案件、督促支付令案件	0.3
	司法制裁	1
	国际、区际司法协助案件	0.6

2. B 类固定系数

表 5-9 B 类固定系数

类别			系数
B 类固定系数	法官参与案件身份(B1)	独任审理	1
		合议庭审理中的承办法官	1
		合议庭审理中非承办法官担任审判长	0.2
		合议庭审理中的其他成员	0.1
	被辅助情况(B2)	无法官助理	1
		法官助理 1 名	0.8
		法官助理 2 名	0.7
		法官助理 3 名及以上	0.6

注:(1)“特殊类型案件”的 A 类固定系数无须选择。

(2)除上述特殊情形外,其他类型案件的 A 类固定系数值计算公式为:

A 类固定系数值 = 1 × A1 × A2 × A3 × A4 × A5。

(3)A1、A2、A3、A4、B 类固定系数均择一适用,浮动系数累计适用。

(4)串案(A5)分六档累计计分,以件为单位。其中“1”为主案(可选择其他 A 类系数折算最高分值的案件)，其固定系数计算公式举例如下：

在不考虑浮动系数的情况下，7 件一审民事串案(如 2 件普通程序判决结案、5 件简易程序调解结案)A 类固定系数值 = 1 件判决主案(系数为 1) + 1 件判决串案(系数为 0.4) + 2 件调解串案(系数为 0.4) + 3 件调解串案(系数为 0.3) = (1 × 1 × 1.5 × 1 × 1 × 1) + (1 × 1 × 1.5 × 1 × 1 × 0.4) + (2 × 1 × 1 × 0.9 × 1 × 0.4) + (3 × 1 × 1 × 0.9 × 1 × 0.3) = 1.5 + 0.6 + 0.72 + 0.81 = 3.63。

(5)B 类固定系数值计算公式为：

B 类固定系数值 = 1 × B1 × B2。

表 5 - 10　审判辅助人员辅助办案系数

类别			系数
审判辅助人员类别及数量	法官助理	1 名	1
		2 名	0.6
		3 名及以上	0.4
	书记员	1 名	1
		2 名	0.5
		……	……
		N 名	1/N

表 5 - 11　审委会讨论案件工作量系数(择一适用)

类别		系数
参加类型	基层法院审委会	0.2
	中级法院审委会	0.4
	高级法院审委会	0.6

表 5 - 12　专业法官会议讨论案件工作量系数(择一适用)

类别		系数
参加类型	业务庭专业法官会议	0.1
	民事、刑事、行政、执行等领域的专业法官会议	0.2
	跨审判业务领域的专业法官会议	0.3

表 5－13　案件评查工作量系数（择一适用）

类别		系数
评查结果	合格	0.05
	瑕疵	0.8
	一般差错	2
	重大差错	5
	优秀	2

表 5－14　质量系数（累计适用）

类别		系数
改判发回	二审或再审或执行复议改判、撤销原裁定、发回重审、提起再审的（已排除除外情形）	－1
案件评查	瑕疵	－1
	一般差错	－5
	重大差错	－10
执行质量	将非实际执结按实际执结报结	－2
	终结本次执行程序不符合司法解释和规范性文件规定的条件和要求	－2
	执行行为被执行异议、复议或监督程序依法认定为违法、错误	－5

表 5－15　效率系数（累计适用）

类别			系数
审理期限	延审（每次）		－0.2
	超审限		－5
	长期未结案（不包括执行、国家赔偿、减刑假释、申诉审查、破产清算、刑事被告人脱逃或无受审能力案件）	18 个月以上	－1
		3 年以上	－2
		变更承办法官后 1 年以上	－1
		变更承办法官后 2 年以上	－2
流程节点	电子数据录入、文书送达、移送、纸质卷宗归档等节点超期		－0.05
	电子卷宗同步生成等网上办案工作存在瑕疵		－0.1～－0.3

续表

类别		系数
执行效率	未及时发放案款	-0.5
	上级法院发督促执行令(每次)	-1
	因怠于执行被上级法院决定提级自行执行	-2
	因怠于执行被上级法院决定指定其他法院执行	-2

表5-16　效果系数(累计适用)

类别		系数
规范化	行为不当	-0.2
	造成一定后果的	-2
司法公开	公开不及时,造成一定后果的	-2
	公开质量出现瑕疵,造成一定后果的	-2
重大敏感案(事)件处置	瞒报、漏报、迟报	-5
	拒不执行工作方案	-5
	不按工作流程处置,导致出现差错	-5

第六章
司法公开管理

在全国法院陆续设立审判管理办公室机构之初,《最高人民法院关于加强人民法院审判管理工作的若干意见》(法发〔2011〕2 号)、《最高人民法院关于新时期进一步加强人民法院审判管理工作的若干意见》(法发〔2014〕8 号)确定了审判管理办公室的七项基本职责,其中,并不包括司法公开工作。此后一段时期,最高人民法院高度重视司法公开工作,特别是大力开展裁判文书公开工作,取得了重大进展,司法公开管理工作也成了审判管理办公室的日常管理职能。

按照最高人民法院的工作思路,人民法院的司法公开工作主要包括审判流程公开、裁判文书公开、庭审公开和执行信息公开四项主要内容。其中,审判流程公开工作主要由信息系统自动完成,其公开的效果主要取决于系统信息项目的准确、完整、及时采集和填录,因此,对于审判流程公开工作而言,除了建设和完善信息系统之外,管理的内容主要包括信息准确性管理和不公开案件流程信息的管理等。受到最高人民法院关于执行单独管理和考核思路的影响,执行信息公开工作一般由各地人民法院执行部门按照执行案件质效管理体系和思路开展。因此,此部分我们重点讨论司法公开的基本理念,以及裁判文书公开管理和庭审公开管理的具体内容。

第一节　司法公开概述

当前,人民群众对人民法院提出了新要求、新期待,既要求保护人身财产又期待保护政治社会文化权利,既要求司法活动公平、公正又期待司法过程公开、透明,既要求审判机关严格司法又期待审判人员善意文明司法等,这对人民法院审判执行工作和队伍建设提出了更高的标准和要求。

近年来,人民法院的司法公开取得重大进展,司法透明度显著提高,司法公开现状与当事人、社会公众不断增长的权利主体意识和权利保障需求之间存在的差距得到一定程度的弥合。尽管如此，各界对于司法公开工作仍有更高期待，主要表现在：司法公开与保护公众私隐之间的平衡问题；司法公开还局限于审判公开，司法信息尚未全部公开；偏重于形式公开，庭审旁听、网络直播、裁判文书上网仍是主要举措；不予公开的责任不明，需进一步健全责任机制等。①

一、司法公开与公正、高效的关系

公开、公正、高效是人民法院司法活动的基本价值，三者相互依存、相互促进，有机地统一在一起。公正和效率是司法活动的最高要求，而公正则是司法活动的核心价值。② 人民法院通过审判活动解决当事人的纠纷，满足当事人的司法需求，人民法院审理过程和裁判结果的公正和高效，通过一种可感知的方式传达给当事人和社会公众，而当事人和社会公众则在司法公开的过程中对人民法院审判权的行使进行有效的监督和制约。

司法公开、公正、高效三者的关系如图 6－1 所示：

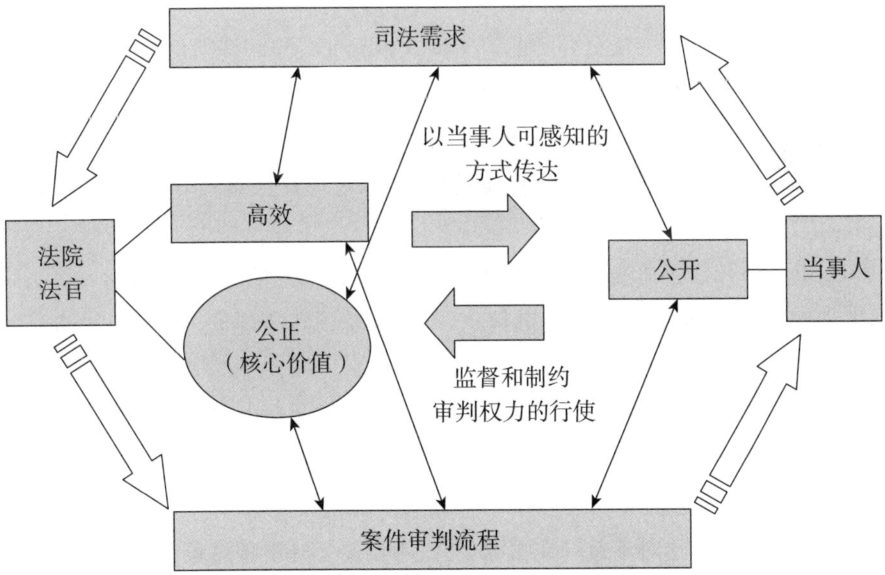

图 6－1　司法公开与公正、高效的关系模型

① 参见李富金：《审判公开中存在的问题不容忽视》，载《法制日报》2003 年 1 月 9 日。
② 参见王福华：《民事审判公开制度的双重含义》，载《当代法学》1999 年第 2 期。

二、司法公开的主要内容

司法公正是社会正义的一个重要组成部分,它包括实质公正,也包括形式公正;司法透明是实现司法公正和社会正义的重要保证和基本标准,也是司法活动接受当事人和社会公众监督的有效途径。司法透明的核心内容和主要表现就是司法公开。①

新形势下的司法公开机制,应该实现"依法公开""全面公开""实质公开""及时公开""审务公开""过程公开""判理公开""相对公开""适度公开""有责公开"十项内容。

1. 依法公开。指司法公开应该依据一定的法律、规则和机制进行,公开的途径、方式、范围、程度要有规则可依,依法应该公开的,必须公开;依法不应予以公开的,不能公开。

2. 全面公开。指司法公开不能是人民法院有选择性地公开,公开的内容不仅应该包括审判信息的公开,还应该包括审务信息的公开;审判公开不仅仅包括庭审公开和裁判结果公开,还应该包括审判过程的公开。②

3. 实质公开。指司法公开不能流于形式,要全面公开,特别是要公开那些"对裁判结果的决定性活动"的信息,公开那些能够满足当事人和社会公众正当司法需求的信息。③

4. 及时公开。指司法公开不仅渠道要畅通,还应该注重时效性,满足一定的公开时限要求。

5. 审务公开。指司法公开不仅仅包括具体案件信息的公开,还包括人民法院从事审判活动,行使审判权的基础信息,人民法院的队伍建设、文化建设、自身发展、改革举措等信息的公开。④

6. 过程公开。指将审判公开从裁判结果、执行结果公开,扩张到对案件审理、案件执行各个过程和节点的公开,通过当事人对审判权的实质制约及社会公众、相关部门对司法活动的外部监督来约束裁判结果和执行结果。

7. 判理公开。指对于裁判文书的公开,不仅要公开审理过程、裁判结果,还要

---

① 参见刘敏:《论司法公开的扩张与限制》,载《法学评论》2001 年第 5 期。

② 参见彭志新:《审判公开是承诺更是责任》,载《人民法院报》2007 年 7 月 11 日,第 7 版。

③ 参见王亚新、陈瑞华、宋英辉:《审判公开向实质公开迈进》,载《人民法院报》2007 年 7 月 3 日,第 5 版。

④ 参见王银胜、宿华文:《审判公开执行公开院务公开——汕头倾力打造"阳光法院"》,载《人民法院报》2008 年 4 月 22 日,第 1 版。

公开裁判理由，要公开关键证据认证过程，公开事实认定、适用法律与裁判结果之间的内在逻辑关系。①

8. 相对公开。指司法公开要区别不同的对象进行，有些信息需要向当事人公开，有些信息则需要向所有社会公众公开。

9. 适度公开。指司法公开应该把握合适的“度”，不能超越对象、范围公开司法信息，要平衡独立审判和当事人、社会公众对司法活动合理监督的关系，要平衡公开审判和国家秘密、公共利益、个人隐私之间的关系。

10. 有责公开。指要畅通司法公开的反馈机制，允许当事人和社会公众对于司法公开提出意见、建议、异议、投诉和救济申请，对于严重违反依法公开制度的审判活动应认定无效，对于违反依法公开制度的审判人员要追究责任。

三、司法公开的具体举措

新形势下的司法公开举措应至少包括以下具体内容：

1. 建立定期新闻发布制度，促进基础审务信息公开

随着传媒对司法审判的逐步关注，社会公众希望了解人民法院审判事务信息的需求越来越强烈，对人民法院司法透明度的要求也越来越高。为避免社会公众因信息缺失对司法活动产生不信任和怀疑，提高人民法院的司法权威和公信力，人民法院应设置专门的新闻发布机构，以新闻发布会、新闻通报会、记者招待会的形式，统一向媒体发布法院基础审务信息、大要案审理情况及司法改革方面的重要举措，履行司法公开职责，自觉接受社会公众监督。②

上述新闻发布机制，包括以下具体内容：(1)建立由办公室、研究室、审判管理办公室、诉讼服务办公室负责的专门机构，负责收集、撰写、发布审务信息；(2)审务信息发布应以定期发布和不定期发布相结合的方式，定期发布人民法院基础审务信息，不定期发布大要案审理情况、司法改革举措等信息；(3)基础审务信息包括阶段收结案情况及相关分析、审判人员变化情况、阶段结案率、调撤率、改判发回率、不同类型案件的平均审理周期、对下一阶段收结案情况的预测、阶段执行成果、阶段信访投诉情况、廉政情况、机构合并分立、重大人事任免事项等；(4)大要案包括社会关注、有重大影响的各类型案件、新类型案件、涉外案件等，通报的内容包括案件的审理进程、合议庭组成、基本案情、裁判结果等。

---

① 参见何良彬、钟宏：《论裁判文书中法律适用的公开》，载《法律适用》2006 年第 3 期。

② 参见刘峥、蒋飞：《落实完善审判公开制度的建议》，载《人民法院报》2006 年 11 月 2 日，第 5 版。

2. 建立和完善多渠道信息公开机制，实现司法全面公开

为充分落实全面公开、实质公开原则，避免片面公开、形式公开，同时为解决因公开对象不同导致的公开内容差异和公开方式差异问题，人民法院应建立和完善多渠道信息公开机制。这些公开渠道包括：(1)社会公众旁听案件庭审；(2)电视直播、网络直播、广播直播庭审；(3)通过电话、公告栏、触摸查询设备、网络向社会公众公开案件信息、案件结果、案例指导信息；(4)人民法院通过定期新闻发布制度及网络向公众公开基础审务信息、大要案审理情况和司法改革的重要举措等；(5)通过电话、公告栏、触摸查询设备、网络向案件当事人公开案件审理过程、裁判结果和执行过程、执行结果；(6)通过接待大厅、接待窗口向当事人公开各种基本法律常识、立案须知、诉讼风险提示等信息；(7)合议庭向当事人发放参加诉讼须知和判后答疑须知，告知当事人享有的权利和应承担的义务，进行举证指导和判后释疑；(8)人民法院通过庭审观摩、巡回审判、下乡就审、法治宣传、回访犯罪人、司法建议等方式向社会公众或特定主体公开司法信息。①

3. 公开案件审理过程和执行过程，增强当事人对流程进展的预期

案件的审理过程是“形成裁判结果的决定性活动”，案件的执行过程是“实现裁判结果的决定性活动”，对于这些过程的公开，才是实质意义的公开。人民法院应以保障当事人的诉讼知情权及程序参与权为核心，向当事人全面公开案件审理过程和执行过程的信息。②

落实对当事人的审判过程和执行过程公开，需要从以下几方面机制入手：(1)畅通渠道，使当事人可以通过多种途径查询案件进展，了解案件当前处于哪个流程，并通过公开不同类型案件平均审理周期的方式，提高当事人对于案件流程进展以及审理时间的预期；(2)加强审前准备阶段公开，包括针对个案案情公开不予受理的理由和法律依据，公开人民法院民事、刑事、行政案件一审、二审、审判监督程序的受案范围及立案条件，人民法院缓、减、免交诉讼费的条件和申请缓、减、免交诉讼费的程序，诉讼风险诉前提示等；(3)对于当事人提出的管辖异议、中止案件审理、恢复案件审理、调查取证、延期举证申请等，应及时处理、答复，并将决定结果向双方当事人公开；(4)对于开庭审理后需要再次开庭或谈话补充

---

① 参见陈霜：《发展概览与理性批判——最高人民法院〈关于加强人民法院审判公开工作的若干意见〉初步评析》，载《消费导刊》2008年第2期。

② 参见袁定波：《全面保障当事人诉讼权利促进司法公正高效——最高法解读〈关于加强人民法院审判公开工作的若干意见〉》，载《法制日报》2007年6月15日，第5版。

审理的，应及时向当事人公开补充审理的理由及需要补充审理的事项；①(5)规定立案庭向审判庭移送卷宗、上诉案件移转、二审法院向一审法院退还卷宗、案卷归档等流程的时限并予以公开，严格落实执行；(6)公开案件超审限的理由，公开案件延期审理的理由；(7)公开当事人在人民法院作出裁判后请求答疑的期限、范围和条件，公开自动履行、申请强制执行、申请再审的时限和条件；(8)公开执行立案信息、财产查控信息、财产处置信息、财产分配信息、执行裁判文书、执行中止情况和理由、终结本次执行程序情况和理由、执行结案信息，以及公开变更、追加被执行人阶段的听证信息。

4. 完善裁判文书公开制度，落实裁判理由公开

人民法院制作的裁判文书是人民法院行使国家审判权的体现，是司法公正的最终载体。社会公众对于司法公正性的认可，很大程度上是通过法院作出的裁判文书来判断的。因此，裁判文书公开对于司法公开具有非常重要的意义。公开裁判文书，应实现“审理过程公开”“裁判结果公开”“裁判理由公开”三个功能，而其中“裁判理由公开”是审判公开的有机组成部分，同时也是衡量审判公开度和透明度的重要尺度。②

加强裁判文书公开应做到：(1)除不宜公开的裁判文书外，通过网络全面公开所有类型案件的全部裁判文书，并提供多关键词的检索途径；(2)裁判文书撰写应对审理过程进行全面描述，特别是应公开人民法院对当事人提出的管辖权异议、中止诉讼等程序性申请的处理情况，以及延长、扣除审限等情况；(3)公开当事人的举证、质证，人民法院的认证过程，尤其是对有争议的证据、对认定事实具有关键作用的证据的分析、认证过程；③(4)公开对法律适用的适当说明，尤其是在法律关系复杂、法律规定过于原则甚至法律规范相互冲突的情况下，应当对所引用法律条文的含义进行详尽的解释和说明；(5)加强判决书的逻辑分析及推理，详尽阐述证据采纳、事实认定、适用法律与裁判结果的内在逻辑联系；(6)除了对裁判结果的正向推理外，还应对当事人未被采纳的主张予以全面的分析和反驳；(7)在目前情况下，不宜公开合议庭对于裁判结果的不同意见。④

---

① 参见唐炳洪、王艳：《论审判公开与庭审直播》，载《当代法学》2001年第6期。

② 参见何良彬、钟宏：《论裁判文书中法律适用的公开》，载《法律适用》2006年第3期。

③ 参见刘艳芳、於恒强：《从判决实体内容的公开谈民事诉讼审判公开制度的完善》，载《诉讼法理论与实践》，中国政法大学出版社2003年版。

④ 参见张晋红：《审判公开思想与修订〈民事诉讼法〉的几个基本关系定位》，载《现代法学》2005年第4期。

5. 建立限制报道制度，妥善处理司法公开与新闻媒体、社会舆论之间的关系

媒体报道、社会舆论、专家意见是“双刃剑”，既可以起到强化司法监督、扩大法治宣传的作用，也可能影响法院独立裁判案件、给法院工作造成重大障碍。新闻监督、社会舆论与司法活动冲突的情况在世界各国普遍存在，为达到二者之间的平衡，人民法院一方面要充分认识媒体报道和社会舆论监督对司法活动产生的积极作用，允许传媒以自负其责的态度对案件进行如实报道，保证新闻媒体、社会公众能够正常地依法行使舆论监督权；另一方面，又要依法独立行使审判权，切实避免媒体报道、社会舆论、专家意见对司法的不当干扰和影响。①

为妥善处理二者关系，应从以下几方面入手：(1)人民法院应严格遵循“依法公开”“相对公开”“适度公开”的原则，严格限制司法信息公开的对象、范围、方式和内容，避免审判机密的泄露及不当公开引发的不良社会舆论；(2)人民法院应进一步确立合议庭对于案件审理方式和处理结果的决策权，提高合议庭行使审判权的独立性，以实现司法公正为审判工作的最高目标，避免被专家意见、媒体导向、社会舆论所左右；②(3)进一步提高法官素养，规范司法行为，使法官在审理过程中程序规范、不偏不倚、公正廉明，裁判结果能够辨法析理、以理服人，避免引发当事人、新闻媒体和社会公众对司法公正的怀疑；(4)积极规范和引导媒体坚持法律原则、坚持客观真实性原则、坚持公正性原则和媒体自律原则进行司法报道；(5)对于新闻媒体违规报道、披露审判机密、失实报道，引发不良社会舆论，影响案件审判的，人民法院有权要求相关媒体对特定案件和内容限制报道或停止报道，或要求其对相关事实进行澄清，消除影响；(6)严格落实人民法院司法宣传信息的审批制度，严格落实法官接受媒体采访的呈报制度，特别需要限制或禁止法官就在审案件实体问题接受采访、向公众发表意见；(7)对于不公开审理的案件或某些正在审理过程中的、法官不便发表意见的案件，可以通过法院内部的新闻发布机构进行相应的信息公开。

6. 建立司法公开异议机制，畅通司法公开机制的反馈渠道

司法公开，从根本上讲，是人民法院的一项职责和义务，因此，人民法院要主动为信息公开设置渠道。同时，司法公开还需要遵循依法公开、适度公开等原则，要依据一定的规则进行，要积极接受当事人监督，主动接受人大及其常委会的工作监督，正确面对新闻媒体的舆论监督，同时还要为审判公开制度设置相应的救

① 参见陈卫东：《在审判公开中实现正确舆论监督》，载《法制日报》2005 年 10 月 17 日，第 5 版。

② 参见千朝端、杨凯：《公开报道与公平审判的冲突与平衡——兼论现代司法理念与传媒道德观念的沟通与融合》，载《法律适用》2005 年第 1 期。

济规则。[①]

在具体的操作机制层面，人民法院应该从以下几个方面入手：（1）人民法院应在畅通司法信息公开的各种途径和渠道的同时，建立和畅通当事人、新闻媒体和社会公众对司法公开机制监督、反馈的途径和渠道；（2）人民法院应指定专门部门负责收集、听取当事人、新闻媒体和社会公众对于人民法院公开机制的意见、建议、异议、投诉和救济请求，并制定相应的处理规则；（3）人民法院应定期召开廉政监督员、当事人代表、新闻媒体代表及社会各界代表参加的会议，听取各方对于人民法院司法公开情况的意见和建议；[②]（4）建立当事人对人民法院司法公开事项的异议和救济制度，允许当事人对影响切身利益的公开事项提出异议，上级法院认为下级法院的审理活动违反公开审判原则，可根据情况认定该审理行为或审判结果无效；（5）建立人民法院对于当事人、新闻媒体、社会各界的意见、建议、异议、投诉以及救济申请的限期处理规则，以及处理结果限期回馈给提出方的机制。

四、司法公开与私隐保护的平衡

对于司法公开的广度和深度，一直以来都有较大争议。从司法公开的广度而言，有学者认为，目前的司法公开仅局限在庭审和裁判文书等方面，没有达到全面公开的要求。特别是，对裁判权运行中形成裁判结果的过程应该依法公开。进而一些学者提出，应该取消副卷，公开审理过程中研究案件、合议案件，形成裁判结果的全过程。

还有一些学者认为，应该公开合议庭成员不同意见。在美国最高法院的案件审理中，我们经常能够看到法官对裁判结果的投票意见。我国南方地区的一些法院也曾经有过尝试。但是这种不同意见的公布，还都仅限于意见本身的公布，而不涉及具体的审判人员；即便公布不同意见，也仅仅会公布合议庭成员中有几位是A意见，有几位是B意见，并不会具体指出持有A意见的是哪个法官，持有B意见的是哪个法官。事实上，对于这方面的尝试，尽管在新闻报道中偶有见到，但并没有得到司法实践部门的普遍认同。一般的反对意见认为，虽然我们的判决落款中列明了合议庭法官的姓名，但加盖的公章是人民法院的公章，代表我们的判

① 参见江苏省高级人民法院研究室：《审判公开制度施行情况的实证调查与思考》，载《法律适用》2006年第3期。

② 参见崔丽：《依法公开及时公开全面公开，最高法首次明确审判公开三原则》，载《中国青年报》2007年6月15日，第4版。

决是人民法院作出的,而不是以法官个人的名义或者以合议庭的名义作出的,对外表示的应该是人民法院一致的最终意见。法官个人意见的差异,只是在形成裁判结果的决策过程中才有意义;一旦合议庭、审判委员会等审判组织根据民主集中制原则作出了裁判结果,对外就应该是人民法院确定的一个声音。

此外,司法实践部门还有这样的担忧,那就是近年来,当事人对裁判结果不满引发信访,甚至辱骂、跟踪、伤害法官的事件频频发生。如果公布合议庭的不同意见,会让当事人更加认为案件有争议的空间和余地,自己的理由至少在某种程度上得到认同,因此,息诉服判工作将会更加困难。如果公布了少数意见的同时,又指明了持有少数意见的具体法官,一些当事人可能会认为,案件的败诉主要是因为某一个法官的错误认识造成的,如果没有这个法官,自己的案子可能是另外的结果,更容易产生当事人对某个特定法官的不满,引发法官和当事人之间的矛盾。

关于取消副卷,公布裁判结果形成的全部过程的问题。我们知道,目前人民法院的副卷是秘密,当事人和合议庭之外的法官均不能查阅。副卷的主要内容大致为:阅卷笔录、庭审提纲,审理报告,合议笔录、专业法官会议或审委会研究记录等一系列形成案件裁判结果的过程性文件,内部请示批复、内部函件,裁判文书原本,裁判文书呈批表、审限变更等程序性事项呈批表。在这些内容中,裁判文书原本、裁判文书呈批表、审限变更等程序性事项呈批表没有秘密内容,阅卷笔录、庭审提纲也大多没有实质的秘密内容,理论上可以向当事人公开。内部请示批复、内部函件,主要是上级法院或领导对于案件的批示等内容,这些文件理论上应该区分两种情形:一种情形是上级法院依法行使审级监督权或院庭领导依法行使审判监督管理权形成的材料,这些材料理论上要求全程留痕,但是否可以向当事人公开仍然存在争议。另一种情形是院庭领导和外部领导违规过问和插手案件的批示。这种情况本身就是违法违规的,应该予以杜绝。对于审理报告,主要是记录了案件的基本案情和裁判结果、裁判理由等。一些复杂的审理报告记载了案件裁判结果的分歧和裁判结果发生变化的过程。合议笔录等记录裁判结果形成过程的文件与审理报告等文件是否能够公开,实质上涉及的是同一个问题,就是合议庭的裁判意见分歧,特别是具体到某一个法官的观点以及裁判结果的形成过程是否能够公开的问题。这与我们刚才说的裁判文书公开中,是否公开裁判分歧意见实质上是同一个问题。

还有一个问题值得关注,就是裁判文书公开和庭审公开对当事人的影响问题。庭审公开工作经历了一个变化的过程,从最初的提倡公开,到采取“以直播为原则、以不直播为例外”,大力推行全面公开,经过一段时间的试行和反思后,一些地方法院又逐渐回归理性和审慎,采取了有条件公开的方式,即经内部审批后在互联网直播公开。按照最高人民法院的规定,目前的裁判文书公开采取的标准是"以公开为原则、以不公开为例外"。这种公开是人民法院依据最高人民法院司法解释的径行公开行为,不取决当事人的意志。很多当事人为了不让裁判文书公开或者将已公开的裁判文书撤回,会选择向独任法官或合议庭提出申请,要求不予公开裁判文书。在一般情况下,当事人提出申请,不愿意公开裁判文书,甚至双方当事人同意不公开裁判文书,人民法院不应该将这些申请作为不予公开的依据。但现实情况有时候比较复杂,很多当事人申请不公开的理由虽然不符合最高人民法院司法解释的规定,但是在情理上确有一定的合理性。这些申请对于公司或组织而言,大部分属于以下几种情形:

1. 有一些公司、组织担心公布裁判文书,特别是败诉案件的裁判文书,会对公司、组织的经营行为产生影响。例如,一些公司在申请贷款等事项时,部分金融机构会对公司涉诉情况进行筛查,存在涉诉案件或者存在败诉案件,可能会影响金融机构对于贷款等事项的审批。

2. 公司拟上市、融资或作出重大战略部署、签订重大合同,担心裁判文书上网,特别是一些败诉判决上网,会影响投资者、合作者和公众对于公司声誉的信赖。

3. 还有一些涉及公司、组织人员违法犯罪被惩处的案件,在事实描述中不可避免地会涉及该公司、组织的名称,甚至暴露出该公司、组织一些管理问题等内部事项。裁判文书一旦公开,这些公司、组织,特别是上市公司、国有企业、具有公权力性质的组织认为会对其声誉产生影响。

对于个人而言,一般存在以下几种情况:

1. 一些涉及个人的裁判文书上网后,可能会影响其工作、生活等事项。例如,目前一些房产中介等行业,在员工入职时,公司会到中国裁判文书网查询该员工是否曾与所在单位发生过劳动争议,一旦存在这种情形,入职审查将不予通过。还有一些当事人在申请小额贷款时,一些金融机构和贷款公司会对其是否曾经涉诉进行检索,一旦发现申请人曾与其他主体发生过诉讼,无论诉讼的内容如何,都会认为其个人信用不符合要求,对贷款申请不予通过。

2. 在一些案件的裁判文书中,不可避免地会涉及个人的一些具体事项,如何时入职于何单位、何时结婚、有几个子女等。这些一般属于个人的基本事实,并不涉及特别多的私隐内容。在裁判文书上网时,也很少将这些基本事实进行屏蔽。对于一部分人来说,会认为公开这些事实,并不会对自己产生较大影响;对另一部分人而言,则可能认为这些事项属于自己的私隐,基于种种原因,不愿意公之于众,甚至自己曾经与谁签订合同,产生过纠纷这些事实,也认为属于自己的私隐,不愿意公开。应该说,每个人由于自身的经历不同、环境不同,所处的社会位置不同,对个人隐私的重视程度、敏感程度会有很大的差异,甚至对什么是个人隐私认识差异也很大。因此,公布一些个人信息,即便是一些正常的经济交往信息,如和谁合作成立了公司、与谁签订了何种货物的买卖合同等,可能对一部分人而言,也难以接受。

3. 上面的问题再严重一点,就涉及了第三种情形。很多人对个人信息极为关注,特别是受到“耻讼”观念的影响,认为在互联网上公布其与某个人曾经产生过纠纷的信息,会令其感到十分不安,其社会评价因此降低,个人生活受到严重影响。有一些相对极端的当事人,会不断用“百度”等搜索引擎检索自己的名字,查找相关信息。同时,认为他周围的人也会用这种方式,去查找和发现自己的隐私。

笔者曾经遇见过一个当事人,裁判文书被公开之后强烈要求法院撤销公开的裁判文书,认为对其生活产生了巨大影响,对其社会评价产生了极大贬损。在给法院的申请书中,其强调因为裁判文书上网一事受到严重刺激,经常心绪不宁、无心做事,有一次开车遇见红灯,也没有踩刹车,直接闯红灯通过。后来考虑其实际情况,我们将其裁判文书从中国裁判文书网上予以撤回。此后,他又不断通过各种搜索引擎,使用各种检索词组合,查找与他相关的案件信息,发现一些网站将最高人民法院已公开的裁判文书,使用“爬虫技术”复制后公布在自己的网站,于是要求法院将这些网站相关裁判文书也予以撤回。但是事实上,法院对这些商业网站或者个人网站并没有删除裁判文书的权力,只能够通过联系网站运营者向其说明情况、进行沟通协商的方式,才能达到删除裁判文书的目的。

尽管这些极端事件并不多,但也对裁判文书公开,特别是在民商事裁判文书公开中对于个人不隐名公开的方式提出了拷问。人民法院在开展裁判文书公开工作时,也要对这些特殊的情形予以重点关注。

第二节　裁判文书公开

裁判文书公开是目前司法公开工作中公开数量最大、公开程度最彻底、公开效果最显著的一项内容,为社会公众和法学研究者了解和研究司法案例提供了极大的便利,同时也倒逼人民法院和审判人员提高审判质量,加强裁判文书说理。随着裁判文书公开工作的不断推进,裁判文书公开管理工作逐渐成为各地人民法院审判管理工作的一项重要内容。围绕裁判文书公开开展的审判管理工作，也有力推动了各地人民法院审判管理精细化、信息化的进程。

一、公开文书范围

2016年10月1日，《最高人民法院关于人民法院在互联网公布裁判文书的规定》（法释〔2016〕19号）施行，该规定是对《最高人民法院关于人民法院在互联网公布裁判文书的规定》（法释〔2013〕26号）的修订，此次修订在裁判文书的公布范围、隐名处理规则等方面进行了相应调整。

《最高人民法院关于人民法院在互联网公布裁判文书的规定》（2013年）仅规定了不予上网的裁判文书的情形，对于哪些裁判文书应该上网没有明确。2016年修订后的规定，则以列举的方式明确了应当上网公布的裁判文书类型。具体为十项内容：

人民法院作出的下列裁判文书应当在互联网公布：

（一）刑事、民事、行政判决书；

（二）刑事、民事、行政、执行裁定书；

（三）支付令；

（四）刑事、民事、行政、执行驳回申诉通知书；

（五）国家赔偿决定书；

（六）强制医疗决定书或者驳回强制医疗申请的决定书；

（七）刑罚执行与变更决定书；

（八）对妨害诉讼行为、执行行为作出的拘留、罚款决定书，提前解除拘留决定书，因对不服拘留、罚款等制裁决定申请复议而作出的复议决定书；

（九）行政调解书、民事公益诉讼调解书；

（十）其他有中止、终结诉讼程序作用或者对当事人实体权益有影响、对当事人程序权益有重大影响的裁判文书。

《最高人民法院关于人民法院在互联网公布裁判文书的规定》（2013年）规定不在互联网公布裁判文书的情形包括四项，具体为：

（一）涉及国家秘密、个人隐私的；

（二）涉及未成年人违法犯罪的；

（三）以调解方式结案的；

（四）其他不宜在互联网公布的。

2016 年修订后的规定，删除了“个人隐私”情形，增加了“离婚诉讼或者涉及未成年子女抚养、监护的”情形。具体为以下五项：

（一）涉及国家秘密的；

（二）未成年人犯罪的；

（三）以调解方式结案或者确认人民调解协议效力的，但为保护国家利益、社会公共利益、他人合法权益确有必要公开的除外；

（四）离婚诉讼或者涉及未成年子女抚养、监护的；

（五）人民法院认为不宜在互联网公布的其他情形。

审判管理实践中，一般认为，上述第（四）项中“离婚诉讼”的具体含义，仅指案由为离婚纠纷的案件，不包括离婚后财产分割等涉及婚姻状况的案件；除离婚纠纷外的其他婚姻家庭、继承纠纷案件的裁判文书，应当依照《最高人民法院关于人民法院在互联网公布裁判文书的规定》（2016 年）第 8 条第 1 项进行隐名处理后上网公布，即“人民法院在互联网公布裁判文书时，应当对下列人员的姓名进行隐名处理：（一）婚姻家庭、继承纠纷案件中的当事人及其法定代理人……”在审判管理实践中，可对“涉及未成年子女抚养、监护的”案件涉及的案由予以明确，统一标准。笔者认为，参照 2020 年修正的《民事案件案由规定》的内容，一般包括以下案由：

二、婚姻家庭纠纷

20. 同居关系纠纷

（2）同居关系子女抚养纠纷

21. 亲子关系纠纷

（1）确认亲子关系纠纷

（2）否认亲子关系纠纷

23. 抚养纠纷

（1）抚养费纠纷

（2）变更抚养关系纠纷

25. 收养关系纠纷

（1）确认收养关系纠纷

（2）解除收养关系纠纷

26. 监护权纠纷

27. 探望权纠纷

三十九、监护权特别程序案件

413. 申请确定监护人

414. 申请指定监护人

415. 申请变更监护人

416. 申请撤销监护人资格

417. 申请恢复监护人资格

二、涉隐私文书公开

在管理实践中，一些法院的审判人员对于涉及个人隐私的裁判文书是否应该上网，还存在很多模糊认识。很多法官以裁判文书涉及个人隐私为由，向审判管理办公室申请不予公开。还有的在裁判文书公开后以文书涉及个人隐私，当事人反对文书公开为由，向审判管理办公室申请撤回已公开上网的裁判文书。这里有几个问题需要说明：

1. 裁判文书是否应该上网，以及已在互联网上公布的裁判文书是否符合撤回的条件，是最高人民法院的司法解释明确规定的，不属于当事人意思自治的范畴。申请不予公开裁判文书和撤回已公布的裁判文书，也不属于当事人的诉讼权利范畴。是否公开裁判文书以及是否撤回已公布的裁判文书，应由人民法院根据最高人民法院的司法解释予以审查决定，与当事人的意志无关。

2.《最高人民法院关于人民法院在互联网公布裁判文书的规定》(2016 年)中，涉及个人隐私的裁判文书不再属于不在互联网上公布的情形，而应该通过脱敏处理后予以公开。也就是说，法官、法官助理不能够以裁判文书涉及个人隐私为由，申请不公开裁判文书。

3. 如何理解涉及个人隐私，我们一般认为，涉及个人隐私的裁判文书，应指案件的基本事实和裁判结果涉及当事人或案外人不宜对外公开的私隐内容和信息。如《最高人民法院关于人民法院在互联网公布裁判文书的规定》(2016 年)第 10 条第 1 款第 4 项规定的内容，即“(四)家事、人格权益等纠纷中涉及个人隐私的信息”。例如，在婚姻家庭纠纷案件中的婚恋历史，特别是涉及同居、家庭暴力、婚外恋、非婚生子女、不正当男女关系、同性恋等相关内容；再如，在侵犯人格权纠纷案件中，当事人人格权受到贬损、社会评价降低的相关事实等。此外，在裁判文书事实描述中还可能涉及一些与个人相关的隐私信息。如《最高人民法院关于人民法院在互联网公布裁判文书的规定》(2016 年)第 10 条第 1 款第 1 项和第 2 项规定的内容，即“(一)自然人的家庭住址、通讯方式、身份证号码、银行账号、健康状况、车牌号码、动产或不动产权属证书编号等个人信息”和“(二)法人以及其他组织的银行账号、车牌号码、动产或不动产权属证书编号等信息”。

在具体处理涉及个人隐私的裁判文书公开工作中,可以采取两种不同的处理方式:一是按照《最高人民法院关于人民法院在互联网公布裁判文书的规定》(2016 年)第 9 条的方式,对当事人进行隐名处理;二是按照第 10 条的规定,对相关的隐私内容和信息进行删除。

关于这两条选择适用的问题,一般遵循以下原则:(1)如果需要处理的隐私内容相对敏感,不宜对大众公开,应优先删除相关的隐私内容。例如,在侵犯人格权纠纷案件中,有对被告侮辱、诽谤的具体细节等内容。(2)要保证裁判文书的基本完整性,避免因为删除隐私信息导致裁判文书文义混乱、逻辑不清。例如,在一些婚姻家庭纠纷案件中,涉及的隐私信息并非十分敏感,如原、被告何时恋爱,何时离婚,婚姻状况,婚生子女的状况如何等,如果将这些信息全部删除,可能会影响案件事实的表述和裁判文书的裁判说理。在这种情况下,可以考虑保留这些隐私内容而将当事人进行隐名处理,从而切断隐私信息与当事人之间的对应关系。(3)在特殊情况下,裁判文书的情形同时符合第 9 条和第 10 条规定的,也可以考虑两条同时适用,即既对当事人的姓名进行隐名处理,又对相关的隐私内容进行删除。

三、原审文书公开

《最高人民法院关于人民法院在互联网公布裁判文书的规定》最早于 2010 年 11 月发布;此后,在 2013 年 11 月进行了修订;2016 年 8 月又进行了再次修订。一直以来,有一个问题争议都很大,就是二审法院予以改判发回或以调解方式结案的案件,原审裁判文书是否应该公开的问题。

关于改判、发回重审案件原审裁判文书是否应该公开的问题相对简单,《最高人民法院关于人民法院在互联网公布裁判文书的规定》(2016 年)第 7 条规定:“发生法律效力的裁判文书,应当在裁判文书生效之日起七个工作日内在互联网公布。依法提起抗诉或者上诉的一审判决书、裁定书,应当在二审裁判生效后七个工作日内在互联网公布。”根据第 3 条的规定,二审作出改判判决或发回重审裁定的,该判决或裁定应该属于在互联网上公开的裁判文书范围。二审改判发回的,二审裁判文书在作出裁判时,即发生法律效力;而此时,一审裁判文书不发生法律效力。因此,有观点认为,对于未发生法律效力的一审判决书和裁定书,根据第 7 条规定,不应予以公开。

参照最高人民法院相关部门的解释和司法实践中的操作,对于第 7 条的理解，应该认为，上述规定分别规定的是两种不同情形，即第 7 条第一句规定，发生法律效力的裁判文书，应当在裁判文书生效之日起七个工作日内在互联网公布；第7 条第二句规定描述的“依法提起抗诉或者上诉的一审判决书、裁定书”并不以发生法律效力为前提，也就是说，这些裁判文书无论是否发生法律效力，都应当在二审裁判生效后七个工作日内在互联网公布。

在实际操作中，当一审裁判文书未生效时，法官可以不进行裁判文书上网操作，而二审裁判作出后，无论是维持原判决、裁定，还是改判或发回重审，二审裁判文书都发生法律效力，应该依据第 7 条第一句的规定，在裁判文书生效之日起七个工作日内在互联网公布。一审判决书、裁定书无论是否发生效力，均应该依据第7 条第二句规定，在二审裁判文书生效之日起七个工作日内在互联网公布。也就是说，当二审裁判文书作出后，一审裁判文书和二审裁判文书均应在二审裁判文书作出后七个工作日内在互联网公布。

对于二审以调解方式结案的案件，一审裁判文书是否应该公开，争议更大。目前实践操作中的做法是，二审以调解方式结案的案件，二审裁判文书不在互联网公布，而一审裁判文书仍然需要在互联网上公布。具体理由为：根据规定第 4 条，二审案件作出的调解书，不属于在互联网上公开的文书范围；根据规定第 3 条，一审案件作出的判决书、裁定书属于应在互联网上公开的文书范围。对于二审已作出调解书后，一审裁判文书是否应该公开，仍然涉及对于第 7 条的理解问题。如果认为第 7 条第一句规定包含了所有应上网裁判文书的情形，二审作出调解书后，一审判决书、裁定书不生效，则不应该在互联网公开；如果认为第 7 条第一句规定和第二句规定分别规定了一个事项的两种不同情形，则二审作出调解书后，调解书生效，在生效之日起七个工作日内，一审的裁判文书即便没有生效，仍然应该予以公开。

之所以说，二审作出调解书后，一审裁判文书是否应该公开的问题，相比二审作出改判、发回重审裁判后，一审裁判文书是否应该公开的问题更为复杂，是因为按照上述第二种理解思路，无论二审作出调解书，还是作出改判、发回重审的裁判文书，一审裁判文书均要上网。对于二审作出改判、发回重审裁判文书的案件，由于二审文书也应在互联网上公布，在互联网上将会同时公布一审裁判文书和二审裁判文书。尽管一审裁判文书并未生效，其裁判结果公开后很可能对公众产生一定的误导，但是，如果将一审裁判文书和二审裁判文书结合起来，则可以让公众看到裁判结果的变化过程。从这个角度来看，应该是公开更彻底的一种表现。但是，为了避免单独阅读一审未生效的裁判文书给公众造成的误导，在公布裁判文书时,应该对裁判文书是否生效进行相应标记,并设置相关裁判文书的明显的链接指引,引导读者从一审裁判文书浏览页面可以轻松跳转到二审生效裁判文书浏览页面进行查看,以获得案件完整的审理过程和准确的裁判结果。

这个问题,对于二审以调解方式结案的案件而言,二审调解书并不在互联网公开,但一审裁判文书仍然需要在互联网公开,这就会导致公众在阅览裁判文书时,只能够看到一审裁判文书结果,而一审的裁判结果恰恰是一个不生效的裁判结果,对于公众而言,查阅、参考的意义并不是很大。特别是,如果裁判文书在公开时没有准确标注文书的生效状态,以及该案件二审已调解结案的裁判结果,很可能让公众误认为一审裁判文书是生效的裁判文书,从而产生错误认识。

解决这个问题的办法有两个:一是在一审裁判文书公开页面中的显著位置,明确标注该裁判文书未生效;二是在裁判文书公开页面中标注或者指引公众查看二审裁判结果,即二审以调解方式结案。根据《最高人民法院关于人民法院在互联网公布裁判文书的规定》(2016 年)第 6 条的规定:“不在互联网公布的裁判文书,应当公布案号、审理法院、裁判日期及不公开理由,但公布上述信息可能泄露国家秘密的除外。”因此,虽然二审调解书并没有公布文书的具体内容,但却公布了文书的摘要信息,即裁判文书类型、案号、审理法院、裁判日期等信息。因此,在一审裁判文书公开的页面,应该设置明显的链接指引,使公众能够根据指引查看到二审案件作出裁判文书的摘要信息。

还有一个问题,就是最高人民法院的规定里,只对抗诉、上诉案件裁判文书上网问题进行了规定,而没有对于再审案件相关的原审裁判文书上网问题进行规定。我们理解,案件提起再审,说明原判决已经处于生效状态,在正常情况下,原审文书已按照规定完成了文书上网工作。提起再审后,再审作出裁判,再审裁判文书仍需要依据规定的要求在互联网公布。如果再审裁判文书的结果为调解和改判、指令再审等,使原生效的一审或二审裁判文书从生效状态变为不生效状态,可以参照第 7 条的规定仍然公开,相关的裁判文书不需要撤回,但应该及时修改文书公开页面中标注的文书是否生效的备注信息。

四、摘要信息公开

《最高人民法院关于人民法院在互联网公布裁判文书的规定》(2016 年)第 6 条规定:“不在互联网公布的裁判文书,应当公布案号、审理法院、裁判日期及不公开理由,但公布上述信息可能泄露国家秘密的除外。”由于案件的摘要信息都是办案系统可以直接抽取的案件基本信息,不需要人工操作或审核,因此,案件摘要信息的上网工作可以通过信息系统自动完成,而不需要审判人员或书记员进行操作。在实践中,系统会对案件是否为应上网案件进行判断,对于不应上网的案件,无论是属于法定不上网的案件类型或结案文书类型,还是符合法定情形经审批不上网的案件,都由系统自动提取摘要信息后予以公开。也就是说,对于某一起案件而言,要么需要公开裁判文书,要么需要公开案件摘要信息,二者是非此即彼的关系。在裁判文书上网公开管理工作中,只需要协调技术部门完成相应的系统功能开发,并定期对摘要信息公开数量进行统计即可,而不需要对摘要信息公开进行更多的管理和考核。

当然,实践中还存在一些极特殊案件,特别是涉及国家安全等案件,对于案件摘要信息的公布,也会非常敏感,对于这些案件,需要审判人员进行特殊的标注或审批,既不公开裁判文书,也不公开摘要信息。还有一个问题是,在公布摘要信息时,如果摘要信息项中包括了当事人的名称,那么,考虑到不应公开的裁判文书大都存在敏感因素或特殊情形,在公布当事人名称,特别是自然人当事人姓名时,也可以考虑统一进行隐名处理后再进行公布。

五、已公开文书撤回

在裁判文书公开实践中,另一个经常遇到的问题是,法官发现上网裁判文书中存在错误,因此要求对已上网的裁判文书予以撤回。

根据裁判文书上网的基本原则,在互联网公布的裁判文书,除依照最高人民法院规定进行技术处理的内容外,应当与裁判文书的原本一致。人民法院对裁判文书中的笔误进行补正的,应当及时在互联网公布补正笔误的裁定书。办案法官对在互联网公布的裁判文书与裁判文书原本的一致性,以及技术处理的规范性负责。在互联网公布的裁判文书,经审查存在不予上网公开裁判文书范围列明情形的,应当及时撤回。在互联网公布的裁判文书与裁判文书原本不一致的或者技术处理不当的,应当及时撤回并在纠正后重新公布。

从以上的基本原则可以看出:(1)如果裁判文书属于不应予以公开的裁判文书范围,或者存在不应予以公开的情形的,不应予以公开;已经公开的,应该通过审批程序予以撤回。(2)在互联网公布的裁判文书与实际向当事人送达的生效裁判文书版本不一致,例如,误将判决草稿予以公开,应该将错误公开的裁判文书版本予以撤回,重新上传正确的版本。(3)公开的裁判文书版本正确,但是在公开的技术处理过程中,出现技术处理错误,如应隐匿的信息没有隐匿、应隐名的没有隐名等情形,应该将已公开的裁判文书撤回后,重新进行技术处理,再在互联网上公布。(4)在互联网上公布的裁判文书与送达给当事人的裁判文书版本一致，但是在裁判文书公开之后，发现裁判文书中存在错误，申请撤回。在这种情况下，审判管理部门一般不应予以准许撤回。如果裁判文书仅存在少量的错别字，并且该错别字不影响裁判文书内容和结果的表达，一般可不予修正。如果出现的错误对裁判文书说理、事实描述、裁判结果等产生了相对重要的影响，可能会导致一定的歧义和误解。在这种情况下，应该由独任制法官或合议庭作出补正裁定，对裁判文书差错予以补正，并及时将补正裁定送达双方当事人。补正裁定经适当技术处理后，也应在互联网上公布。对于存在错误的原裁判文书，不应予以撤回。也就是说，公开的裁判文书必须与送达给当事人的纸质裁判文书内容保持一致。即便裁判文书存在错误需要补正的，也不能直接修改原裁判文书内容，而需要通过制作补正裁定的方式予以补正，并且将存在错误的原裁判文书和补正裁定均上网公开。

裁判文书上网撤回一般由本庭室负责人予以审批，对于裁判文书撤回掌握比较严格的，可以增加审判管理部门和主管副院长审批。一些地区法院为了进一步严格审批程序，规定各辖区法院统一由地区法院的审判管理部门负责审批和实际的撤回操作工作。因此，除上述审批节点外，还需要最终由地区法院的审判管理部门负责人予以审批后，才能由具体工作人员操作撤回。具体的流程为：已经在互联网公布的裁判文书需要撤回的，办案法官应当及时填写裁判文书网上撤回审批表，各辖区法院由部门负责人、主管副院长审批后，报地区法院审判管理办公室审查决定；地区法院由部门负责人审批后，报地区法院审判管理办公室审查决定。

六、文书公开考核

裁判文书公开考核是审判管理人员逐步了解，并深入推进精细化管理的一个非常典型的范例。之所以说它很典型，是因为裁判文书公开工作是各地、各级人民法院在开展审判管理工作时，都需要面对的一项常规性工作，审判管理的具体方式和举措相对清晰，不至于过分复杂，但要实现非常精细化的管理，需要通过信息化的手段，对于每一起案件、每一篇裁判文书，以及每一名法官、每一个庭室、每一个法院进行严格的精细化管理匹配，一旦这种匹配出现偏差，整个管理体系将难以有效运行。因此，审判管理人员可以通过对裁判文书公开工作的管理，认识和熟悉精细化管理的具体方式和可能出现的问题及难点。

1. 文书上网操作时限

一些地区法院在裁判文书上网公开管理过程中，遇到了一些实际问题需要解决。其主要包括以下几个方面：

(1)按照最高人民法院的规定要求,裁判文书应在发生法律效力后的七个工作日内上网公布,但在实践操作中,一审判决、可上诉裁定案件的生效,需要等待上诉期间经过;提起抗诉或者上诉的,还要等待二审程序结束。因此,这些案件的裁判文书上网工作都是在结案后的一段时间,甚至是半年、一年之后进行的,不仅增加了操作步骤,还容易造成裁判文书版本错误、隐名等技术处理不准确等问题。

(2)由于上诉案件的审理周期不确定,办案法官很难第一时间知悉裁判文书生效的情况,客观上容易造成未在规定时限内及时公布裁判文书。特别是在目前的审判模式下,二审、再审法院法官审结案件,只需要在系统里填录结案信息即可。即便我们通过系统消息自动将结案信息推送给原审法官,由于法官并不是实时地登录系统查看,也很难第一时间知悉二审、再审结案情况。

因此,部分地区法院尝试通过修改裁判文书公开规则的方式解决上述问题,在确定裁判文书上网公布时限时,将"裁判文书生效之日起七个工作日内在互联网公布",修改为"结案后的七个工作日内完成上网公开操作"。根据最高人民法院的相关规定,二审发回、改判的案件,一审的裁判文书也应当公布,由此可见,除了符合《最高人民法院关于人民法院在互联网公布裁判文书的规定》(2016 年)第 4 条规定不在互联网公布的裁判文书外,其他裁判文书均应上网公布。规则修改后,办案法官在结案后七个工作日内,可在将裁判文书上传到办案系统的同时,一并完成裁判文书上网公布的相关操作即可,无须等待上诉期经过,或二审结案后再进行相应的上网操作。所有提交公布的裁判文书审核后,将暂时保存在系统的待公布文书库中,案件经过法定期间自动生效七个工作日后,或上诉、抗诉后二审结案七个工作日后,系统会将暂存的裁判文书自动推送到互联网公布,无须办案法官另行操作。

有一些小的管理细节问题,需要引起重视。那就是,按照考核管理的要求,我们需要对某一法院、审判庭室和法官的裁判文书上网情况,特别是文书上网率进行计算,并用于考核管理。考虑到裁判文书上网管理平台对于数据的即时性要求并不是特别高,因此,为了降低服务器负荷,我们采取的数据更新方式是每日更新一次。例如,我们在某一年的 1 月 1 日看到的平台数据,并不是 1 月 1 日当天的即时数据,而是上一年度的 1 月 1 日至 12 月 31 日的裁判文书上网情况累计数据。这时候,纳入平台管理的全部数据,是上一年度 1 月 1 日至 12 月 31 日应上网的裁判文书和不上网的裁判文书的总和,并且,这里纳入平台管理的裁判文书上网数据,与案件的审结时间数据并不能完全对应。因为,截至 12 月 31 日纳入裁判文书上网平台管理的案件,并不是结案时间截至 12 月 31 日的案件,而是截至 12 月 31 日前七个工作日之前的案件。裁判文书上网管理平台的数据与实际结案的数据存在七个工作日的统计周期差异。

按照我们的裁判文书上网工作要求，一起案件结案后七个工作日内，应该完成上网操作。由于裁判文书上网审核工作的时间不是法官或法官助理可以自行掌控的，因此，我们说的完成上网操作，仅指对于应上网的裁判文书进行了模糊化处理，提交了裁判文书上网公布的版本，即视为完成了裁判文书上网工作。如果法官或法官助理在七个工作日内没有完成这项工作，裁判文书上网管理平台将在七个工作日后的第二天显示出有一起案件应上网而没有完成上网操作，并且这一起案件将会体现在裁判文书上网率的统计中。

在实际操作中，还有一些更复杂的管理问题需要引起注意。例如，对于一起普通案件而言，法官或法官助理在结案后有七个工作日可以完成裁判文书上网公开操作，这个时间相对来讲是比较充裕的。但如果法官或法官助理在七个工作日内提交了裁判文书上网公开的版本，而在七个工作日后，审判管理工作人员经过审核认为提交的裁判文书上网公开版本存在形式上的问题，予以退回，要求法官或法官助理修改后重新提交。在这种情况下，如果法官或法官助理没有在退回的当日修改后，重新提交新的版本，在第二日的裁判文书上网情况统计中，这起案件将会被系统识别为裁判文书上网操作未完成，从而影响裁判文书上网率。特别是，当审核退回的日期为统计期的最后一日时，很有可能造成法官或法官助理没有及时注意到退回的裁判文书上网版本，影响该统计期的裁判文书上网率。

为了解决这些管理细节问题，法官或法官助理应该加强裁判文书上网工作的责任心，努力提高审核一次通过率，避免裁判文书上网公开版本被退回。同时，应该在结案后尽可能早地完成裁判文书上网操作，为可能发生的审核退回争取一些操作时间。特别是在临近统计期时，要技巧性地把握提交裁判文书上网版本的时间节点，避免发生审核被退回的情形时，退回时间落在统计期的最后一两日。被考核单位负责裁判文书上网工作的人员，在统计期的最后一两日内，要高度关注裁判文书审核被退回的情况，及时要求相关法官或法官助理修改后提交新的裁判文书上网版本。从审核人员的角度，也要把握工作节奏，尽量避免在统计期的最后一两日内集中审核，出现大量退回裁判文书上网版本的情形。

还有一个问题在管理实践中时有发生，那就是我们在大多数办案系统设计中，都允许法官或法官助理在案件报结填写结案日期时，可以在同一统计期内调整结案日期，比如在 1 月 20 日进行案件报结操作时，可以填写实际的案件结案日期为1月10日。这个问题,我们在司法统计案件信息修改的部分进行了相应的讨论。在裁判文书上网公开工作中,这个问题将会引发新的问题。当案件实际结案的日期与系统操作报结日期相同时,我们填写的实际结案日期即系统操作报结的日期,根据裁判文书上网公开的规则,法官或法官助理在系统操作报结后,有七个工作日的时间可以用以完成裁判文书上网公开工作。如果我们实际结案的日期与系统操作报结的日期不一致,在同一统计期内选择一个已经经过的日期作为报结日期予以填录,在报结后的第二日,系统进行裁判文书上网操作情况的统计时,其计算案件应该完成裁判文书上网操作的起始日期,仍是系统填录的报结日期。这很可能导致变相缩减了我们可以进行裁判文书上网操作的周期,甚至使这个操作周期完全丧失。

例如,我们一起案件实际在1月5日审结,而法官或法官助理直到1月25日才进行系统报结操作,并将案件审结日期填录为1月5日。那么,在1月26日系统进行裁判文书上网情况统计时,这起案件将会纳入应上网裁判文书的统计范畴,并且经过系统识别,该案件应该在1月5日后的七个工作日内完成裁判文书公开工作。如果法官或法官助理在1月25日报结当日没有完成裁判文书上网操作,那么,在1月26日的系统统计中,将会认定该文书超期没有完成裁判文书上网工作。特别是当法官或法官助理在统计期的最后一两日集中报结案件,如果填写结案日期时,将大量案件的结案日期提前,且没有同时完成裁判文书上网工作,很可能导致该统计期内出现多起案件存在超期未完成裁判文书上网工作的情形,从而影响该统计期的裁判文书上网率。

因此,在这种管理模式下,管理人员应该督促、引导法官和法官助理"随结随报",及时完成案件报结操作,尽量避免出现实际结案时间与系统报结时间不一致的情形;一旦出现没有及时报结的情形,要特别关注完成裁判文书上网工作的周期要求,及时完成裁判文书上网工作。特别是在统计期末的几日内,更要特别关注裁判文书上网的统计周期,避免出现超期未完成裁判文书上网工作的情形。

2. 文书上网率计算口径

关于裁判文书上网率的计算问题,由于最高人民法院对这个指标的计算口径没有明确统一的规定。因此,各地法院均按照自己的理解设置了相应的计算公式。笔者在一些地区法院调研时发现部分法院文书上网率计算方式相对粗放,仅是用已上网文书数除以总的结案数。由于很多案件结案之后,裁判文书按要求不应予以上网,或者经审批后不予上网公开,使这种口径的上网率无法达到100%,

并且无法确定应上网的文书是否全部上网。所以这些法院在考核裁判文书上网率时，也采取了相对粗放的方式。比如，某一个庭室裁判文书上网率达到60%或65%以上的，即认为裁判文书上网工作符合了要求。

这种管理模式显然缺乏足够的精细化，也不符合最高人民法院关于“应公开尽公开”的裁判文书上网公开要求。要实现“应公开尽公开”的要求，就要将管理精细化到每一个具体案件。通过对每一个具体案件的裁判文书是否应该公开的情形进行跟踪管理，最终才能够达到精细化的管理目的，使每一份裁判文书在统计表格中都有对应的位置：是否公开，是否迟延公开，还是符合某种情形不予公开都能够严格对应。

还有一个问题，就是在裁判文书上网率考核的过程中，由于我们无法确定经审批不予公开的裁判文书的具体数量和比例，因此在裁判文书上网率计算公式中，如果仅扣除法定不予公开的案由涉及的裁判文书，而不对经审批不予公开的裁判文书予以扣除，则裁判文书上网率将无法达到100%。并且这个上网率将是一个不断变动的值。由于各个庭室办理的案件类型不统一，庭室领导在审批不予公开裁判文书的过程中，把握的尺度也松紧不一。因此，在考核时很难确定一个准确的考核基准值。例如，有一些地区法院确定的文书上网率公式为：

文书上网率＝已公布文书数÷［生效文书数－（涉密＋未成年人＋调解＋不予上网的裁定书数）］×100%

这个裁判文书上网率计算标准中，除数未扣除“经领导审批不予公布文书数”，使各法院和法官的裁判文书上网率很难达到100%，这种统计方式虽然对各法院严格不公布裁判文书的审批标准起到了积极作用，但也在一定程度上影响了各法院和法官对裁判文书上网工作的积极性。

因此，部分地区法院为了解决这一问题，优化了裁判文书上网率的统计口径。调整后的文书上网率为：

文书上网率＝（已公布文书数＋审核通过待公布文书数）÷（已结案件文书数－不公布文书数）×100%

“已公布文书数”是指已经在互联网上公布的裁判文书数量；“审核通过待公布文书数”是指文书已经完成隐名等技术处理，符合公布要求，且经专门管理机构审核通过，但尚未在互联网上公布的裁判文书；“已结案件文书数”是指已结案件的裁判文书数；“不公布文书数”是指《最高人民法院关于人民法院在互联网公布裁判文书的规定》（2016年）第4条规定的不在互联网公布的文书数。这样，用

“已结案件文书数”代替“生效文书数”作为除数，被除数增加审核通过待公布文书数，与前文实施例中统计口径的变更相符。经领导审批不予公布的裁判文书也作为不公布的文书，在除数中予以扣除，不再影响裁判文书上网率。

也就是说，优化后的文书上网率，反映的是各法院和法官完成裁判文书隐名等技术处理、上传系统、审核批准等上网操作工作的情况，而非裁判文书在互联网上实际公布的情况；裁判文书在互联网上实际公布的情况，将由系统另行自动统计完成，法官无须关注。法官只要在结案后七个工作日内，完成所有应上网裁判文书的上网操作工作、需要领导审批的不予公布裁判文书的审批工作，裁判文书上网率即可以达到 100%。

为了确保裁判文书上网公开管理精准适配到每一起案件的每一份裁判文书，有一些地区法院还专门设置了辖区法院裁判文书公开情况管理平台。平台通过技术手段自动提取审判系统中裁判文书公开情况的相应数据，计算出裁判文书上网率等指标。平台具体包括两个统计表格：一个是裁判文书上网率统计表；另一个是裁判文书未公开情况统计表（见示例 6－1、示例 6－2）。两个表格以管理为导向，首页展示辖区各中、基层法院裁判文书公开情况，各法院数据可下钻至各庭室，各庭室数据可下钻至每一名审判人员。所有表格中的数据可直接点击查看案件列表，对应到具体的案件。这样，辖区各级法院的管理者通过一个统一的平台就可以看到本部门裁判文书公开情况，并能够轻松地查阅裁判文书上网率未达到 100% 的具体法官和相应的案件。此外，从用户导向出发，每一名审判人员在进入办案系统时，首页中的“重点事项跟踪”栏目会提示目前还有多少案件的裁判文书上网工作没有完成，点击相应的数字，可以直接进入相应的案件列表，从而有针对性地对这些案件进行裁判文书上网操作。

3. 公开工作考核标准

按照这样的裁判文书上网率统计规则，考核标准也就非常明确了。根据最高人民法院关于“应上网尽上网”的要求，裁判文书上网率应该达到 100%。事实上，如前文所述，我们现在所说的裁判文书上网率达到 100%，并不是裁判文书公开率在某一个时间点达到 100%，而是在一定的时间期限内 100% 地完成了裁判文书上网操作工作。从一个较长的周期来看，已经经过技术处理可以上网公布的裁判文书，在预备库（待发布文书库）中会逐渐地因为案件生效而被系统自动公开，从而间接实现所有应该上网的裁判文书 100% 在互联网上公开。

示例 6－1:裁判文书上网率情况统计表

统计期:

该表统计自×年1月1日起至×年×月×日止,已结案件数×件,应公开文书数×件,申请不公开文书数×件,裁判文书上网率为×%。

序号	经办法院	结案数			应公开文书数及摘要信息公开数			裁判文书上网率			应公开文书数												撤回情况		不公开文书数									审批不公开率	摘要信息公开数
								上网率	上网率	裁判文书上网率	已公开			待发布			未公开			合计			撤回文书数	文书撤回率	涉及国家秘密的	未成年人犯罪的	以调解方式结案的	确认人民调解协议效力的	离婚诉讼	涉及未成年子女抚养、监护的	经领导审批	无文书结案数	合计		
		新收	旧存	合计	新收	旧存	合计	新收	旧存		新收	旧存	合计	新收	旧存	合计	新收	旧存	合计	新收	旧存	合计													
合计																																			
1																																			
2																																			
3																																			

一、统计口径

1.【文书应公开日期】=【文书公开起算日期】+7个工作日;文书公开起算日期统一取案件结案日期。

2.结案数:【结案日期】在统计期内的案件数。

3.(结案数)新收:【立案日期】在统计期内,且【结案日期】也在统计期内的案件数。

4.(结案数)旧存:【立案日期】小于统计期开始时间且不为空,且【结案日期】大于统计期开始时间的案件数。

5.(文书)新收:【文书应公开日期】在统计期内的文书。

6.（文书）旧存:【文书应公开日期】在统计期开始日期之前且【上网日期】为空或在统计期开始日期之后的文书。

7. 应公开文书数及摘要信息公开数:应公开文书数及摘要信息公开数 =【应公开文书数】+【摘要信息公开数】。

8. 裁判文书上网率:[已公开文书数(新收表) + 已公开文书数(旧存表) + 审核通过待发布文书数(新收表) + 审核通过待发布文书数(旧存表)] ÷ [应公开文书数(新收表) + 应公开文书数(旧存表)] ×100%。

9. 应公开文书数:【文书应公开日期】在统计期内应公开范围内(不包含非民事公益调解书、非行政调解书)的文书数。

10. 已公开:【文书应公开日期】在统计期内,且文书公开状态为“已公开”的文书数。

11. 待发布:【文书应公开日期】在统计期内,且文书公开状态为“已审核待发布”的文书数。

12. 未公开:【文书应公开日期】在统计期内,且文书公开状态为“未提交(含未制作的)”和“待审核”和“已撤回”和“退回”的文书数以及报请领导审批后状态为“未审核”“不同意不公开”的文书数。

13. 撤回文书数:【撤回日期】在统计期内,被撤回的已上网公开的文书数。

14. 文书撤回率:文书撤回率 =【撤回文书数】÷【已公开文书数(合计)】。

15. 不公开文书数:不公开文书数 =【涉及国家秘密的】+【未成年人犯罪的】+【以调解方式结案的】+【确认人民调解协议效力的】+【离婚诉讼】+【涉及未成年子女抚养、监护的】+【人民法院认为不宜在互联网公布的其他情形】+【无文书结案数】之和。

16. 涉及国家秘密的:【审批通过日期】在统计期内,且【文书公开状态】为“不公开”且【不公开原因】为“涉及国家秘密的”文书数且【审批结果】为“通过”的文书数。

17. 未成年人犯罪的:【文书应公开日期】在统计期内,且【文书公开状态】为“不公开”且【不公开原因】为“未成年人犯罪的”文书数。

18. 以调解方式结案的:【文书应公开日期】在统计期内,且【文书公开状态】为“不公开”且【不公开原因】为“以调解方式结案”的文书数,以及【文书应公开日期】在统计期内的非民事公益调解书、非行政调解文书数之和。

19. 确认人民调解协议效力的:【文书应公开日期】在统计期内,且【文书公开状态】为“不公开”且【不公开原因】为“确认人民调解协议效力的”文书数。

20. 离婚诉讼:【文书应公开日期】在统计期内,且【文书公开状态】为“不公开”且【不公开原因】为“离婚诉讼”的文书数。

21. 涉及未成年子女抚养、监护的:【文书应公开日期】在统计期内,且【文书公开状态】为“不公开”且【不公开原因】为“涉及未成年子女抚养、监护的”文书数。

22. 经领导审批:【审批通过日期】在统计期内,且【文书公开状态】为“不公开”且【不公开原因】为“人民法院认为不宜在互联网公布的其他情形”且【审批结果】为“通过”的文书数。

23. 无文书结案数:【文书应公开日期】在统计期内,且【是否无文书结案】为“是”的案件数。

24. 审批不公开率:审批不公开率 =(【涉及国家秘密不公开文书数】+【经领导审批不公开文书数】)÷【已公开文书数(合计)】。

25. 摘要信息公开数 = 不公开文书数。实际【摘要信息公开数】统计的是中国裁判文书网真正公开出去的摘要数。

26. 上网率:上网率 =(已公开文书数 + 审核通过待发布文书数)÷ 应公开文书数 ×100%。

27. 上网率(新收):上网率(新收)=[已公开文书数(新收表)+ 审核通过待发布文书数(新收表)]÷ 应公开文书数(新收表)×100%。

28. 上网率(旧存):上网率(旧存)=[已公开文书数(旧存表)+ 审核通过待发布文书数(旧存表)]÷ 应公开文书数(旧存表)×100%。

二、表内核对关系

1.【应公开文书数及摘要信息公开数】=【应公开文书数】+【摘要信息公开数】。

2.【应公开文书数】= 已公开 + 待发布 + 未公开 = 已公开 + 待发布 + 未提交(含未制作的)+ 待审核 + 已撤回 + 退回。

3.【不公开文书数】= 涉密 + 未成年人犯罪 + 以调解方式结案 + 确认人民调解协议效力的 + 离婚 + 抚养、监护 + 人民法院认为不宜在互联网公布的其他情形 + 无文书结案数。

示例6-2:裁判文书未公开情况统计表

统计期:

序号	经办法院	7日内待公开文书数	超过7日未公开文书数								审核通过待发布			审核退回次数	审核一次性通过率
			未制作公开文书	未提交审核	已提交审核	审核被退回	已公开被撤回	不公开待审核	不公开审核未通过	合计	应上网日期无值	应上网日期有值	合计		
合计															
1															
2															
3															

一、统计口径

1.7日内待公开文书数:当前日期小于等于【文书应公开日期】大于等于【文书公开起算日期】且【文书公开状态】为“未提交”和“待审核”和“撤回”和“退回”的文书数。

2.超过7日未公开文书数:当前日期大于文书应公开日期的文书数。

3.未提交审核:当前日期大于文书应公开日期,且【文书公开状态】为“未提交”,且【上网文书】为“是”的文书数。

4.已提交审核:当前日期大于文书应公开日期,且【文书公开状态】为“待审核”的文书数。

5.审核被退回:当前日期大于文书应公开日期,且【文书公开状态】为“退回”的文书数。

6.已公开被撤回:当前日期大于文书应公开日期,且【文书公开状态】为“撤回”的文书数。

7.无文书应上网日期:【文书公开状态】为“待发布”且【文书应上网日期】为空的文书数。

8.有文书应上网日期:【文书公开状态】为“待发布”且【文书应上网日期】不为空的文书数。

9.(审核通过待发布)无文书生效日期:【文书公开状态】为“待发布”且【文书生效日期】为空的文书数。

10.(审核通过待发布)有文书生效日期:【文书公开状态】为“待发布”且【文书生效日期】不为空的文书数。

11.(审核通过待发布)合计:【文书公开状态】为“待发布”的文书数。

12. 审核退回次数:【文书公开状态】曾处于“已审核被退回”状态的次数。

13. 审核一次性通过率:(一次性审核通过的已公开文书数+一次性审核通过的待发布文书数)÷(已公开文书数+待发布文书数)×100%。

14. 未制作公开文书:当前日期大于文书应公开日期,且【文书公开状态】为“未提交”,且【上网文书】为“NULL”的文书数。

15. 不公开待审核:报请领导审批不公开文书中,【不公开审批状态】为【待审核】的文书数。

16. 不公开未审核:报请领导审批不公开文书中,【不公开审批状态】为【不同意不公开】的文书数。

二、表内核对关系

1. 超过7日未公开文书数=未制作公开文书+未提交审核+已提交审核+审核被退回+已公开被撤回。

2. 审核通过待发布-合计=审核通过待发布-有文书生效日期+审核通过待发布-无文书生效日期。

三、表间核对关系

上网率统计表(新收)中累计月的“未公开文书数”=超过7日未公开文书数。

关于裁判文书上网工作总考核分值大小的问题,我们在质效考核的章节提到,配置权重主要考虑的因素,不仅仅是该项指标的重要程度,还有指标的完成难度,以及该项工作目前已经开展的情况。在最高人民法院的强力推动下,全国大部分地区的法院经过数年的裁判文书上网管理工作,文书上网公开已经基本上成为审判人员的习惯性动作,因此,不需要利用过多的权重去进行考核引导。并且,经过对裁判文书上网公开期限的调整和裁判文书上网率的统计口径调整,裁判文书上网工作变得相对轻松,原则上不再存在此前因等待二审裁判结果而疏忽、遗忘上网操作的问题,审判人员和法官助理只需要在案件报结时上传裁判文书,并同时完成裁判文书上网模糊化工作,即可以达到考核要求。所以,笔者建议,裁判文书上网率分值比重相比其他重点工作而言,不需要设置过高。

我们就裁判文书上网率的考核设置了以下实施例,在这个实施例中,在满分为100分的考核体系中,裁判文书上网工作的总分值为2分,属于较低分值的考核项目,其中,裁判文书上网率的分值为1.4分。

裁判文书上网率(1.4分)。裁判文书上网率按半年考核,基础分各0.3分,满分各0.7分。上半年、全年裁判文书上网率99.5%以上的,计0.3分,达到100%的,计0.7分,低于99.5%的,不计分。

当然,这样的裁判文书上网率统计口径也带来了新的管理问题。在此前的公式中,由于经领导审批不上网的案件没有在公式里予以扣除,因此,被管理者为了提高裁判文书上网率,会尽可能地压缩经审批不上网案件的数量,而一旦这一部分案件在公式中被扣除,也就是经审批不上网的案件数量对于裁判文书上网率不会产生实质影响,则又会使法官和庭室领导在申请裁判文书不上网公开和审批裁判文书不上网公开时失去约束,标准变得更加宽松。为了解决这个问题,我们可以辅助设计两个裁判文书上网公开的质量指标:裁判文书不公开审批及撤回情况指标。具体的考核实施例为:

裁判文书不公开审批及撤回情况(0.6分)。(辖区各法院)经审批不公开的裁判文书数量占实际上网公开裁判文书数量的比例由高到低排名第一、第二的,不计分,排名第三、第四的,计0.1分,排名第五、第六的,计0.2分,排名第七及以后的,计0.3分。撤回裁判文书数量占实际上网公开裁判文书数量的比例由高到低排名第一、第二的,不计分,排名第三、第四的,计0.1分,排名第五、第六的,计0.2分,排名第七及以后的,计0.3分。

通过对经审批不公开裁判文书数量占实际上网公开裁判文书数量的比例的

考核,可以使各个法院更加重视裁判文书不公开审批工作,严格不公开审批标准。我们之所以进行排名后,只对前6名予以适当的扣分,主要是为了对那些裁判文书上网不公开比例明显高于其他法院的法院进行相应的考核扣分。因为在实践中,我们很难确定这样一个经审批不公开裁判文书比例的科学标准,或者一个合理的区间范围。因此,通过对所有辖区法院进行排名比较的方式,对明显偏高的几个法院进行适当扣分,而同时,大多数法院都能够拿到满分。

在建立了裁判文书上网公开公示平台的一些地区法院,所有辖区法院的法官和书记员都能够查看各法院、各庭室和全部法官的裁判文书上网情况,以及裁判文书不公开审批数量的比例。因此,管理人员只需要适当关注这一项指标,当发现本院的此项指标明显偏高、存在异常时,再适当对此项工作予以督促和管理即可。如果本院的此项指标一直处在一个相对平稳的水平,这项工作就不需要花费专门的力量去开展。

同时,上述考核实施例中还专门设计了一个裁判文书撤回情况指标。已经在互联网公开的裁判文书,由于出现是否应该公开审查错误、上传版本错误、未进行规范的裁判文书脱敏化处理等情形,必须提交申请,经过审批后,将已经公开的裁判文书予以撤回。为了进一步加强法官和法官助理在开展裁判文书上网工作时的责任心,避免出现公开错误,引发不良后果,我们可以尝试对于已经公开上网的裁判文书申请撤回的数量比例进行相应的考核。考核的方式与经审批不公开裁判文书数量的比例考核方式基本一致,仅对裁判文书撤回数量比例明显偏高的少数法院予以适当扣分,而绝大多数的法院都能够拿到该项指标的满分。

此外,结合裁判文书上网工作实践,笔者探索设计了另外一个指标,叫作审核一次性通过率。具体公式为:

审核一次性通过率 =(一次性审核通过的已公开文书数 + 一次性审核通过的待发布文书数)÷(已公开文书数 + 待发布文书数)×100%

这个指标主要是基于目前的裁判文书公开流程设计的。目前,大多数地区法院的裁判文书公开工作是由法官或法官助理在办案系统上传文书后,进行相应的模糊化操作,形成裁判文书上网版本。确认提交操作后,会进入裁判文书上网审核程序。审核程序一般由本院的审判管理办公室工作人员负责。由于一些地区法院受理案件数量较多,裁判文书上网工作量也相对较大。因此,这些地区法院的裁判文书上网审核工作主要开展一些基础的、形式上的审查,如裁判文书上网版本是否经过了必要的模糊化处理、待上网的裁判文书类型是否与系统报结时填录的文书类型一致、裁判文书的案号与系统案号是否一致、提交的裁判文书版本是否有明显的文书草稿的嫌疑、在处理文书上网版本时是否出现误操作导致裁判文书各个部分不完整、文书排版是否明显不符合上网要求等。

如果审查人员没有发现法官或法官助理提交的裁判文书上网版本存在明显问题，会确认审核通过，裁判文书将进入待发布库中。如果发现裁判文书上网版本存在以上问题，审查人员就会将裁判文书退回，系统会自动记录裁判文书被退回的情况。设计审核一次性通过率这个指标，主要是为了督促和引导法官、法官助理在进行裁判文书上网操作时，增强责任心，避免出现误操作、漏操作等问题。由于这个指标解决的是裁判文书上网工作精细化管理的问题，是对于裁判文书上网工作推进到一定程度下才需要面临的深度管理问题，因此，对于大多数地区的法院而言，该指标的考核指引性并不强，建议将这个指标确定为指导性指标，而非考核性指标。

关于裁判文书上网审核问题，有一点必须明确，那就是，尽管审判管理办公室的工作人员对裁判文书上网进行了形式上的审核，但是，如果裁判文书上网版本出现了差错，无论这种差错是内容性的差错，还是理论上应该由裁判文书上网审查人员识别出的形式上的差错，其责任都应该由法官或法官助理负责，而不由审判管理办公室的审查人员负责。

从这个角度上讲，有一些观点认为，应该取消形式审查流程，由法官对上网公开的裁判文书"文责自负"。法官和法官助理进行相应的上网模糊化操作，直接确认上网版本后，即进入裁判文书待发布库。取消形式审查程序，必然使法官和法官助理失去一定的管理依赖，在某种程度上增强上网操作的责任心；同时，可以有效降低审判管理成本。但考虑到部分地区法院审判工作任务相对繁重，法官和法官助理需要从事上网操作的裁判文书数量相对较多，一些错误有时很难避免。通过第三方的形式审查，确实可以筛查出一些低级错误，对于提高裁判文书上网质量，避免错误裁判文书不必要地流入互联网，也起到了积极的作用。因此，笔者个人的观点是，从大趋势上讲，应该取消裁判文书上网审查流程。但这个取消过程应该逐步推行、审慎开展，避免短时间内出现裁判文书上网质量明显下降的情形。有条件的法院也可以将裁判文书上网审查工作外包给具有一定资质的人员开展，通过购买社会化服务的方式解决这一管理困境。

我们之所以说裁判文书上网公开管理是审判管理人员深入了解和实践精细化管理的一个很好范例，是因为这个管理事项看起来逻辑简单、清晰，但在实践操作中，会存在很多细节问题需要考量和调整；在制定审判管理举措和考核评价规则时，也有很多问题需要关注和解决。如上文所述，审判人员在完成裁判文书上网工作和应对考核评价时，可能会出现很多问题。同时，也可能由于系统问题出现一些错误识别的情形，导致一些被考核评价主体尽管付出了足够高的注意和努力，仍然没有达到100%的裁判文书上网率要求。

针对这个问题，笔者建议可以尝试在裁判文书上网率年终考核评价中，采取“两次取值、就高评价”的方式，降低被考核评价主体的工作难度和压力。具体的操作方式是，在每一年度的12月31日裁判文书上网管理平台公示的该年度1月1日至12月30日的裁判文书上网率，以及在次年度的1月1日裁判文书上网管理平台公示的上一年度1月1日至12月31日的裁判文书上网率中，通过两次就裁判文书上网率进行取值，并选取两者中的高值，作为被考核评价主体该年度的裁判文书上网率最终考核值。

这种考核方法主要基于以下两个方面的考量：(1)如上文所述，裁判文书上网率容易受到提前报结、特定时间节点审核退回等特殊情况影响，从而难以达到100%的考核标准要求。加之裁判文书上网管理平台系统统计相对复杂，偶尔会出现统计错误等问题，需要一定的时间周期进行识别排查。这给管理者和被考核评价主体都带来了很多不确定性，增加了不必要的工作难度。(2)我们要求被考核评价主体达到100%的裁判文书上网率，实际上只是通过指标管理引导被考核评价主体实现“应上网尽上网”的裁判文书上网管理要求。对于那些因为特殊情况和操作意外等原因导致的小疏忽，如果采取过于严苛的态度处理和对待，很容易打击被考核评价主体的积极性，甚至引发管理对抗和反弹，对于这项工作的推进也没有过多的实际意义。“两次取值、就高评价”的方式大大减轻了被考核评价部门中负责裁判文书上网管理的工作人员的负担和考核压力。也就是说，这些工作人员通过努力，在12月31日实现了100%的裁判文书上网率要求后，就可以放心地将精力投入到其他工作中，不必再持续关注12月31日当天的情况，特别是，不必在1月1日新年假期中加班查看裁判文书上网率的达标状况。如果12月31日因为一些极特殊原因没能够实现100%的裁判文书上网率，工作人员还可以通过12月31日一天时间查找原因，及时采取补救措施，使1月1日实现100%的裁判文书上网率。这对被考核主体中负责裁判文书上网工作的人员而言，无疑是相对人性化的一种考核方式。

4. 公开统计和管理依据

有一个细节问题，就是在裁判文书上网的管理和统计中是应该以案件件数为单位进行统计，还是应该以文书份数为单位进行统计。我们确定的基本原则是：“以文书份数进行统计、以案件件数进行校核。”

首先，我们必须以文书份数进行上网的管理和统计，才能够解决部分案件“无文书结案”，不需进行上网操作，以及部分案件在一起案件中有多份裁判文书需要上网的问题。因此，只要在办案系统中上传了案件的裁判文书，这些裁判文书就必须经过上网公开的校验和流程操作，需要通过裁判文书类型校验该上传的文件是否是案件的裁判文书，还是不需要公开的案件其他诉讼材料，如应诉通知书、传票等。对于系统识别为案件裁判文书的上传文件，需要由系统先进行案由校验，对于那些不需要文书上网的案由的案件，系统默认不需要对文书进行裁判文书上网操作；对于那些需要文书上网的案由的案件，每一份裁判文书都需要由审判人员进行裁判文书公开操作，或进行不上网审批。

其次，单独以文书份数进行裁判文书上网的管理和统计，无法确保每起案件都实现“应上网尽上网”的要求。因此，必须根据案件类型和结案方式等进行辅助校核。校核内容包括以下方面：

（1）要确保每起案件在结案时都上传了裁判文书，否则审判人员可以通过不上传裁判文书，轻易规避上网公开的要求。为了解决这个问题，需要在系统设计中设置以下几个规则：

①原则上，所有案件在结案时必须上传裁判文书，否则不允许进行结案操作。这个规则可以有效防止部分审判人员在未完成审理工作的情况下提前报结案件，或在未出具文书、未宣判、未送达文书的情况下，先行虚假结案。并且，这个规则必须在报结操作这个流程节点予以控制。否则，一旦案件报结完成，将难以对审判人员及时补充上传裁判文书的行为进行有效约束。

②对于某些特定类型的案件，和以特定结案方式结案的案件，允许选择“无文书结案”，对于选择“无文书结案”的案件，系统允许审判人员在未上传文书的情况下完成结案操作。在此前的一段时间内，一些地区法院由于没有对可能存在无文书结案的案件类型和结案方式进行梳理和系统设置，导致对于无文书结案的案件，审判人员只能变通性地上传一份空文档，以完成结案操作，这给后续裁判文书的利用，以及裁判文书上网管理和统计等工作带来了很多不必要的麻烦。

有一些地区的基层法院基于长期形成的审理习惯，对于撤诉案件仅是口头准许，而不出具书面的撤诉裁定书，这就导致以“准许撤回起诉”方式结案的案件，很多都没有结案文书。因此，我们可以对这些基层法院一审程序的民事案件，以“准许撤回起诉”方式结案的案件设置允许“无文书结案”的规则。当然，这种规则的设置也存在一定程度的漏洞，也就是说，这个规则事实上允许了所有以撤诉方式结案的一审程序民事案件都可以不上传文书，不进行上网公开操作，无论其是否实际出具了书面的裁判文书。这个漏洞由于难以用非常简便易行的方式予以解决，所以我们只能允许这种漏洞的存在。

③我们必须设置另外一个规则，那就是即便是对于这些允许"无文书结案"的特殊类型案件和以特殊结案方式结案的案件，一旦审判人员上传了裁判文书，系统也将优先遵循上述第一条主规则，即"以裁判文书份数进行上网公开的管理和统计"。也就是说，系统仍然会对这些裁判文书是否应该上网进行校验，对于不属于规则直接确定不予上网的案件类型的案件，仍然需要审判人员进行裁判文书上网操作，并纳入应上网裁判文书的统计和管理。

④对于已经完成报结操作的案件，如果要修改或删除已经上传的裁判文书，就必须进行权限控制。这样的规则设计，是为了避免审判人员在未实际出具文书的情况下，虚假地上传裁判文书模板，以完成报结操作，然后再删除已上传的裁判文书模板，使系统无法识别到该案件存在应该上网的裁判文书。这样，审判人员既规避了报结校验，又规避了裁判文书上网管理。因此，为了配合上述第①项通用规则，我们在系统中设置了这样的规则：对于案件处于未结状态时，审判人员可以任意上传增加、修改和删除裁判文书；对于案件处于已结状态时，允许审判人员补充上传添加裁判文书，如补正裁定等；但对于系统报结时已经存在的裁判文书，审判人员因发现裁判文书上传版本错误等原因，需要修改和删除已上传裁判文书的，必须通过审批流程才能够完成操作。有一些地区法院对这种情况控制相对严格，审批的流程需要经过庭室负责人、本院审判管理工作人员和地区法院审判管理工作人员三重审核后，才允许修改或删除已上传的裁判文书。

（2）对于那些需要上网的案由的案件，如果一起案件上传了多份裁判文书，包括案件在结案后补充上传添加了新的裁判文书，或者案件在结案后经过审批流程删除了报结时上传的裁判文书，并重新上传了新的裁判文书后，系统会以裁判文书份数为单位，将每一份文书都纳入裁判文书上网统计和管理，要求每一份裁判文书都由审判人员进行裁判文书公开操作，或进行不上网审批操作。当然，我们允许在同一起案件上传了多份裁判文书的情况下，审判人员对部分裁判文书进行上网公开操作，对部分裁判文书经审批不上网。在同一起案件上传了多份裁判文书的情况下，有部分裁判文书完成上网公开操作，部分裁判文书未完成上网公开操作的，系统以案件为单位，会将该案件识别为未完成上网公开操作的案件，便于指引审判人员定位到该案件，以完成上网公开操作；同时，以裁判文书为单位，也会针对未完成上网公开操作的裁判文书，对审判人员进行系统自动提示、提醒。

同时，系统每日会对所有纳入管理的已结案件进行全量计算和统计，无论这起案件是否已经有裁判文书完成了上网公开操作,以及时识别结案后新增加的裁判文书,并纳入统计和管理。

第三节 庭审公开

庭审公开是继最高人民法院推行审判流程公开、裁判文书公开、执行信息公开"三大公开平台"后,着力推进的第四项司法公开内容。我们一般说的"庭审公开",是指案件公开开庭审理的庭审过程对不特定公众予以公开。具体的公开方式为,人民法院发布开庭公告,公告案件基本信息和庭审的时间和地点,公众通过核验身份信息后领取旁听证,可以直接进入法庭旁听庭审,而不需要旁听人与案件存在实质关联。我们此处所说的庭审公开,是一个狭义的概念,指庭审过程在互联网上公开,包括庭审音视频以直播的方式实时公开,以及将庭审音视频上传到服务器后,供公众根据庭审相关信息检索、查阅,实现庭审过程的回溯公开。

2013 年以来,最高人民法院开始在全国推动庭审公开工作。2013 年 12 月,"中国法院庭审直播网"正式上线开通。2016 年 7 月 1 日,最高人民法院公开开庭审理宽甸满族自治县盛海硫化铁有限公司采矿权纠纷案,并在中国法院庭审公开网、新浪微博同步播出,标志最高人民法院庭审直播常态化工作正式启动。

2016 年 7 月 20 日,最高人民法院在全国高级法院院长座谈会上指出:"要进一步深化司法公开,积极探索移动互联环境下司法公开新途径,坚持依法公开的原则,逐步增加庭审直播案件数量,做到应当上网的裁判文书全部上网公开,不断拓展公开的广度和深度。"2016 年 8 月 10 日,最高人民法院在全国法院推进执法办案工作电视电话会议上指出:"今年 7 月 1 日起,最高人民法院依法公开开庭的案件原则上都通过互联网进行直播、庭审直播进入常态化。"最高人民法院会议认为,庭审公开使司法公开从静态到动态,从传统庭审旁听的"现场正义"、报纸广播的"转述正义",到电视直播和网络直播的"可视正义",是质的飞跃。诉讼以审判为中心,审判以庭审为中心。人民群众最期待庭审活动的公开透明,通过展示庭审的程序正义,使公众更好地感悟裁判结果的实体正义,才能达到法治宣传的效果。

一、庭审直播案件范围和流程

为贯彻落实 2018 年全国法院审判执行工作会议暨全国法院审判管理工作座谈会精神,全国各地法院坚持最高人民法院提出的"以直播为原则、以不直播为例外”要求,大力推进庭审直播工作。自2017年开始,各地法院陆续开展了法庭直播的软硬件改造工作,实现依法公开开庭审理的案件原则上均需庭审直播,确保所有公开审理的案件、所有的法官、所有的法庭直播全覆盖。笔者结合目前人民法院工作实际,对庭审直播的范围和庭审直播系统流程设置说明如下:①

(一)庭审直播案件范围

1. 应直播案件:依法公开开庭审理的刑事、民事、行政等案件,原则上均通过中国法院庭审公开网进行庭审直播。

庭审直播工作要坚持依法、规范、及时、安全的原则,注意做好舆情防控及当事人隐私、未成年人权益的保护工作。值得关注的是,庭审公开工作经历了一个变化的过程,从最初的提倡公开,到采取“以直播为原则、以不直播为例外”,大力推行全面公开,经过一段时间的试行和反思后,一些地方法院又逐渐回归理性和审慎,采取了有条件公开的方式,即经内部审批后在互联网直播公开。

2. 默认不直播案件:以下65类案件系统默认为不直播。具体案由包括:(1)背叛国家罪;(2)分裂国家罪;(3)煽动分裂国家罪;(4)武装叛乱、暴乱罪;(5)颠覆国家政权罪;(6)煽动颠覆国家政权罪;(7)资助危害国家安全犯罪活动罪;(8)投敌叛变罪;(9)叛逃罪;(10)间谍罪;(11)为境外窃取、刺探、收买、非法提供国家秘密、情报罪;(12)资敌罪;(13)强奸罪;(14)强制猥亵、侮辱罪;(15)猥亵儿童罪;(16)拐卖妇女、儿童罪;(17)收买被拐卖的妇女、儿童罪;(18)聚众阻碍解救被收买的妇女、儿童罪;(19)雇用童工从事危重劳动罪;(20)煽动民族仇恨、民族歧视罪;(21)出版歧视、侮辱少数民族作品罪;(22)非法剥夺公民宗教信仰自由罪;(23)侵犯公民个人信息罪;(24)拐骗儿童罪;(25)组织和利用会道门、邪教组织或者利用迷信破坏国家法律实施罪;(26)组织和利用会道门、邪教组织或者利用迷信致人重伤、死亡罪;(27)组织未成年人进行违反治安管理活动罪;(28)组织卖淫罪;(29)强迫卖淫罪;(30)协助组织卖淫罪;(31)引诱、容留、介绍卖淫罪;(32)引诱幼女卖淫罪;(33)传播性病罪;(34)泄露不应公开的案件信息罪;(35)披露、报道不应公开的案件信息罪;(36)非法获取国家秘密罪;(37)非法持有国家绝密、机密文件、资料、物品罪;(38)故意泄露国家秘密罪;(39)过失泄露国家秘密罪;(40)非法获取军事秘密罪;(41)为境外窃取、刺探、收买、非法提供军事秘密罪;(42)故意泄露军事秘密罪;(43)过失泄露军事秘密罪;(44)隐私

---

① 本部分参考了某地区法院庭审直播范围和流程实践,潘俊美参与了起草。

权纠纷;(45)婚姻自主权纠纷;(46)离婚纠纷;(47)婚姻无效纠纷;(48)撤销婚姻纠纷;(49)同居关系纠纷;(50)同居关系析产纠纷;(51)同居关系子女抚养纠纷;(52)亲子关系纠纷;(53)确认亲子关系纠纷;(54)否认亲子关系纠纷;(55)抚养纠纷;(56)抚养费纠纷;(57)变更抚养关系纠纷;(58)收养关系纠纷;(59)确认收养关系纠纷;(60)解除收养关系纠纷;(61)监护权纠纷;(62)探望权纠纷;(63)商业秘密合同纠纷;(64)侵害商业秘密纠纷;(65)申请确认人民调解协议纠纷。

3. 申请不直播案件:法官依据存在不宜进行庭审直播事由申请不直播的,经庭长审批同意后不直播。不宜进行庭审直播的事由主要包括:(1)涉及国家秘密的;(2)未成年人犯罪的;(3)有同案犯另案处理尚未完毕且未被采取羁押措施的刑事案件;(4)可能引起犯罪方法传播的新类型刑事案件;(5)犯罪手段残忍或案情特殊可能严重影响受众心理、损害社会公序良俗的案件;(6)涉及重大政治、外交、民族、宗教等敏感问题的案件;(7)检察机关明确提出不进行庭审直播并有正当理由的刑事案件;(8)当事人明确提出不进行庭审直播并有正当理由的民事、行政案件;(9)其他不宜庭审直播的案件。

(二)庭审直播流程

笔者结合一些地区法院庭审直播的信息系统设计方案,拟定了以下庭审直播流程的实施例:

1. 直播预定

将“庭审公开管理系统”与“审判系统”中“预定法庭”对接,在“预定法庭”的“预定详情”中增加“是否庭审直播”信息项,除系统默认为不直播的案件外,其他案件均默认为“是”。默认不直播的案件,也可以通过修改默认值,转为直播案件。

2. 不直播审批

如果将“是否庭审直播”的默认选项“是”,修改为“否”时,系统会弹出“不直播理由”,选择理由并提交庭长审批,未经庭长审批,开庭时将无法使用“庭审系统”进行开庭。

3. 直播公告发布

完成法庭预定且为直播案件的,“庭审公开管理系统”将自动通过中国法院庭审公开网向社会发布案件庭审直播预告。

4. 庭审直播控制

(1)直播开始:将“庭审公开管理系统”与“庭审系统”对接,在“庭审系统”中增加“庭审直播”模块，该模块中包含“开始”“暂停”“终止”。书记员在“庭审系统”中点击开始庭审录音录像时，屏幕自动出现“本案将进行网络直播，核实完当事人身份后点击‘庭审直播’中‘开始’按键”。核实完当事人身份后，书记员点击“开始”，立即开始庭审直播，屏幕中一直显示“庭审直播中”提示。

（2）直播暂停：在庭审直播过程中，出现不适宜直播的特殊情形的，法官或审判长有权决定中断庭审直播。书记员根据指令，点击“暂停”，可暂时中断庭审直播。中断直播的事由消除后，指令书记员点击“开始”，恢复庭审直播。

（3）直播终止：中断直播的事由无法消除，或者庭审出现确不适宜继续直播的情况，法官或审判长有权决定终止庭审直播。书记员根据指令点击“终止”，结束庭审直播。

（4）直播结束：直播结束，点击“结束”后，庭审直播内容自动上传，转换为可点播内容，不用再点击转为点播。

5. 庭审直播管理

（1）管理模块：“庭审公开管理系统”设置“直播情况”“不直播申请”“不直播审核”“终止直播申请”“终止直播审核”“撤回庭审直播审核”“统计”。其中“直播情况”包含“已直播”“预定直播”，“已直播”展示所有已直播案件，法官、书记员可以在此对已直播案件申请撤回；“预定直播”展示所有已经预定法庭直播的案件，法官、书记员可以在此对已发布的直播公告申请撤销；“不直播审核”“终止直播审核”“撤回庭审直播审核”展示所有需要由庭室负责人审批的案件；“统计”展示庭审直播情况统计表，所有人均可查看。

（2）直播公告撤销：“预定直播”中点击“撤销”，系统自动调整至“撤销庭审直播预定”界面，撤销理由包含：①撤回起诉；②调解；③其他不适宜直播的情形。在“③其他不适宜直播的情形”中需写明具体理由。点击“提交”后，系统自动转到庭室负责人名下进行审批。在审批同意后，系统自动发布撤销庭审直播的公告，并载明取消理由。

（3）不直播申请：“不直播申请”中可实时查看申请不直播案件的基本信息和审批情况。

（4）终止直播申请：“终止直播申请”分为“未提交审批”“已提交审批”。法官因特殊原因未能完成开庭而中途停止庭审直播的，在终止直播后的3个工作日内，需在“未提交审批”项中进行审批申请。终止理由包含：①撤回起诉；②调解；③其他不适宜直播的情形。在“③其他不适宜直播的情形”中需写明具体理由。点击“提交”后，系统自动转到庭室负责人名下进行审批，可在“已提交审批”界面查看审批结果。

(5)已直播案件的撤回:“已直播”模块设置“撤回”按键,点击“撤回”,系统自动调整至“撤回庭审直播”界面,经庭室负责人、地区法院审判管理办公室负责人审批同意后,自动撤回庭审直播视频。其中,法官申请撤回和庭室负责人同意撤回时均需写明具体理由。

二、庭审直播考核

为了科学评价庭审公开工作,需要设置相应的指标对庭审公开工作进行量化,而最直接的指标就是庭审公开数量和比率。一般而言,由于被考核主体人员和案件体量经常会存在较大差异,单纯通过庭审公开数量进行评价,很难解决被考核主体的差异化问题。因此,用庭审直播率更符合大多数情况下的评价和考核需要。关于庭审直播率如何进行计算的问题,最高人民法院在确定 31 项案件质量评估体系时,并没有设置庭审直播率这个指标,那是基于当时的实际情况:司法公开工作,特别是庭审公开工作,还没有成为一个评价审判效果的重要依据;庭审公开工作也没有成为一项需要重点推进的工作。笔者认为,在对庭审公开工作进行考核时,可使用如下的计算方式:

$$\text{庭审直播率}=\frac{\text{庭审直播数量}}{\text{新收案件数量}}\times 100\%$$

在上述指标中,我们用庭审直播数量除以新收案件数量来计算庭审直播率。庭审直播率这个指标一般为在一个评价周期内的累计指标,指标在计算时存在一些技术问题:

1. 关于公式的分子。庭审公开数量是指公开了庭审的案件数量,还是指庭审公开场次?在实践中,经常存在一起案件多次开庭的情形,因此,理论上一起案件会有多个庭审被公开。从这个指标设立的基本意图上考虑,庭审直播率旨在考察庭审直播工作量。当一起案件有多个庭审,且这些庭审均被直播,显然比一起案件只有一次庭审被公开工作量更大。因此,庭审直播数量采用庭审公开的场次更符合指标评价的初衷。当然,在指标制定初期,也有人担心是否会有法官为了提高庭审直播率刻意在一起案件中多次开庭,增加指标分子。但实际上这种担心几乎没有任何必要。如果仅仅是为了提高庭审直播场次,刻意多组织几次庭审,法官和审判辅助人员因组织庭审、传唤当事人所占用的时间和精力,会远远大于增加一次庭审直播数量给法官带来的实际回报。因此,实践中很难出现刻意增加庭审数量的情形。

这里还有一个很小的问题，就是一些审判人员可能会将案件宣判作为一次庭审进行公开，以增加庭审直播数量。严格来讲，宣判过程是开庭程序的继续，案件宣判应该以庭审的方式进行，由独任法官或合议庭主持召开。因此，对宣判过程进行直播公开，本身是符合庭审公开工作要求的，计入庭审公开数量也无可厚非。从另一个角度看，由于部分案件当事人之间矛盾对立激烈，为了避免当事人对裁判结果不满发生现场冲突，很多法官和审判辅助人员更倾向于不进行现场宣判，而是在开庭过程中征询双方当事人同意，采取邮寄送达或电子送达的方式送达裁判文书。诚然，在一些案件中，当事人仅仅为了获取裁判结果，拿到裁判文书而跑到法院参加一场十几分钟甚至是几分钟的宣判过程，确实有浪费社会成本之嫌。如果能够通过裁判文书邮寄送达程序，采用集约化、社会化、专业化的方式，解决当事人在途费用和时间成本的问题，是值得提倡的。如果能够推行电子送达，整体的社会成本和司法资源消耗将会有更大幅度的下降。但是不可否认，当庭宣判仍然有其特殊的制度价值。例如，刑事案件中对犯罪人的震慑以及对被害人及家属的精神抚慰效果；在民商事案件中对于当事人的教育作用，以及通过公开宣判过程对旁听人员和社会公众进行法治宣传教育等功能。此外，当庭宣判还有一个重要的功能就是判后答疑。通过宣判后与当事人的沟通，可以有效了解当事人对判决结果的意见，针对当事人不满意、不理解的事项进行适当的解释说明，对于判决的履行和强制执行予以适当的提示。这些工作可以缓解当事人的不满情绪，提高当事人的服判息诉率和判决的自动履行率。因此，在一些特定案件中，适当消耗司法资源和社会成本进行现场公开宣判，还是有一定的制度价值的。

在实践中，还存在一场庭审中合并审理多起案件的情形。这种情况下，在计算庭审直播数量时是计为一次庭审，还是多次庭审？一些地区法院在实际计算中采用了后一种计算方式，也就是当一场庭审合并审理了多起案件时，以案件数量作为庭审直播数量进行计算这样的统计口径，主要是基于以下考虑：对各个法院而言，由于区域特点和经济发展状况等方面的差异，导致不同法院在案件类型和案件结构方面存在较大的差异，一些法院的关联案件比例相对较高。如果多起案件合并审理时庭审直播数量只计一次，很可能导致部分法院难以完成基本的庭审直播比例要求，从而造成考核结果的不公平。在一级考核中，为了使整个考核体系和指标设置更加简洁、指引性更强，也不宜对被考核主体关联案件数量占全部案件数量比例的差异性作区别化处理。因此，采用相对宽松的统计口径，不仅有助于解决一级考核的差异化考量难题，而且有助于提高被考核主体对考核标准的认同感，增加被考核主体完成考核任务的积极性。此外，如果对合并审理问题采取相对严苛的统计口径,可能会迫使审判人员在审理关联案件时不采取合并审理的方式,这样显然有违我们推进这项工作的初衷。

我们对于考核指标和指标统计口径的设计核心,是为了达到我们的考核目的。因此,在某些情形中,我们在实现了基本考核目的的前提下,可以适度地牺牲指标的科学性。例如,在另一个实施例中,就采取了不同的统计口径标准:在新冠疫情防控期间,为了减少人群聚集,降低疫情扩散风险,全国各地法院都大力推进线上庭审,采取"以线上庭审为主、线下庭审为辅"的审判方式。一些地区法院对线上庭审工作开展情况进行了排名通报,其中通报的一个指标就是"在线庭审率"。这个指标的公式是:

$$\text{在线庭审率}=\frac{\text{线上开庭谈话调解数(累计)}}{\text{新收案件数(累计)}}\times 100\%$$

在上述公式中,实施例用考核周期内线上开庭谈话调解次数(累计)除以新收案件数(累计)计算在线庭审率。之所以使用线上审理的次数作为分子,而不使用线上审理涉及的案件数量作为分子,主要是考虑我们的通报目的在于推进线上庭审工作,使审判人员提高使用在线庭审系统开展审理工作的次数,而不是为了考察通过一定次数的线上审理工作解决了多少起案件的纠纷。从总体上讲,这个公式设置采取了更为严格的标准,特别是针对一起案件合并审理了多起案件时的情形而言。此外,在在线庭审率指标计算中,我们将使用在线庭审系统开展的各种审理活动,包括开庭、谈话、听证、调解等都计入在线庭审率的分子之中。另一个原因是,庭审直播率指标是一个考核指标,而在线庭审率是为了在一定时期内推动审判工作设置的一个阶段性的评价指标,只是进行统计排名通报而不纳入考核。采取相对严苛的统计标准,并不会引发被考核主体对指标科学性的质疑,形成较大的管理反弹。因此,笔者认为,在考核体系、考核指标以及统计口径的设计中,应该采取问题导向、目标导向,而不能一概而论,机械地采取统一的标准。

2. 关于公式的分母。我们刚才提到,公式的分母是一定考核周期内累计新收案件数量。在裁判文书公开率的考核中,我们也存在同样的问题。有一些案件结案后,并没有可供公开的裁判文书;而另一些案件,一起案件中可能有多份裁判文书需要公开。在裁判文书公开率的考核中,我们是以裁判文书数量为基础进行考核的,也就是说,只要案件上传了裁判文书,就必须对这份裁判文书是否应该上网,以及是否实际上网进行判断,从而计算裁判文书上网率。这样的计算方式较好地解决了一些案件涉及的裁判文书不需要上网,而另一些案件,一起案件中有多份裁判文书需要上网公开的问题。在裁判文书上网率的计算公式中,分子分母都是以裁判文书数量为基础进行计算的,这样的公式相对来说更科学一些。当然前提是,我们必须通过系统改造对一些案件是否应该有相应的裁判文书进行智能识别,避免审判人员通过不上传文书,从而实现不需要上网公开的目的。基本的控制规则是对于部分案由,特别是一些特殊程序案件案由,或以特殊方式结案的案件默认可以以无文书方式结案,如部分基层法院撤诉案件通过口头裁定的方式准许当事人撤诉,不出具书面的撤诉裁定书。这样,在结案时只需要勾选无文书结案,即可以通过系统的结案审查校验,后续的裁判文书上网公开工作中也自动会将这一部分案件予以识别,不需要审判人员开展文书公开工作。

在庭审直播率的公式中,我们使用了庭审公开场次与案件数量的比值的方式进行计算,实际上,是存在科学性问题的。另一个问题,就是到底以新收案件数量作为分母,还是以其他数字作为分母?最高人民法院在后期对庭审公开工作进行评价时,在计算庭审直播率时使用了庭审公开数量除以审判案件数量的计算公式。其基本的理由是,在执行案件中执行实施案件不需要进行开庭,执行裁判案件一般采取听证的方式进行,也不需要开庭审理。因此,执行案件不应该作为可开庭案件的分母。在司法实践中,除了执行案件之外,还有很多案件类型都不存在开庭审理问题。比如,申诉审查案件一般采取听证方式进行审理,一些特别程序案件也不存在开庭审理问题。因此使用审判案件数量作为分母,实际上是进行了一个相对粗线条的划分,即排除了执行案件这个比较大体量的案件类型。而如果要将所有不存在庭审的案件类型全部划分开,并在分母中予以排除,情况非常复杂。理论上,庭审直播率的分母,应该是可开庭案件数或者实际开庭案件数。但是,正如刚才所说的,这种划分比较困难。即便是我们能够将所有的案件类型逐一进行区分,最终获取到可开庭案件数,在司法实践中,也会有很多案件虽然存在开庭审理的可能性,但是实际上并未经过开庭审理程序,就已经被实质性化解,纠纷得以解决。因此,如果希望能够得到更加科学的庭审直播率,不仅要详细区分各种案件类型,以获取可开庭案件数,还要针对可开庭案件中的每一起案件的实际审理情况进行判断,以确定这些案件是否实际开庭审理,以及进行了几次开庭审理。这不仅使整个甄别和计算过程变得过于复杂,也会给被考核主体通过技术手段规避开庭审理提供更多可能性。

考虑到当前情况下,对于庭审直播工作的发展方向是大力推进,使庭审直播数量达到一定量级、庭审直播比例达到一定比例。由于庭审直播涉及当事人的影像以及庭审的整个活动,公开的风险比较大,因此,在大力推进庭审直播工作、落实最高人民法院关于"以直播为原则、以不直播为例外"要求的基础之上,还要适当给审判人员一定的自由度。至少在当前的情况下，还没有太大必要采取裁判文书公开的考核方式，即裁判文书是否应该公开，以及是否实际公开，具体到每一篇裁判文书，实现全覆盖的评价考核。因此，从这个角度上看，只需要被考核主体庭审公开工作得到大力推广，审判人员公开庭审的意识得到全面贯彻实施，庭审公开数量达到一定量级，即可以认定被考核主体的庭审公开工作符合了考核标准，而不需要对审判人员每一场庭审是否应该予以直播，以及实际是否予以直播进行过于精细化的评价。换句话说，如果审判人员和审判辅助人员在某场庭审中忘记开展庭审直播工作，或者因为设备故障，使庭审直播没有成功，考核体系并没有对此进行严厉的苛责，或者进行相应的惩罚，而是允许被考核主体在一定幅度范围内出现部分遗漏和失误的情形。

还有一个问题是，使用新收案件数量进行指标计算，本身也存在一定的科学性问题。我们知道，绝大多数的审判质效指标都是在审结案件范围内进行考察和评价的。这主要是因为一旦案件审理行为结束，该案件在审判质效方面的表现也都被固化。因此，在这个时间点进行考核结果更为精准，而使用新收案件进行考核计算的基数，可能会导致在某一个考核时间点该案件的审理行为还没有实际开展和结束。例如，在年底新收的审判案件中，审判人员可能没有足够的时间进行庭审排期，而这一案件却被计算到了庭审直播率的分母中。当然，从一个更长的周期范围看，一些考核周期前的旧存案件在考核周期实际开展了庭审活动并进行庭审公开后，可以计入考核周期的分子，而并没有计入考核周期的分母之中，实际上存在分子分母“同期不同质”的问题。但如果对考核结果的精准性没有特别高的要求，用新收案件数量替代已结案件数量，不会产生太大的科学性问题。

从这个意义上讲，一些地区法院之所以采取了用全部新收案件数作为庭审直播率分母的计算方式，主要是为了降低公式计算的复杂程度。同时，新收案件数对于管理者和被考核主体而言，都是一个非常常用的数据。使用这个数据的一定比率去评价庭审直播公开工作，非常直观和简便。以某地区法院一年收案 100 万件为例，如果确定某一个年度的庭审直播数量目标为辖区法院达到 10 万件，则只需要确定庭审直播率的基础指标为 10%，再针对不同的法院进行适当的差异化处理即可。因此，这样的指标设计，主要是为了提高管理预期，更好地实现总量控制。事实上，如果要达到辖区法院每年直播 10 万件的管理目标，我们使用新收审判案件数作为分母，或者用可开庭案件数作为分母，只需要进行适当的换算即可。那样的话，庭审直播率的基础指标值将超过 10%。这对于被考核主体而言，其实际完成指标的工作量并没有差别，反而是为了准确完成指标数量，需要定期地计算可公开案件数的实际值，以确保庭审直播率达到预期，这实际上增加了被考核主体的负担。综上所述，这样的指标设计，是因为对庭审公开工作的考核评价，其精细化、精准性的要求并不高，因此，我们可以为了简化指标计算方式、实现总量控制目标而采取一种整体性的、粗放式的评价方式。

各法院在落实10%的庭审直播率要求的过程中，需要在本院对于各审执庭室进行考核的二级考核过程之中进行指标分解。各审判业务口、各审判庭室因案件类型不同，开展庭审直播工作的要求也会有较大差异。这样的差异化工作交给二级考核在任务分解中予以落实，而不是由一级考核予以考量，也符合“分级管理、逐层精细”的管理思路。本院在二级考核的任务分解中，不仅要对一些没有可开庭案件的庭室进行差异化处理，即对这些庭室不考核庭审直播率，还需要区别不同的审判业务口、各庭室审理的不同案件类型，对庭审直播率进行适当的差异化处理。例如，刑事案件和民事案件、速裁案件和复杂案件在实际审理过程之中，开庭的可能性差异、开庭次数的差异、适宜直播庭审的案件比例差异，都将是在庭审直播任务分解中需要考量的具体因素。从这个意义上讲，考虑到一些部门，如执行局、申诉审查庭等不需要开展庭审直播工作，各法院要完成一级考核中的10%的庭审直播率要求，就需要在二级考核任务分解过程中对于有直播任务的审判业务庭室设置更高的庭审直播率要求，也就是说，这些庭室的庭审直播率指标任务显然要超过10%。

第七章

落实司法责任制

在人民法院开展司法改革、落实司法责任制的过程中，很多工作内容与审判管理办公室的基本工作职责较为接近，因此，大多数的人民法院审判管理部门都承担了一定的司法改革相关工作。随着司法改革的不断推进，一些工作事项已经成为审判管理办公室的日常工作内容。我们在此部分内容中，选择院庭长办案管理、随机分案管理、院庭长审判监督管理职能发挥等几项司法改革相关内容予以介绍。在院庭长审判监督管理职能发挥一节中，我们重点介绍如何厘清院庭长的审判监督管理权责范围、如何正确处理审判管理权与审判权之间的关系，并就其中最难以把握界限和尺度的个案监督管理问题进行了重点介绍。

第一节　院庭长办案

2017 年 3 月，中央政法委出台《关于严格执行法官、检察官遴选标准和程序的通知》；2017 年 4 月，最高人民法院出台《关于加强各级人民法院院庭长办理案件工作的意见（试行）》；2017 年 10 月，中共中央办公厅印发《关于加强法官检察官正规化专业化职业化建设全面落实司法责任制的意见》。2018 年 12 月，最高人民法院出台《关于进一步全面落实司法责任制的实施意见》。此后，全国各地区法院陆续制定关于院庭长办案的规定，落实中央政法委和最高人民法院的工作要求。

一、办案指标设定

中央政法委《关于严格执行法官、检察官遴选标准和程序的通知》（中政委〔2017〕9 号）、《最高人民法院关于加强各级人民法院院庭长办理案件工作的意见（试行）》（法发〔2017〕10 号）、中共中央办公厅《关于加强法官检察官正规化专业化职业化建设全面落实司法责任制的意见》（厅字〔2017〕44 号）中，都对院庭长办案数量等进行了非常明确的规定，其中对于办案数量的规定主要为：

(1) 基层、中级人民法院的庭长每年办案量应当达到本部门法官平均办案量的50% ~70%。

(2) 基层人民法院院长办案量应当达到本院法官平均办案量的5% ~10%，其他入额院领导应当达到本院法官平均办案量的30% ~40%。

(3) 中级人民法院院长办案量应当达到本院法官平均办案量的5%，其他入额院领导应当达到本院法官平均办案量的20% ~30%。

(4) 基层、中级人民法院可以根据本院的收结案情况，结合完成审判工作任务的需要，在规定的最低标准基础上，适当提高本院院庭长独立承办和参与审理的案件数量。

(5) 高级人民法院和最高人民法院院庭长办案数量的最低标准，分别由高级人民法院和最高人民法院规定。

(6) 各级人民法院院庭长应当作为承办法官办理一定数量的案件。主持或参加专业法官会议、审判委员会、协调督办重大敏感案件、接待来访、指挥执行等事务应当计入工作量，纳入岗位绩效考核，但不能以此充抵办案数量。

全国各地法院在落实院庭长办案制度时，遇到的最大难题是关于院庭长办案指标的确定问题。事实上，自2017年开始，中央政法委、最高人民法院、中共中央办公厅的规定相继出台，均对院庭长办案提出了具体要求，但是其中一些基数的确定和指标计算方式问题，仍然产生了很多争议。加之院庭长办案制度考核的是人民法院的管理层，包括本单位最高层级的管理者，因此，在制定制度时，从事审判管理的工作人员会更加慎重，制度制定后，还需要落实制度解读、提示、提醒、督促等一系列的配套举措。各地区法院在制定院庭长办案指标数量时，主要需要考虑以下内容：

1. 院庭长办案量计算基数

《最高人民法院关于加强各级人民法院院庭长办理案件工作的意见(试行)》第4条确定以"本院法官平均办案量"为基数计算院长、其他入额院领导的办案数量。但在司法实践中，由于审执业务口差异性较大，如果统一采取本院法官平均办案量为计算基数，可能造成部分副院长难以完成任务。因此，有些地区法院作了进一步细化，其中，院长的办案数量以本院法官平均办案量为基数确定；副院长的办案数量可以以本院法官平均办案量为基数，也可以根据其主管的审判业务选择相关业务领域，以本院该业务领域法官平均办案量为基数确定；庭长、副庭长的办案数量以其所在部门的法官平均办案量为基数确定。

2. 中、基层法院院庭长办案数量

考虑到院庭长审判管理和行政管理职责较重等因素，一些地区法院在具体规定院庭长办案数量时，对于院长、副院长、庭长的办案数量比例都倾向于取最低限；而对于副庭长的办案数量，则倾向于参照《最高人民法院关于加强各级人民法院院庭长办理案件工作的意见（试行）》要求，采取较高标准。这种考虑，是基于这样的一个基本认识，那就是庭室的正职领导是审判监督管理和行政管理的主要责任人，所承担的审判管理任务和行政管理任务相对繁重。因此，在院庭长办案数量确定时，宜采取相对宽松的标准。审判业务庭室的副庭长，虽然也承担了一部分审判监督管理和行政管理任务，但其更主要的工作职责仍应是办理案件，特别是承办疑难复杂、新类型等案件。大多数审判业务庭室的副庭长都是从审判业务骨干中成长起来的。在第三轮司法改革之前，曾经存在这样一个现象，就是这些审判业务骨干和办案能手一旦拥有了行政职务，成为审判业务庭室的庭长、副庭长之后，就不再办理案件，或者仅办理少数案件。这无疑浪费了宝贵的优质审判资源，同时，也使人民法院的行政管理工作出现很多问题。因此，在确定审判业务庭室庭长的职责时，应当将审判监督管理职责和行政管理职责进行适当精简，明晰边界，特别是要适当弱化司法工作行政化的色彩，将主要的审判监督管理职责和行政管理职责适当向庭室正职领导集中，使副庭长回归办案一线，身先士卒，带领庭室员额法官完成办案工作任务。有一些法院甚至认为副庭长办理案件的数量应该高于员额法官平均值，达到 100%，甚至 120%。也正是基于副庭长作为庭室办案业务骨干的职责定位，在确定院庭长办案指标时，仅统计副庭长作为承办法官办理案件的数量，而不将其担任审判长和其他合议庭成员参与办理案件的数量纳入其院庭长办案任务指标。

考虑到有一些地区，特别是一些经济发达地区，辖区内不同基层法院法官人均办案量差异较大，部分人案矛盾突出的法院法官人均办案量过高，因此，规定基层法院副院长每年的办案量应当达到本院法官平均办案量或本院所选相关领域法官平均办案量的一定比例，同时，选择性地规定另一个标准，即总办案数量不少于一个具体件数的上限。在实施例中，我们规定，基层法院副院长每年的办案量应当达到本院法官平均办案量或本院所选相关领域法官平均办案量的 30%，或不少于 100 件。这种考虑，是由于最高人民法院的规定是对全国法院的一种普遍性的规定，没有对经济发达地区案件数量相对较多、人案矛盾突出的法院作出差异性规定，这就导致在落实最高人民法院的办案数量标准时，可能会出现一些实际操作中的问题。一般而言，越是人案矛盾相对突出、案件体量较大的法院，院庭长的审判监督管理职责和行政管理任务就越重。在这些法院中,人均办案数量也会比那些人案矛盾没有那么突出、案件体量相对较小的法院更高。这也就意味着,在执行同一个院庭长办案数量和比例标准的前提下,这些法院的院庭长很难完成任务。因此,审判管理工作应该正视被考核主体的差异化情况,进行更为精细化的考量。按照我们的测算,如果严格执行最高人民法院关于副院长办理本院法官平均办案数量30%的标准,将会有很多副院长的办案数量高于100件,这在当前的环境下是非常难以完成的。因此,一些地区法院对于最高人民法院的规定进行了适当突破,确定了副院长办案任务的数量上限要求。

此外,对于副院长办案基数问题,在实践操作中也存在巨大的困难。对于同一个法院而言,不同的副院长会主管不同的审执业务领域。不同的审执业务领域的案件会因案件类型的不同,存在案件体量、办案难度等方面的巨大差异。例如,民事审判领域的法官平均办案数会远高于全院平均办案数;刑事、审判监督、未成年人案件审判、国家赔偿等领域的法官平均办案数则会低于全院平均办案数。因此,如果所有的副院长的办案基数都按照全院平均办案数计算,可能会导致那些主管刑事案件、审判监督案件等领域的副院长办案任务接近甚至超过该领域一般员额法官,从而难以完成办案要求。因此,一些地区法院在确定副院长办案基数时,明确副院长每年办案量应当达到本院法官平均办案量或本院所选相关领域法官平均办案量的一定比例,这也是给副院长一定的选择权。对于主管民事案件的副院长,可以选择全院法官平均办案量作为计算基数,而主管刑事案件的副院长,则可以选择刑事审判领域法官平均办案量作为计算基数,从而解决了实践操作中的问题。在具体的办案领域划分中,结合案件司法统计标准,依据审判实践中的一般认识,可以区分刑事、民事、商事、知识产权、行政(国家赔偿)、审判监督、申诉审查、执行8个办案领域。

示例7-1:副院长办理案件业务领域统计表

序号	法院	职务	姓名	办理案件业务领域
1				
2				
3				

注:(1)职务请填副院长、其他入额院领导、审判委员会专职委员、执行局局长;

(2)办理案件业务领域请根据院领导主管工作,选择刑事、民事、商事、知识产权、行政(国家赔偿)、审判监督、申诉审查、执行中的一种;或明确以本院法官平均办案量为测算基数。

这在 2017 年时，是对最高人民法院院庭长办案规定的一种突破。事实上，最高人民法院也关注到了这个问题。2018 年 12 月 5 日，最高人民法院印发的《关于进一步全面落实司法责任制的实施意见》规定："7. 全面推进院长、庭长办案常态化。各高级人民法院应当结合实际，科学合理、统一确定辖区内三级法院院长、庭长办案工作量。院领导办案工作量可以本院法官平均办案工作量或办理案件所属审判业务类别法官平均办案工作量为计算基数……"这也从实践上证明，一些地区法院在 2018 年以前对最高人民法院规定进行的细化是符合客观实际的。

3. 高级人民法院院庭长办案数量

《最高人民法院关于加强各级人民法院院庭长办理案件工作的意见（试行）》（以下简称《意见》）对高级人民法院院庭长办案数量未作明确规定。按照《意见》中"高级人民法院和最高人民法院院庭长办案数量的最低标准，分别由高级人民法院和最高人民法院规定"的要求，我们参照中、基层法院办案数量，结合一些地区的管理实践，对高级人民法院院庭长办案数量要求，拟定了以下实施例：高级人民法院院长每年办案量一般应达到本院法官平均办案量的 2%；高级人民法院副院长每年办案量一般应达到本院法官平均办案量的 7%；高级人民法院庭长每年办案量应当达到本部门法官平均办案量的 30%；高级人民法院副庭长每年办案量应当达到本部门法官平均办案量的 40%。

一些地区法院在确定院长，特别是中级、高级人民法院院长的年度办案任务时，会采取用具体件数予以确定的方式。例如，明确高级人民法院的院长每年办案 1 件，副院长每年办案 5 件。从实际操作上，通过比例确定办案任务和直接确定办案任务件数本质上并无太大区别。但直接确定办案件数的方式比较直观，当确定的件数相对较少时，容易引起普通员额法官或社会公众的质疑。相比之下，确定院长、副院长年度办案任务应达到法官平均办案数量的一定比例，尽管这个比例也会很低，比如 2%，但对于普通员额法官，特别是社会公众而言，由于这个比例不是特别直观，大部分人并不会去推算相应比例对应的实际件数，因此，即便按照这个比例计算的实际办案件数也很小，但是从规定本身看来，并不会过于敏感。

结合上述院庭长办案指标要求的分析，我们以经济发达地区法院为例，确定以下院庭长办案量指标实施例，如表 7－1 所示：

表7-1　院庭长办案量指标示例

类别	院长	副院长、其他院领导、审委会专职委员、执行局局长	庭长（审执业务庭室负责人）	副庭长
高级法院	2%	7%	30%	40%（承办）
中级法院	5%	20%	50%	70%（承办）
基层法院	5%	30%/100件	50%	70%（承办）

从各地的审判管理实践来看，很多地区法院在院庭长办案管理中，也对院庭长办案指标进行了反复的修改和调整，特别是在计算基数、计算方法、指标扣减标准等方面作出了较多的探索。笔者认为，在修改和调整的过程中，管理者要始终清醒地认识到，在绝大多数地区的员额制改革过程中，由于法官数量的持续缩减，导致院庭长在整个法院员额中所占的比例越来越高，大致要超过40%。特别是那些案件体量较小的法院，院庭长数量的比例会更高，有一些特别小的基层法院，甚至能够达到70%～90%。从结案的统计情况看，院庭长员额法官结案的总体数量占全部结案的数量比例却没有那么高，也就是说，这些院庭长的办案数量，整体上没有达到员额法官办案数量的平均值。这也意味着，普通的员额法官必须承担更多的办案任务，才能弥补院庭长整体办案数量不足的现状。

二、办案量测算

按照《意见》的规定，院庭长办案数量应达到当年度法官平均办案数量的一定比例，此种方式易受到收案数量变化和法官结案节奏等多种因素影响，在年度统计期结束之前，无法准确确定当年度法官的平均办案数量，因此，院庭长始终难以准确确定是否已经提前完成全年办案任务。很可能在年底前看起来院庭长的结案数超过了当前法官平均结案数，但由于年底法官突击结案，平均办案数短期内大幅提高，从而导致院庭长在年终统计结案数时并没有完成任务。这将使院庭长办案管理一直处在一种不确定的状态中，缺乏必要的管理预期，操作指引性相对较差。为解决上述问题，一些地区法院尝试根据上一年度结案情况，折算出本年度院庭长应审理案件的具体件数，以便于院庭长准确了解办案任务要求，合理安排办案进度。具体实施例为：

审判管理办公室年初根据上一年度各法院结案情况、院庭长应审理案件的比例、副院长所选相关专业领域等因素，折算出本年度院庭长应审理案件的具体件数。当年收案情况发生显著变化的，可以根据实际情况对院庭长办案量作适当调整。

院庭长因办理专案等特别疑难、复杂案件，或因承担重要专项工作、协调督办重大敏感案件等原因，需要酌情核减年度办案任务的，应当及时报地区人民法院审批备案。

但在实际操作过程中，此种计算方式出现了无法兼顾当年庭室收案数量显著变化等问题。例如，2019年前后，全国各地法院陆续开展了基层法院内设机构改革工作，造成大量庭室合并、撤销等，实际上难以获取合并后庭室上一年度的收案数量，造成计算困难。

因此，一些地区法院在落实最高人民法院《意见》的规定要求时，以当年各法院、各审执业务领域、各庭室实际结案数量为计算基准，规定院庭长结案数量应达到当年度法官平均结案数量的一定比例。为了解决指标指引性较差的问题，采用以前三季度法官结案数量推算全年法官结案数量的方式，提前确定院庭长全年办案指标的上限值。具体实施例为：

1. 基层、中级人民法院院长每年作为承办法官审理案件和参加合议庭审理案件数量应当达到本院法官平均办案量的5%。基层人民法院副院长每年作为承办法官审理案件和参加合议庭审理案件数量应当达到本院法官平均办案量或本院所选相关领域法官平均办案量的30%，或不少于100件；中级人民法院副院长每年作为承办法官审理案件和参加合议庭审理案件数量应当达到本院法官平均办案量或本院所选相关领域法官平均办案量的20%。基层、中级人民法院庭长每年作为承办法官审理案件和参加合议庭审理案件数量应当达到本部门法官平均办案量的50%。基层、中级人民法院副庭长每年作为承办法官审理案件数量应当达到本部门法官平均办案量的70%。

2. 院庭长因办理专案等特别疑难、复杂案件，或因承担重要审执专项工作、协调督办重大敏感案件等原因，需要酌情核减年度办案任务的，应当经本院审判委员会讨论确定初步核减意见后，及时报地区人民法院审批备案。

院庭长因脱产培训、系统外挂职交流、产假等原因超过两周时间（14个自然日）的，经本院人事部门确认，并报地区法院审批备案，可以对年度办案任务按照比例予以降低。但年休假、探亲假、事假等情形不予调整年度办案任务。

院庭长变更主管审执业务领域或发生职务变更的，根据调整情况，分阶段计算全年办案任务。

3. 为增强院庭长办案指标的指引性，确定“根据上述第1条计算的院庭长前三季度办案量÷64%－本年度根据上述第2条核减的办案数”为院庭长全年办案量的高限，将该高限与“根据上述第 1 条、第 2 条计算的院庭长全年办案量”两者的较低值作为院庭长最终全年办案任务。

在上述实施例中，64% 这个系数，是以某地区法院 m 年至 s 年共七年前三个季度结案数量占全年结案数量的比例（2644761 ÷ 4127565 = 64%）。按照上述规定，每年度 9 月 30 日之后，院庭长可以根据上述公式计算出全年应办理案件的数量高限，从而明确第四季度应办理案件的具体数量。如果按照上述第 1 条、第 2 条规定计算的院庭长全年办案量高于上述高限时，以上述高限为院庭长全年办案任务；如果低于上述高限，仍以实际计算的数值为准。即院庭长最终的办案数量以上述两种方式计算的数值中较少的那个为准。

还有几个在测算院庭长办案任务时的具体细节问题，需要进一步研究和讨论。

1. 关于如何确定法官数量问题。一般认为，在具体折算过程中，“本院法官平均办案量”“本部门法官平均办案量”中的“法官”均指员额法官，其数量以干部人事部门确定的当年 1 月 1 日实有员额法官数量为准。

2. 关于院庭长职务变动时如何计算办案指标数量问题。对于在折算院庭长应办理案件的具体件数后，院庭长变更主管审执业务领域或发生职务变更的，应根据调整情况，以月度为单位，采取“分段累加”的方式，重新核算院庭长办案数量。我们采取以月度为单位，而非以日为单位，主要是考虑院庭长办案指标数量的测算，精度要求并不需要很高，没有必要过度加大测算的复杂程度。

3. 关于院庭长办案指标核减问题。考虑到一些特殊情况，有必要对院庭长办案指标进行核减，这种情况下，需要各地区法院根据实际情况，细化核减的具体情形和扣减方式。在院庭长办案管理实践中，对于病假是否应核减办案量的问题始终存在争议。我们在上述实施例中，也没有对病假是否应该核减办案指标数量予以明确。事实上，如果我们把病假作为应当核减办案数量的法定事由，很可能会发生长期病假的院庭长办案指标数为零的特殊情形。在这种情况下，患病的院庭长可以一起案件也不办理，就能够完成院庭长办案任务。这对于那些办案任务量比较重，因各种原因未能够完成办案任务的院庭长而言，显然是不公平的。极端情况下，还可能出现纵容、鼓励“泡病号”行为等特殊问题。但如果不把病假作为应当核减办案数量的事由，从伦理、人文等方面，也不尽合理，不符合关爱干警的工作要求。例如，在实践操作中，某地区基层法院的一名庭长因身患癌症，在一个考核年度内有半年住院治疗未能工作，后该庭长身体状况有一定好转，尚在恢复期的他，坚持要求返回工作岗位。在这种情况下，如果对其前半年住院治疗期间的院庭长办案数量不进行核减，实际上要求其用半年的时间完成全年的院庭长办案工作量。这对一个尚在恢复期的病人而言，显然是不合情理的。因此，考虑到病假系客观原因，但同时又属于自身原因，与产假系职工享有的法定权利仍有一定区别，实际情况也比较复杂，故各地区法院在制定院庭长办案规定时，可以考虑暂不明确规定，将病假是否对办案任务进行核减的自主权交给各辖区法院决定。实际操作中，院庭长可提出核减申请，报本院院长同意，与医生出具的休假建议、诊断证明等材料，一并报地区法院审批备案。

4. 关于审判管理办公室、研究室主任办案任务标准。对此各地法院确定的标准不尽相同。一种方式是参考同职务审执业务庭庭长计算，基数可以以全院法官平均办案量计算，也可以以实际办理案件的业务领域法官平均办案量计算。另一种方式是考虑审判管理办公室、研究室主任需要承担大量的审判管理和研究任务，其所在部门又不实际承办案件，因此对其办案任务参考上一级别院庭长的标准予以确定，从而从制度上适当降低审判管理办公室、研究室主任的办案任务数量。比如审判管理办公室主任，参照其上一级别，即副院长的年度办案任务数量标准予以确定。

5. 关于过渡期处理问题。具体包括以下几种情形：

（1）因院庭长办案制度修改，导致确定院庭长年度办案任务的计算标准发生变化。一般而言，如果新的办案制度规定是在年度较早时期修订公布的，可以在公布时明确当年度的院庭长办案任务按照新标准计算。如果新的办案规定是在年度较晚的时期，甚至是年底公布的，可以在规定中明确相关要求从下一年度的1月1日开始实施。当然，我们也可以选择将年度办案任务以月为单位，采取新旧标准“分段累计”的办法计算全年办案任务。但由于此种方式涉及较为复杂的计算，在新旧标准对于办案任务数量的调整并不太大的情况下，实践中一般没必要采用。

（2）有时候，新的院庭长办案规定公布后，陆续会产生一些可操作性的问题，为了确保新的办案规定顺利过渡实施，同时也为了解决新的规定产生的一些实践中的可操作性问题，可以考虑在部分事项中，根据实际情况进行适当变通处理。在以下的实施例中，某地区于t年3月公布新的院庭长办案工作规定，修订后的规定更加严格，t年是落实该规定后的第一年，加之内设机构改革给院庭长办案工作带来很多新问题，因此，审判管理部门确定t年核算的原则为，在严格落实规定的基础上，对部分事项适当灵活处理。例如，关于部分法院反映立案庭增加速裁职能导致部门法官平均办案量增加，执行实施庭和执行异议裁决庭合并为执行局后导致部门法官平均办案量发生变化等，从而使部门副庭长难以完成任务。对此，审判管理部门明确在核算时，部门发生变动、院庭长职务发生变动的，总任务量按照“分段累计”的方式计算。对于多部门合并后形成的新部门，副庭长系新部门的副庭长，而非某一项工作的副庭长，因此，原则上副庭长的任务量应按照本部门法官平均办案量作为基数计算。考虑到实际情况，各法院经本院院长同意，可暂根据实际分工情况，分别计算基数，例如，将执行实施案件、执行异议裁决案件分别作为基数计算相应副庭长的任务数。但需要注意的是：一是需要各法院主动申报、本院院长签字同意；二是如果分别计算，所有该部门副庭长均需分别计算，而不能在同一新部门中，部分副庭长拆分工作项目计算，部分副庭长按新部门平均值计算；三是分项目计算，必须与副庭长实际办理案件情况相符，如将执行实施和执行异议裁决案件分开作为基数计算，以执行实施案件作为基数的副庭长办理的案件必须是执行实施案件；四是仅限于副庭长、仅限于本年度核算适用，不适用于庭长、不适用于明年，下一年度将严格以“本部门法官平均办案量”作为基数计算。

(3)在应用院庭长办案规定计算年度办案任务时，经常会遇到计算周期不满一年的情况，例如，有部分院庭长此前是员额法官，后被提拔为副庭长；还有的院庭长此前因各种原因，没有纳入员额管理，因此未对其提出办案任务要求，后新加入员额，需要对其纳入院庭长办案管理。在这些情况下，原则上应该以月为单位，按照其担任院庭长或加入员额后的实际时间测算其年度办案任务。但在一些特定情况，也可以做一些灵活的处理，例如，某地区法院对于 t 年 10 月新入额的院庭长，明确应按照考核标准计算 2 个月的工作量，但考虑到距离年底考核时间较短，案件周转困难，故对此部分人员当年仅公示办案情况，原则上不作硬性考核要求，将办案任务累加计入下一年度一并考核，即下一年度年底考核 $12+2=14$ 个月的办案工作量，作为下一年度该名院庭长的办案量进行考核。此前是员额法官，今年新任命为院庭长的，不存在案件周转困难的问题，仍按照实际担任院庭长的月数计算任务量，不适用上述核算方式。

三、办案方式、保障和考核

1. 院庭长办案类型

《意见》第 2 条规定，院庭长重点审理重大、疑难、复杂、新类型和在法律适用方面具有普遍指导意义的案件。很多地区法院在制定院庭长办案规定时，会对院庭长办案类型进行细化，例如，用列举的方式细化为：

院长、副院长、庭长审理案件时，重点办理下列案件：(1)涉及社会安全、稳定的案件；(2)社会影响重大的案件；(3)新类型案件；(4)在法律适用方面具有普遍指导意义的案件；(5)其他重大、疑难、复杂案件。

检察机关抗诉案件、发回重审案件、指令再审案件一般由院长、副院长、庭长承办或担任审判长办理；一年以上未结案因法官辞职、辞退等原因需要更换承办法官的，由庭长、副庭长承办。

这里需要关注的是，在上述实施例中，我们规定“院长、副院长、庭长审理案件时，重点办理下列案件”，并明确列举了五种案件类型，第2款中规定的是几种具体的疑难复杂案件的办理要求。其中，对于“检察机关抗诉案件”“发回重审案件”“指令再审案件”，使用的是“一般由院长、副院长、庭长承办或担任审判长办理”的表述。这里的办案主体为“院长、副院长、庭长”，没有包括“副庭长”，办理案件的方式包括“承办”和“担任审判长办理”两种方式。主要的考量是，这几种具体的案件一般是疑难复杂、当事人反映强烈、容易引发信访问题的案件，由院长、副院长、庭长承办或担任审判长办理，可以通过院庭长直接参加合议庭审理案件的方式，较好地发挥院庭长对重点个案质量的监督和把控。

对于“一年以上未结案因法官辞职、辞退等原因需要更换承办法官的”，我们明确规定“由庭长、副庭长承办”，不仅没有使用“一般”字样，而且也没有“担任审判长办理”的选择。与“检察机关抗诉案件”“发回重审案件”“指令再审案件”的办理要求不同，这样的规定，更多的不是从加强院庭长对于个案质量的监督和把控方面考虑，而是为了提高案件审理效率采取的一种强制性的管理措施。

在长期未结案清理的工作中，我们发现，有相当比例的案件是由于法官工作岗位调整、辞职交流等原因更换案件承办法官，最终导致案件长期未结。有些案件多次更换承办法官，甚至更换承办法官后新的承办法官没有做任何实质性工作，就再次更换了承办法官。这种情况属于明显的管理问题，说明院庭长对于案件的流程督促管理没有发挥作用。为了解决更换承办法官造成案件长期未结的问题，有的地方法院规定案件审理时间超过一定期限就更换承办法官为副庭长，再超过一定期限就更换承办法官为庭长，审理时间再长的，就由副院长或院长承办。这些举措都起到了一定的作用，但是从管理的角度而言，我们应该尽量避免非必要性地更换承办法官，而是通过加强院庭长的督促指导去解决流程拖延等相关管理问题。一些地区法院在确定院庭长办案的工作规定中明确规定，长期未结案属于疑难复杂案件，院庭长应该带头办理。因此，在上述实施例中，我们明确规定因承办法官辞职、辞退等原因需要更换一年以上未结案承办法官的，由庭长、副庭长承办。这种规定的前提条件是因承办法官辞职、辞退等原因必须要更换承办法官，在这种情形下，由庭长和副庭长承办有利于促进案件尽快审结。考虑到一些大院法官变动频繁，如果规定由院长、副院长承办，涉及的案件数量可能比较多，实际操作起来会存在较大的难度。因此，由庭长和副庭长承办相对比较现实。

同时，考虑到院庭长既要重点办理疑难复杂案件，也要作为普通法官办理部分一般案件，因此，在分案方式上，可以规定：院庭长办理疑难复杂案件等重点案件时，采取指定分案的方式；院庭长办理其他案件时，采取随机分案的方式。事实上，对于大多数的基层法院而言，重大、疑难、复杂、新类型和在法律适用方面具有普遍指导意义的案件数量是非常少的，如果院庭长只办理这些重点案件，将无法完成院庭长年度办案任务，因此，院庭长必须同时办理一些普通案件。在很多情况下，院庭长办理的绝大多数案件都是普通案件。在办理普通案件时，院庭长应该和普通员额法官一起参与随机分案。

2. 院庭长办案方式

《意见》对院庭长办案方式规定为独任审理案件、参加合议庭作为承办法官审理案件、参加合议庭担任审判长或作为合议庭成员参与审理案件三种。有些地区法院将其合并成两种，即作为承办法官审理案件和参加合议庭审理案件（包括参加合议庭担任审判长和作为合议庭成员参与审理案件）。考虑到院长、副院长、庭长需要承担较多的审判管理和行政管理职责，绝大多数地区法院对其办案方式的规定相对较为宽松，包括作为承办法官审理案件和参加合议庭审理案件两种；考虑到副庭长应尽量减少行政管理职责，作为业务骨干回归审判一线，因此，一些地区法院对其要求的办案方式仅限为独立承办案件。

很多地区法院为了更好地落实最高人民法院的要求，明确禁止院庭长入额后不办案、委托办案、挂名办案，不得以听取汇报、书面审查、审批案件等方式代替办案；不得用办理简单关联案件冲抵办案数量。

3. 院庭长办案团队要求

为确保院庭长可以集中精力办案，一些地区法院对院庭长办案的保障机制进行了明确，要求庭长、副庭长应当直接编入审判团队，承担相关案件的审判和监督职责；为院长、副院长组建相对固定的办案团队，配备固定的法官助理、书记员，并将院庭长办案团队配置情况报地区法院备案。同时，要求法院应当积极争取地方党委政府支持，进一步精简会议文件，压缩管理流程，确保院庭长有更多时间和精力投入办案工作。还有一些地方法院建立了“无会日”“开庭日”等，将院庭长办案要求和“开庭日”安排向属地党委报告和备案，以获取属地党委政府的理解和支持。

4. 院庭长办案公开工作要求

为落实最高人民法院的工作意见，院庭长办理案件应当起到示范、引领和指导作用。鼓励院庭长开示范庭，加大院庭长办案的庭审直播工作力度。院庭长办理案件应当同时注意总结审判工作经验，统一裁判尺度，规范指导审判工作。

5. 院庭长办案的考核监督

为了进一步落实院庭长办案制度，全国很多地区法院确定了院庭长办案的公示通报、督促提醒、考核监督制度。部分地区法院采取了相对严格的考核监督方式，规定：未完成年度办案任务的院庭长，当年度不得评优评先，并在员额法官绩效考核奖金发放中不得评定为第一、第二档次；下一年度不得晋级。院庭长连续两年无正当理由不办案或者办案数量、质效达不到考核标准的，应当退出员额。

上述规定，是这些地方法院“动真碰硬”的“最严厉”举措。我们知道，对公务员影响最大，与公务员切身的政治利益和经济利益关联最密切的，主要包括以下几项内容：(1)公务员考核等次的评定，即“评优”；(2)获得表彰奖励等荣誉，即“评先”；(3)非领导职务的晋升，即“晋级”；(4)领导职务的升迁，即“晋职”；(5)员额法官身份，即进入和退出员额，同时，员额法官身份不仅代表可以行使审判权，还享受员额法官的工资和津贴等经济待遇；(6)经济利益，除了员额法官的工资和津贴外，还有年终奖金，而在一般情况下，各法院年终奖金的发放，都是根据审判人员的工作业绩确定不同的奖金档次，不同的档次，意味着奖金数额的差异。

可以说，上述六项内容，几乎囊括了影响院庭长切身利益的全部方面和利益实现方式。只有“晋职”一项，属于干部人事部门职权，不同级别的领导干部，分属不同的地方党委管理，各地方法院对于这些干部是否能够“晋职”，很可能并没有决定权限，因此，无法将院庭长办案的考评结果与干部“晋职”挂钩。除此之外，上述规定将院庭长办案的考评结果与其他五项内容进行了“强挂钩”，制定了比一般审判人员未完成审判业绩要求更严厉的惩罚措施，也是这些地方法院为了释放院庭长在办案工作中要率先垂范、身先士卒的强烈管理信号。

6. 院庭长办案情况公示

《意见》要求建立院庭长办案的“分级通报制度”，一些地区法院根据本地区实际情况，确定了“地区法院审判管理办公室负责公布辖区各级人民法院院庭长办案任务完成情况；辖区各法院审判管理部门负责本院院庭长办案工作的督促落实”的工作思路，并按照最高人民法院《意见》的要求，对院庭长办案情况公布内容进行了细化，规定地区法院审判管理办公室负责逐月公布辖区各级人民法院院庭长办案任务完成情况，包括办案数量、案件类型、审判程序、参与方式、开庭数量、审判质量等。

笔者认为，以地区法院为例，可以建立统一的院庭长办案情况信息化公示平台，公示院庭长办案的指标计算方式和结果、指标核减情况、办案团队构成等信息，同时实时动态显示院庭长办理案件的数量、办案方式、完成指标进度、案件类型，包括办理案件的当事人、收结案等基本信息列表等。通过这种方式，将院庭长办案情况的所有细节向全体审判人员，包括员额法官、法官助理和书记员公示；审判人员不需单独申请任何权限，即可随时查阅院庭长办案情况。相比制度解读、督促提醒等管理方式，这种全员监督的方式，更有利于提高院庭长的自觉性，促使院庭长更好地按照要求完成指标任务。对于完成办案任务情况较好的院庭长而言，公示院庭长办案情况，也可以有效展示院庭长率先垂范、身先士卒，与全体审判人员同甘共苦、同舟共济的形象和决心，激励审判人员更好地完成审判工作。

以下示例是笔者按照上述工作思路设计的院庭长办案情况信息化公示平台的一些具体展示内容，包括对院庭长办案团队、办案指标确定、完成任务情况等的动态公示和统计汇总。各法院的管理者可以参考相关内容，建立与审判系统对接的信息化公示平台，每日抽取审判系统数据，更新公示平台信息，实现每日更新的实时展示。同时，考虑到院庭长办案任务、完成情况等相对复杂，很可能需要随时调整相关指标和项目，为了便于查阅、追溯，平台应该每月对历史数据进行归档。

示例7－2：院庭长办案指标及审判团队公示表

序号	法院	姓名	庭室	法律职务	业务领域	业务领域结案数/件	员额法官人数/人	平均结案数/件	应办理比例/%	实际应办理案件数/件	前三季度实际应办理案件数/件	理论应办理案件数/件	调整原因	调整量/件	调整后应办理案件数	团队法官1			团队法官2			团队法官3			法官助理			书记员1			书记员2		
																庭室	职务	姓名	庭室	职务	姓名	庭室	职务	姓名	庭室	职务	姓名	庭室	职务	姓名	庭室	职务	姓名
1	中级法院	王×	院领导	副院长	×中级法院刑事口	155	19	8	20	2						刑一庭	庭长	袁×	刑一庭	审判员	吴×				立案庭	法官助理	孙×	刑一庭	书记员	李×	刑一庭	书记员	马×
2	基层法院	张×	院领导	院长	×基层法院法官平均办案量	2560	42	61	5	3						民一庭	副庭长	杨×	民一庭	审判员	温×				民一庭	法官助理	韩×	审管办	书记员	高×			
																审监庭	庭长	张×	审监庭	副庭长	陈×				审监庭	法官助理	刘×	审管办	书记员	高×			

示例7－3:院庭长完成办案任务情况公示表

序号	法院	姓名	庭室	法律职务	业务领域	业务领域结案数/件	员额法官人数/人	平均结案数/件	应办理比例/%	前三季度实际应办理案件数/件	理论应办理案件数/件	调整原因	调整量/件	调整后应办理案件数/件	全年实际应办理案件数/件	全年承办案件数/件	全年参与合议庭审理案件数/件	全年总共办理案件数/件	全年应办理案件数/件	完成指标情况/件	全年办案任务完成情况
1	×法院	赵×	院领导	院长	×法院法官平均办案量	29773	119	250	5	13	20				18	19	0	19	18	1	完成
2	×法院	王×	行政审判庭	庭长	×法院行政审判庭	835	10	84	50	65	97	脱产培训	－13	84	84	56	6	112	84	28	完成
			院领导	副院长	×法院商事口	3368	17	198	30							50	0				

示例7－4:院庭长办案情况动态公示表

序号	法院	姓名	庭室	法律职务	承办案件/件				参与合议庭审理案件/件				总共办理案件数/件	应办理案件数/件	完成指标情况/件	其中			
					旧存	新收	未结	已结	旧存	新收	未结	已结				开庭案件数/件	被上级法院改判数/件	被上级法院发回数/件	评查定错情况
1																			
2																			
3																			

示例7－5:院庭长办案整体情况

×年1月1日至×年12月31日,某地区法院院庭长共×人,合计办结案件×件,同比上升×%。其中承办案件×件,同比上升×%。参与合议庭审理案件×件,同比上升×%。人均办结案件数×件,承办案件占已结案件×%。	
院长	副院长
某地区法院院长共×人,合计办结案件×件,同比上升×%。其中承办案件×件,同比上升×%。参与合议庭审理案件×件,同比上升×%。人均办结案件数×件,承办案件占已结案件×%。	某地区法院副院长共×人,合计办结案件×件,同比上升×%。其中承办案件×件,同比上升×%。参与合议庭审理案件×件,同比上升×%。人均办结案件数×件,承办案件占已结案件×%。
庭长	副庭长
某地区法院庭长共×人,合计办结案件×件,同比上升×%。其中承办案件×件,同比上升×%。参与合议庭审理案件×件,同比上升×%。人均办结案件数×件,承办案件占已结案件×%。	某地区法院副庭长共×人,合计办结案件×件,同比上升×%。人均办结案件数×件,承办案件占已结案件×%。

示例7－6:院庭长完成办案任务情况汇总表

法院	院长/人			副院长/人			庭长/人			副庭长/人		
	低于应办案件数量	高于应办案件数量	合计	低于应办案件数量	高于应办案件数量	合计	低于应办案件数量	高于应办案件数量	合计	低于应办案件数量	高于应办案件数量	合计
合计												
A法院												
B法院												
……												

第二节　随机分案

一、机制构建思路

2017 年 4 月，最高人民法院发布《关于落实司法责任制完善审判监督管理机制的意见（试行）》（法发〔2017〕11 号），明确各级人民法院应当健全随机分案为主、指定分案为辅的案件分配机制。2018 年，世界银行组织开展全球营商环境评估工作，将随机分案制度的建立作为司法程序质量指数的一项重要考核指标。2018 年 12 月，最高人民法院发布《关于进一步全面落实司法责任制的实施意见》（法发〔2018〕23 号），进一步强调“完善案件分配机制”。

为严格落实最高人民法院关于落实司法责任制的相关规定，进一步发挥审判职能，一些直辖市和省会城市，为了落实世界银行关于营商环境评估的要求，优化地区营商环境，相继制定了关于随机分案的规定。

在讨论随机分案制度时，必须要解决以下两个思路方面的问题：首先要考虑的是，随机分案到底是解决什么问题的。最开始随机分案概念的提出，是为了解决指定分案中存在的廉政风险，在实践层面使操纵案件、把控案件结果的难度增加。然而，我们在审判管理领域中研究随机分案，有一个非常重要的目的，就是平衡法官之间的案件工作量。案件工作量不均衡问题是一个普遍存在的问题，特别是在那些管理精细化程度不够、考核评价机制不健全的法院和审判庭室内，由于体制机制等方面的原因，很多法院对于审判人员工作业绩的评价方式不能很好地激励审判人员的工作积极性，导致“干多干少一个样、干好干坏一个样”等问题在一定范围内普遍存在。很多审判人员之所以努力工作，大多是出于工作责任心，基于对审判事业的热爱和甘于奉献的精神。对于另外一些审判人员而言，长期枯燥单调超负荷的工作内容、事业发展的瓶颈、工作环境的弊端等使他们不愿意付出全身心投入审判工作，从而影响了整个法院和庭室的审判质效。因此，几乎在任何一个法院和相对较大的庭室里面，都存在不同程度的工作量不均衡问题。甚至有部分审判人员长期不在岗或在岗但结案数量明显偏低，或者长期不办案。这对于人案矛盾比较严重的法院和审判庭室而言，将会极大地降低团队的战斗力。同时，由于这些人办案数量明显偏低，这就意味着，我们说一个法院人均办案数多少的背后，实质上是有一部分审判人员的办案数量必须明显超过人均办案数，才能够弥补那些办案数量较低的法官的工作量。

因此，我们说随机分案制度，在审判管理层面，一个非常重要的价值是，通过随机分案的方式，使案件数量得以轮转分配，办案工作量得以相对均衡，将那些躲藏在团队深处、长期不办案和少办案的审判人员暴露出来，通过管理制度和考核的方式，强制性地分配给他们相应的工作任务，不让他们再拖整个团队的后腿。按照这样一个逻辑思路，我们就会非常清楚地认识到，确定随机分案规则的一个基本前提和遵循的原则是，案件随机轮转的第一考量因素绝对不能是未结案数量。因为将未结案数量作为第一轮转考量因素，将会导致结得越快，分案越多，不结案就不会有新收案件，这就形成了"鞭打快牛"、能者多劳甚至过劳的管理怪圈。因此，案件随机轮转分配的第一考量因素应该是案件总量。只有这样才能够平衡不同审判人员的整体工作量。当然，随机分配案件的制度并不能够完全解决审判人员工作量均衡问题，只能解决工作量均衡分配问题。要想实现案件工作量的均衡，必须通过其他的结案管理要求等制度共同发挥作用。

我们想要厘清的第二个问题，就是随机分案并不是对案件分配的绝对随机和绝对平均，而是通过一定的规则，建立在一定前提下的有条件的案件分配随机和均衡。事实上，我们很多时候在提到随机分案制度时，实际上指的是"随机分案为主、指定分案为辅"的案件分配制度。这里的指定分案主要是指疑难复杂案件和特殊类型案件。随机分案是指其他的一般案件采取随机轮转的方式进行分配。我们的很多院庭长对随机分案制度有非常深的误解和抵触情绪。他们认为，案件分配本身就是行使庭长管理权的一种方式，并且对于提高案件质效，特别是疑难复杂的案件质效会起到非常关键的作用。他们同时认为，他们所管理的审判人员能力如何，哪些人适合审理哪些案件，他们最清楚，通过指定分案的方式，可以很好地发挥他们的管理作用，实现人案相适的管理效果；而随机分配案件的制度是对他们管理权限的剥夺，甚至是对他们管理能力和道德品质的质疑。

我们必须承认，对于疑难复杂案件的指定分配制度，确实有其存在的现实意义，有助于提高疑难复杂案件的审判质量；对于产生优秀的判例、优秀的裁判文书，培养和发掘人才都具有重要意义。但是这种指定分配的管理模式必须通过制度予以规范和制约，不能任意扩大指定分配的案件范围，更不能将所有的一般案件都通过主观指定案件承办法官的方式予以分配。同时，近年来，全国各地法院案件数量不断增长，加之内设机构改革等因素，使各地基层人民法院审判执行庭室规模不断壮大，人数增多，案件数量和人均办案数量都有明显提高。那种"十几个人、七八条枪"的状况已经不复存在，再靠"人盯人、人盯案"的传统管理模式已经无法满足当前审判工作的现实需要。并且，正是由于我们经常用随机分案制度替换了"随机分案为主、指定分案为辅"的案件分配制度，也容易造成管理者的一些误解,认为随机分案制度与指定分案是完全对立的。

二、机制主要内容

我们说“各地区法院相继制定了关于随机分案的规定”,严格来讲,这个规定的名字应该叫作“关于案件分配的规定”,或者是“关于建立健全‘随机分案为主、指定分案为辅’的案件分配制度的规定”。但是,很多地区法院为了更多地强调“随机分案”的概念,或者考虑到随机分案机制的建立是世界银行评价我国营商环境的具体要求,相关规定内容也是落实优化营商环境工作要求的具体方式,因此,在规定名称中突出了随机分案的表述。结合各地区法院工作实践,随机分案机制应该包括以下内容:①

1. 随机分案的定义、范围和规则

按照最高人民法院文件要求,明确应建立健全随机分案为主、指定分案为辅的案件分配机制。随机分案是指各级人民法院按照一定的分案规则,运用信息化技术,随机确定案件承办法官。

随机分案应根据审判领域类别和繁简分流安排,预先设置庭室分案规则和法官分案规则。庭室分案规则应包括审判执行庭室内特殊案件类型、审判专业小组设置,以及庭内或组内法官轮转顺序规则等;法官分案规则应包括法官专业特长、收案能力、轮转顺序、串案规则等设置,以及总收案件数、未结案件数、已结案件数等项目权重、优先级等设置。此外,各级法院可根据审判运行态势,适时调整随机分案规则。这里,要重点说明的是随机分案机制的适用范围,或者说“随机分案为主、指定分案为辅”的案件分配机制的适用范围。我们认为,这种分配机制当然应该适用于各级人民法院受理的各类案件,不仅包括适用于不同审判层级的人民法院按照不同审理程序审理的案件,而且包括适用于不同的审判业务口、不同的审判执行庭室审理的案件。也就是说,这种案件分配机制是一种通用的、普适的案件分配机制,法院的审级差异、审判业务领域差异和案件类型差异不影响对于该机制的适用。

2. 指定分案的定义、权限和范围

指定分案是指对于不适宜随机分案的案件,各级法院院长、庭长可以指定和变更承办法官。各级法院应根据本院情况,为院长、庭长配置指定分案权限和调整法官权限。庭长是否被授予相应的权限,会影响后续的审批工作流程,未被授

---

① 本部分参考了某地区法院制定的随机分案规定,王姝参与了规定的起草。

予权限的庭长进行指定分案操作,应经院长审批。

《最高人民法院关于落实司法责任制完善审判监督管理机制的意见(试行)》规定:"三、各级人民法院应当健全随机分案为主、指定分案为辅的案件分配机制。根据审判领域类别和繁简分流安排,随机确定案件承办法官。已组建专业化合议庭或者专业审判团队的,在合议庭或者审判团队内部随机分案。承办法官一经确定,不得擅自变更。因存在回避情形或者工作调动、身体健康、廉政风险等事由确需调整承办法官的,应当由院庭长按权限审批决定,调整理由及结果应当及时通知当事人并在办公办案平台公示。"

根据最高人民法院的规定,结合审判工作现实情况,一般认为,指定分案工作属于院庭长审判监督管理职责的权限范围。最高人民法院的规定没有明确指定分案工作的具体权限,仅明确了承办法官确定后,因特殊情形需要调整承办法官的,由院庭长按权限审批决定。考虑到具体工作量和审批权限事项重大程度等因素,案件符合指定分案情形应该直接指定承办法官的,一般应由审判执行庭室庭长决定。或者确定指定分案的权限为院长审批权限,并通过院长授权庭长行使权限的方式解决实际操作中的工作量问题。考虑到因特殊情形需要调整承办法官的情形相对较少,存在更大的廉政风险,变更承办法官的结果需要向双方当事人告知,可能对当事人诉讼权利的行使产生一定影响,按照最高人民法院的规定,可以将审批权限确定由院长行使。结合审判工作实践,对于审判工作量较大、案件数量较多的法院,可以通过院长授权庭长的方式行使审批权限,但相应的变更结果应该向院长告知。在具体操作中,可以将变更承办法官的审批操作在线上进行,确保全程留痕、结果公示,并将承办法官变更情况通过系统信息推送给院长知悉。笔者认为,应当将指定分案和调整承办法官的权限都确定为院长审批权限,并规定院长可以授权审判执行庭室庭长代为行使分案和调整承办法官的审批权限,但审批决定结果应通过系统向院长报备。具体为:(1)指定分案应经院长审批确认,被授予权限的审判执行庭室庭长进行指定分案,应向院长报备。(2)承办法官一经确定,不得擅自变更。因存在指定分案情形、回避情形或者身体健康、工作调动、廉政风险等事由,确需调整承办法官的,应由院长、庭长按权限审批决定。调整承办法官应经院长审批确认,被授予权限的审判执行庭室庭长调整承办法官,应向院长报备。承办法官调整结果和理由应及时通知案件当事人。

关于指定分案的情形,《最高人民法院关于落实司法责任制完善审判监督管理机制的意见(试行)》规定了五种,具体为:

三、各级人民法院应当健全随机分案为主、指定分案为辅的案件分配机制。……

有下列情形之一的,可以指定分案:

(1)重大、疑难、复杂或者新类型案件,有必要由院庭长承办的;

(2)原告或者被告相同、案由相同、同一批次受理的2件以上的批量案件或者关联案件;

(3)本院提审的案件;

(4)院庭长根据个案监督工作需要,提出分案建议的;

(5)其他不适宜随机分案的案件。

指定分案情况,应当在办公办案平台上全程留痕。

很多地区法院在制定案件分配规则时,为了凸显对指定分案情形的限缩,会尽可能精简《最高人民法院关于落实司法责任制完善审判监督管理机制的意见(试行)》列举的指定分案情形,以“其他不适宜随机分案的案件”作为兜底。例如,具体规定为:

(1)重大、疑难、复杂或者新类型案件;

(2)原告或者被告相同、案由相同、同一批次受理的批量案件或关联案件;

(3)上级法院发回重审、指令再审案件,检察机关抗诉案件;

(4)其他不适宜随机分案的案件。

其中,上述第(3)项规定的“上级法院发回重审、指令再审案件,检察机关抗诉案件”,并不在《最高人民法院关于落实司法责任制完善审判监督管理机制的意见(试行)》明确列举的指定分案情形之中,是部分地区法院根据实际情况确定的需要指定分案的特殊案件。例如,一些地区法院在制定院庭长办案工作规定中明确:检察机关抗诉案件、发回重审案件、指令再审案件一般由院长、副院长、庭长承办或担任审判长办理;一年以上未结案因法官辞职、辞退等原因需要更换承办法官的,由庭长、副庭长承办。考虑到“检察机关抗诉案件”“发回重审案件”“指令再审案件”一般是疑难复杂、当事人反映强烈、容易引发信访问题的案件,由院长、副院长、庭长承办或担任审判长办理,可以通过院庭长直接参加合议庭审理案件的方式,较好地发挥院庭长对重点个案质量的监督和把控。

3. 分案、调整法官、暂停分案、恢复分案流程

2018年12月,《最高人民法院关于进一步全面落实司法责任制的实施意见》规定:“6. 完善案件分配机制。各级人民法院应当健全随机分案为主、指定分案为辅的案件分配机制。根据审判领域类别和繁简分流安排,随机确定案件承办法官。系列性、群体性或者关联性案件原则上由同一审判组织办理。已组建专业化

合议庭、专业审判团队或者速裁审判团队的，可以在合议庭或者审判团队内部随机分案。承办法官一经确定，不得擅自变更。因存在回避情形或者工作调动、身体健康、廉政风险等事由确需调整承办法官的，应当由院长、庭长按权限审批决定，调整结果应当及时通知当事人并在办案平台记载。”笔者认为，各地区法院在落实最高人民法院上述意见的过程中，应该将分案工作流程与技术需求相契合，制定辖区法院和各审判业务口通用的工作流程，具体可以设计为：

（1）审判执行庭室庭长预先设置随机分案规则；

（2）立案庭室在收案后，通过分案系统，将案件随机分配至相关审判执行庭室的法官，并对符合指定分案情形的案件进行信息标注；

（3）审判执行庭室庭长在收到分配案件后，应对符合指定分案情形的案件进行信息补注或标注调整，并指定承办法官或合议庭成员；

（4）指定分案应经院长审批确认，被授予权限的审判执行庭室庭长进行指定分案，应向院长报备。

这里需要关注的是，虽然按照优化营商环境的要求，对于随机分案的评估标准是“案件分配时应避免任何人工操作”，但在上述第（3）项流程中，仍然应该赋予庭长相应的确认权力，而且，在庭长指定分案操作后，由分案系统根据分案规则，再次随机确定案件承办法官。当然，我们这里说的“庭长对于随机分案结果的确认”，并不是指庭长拥有“人工操作”随机分案过程和结果的权力，而是在分案过程中，由庭长对是否存在需要指定分案的案件进行的审核和确认，以便于将应该指定分案的案件从随机分案的案件范围中予以剔除。这个问题我们将在下文“随机分案规则”部分进行更具体的讨论。

关于调整承办法官和暂停、恢复分案的内容，可以参照最高人民法院文件规定，并根据实际情况进一步细化。例如，在暂停分案的条件上，可以细化为：承办法官因岗位交流、孕产、病事假、教育培训、因公出差等事由，离岗两周以上的，可申请暂停分案。

4．信息化工作需求

地区法院要在确定案件分配规则的同时，明确信息化工作需求，提供信息化技术服务，实现规则预设、随机分案、指定分案、调整分案、暂停分案、恢复分案以及申请、审批、报备等流程网上办理并全程留痕。同时，我们还可以利用信息化技术对随机分案落实情况进行管理与考核，并运用信息化技术实现数据汇总、分项统计、逐级下钻、考核测算等功能。

三、随机分案规则

考虑到随机分案规则相对复杂，系统建设需要考量诸多的特异化因素和需求，因此，随机分案规则的信息化建设可以分两期进行，由地区法院第一期先行开发通用版分案模块，模块尽量开放，满足绝大多数辖区法院基本需求，对于不能满足的需求，由调研小组筛选，部分特殊需求通过人工指定分案予以解决，部分特殊需求第二期单独开发。

（一）法院层面

1. 诉前多元化解纠纷与正式立案案件的分案对接

在繁简分流的大背景下，很多法院开展了诉前多元化解工作。纠纷来到法院，在正式立案之前，会作为“预”字号案件，或者“调”字号案件，先行进入诉前多元化解程序。调解成功的案件需要进行司法确认的，立正式案号进行确认；调解不成功的案件转为正式案件，立案后进入速裁或后端审判程序。在这种工作模式下，我们首先要明确，“随机分案为主、指定分案为辅”的案件分配制度，不仅适用于正式立案的纠纷案件，同样也应该适用于诉前多元化解程序中的案件。值得关注的是，诉前调解成功需要进行司法确认的案件，或者诉前化解不成功，需要正式立案转入后端审判程序的案件，虽然在法院实际操作中，在诉前化解阶段和立案后的正式审判阶段会确立为两个不同的案号，但是对于当事人而言，实质上是一个纠纷。从便利当事人诉讼及有利于纠纷化解的角度，诉前化解阶段和正式立案后的审判阶段由同一名法官进行诉前化解指导和审判工作是最适宜的。

因此，我们说这些案件要进行随机分案，有两个时间节点：第一个是纠纷进入法院，法院收取诉讼材料，进入诉前化解程序时；第二个是案件需要结束诉前化解程序，正式立案进入到审判程序时。在第一个时间节点中，我们首先需要确定从事具体化解工作的人民调解员或调解组织。理论上，这种分配也应该是一种随机的分配方式。同时，由于诉前化解程序是由人民法院主导的，很多法院在开展诉前化解工作时，将人民调解员纳入审判业务庭管理，或者直接编入法官的审判团队。这样，就使人民调解员和法官之间建立了明确的对应关系。诉前化解工作主要由人民调解员开展，团队内的法官和法官助理对人民调解员的化解工作进行相应的指导。诉前化解成功的，不仅计入人民调解员的诉前化解工作量，也同时计入指导法官的工作量。这种模式的最大优势是：由于建立了人民调解员与法官之间的唯一对应关系，如果人民调解员在诉前化解成功，这起案件同时将计入法官的工作量；如果人民调解员在诉前化解不成功，案件需要正式立案，进入后端审判程序，将直接由相对应的法官进行速裁和审理。这就使法官与其所对应的人民调解员的诉前化解工作业绩息息相关，法官因此会更加注重人民调解员诉前化解的工作效果和工作业绩，从而给予更加针对性的、具体的指导。当然，还有一些人民法院并没有采取这样的方式，而是将诉前化解工作统一由某一个部门进行管理，所有从事诉前化解工作的人民调解员由这个部门统一进行案件分配、业绩评价和考核。一旦案件无法在诉前程序化解，需要立案进入后端速裁和审判程序，将会同其他直接正式立案的案件一样随机分配案件承办法官。开展诉前调解工作的人民调解员与后端审理案件的法官并不建立直接的对应关系，在工作业绩上也不相互挂钩。

综合以上两种管理模式，要解决诉前化解程序和正式立案程序的随机分案机制适用问题。一个最基本的原则是，在上述两个时间点中，至少应该进行一次随机确定诉前化解指导法官或审判法官的工作。可以在两个时间点进行两次随机分案，但不能够两个时间点都不进行随机分案。我们这里讨论的问题局限于随机确定案件法官的工作机制，至于在诉前化解程序中随机确定人民调解员的工作，不在我们的讨论范围。具体而言，在上述的第一种诉前化解程序与审判的衔接模式中，我们更倾向于在第一个时间点，即法院收取当事人的诉讼材料，纠纷进入诉前化解阶段时，在确定开展诉前化解工作的人民调解员的同时，确定与之对应的指导诉前化解工作的法官。由于在这种模式下，人民调解员和法官之间存在明确的对应关系。因此，随机确定法官的具体方式可以是随机确定人民调解员，同时确定对应的诉前化解指导法官；也可以是随机确定诉前化解指导法官，同时确定对应的人民调解员。这样，当诉前程序化解成功，需要正式立案进行司法确认，或者诉前化解不成功，需要正式立案，转入速裁或其他审判程序的，在第二个时间点，也就是正式立案后，从便利当事人诉讼、增强工作延续性的角度出发，直接将案件指定分配给诉前化解指导法官，将其作为正式立案后的审判法官。

在上述的第二种诉前化解程序与审判的衔接模式中，由于人民调解员与法官之间没有建立固定的对应关系，这样，在诉前调解阶段中指导人民调解员开展诉前化解工作的法官，与案件正式立案后的审判法官之间也很难建立起对应关系。因此，在这种模式中，在第一个时间节点，可以进行一次案件的随机分配工作，随机确定开展诉前调解工作的人民调解员，或者随机确定指导诉前调解工作的法官。当然，如果指导诉前调解工作的法官是由固定的少数法官集中开展的，随机确定指导诉前调解工作的法官将不再具有实质性的意义。在第二个时间节点，即正式立案的时间节点，则需要根据案件分配规则随机确定案件的承办法官。在这种模式中，可以进行一次随机案件分配，也可以进行两次随机案件分配。但是，至少在第二个时间节点，也就是正式立案后，应该进行一次随机案件分配。

2. 跨庭室随机分案

为解决跨庭室随机分案问题，特别是民商事案件统一分案问题，各级法院可以不拘泥于机构改革后审判执行庭室架构，在审判执行庭室层面设置虚拟庭室，以对部门和人员进行灵活性调整。虚拟庭室由各级法院审判管理部门根据本院实际情况预先设置。虚拟庭室负责人与审判执行庭室庭长权力相同，负责随机分案规则预设、指定分案等。

从随机分案规则看，应该包括两个部分：一个是庭室分案规则；另一个是法官分案规则。这是因为我们在确定案件承办法官时，需要受到庭室分案规则的限制。理论上一起案件应该先分配到一个审判执行庭室，再分配到庭室内的一名法官名下。这样的话，这种随机分配案件，实际上是在一个审判执行庭室内随机确定案件承办法官，而不是在一个法院范围内对所有的员额法官统一进行随机确定承办法官。我们所说的随机分案机制，指的是随机确定案件的承办法官，而不需要随机确定案件的承办庭室。案件的审判执行庭室可以根据审判工作需要和专业分工，结合受理案件的具体案由和案件类型直接予以确定。因此，随机分案实际上是在一定范围内的随机确定案件承办法官的机制。根据我们目前人民法院的审判工作实践，这个一定范围，通常是一个审判执行庭室。在特殊情况下，也可能比审判执行庭室范围更大一些，或者更小一些。例如，一些法院实行民商事案件统一分配，但是审理民商事案件的庭室却不止一个，可能有三四个庭室都负责审理民商事案件。这样的话，一起民商事案件受理后，实际上是在这三四个庭室组成的一个虚拟组织内的所有法官范围内进行随机轮转。再如，有一些审判庭室同时会负责审理多种案件类型，或多个较大的具体案由，如有一些法院的行政审判庭不仅负责审理行政案件，还负责审理国家赔偿案件；有一些法院的审判监督庭不仅负责审理审判监督案件，还负责审理减刑、假释案件。在这种情况下，某一种具体的案件类型和案由可能并不是在整个审判执行庭室的所有员额法官范围内进行轮转，而是由负责审理具体案件类型和案由的几名法官组成的一个虚拟小组内进行随机轮转。这些比庭室更大的虚拟组织，我们称为虚拟庭室，参照一般庭室，需要设置一名虚拟庭室负责人，负责指定分案和随机分案结果的确认等工作；比庭室更小的虚拟小组，我们称为庭内小组，由庭长负责虚拟小组规则配置、小组内指定分案和随机分案结果的确认等工作。

3. 庭室分案规则和法官分案规则的衔接

事实上，案件分配规则的核心是将案件分配给法官，确定案件的具体承办人。这个规则中并不必然包括将案件分配到具体审判执行庭室的所谓庭室分案规则。但在实际操作中，各级人民法院都会有一些内设部门，按照不同的职能分工，从事不同的审判业务，而法官也都隶属于某一个具体的审判执行庭室。要将一起案件分配给一名具体的法官，既要遵循案件分配的基本规则，又要遵循法院审判业务领域划分、审判执行庭室职能划分的基本规则。一般情况下，一起案件，基于纠纷的具体类型和案件的具体案由，负责审理这起案件的承办庭室基本上是已经确定好的。那么，案件分配也是在具体的审判执行庭室内的法官进行指定分配和随机分配。对于承办庭室的确定，一般由立案法官根据各庭室的业务领域和审判职能划分予以确定，或者由信息系统根据预设规则自动识别，由立案法官予以确认。

在此前的一些随机分案系统设计中，缺乏审判执行庭室庭长对于随机分案结果的确认流程，立案法官将案件分配给具体的审判执行庭室后，系统自动在该庭室内的法官范围内进行随机分案，确定案件承办法官。由于这种随机确定承办法官的规则相对简单，很多特殊因素都没有考量，特别是没有排除应该由庭长进行指定分案的案件。因此，这种随机分配案件承办法官的结果很多都需要进行调整，而在进行承办法官调整时，系统将会生成一条变更案件承办法官的记录。根据流程公开要求，变更案件承办法官的记录将向当事人公开，极易引起当事人的误解。事实上，这种变更案件承办法官，并非因为特定原因调整承办法官的情形，而是由于信息系统规则设计不科学导致的。因此，在系统规则的设定中，需要选择案件对应的庭室或虚拟庭室即可，未标注为重大敏感案件或特定类型的案件（如发回重审案件），会按照庭室预设的规则自动分配到法官，已标注的不参与随机分配的案件，由庭长自行选择承办法官。随机分配案件承办法官的结果，必须经过庭长的确认后才会在系统中生成案件承办法官的记录。

一般而言，案件收案都是批量进行的，或者是立案人员对于个案登记立案后，一般会累积一批案件，统一进行确定案件承办庭室的分案操作。这样，对于一个庭室的法官而言，就会有一批案件同时进行随机分案的轮转。这就带来一个新的问题，即指定分案和随机分案的顺序问题。我们举个例子，如果立案法官对 100 起登记立案的案件，统一进行确定承办庭室的分案操作，将其中的 20 起案件确定由 A 庭室承办，系统将对这 20 起案件进行案件自动分配。根据预设的规则，将 20 起案件随机分配给 A 庭室的各个法官，并将随机分配的结果，提请相应的 A 审判庭庭长确认。A 庭长在确认的过程中发现，其中有 2 起案件符合指定分案规定的情形，应该直接由庭长确定承办法官，庭长会将这两起案件的承办法官手动予以调整。对于其他18起案件随机确定的承办法官如何确认，存在不同的处理思路：最简单和直接的方式是对这18起案件随机确定的承办法官直接予以确认。这里，有一个问题值得关注，那就是指定分案和随机分案是否存在适用顺序的问题。如果在批量案件分配时，先进行指定分案，再进行随机分案，那么2起案件经过庭长指定具体案件承办法官之后，另外18起案件的随机分配所依据的基本因素，因2起案件的指定分配已经发生了变化。这时候，18起案件的随机分配承办法官的结果，和最初20起案件一并进行随机分配承办法官的结果，将会发生变化。在这种情况下，是否需要重新对剩余的18起案件根据当前的分案因素进行再次随机分案，还是直接利用第一次随机分案的结果，存在两种不同的处理思路。

从理论上讲，如果确定指定分案优先随机分案，需要在指定分案结果之后，依据当前的分案因素进行再次随机分案。这批案件全部分配完毕后，每个人应该分配到的案件数量，将会更加符合分案规则的要求；如果我们不作如此精细化的考量，不考虑指定分案和随机分案的顺序问题，仅对随机分案中符合指定分案条件案件的承办法官进行手动调整后，对指定分案结果和其他案件的最初随机分案结果一并予以确认，将有可能导致部分案件承办法官收案数量不够均衡。但事实上，如果一批案件的数量并不太多，这种不均衡的影响也不会太大。在下一批次案件进行分配时，这种不均衡的状况将会作为下一批案件随机分配的分案因素予以考量，并在下一次案件分配中得到调整和修正。

（二）庭室或虚拟庭室层面

1. 设置特殊案件类型

如设置减刑假释案件为特殊案件类型1，如设置某一个三级或四级案由案件如破产案件为特殊案件类型2。一个庭室可设置多个特殊案件类型，每名承办法官针对各类特殊案件类型均可设置一定的规则，除去特殊案件外，其他案件为一般案件。

2. 设置组及组内轮转顺序

组设在庭室下。允许一名法官同时存在于多个组（一个人同时参与两种及以上类型案件的随机分案），没有设置任何组的默认在全庭所有人员的组内。同时设置每个组的轮转顺序，系统提供一个默认顺序，以姓名字母排序或人事部门顺序排序。原则上，每一种特殊案件类型均可以独立设置一套分案规则，包括每名法官的收案能力、收案参数、串案处理规则等。每一种特殊案件类型均可以独立设置法官小组，以解决特殊类型案件仅在一部分法官范围内进行轮转分配的问题。同时，允许多个组的案件分配规则分别独立运转。

为每一种特殊类型案件和一般案件的组员设置基本参数。可以先对某一类型案件对应的所有组员批量设置参数，然后再针对每个组员进行部分参数调整。

最后，每名法官有一个分案系数设置表，同时参与多个组（同时承办多种类型案件）的法官有多个页签，每个页签有一个分案系数设置表，具体内容如示例7－7所示：

示例7－7：随机分案系数设置

法官姓名

法官基本信息

页签：一般案件/特殊案件1/特殊案件2

1. 收案能力系数（E）：100%

2. 本人轮转顺序：（2/30）

3. 轮转参数

（1）总收案件数（A）　优先级（第一/二顺序）权重50%　有效/无效

（2）未结案件数（B）　优先级（第一/二顺序）权重50%　有效/无效

（3）新收案件数（C）　优先级（第一/二顺序）权重50%　有效/无效

（4）已结案件数（D）　优先级（第一/二顺序）权重50%　有效/无效

……

不同优先顺序的，先判断第一顺序情况，第一顺序相同再判断第二顺序，依此类推，所有顺序均相同，依据轮转顺序。

同一顺序的按照权重算数加权，如（1）（2）均为第一顺序时，根据（$A\times a+B\times b$）的大小进行分案。

4. 未结案标记后扣减（U）

一旦标记后，将在案件未结时不予计算在参数内，即对总收案数、未结案数进行扣减，但结案后不再在已结案件数中扣减。

5. 串案规则

（1）串案总数（x）已收串案数（x_1）未结串案数（x_2）

（2）串案分配规则

忽略串案/

在收案参数中按50%比例计算/

按照“3. 轮转参数”的分配规则（或以下规则）单独轮转分配

①总收案件数（a）　优先级（第一/二顺序）权重50%　有效/无效

②未结案件数（b）　优先级（第一/二顺序）权重50%　有效/无效

③新收案件数（c）　优先级（第一/二顺序）权重50%　有效/无效

④已结案件数（d）　优先级（第一/二顺序）权重50%　有效/无效

……

（3）串案分配参数（p）

串案数 $x\leq p$ 件，归集分配给轮转顺序最先的1名法官；

串案数 $x>p$ 件，且 $x/p\geq$ 组内总人数（n）时，所有组内法官均分；

串案数 $x>p$ 件，且 $x/p<$ 组内总人数（n）时，平均分配给（x/p 取整）名法官；

具体分配时先分配给第1名法官足够数量案件后，再按轮转顺序分配给第2名法官。

6. 暂停收案（周期）

在分案规则设置中，有以下几个参数需要重点研究和讨论：

(1)关于收案能力。收案能力问题主要是为了解决法官收案总数预期和能够承担案件数量的限度问题，同时，也可以用来解决因角色等特殊原因导致的收案数量差异问题。①不同的审判人员在案件办理能力，特别是处置效率方面存在客观差异。强制要求所有的法官进行绝对平均的收案轮转，可能会导致部分审判人员无法完成工作任务，而另一些审判人员则存在工作量不足、“吃不饱”的情况。因此，对于同一类别的普通审判人员而言，可以通过收案能力系数去调整总收案量。例如，某一名年轻法官工作积极性很高，案件周转较快，可以为他设置120%的收案能力系数；另一名法官年纪比较大，身体状况欠佳，可以为他设置90%的收案能力系数。我们认为，单纯因为审判人员自身原因造成的收案能力差异，底线不应该低于正常收案数量的80%。也就是说，一般情形下，审判人员的收案能力系数应大于80%。收案能力系数是以乘积的方式参与随机分案数量计算的，因此，将直接影响随机分案运转中的轮转概率。设置120%的分案能力，意味着在一般的审判人员随机分案100件的情况下，这名审判人员将随机分到120件案件。②收案能力系数还可以用来调整团队配置差异造成的审判人员消化案件能力的差异。例如，在一个审判团队中，一名法官配备了一名法官助理和一名书记员，为其设置的收案能力系数为100%；另一名法官配备了两名法官助理和一名书记员，可以考虑为其设置的收案能力系数为140%。③收案能力系数还可以用来调整角色差异带来的收案能力差异。一名普通的员额法官收案能力系数设置为100%，而审判执行庭室的庭长，由于要承担一定的审判监督管理职能和行政事务管理职责，可以为其设置收案能力系数为40%。

(2)关于轮转参数。在此前，我们曾经讨论过，以总收案量作为轮转的首要参数，有助于解决审判管理中的工作量均衡问题。在实际操作中，还可以把未结案件数、新收案件数、已结案件数等作为轮转参数计算。某一起案件应该随机分配给哪一名审判人员，在同时适用两个轮转参数合成计算时，还需要设定不同轮转参数的逻辑关系，即采取先后顺序适用的方式，还是同一顺序适用的方式。优先顺序不同的，先判断第一顺序情况，第一顺序相同再判断第二顺序，依此类推，所有顺序的参数均相同，依据组内基础轮转顺序；同一顺序适用的参数，按照权重算数加权，如A、B两个轮转参数均为第一顺序时，可以配置两个参数的权重分别为a和b，并以($A \times a + B \times b$)的大小进行分案。

(3)关于未结案标记后扣减。这是为了解决在计算轮转参数时部分审判人员由于客观原因存在部分案件无法审结，又无实际工作可进行推进和开展的问题。如民事案件中因裁判需要以另一未结案件裁判结果为依据而中止案件审理。此时，审判人员未结案件数量难以有效消减，可能会对轮转参数计算结果产生影响，导致分案结果不符合预期。因此，对部分有特殊情况，短时间无法审结的案件进行标记后，在计算轮转参数时予以扣减，可以使这些长期未结的特殊案件数量不参与轮转参数计算，不对分案结果产生影响。这里说的扣减，一般仅针对未结案件而言，对于已结案件在某种情况下，也可能会影响分案结果。例如，在以总收案数量为案件轮转分案主要参考依据的情况下，某一名审判人员因为承办审结了一批较大数量的关联案件，从而使其总收案数量相比其他审判人员明显偏高，在案件轮转中无法继续获得正常的收案数量。在这种情况下，可以进行标记扣减，但更好的方式是直接调整收案能力，通过增大收案能力参数的方式加大审判人员轮转收案数量，或者通过设置串案规则，将串案数量单独进行轮转计算，而不计入一般案件的总收案数量。

（4）关于串案规则。关联案件的分配规则是随机分配规则中非常重要的一项特殊规则。在司法实践中，特别是在民商事案件审判实践中，关联案件具有一定的数量和比例。从案件分配的基本原则来看，关联案件的分配也应该原则上符合“随机分案为主、指定分案为辅”的案件分配制度要求。同时，在分配时还要考虑尽可能将关联案件归集到一名或者几名法官集中审理，以降低司法成本，提高案件审理效率，同时保障执法尺度的统一。但在关联案件数量过大的情况下，还要适当平衡不同审判人员的总体收案数量，避免因为个别审判人员承办大量关联案件导致在业绩评价时出现不公平的状况。

基本的解决思路是，把关联案件作为一种特殊类型案件，建立特殊的轮转规则，与一般个案的轮转分配同时进行独立轮转。因此，关联案件的分配规则也存在轮转顺序、轮转参数等问题。同时，我们需要设置一个串案分配参数（p），并配置一个合理的初始值。当串案数量（x）小于这个初始值时，将所有关联案件全部分配给轮转顺序排在第一位的法官；当串案数量（x）足够大，即串案数量（x）除以串案分配参数（p）的积大于或等于组内总人数（n）时，则将该批串案在所有组内法官范围内平均分配；当串案数量（x）$>p$ 件，且 $x/p <$ 组内总人数（n）时，平均分配给（x/p 四舍五入取整或向上取整）名法官；在平均分配的过程中，如果出现余数，则将余数案件以每人一件的方式，优先分配给轮转顺序靠前的几名法官。例如，一个组的法官总人数（n）为 6，设置串案分配参数（p）为 10，当串案数量（x）$\leqslant 10$ 时，则将所有串案归集分配给轮转顺序最靠前的一名法官；当串案数量（x）$\geqslant 60$ 时，则组内每名法官均可以平均分配到该批串案。如串案数量（x）在 10 至 60，如 38 件，则将该批串案平均分

配给38/10(x/p)四舍五入取整,即组内轮转顺序靠前的4名法官;平均分配每人应分配9件余2件,再将余数的2件案件优先分配给轮转顺序靠前的2名法官,每人增加1件,那么4名法官的串案分配数量将分别是10件、10件、9件、9件。具体分配串案时,先分配给第一个人足够数量案件后,再按轮转顺序分配给第二个人,这样可以保证每名承办法官收到的串案案号都是连续的。

四、信息化技术需求

案件分配规则看起来很简单,但在实际操作中需要考量的因素非常多。一旦规则设置不合理,将会影响案件分配的实际效果。在审判管理工作实践中,很多时候,审判管理工作人员需要与信息技术开发人员进行深度沟通,明确审判管理的技术需求并通过开发人员予以实现。因此,审判管理工作人员和信息技术开发人员共同完成信息系统技术需求,也成为审判管理工作人员的一项必修课。在此,我们以案件分配系统为例,提供某地区法院与某技术公司共同拟定的信息系统技术需求实施例,供读者参考。①

示例7-8:随机分案信息系统技术需求

(一)业务描述

1.1 业务描述

系统开发目的为建立均衡、透明、公正、科学的案件随机分配机制,规范院庭长审判监督管理职责,解决不同审判人员工作量不均衡的问题,防范廉政风险。

建立随机分案为主、指定分案为辅的案件分配机制。案件经立案后,立案庭的分案法官只需选择案件的承办庭室或虚拟庭室,案件即可分配到对应庭室的法官名下。

随机分案将为案件自动分配承办法官,自动分配过程由计算机完成,计算机依据相应的分案算法选出当前最适合承办案件的法官,以保证分案的公平公正。指定分案的案件被分配到庭室后,由庭长或虚拟庭室负责人负责指定案件的承办法官。

1.2 名词解释

1.2.1 虚拟庭室

虚拟庭室内的法官由一个或多个庭室的法官组成,并由虚拟庭室负责人承担庭长的工作。

1.2.2 庭内小组

庭室或虚拟庭室下可设置一个或多个庭内小组,用于承办某类特殊案件类

① 周小瑶参与了实施例的起草。

型。也可不设置庭内小组。允许一名法官同时存在于多个小组内。

1.2.3 串案

串案模式:开启串案模式后,对于串案,会采用串案的分案算法;

串案折算比例:用于计算法官的收案参数,若法官名下承办了串案,则按照此比例折算到法官的收案参数中;

串案分配参数:此参数用于计算法官收到的相同组串案的最大数量。

1.2.4 未结案件扣减标记

案件一旦标记后,将在案件未结时不予计算在收案参数内,即对总收案件数、未结案件数进行扣减,但已结后不再在已结案件数中扣减。

1.2.5 收案能力

收案能力指法官承办某类案件的最大数量,若法官的收案参数与收案能力相等时,则不会再被分配新的案件。

1.2.6 收案参数

收案参数用于判断法官被随机分案的优先顺序,系统默认4个收案参数,分别为总收案件数、未结案件数、新收案件数、已结案件数,由庭长或虚拟庭室负责人配置这4个收案参数的优先级顺序、权重以及是否有效。其中,任一顺位可配置多个收案参数,但总收案件数必须有效,且在第一顺位。

各收案参数计算规则如下:

总收案件数 = 非串案收案数 + 串案数 × 折算比例 - 标记未结案件

未结案件数 = 非串案未结案件数 + 串案未结案件数 × 折算比例 - 标记未结案件

新收案件数 = 非串案新收案件数 + 串案新收案件数 × 折算比例

已结案件数 = 非串案已结案件数 + 串案已结案件数 × 折算比例

1.2.7 收案值

收案值指某一顺位收案参数的加权求和值。当某一顺位只包含一个收案参数时,此顺位的收案值即为此收案参数的值。当某一顺位包含多个收案参数,如总收案数 A 和未结案件数 B,则此顺位的收案值为($A \times a + B \times b$)。其中,a 为总收案数 A 的权重,b 为未结案件数 B 的权重。

1.2.8 轮转顺序

当庭内或组内法官在各顺位上的收案值都一样时,即按照轮转顺序确定分案的优先级。轮转顺序默认按照姓氏首字母升序排列,可调整。

1.2.9 特殊案件类型

可以以案件类型、案由作为条件联合设置特殊案件类型。一个庭室可以设置多个特殊案件类型，每名承办法官针对各类特殊案件均可设置一定的规则。去除特殊案件，其他案件为一般案件。

1.2.10　暂停分案

法官由于借调、孕产、长期病事假、出差、学习等事由，离岗两周以上，导致暂时无法承办案件，可在系统内申请暂停分案，经审批通过并确认暂停分案周期。在此周期内，法官不会再收到新分案件。

（二）分案流程

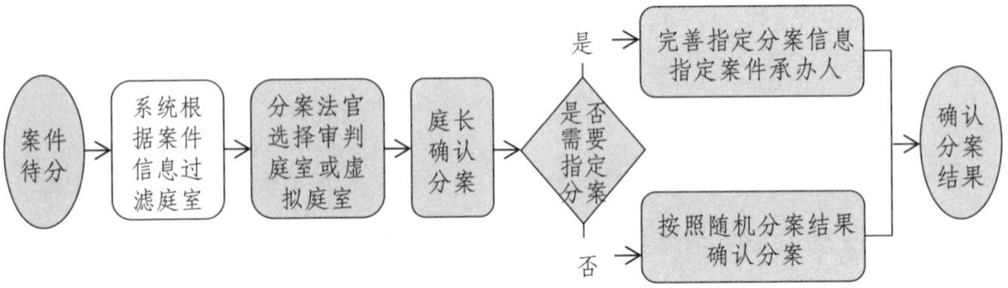

附图1　分案流程

（三）功能分析

3.1　角色与功能划分

附表1　角色划分

<table>
<tr><th>序号</th><th>角色名称</th><th>功能</th></tr>
<tr><td>1</td><td rowspan="4">主管副院长</td><td>“未结案件标记扣减”申请审批</td></tr>
<tr><td>2</td><td>“暂停分案”审批</td></tr>
<tr><td>3</td><td>“指定分案”结果审批</td></tr>
<tr><td>4</td><td>“调整分案”结果审批</td></tr>
<tr><td>5</td><td>审管办</td><td>设置虚拟庭室，并指定虚拟庭室负责人</td></tr>
<tr><td>6</td><td rowspan="7">庭长或虚拟庭室负责人</td><td>设置本庭的收案参数、本庭法官的收案能力、本庭法官的轮转顺序</td></tr>
<tr><td>7</td><td>设置本庭的串案配置：是否开启串案模式、串案折算比例、串案分配参数</td></tr>
<tr><td>8</td><td>设置庭内小组及小组承办的特殊案件类型，小组的收案参数、组内法官的收案能力、组内法官的轮转顺序</td></tr>
<tr><td>9</td><td>“未结案件标记扣减”申请审批</td></tr>
<tr><td>10</td><td>“暂停分案”审批或提起“暂停分案”申请</td></tr>
<tr><td>11</td><td>确认分案</td></tr>
<tr><td>12</td><td>调整分案</td></tr>
</table>

续表

序号	角色名称	功能
13	法官	提起“未结案件标记扣减”申请
14		提起“暂停分案”申请

附表 2　功能划分

序号	功能名称	功能描述
1	配置相关功能	配置：由相关人员对虚拟庭室、庭内小组、串案、人员等信息进行维护； 查看：可查看法官分案的基本信息，如收案能力、轮转顺序、收案参数、标记的未结案件信息等
2	分案规则	对指定分案、多元化解案件、串案、非串案按照新的分案规则进行随机分案
3	庭长确认分案及调整分案功能修改	确认分案：庭长在确认分案阶段，可以修改案件的分案方式、补充指定分案相关信息； 调整分案：调整分案原因修改
4	审批功能	指定分案、调整分案、标记未结案件、暂停分案申请等事项需要经过审批
5	汇总统计与考核测算	实现分案、申请、审批、报备等全部流程数据自动汇总、分项统计、逐级下钻，并能够根据各法院审管办考核需求，实现随机分案率、指定分案、调整分案等考核指标的自动测算

3.2　配置

3.2.1　串案配置

由庭长或虚拟庭室负责人设置本庭的串案配置，包括是否开启串案模式、串案折算比例以及串案分配参数。

3.2.2　庭室或虚拟庭室配置

由各法院审管办负责，设置本院的庭室或虚拟庭室，并指定审判庭室庭长或虚拟庭室负责人。主要解决速裁案件分流问题，以及跨庭室、跨业务口随机分案问题，特别是民商事案件统一分案问题。

审判庭室庭长或虚拟庭室负责人负责设置本庭的收案参数、本庭法官的收案能力以及轮转顺序。

3.2.3　庭内小组配置

审判执行庭室庭长或虚拟庭室负责人，可设置本庭的庭内小组以及小组可承办的特殊案件类型（要求一个小组只可承办一类特殊案件类型）。同时，还需要设置各小组的收案参数、组内法官的收案能力以及轮转顺序。

3.2.4 人员配置

3.2.4.1 暂停分案配置

暂停分案由法官提起，经庭长、院长审批后生效。庭长也可提起，由院长审批后生效。恢复办案时，由庭长或负责人点击恢复分案，向院长推送信息。

3.2.4.2 未结案件标记扣减

未结案件标记扣减由法官提起，经庭长、院长审批后生效。

3.2.5 法官分案信息查看功能

由于分案规则设置比较复杂，各类信息设置后，法官、庭长、院长均有查看具体法官分案信息的需求，此功能将作为一个页面存在，在此页面上，有权限的人员可以查看法官分案的基本信息，如收案能力、轮转顺序、收案参数、标记的未结案件等。

3.3 分案规则

3.3.1 随机分案规则

3.3.1.1 随机分案规则

(1)立案庭登记案件信息，案件进入待分后，由分案法官选择案件的审判执行庭室或虚拟庭室，系统对案件进行随机分案。

(2)根据案件的案件类型，遍历所选承办庭室或虚拟庭室下可承办此类案件的庭内小组。

(3)依据选定的小组，遍历组内可承办法官的收案能力以及收案值(需排除处于暂停分案周期内的法官)，若收案能力 > 收案值，其在可承办法官范围内；否则，排除该法官。

(4)依据收案值，先判断第一顺序情况，将案件分配给收案值最小的法官；若第一顺序中，法官的收案值相同，则再判断第二顺序，将案件分配给第二顺序汇总收案值最小的法官；依此类推，若所有顺序中法官的收案值均相同，则依据预先设定的轮转顺序进行分案。

3.3.1.2 随机分案规则举例

某庭内小组由 f1、f2、f3、f4 这 4 名法官组成，该小组的收案参数配置如附表 3 所示：

附表 3 收案参数配置

参数名称	轮转顺序	权重/%
总收案数	1	100
未结案件数	2	60
新收案件数	2	40
已结案件数	3	100

假设这4名法官均可收案，名下无串案，法官当前名下的旧存、新收、已结、未结、标记扣减的未结案件以及配置的收案能力如附表4所示：

附表4　法官收结案数及收案能力情况

单位：件

法官	旧存	新收	已结	未结	标记扣减的未结案件	收案能力
f1	10	19	11	18	2	30
f2	16	13	21	8	2	8
f3	7	23	10	20	3	30
f4	3	28	19	12	4	30

则此庭内小组法官在各顺序上的收案值如附表5所示：

附表5　各顺序的收案值

单位：件

法官	第一顺序	第二顺序	第三顺序	收案能力
f1	10 + 19 − 2 = 27	(18 − 2) × 60% + 19 × 40% = 17.2	11	30
f2	16 + 13 − 2 = 27	(8 − 2) × 60% + 13 × 40% = 8.8	21	8
f3	7 + 23 − 3 = 27	(20 − 3) × 60% + 23 × 40% = 19.4	10	30
f4	3 + 28 − 4 = 27	(12 − 4) × 60% + 28 × 40% = 16	19	30

当有一个案件分到此小组时，程序先检查第一顺序4名法官的收案值，发现法官f2的收案能力 < 收案值，则先排除法官f2；剩余法官的收案能力 > 收案值，且均为27，则再检查第二顺序的收案值；在第二顺序中，法官f2的收案能力 < 收案值8.8，则排除法官f2，此时收案值最小的法官为f4，所以案件将会被随机分配至法官f4名下。

3.3.1.3　串案分组规则

串案在随机分配时，需要先对串案进行分组，每组串案的承办法官的选择方式同3.3.1.1的随机分案规则。

前提：

(1)在此次串案分配时，允许法官当前的收案数 + 所分配的串案数 > 法官的收案能力。此次分配完成后，若不调整法官的收案能力，则在下次分案时，该法官将会被排除在外。

(2)同一组串案分不同批次进行分案时，选取的法官以当前组内法官为准。

(3)同一组串案分不同批次进行分案时,前几批串案即使已经结案,也不影响当前批次串案分案时,对法官名下串案数的计算(跨年将会扣除)。

根据串案总数 x 以及串案分配参数 p,按以下规则给串案分组:

(1)当串案总数 x≤串案分配参数 p 时,则此批串案将分配给同一名法官。

(2)当串案总数 x>串案分配参数 p,且 x/p≥组内可承办案件的法官总人数 n 时,则 n 名法官均分此批串案,每名法官得到的串案数 = x/n;当 x/n 不是整数时,则收案值小的法官 f1 被分配的串案数为 x/n 的向上取整值,以此类推,最终每名法官得到的串案数的差距为 0 或 1。

(3)当 x>p,且 x/p<组内可承办案件的法官总人数时,平均分配给(x/p 向上取整)个承办法官,每个人分到的案件差距在 1 以内。

(4)当新增串案 y,且 y 与 x 属于同组串案时,则以(x+y)为总数进行分配。

①当(x+y)/p≥当前组内可承办案件总人数 n 时,则按(x+y)/n 的值,对 n 名法官以补齐的方式进行均分,无法除尽时,向上取整,将差距控制在 1 以内。

②当(x+y)/p<当前组内可承办案件总人数 n,且(x+y)/p 的余数<p/2 时,则按 p 给已分配串案的法官补齐串案后,再以 p 的数量分配给未承办串案的法官,最后将余数分配给所有承办串案的法官中未超额的第一名法官。

③当(x+y)/p<当前组内可承办案件总人数,且(x+y)/p 的余数≥p/2 时,则按 p 给已分配串案的法官补齐串案后,再以 p 的数量分配给新的法官,最后将余数再分配给未承办串案的法官。

3.3.1.4 串案分组规则举例

(1)假设串案总数 x=8,串案分配参数 p=10,则按照随机分案规则获取承办法官 f1,将此批串案都分配给法官 f1。

(2)假设串案总数 x=31,串案分配参数 p=10,当前小组内可承办案件的法官人数 n=2,由于 x/p=3.1>2,那么 31 个串案将被分为 2 组,每组数量分别为 16、15。按照随机分案规则对这 2 名法官进行排序(收案值升序排列,收案值相同时按照轮转顺序进行排序),收案值小的法官获得 16 个串案,另一名法官获得 15 个串案。

(3)假设串案总数 x=31,串案分配参数 p=10,当前小组内可承办案件的法官人数 n=6,由于 x/p=3.1<6,那么 31 个串案将被分为 4 组,每组数量分别为 8、8、8、7。按照随机分案规则获取 4 名法官(收案值升序排列,收案值相同时按照轮转顺序进行排序),收案值从小到大分别获得 8、8、8、7 个案件。

(4)假设原串案 x=31,串案分配参数 p=10,分配给了 4 名法官 f1、f2、f3、f4,

每名法官获得的串案数为8、8、8、7。当又来了一组串案y时：

①当y=12时，串案总数(x+y)=43，组内可承办案件的法官=4时，串案分为4组，每组数量分别为11、11、11、10，按此数值给原法官补齐即可。

②当y=12时，串案总数(x+y)=43，组内可承办案件的法官=7时，则按照p=10给原承办串案的法官补齐串案，再将剩余的3个串案分配给法官f1，最终4名法官承办的此组串案数为13、10、10、10。

③当y=15时，串案总数(x+y)=46，组内可承办案件的法官=7时，则按照p=10给原承办串案的法官补齐串案，再将剩余的6个串案分配给未承办串案且随机获取到的法官f5，最终5名法官承办的此组串案数为10、10、10、10、6。

3.3.2 指定分案规则

3.3.2.1 场景描述

当一个案件符合指定分案情形时，会在分案页面进行提示，提醒分案法官此案为指定分案案件，并默认案件的分案方式为指定分案。分案法官可修改分案方式，也可以直接选择案件的承办庭室或虚拟庭室。

指定分案案件点击分案后，会自动将案件承办法官置为所选庭室庭长或虚拟庭室负责人，由庭长或虚拟庭室负责人在确认分案阶段再指定案件承办法官。

3.3.2.2 指定分案信息识别

符合指定分案的情形有以下4类：

(1)重大、疑难、复杂或者新类型案件；

(2)原告或者被告相同、案由相同、同一批次受理的批量案件或者关联案件；

(3)上级法院发回重审、指令再审案件，检察机关抗诉案件；

(4)其他不适宜随机分案的案件。

目前系统可以自动识别情形(3)以及情形(1)中的重大敏感案件，当案件符合这些情形时，后台自动给指定分案原因置值。其他情形，则需要人工识别，并选择对应的原因。

需要注意的是，当选择了情形(2)中的关联案件时，则需要选择对应的下一级原因，具体为：

①撤诉重立案件；

②商标行政和民事关联案件。

若选择了情形(4)的原因，则需要选择对应的下一级原因，具体为：

①本院提审的案件；

②院庭长根据个案监督工作需要，提出分案建议的案件；

③执行终结后恢复执行案件；

④其他。

3.4 庭长确认分案及调整分案功能修改

3.4.1 确认分案

3.4.1.1 场景描述

当案件从立案庭分配到庭室或虚拟庭室后，庭长或虚拟庭室负责人需要对案件进行确认分案。在确认分案时，页面会对案件是否为多元化解案件、指定分案案件、串案案件进行提示。

以上各类案件无法同时进行批量分案操作，若同时选择，页面会给出对应提示。

3.4.1.2 多元化解案件

当案件为多元化解案件时，案件的承办法官即为原调解法官，庭长可以直接对案件进行确认分案，也可调整承办法官，调整时，需要填写调整原因。

3.4.1.3 指定分案案件

当案件为指定分案案件时，庭长可对指定分案案件的相关信息进行修改。

(1)若案件不符合指定分案情形时，可修改为随机分案模式，后台自动清空随机分案原因，调用随机分案规则重新确定案件承办法官；

(2)若案件的指定分案原因有误，可修改具体原因，并选择对应承办法官。

3.4.1.4 串案

当庭长选择串案进行确认分案时，自动带出与此串案同组的其他串案，由庭长一次性进行确认分案操作。

3.4.1.5 普通案件

除以上案件外，剩余案件均为普通案件，庭长直接对随机分案结果进行确认分案即可。

3.4.2 调整分案

3.4.2.1 场景描述

当案件在审理过程中需要变更承办法官时，可由庭长对案件进行调整分案操作。

调整分案原因：指定分案情形、回避情形、身体健康、工作调动、廉政风险。

3.5 审批

指定分案、调整分案、标记未结案件、暂停分案申请等事项需要经过审批。

3.5.1 指定分案审批

3.5.1.1 场景描述

指定分案须经院长审批确认，但被授予权限的庭长或虚拟庭室负责人进行指定分案时,仅向院长报备,报备信息由系统自动推送。

3.5.2　调整分案审批

调整分案须经院长审批确认,但被授予权限的庭长或虚拟庭室负责人进行指定分案时,仅向院长报备,报备信息由系统自动推送。

3.5.3　标记未结案件

未结案件标记扣减由法官提起,经庭长、院长审批后生效。

3.5.4　暂停分案申请审批

审批流程:承办法官申请→庭长审批→院长审批,确认分案周期。

暂停分案周期结束后,由庭长或虚拟庭室负责人点击恢复分案,并将恢复情况自动推送院长。

暂停分案原因,包括借调、孕产、长期病事假、出差、学习等。

3.6　汇总统计与考核测算

实现分案、申请、审批、报备等全部流程数据自动汇总、分项统计、逐级下钻,并能够根据各法院审管办考核需求,实现随机分案率、指定分案、调整分案等考核指标的自动测算。

第三节　院庭长监督管理

随着司法责任制改革的推进,一些院庭长对于能不能管、怎么管产生了疑虑,甚至出现了一些错误的认识。特别是,很多院庭长将“还权合议庭”与“加强审判监督管理”对立起来,认为司法责任制改革就是取消院庭长的监督管理,对于院庭长还能不能管理个案、怎么管理个案存在模糊认识,缩手缩脚、消极懈怠,引发了很多案件质效问题。由于缺少院庭长的统筹管理,很多地方人民法院裁判标准不统一、执法尺度不一致的问题日益凸显。这些错误的认识,导致很多院庭长对审判管理办公室的职权也产生一定程度的质疑,认为应该限缩专业审判管理机构对于案件的管理权限,避免对审判人员司法权的行使产生影响。

关于审判权和审判管理权的关系问题,早在专业审判管理机构产生之前,就已经有了比较准确和成熟的认识,那就是审判管理权与审判权的运行是并行不悖的两条线,依附于审判权而不介入、不干预、不取代审判权的行使。司法责任制改革,既要规范和保障审判权的运行,也要加强审判管理和监督,绝不能将二者对立起来,“顾此失彼”。可以说,规范和加强审判管理权的运行,正是规范和保障审判权运行的重要途径和手段。

一、个案监督管理

2015 年 9 月，最高人民法院下发《关于完善人民法院司法责任制的若干意见》（法发〔2015〕13 号），明确了院庭长监督管理职责的内容，通过权利正面清单和负面清单的方式，指出院庭长必须履行的职责包括：（1）依照法律规定履行相关审判职责。（2）对审判工作的宏观管理和监督职责，规定院长应当从宏观上指导法院各项审判工作，组织研究相关重大问题和制定相关管理制度，综合负责审判管理工作，主持审判委员会讨论审判工作中的重大事项，依法主持法官考评委员会对法官进行评鉴，以及履行其他必要的审判管理和监督职责；庭长应当从宏观上指导本庭审判工作，研究制定各合议庭和审判团队之间、内部成员之间的职责分工，负责随机分案后因特殊情况需要调整分案的事宜，定期对本庭审判质量情况进行监督，以及履行其他必要的审判管理和监督职责。（3）对四种类型的案件的个案监督管理职责。特别是，该意见首次提出了“四类案件”，明确规定院庭长对这“四类案件”有个案监督管理职责。依照规定，对于一般案件，“院长、副院长、庭长除参加审判委员会、专业法官会议外不得对其没有参加审理的案件发表倾向性意见”，对于“四类案件”，院庭长“有权要求独任法官或者合议庭报告案件进展和评议结果”。与此同时，该意见对于院庭长监督管理“四类案件”的方式也作出了一定的限制，即“集体行权”和“全程留痕”。具体规定的内容为：

24. 对于有下列情形之一的案件，院长、副院长、庭长有权要求独任法官或者合议庭报告案件进展和评议结果：

（1）涉及群体性纠纷，可能影响社会稳定的；

（2）疑难、复杂且在社会上有重大影响的；

（3）与本院或者上级法院的类案判决可能发生冲突的；

（4）有关单位或者个人反映法官有违法审判行为的。

院长、副院长、庭长对上述案件的审理过程或者评议结果有异议的，不得直接改变合议庭的意见，但可以决定将案件提交专业法官会议、审判委员会进行讨论。院长、副院长、庭长针对上述案件监督建议的时间、内容、处理结果等应当在案卷和办公平台上全程留痕。

2017 年 4 月，最高人民法院下发《关于落实司法责任制完善审判监督管理机制的意见（试行）》（法发〔2017〕11 号），就院庭长对于“四类案件”的个案监督管理职责进行了重申，规定对于符合《最高人民法院关于完善人民法院司法责任制的若干意见》第 24 条规定情形之一的案件，院庭长有权要求独任法官或者合议庭报告案件进展和评议结果。在具体监督方式上,除了此前规定的“要求独任法官、合议庭在指定期限内报告案件进展情况和评议结果”外,还规定,院长、庭长对“四类案件”可以“查阅卷宗、旁听庭审、查看案件流程情况”“要求提供类案裁判文书或者检索报告”。院庭长对相关案件审理过程或者评议结果有异议的,不得直接改变合议庭的意见,可以决定将案件提请专业法官会议、审判委员会进行讨论。

2017 年 8 月,最高人民法院印发《最高人民法院司法责任制实施意见(试行)》,对最高人民法院本院推行司法责任制的基本原则、审判组织与审判人员、审判流程、审判监督与管理等内容作出系统、全面、具有操作性的规定。意见在第 64 条中,在最高人民法院本院范围内,将“四类案件”细化为“五类案件”。具体内容如下:

> 64. 院长及其他院领导、庭长可以要求合议庭报告以下案件的进展情况和评议结果,并要求逐级审批:
>
> (1)涉及群体性纠纷,可能影响社会稳定的案件;
>
> (2)疑难、复杂且有重大社会影响的案件;
>
> (3)与本院类案判决可能发生冲突的案件;
>
> (4)反映法官有违法审判行为的案件;
>
> (5)死刑复核案件,刑事大要案请示案件,涉外、涉侨、涉港澳台刑事请示案件,法定刑以下判处刑罚核准案件。
>
> 院长及其他院领导、庭长可以决定或建议将上述案件提交专业法官会议、赔偿委员会、审判委员会讨论。

2018 年 12 月,最高人民法院下发《关于进一步全面落实司法责任制的实施意见》(法发〔2018〕23 号),意见中细化落实院长、庭长审判监督管理权责清单,用列举的方式,规定了院庭长 8 项审判监督管理权力职责,具体包括:(1)配置审判资源;(2)部署综合工作;(3)审批程序性事项;(4)监管审判质效;(5)监督“四类案件”;(6)进行业务指导;(7)作出综合评价;(8)检查监督纪律作风。

2020 年 7 月,最高人民法院下发《关于深化司法责任制综合配套改革的实施意见》(法发〔2020〕26 号),再次对完善“四类案件”识别监管机制进行重申,具体内容包括细化“四类案件”,完善“四类案件”发现机制、启动程序和操作规程,探索“四类案件”自动识别、智能化监管,再次重申院庭长对于“四类案件”的监督管理职权和监管方式。

2021 年 11 月,最高人民法院下发《关于进一步完善“四类案件”监督管理工作机制的指导意见》(法发〔2021〕30号),优化完善了2015年《关于完善人民法院司法责任制的若干意见》第24条确定的“四类案件”范围,重申了组织化行权、全过程留痕原则。具体规定为:

二、本意见所称“四类案件”,是指符合下列情形之一的案件:

(一)重大、疑难、复杂、敏感的;

(二)涉及群体性纠纷或者引发社会广泛关注,可能影响社会稳定的;

(三)与本院或者上级人民法院的类案裁判可能发生冲突的;

(四)有关单位或者个人反映法官有违法审判行为的。

为全面落实司法责任制,确保放权与监督相统一,规范院长、庭长审判监督管理职责,根据最高人民法院的工作要求,全国很多地区法院都结合各自工作实际,制定了规范院长、庭长审判监督管理职责的相应规定。为了准确识别“四类案件”,提高院庭长对“四类案件”进行监督的可操作性,参考《最高人民法院司法责任制实施意见(试行)》第64条,《最高人民法院关于进一步完善“四类案件”监督管理工作机制的指导意见》的规定,以及全国各地法院重大案件管理工作实践,我们对个案监督的案件类型进行了进一步细化,具体列举了12类案件。院长、庭长应当对下列情形的个案进行监督,可以查阅卷宗、旁听庭审、查看案件流程情况,要求独任法官、合议庭在指定期限内报告案件进展情况和评议结果、提供类案裁判文书或者检索报告:

(1)涉及政治稳定、国家外交、国防安全、民族宗教、社会稳定、历史遗留问题等敏感因素的重大案件。

(2)涉及国家利益、社会公共利益,党政机关、行业协会商会、社会公益组织和依法承担行政职能的事业单位依照工作程序提出参考意见的案件;上级机关因履行法定职责提出监督、指导意见的案件。

(3)人大代表、政协委员履行监督职责涉及的案件。

(4)可能判处死刑、作出无罪判决的案件,检察机关抗诉的案件,重大职务犯罪案件,拟在法定刑以下判处刑罚、拟对在押刑事被告人判处缓刑或者免予刑事处罚的案件,拟定提起再审、已经进入再审程序的案件,二审拟改判或发回重审的案件,重新审理的案件。

(5)当事人或者被害人人数众多,可能引发群体性事件的案件;可能或者已经引发社会广泛关注,存在激化社会矛盾风险的案件;具有示范效应、可能引发后续批量诉讼的案件。

(6)裁判对同类案件处理具有普遍法律适用指导意义,对经济社会或者特定领域、特定行业产业发展，特定群体利益，社会和谐稳定产生重大影响的案件，或者人民群众广泛关注，具有重大社会影响的案件以及涉及当事人众多的群体性纠纷。

（7）对事实认定或者法律适用存在较大争议，合议庭成员有重大分歧，或者形不成多数意见的案件。

（8）法律规定不明确、不具体，存在跨专业领域问题，案件事实认定困难或涉及的法律关系复杂，适用法律有疑难的案件。

（9）与本院或者上级人民法院近三年类案生效裁判可能发生冲突的案件；与本院正在审理的类案裁判结果可能发生冲突，有必要统一法律适用的案件；本院近三年类案生效裁判存在重大法律适用分歧，截至案件审理时仍未解决的案件。

（10）具有首案效应的新类型案件，涉及新产业、新业态、新技术等因素，或者法律、司法解释对相关问题没有规定，需要确立新的裁判标准的案件。

（11）刑事大要案请示案件，涉外、涉侨、涉港澳台刑事请示案件。

（12）当事人、诉讼代理人、辩护人、利害关系人实名反映参与本案审理的法官有违法审判行为，并提供具体线索的案件；当事人、诉讼代理人、辩护人实名反映案件久拖不决，经初步核实确属违反审判执行期限管理规定的案件；有关部门通过审务督察、司法巡查、案件评查、信访接待或者受理举报、投诉等方式，发现法官有办理人情案、关系案、金钱案嫌疑或者有渎职、失职嫌疑的案件；承办审判组织在"三个规定"记录报告平台反映存在违反规定干预过问案件情况，可能或者已经影响司法公正的案件。

综上所述，笔者总结了关于院庭长履行案件监督管理职责的要求，具体为：压实院庭长对个案的监督管理责任，将院庭长对于"四类案件"的监管作为履行岗位职责、落实政治责任的重要内容，确保"四类案件"办理符合政治效果、法律效果和社会效果统一的要求；在确保不违法干预案件处理结果的同时，要求院庭长对所有分管案件的审理过程、流程环节、程序事项和工作作风不断加强监督管理。

2018年，最高人民法院下发《关于进一步全面落实司法责任制的实施意见》，要求各级人民法院根据法律规定和司法责任制要求，分别制定院长、副院长、审判委员会专职委员、庭长、副庭长的审判监督管理权力职责清单。院长、庭长在权力职责清单范围内按程序履行监督管理职责的，不属于不当过问或者干预案件。院长、庭长应当履行监督管理职责而不履行或怠于履行的，应当追究监督管理责任。上述规定表达了这样一个理念，那就是，院庭长的权责清单是院庭长监督管理权责的一个"圈"，划定了院庭长监督管理职权的边界，院庭长在"圈"内，应该管、必须管，不管就是失职；在“圈”外坚决不能管，管了就是“不当干预”，就是违规违法。对于院庭长权责的“圈”，最不好把握的就是对于个案监督管理的界限。笔者认为，院庭长严格依照上述要求行权，才能做到既不失职，也不渎职。

《最高人民法院关于落实司法责任制完善审判监督管理机制的意见（试行）》和《最高人民法院关于深化司法责任制综合配套改革的实施意见》（法发〔2020〕26号），都明确要求进一步完善“四类案件”识别监管制度，要求各高级人民法院应当细化“四类案件”监管范围、发现机制、启动程序和监管方式。立案部门负责对涉及群体性纠纷、可能影响社会稳定等案件进行初步识别；承办法官在案件审理过程中发现属于“四类案件”范围的，应当主动向庭长、分管副院长报告；审判长认为案件属于“四类案件”范围的，应当提醒承办法官将案件主动纳入监督管理；审判管理机构、监察部门等经审查发现案件属于“四类案件”范围的，应当及时报告院长。探索“四类案件”自动化识别、智能化监管，对于法官应当报告而未报告的，院长、庭长要求提交专业法官会议、审判委员会讨论而未提交的，审判管理系统自动预警并提醒院长、庭长予以监督。院长、庭长对“四类案件”可以查阅卷宗、旁听庭审、查看案件流程情况，要求独任法官、合议庭在指定期限内报告案件进展情况和评议结果、提供类案裁判文书或者检索报告。院长、庭长行使上述审判监督管理权时，应当在办案平台标注、全程留痕，对独任法官、合议庭拟作出的裁判结果有异议的，可以决定将案件提交专业法官会议、审判委员会进行讨论，不得强令独任法官、合议庭接受自己意见或者直接改变独任法官、合议庭意见。

笔者认为，人民法院加强对于“四类案件”的管理，有两个问题需要关注：（1）要理顺权责关系，由“多头管理”变“统一平台、分工协作”。“四类案件”管理工作涉及多个部门、多项工作内容，由于权责关系不够明晰，容易出现多头管理、齐抓共管的局面，有必要进一步理顺权责关系，规范衔接流程。其中，审判业务部门负责对立审执阶段实时发现的“四类案件”线索进行登记，确定案件重大敏感的等级星级，向院庭长报告，并负责“四类案件”的具体办理工作。新闻宣传部门负责及时发现涉及“四类案件”的舆情，依据舆情线索登记舆情信息，挂接具体案件，转案件具体承办法官及相关院庭长研判；对审判业务部门报送的涉舆情“四类案件”，与相关部门共同研判舆情风险，积极稳妥协调处置。审判管理办公室负责建立和完善工作机制，对“四类案件”进行统计，定期对办理情况进行分析研判，组织协调相关部门共同研判、处理案件，接收各部门进展反馈，并对长期未结或未能及时反馈办理情况的重点案件催办、督促检查等。（2）要建立“四类案件”管理系统，进一步完善信息化工作模式。一是建立和完善系统对接功能，实现“四类案件”监督管理平台与审判系统、立案阶段“四类案件”处置系统、舆情监测平台、法官办案业绩评价系统、人事管理系统的互联互通，确保信息一次录入、多次分享。二是完善信息推送功能，运用多种信息化手段为不同权限人员按需提供精准智能服务，进行全流程业务线上办理。三是加强环节管控，对开庭、宣判等重要流程节点进行系统自动监控，对于缺少工作预案、风险评估意见、电子卷宗等的案件，承办法官无法进行系统流程操作。四是完善展示功能，在实现案件操作时间、操作节点等信息全程留痕的基础上，提供实时数据、统计分析、信息专报及案件详情下钻，实现案件信息全方位查询。五是完善评价功能，对于不符合流程要求的处置工作由系统自动识别，对接法官办案业绩评价结果。

二、院庭长权责清单

为全面落实司法责任制，确保放权与监督相统一，规范院长、庭长审判监督管理职责，各地法院根据相关法律、司法解释及最高人民法院相关规定，结合本地审判工作实际，相继制定出台了关于规范院庭长审判监督管理职责的规定，确定了院庭长开展审判监督管理工作的正面清单和负面清单。

根据《最高人民法院关于落实司法责任制完善审判监督管理机制的意见（试行）》第 3 条中对院庭长审判监督管理职责的界定和《最高人民法院关于进一步全面落实司法责任制的实施意见》第 3 条中对院庭长案件审批的要求，院庭长审判监督管理职责主要体现为对程序事项的审核批准、对审判工作的综合指导、对裁判标准的督促统一、对审判质效的全程监管和排除案外因素对审判活动的干扰等方面。且规定除审判委员会讨论决定的案件外，院长、庭长不再审核签发未直接参加审理案件的裁判文书，不得以口头指示等方式变相审批案件，不得违反规定要求法官汇报案件。

关于院庭长审判监督管理职责的范围，结合院长履行审判监督管理职责的具体内容、权力来源、行为目的，可以将院长的审判监督管理职责分为以下三大类：(1)法律法规授权类，即根据刑事、民事、行政等相关实体法、程序法，明确规定在诉讼活动中应由院长决定、审批、组织管理的事项，如决定相关人员回避、批准案件延长审限等。(2)除法律、司法解释以外其他规范性文件授权类，即根据审判工作实际，相关规定、意见等文件规定了院长、主管副院长决定、审批事项，如财产保全的适用和解除、暂予监外执行等。这些事项均是涉及审判执行工作的具体事项。(3)综合监督管理类，即为保障审判工作正常运转，提高审判质效，促进执法尺度统一，院长或者院长授权的副院长对全院或分管部门的审判工作开展组织、管理、协调、督促等工作，如对全院或分管部门的审判资源进行配置、审判质效进行监督等。第(1)(2)类审判监督管理职责主要针对个案开展，第(3)类是综合性审判监督管理职责。副院长按照职责分工对提交院长决定或审批的事项先行审核，根据院长授权可对部分事项代行审判监督管理权。

关于庭长、副庭长审判监督管理职责的范围，主要内容为：庭长依法履行监督管理职责，严格抓好落实工作，做好对本部门需报请院长或副院长决定的事项先行审核、审执工作的监督管理、资源配置及部分院长或副院长授权代行的监督管理职责。副庭长根据职责分工，或者受庭长委托协助庭长管理部分事项。

根据相关法律、司法解释等相关规定，参考全国各地法院制定的关于规范院长、庭长审判监督管理职责的规定，经过梳理，人民法院院庭长开展审判监督管理工作的正面清单和负面清单至少包括以下内容：①

(一)院长法定审批职责正面清单

依据相关法律和司法解释，院长决定、审批或组织管理以下诉讼活动中的事项：

1. 决定刑事案件审判人员、书记员、翻译人员、鉴定人，民事案件审判人员、执行员、书记员，行政案件审判人员的回避；

2. 决定将基层人民法院一审刑事案件移送中级人民法院审判；

3. 决定涉及未成年人的刑事案件由少年法庭审理；

4. 批准民事案件、行政再审申请案件延长审限；

5. 决定拘传、取保候审、监视居住、逮捕、罚款、拘留等强制措施；

6. 签发强制证人出庭令；

7. 对不履行法律文书确定的义务并隐匿财产的被执行人签发搜查令；

8. 签发强制迁出房屋或者强制退出土地的公告；

9. 批准终结本次执行程序；

10. 对拟判处死刑的案件、人民检察院抗诉的案件，合议庭成员意见有重大分歧的案件、新类型案件、社会影响重大的案件以及其他疑难、复杂、重大的案件，提交审判委员会讨论；

11. 对本院已经发生法律效力的判决、裁定、调解书，发现确有错误认为需要再审的，发现本院已经发生法律效力的支付令确有错误，认为需要撤销的，提交审

① 本部分参考了某地区法院制定的院庭长权责清单内容，潘俊美参与了起草。

判委员会讨论决定；

12. 主持审判委员会研究讨论有关案件和事项；

13. 对已经生效的国家赔偿决定发现违反法律规定的，决定赔偿委员会重新审查并作出决定；

14. 法律、司法解释规定由院长决定、审批的其他事项。

副院长按照职责分工对提交院长决定或审批的事项先行审核，根据院长授权可代行决定、审批、组织管理部分事项，法律、司法解释明确规定必须由院长行使的除外。

（二）院长审批程序性事项职责正面清单

根据审判、执行工作实际需要，院长、主管副院长决定、审批以下事项：

1. 减、缓、免交诉讼费；

2. 指定合议庭审判长、变更审判组织成员；

3. 诉讼程序变更、诉讼中止、审限扣除；

4. 各类案件的合议庭、刑事案件的独任法官对审判委员会决定有不同意见的，将案件提交审判委员会复议；

5. 财产保全、先予执行、证据保全、诉前禁令的适用和解除；

6. 财产查封、扣押、冻结的适用和解除；

7. 财产的划拨、拍卖、变价、发还、没收、上缴；

8. 公布失信被执行人名单，采取限制出境、限制高消费及非生活和工作必需的消费、限制招投标等措施；

9. 暂予监外执行；

10. 报请最高人民法院核准有特殊情况的假释；

11. 除因未成年人犯罪、以调解方式结案、确认人民调解协议效力、离婚诉讼、涉及未成年子女抚养和监护以外，因其他事由不上网公开裁判文书；

12. 未成年人刑事案件的诉讼案卷材料，除依法可以查阅、摘抄、复制的以外，需要查询、摘录或公开的事项；

13. 指定管辖、提级管辖；

14. 需要向上级机关请示的事项；

15. 发送司法建议；

16. 司法救助；

17. 其他涉及当事人重大权益、法院审判权统一行使、司法行政管理制度、法院对外交流协调等事项,需要由院长决定的。

副院长按照职责分工对提交院长决定或审批的事项先行审核,根据院长授权可代行决定、审批部分事项。

(三)院长综合管理职责正面清单

为保障审判工作正常运转,提高审判质效,促进执法尺度统一,院长或者院长授权的副院长就以下事项开展组织、管理、协调、督促等工作:

1. 对全院或分管部门的审判资源进行配置,组织研究制定专业合议庭、审判团队的组建模式及职责分工;

2. 对全院或分管部门的综合工作进行部署,组织研究制订审判执行工作计划,对审判执行工作进行宏观指导,根据审判执行工作运行态势,组织研究制定细化内部分工、优化内部流转程序的措施,统筹不同部门的审判执行工作,分配、调整审判执行或者调研任务,沟通协调涉及其他机关的工作;

3. 对全院或分管部门的审判质效进行监督,督促检查审判执行工作完成情况,检查监督审判流程,检查、分析、评估案件整体质效,分析审判运行态势,提示纠正不当行为,督促案件审理进度,统筹安排整改措施,集中研判存在的案件质量问题,研究制定提升审判质效、改进审判作风的制度措施等;

4. 对全院或分管部门的审判执行业务进行指导,召集、主持审判委员会、专业法官会议,开展审判业务研究和学习,总结审判经验,统一司法裁判标准;

5. 对全院或分管部门的司法公开、司法统计工作进行督促,统筹推进审判流程信息公开、庭审活动公开、裁判文书公开、执行信息公开工作,做好审判信息数据录入及时性、准确性检查监督工作;

6. 对全院或分管部门的工作进行综合评价,在法官考评委员会对法官审判绩效进行客观评价的基础上,对法官及其他工作人员绩效作出综合评价;

7. 对全院或分管部门的纪律作风进行检查监督,通过接待群众来访、处理举报投诉、日常监督管理,发现案件审理中可能存在的问题,提出改进措施等。

(四)庭长审判监督管理职责正面清单

庭长履行以下审判监督管理职责:

1. 对本部门需报请院长或副院长决定的事项先行审核;

2. 对本部门的审判资源进行配置,研究制定审判团队和内部成员之间的职责分工;

3. 对本部门的综合工作进行部署，研究制订审判执行工作计划，指导审判执行工作，分析审判执行工作运行态势，督促完成审判执行工作任务；

4. 经院长或副院长授权，代行指定审判长，变更审判组织成员，批准诉讼程序变更、中止诉讼、审限扣除；

5. 对本部门审判质效、司法作风等进行监督管理，研究制定提升审判质量效率、改进审判作风的制度措施；

6. 落实审判管理制度，组织保障本部门审判、执行等活动；

7. 召集、主持本部门专业法官会议，研究讨论重大、敏感、疑难、复杂、新类型案件以及涉及统一裁判标准的案件，开展审判业务学习和总结，对拟提交审判委员会讨论的案件先行审查；

8. 对本部门的司法公开、司法统计工作进行监督管理，做好审判流程信息公开、庭审活动公开、裁判文书公开、执行信息公开工作的相关审核工作，做好审判信息数据录入及时性、准确性检查监督工作；

9. 协助副院长管理与审判工作相关的其他事务；

10. 其他需要庭长履行的审判监督管理职责。

副庭长根据职责分工，或者受庭长委托协助庭长管理以上部分事项。

（五）院庭长履职负面清单

院长、庭长履行审判监督管理职责不得有以下行为：

1. 越级或超越分管范围进行监督管理；

2. 任意扩大审核决定事项的范围；

3. 没有合理理由调整分案机制，变更案件承办法官或合议庭成员；

4. 强令法官、合议庭按指示意见审理、复议案件，或者改变案件裁判结果；

5. 强令法官、合议庭接受专业法官会议对案件的讨论意见；

6. 除审判委员会讨论决定的案件外，对未参加审理的案件签发裁判文书；

7. 其他违反法律、纪律规定，干扰法官、合议庭依法行使审判权的行为。

三、有序放权与加强管理

加强审判监督管理和“让审理者裁判、由裁判者负责”是司法责任制改革的两项重要内容，二者相互促进、并行不悖，相辅相成、缺一不可。具体可以从以下四个方面理解：

一是正确处理好二者的关系，是落实司法责任的要求。“让审理者裁判、由裁判者负责”是指在行使审判权的过程中，要由审理这起案件的法官或合议庭进行判断，同时对判断后果承担司法责任，这是司法亲历性的根本要求。审判监督管理权与审判权的运行是并行不悖的两条线，依附于审判权而不介入、不干预、不取代审判权的行使。院庭长在行使审判监督管理权时，要避免以行政化的方式，侵蚀法官和合议庭的司法权，造成“审者不判、判者不审”的状况。同时，进一步加强审判监督管理，也是落实司法责任制改革的具体要求。要从制度上进一步规范院庭长履行审判监督管理权的范围、程序和责任，属于院庭长审判监督管理权范围的，院庭长必须行使权利，不行使权利是失职渎职；不属于院庭长审判监督管理权范围的，院庭长坚决不能违规插手干预。院庭长在行使审判监督管理权时，必须改变行权方式，通过专业法官会议、审判委员会等方式依法依规进行。

二是正确处理好二者的关系，是提高案件质效的要求。审判权是判断权，遵循亲历性原则，有助于提高判断的精准性。“让审理者裁判”可以提高法官和合议庭的行权积极性；“由裁判者负责”则要求法官在行权时增强责任心，审慎行权。从审判监督管理的角度而言，增加管理层级是进行案件质效控制的基本方式之一。压实院庭长对个案的监督管理责任，将院庭长对于“四类案件”的监管作为履行岗位职责、落实政治责任的重要内容，确保“四类案件”办理符合政治效果、法律效果和社会效果统一的要求；在确保不违法干预案件处理结果的同时，要求院庭长对所有分管案件的审理过程、流程环节、程序事项和工作作风不断加强监督管理。同时，院庭长要通过行使监督管理权规范裁判标准，统一裁判尺度，实现整体审判质效的提升。

三是正确处理好二者关系，是加强审判组织建设的要求。还权合议庭后，院庭长审判监督管理的行权方式发生改变，控制力弱化，管理难度加大。特别是对于个案的质效管理集中在“四类案件”的范围之内。大量的一般案件，则需要通过加强审判组织建设、规范审判流程，优化审判模式、改变审理习惯等综合措施，实现质量和效率的提升。因此，在强调还权合议庭的同时，必须同时强化审判组织的内部监督，优化法官助理职能，发挥法官助理在审判团队科学运转中的关键作用，解决合议庭“合而不议、权责虚化”等弊端，使审判组织为法官行使司法权提供坚强的保障和服务，也对法官的行权方式、判断过程和结果进行有效的监督和制约。

四是正确处理好二者关系，是司法廉洁的要求。院庭长的审判监督管理权范围不清、职责不明、行权方式不规范，不仅可能导致案件质效问题，更容易引发廉政风险。因此，法官和合议庭在行使司法权的过程中，必须依法依规进行，接受监督制约，确定司法权行使的正面清单和负面清单。同时，审判监督管理权在规范监督制约司法权运行的同时，其自身权力运行也必须全程留痕、受到监督制约。必须同时确定院庭长行使审判监督管理权的正面清单和负面清单，既防范失职渎职风险，又堵塞廉政风险和漏洞。

Part

02

第二部分

审判管理专题研究

第八章

关于收结案动态控制的分析

均衡结案是人民法院审判态势良性运行的最根本基础。虽然早在20世纪90年代,就有研究者和司法实践者对均衡结案问题进行了大量研究,但时至今日,年底畸高结案率要求、人为被迫控制收案等问题,仍在全国各法院普遍存在。随着司法改革工作的全面开展,按照中央和最高人民法院要求,人民法院应及时调整审判管理思路,遵循司法规律,结合司法实践情况,深入开展均衡结案工作,破除影响审判态势良性运行的桎梏,为推行审判权运行等一系列改革提供管理支撑。

本章以某地区法院近年来收结案数据为统计样本,围绕“可周转案件数”这一研究基点,尝试构建符合实际的科学模型,对“年底结案率到底是多少才最科学”“如何科学调控收结平衡”等均衡结案研究的瓶颈问题进行了探讨。笔者认为,只有确保在任何一个时间点,包括年底12月31日时,法院“可周转案件数”(未结案件数量)都为一个常数,或者浮动在上下一个可控的范围内,才能实现收结案的科学、动态均衡,消弭平时和年底的区别。

一、年底收结案控制分析

1. 年底高结案率要求引发突击结案和收案控制

以某地区法院为例,ℓ年,某地区法院结案率为96.6%,m年为95.7%,n年为92.0%,o年为89.6%。我们对m年11月至o年12月某地区法院各月收结案的情况进行了统计,数据显示:一是辖区法院各月结案数量不均衡,由于结案指标的要求,每季度末月出现结案高峰,其中m年12月结案数量(67838件)是n年1月结案数量(16849件)的4倍;二是每个结案高峰后立即出现结案低谷,并且是大高峰后出现大低谷;三是各月收案数不均衡,且结案高峰月与收案低谷月、结案低谷月与收案高峰月基本相对应,可以看出各法院被迫人为干预收案分布的痕迹(见图8-1)。

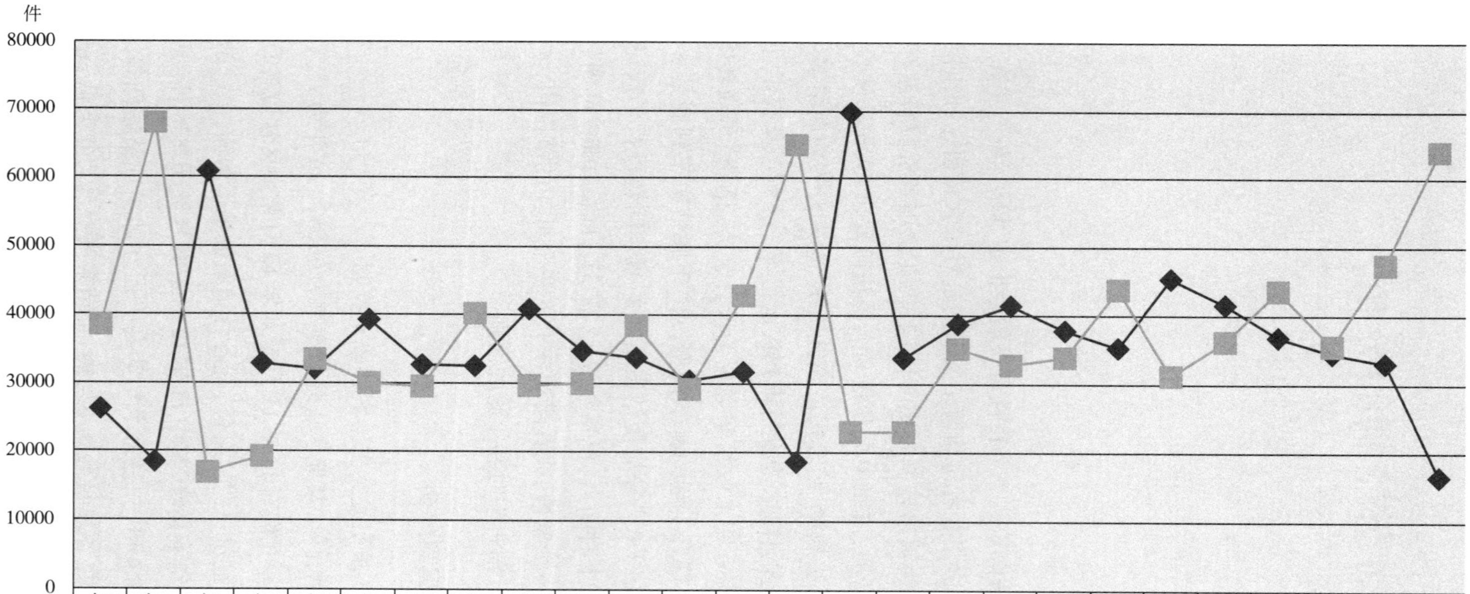

	m年11月	m年12月	n年1月	n年2月	n年3月	n年4月	n年5月	n年6月	n年7月	n年8月	n年9月	n年10月
新收	26180	18568	60815	32853	32097	39241	32720	32503	40813	34653	33794	30479
已结	38443	67836	16849	19208	33387	29909	29527	40209	29635	29931	38396	29258

	n年11月	n年12月	o年1月	o年2月	o年3月	o年4月	o年5月	o年6月	o年7月	o年8月	o年9月	o年10月	o年11月	o年12月
新收	31780	18674	69823	33750	38712	41461	37851	35287	45421	41643	36949	34505	33074	16630
已结	42875	64838	23021	23021	35122	32847	33905	43860	31189	36193	43647	35649	47365	64186

图8-1　某地区法院月度收结案情况

2. 年底突击结案导致案件“速结”和“迫结”

我们选取某地区 K 基层法院，对结案低谷月（n 年 4 月）和结案高峰月（n 年 12 月）审结的民商事案件情况进行对比研究。将案件实际审理时间（单位：天）分为 0 ~ 10 天、11 ~ 20 天等多个区间，并对 n 年 4 月审结的 1461 件和 12 月审结的 3887 件（合计 5348 件）案件的实际审理时间分布状况进行了统计，具体情况如图 8 - 2 所示：

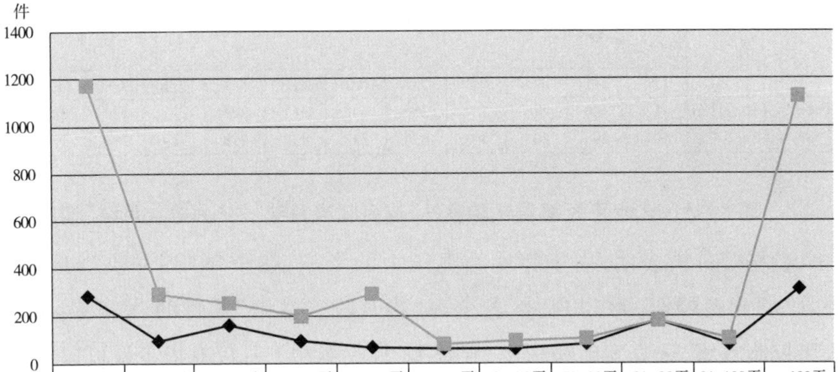

	0~10天	11~20天	21~30天	31~40天	41~50天	51~60天	61~70天	71~80天	81~90天	91~100天	>100天
n年4月	284	93	159	92	65	60	59	80	180	77	312
n年12月	1174	290	253	197	292	79	93	102	178	102	1127

图 8 - 2　某地区 K 基层法院审结案件实际审理时间分布

数据显示，在结案低谷月（n 年 4 月），案件审理时间在各区间的分布相对均匀，没有特别显著的波动；而在结案高峰月（n 年 12 月），结案压力造成新收案件必须迅速审结，以及长期积压的案件被迫审结，审结案件在 0 ~ 10 天区间和 100 天以上两个区间均出现峰值，这种审理时间畸长畸短的波动分布现象，违背了案件审判的客观规律，将在一定程度上影响案件的实体公正。

我们以 n 年 K 基层法院审结的 19274 件民商事案件为样本，计算出所有案件的平均审理时间为 81.6 天。也就是说，一起民商事案件平均需要经过 81.6 天的周转，才能够被审结，如果以审判管理命令的方式，在年底要求审判人员低于上述平均审理时间审结案件，则可能违背了审判规律。

此外，我们仍以 K 基层法院上述 19274 件民商事案件为样本，对每月审结案件中，“当月收案当月审结的案件”和“当月收案次月审结的案件”数量进行了统计，其中“当月收当月结”案件为 4758 件，占全部案件的 24.7%；“当月收次月结”案件为 4622 件，占全部案件的 24.0%。具体情况如图 8 - 3 所示：

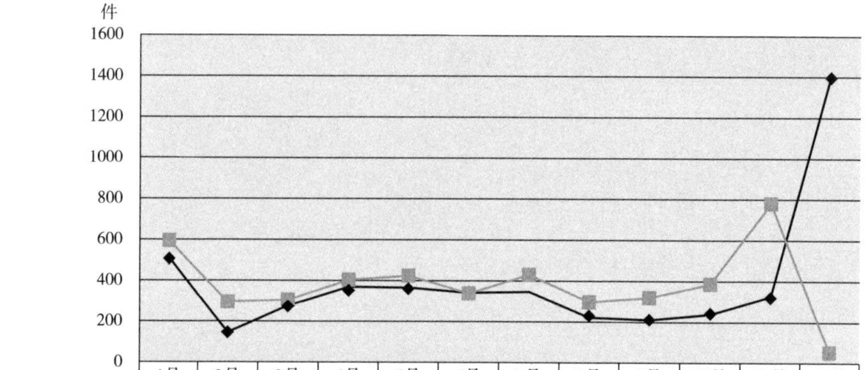

	1月	2月	3月	4月	5月	6月	7月	8月	9月	10月	11月	12月
当月收当月结	510	146	276	369	366	342	347	223	211	239	325	1404
当月收次月结	594	294	305	403	424	338	430	298	319	386	779	52

图 8－3　某地区 K 基层法院案件“当月收当月结”“当月收次月结”情况

数据及分析表明，由于年底结案压力的影响，在全年“当月收当月结”案件中，12 月出现峰值，为 1404 件，占全部“当月收当月结”案件的 29.5%；由于年底人为控制收案，未立案纠纷积压，导致 12 月收案在 1 月仅有极少量可以审结。

3. 案件“速结”和“迫结”导致审判质量问题

年底突击结案，会导致次年第一季度改判发回案件集中的现象。以某地区 C 中级法院为例，k 年、ℓ 年该院一审改判发回案件相对集中，其中 ℓ 年，被改判发回 65 件。从这些案件一审审结月份看，被改判发回案件的一审审结时间呈现严重不均衡状况，畸高地集中在 12 月（34 件），占全部被改判发回案件的 52.3%。具体情况如图 8－4 所示：

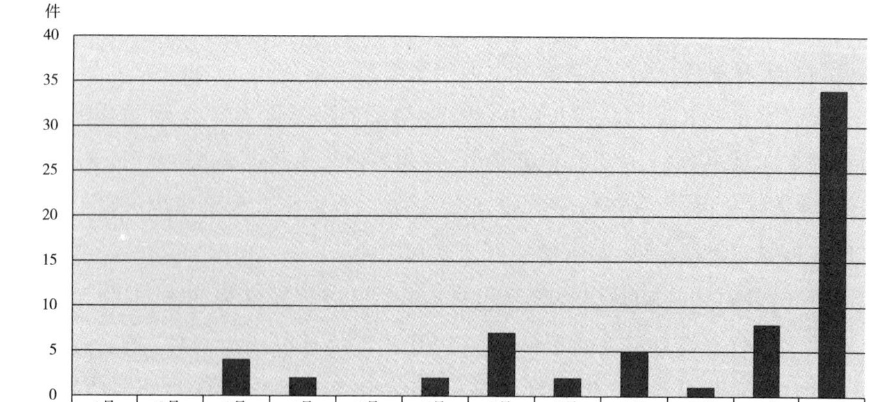

	1月	2月	3月	4月	5月	6月	7月	8月	9月	10月	11月	12月
■案件数	0	0	4	2	0	2	7	2	5	1	8	34

图 8－4　某地区 C 中级法院被改发案件一审审结时间分布

特别是,在12月审结的34件案件中,12月26日至31日审结的为25件,即在这6天审结的案件中被改判发回的数量,占全部被改判发回案件数量的38.5%。而在k年该院被改判发回案件中,这个数据为31.6%。

二、如何合理确定"可周转案件数"

对均衡结案工作的控制一般分为"结案率控制"和"结案数控制"两种(以下简称"率控制"和"数控制")。由于结案率较为直观,因此"率控制"易于被审判人员接受,但该种控制方法可能会导致人为控制收案,以获取相应的结案率。"数控制"方式更为科学准确,但测算方法相对复杂。例如,某法院每年收案12000件,每年结案12000件,可以要求审判人员每月审结1000件。考虑到当月收案数量变化影响,可以再适当微调,将当月应结案件数区间确定为"月平均结案数+(当月实际收案数-月平均收案数)"与"月平均结案数"之间。如某月收案仅800件,则该月应结案件数区间为"1000+(800-1000)"与1000之间,即800件与1000件之间。

一般而言,对于法院一级管理,可以通过"率控制"进行,对于庭室二级管理,由于受到收案不均衡的影响更大,可以通过"数控制"确定相应的当月应结案件数区间。

各法院在实行"率控制"时,到底每个月的结案率是多少才科学?这个问题相对复杂,需要建立以下模型进行测算:

我们尝试构建一个理想的收结案模型,在这个模型中,某法院每年1~12月各月新收案件数(X)是相同的;各月审结案件数(Y)也是相同的。而从长远角度看,只有X=Y,才能保证收结案整体平衡。设每年12月未结案件数量,即下一年度旧存案件数量为Z,则1~12月各月的结案率为Y/(Z+Y),2Y/(Z+2Y),…,12Y/(Z+12Y)。在全年的第a天时,审判人员手中"可周转案件数"(未结案件数量)为Z+a×(12X/365)-a×(12Y/365),当X=Y时,"可周转案件数"=Z,也就是说,在这个理想模型中,该法院在任一时间点时,"可周转案件数",即当前未结案件数都为Z。

由此可见,只有确保在任何一个时间点,包括年底12月31日时,法院"可周转案件数"(未结案件数量)都为Z,或者浮动在一个上下可控的范围内,才能实现收结案的科学、动态均衡,消弭平时和年底的区别。

我们以某地区法院m年11月至o年12月为例,各月末"可周转案件数"及其占全年新收案件总数的比例分别如表8-1所示(m年某地区法院全年新收案

件总数为 413222 件;n 年为 420430 件;o 年为 465106 件):

表 8－1　某地区法院月度“可周转案件数”情况

月份	m 年 11 月	m 年 12 月	n 年 1 月	n 年 2 月	n 年 3 月	n 年 4 月	n 年 5 月	n 年 6 月	n 年 7 月	n 年 8 月	n 年 9 月	n 年 10 月	n 年 11 月
未结/件	67881	18511	62476	76121	74823	84155	87348	79643	90821	95544	90942	92181	81086
占比/%	16.4	4.5	14.9	18.1	17.8	20.0	20.8	18.9	21.6	22.7	21.6	21.9	19.3
月份	n 年 12 月	o 年 1 月	o 年 2 月	o 年 3 月	o 年 4 月	o 年 5 月	o 年 6 月	o 年 7 月	o 年 8 月	o 年 9 月	o 年 10 月	o 年 11 月	o 年 12 月
未结/件	34922	83483	94212	97803	106417	110363	101790	116019	121471	114774	113629	99338	51782
占比/%	8.3	17.9	20.3	21.0	22.9	23.7	21.9	24.9	26.1	24.7	24.4	21.4	11.1

由于年底突击结案和人为控制收案,未结的少量案件都是难以审结的“骨头”案,导致 12 月“可周转案件数”及其占全年新收案件总数的比例明显低于全年其他月份。

通过算术平均的方式进行测算,笔者认为,在当前情况下,审判人员能接受的“可周转案件数”占全年新收案件总数的比例应为 19.51%。对于 o 年某地区法院而言,$Z = 465106 \times 19.51\%$,即年底未结案数量应为 90742 件较为合理。这同时也意味着,在忽略收案不均衡及各月工作日数量差异的理想情况下,n 年某地区法院在任一时间点的未结案数量,都将是 90742 件左右。n 年某地区法院年底的理想未结案数应为 82026 件较为合理。

进而,我们可以计算出在理想模型中,各月的结案率分别为:1 月:29.9%;2 月:46.1%;3 月:56.2%;4 月:63.1%;5 月:68.1%;6 月:71.9%;7 月:74.9%;8 月:77.4%;9 月:79.4%;10 月:81.0%;11 月:82.5%;12 月:83.7%。

事实上,如果要在年底一定程度提高结案率,只需要相应降低 Z 值即可。但如果过度降低 Z 值,又要保持结案均衡,必然导致审判人员长期处于可周转案件数量偏低的状况,从而不必要地增加审判人员的工作压力和均衡结案的控制难度。

n 年某地区法院实际结案率、o 年某地区法院实际结案率、理想结案率模型曲线对比情况如图 8－5 所示:

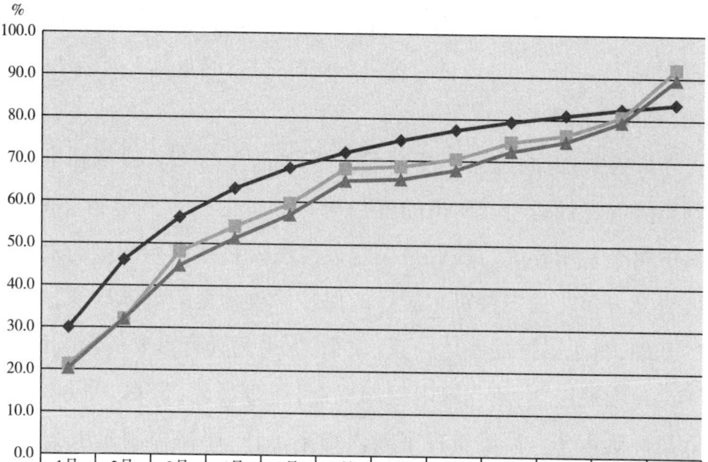

	1月	2月	3月	4月	5月	6月	7月	8月	9月	10月	11月	12月
理想模型结案率	29.9	46.1	56.2	63.1	68.1	71.9	74.9	77.4	79.4	81.0	82.5	83.7
n年某地区法院实际结案率	21.2	32.1	48.1	54.1	59.6	68.0	68.6	70.5	74.6	76.3	80.7	92.0
o年某地区法院实际结案率	20.3	32.0	44.8	51.3	57.0	65.1	65.6	67.9	72.4	74.8	79.5	89.6

图 8－5　某地区法院实际结案率与理想结案率模型对比

从图 8－5 可以看出，某地区法院 1～11 月的实际结案率均比理想结案率低，而 12 月实际结案率则高于理想结案率。当然，在进行实际的结案率控制时，还要具体考量收案不均衡的客观规律、每月工作日数量差异、审判人员集中休假影响、特殊事项或重大社会事项对当月结案影响等多方面因素，进行适当调整。

在具体控制中，应改变目前的“半开放控制”为“区间控制”。例如，在上述理想结案率模型中，某地区法院 7 月的结案率为 74.9%，而考虑到 7 月审判人员集中休假等影响，调整为 73%。在“半开放”控制中，各法院结案率应高于 73%，对上限未作要求；在“区间控制”中，可以确定浮动值为 2%，则要求各法院的结案率应在 71%～75%。

三、均衡结案的再深入理解

在实践探索中，我们逐步认识到：均衡结案不仅仅是审判工作量的分配和制衡，更是良性审判运行态势的根本基础。均衡结案工作的精细化开展，应该分层次进行。

正如一条河流一样，要保持水质澄清，水流顺畅，就需要经常对河道的泥沙、石块进行清理、整治。收结案整体均衡工作就是通过加大水流速度的方式，带走河底的泥沙，实现审判态势的整体良性运行；审限控制工作就是通过专人值守、定期清理的方式，常态化地处理掉那些河道中水流无法带走的碎石；长期未结案清理工作就是通过集中力量、重点防控的方式搬走那些阻碍河道、影响水流的巨石；流程时限监控，则是通过对流速、水文、拐点的具体监控和检测，对水流进行更精细、更科学的管控。

1. 宏观层面：建立均衡结案机制，通过运行态势研判和指标分解管理，实现审判态势的良性运行。队伍的审判能力和良性的审判运行态势是决定整体审判质量的两个基本要素。前者是决定人民法院整体审判质量的根本，而后者则是前者能否充分转化为案件审判质量的保障。收结案的整体均衡，是审判态势良性运转的基础，对于案件的整体公正、效率、效果都具有重要的影响作用。

2. 中观层面：建立审限控制机制，通过督促、警示、催办、备案等方式，大幅降低案件延审率。高度重视审限内结案工作，严格控制延审案件比例，定期进行审限提示、警示，开展延审备案、不计入审限情形备案工作，定期通报延审案件情况。

3. 小观层面：开展长期未结案清理工作，解决少数案件流程严重失控状况。各法院应根据实际情况，确定本院案件长期未结标准，实行"（审判业务）口内三月一清理、庭内每月一清理"，庭长、主管院长应逐案听取汇报，提出清理建议，确定清理周期，各审判业务口、各庭应指定专人负责长期未结案件的登记和督促工作。

4. 微观层面：通过对个案流程时限的整体监控，查找"非常态案件"，由庭室层级进行有针对性地跟踪、督促和管理。审限控制和长期未结案清理工作主要针对案件的整个审理周期进行，虽然易于管理，但仍略显粗放，无法及时发现案件在审理过程中已经出现的流程失控问题。要解决这个问题，可以利用信息化手段，通过对立案、开庭、合议、结案四个重要流程节点间的时限进行整体监控的方式，及时查找出在合理时限内未能流转到下一节点的"非常态案件"。如一般二审民事案件，立案到首次谈话之间的流程周期约为 7 ~ 30 天，合议到结案之间的流程周期约为 1 ~ 20 天，符合这些标准的案件为"常态案件"，我们可以对立案后 40 天仍未进行谈话、合议后 30 天仍未审结的"非常态案件"进行相应的警示。ℓ 年，某地区 C 中级法院对长期未结案进行了调研分析，以其中 430 件民商事长期未结案为例，在这些"非常态案件中"，立案后超过一个月未谈话的案件就有 249 件，平均立案后经过 54.6 天才进行谈话；两次谈话间隔时间超过一个月的案件有 142 件，平均间隔时间为 58.3 天，谈话或开庭后超过半个月未合议的案件有 120 件，平均间隔时间为 46.3 天；此外，合议后超过半个月未判决或汇报的案件有 51 件，汇报后超过半个月无工作进展或判决的有 45 件，有的案件第一次延审后没有任何工作记录，就又报了第二次延审，现象值得关注。通过审判流程的静默式管理，可以对流程节点推进过程中存在的障碍，以及各流程平均用时进行自动分析统计，识别出流程推进迟缓，或存在障碍的异常案件，进行相应的提示、提醒等预警操作，达到相应的管理目的。比如，我们在本书第一部分中提到的，指导各基层法院审判庭、审判团队对超过 15 日未成功送达案件、超过一个月未开庭案件进行管理干预、重点监控。

第九章

民事审判流程控制研究

近年来，在一些经济发达地区，民事纠纷案件数量持续迅猛增长，一些人民法院的审判流程管理出现了严重的失控，这不仅对原本十分匮乏的民事审判资源的合理配置产生了影响，也在一定程度上妨碍了民事审判“公正与效率”目标的实现。本章从基层法院和中级法院的视角，应用实证分析的方法，在不触及现有的诉讼程序制度和人民法院内部绩效指标合理性的前提下，对民事审判流程的管理和控制进行了讨论，以期能够对人民法院民事审判程序的良性运行提供有益的借鉴。①

本章从民事审判流程控制面临的困境入手，指出民事审判资源匮乏是民事审判流程研究不可回避的大背景，并认为追求过高的审判绩效指标是引发审判流程失控的核心原因。本章根据民事审判流程的客观规律，将流程控制分为“节点管理”和“联合控制”两种方式，并从以下几个方面对“联合控制”方式进行了论述：一是细化审判绩效指标要求，提高缓冲期流程控制能力；二是错峰调节，降低结案高峰期的工作强度；三是合议庭合理控制审判进程，缩减案件平均审理周期；四是加强诉讼调解，促进诉讼和解，加快未结案周转速度；五是发挥审判人员控制审判流程的能动性，优化审判方式和案件审理习惯。

---

① 参见王亚新：《实践中的民事审判——四个中级法院民事一审程序的运作》，载《现代法学》2003 年第 5 期。文中指出：我国民事诉讼法学领域的大多数研究除了介绍外国民事诉讼制度的理论与实务，为我国审判方式改革与民事诉讼法学的发展提供参照之外，最主要的方法是从立法论及解释论的角度来论述我国民事诉讼“应当”实现的制度设计与程序运作……这种主流的研究方法非常重要。不过，满足于在立法及政策和司法体制等宏观层面上提出一般的改革主张这种普遍存在的倾向，也带来了类似研究及观点的低水平不断重复等无助于深化认识或积累知识的资源浪费。民事诉讼法学领域中绝大部分研究所据以立足的对我国民事诉讼程序在司法实践中运作状况的认识，可以说大都建立在一般观察或片段性的数据资料之上，较为系统的实证调查还未真正开展，法院内部进行的调研也因强调服从实际工作需要而存在许多局限。

一、民事审判流程控制面临的困境

（一）案件数量激增，审判资源匮乏是民事审判流程控制研究不可回避的大背景

笔者对 c ~ h 年某地区法院受理民事案件数量、审结民事案件数量及年度增长比率进行了统计，如表 9 - 1 所示：

表 9 - 1　某地区法院民事案件收结案情况

类别	c 年	d 年		e 年		f 年		g 年		h 年	
	总数/件	总数/件	增长率/%	总数/件	增长率/%	总数/件	增长率/%	总数/件	增长率/%	总数/件	增长率/%
民事收案	165839	177743	7.18	202602	13.99	234157	15.57	249227	6.44	245269	-1.59
民事结案	165344	177090	7.10	198526	12.10	236981	19.37	249317	5.21	244188	-2.06

笔者同时对 c 年和 h 年某地区法院实际从事民事审判工作的人员及人均结案数量进行了统计，如表 9 - 2 所示：

表 9 - 2　某地区法院民事审判人员数量和结案增长情况

类别		实际从事民事审判人员数量/人	人均结案数/件	h 年相比 c 年民事审判人员增长比率/%	h 年相比 c 年人均结案数增长比率/%
辖区法院合计	c 年	1130	146.32	10.09	34.75
	h 年	1244	197.16		

从以上统计数据可以看出：h 年以前，某地区法院受理民事案件的数量一直以较大比率持续增长，h 年小幅下降。h 年受理民事案件的数量相比 c 年增加了 47.90%，而审判人员同比却只增加了 10.09%。从 c ~ h 年，某地区法院民事审判人员人均结案数量大幅增长，据统计，辖区 I 基层法院 f 年民事审判人员的人均结案数量达到了 312.42 件。

民事审判资源的核心在于审判人员资源。在审判人员数量增长相对平缓的情况下，诉讼数量的持续迅猛增长对现有的民事审判资源形成了前所未有的压力和挑战。并且，这种民事审判资源匮乏的状况仍在不断加剧。

（二）审判绩效指标过高是引发审判流程失控的核心原因

目前，很多法院都以年终结案率和季度结案率为核心制定了审判绩效考核指

标，还有一些法院在民事案件持续增长的状况下连年追求“两升一降”的审判业绩（年度收案数量、年度结案数量上升，年终未结案件数量下降），年终结案率甚至达到98%以上。

在追求过高的审判绩效指标的同时，部分法院忽略了民事审判流程的管理和控制，一方面，使审判人员长期处于高强度的工作状态，严重影响了审判人员的身心健康；另一方面，也使大量案件处理过程中的“公正与效率”面临严峻考验。

笔者以某地区I基层法院h年审理的民事案件、C中级法院h年审理的民事案件为样本，对每月收案、结案情况进行了统计，并对h年某地区辖区法院的数据进行了汇总，如表9-3所示：

表9-3　某地区部分辖区法院月度收结案情况

单位：件

日期	C中级法院民事案件		I基层法院民事案件		辖区法院民事案件合计	
	收案数	结案数	收案数	结案数	收案数	结案数
h年旧存	404		565		5020	
h年1月	2526	205	2966	1063	35964	7663
h年2月	1862	647	3307	1668	20398	11652
h年3月	1433	1746	1975	2442	14268	19138
h年4月	2245	1238	2404	1667	25360	17921
h年5月	1107	1101	1688	1608	16303	14534
h年6月	1456	2314	1722	2944	17746	28365
h年7月	1313	991	3263	1265	25742	13862
h年8月	1481	1085	2877	1874	21795	16800
h年9月	1548	2155	3067	5328	23077	28848
h年10月	1246	1014	5620	1868	20572	16174
h年11月	1484	2098	2506	4720	15322	28917
h年12月	1280	4260	1701	6608	8722	40314
h年未结		531		606		6101
合计	19385		33661		250289	

同时，笔者以h年某地区法院民事案件的数据为例，制作了折线图9-1：

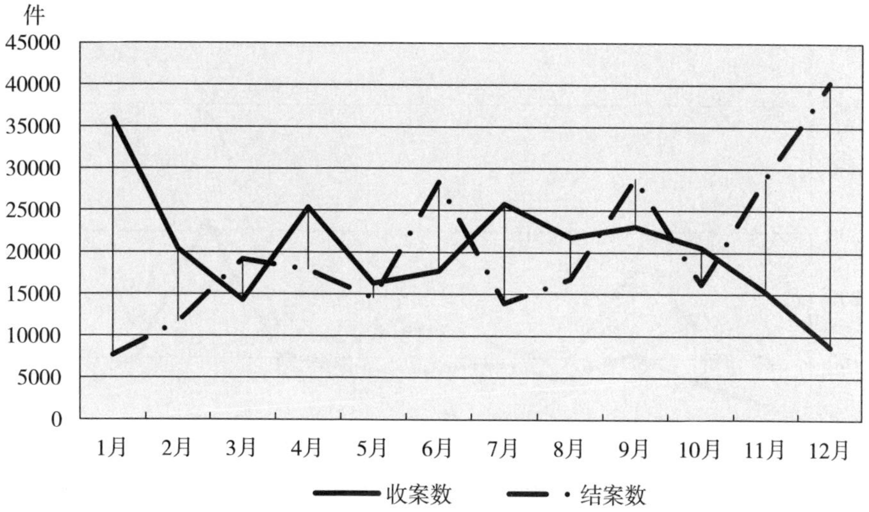

图9－1　某地区法院月度收结案情况

从上述数据可以看出，某地区法院在审判流程控制方面存在以下特点：(1)每月结案数量不均衡，结案指标的要求使每季度末的结案数出现高峰；(2)每个结案高峰后立即出现结案低谷，并且是大高峰后出现大低谷；(3)每月收案数不均衡，且结案高峰月与收案低谷月、结案低谷月与收案高峰月基本相对应，可以看出为追求结案指标被迫人为干预收案分布的情况；(4)二审案件的收案除了受到人为干预因素的影响，还受到基层法院一审结案不均衡状况的影响；(5)一审、二审案件审理周期的差异，对结案不均衡的状况产生了不同的影响。

(三)审判流程失控与收、结案不均衡形成恶性循环

笔者以某地区C中级法院g年4月和6月审结的3205件二审案件为例，对结案高峰月和低谷月审结民事案件的实际审理时间(单位：天)的分布状况进行了统计(如表9－4所示)：

表9－4　某地区C中级法院审结案件实际审理天数分布

单位：件

类别	0～10天	11～20天	21～30天	31～40天	41～50天	51～60天	61～70天	71～80天	81～90天	91～100天	101天以上	合计
g年4月	24	56	108	67	91	78	85	107	317	101	34	1068
g年6月	94	138	243	85	122	149	124	152	529	141	360	2137

并以上述数据为基础，制作了折线图9－2：

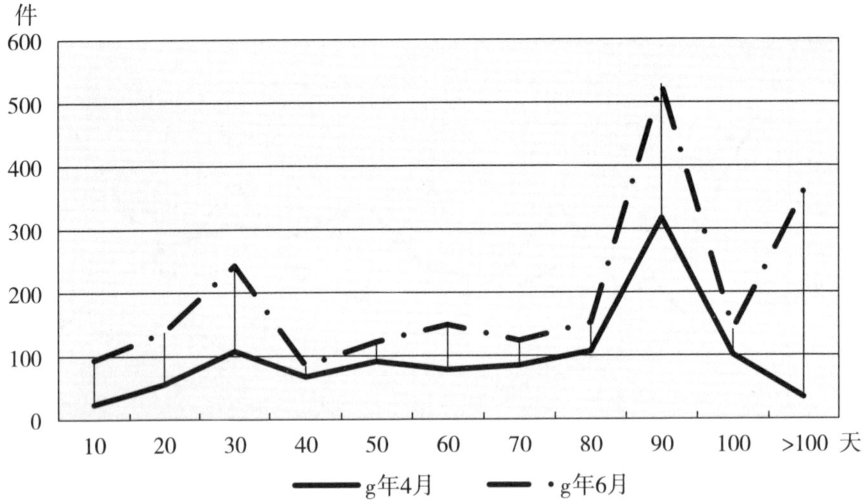

图 9－2　某地区 C 中级法院审结案件实际审理天数分布

从上述数据可以看到，民事审判资源匮乏现状的加剧，公众对于人民法院公正与效率的高预期以及人民法院内部审判管理及考核目标的需要，造成民事审判流程出现严重的失控，这种失控表现为以下两种状况的发生：(1)月结案不均衡；(2)在结案高峰月中，案件审理时间分布出现大幅度波动。以上述数据为例，结案低谷月审结案件的审理时间大多集中在 80～90 天的区间内，而结案高峰月审结案件的审理时间除了在上述区间出现峰值外，还分别在 20～30 天和 100 天以上两个区间出现峰值。

这种失控的状况至少造成了以下现象的发生：(1)审判人员在结案高峰期的高强度工作状况；(2)审判人员的高强度工作期之后出现休整期，导致结案低谷期的出现；(3)结案高峰期审结案件的审理时间出现畸长畸短的波动分布情况，违背了案件审判流程的一般规律，将一定程度上影响案件的实体公正；(4)对收案数量分布的被迫人为干预。

上述现象又将导致以下情况的发生：(1)结案低谷期的出现，进一步加大了下一个结案高峰期的工作强度；(2)审判人员工作状态的非合理张弛，影响审判人员身心健康；①(3)审判流程失控的状况进一步加剧。

---

① 参见某地区 C 中级法院 d～f 年发布的关于该院干警健康状况的调研报告。报告显示，在对该院 407 名工作人员的健康调查中，d 年不同程度异常者占 77.16%，e 年占 81.26%，f 年则达到 96.48%。上述 407 人中，法官 257 人、书记员 62 人、职能部门 88 人，患病率最高的是法官，约占 95.6%。在相关的 30 余种各类疾病中，大部分呈现出明显的职业特点，如颈椎病、心脑疾病、高血压、眼病患者占患病干警总数的 53.23%。从以上的统计数据可以看到，长期超负荷工作使几乎全部的民事审判人员都处于不同程度的身体异常状态。

因此，如何在现有法律制度框架内，充分运用审判管理和流程控制手段，合理配置司法资源，寻找公正和效率的最佳结合点，以最经济的司法成本获取最大的司法效益，是新时代背景下人民法院面临的一个重要课题。

二、民事审判流程管控的基本思路

笔者对 h 年某地区 C 中级法院审结的 18854 件民事案件的平均审理时间进行了统计（如表 9－5 所示）：

表 9－5　某地区 C 中级法院民事案件平均审理时间情况

类别	全部民事案件	一审案件	一审判决案件	二审案件	调解、撤诉案件
审结民事案件数量/件	18854	1825	654	15190	4651
平均审理天数/天	67.58	103.10	127.08	67.05	57.33

同时，笔者根据上述数据，结合审判实践，将一起民事纠纷从立案到以普通程序经过一审审理，上诉后经过二审审理，最后到卷宗归档的整个审判流程，大致分为 22 个程序，并用图 9－3 形式表述如下：

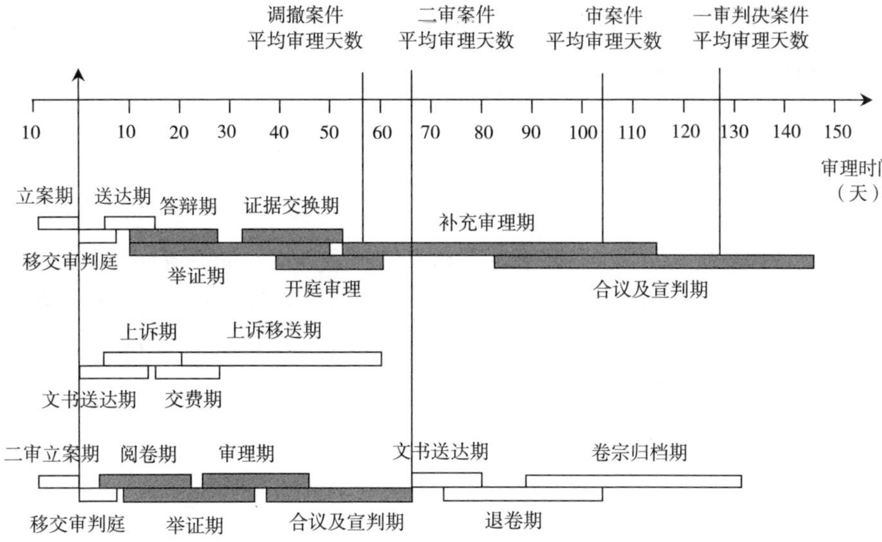

图 9－3　民事案件审判流程模型

笔者将上述 22 个程序分为两类，以白色方格显示的程序是与案件实体审理无关的，这部分的审判流程可以用传统的审判流程管理方式进行控制，实现审判流程管理与案件实体审理相分离，以追求诉讼程序公正和提高诉讼效率为指导，实行以限制流程最大周期为基本内容的“节点管理”模式。

上述审判流程中,以灰色方格显示的程序是与案件实体审理息息相关的,也是审判流程中的核心环节。这一部分的审判流程不仅受到民事诉讼程序的约束,更受到审判人员个性化审判方式和案件具体情况的限制,因此,不能机械地用限制流程最大周期的方式予以管理,而是应该在充分尊重审判人员的具体审判方式的前提下进行流程控制。这部分的审判流程管理应该以追求实体公正、程序公正和提高审判效率为指导,实行人民法院、审判庭室、合议庭,以及审判人员的“联合控制”模式。

综上所述,笔者认为,审判流程管理只有坚持求真务实的态度,遵循司法活动规律,实行科学化运作,才能较好发挥服务审判的功能,才能使公正与效率获得最大限度的契合和均衡。因此,民事审判流程控制应该以公正和效率目标为统领,以强化审判流程“节点管理”和“联合控制”为主要途径,以均衡结案数量、降低审判资源消耗为根本目的。

三、节点管理的主要内容

审判流程的“节点管理”是指对案件流程节点的监控和审理流程期限进行跟踪管理,通过理顺审判流程之间衔接点和限制审判流程最大期限的方式,降低纠纷处理的流程周期,提高审判效率。节点管理适用的范围应严格限制为与案件实体审理相分离的程序性流程。[①]

(一)节点管理应以降低当事人诉讼成本,提高纠纷处理效率为根本出发点

节点管理要遵循基本的诉讼程序要求和司法审判实践的一般规律。其管理的落脚点不仅仅是本部门的工作成绩和效率,还要注重与其他部门的配合和协调,以及上下级法院之间的工作衔接,其目的是对于纠纷从进入法院到彻底解决全过程的效率提升,从而在真正意义上降低当事人的诉讼成本。

---

① 在以往对于审判流程管理的研究中,有学者对审理流程管理的法理基础进行探讨,设计出“以立案工作为重点,审判流程管理与案件实体审理相分离”的模式。参见陈庭会:《审判流程管理刍议》,载《行政与法》2006年第2期。文中指出:审判管理改革隶属于司法改革,审判流程管理是人民法院在司法改革中提出的一种新型审判管理模式,应以程序公正、分析与制衡、诉讼效益三个理念为指导……以立案工作为基点,把庭审过程外的程序管理集中到一个工作机构来完成,实现程序管理与实体审查相对分离,摆脱审判管理行政管理色彩,形成优质高效的诉讼管理机制,从而为实现实体公正奠定良好的组织基础。这样不仅可以把法官从烦琐的辅助性事务中解脱出来,集中精力和时间钻研审判业务,做好案件审理,更为重要的是对法官的司法理念形成新的冲击,使法官能更为充分地认识到程序公正的独立价值,从而调动起法官工作的主观能动性。

这部分的管理包括以下三方面的内容：

1. 科学、严格的流程最大时限管理机制。要建立科学、客观、公正、严格、符合审判规律的审判流程各环节的最大时限管理机制，包括立案审查时限、移送审判庭时限、送达时限、案件上诉移转时限、卷宗归档时限等。考评项目的设定应能充分体现管理目标的要求，严格控制各审判流程环节超出最大时限要求的情况发生；要建立规范的考评档案，将考评结果与岗位目标责任制挂钩，充分发挥考评机制的督促、激励功能。

2. 顺畅、高效的流程管理协调机制。审判流程管理存在大量的环节与环节之间的连接，部门与部门之间、上下级法院之间的配合和衔接问题。为确保流程管理的和谐、高效运行，应当建立专门的流程管理协调制度，确立专门人员负责协调，及时总结、研究在工作实践中出现的问题，及时解决。①

3. 透明、及时的信息收集、反馈、公示机制。为了使审判流程管理工作富有效率，要加强流程节点的监控和审理流程期限的跟踪管理，确保流程管理信息收集及时、反馈及时，对审判流程的督促及时，对违反审判流程管理的处理及时。②

（二）节点管理应围绕"一个重心、一个关键点"进行

一个重心是"一审案件上诉移转"，一个关键点是"送达"。

笔者对 f～h 年某地区辖区法院 44168 件一审案件上诉移送至二审法院的流程用时进行了统计（如表 9－6 所示）：

表 9－6　某地区法院一审案件上诉移转流程用时

时间	上诉案件总数/件	一审结案至上诉平均用时/天	上诉至信息移送平均用时/天	信息移送至二审收卷平均用时/天	二审收卷至立案审查平均用时/天	立案审查至二审立案平均用时/天	移转总平均用时/天
f 年	11816	17	24	14	1	2	56

① 参见张绳祖：《人民法院立案庭的审判管理职能》，载《法律适用》2004 年第 12 期。文中指出：审判工作中各个环节的衔接，主要是对审判工作中诸如从立案到案件移送审判庭，从开庭到合议，从裁判文书的制作到报批，从裁判文书的送达到结案归档，直至案件执行终结等各个环节之间的合理衔接和监督制约。既要保证上一环节到下一环节的流转畅通，又要使下一环节能够监督上一环节。

② 参见葛治华、邓兴广：《法院审判流程管理模式：反思与进路》，载《政治与法律》2006 年第 4 期。文中指出：为确保流程管理的和谐运行，应当建立流程管理协调机制，比如建立由流程各主要参与部门组成的流程管理协调会议等，负责定期对审判流程管理中发现的问题进行研究，并及时协调处理，不断完善和优化流程管理机制。

续表

时间	上诉案件总数/件	一审结案至上诉平均用时/天	上诉至信息移送平均用时/天	信息移送至二审收卷平均用时/天	二审收卷至立案审查平均用时/天	立案审查至二审立案平均用时/天	移转总平均用时/天
g 年	14442	26.79	18.26	11.59	0	0.67	57.31
h 年	17910	40.19	4.21	0	0	0	44.40
合计/平均	44168	29.60	14.10	7.54	0.27	0.75	51.72

数据显示,一起案件从一审法院上诉移转至二审法院,需要 51.72 天。而根据笔者的统计,某地区 K 基层法院 h 年审结的 33055 件一审民事案件的平均审理时间为 45.60 天,C 中级法院 h 年审结的 15190 件二审民事案件的平均审理时间为 67.05 天。由此可以看出,上诉案件移转周期严重影响了纠纷处理的效率,增加了当事人的诉讼成本。

目前,大多数法院的审判流程管理都是从立案审查开始至卷宗归档结束,往往不涉及案件上诉移转的审判流程。[①] 最高人民法院于 2000 年 9 月 28 日起施行的《关于严格执行案件审理期限制度的若干规定》对于大部分的节点管理中涉及的审判流程时限都进行了规定,如立案审查时限为 5 日,立案至移送审判庭为 3 日等,但是对于案卷上诉移转时限未作规定。正是由于涉及上下级法院或法院各部门之间的工作衔接和协调,这部分的流程管理成为大多数人民法院审判流程管理的"死角"。[②]

从上述案件审理的流程示意图中可以看到,诉讼材料"送达"往往是一个审判流程转入下一流程的关键点。根据目前的司法实践情况,"送达难"的问题还比较普遍,很多送达程序都无法在诉讼程序要求的时限内完成,导致审判程序无

---

① 参见葛治华、邓兴广:《法院审判流程管理模式:反思与进路》,载《政治与法律》2006 年第 4 期。文中指出:审判实践当中,由于这方面的流程管理缺位,造成上诉或发回重审案件拖延移送的现象屡见不鲜,有的案件花费在案卷移送上的时间比花在审理上的时间还长,以致整体审判进程显得特别漫长,造成非常不好的社会影响。因此,必须对这些管理"死角"予以重视,将审判流程管理的触角延伸至这些地方,堵塞案件一、二审衔接过程存在的空当,防止变相拖延诉讼。

② 某地区法院在上诉案件移转流程管理方面作出了积极探索,下发的《某地区高级人民法院关于加强案件审限管理的规定(试行)》和《某地区高级人民法院关于上诉、抗诉案件移转用时监督管理意见(试行)》中对上诉移转操作,包括移转流程时限进行了规定,其中包括:当事人不服一审判决提出上诉的民事、行政案件,一审法院应当在 45 日内将案卷材料、上诉状等移送二审法院,最迟不得超过 60 日,但涉外案件或公告送达的除外;二审法院发现上诉、抗诉案件材料不齐全的,应当在 2 日内通知一审法院,一审法院应当在接到二审法院的通知后 5 日内补齐。

法顺利进入下一流程。[①] 因此,在审判流程的"节点管理"中,要加强这个关键点的时限监控和管理,积极探索快速送达诉讼材料的新途径、新方法,使审判流程能够顺畅运转。

四、审判流程"联合控制"的主要内容

对于与实体相关的审判流程的控制,是一种专业化的审判管理行为,其目的在于保障审判流程的正常运转和审判活动的良性运行,实现一定条件下的"均衡结案"。这种管理模式的核心在于"加快未结案周转速度"。围绕这个核心,人民法院、审判庭室、合议庭需要联合进行审判流程控制,同时,控制过程还需要职能部门的配合和协助,更需要审判人员自身审判方式、审判习惯的优化及能动性的发挥。

(一)从审判流程控制的科学统计标准看目前审判绩效指标不可回避的问题

目前,理论界和司法实践者对于均衡结案的讨论,大多停留在对绩效指标合理性的批判层面。一些涉及均衡结案的文章中,也仅将收案数、结案数及结案率作为考量结案是否均衡的主要因素。

事实上,均衡结案的科学统计是一个十分复杂的问题。无法科学地确定统计指标,就无法准确衡量审判流程失控的具体程度。考虑到本章讨论重点的需要,笔者也无法对这些标准一一进行分析,但在讨论均衡结案问题及制定审判流程控制的具体措施时,至少以下几个标准是要加以考量的:

1. 各子区间(一般以月为单位划分子区间)的收案数量分布,该分布的均衡

---

① 参见丁艳玲、王歆:《"司法的尴尬"——对某地区 L 基层法院民事案件送达情况的调查与分析》,载 http://129.0.0.23/cac/140029007.htm。文章对 g 年度某地区 L 基层法院民二庭承办的 1641 件案件的送达状况进行了统计,存在送达困难及自始无法送达的案件为 117 件,其中,送达时间超过一个月的有 372 件,超过两个月的有 200 件,最终采取公告送达的有 123 件。采用直接送达方式存在障碍的有 255 件(其中包括电话通知等简便传唤方式)、采用司法专邮方式存在障碍的有 82 件、采用留置送达方式存在障碍的有 31 件。因原告提供的被告送达地址不准确而存在障碍的有 169 件、因被告故意逃避送达的有 173 件(包括直接拒绝、电话拒绝或故意拖延)。作者指出:"送达难"问题长期得不到解决……导致案件从诉讼初始阶段就陷入"瘫痪"状态,从而降低了守法的社会公众对法律的相信与尊重……长此以往,势必会对法律的尊严、司法机关的权威与公信力产生极大的消极影响。

状况可以用子区间收案数量的方差①表示；

2. 所有案件的平均审理时间和子区间内案件的平均审理时间，以及各子区间案件平均审理时间的分布状况，可以用子区间案件平均审理时间的方差表示；

3. 各子区间的结案数量分布，该分布的均衡状况可以用子区间结案数量的方差表示；

4. 以案件平均审理时间为标准，将某一子区间 A 在时间轴上后移，落入子区间 B，A 的收案数量和 B 的结案数量的比较（在理想的状态下，A 区间所收案件经过案件平均审理时间后，应该在 B 区间审结，因此，可以通过此项指标分析 B 区间的结案数量是否处于正常状态），此标准还可以通过将收案曲线定量平移后与结案曲线的契合程度进行考量；

5. 当前子区间结案案件平均审理时间与所有案件平均审理时间的方差（通过结案高峰期内审结案件的审理时间分布状况，分析结案压力是否导致部分案件的审理时间违背了审判实践的一般规律，从而影响案件实体处理的公正）；

6. 各子区间审结案件作出的生效判决的当事人自动履行率，以及审结的一审案件的可上诉案件上诉率②情况，从而分析结案压力是否导致案件服判率降低、审判质量下降。

从上述的分析至少可以得出以下结论：理想状态下的均衡结案状况受到收案是否均衡的影响，并且对于一个相对长的统计区间（如一年）而言，其结案率应该是相对均衡的。然而，在目前大多数的审判绩效指标要求中，都是以年度结案率为核心制定的。同时，为了保障上述审判绩效指标的实现，配合制定了季度结案率的要求。以某地区法院为例，4 个季度的结案率指标分别为 50%、65%、80%、90%，这种指标实际上人为地将一年内的结案率做了不均衡的划分。这种划分也造成了这样一些不可回避的问题：（1）年终的结案高峰期不可避免；（2）该结案高

---

① 样本中各数据与样本平均数的差的平方和的平均数叫作样本方差。样本方差是衡量一个样本波动大小的量，样本方差越大，样本数据的波动就越大。数学上一般用 $E\{[x-E(x)]^2\}$ 来度量随机变量 x 与其均值 E(x) 的偏离程度，称为 x 的方差。具体的计算公式为：

$$S^2=\frac{1}{n}[(x_1-\bar{x})^2+(x_2-\bar{x})^2+\ldots+(x_n-\bar{x})^2]$$

② 可上诉案件指一审案件中以判决或可上诉的裁定为结案方式的案件。可上诉案件上诉率指这些案件中实际上诉的比例。这种对于案件上诉率的统计比一般意义上的上诉率统计（上诉案件占所有案件的比例，包括不可上诉的调解结案案件和不可上诉的裁定结案案件）更具有针对性，更能够体现当事人对法院裁判结果的服判率。笔者此前在对 c～f 年某地区 B 中级法院、C 中级法院审理的知识产权纠纷案件的可上诉案件上诉率的统计分析中发现，有高达 61.38% 的可上诉案件最终进入了二审程序。

峰期带来的结案低谷期不可避免;(3)当年终的审判绩效指标要求显著高于正常的结案率时,人为控制收案状况分布将成为无奈之举。

(二)细化审判绩效指标要求,提高缓冲期流程控制能力

在上述讨论的基础上,笔者通过“由人民法院和审判庭室细化审判绩效考核指标”的方式,将结案率的指标要求从季度控制细化为月控制。

为了验证这种控制方式的有效性,笔者以 g 年某地区 K 基层法院收结案的实际数据为基础,对进行流程控制后的理想状态设计了如下实施例(见表 9－7):

表 9－7　某地区 K 基层法院收结案实际情况与理想模型对比

时间	一审民事收案/件		一审民事结案/件		结案率/%		
	实际	理想模型	实际	理想模型	实际	理想模型	细化结案率指标
g 年旧存	738						
g 年 1 月	5025		1265		21.95		20
g 年 2 月	2969		1541	2141	32.13	39.01	35
g 年 3 月	1791	2491	3131	2731	56.42	54.68	50
g 年 4 月	3325	2325	2258	2558	59.18	64.18	60
g 年 5 月	2611	2511	1803	2603	60.74	70.35	70
g 年 6 月	1511	2411	3694	2894	76.19	76.84	75
g 年 7 月	3356	2256	1256	2056	70.09	78.39	75
g 年 8 月	2687	2287	2227	2447	71.52	81.24	80
g 年 9 月	1500	2500	4240	2840	83.94	84.41	80
g 年 10 月	3104	2304	1400	2780	79.73	87.41	85
g 年 11 月	1304	2104	2724	2824	85.35	90.70	90
g 年 12 月	1047		4866	3266	98.18		95
g 年未结			563				
合计	30968		30968				

同时,笔者将实际情况和经过流程控制的理想状态下的实施例的收结案情况分别制作了曲线图,对比如图 9－4、图 9－5 所示:

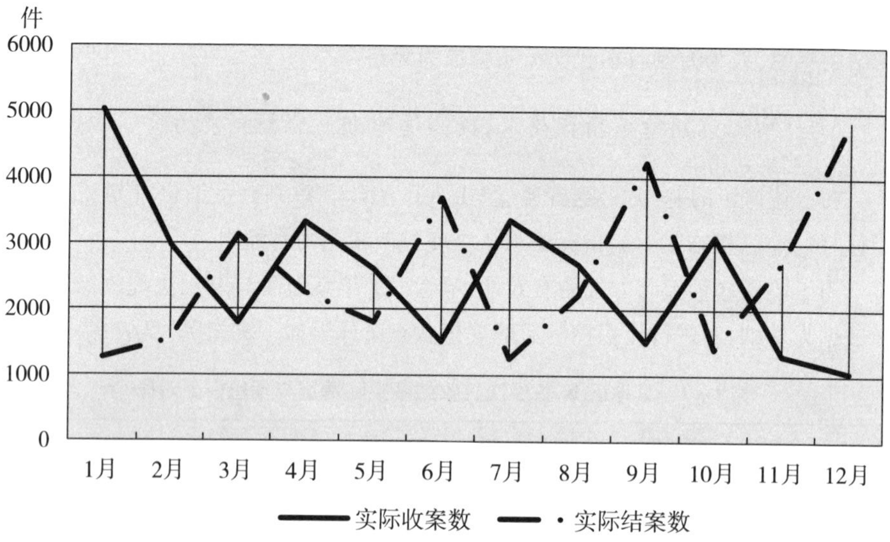

图9－4　某地区K基层法院收结案实际情况

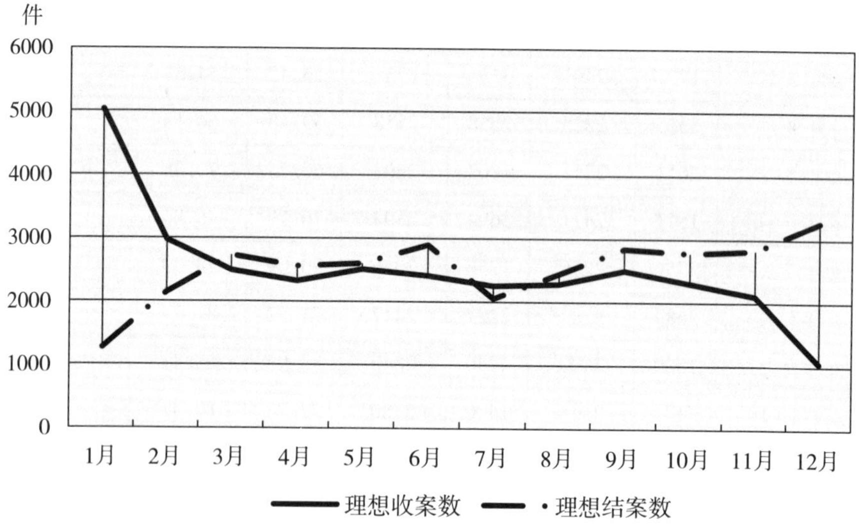

图9－5　某地区K基层法院收结案理想模型

在这个实施例的设计中，笔者对其可操作性进行了如下考量：

1. 将季度结案率指标的50%、65%、80%、90%，细化为以月为单位的20%、35%、50%、60%、70%、75%、75%、80%、80%、85%、90%、95%，在满足原有季度末的结案率指标的前提下，将第二季度末的结案指标由原来的65%提高到75%，以此缓解第三、四季度的结案压力；

2. 考虑到现有的绩效考核指标带来的不可回避的年终结案高峰期的出现，笔者在实施例设计中保留了实际情况下 1 月、2 月、12 月的收案数量及 1 月的结案数量，在此前提下，其他各月的收案数量不进行人为干预，而是根据客观规律设计了相对平均的月收案数量分布；

3. 考虑到审判工作的实际情况，在尽量均衡审判压力的前提下，实施例对 7 月、8 月降低了结案数量要求，以此作为审判人员全年的集中休整期；

4. 在全年总审判工作量无法改变的情况下，实施例通过提高缓冲期（结案高峰期和结案低谷期之间的期间）流程控制能力的方式，使月平均结案数基本控制在 3000 件以下，使 3 月、6 月、9 月、12 月四个结案高峰期的审判压力分别下降了 12.78%、21.66%、33.02% 和 32.88%，避免审判强度畸高畸低状况的出现；

5. 将上述实施例进行简单的调整，就可以实现全年至少 80% 的恒定结案率指标，而不必对收案分布状况进行任何人为的调整，这将是有效控制审判流程和实现审判绩效指标之间最理想的状态。

（三）错峰调节，降低结案高峰期的工作强度

笔者以 10 天为单位，将每个月再细分为三旬，[①]对 h 年某地区 C 中级法院审结的 18854 件民事案件的审结日期分布进行了统计，见表 9－8：

表 9－8　某地区 C 中级法院民事案件月度审结时间分布

单位：件

类别	1 月	2 月	3 月	4 月	5 月	6 月	7 月	8 月	9 月	10 月	11 月	12 月	合计
上旬结案	28	179	106	218	418	424	160	220	356	313	458	686	3566
中旬结案	23	230	289	307	97	389	193	312	499	106	654	618	3717
下旬结案	154	238	1351	713	586	1501	638	553	1300	595	986	2956	11571
合计	205	647	1746	1238	1101	2314	991	1085	2155	1014	2098	4260	18854

并依据上述数据，制作了柱状图（见图 9－6）：

① 如把 3 月分为 1～10 日、11～20 日、21～31 日三个期间。

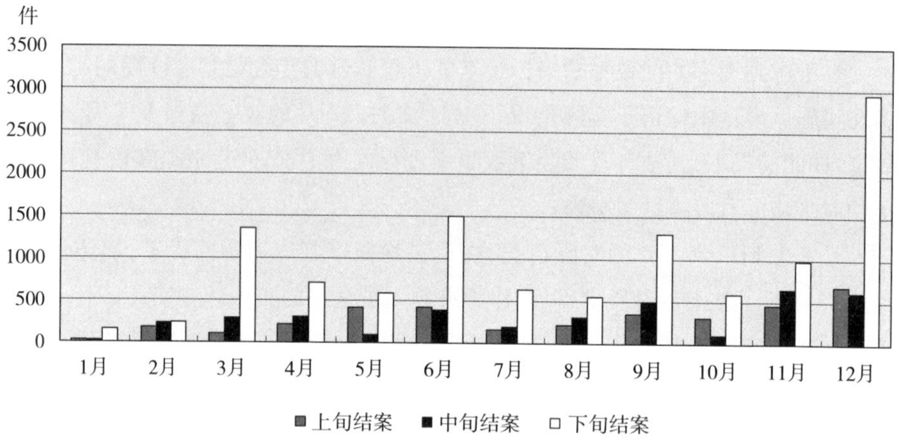

图 9－6　某地区 C 中级法院民事案件月度审结时间分布

从上述数据可以看到，审判人员的结案压力主要集中在结案高峰月，而结案高峰月审结的案件又大多集中分布在该月的最后 10 天内，使这段时间的工作状态处于非正常的高强度之下，必将在一定程度上影响审判人员的身心健康和案件的公正审理。同时，由于大量案件集中在结案高峰月的最后几天审结，一部分的宣判、送达等工作将不得不拖延到下一个审判周期，影响该周期审判绩效指标的完成。

因此，根据上述细化审判绩效指标要求的基本思路，审判庭室、合议庭可以以旬为单位进一步细化审判任务，强化审判流程控制。具体的操作方式包括以下两个方面：

1. 提前错开结案高峰期的到来，将每一审判周期的审判绩效考核要求的最后时限人为提前 7～10 天，原则上要求审判人员提前完成该审判周期的工作任务；

2. 在该 7～10 天内，完成该审判周期审结案件的文书审核、制作、宣判、送达等后续工作，并完成审判人员的短暂休整，保证进入下一审判周期时审判工作的全面开展。

（四）合议庭合理控制审判进程，缩减案件平均审理周期

笔者在某地区 C 中级法院随机抽取了 80 名民事审判人员，对以普通程序审理的一审民事判决案件的工作时间进行了调查分析，结果如表 9－9 所示：

表9－9　民事审判流程用时情况

类别	审查卷宗	询问及指导举证	开庭及宣判	诉讼调解	调查取证	合议庭评议案件	撰写、审核法律文书	合计时间
承办法官/小时	1.92	1.76	2.66	1.63	2.42	1.33	5.89	17.61
合议庭成员/小时	0.34	0	2.66	0.03	0.01	1.33	0.03	4.4
审判长/小时	0.48	0.09	2.66	0.12	0.04	1.33	1.02	5.74
合计时间/小时	2.74	1.85	7.98	1.78	2.47	3.99	6.94	27.75
流程用时占比/%	9.87	6.67	28.76	6.41	8.90	14.38	25.01	

从以上的结果可以看到：合议庭以普通程序审理一起一审民事判决案件所投入的总工作时间约为27.75小时，其中撰写和审核法律文书消耗了审判人员较大比例的工作时间，占合议庭总工作时间的25.01%，占承办法官总工作时间的33.45%。

根据笔者前文的统计数据，某地区C中级法院h年一审案件的平均审理时间为103.1天，这说明大部分审判人员在任何一个审判流程中都有大量未结案件在同时周转。要加快未结案周转速度，必然需要降低案件平均审理周期。由此可以看出，在不影响当事人诉讼权利和不牺牲实体公正的前提下，审判流程的某些环节时间，是可以通过合议庭对于审判工作的合理安排和对于案件审判流程的有效控制而缩减的。①

根据笔者的司法实践经验，在以普通程序审理的一审民事案件中，从立案到开庭审理的阶段审判流程相对顺畅、紧凑，但开庭后的补充审理期和合议及宣判

① 参见唐前宏：《美国案件流程管理概览》，载《法律适用》2002年第11期。文中指出：美国流程管理制度基本内容之一就是"法院取代当事人控制诉讼进程"，并指出：流程管理的基本原则就是法院要控制从起诉到审结的全部进程，尽可能合理及时地结案，减少当事人和法院的成本。按全美律师协会要求，法院应当设置全程审判时间总规定和各主要类型的案件主要环节完成时间的具体要求。主要措施有：及早介入诉答程序；确保证据交换程序有序高效；确定可靠的审判日程；加强庭审安排和管理。

期的时间则拖延过长，大大降低了审判效率。在一审简易程序处理的案件及二审案件的审判流程中，也不同程度地存在上述问题。

因此，在民事审判过程中，应该加强以下四方面的工作：

1. 合理张弛，妥善安排各个审理阶段的进程，进一步提高审判效率，加快未结案件的周转，降低司法成本和当事人成本的消耗。

2. 审理民事案件的承办法官应加强卷宗审查、指导举证、庭前询问和庭前调解工作，使庭审过程清楚、顺畅，争议明确，证据到位。从而通过承办法官时间和精力的庭前投入，避免案件庭审混乱造成诉讼拖延，加大其他合议庭成员的工作投入，同时避免因证据不断补充导致多次开庭的情况。①

3. 及时针对案件的具体情况，解决影响审判流程正常运转的管辖异议程序、调查取证程序、鉴定程序、中止程序、追加当事人程序等问题，做到及时发现问题、及时合议研究、及时制定对策、及时解决问题。

4. 特别要加强对案件评议和裁判文书制作的流程控制。合议庭应该在庭审后及时安排合议，承办法官应在合议后及时撰写裁判文书。通过对此流程的时限控制，可以更充分发挥庭审的价值，并且可以通过合议及时启动补充审理程序，提高案件审理效率。②

（五）加强诉讼调解、促进诉讼和解，加快未结案周转速度

根据上文笔者对某地区 C 中级法院 h 年审结的 18854 件民事案件的平均审理时间的统计，一审判决案件的平均审理时间为 127.08 天，而调解、撤诉案件的平均审理时间仅为 57.33 天。

---

① 参见张绳祖：《人民法院立案庭的审判管理职能》，载《法律适用》2004 年第 12 期。文中在论述“合理安排审判工作的时间”时指出：审判工作的时间包括：立案时间、阅卷时间、开庭时间、合议时间、裁判文书的制作时间、宣判时间、送达时间等。合理安排审判工作的时间，就是根据案件的审判期限要求，对审判工作的各个环节所用的时间进行合理安排，使审判工作的时间链条合理衔接、环环相扣，在法定的时间内审结案件。

② 参见葛治华、邓兴广：《法院审判流程管理模式：反思与进路》，载《政治与法律》2006 年第 4 期。文中指出：在审判流程管理上，多数法院比较注重对案件全程审判周期的监控，把审限管理重点放在了案件是否超最终审限上，而对于流程各环节的监控往往相对放松。尤其是案件辩论终结后进入评议和裁判的这个阶段，多处于监控盲点，这段时间的长短由承审法官自由掌握，由此造成审判实践中，往往庭审很早就已结束，而评议和制作裁判却迟迟不见动静，直至审限即将届满，无法再拖，才匆匆开始行动。如不加强这个流程阶段的时限管理，至少会存在以下弊端：一是随着时间的推移，法官对于证据所形成的心证和对案件事实形成的判断，会日渐淡忘而记忆模糊，最后只得根据书面材料和残缺的记忆进行评议和裁判，这样不但减损了庭审的价值，而且容易导致主观臆断；二是这段空档时间越长，法官受到外界不正当干扰的可能性会越大，甚至会引发司法腐败。

从以上的统计数据可以看出，一审判决案件消耗了大量的审判资源，其平均审理时间约为调撤案件平均审理时间的2.22倍。据统计，在这些一审案件中，又有12.82%的案件进入了二审程序，此后又有一定比例的案件进入了再审程序及执行程序。

一方面，法院在这些案件的处理过程中投入了大量的司法资源；另一方面，当事人的纠纷需要经历多个司法程序和审判流程，而不能够很快地被化解，造成了当事人诉讼成本的巨大投入及社会成本的浪费。因此，加强诉讼调解、促进诉讼和解，不仅可以有效降低审判资源消耗，而且是缩减案件平均审理时间，加快未结案周转速度的重要途径。①

通过诉讼调解、和解实现审判流程控制，应该从以下几个方面入手：

1. 破除单纯追求司法效率、以结案为最终目标的审判观念，提高对诉讼调解重要性的认识。培养司法为民的工作作风，在关注法院自身工作效率和成绩的同时，更要关心当事人的诉讼投入和社会资源的消耗，追求司法效果与社会效果的统一。②

2. 诉讼调解流程的起点应适当前移，特别是要在送达期、答辩期做好诉讼调解的准备工作，将指导举证期作为诉讼调解的重点环节，促进庭前调解协议的达成，从而进一步降低案件审理周期，加快未结案件周转速度。

3. 理顺诉讼调解工作和案件裁判的审判流程交叉关系，“能调则调、当判则判”，加强调判结合研究，做到诉讼调解流程和案件裁判流程相互独立又相互促进，避免二者相互制约和影响。

（六）发挥审判人员控制审判流程的能动性，优化审判方式和案件审理习惯

涉及案件实体审理的审判流程控制，不仅受到案件具体情况的制约，更受到

---

① 参见曹建明：《当前民事审判工作中的若干问题》，载《法律适用》2007年第2期。文中指出：对婚姻、家庭、邻里纠纷案件，当事人众多、社会矛盾容易激化的案件，证据形不成优势、事实难以查清的案件，法律、政策规定不明确的案件，要注意充分运用调解方法加以解决。各级人民法院可以进一步探索司法调解的新机制、新做法，积累新经验，提出完善现行司法调解制度的建议和意见，共同把人民法院司法调解这一“东方经验”发扬光大。

② 参见冯刚：《司法经济原则应确立为现代司法理念中的基本内容》，载万鄂湘主编：《现代司法理念与审判方式改革》，人民法院出版社2004年版，第229页。文中指出：基于我国的基本国情，目前我国司法领域的主要矛盾是全社会日益增长的司法需求与现实的司法资源不能满足这一需求之间的矛盾。面对这一日益尖锐的结构性矛盾，仅仅强调提高法官个体的道德修养和知识水平是远远不够的，必须广泛利用各学科的研究成果。从司法资源相对于全社会的司法需求的稀缺性这一角度出发，应当将司法经济原则确立为现代司法理念中的基本内容。

审判人员个性化的审判方式和审理习惯的巨大影响。

近年来，随着民事审判资源匮乏现状的不断加剧，繁重的工作、经济上的压力及由行业特点决定的心理压力，使大部分民事审判人员的身心健康状况产生了问题。对于很多基层法院的审判人员而言，平均每天处理一起案件的工作强度使他们身心疲惫，在这种情况下，让审判人员兼顾“公正与效率”，自觉加强审判流程控制，难免力不从心。

然而，基于民事审判人员的总工作量无法改变的前提，发挥审判人员的能动性，特别是克服工作懈怠情绪，加强工作安排的合理性，优化审判方式和案件审理习惯，仍然是加快未结案件周转速度，提高审判效率，解决审判流程失控现状的根本途径。

在工作强度、精神压力和经济状况在短期内难以有效缓解的情况下，如何保障审判人员的身心健康，提高审判人员的工作能动性，实现审判人员的“可持续发展”，成为司法实践部门面临的重要课题。

笔者认为，人民法院要解决这一问题，必须从加强法院文化建设入手，以科学的法治理念为指导，培育具有人文特色的法院精神，即法律至上精神、公平公正精神、崇尚科学精神、无私奉献精神；同时要关心审判人员的身心健康，帮助审判人员解决工作、生活中遇到的实际困难，培养审判人员的职业自豪感和职业价值观，以饱满的热情、良好的精神状态投入民事审判工作。①

五、结语

民事审判流程的科学管理不仅关系到审判权的规范运作，保证审判工作严格依据诉讼程序公开、公正、高效、有序地运行，而且直接关系到审判活动所追求的公正与效率价值目标的实现。同时，民事审判流程的合理控制，是人民法院以审判工作为中心的各项工作良性运行的基础，更是保证民事审判人员资源“可持续发展”的关键所在。

---

① 参见郑之权、高云环：《法院文化建设理论与实践研究》，载《综合来源》2005 年第 5 期。作者在文中提出了法院文化建设的思路：(1)以人为本，坚持“三个结合”，即法院文化建设坚持与建设学习型法院相结合；法院文化建设坚持与树立现代司法理念相结合；法院文化建设坚持与制度建设相结合。(2)突出重点，培养“五种意识”，即勤勉敬业意识、无私奉献意识、开拓创新意识、竞争意识、廉洁自律意识。(3)内外结合，循序渐进，整体推进。以倡导法院精神为契机，坚持以人为本，营造团结进取、敬业奉献、昂扬向上的工作氛围；以领导者的倡导作用和示范作用发展法院文化；以典型精神引领法院文化；以外在管理和内在管理并重，实现由他律向自律的转变；以法院物质建设为载体，彰显法院文化底蕴，塑造司法权威。

与应用审判流程控制方式解决审判绩效指标运作中出现的尴尬境地相比较，如何在充分尊重司法实践客观规律的前提下，让审判流程的科学管理和合理控制作为符合基层法院和中级法院审判规律的科学管理体制的重要组成部分，成为有效缓解民事审判资源匮乏现状、提高纠纷处理效率、降低当事人诉讼成本投入的重要途径，这样的课题研究更具有现实的意义和学术上的价值。

第十章

审判质量“过程控制体系”研究

案件的审判质量是人民法院审判工作的生命线，是司法公正的最终体现。①近年来，各级人民法院围绕“公正与效率”这一主题，推出了不少举措，也取得了一定成效。但一方面，这些举措仍然无法充分满足人民群众对于审判质量的高要求；另一方面，这些举措在人民法院内部，没有能够得到审判人员的广泛认可，也没有在提高案件审判质量方面全面发挥其应有的作用。

本章将从基层人民法院和中级人民法院的视角，对于在新形势下如何提高科学管理水平，构建审判质量控制体系，切实提高案件审判质量进行研究。

一、审判质量控制模式的现状分析

（一）结果质量评价：无法及时矫正审判过程中的质量问题

目前，人民法院的审判质量管理制度仍然建立在以审判结果质量评价为核心的层面，通过对于案件质量的事后评查，检验法官审判过程中的质量，并通过责任追究制度，对于在审判过程中出现的偏差予以惩戒。

单纯的结果质量评价机制存在两方面的弊端：(1)审判过程和节点的质量与审判结果的质量之间虽然具有密切的关联，但却缺乏严格的对应关系，因此，审判结果的质量不能够全面、准确地反映审判工作的质量；(2)对于个案而言，审判流程的不可逆性决定了结果质量评价缺乏现实意义，只有对审判过程和节点的质量

① 最高人民法院1999年11月29日发布的《全国民事案件审判质量工作座谈会纪要》指出：司法公正是人民法院审判工作的核心，而案件的审判质量又是核心的核心。依法对民事案件作出公正裁判，保证办案质量，这是实现人民法院审判职能的具体体现，是法治社会的基本特征之一。只有保证办案质量，才能维护人民群众的根本利益，使当事人的合法权益获得最终实现，才能体现司法公正。抓好了民事案件的审判质量，就抓住了司法公正的根本，民事审判工作也就能够得到社会各界的广泛好评和充分肯定。

评价才能够起到事先预警、事中矫正的功效，从而使审判质量控制体系对于个案的审判结果质量起到积极的干预作用。

（二）以改发率为核心的质量评价：无法科学量化审判人员真实办案质量

长期以来，由于缺乏科学的审判质量评价系统，人民法院一直将案件改判率和发回重审率作为审判质量评价的一个核心指标。[①] 从宏观的角度而言，改发率真实反映了上级法院对于上诉案件审判质量的评价结果，但是，这种以改发率为核心的质量评价机制存在以下三方面的弊端：（1）改发率仅仅是针对一审案件中上诉案件的审判质量评价，无法全面反映包括未上诉案件在内的所有案件的整体审判质量；（2）造成案件改判、发回重审的原因复杂，改发率的高低与一审案件审判质量缺乏严格的对应关系；（3）以改发率为核心的质量评价机制抹杀了不同类型案件审判难度的差异性特征，单纯地以改发率为指标进行审判质量评价的方式缺乏精确度。

（三）个案质量评价：难以有效反映和影响整体案件质量

目前，案件数量持续增长，对于所有案件进行全面质量评价缺乏可操作性和现实可能性，因此，大多数的法院采取了以个案质量评价反映整体案件审判质量的方式。这种评价方式从本身上是科学的，但在实际操作中却存在以下问题：[②]（1）样本选取不科学，目前样本的选取并非随机产生，而是依据案件评查者的个人偏好和习惯抽取；（2）样本选取的比例不科学，目前样本的选取比例一般约为每名审判人员当月结案数的10%～15%，由于受到结案率考核要求的影响，审判人员每月结案总数差异很大，因此，单纯地固定比例选取样本的方式，无法全面反映审判人员整体案件质量；（3）评查方式不科学，目前的个案评查均采取卷宗评查的方式，缺乏实际审判过程的对应参照，评查人员更多地只能根据裁判文书质量判断案件质量，难以发现审判过程中存在的质量隐患。

二、审判质量“过程控制”：以“案件审判流程”为核心

“过程”是现代管理学的概念，指一组将输入转化为输出的相互关联或相互

---

① 参见宁杰：《“审判质量效率评估体系研讨会”综述》，载《人民法院报》2006年1月9日，B1版。

② 参见杨喜贤：《完善质量效率考评制度之我见》，载《法律适用》2007年第4期。

作用的活动。系统地识别和管理这个过程,尤其是诸过程之间的相互作用,就是“过程控制”,也称为“过程方法”。①

实践证明,过程控制可以使组织在过程结果、有效性、效率和成本方面获得最大的业绩:(1)过程方法要确定各个过程的输入信息、输出结果及各过程之间的“接口”标准,规范各个过程之间的顺序和相互作用,可以确保工作程序的良好运转,明确各环节的责任,提高工作效率;(2)过程方法在对过程中每一个岗位的职责、权限和岗位对工作人员的素质能力要求作出明确规定的同时,对每个过程的输出结果建立测量的准则和方法,可以及时准确地获取与质量有关的信息并作出科学正确的分析,为持续改进提供依据;(3)过程方法通过跟踪监督和对有关要素进行重点控制,可以预防和减少不合格活动的发生,最大限度地减少不合格结果的出现。②

(一)审判流程的过程控制

笔者根据审判实践经验,以一审普通程序审理的民事案件为例,将审判流程中的过程和节点制作如图 10－1 所示:

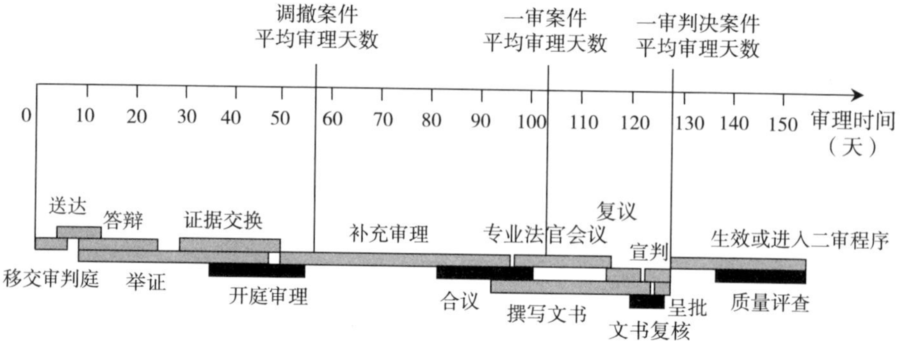

图 10－1　一审民事案件审判流程节点

从图 10－1 可以看出,审判流程中的过程具有以下特点:(1)各过程之间存在交叉,即一个时期内可能同时存在两个或两个以上的过程;(2)过程可以重复,但不可逆;(3)各过程的质量对于审判结果质量产生的影响存在差异。

案件的审判是一个动态的过程,包括多个过程和节点,每个过程和节点的质量,都将对案件最终处理结果的质量产生影响,并通过案件的公正性、效率性、效益性和

① 参见单宝、周立公编著:《管理学:理论・过程・方法》,立信会计出版社 2004 年版,第 12 页。

② 参见郭国谦:《创新案件质量管理机制的思考》,载《人民检察》2004 年第 8 期。

安全性等执法成果表现出来。[①] 因此,对于审判质量的控制,必须以审判过程的动态控制为主,强调审判质量控制体系的事先预警、事中矫正功能,以审判结果质量的静态评价为辅,将审判结果质量评价作为审判质量过程控制的检验标准之一。[②]

(二)核心过程的质量控制

案件的审判过程是一项复杂的系统工程,包括多个过程和节点,由于案件具体情况千差万别,审判过程也将产生各自的差异性特点。但从整体而言,有四个过程是案件审判流程中的核心过程,对于案件审判质量产生决定性的影响。对于案件审判质量的控制,应该有针对性地强化这四个核心过程的质量控制:

1. 庭审过程控制

案件庭审是审判流程中的最核心过程,是案件事实查明的最基本途径。准确查明案件事实,则是确保案件审判结果质量的根本前提。

对于庭审过程的质量控制,需要从以下几个方面进行:(1)做好庭前证据交换和庭前举证指导工作;(2)先期解决影响案件庭审的程序性问题,如当事人提出的延期举证申请、证人出庭申请、调查取证申请等;(3)合议庭庭前对案件进行初步评议,明确案件审理焦点;(4)具化当事人的诉讼请求,明确案件审理的事实范围;(5)规范庭审程序,特别是强化对举证、质证、认证程序的规范;(6)切实落实庭审公开制度。

2. 重点诉讼程序控制

除了案件庭审过程之外,与案件事实查明和适用法律相关的一些重点诉讼程序,也对案件处理结果的程序合法性、实体公正性发挥着重要作用,并对案件审判质量产生重要影响。

这些重点诉讼程序主要包括:证据保全、财产保全、行为保全(包括诉前禁令和诉中禁令的颁布)、管辖权异议、调查取证、现场勘验、司法鉴定、追加当事人、中止诉讼、延长审限等。对于这些重点诉讼程序的控制主要从以下几方面进行:

---

① 参见魏旋君:《构建案件全面质量管理体系探析》,载《人民检察》2005年第10期。

② 参见刘绍武:《创新执法质量监督机制科学评估依法行政水平》,载《行政法研究》2009年第1期。文中指出:"动态管理,实时监测"是执法质量评估预警机制宏观掌握、管理全局执法质量的重要手段。它满足了不同执法形势下对不同时期的执法工作进行管理的需要,即能够应对执法形势变动、执法时间变动、执法态势变动对执法管理工作带来的挑战。在运行中,该机制依托执法信息化系统,能够及时取得各项执法办案的实时数据,实现对全局和各分县局的主要执法质量的实时监测和动态管理。在此基础上,及时分析、查找、通报执法工作中存在的苗头性、倾向性以及隐蔽性问题,按照"抓早、抓小、抓严、抓实"的原则,利用常量指导从源头上查找问题的根源,从而实现对全局执法质量态势的有效掌控,确保全局执法质量不出现大的波动。

(1)确保程序合法性;(2)对于这些程序的决策由合议庭评议决定,避免由案件承办法官单独决策;(3)合议庭处理结果应及时告知申请人或当事人;(4)针对不同程序的具体情况,建立相应的接受庭长、院长、审判委员会指导制度和结果呈批、备案制度。

3. 合议庭评议过程控制

合议庭评议过程是对案件处理结果进行决策的过程,也是影响案件审判质量的关键环节。① 对于合议庭评议过程的质量控制,应从以下几方面进行:(1)规范合议庭合议制度,杜绝合议过程流于形式,合而不审、陪审员陪而不审、评而不议、搞"一言堂"等现象发生;(2)做到庭前合议,庭后及时合议,充分发挥庭审功效,避免庭审后久拖不议的现象发生;(3)合议庭不仅要对处理结果进行合议,还要对关键证据、关键事实进行全面合议,强化合议庭对承办法官决策力的制约;(4)明确案件接受庭长、院长、审判委员会指导范围,规范案件请示、汇报制度;(5)案件经请示、汇报后应及时复议。

4. 裁判文书制作过程控制

裁判文书是案件审判流程的最终产品,裁判文书的质量是全面检验、反映案件审判过程质量的核心标准,也是当事人对于审判工作质量评价的根本依据。

裁判文书制作过程的质量控制主要应从以下几个方面进行:(1)裁判文书撰写应全面、准确反映合议庭评议结果;(2)切实加强裁判文书的说理性;(3)全面落实合议庭内部对裁判文书原稿签字确认的机制;(4)审判长应对裁判文书进行认真修改、严格把关;(5)审判人员、书记员或审判服务机构应加强裁判文书核校工作,减少文字性错误;(6)高度重视裁判文书主文的撰写;(7)落实裁判文书的呈批、签发制度。

三、审判质量"过程控制体系":以"有效制约案件决策"为核心

科学的审判质量控制模式,应强调审判过程参与主体能动性的发挥,而非制度的管理和监督。在审判过程参与主体共同对于审判质量进行控制的过程中,"有效制约案件决策"是审判质量"过程控制体系"构建的核心。

① 参见滕爱节:《如何进行审判监督确保案件质量》,载《综合来源》2005 年第 12 期。文中指出,提高审判质量,必须强化合议庭职能作用的监督,进一步规范合议庭的工作程序,充分发挥合议庭的职能作用,使合议庭全体成员平等参与案件的审理、评议、裁判,共同对案件认定事实和适用法律负责。

(一)审判质量“过程控制体系”构建思路

1. 关于决策力、控制力、监督力的分析

笔者认为,与案件审判和质量控制相关的主体包括:①(1)承办法官;(2)合议庭;(3)庭长、院长、审判委员会;(4)书记员、审判服务机构;(5)审判管理部门;(6)审判监督部门;(7)上级法院。审判过程中的三个要素对审判质量起到重要作用:(1)对案件结果的决策力;(2)对审判质量的控制力;(3)对审判质量的监督力。

笔者认为,在科学的质量控制体系中,上述七个主体与三个要素之间的关系如表10-1所示:

表10-1　质量控制体系要素

类别	对案件结果的决策力	对审判质量的控制力	对审判质量的监督力
承办法官	基本决策力	过程基本控制力 结果基本控制力	自我监督力
合议庭	核心决策力	过程核心控制力 结果核心控制力	内部监督力
庭长、院长、审判委员会	准决策力	结果准控制力	准监督力
书记员、审判服务机构		过程辅助控制力	
审判管理部门		过程矫正控制力	核心监督力
审判监督部门	矫正决策力	结果矫正控制力	
上级法院	矫正决策力	结果矫正控制力	

① 山东省济宁市中级人民法院把加强案件审判质量管理作为法院的“一把手”工程来抓,落实院长、副院长、庭长、审判长、审判员和书记员“五级责任制”,做到责任不脱节,监督无死角。在此基础上,该院各审判业务庭普遍建立了适合各自审判工作要求的规范细则,对开庭、合议、判决等各个环节,明确了具体操作要求,规范了业务庭内部审判质量的监督管理。参见屈庆东:《济宁中院构建审判质量“一把手”工程,“五级责任制”促审判质量节节高》,载《人民法院报》2004年4月11日。

2. 审判质量“过程控制体系”的价值目标

科学的审判质量控制体系应具有以下功能：①(1)充分加强合议庭对于案件处理结果的核心决策力和对于审判质量的核心控制力；(2)加强承办法官对审判质量的基本控制力和自我监督力，并通过合议庭核心决策力的加强，制约承办法官对于案件处理结果的基本决策力；(3)规范庭长、院长、审判委员会对于案件处理结果的准控制力，加强其对于审判质量的准控制力和准监督力；(4)在确保合议庭独立行使审判权的前提下，加强审判管理部门对于审判质量的过程矫正控制力和核心监督力；(5)发挥审判管理部门、审判监督部门、上级法院对于审判质量的结果评价作用。

审判质量“过程控制体系”应实现以下四方面的价值目标：(1)以合议庭案件决策权的有效制约和对审判质量的核心控制为主，以监控、管理机制为辅；(2)以围绕审判流程为主线的过程控制为主，以案件结果评价为辅；(3)以案件整体审判质量控制为主，以个案考评作为检验；(4)以提高审判人员职业能力、强化正面激励机制、调动和发挥审判人员对审判质量的自我控制为主，以责任追究制度为辅。

3. 审判质量“过程控制体系”的基本模式

审判质量控制体系是一个系统工程，笔者试图构建一个以审判流程为主线，以法官职业能力培训、职业道德教育为基础，以规范合议庭工作为重点，以审判质量评价系统为支撑，以信访投诉状况、管理效果反馈为参考，以审判质量激励和责任追究制度为管理手段的审判质量“过程控制体系”。②

笔者对体系各部分之间的逻辑关系设计如图 10－2 所示：③

---

① 参见魏旋君：《构建案件全面质量管理体系探析》，载《人民检察》2005 年第 10 期。文中指出：从静态的角度分析，案件质量应当是指案件的适合性，也就是指案件应当适合事实、证据、程序、适用法律等方面的要求，能够满足人们对公平正义需要所具备的特性。这些特性可以概括为实体公正性、程序公正性、效率性、效益性和安全性。案件全面质量管理体系，是指为保证和提高案件质量，满足公平正义的要求，实现公正执法目的，建立和完善由以案件质量管理为核心，包括以业务管理、队伍管理为内容的，对动态的办案质量、静态的案件质量进行全过程、全方位的有效监控和管理的各项机制或制度而构成的有机系统。该系统应当具备这样的特点：①全面性；②严谨性；③可操作性；④前瞻性；⑤高效性。

② 参见陈凤超、吴海光：《新型案件质量管理机制的理论模型与制度重构》，载《人民检察》2006 年第 14 期。文章以“实现理论模态外化——新型案件质量管理机制的制度体系建设”为标题，指出新型案件质量管理机制的制度体系应包括以下内容：(1)以科学执法观为指导，构建新的办案质量标准和办案工作规范；(2)以实现对办案活动的全过程控制和督导为目的，制定办案流程管理规范和办案督导制；(3)以实现办案绩效管理为目标，建立科学的办案质量评估制度。

③ 参见林建森：《关于构筑审判质量效率监控体系的调查报告》，载《山东审判》2005 年第 6 期。

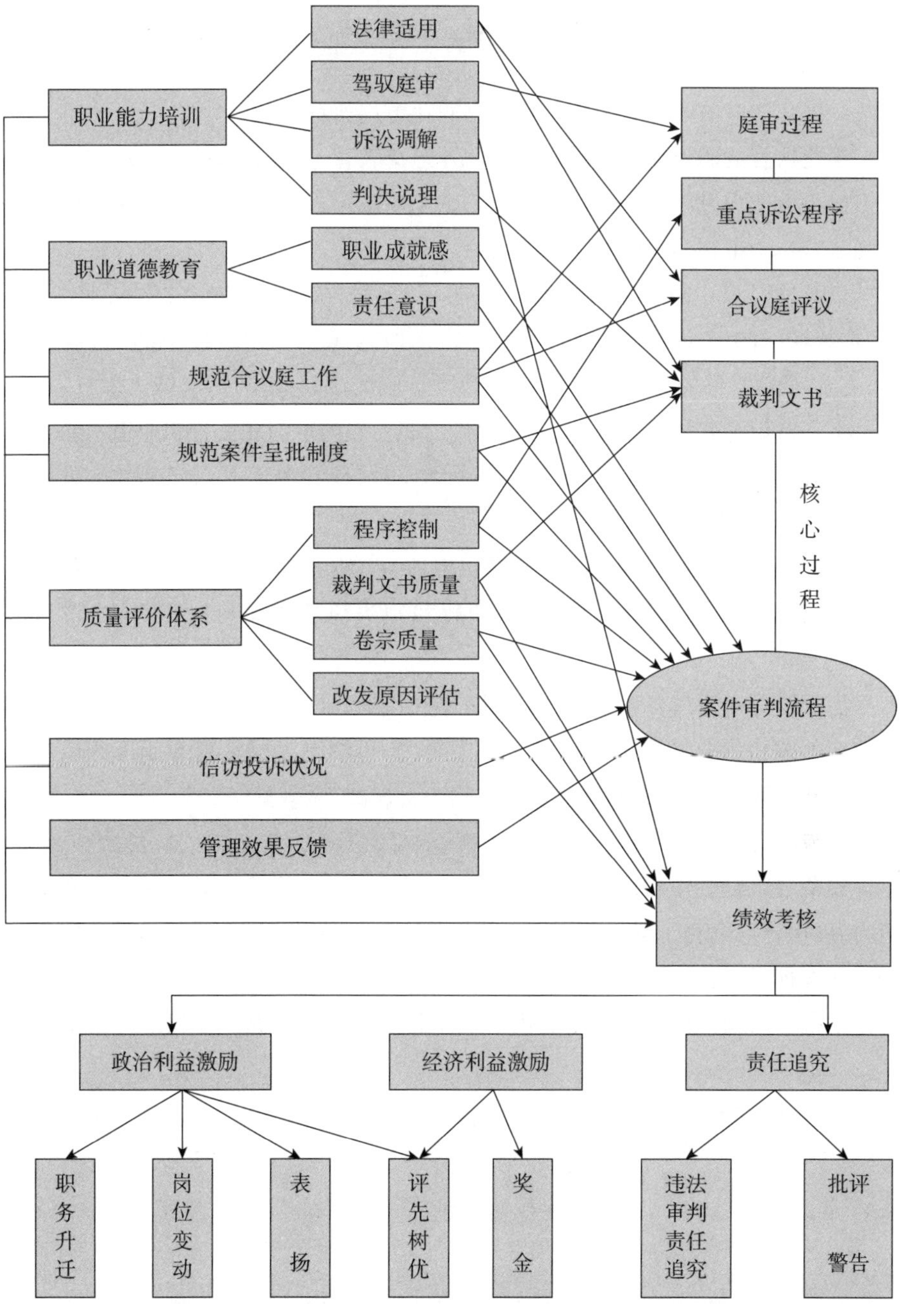

图 10－2　质量控制体系内容模型

(二)审判质量"过程控制体系"的主要内容

1. 强化法官的职业能力培训和法官职业道德教育

强化法官的职业能力培训和法官职业道德教育,其核心目的一方面在于增强法官的决策能力,提高法官对于案件处理结果基本决策的准确性;另一方面在于加强法官对于审判质量的基本控制力和自我监督力。

以某地区C中级人民法院e~h年再审改判、再审发回重审的146件案件为例,据统计,有107件案件改判、发回重审的原因属于审判过程中的"常规性错误"①,占全部案件的73.3%。这些审判质量瑕疵,都与基本司法能力发挥、审判人员责任意识息息相关,可以通过一般性的职业能力培训和法官职业道德教育得以有效避免。② 从这个角度上讲,提高审判质量,核心在于人,而非制度;重点在于控制,而非管理。

法官的职业能力培训应以专业知识培训、审判经验交流为主要形式,重在增强法官的法律适用、驾驭庭审、诉讼调解和判决说理四项司法能力,提高司法水平。③

法官职业道德教育,一方面要求法官严格规范司法行为;另一方面,应以法官职业成就感和荣誉感教育为主,提高法官的责任意识,增强法官对于审判质量的控制力和自我监督力,有效避免审判过程中出现的"常规性错误"。

2. 规范合议庭工作

规范合议庭工作的目的在于,有效制约承办法官对于案件处理结果的基本决策力,确保合议庭对于案件处理结果的核心决策力和对于审判质量的核心控制力的全面发挥。

规范合议庭工作应该从以下几方面入手:(1)确立和保障合议庭作为基本的

---

① "常规性错误"系指在案件一审、二审程序的审判流程中出现的,具有一定的普遍性、代表性,但通过对某些关键环节和审理方式的适当关注与调整,可有效避免的一般性错误。

② 参见李雪:《从再审看原审"常规性错误"的有效避免——以再审改判和再审发回民事案件为视角》,载《北京审判》2008年学术论文专刊,第27页。

③ 最高人民法院前院长肖扬在2008年3月2日全国高级法官培训班上讲到,法官必须具备四种能力,即增强适用法律能力、驾驭庭审能力、诉讼调解能力、判决说理能力。最高人民法院在2005年4月1日印发的《关于增强司法能力,提高司法水平的若干意见》中规定,人民法院增强司法能力、提高司法水平的主要任务包括六个方面:(1)增强惩罚刑事犯罪,维护国家安全和社会稳定的能力;(2)增强调节经济关系,促进社会主义市场经济健康发展的能力;(3)增强依法处理矛盾纠纷,保障社会和谐的能力;(4)增强支持和促进依法行政,推进社会主义民主政治建设的能力;(5)增强在司法领域保障人权,维护人民群众合法权益的能力;(6)增强正确适用法律、公正高效司法,保障在全社会实现公平和正义的能力。

审判组织，享有案件的独立审判权和对于案件处理结果的核心决策权；(2)加强合议庭对于案件审判流程的控制能力，特别是对于重点审判过程和节点的控制能力；(3)增强合议庭对于重点诉讼程序的启动、结束的控制能力；(4)举行庭审观摩，落实公开审判制度，规范庭审行为，充分发挥庭审对于案件事实查明的核心作用；(5)树立审判长在合议庭中的核心地位，切实落实合议庭内部民主集中决策的制度；(6)合议庭内部对于案件决策存在不同意见的，建立在一定条件下报请庭长、院长或审判委员会，接受指导和监督的制度；(7)发挥和调动承办法官以外的合议庭成员对于案件决策的积极性，建立对于审判质量瑕疵的合议庭全体人员责任追究制度。

3. 建立规范的案件呈批制度

确保合议庭对于案件处理结果的核心决策力和对于审判质量的核心控制力的全面发挥，一方面，要制约承办法官对于案件结果的基本决策力，避免承办法官决策力的滥用；另一方面，还要规范庭长、院长、审判委员会对于案件处理结果的准决策行为。

因此，建立规范的案件呈批制度的目的，一方面在于充分发挥庭长、院长、审判委员会对于案件审判质量的监督、控制力；另一方面在于规范庭长、院长、审判委员会对于案件处理结果的决策力。

建立规范的案件呈批制度，应从以下几个方面入手：(1)明确庭长、院长、审判委员会对于案件处理结果享有决策建议权，而非直接决策权；明确庭长、院长、审判委员会对于呈批的裁判文书享有修改建议权，而非直接修改权；(2)建立“合议庭审理案件接受庭长、院长、审判委员会指导”的规范，明确必须接受案件指导的案件范围或情形，增强庭长、院长、审判委员会对于重大案件或案件重大审判事项的指导、监督作用；(3)明确庭长、院长、审判委员会指导审判的案件范围或情形，确保合议庭对于案件审判过程和处理结果的核心决策力，避免庭长、院长、审判委员会审判指导权的滥用；(4)规范案件请示、汇报后合议庭的复议程序，明确复议结果与请示、汇报结果不一致情形下的处理方式；(5)规范重大案件或案件重大审判事项的裁判文书呈批流程和签发权限。

4. 建立科学的审判质量评价系统

审判质量评价系统是审判质量控制效果的评估和反馈系统，包括审判过程的动态评价和审判结果的静态评价两部分，其至少应具体包括以下几方面的重要内容：(1)以审判过程程序合法性为核心的审判过程质量动态评价系统；(2)以案件庭审质量评价、重点诉讼程序决策过程质量评价、合议庭评议过程质量评价、裁判文书制作和呈批过程质量评价为核心的审判流程子过程和子节点质量动态评价系统;(3)审判质量动态评价的因素分析和量化标准;(4)以裁判文书质量为核心的审判结果质量静态评价系统;(5)以卷宗质量为核心的审判过程静态评价系统;(6)以案件改判、发回重审原因的科学评估,以及改发率与同类型案件平均改发率的方差分析、改发率与同类型案件历史改发率的方差分析为核心,以结收比、案件平均审理周期、调撤案件平均审理周期、判决案件平均审理周期、结案率、调撤率、判决率、服判率、上诉率、可上诉案件上诉率①、自动履行率、即时履行率、当庭宣判率、信访投诉率等为基本评价指标的整体审判质量静态评价系统;②(7)审判质量动态评价系统和静态评价系统、个案质量评价系统和整体审判质量评价系统、子过程和子节点的质量评价系统与审判过程整体评价系统之间的无缝对接,以及各评价结果的权重分析和结果汇总标准。

5. 完善审判质量激励和责任追究制度

审判质量激励和责任追究制度是审判质量控制体系的辅助系统,是审判质量的管理机制。科学的审判质量激励制度可以对审判人员起到鼓励、示范作用,审判质量责任追究制度可以对审判人员起到警示、教育作用。

完善审判质量激励和责任追究制度,应以审判质量激励机制为主,以责任追究制度为辅,重在培养和调动审判人员的责任意识,增强审判质量控制力和自我监督力。其中的审判质量激励机制一般包括:(1)政治利益激励,包括职务升迁、

① 可上诉案件指一审案件中以判决或可上诉的裁定为结案方式的案件。可上诉案件上诉率指这些案件中实际上诉的比例。这种对于案件上诉率的统计比一般意义上的上诉率统计(上诉案件占所有案件的比例,包括不可上诉的调解结案案件和不可上诉的裁定结案案件)更具有针对性,更能够体现当事人对法院裁判结果的服判率。

② 2003 年年底,江苏省高级人民法院开始在全省法院推行审判质量效率评估体系,设置了一整套量化指标,对审判质量效率进行全面评估。指标体系由基础指标和分析指标两部分组成。基础指标是体现审判质量效率的关键性指标,包括结收比、案件平均审理天数、法定(正常)审限内结案率、执行标的额到位率等 11 项;分析指标是分析审判工作运行态势的参考性指标,包括申诉率、当庭结案率、民事行政案件撤诉率、申诉复查案件再复查率等 14 项。围绕这一指标体系,他们还建立了一系列工作制度,包括指标数据定期通报制度、审判运行态势分析制度、指标数据分析例会制度及指标数据真实性、准确性的监督检查制度等。上海市高级人民法院从 2003 年年初开始发布全市法院审判质量效率指标数据。它由 19 项评估指标和 8 项调研指标数据组成,前者包括一审民事和解撤诉率、二审民事和解撤诉率、平均审理案件天数、人均结案数、二审改判发回率等,后者包括延期结案率、当庭宣判率、简易程序适用率等。参见宁杰:《"审判质量效率评估体系研讨会"综述》,载《人民法院报》2006 年 1 月 9 日,B1 版。

岗位变动、表扬、评优树先等;[①](2)经济利益激励,包括评优树先奖励、发放绩效奖金等。审判质量责任追究机制一般包括:违法审判责任追究、审判质量警示、批评等。

四、结语

目前,人民法院审判人员资源匮乏,审判人员工作压力巨大,一定数量的审判质量瑕疵难以避免。以行政管理、监控督查、责任追究为主线的审判质量管理模式必将受到审判人员的内心排斥,在一定程度上挫伤审判人员自觉进行审判质量控制的能动性。

因此,科学的审判质量控制体系,应该以激发审判人员的能动性,鼓励和引导审判人员自觉提高职业能力,增强责任意识为目标,既充分保障审判人员独立审判,又有效地避免案件决策权的滥用;既充分保障审判质量控制体系的有效运行,又树立审判人员不排斥管理、自觉接受监督的意识。

---

① 某地区C中级法院j年制定了《案件质量奖、年度结案能手、年度调解能手评选奖励办法》,设案件质量奖、年度结案能手、年度调解能手等三个奖项。案件质量奖评选范围为全院审判一线法官、书记员,评选数额为全院一线法官、书记员的5%。该办法规定,被评为案件质量奖的人员,将在院年终总结大会上进行表彰,在法院局域网及院刊上宣扬获奖人员名单及先进事迹,并且同等条件下在年度评定立功受奖、选派干警培训、进修时优先考虑,晋升晋级时作为奖励加分依据。

第十一章 民事审判风险管理研究

魏文侯问扁鹊曰："子昆弟三人其孰最善为医？"

扁鹊曰："长兄最善，中兄次之，扁鹊最为下。"

魏文侯曰："可得闻邪？"

扁鹊曰："长兄于病视神，未有形而除之，故名不出于家。中兄治病，其在毫毛，故名不出于闾。若扁鹊者，镵血脉，投毒药，副肌肤，闲而名出闻于诸侯。"

——《鹖冠子·世贤第十六》①

民事审判活动是民事审判主体行使审判权形成决策的过程。由于各种不确定性因素的作用，民事审判活动的各个环节存在不同类型的风险。人们甚至将法官比喻为"刀尖上的舞者"，以此形容其行使审判权过程中"危险丛生"的境况。②

目前，人民法院对于民事审判风险管理的重视程度仍然不够，现有的风险管理系统一般以"镵血脉，投毒药，副肌肤"的方式，局限于对风险发生的损害后果进行处理。建立起符合现代管理理念的民事审判风险管理系统，对民事审判风险"未有形而除之"，是一个值得关注和研究的重要管理课题。

一、民事审判风险类型及特点

风险是指在决策过程中，由于各种不确定性因素的作用，决策方案在一定时

① 《鹖冠子·世贤第十六》中庞暖给卓襄王讲的一个故事。译文如下：魏文王问名医扁鹊说："你们家兄弟三人，都精于医术，到底哪一位最好呢？"扁鹊答："长兄最好，中兄次之，我最差。"文王再问："那么为什么你最出名呢？"扁鹊答："我长兄治病，是治病于病情发作之前。由于一般人不知道他事先能铲除病因，所以他的名气无法传出去，只有我们家的人才知道。我中兄治病，是治病于病情初起之时。一般人以为他只能治轻微的小病，所以他的名气只及于本乡里。而我扁鹊治病，是治病于病情严重之时。一般人都看到我在经脉上穿针管来放血、在皮肤上敷药等大手术，所以以为我的医术高明，名气因此响遍全国。"

② 参见马守敏：《法官"刀尖上的舞者"》，载《人民法院报》2010年7月12日，第5版。

间内出现不利结果的可能性以及可能损失的程度。[①] 本章研究的民事审判风险，主要指民事审判活动面临的外部风险，法官在行使审判权时出现的决策风险、操作风险，以及因行使审判权行为引发的审判行为结果风险。

（一）民事审判风险类型

根据目前的民事审判现状，民事审判风险主要有以下11种类型：

（1）制度风险：指人民法院在与审判活动相关的制度设置上存在缺失、薄弱环节、不合理或错误，从而导致审判活动不良后果的可能性。[②]

（2）管理风险：指人民法院在审判活动管理中的不作为、不及时、不严格、失误或错误，以及辅助民事审判活动的设备设施等资源匮乏或配置不合理导致的审判活动不良后果的可能性。

（3）人员风险：指从事审判活动的法官或从事审判管理、服务的人员缺乏足够的职业能力、人员之间存在沟通障碍、人员配置错误、人员工作积极性差，或因人员身体、心理健康状况等导致审判活动不良后果的可能性。

（4）环境风险：指民事审判所面临的政治要求、社会要求、文化要求和当事人诉讼需求等因素导致审判活动不良后果的可能性。

（5）法律风险：指法律规定空白、存在漏洞、法律之间存在冲突、缺乏可操作性、与法理不合、与情理不合等导致审判活动不良后果的可能性。

（6）审判质量风险：是民事审判风险的最核心风险，主要分为裁判错误风险、常规性瑕疵风险和程序性瑕疵风险。[③] 裁判错误指因决策能力、环境限制等导致的决策错误；常规性瑕疵指在案件实体处理及裁判文书表述上存在的一般性错误或瑕疵；程序性瑕疵指违反诉讼程序规定的行为。

（7）审判效率风险：指审判流程控制失误导致审判活动不良后果的可能性。

（8）渎职风险：指民事审判人员在审判活动中未尽到职责，或在履行职责过程中出现过失，如案卷材料丢失、诉讼费用收取错误、未及时采取保全措施导致当事人财产转移等。

（9）廉政风险：指民事审判人员在审判活动中出现审判作风问题、贪污受贿、

---

① 参见中国社会科学院语言研究所词典编辑室编：《现代汉语词典》（第5版），商务印书馆2005年版，第409页。

② 参见谢福泉：《廉政风险评估与控制活动设计》，载《当代经济管理》2010年第2期。

③ 参见李雪：《从再审看原审"常规性错误"的有效避免——以再审改判和再审发回民事案件为视角》，载《北京审判》2008年学术论文专刊，第27页。

枉法裁判、徇私舞弊、办人情案关系案等不当、不廉行为,导致审判活动不良后果的可能性。

(10)满意度风险:指当事人对民事审判过程、结果或对民事审判人员不满意,出现当事人申诉上访、闹访缠诉、举报投诉,以及指责、谩骂、诬告、诽谤、人身攻击、暴力抗法、自杀自残等不良后果的可能性。

(11)社会效果风险:指民事审判活动产生的学术界、相关行业、社会公众及媒体不良反馈后果的可能性。

(二)民事审判风险分类

根据风险与民事审判活动的紧密程度,可以将民事审判风险分为审判活动外部风险和审判活动内部风险。其中审判活动外部风险包括制度风险、管理风险、人员风险、环境风险、法律风险;审判活动内部风险包括审判质量风险、审判效率风险、渎职风险、廉政风险、满意度风险、社会效果风险。

根据风险与人民法院及审判人员的关联程度,可以将民事审判行为分为自身风险和第三方风险。其中自身风险包括制度风险、管理风险、人员风险、审判质量风险、审判效率风险、渎职风险、廉政风险;第三方风险包括环境风险、法律风险、满意度风险、社会效果风险。

各风险类型的关系见图 11-1:

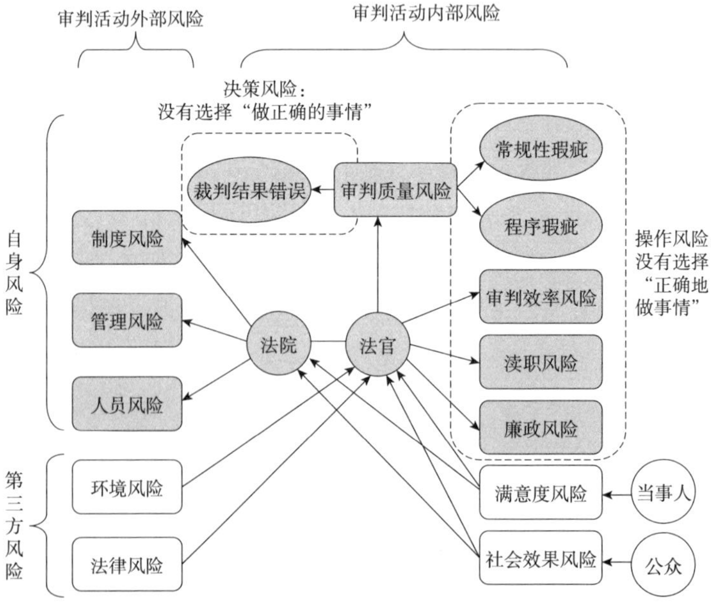

图 11-1 民事审判风险类型的关系

民事审判内部风险是民事审判风险的基础，它以法官行使审判权进行决策的行为为核心，具体可分为法官行为风险和法官行为结果风险。法官行为风险的行为主体是法官，行为指向是案件；法官行为结果风险的行为主体是当事人和公众，行为指向是法院和法官。法官行为风险又分为决策风险和操作风险两种类别，其中决策风险指法官在行使审判权形成案件处理结果时出现决策错误的可能性，即没有选择“做正确的事情”；操作风险指法官在行使审判权的过程中出现操作性错误、行为偏差等导致审判活动不良后果的可能性，即没有选择“正确地做事情”。具体分类见表 11－1：

表 11－1　民事审判内部风险的行为指向关系

<table>
<tr><th colspan="4">民事审判内部风险类型</th><th>行为主体</th><th>行为指向</th></tr>
<tr><td rowspan="3">审判质量风险</td><td>裁判结果错误风险</td><td rowspan="6">法官行为风险</td><td>决策风险</td><td rowspan="6">法官</td><td rowspan="6">案件</td></tr>
<tr><td>常规性瑕疵风险</td><td rowspan="5">操作风险</td></tr>
<tr><td>程序瑕疵风险</td></tr>
<tr><td colspan="2">审判效率风险</td></tr>
<tr><td colspan="2">渎职风险</td></tr>
<tr><td colspan="2">廉政风险</td></tr>
<tr><td colspan="2">满意度风险</td><td colspan="2" rowspan="2">法官行为结果风险</td><td>当事人</td><td rowspan="2">法院、法官</td></tr>
<tr><td colspan="2">社会效果风险</td><td>公众</td></tr>
</table>

（三）民事审判风险特点

民事审判风险除了具有一般风险所具有的普遍性、客观性、损失性、不确定性和社会性等特点外，①还具有以下差异性特点：

（1）风险类型多元性。② 民事审判风险类型具有多元化的特征，既包括审判活动的内部风险，又包括审判活动的外部风险；既包括决策风险，又包括操作风险，涵盖了审判活动的方方面面，但其核心是审判质量风险。

（2）风险点线聚集发生。民事审判风险围绕民事案件审判活动产生，主线为法官行使审判权形成决策的过程，在个案中具体表现为案件审判流程，其中流程节点是风险聚集发生处。

---

① 参见常海龙：《The Risk Management and Control in the Process of Government Network Transformation》，北京邮电大学 2008 年硕士学位论文。

② 参见曹丁、谢少华、王龙昌：《我国地方政府风险管理机制的探索》，载《消费导刊》2008 年第 6 期。

(3)个案风险度差异较大。与工业生产的风险管理不同,在民事审判中,案件的差异化因素形成了差异化的风险致因,从而导致个案的风险类型、风险概率、风险级别差异较大。

(4)风险相互诱发。一种风险的发生,会增加另一种风险的可能性或直接诱发另一种风险。

(5)后果的难以弥补性。民事审判风险产生的损害后果除了表现为国家和当事人的经济损失、为消除损害后果的司法成本和社会成本消耗外,还集中表现为当事人及公众对于司法公信力的质疑,具有难以弥补性。这与金融风险、企业经营风险等产生的损害后果主要表现为经济损失不同。

二、民事审判风险的损害后果

(一)民事审判风险的相互诱发性

民事审判风险之间可以相互诱发,从而导致连锁风险和连锁损害后果。其中诱发的方向主要为:审判活动外部风险诱发审判活动内部风险;法官操作风险诱发法官决策风险;法官决策风险和操作风险诱发满意度风险和社会效果风险;满意度风险诱发社会效果风险。具体情况见图 11-2:

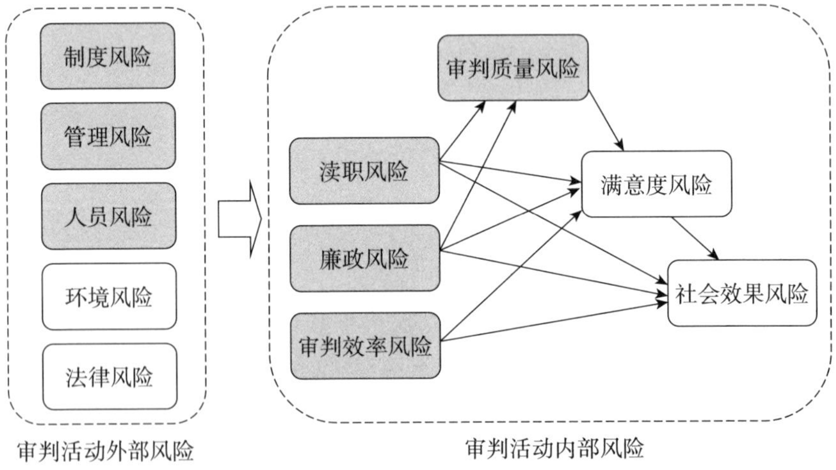

图 11-2　民事审判风险的相互诱发性

(二)民事审判风险损害后果

民事审判风险的相互诱发性导致民事审判风险损害后果的层级性,其中审判活动外部风险的损害后果处于底层,社会效果风险的损害后果处于顶层。损害后果一般分为内部损害后果和外部损害后果，损害形式一般分为经济损失和非经济损失。其中，内部损害后果主要为：(1)处理和纠正行为消耗司法资源；(2)法官、法院内部考核评价降低；(3)法官被追究责任和处罚；(4)对法官精神和人身造成伤害。外部损害后果主要为：(1)社会资源消耗；(2)当事人成本增加；(3)当事人遭受经济损失；(4)当事人因不当行为被处罚；(5)公众对法官、法院社会评价降低；(6)司法权威受损，公信力下降。具体情况见表 11 -2：

表 11 -2　民事审判风险的损害后果

风险类型		可能性	内部损害后果	外部损害后果
审判活动外部风险		诱发审判活动内部风险	产生相应风险的内部损害后果	产生相应风险的外部损害后果
审判活动内部风险	审判质量风险	①案件未能以最优方式审理和裁判； ②案件因质量问题被提起上诉、提起抗诉、提起申诉、提起再审，进入新的诉讼程序； ③诱发当事人满意度风险和公众社会效果风险	①为纠正错误消耗司法资源； ②法官、法院内部考核评价降低	①当事人增加诉讼成本； ②产生满意度风险和社会效果风险外部损害后果
	审判效率风险	①案件未能以最优方式审理和裁判； ②诱发当事人满意度风险和公众社会效果风险	①为纠正错误消耗司法资源； ②法官、法院内部考核评价降低	①当事人诉讼成本增加； ②造成当事人直接或间接经济损失； ③产生满意度风险和社会效果风险外部损害后果
	渎职风险	①案件未能以最优方式审理和裁判； ②案件因质量问题被提起上诉、提起抗诉、提起申诉、提起再审，进入新的诉讼程序； ③法官违反管理制度或触犯法律； ④诱发当事人满意度风险和公众社会效果风险	①为纠正错误消耗司法资源； ②法官、法院内部考核评价降低； ③法官被追究责任和处罚	①当事人诉讼成本增加； ②造成当事人直接或间接经济损失； ③产生满意度风险和社会效果风险外部损害后果
	廉政风险	①法官产生审判作风差等不当行为，违反管理规定； ②法官产生贪污受贿、枉法裁判、徇私舞弊、办人情案关系案等不廉行为，违	①为纠正错误消耗司法资源； ②法官、法院内部考核评价降低； ③法官被追究责任和处罚；	①当事人诉讼成本增加； ②造成当事人直接或间接经济损失；

续表

风险类型		可能性	内部损害后果	外部损害后果
审判活动内部风险		反管理制度或触犯法律； ③案件未能以最优方式审理和裁判； ④诱发审判质量风险、审判效率风险、渎职风险	④产生审判质量风险、审判效率风险、渎职风险的内部损害后果	③产生满意度风险和社会效果风险外部损害后果
	满意度风险	①对民事审判过程、结果或对民事审判人员不满意； ②当事人不配合案件审理，为正常审理设置障碍； ③当事人申请法官回避、提起上诉、申诉上访、闹访缠诉； ④当事人举报投诉、诬告、诽谤法官； ⑤当事人指责、谩骂、人身攻击法官；当事人暴力抗法、自杀自残； ⑥诱发公众社会效果风险	①为处理和纠正当事人行为消耗司法资源； ②法官、法院内部考核评价降低； ③法官被追究责任和处罚； ④对法官精神和人身造成伤害； ⑤产生社会效果风险的内部损害后果	①社会资源消耗； ②当事人成本增加； ③当事人因不当行为被处罚； ④产生社会效果风险外部损害后果
	社会效果风险	①外部监督主体批评； ②学术界评判； ③相关行业反对； ④社会公众不满； ⑤媒体负面报道和负面网络舆情	①为处理和纠正不良社会评价消耗司法资源； ②法官、法院内部考核评价降低； ③对法官精神造成伤害； ④法官被追究责任和处罚	①公众对法官、法院社会评价降低； ②司法权威受损，公信力下降

三、民事审判风险管理过程模型

民事审判风险管理的主体包括：(1)行使民事审判权的决策者：法官（承办人）、合议庭（审判长）、审判庭（庭长）、法院（院长、审判委员会）；(2)内部监督管理主体：审判监督部门、纪律检查部门、案件评查部门、审判管理部门、绩效考核部门等；(3)外部监督主体：包括上级法院、社会公众、媒体舆论、检察院、当事人等。

民事审判管理的过程主要包括：(1)风险识别；(2)风险评估；(3)风险处理；(4)风险监控。[①]

---

① 美国系统工样研究所（SEI）把风险管理的过程主要分成若干个环节，即风险识别（Identify）、风险分析（Analyze）、风险计划（Plan）、风险跟踪（Track）、风险控制（Control）和风险管理沟通（Communicate）。参见［美］美国项目管理协会：《项目管理知识体系指南（PMBOK© 指南）》（第 3 版），卢有杰、王勇译，电子工业出版社 2005 年版。

上述民事审判风险管理主体在民事审判风险管理过程中的地位如下:(1)行使民事审判权的决策者是民事审判风险管理的核心主体,他们既是民事审判行为风险的致因,又是民事审判行为风险和民事审判行为结果风险的主要控制者。他们参与了民事审判风险管理的全过程,包括风险识别、风险评估、风险处理和风险监督。(2)内部监督管理主体既是制度风险和管理风险的致因,也是民事审判风险控制对策的制定者和核心监控者。他们参与的民事审判风险管理过程包括:风险监控和部分风险的识别、评估、风险对策制定。(3)外部监督主体既是民事审判外部风险的致因,又为民事审判内部风险管理提供外部反馈信息。

民事审判风险管理过程的具体模型如图 11－3 所示:

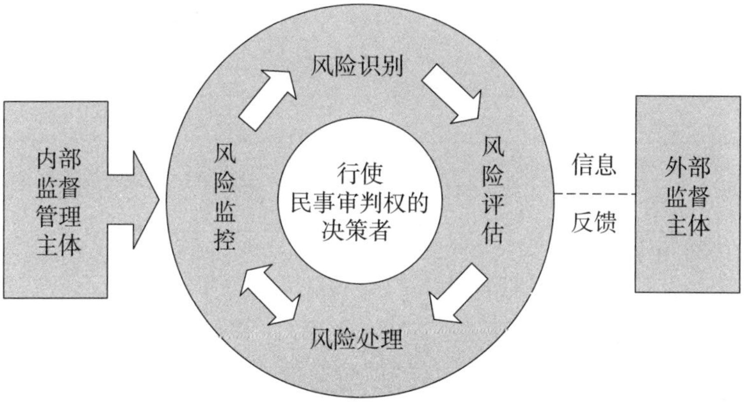

图 11－3　民事审判风险管理过程模型

四、民事审判风险管理内容

民事审判风险管理体系是一个复杂的系统工程。它贯穿于民事审判活动的全过程,涉及法官的职业能力培训、职业道德教育、法院的审判管理、审判服务保障、审判资源配置、制度建设、廉政建设、队伍建设等几乎所有方面的内容。①

(一)民事审判风险识别机制

风险识别是风险管理的基础,只有正确地识别所面临的风险,才能够主动选

① 参见[美]彼得·德鲁克:《21 世纪管理的挑战》,朱雁斌译,机械工业出版社 2006 年版,第 100 页。文中指出:风险管理是根据风险评估和对法律、政治、社会、经济等综合考虑所采取的一种风险控制措施,是由面临风险者进行风险识别、风险估测、风险评价、风险控制,对风险实施有效控制、妥善处理风险所致损失,期望达到以最小的成本获得最大安全保障的一项管理活动。风险管理是具有综合性、社会性、多元性的管理过程。

择适当有效的方法进行处理。在民事审判领域，一般通过以下方法识别风险：(1)经验感知，指民事审判相关主体通过感性认识或历史经验识别风险，其中历史经验既包括民事审判经验，也包括民事审判风险管理经验；(2)资料研判，指通过对现有的客观资料和风险事故发生记录进行分析、归纳和整理，其中对风险致因的识别，是风险识别的重要方法；(3)外部提示，指借助专家分析意见和建议，或通过民事审判外部监督主体的反馈意见识别民事审判风险。

民事审判风险点查找应该以民事审判流程为主线，从主体上分为院级(院长)风险点、庭级(庭长)风险点、合议庭(审判长)风险点、法官风险点、法官助理风险点、书记员风险点、内勤风险点等。以庭级风险点为例，其中包括以下内容(见表11－3)：

表11－3　民事审判风险识别、防控内容

单位			责任人	
一岗双责	业务工作职责			
	党风廉政职责			
风险类别		风险点	防控措施	
制度机制风险				
外部环境风险				
工作流程风险				
……				
其他风险				

风险点的具体内容和防控措施举例如表11－4所示：

表11－4　民事审判风险防控措施示例

类别	风险点	防控措施
审判质量风险、满意度风险	为追求调解率，部分审判人员将个人分析意见作为合议庭意见进行调解，调解不成可能会令当事人对裁判结果产生不满情绪	要求承办法官对于案件形成初步调解方案后，提请合议庭进行合议；要求承办法官在合议庭确定的调解方案发生实质性变化时，再次提请合议庭进行合议；落实当事人在法院主持下签署调解协议前合议庭对调解协议内容和调解过程的合法性进行评议的制度

续表

类别	风险点	防控措施
满意度风险	庭审笔录有时候不要求当事人逐页签字，容易让当事人怀疑法院是否会更换部分笔录内容	制作笔录后，审判人员、书记员、诉讼参加人均应在笔录上签字（包括未陈述意见的参加人）；非法院人员在笔录上签字时，应要求其逐页签字，并在最后一页签署日期；法院工作人员可直接在笔录最后一页签字，并签署日期；证人、专家证人、鉴定人只对涉及其陈述部分的笔录签字
渎职风险	审判员和书记员之间对于卷宗保管没有规范要求，在审理过程中卷宗经常在审判员和书记员之间流转，出现卷宗材料丢失，容易相互推诿，难以明晰责任	由合议庭根据实际情况及审判人员的个人审理习惯，明确案件在不同审判流程中的保管责任。一般而言，案件送达期和证据交换期，卷宗由书记员保管，开庭审理及合议、制作裁判文书期由审判人员保管，宣判及上诉移送、退卷、归档期由书记员保管
环境风险、廉政风险	一些行业协会、社会团体、律所等以学术交流为名，邀请法官授课，并对一些法律问题进行剖析，试图通过交流活动了解法官的学术倾向、影响法官	完善制度，明确规定审判人员未经批准，不得以个人名义参加行业协会、社会团体、律所等组织的授课活动；严格控制审判人员发表与在审案件相关的言论，严格控制审判人员超越学术讨论范围，发表与生效裁判相悖的言论；违反规定的，予以公开警示、批评

（二）民事审判风险评估机制

民事审判风险评估指量化测评某一民事审判行为或事件带来的影响和损失的可能程度。风险评估的意义在于：（1）准确识别风险；（2）测评风险发生的概率和不良影响；（3）确定组织承受风险的能力；（4）确定风险控制的优先等级；（5）为制定风险控制对策提供参考。①

1. 措施薄弱性：风险静态评估

对于措施薄弱性的评估，是避免民事审判制度风险和部分管理风险的重要方式。措施薄弱性可以分为五个等级，超过一定等级的制度、举措，应该根据薄弱性的具体分析情况进行修订、完善或重新制定。具体情况见表 11－5：

---

① 参见刘静坤、袁广林：《重大突发事件风险管理研究》，载《铁道警官高等专科学校学报》2006年第1期。

表 11－5　民事审判风险薄弱性等级

等级	类别	具体描述
A	完全有效 （Fully Effective）	控制措施对于降低风险水平是充分、有效且能持续发挥作用的，不存在明显的缺陷，也没有改进的必要
B	基本有效 （Largely Effective）	控制措施对于降低风险水平能起到重要的作用，也能持续发挥作用，但存在少量明显的不足，需要改进
C	效果有限 （Limited Effectiveness）	控制措施存在一些明显的缺陷且需要改进，因此在降低风险水平上能起到的作用有限，不过已经制订并开始实施解决控制措施缺陷的行动计划
D	效果不明显 （Developing Effectiveness）	控制措施存在明显的缺陷亟待改进，虽然制订了解决这些缺陷的行动计划，但还没有开始实施或处于实施的早期阶段，因此对于风险控制的效果不明显
E	无效 （Ineffective）	控制措施存在重大的缺陷以至于对风险控制完全无效，而且目前还没有相应的解决方案和行动计划

2. 风险地图：风险动态评估

我们把民事审判风险影响程度由低到高分为 ABCD 四个等级，同时把风险发生概率由低到高分为 ABCD 四个等级，具体情况见表 11－6：①

表 11－6　民事审判风险发生概率等级

等级	风险影响程度 （Impact Categories）	风险发生概率 （Probability Categories）
A	重要性影响（Important）	非常不可能（Extremely Remote）
B	重大性影响（Significant）	不太可能（Remote）
C	危险性影响（Critical）	可能（Possible）
D	灾难性影响（Catastrophic）	非常可能（Likely）

根据风险影响程度和风险发生概率的评估结果，我们可以通过风险地图（Risk Map）将民事审判风险细分为四个不同的层级，②其中，第一层级包括：AA、

① Homeland Security: Key Elements of a Risk Management Approach, by Raymond J. Decker US. http://www. gao. gov/new. items/d02150t，文中指出，一个完善的风险管理系统应当包括三大基本要素，即威胁评估（Threat Assessments）、薄弱性评估（Vulnerability Assessments）和重要度评估（Criticality Assessments）。

② 参见谢福泉：《廉政风险评估与控制活动设计》，载《当代经济管理》2010 年第 2 期。

AB,第二层级包括 AC、AD、BB、BC、BD、CC,第三层级包括 CD,第四层级包括 DD(见图 11 -4)。

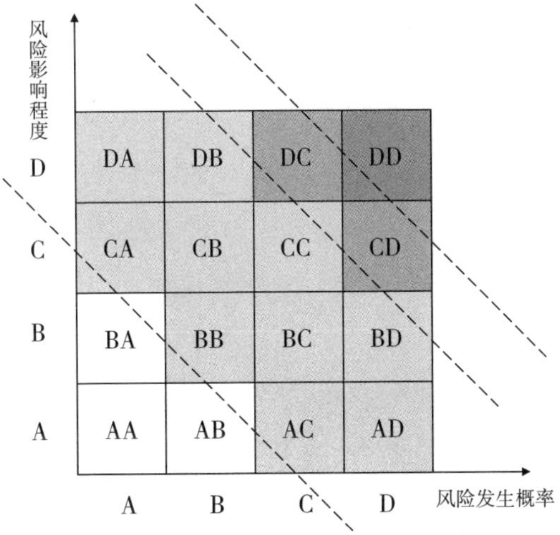

图 11 -4　民事审判风险地图

(三)民事审判风险处理机制

风险处理指根据风险识别和风险评估的结果,对风险控制和损害处理制定对策和进行处理。民事审判风险处理主要包括以下几个方面:(1)对策制定;(2)风险控制,包括风险回避、风险缓解、风险分离、风险分散、风险转移和风险自留等;[①](3)损害处理,包括损失控制和责任追究。

1. 民事审判风险处理模型

民事审判风险处理模型包括以下内容:(1)根据决策主体的不同,设置四个决策层级,以审判权的行使为核心,形成四级风险防线,识别、评估、降低、消除民事审判活动内部风险。[②] (2)根据风险评估结果,采取"联合内控、分级决策"的方式,使不同层级的决策者对该层级的风险行为作出决策,使民事审判决策风险稳定地保持在合理的范围内。(3)通过教育培训、理念教育、考核激励等方式提高

① 参见娄春风:《奥运会赛事风险分析及风险管理研究》,载《中国青年政治学院学报》2008 年第 3 期。

② 参见袁帅:《电网企业法律风险管理体系的构建》,载《中国电力教育》2010 年第 15 期。文章根据企业法律风险管理的理论和实践,结合电网企业的具体实际,将法律风险管理的组织机构设定为三道风险防线:防线一,各有关职能部门和业务单位有关职能部门;防线二,法律风险管理职能部门和公司领导下属的法律风险管理委员会;防线三,内部审计部门和公司领导下属的审计委员会。

决策者决策水平和能动决策力,逐步降低民事审判决策风险。(4)通过降低民事审判活动外部风险,改善民事审判活动环境,尽可能降低民事审判操作风险。(5)使内部监督管理主体良性运行,及时、准确识别和评估法官行为风险和法官行为结果风险,及时提示、督促、要求决策者对决策行为作出调整。(6)拓展外部监督渠道,通过外部监督及时、准确识别和评价法官行为风险,并通过内部监督管理主体提示、督促、要求决策者对决策行为作出调整。通过风险提示和规避,降低民事审判第三方风险。(7)建立与"联合内控、分级决策"机制相对应的民事审判风险的损害处置和责任追究机制。

具体模型如图 11 - 5 所示:

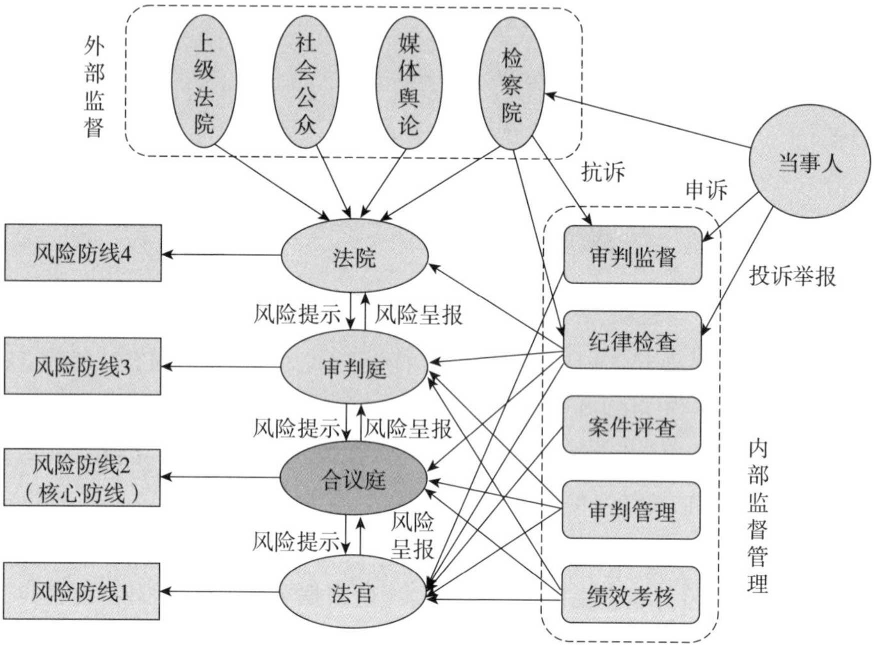

图 11 - 5 民事审判风险处置流程模型

2. 风险提示、呈报:民事审判行为风险控制

我们为民事审判行为风险的四个层级确定不同的决策者,即法官(承办人)、合议庭(审判长)、审判庭(庭长)、法院(院长、审判委员会),并通过风险层级评估确定相应的决策主体和风险控制优先等级。举例如表 11 - 7 所示:

表 11 -7　民事审判风险呈报与决策者关系示例

序号	事件	风险类型	风险影响程度	风险发生概率	风险层级	对应决策主体	控制优先等级
1	案件为地区法院首例的新类型案件。	审判质量风险	D	C	三	庭长	1
2	当事人的代理律师表示判决后要好好感谢法官。	廉政风险	B	B	二	合议庭	3
3	被告拒绝签收开庭传票,并有过激言行。	审判效率风险、满意度风险	C	C	二	合议庭	2

民事审判风险提示包括三种情形:(1)决策者变更时,原决策者就已识别的风险向变更后的决策者进行提示;(2)上级决策者就已识别的、不属于自己控制范围的风险,向下级决策者进行提示;(3)民事审判内部监督管理主体就已识别的风险向相应的决策者进行提示。民事审判风险呈报指下级决策者就已识别的、不属于自己决策权限范围的风险,向上级决策者进行呈报。

民事审判风险提示和风险呈报应以民事审判流程为主线,统一进行登记,由提示人或呈报人填写已识别的风险类型、内容、评估结果、对策建议等内容,由被提示人签字确认。民事审判风险提示、呈报单应入案件副卷保存,既作为风险监控机制的一部分,又为风险的损害处置和责任追究提供依据。

具体表单样式和内容举例如表 11 -8 所示:

表 11 -8　民事审判风险提示、呈报单示例

序号	风险提示/呈报	来源/呈报对象	日期	风险类型	具体描述	风险等级	风险层级	对策建议	提示人/呈报人	被提示人确认
1	风险提示	二审立案		渎职风险	一审进行了财产保全,即将到期。	DB	二	二审期间提前 1 个月办理续保手续。	甲	乙
2	风险提示	庭长		审判质量风险、社会效果风险	外地法院就类似问题已作出生效判决。	CC	二	研究外地法院判决,妥善处理,避免“同案不同判”。	丙	乙
3	风险提示	纪检部门		审判效率风险、廉政风险	当事人投诉案件开庭后长时间不作出判决。	BB	二	尽快研究,及时作出判决;做好当事人的解释工作。	丁	乙

续表

序号	风险提示/呈报	来源/呈报对象	日期	风险类型	具体描述	风险等级	风险层级	对策建议	提示人/呈报人	被提示人确认
4	风险呈报	呈报庭长		廉政风险	承办法官一位朋友过问案件。	BB	二	明确予以拒绝。	乙	

3. 提示、释明、公开:民事审判行为结果风险控制

(1)诉讼风险提示。当事人对法律规定缺乏了解,对不当诉讼行为可能引发的不良后果缺乏预期,是满意度风险的一个重要致因。因此,为避免当事人因行使权利或者履行义务不当而带来不利的裁判后果,人民法院应对当事人进行诉讼风险提示,降低当事人满意度风险。① 人民法院可根据诉讼的不同阶段、不同案件类型、不同当事人群体进行有针对性的诉讼风险提示。

(2)合理释明。人民法院通过行使释明权,可以平衡当事人的诉讼能力,保障程序公正,降低当事人诉讼成本和民事审判资源消耗,降低当事人满意度风险。法官释明权的行使一般分为四个方面:对法律概念和法律程序的释明;对当事人诉讼请求不充分、不明确、不正确的释明;对当事人举证的释明;因当事人诉讼能力而造成明显不当的诉讼行为的释明。② 其中,对于当事人举证的释明是法官释明权中最核心的部分。

(3)司法公开。司法公开是实现司法公正和社会正义的重要保证和基本标准。司法公开应包括两个层面:一是针对案件当事人的司法公开。人民法院公开审判过程和裁判依据、理由、逻辑,可以让当事人了解、理解法院的审判过程和裁判理由,增强对法官和法院的认同感,降低民事审判当事人满意度风险。二是针对社会公众的司法公开。扩大法治宣传,加强舆情研判,平衡人民法院独立审判和接受社会及媒体监督的关系,树立人民法院、法官的正面形象,从而降低民事审

---

① 2003 年,最高人民法院在总结各级人民法院诉讼风险提示经验、充分听取社会各界意见的基础上,制定了全国各级人民法院统一适用的《人民法院民事诉讼风险提示书》,提示了 17 个方面的诉讼风险。包括:(1)起诉不符合条件;(2)诉讼请求不适当;(3)逾期改变诉讼请求;(4)超过诉讼时效;(5)授权不明;(6)不按时交纳诉讼费用;(7)申请财产保全不符合规定;(8)不提供或者不充分提供证据;(9)超过举证时限提供证据;(10)不提供原始证据;(11)证人不出庭作证;(12)不按规定申请审计、评估、鉴定;(13)不按时出庭或者中途退出法庭;(14)不准确提供送达地址;(15)超过期限申请强制执行;(16)无财产或者无足够财产可供执行;(17)不履行生效法律文书确定义务。参见《最高人民法院关于印发〈人民法院民事诉讼风险提示书〉的通知》(法发〔2003〕25 号)。

② 参见张雪梅:《法官释明权探微》,载《云南法学》2004 年第 3 期。

判社会效果风险。①

(四)民事审判风险监控机制

风险监控是民事审判风险处理的重要辅助过程,包括以下四方面内容:(1)评估一个被预测的风险是否真的发生或以预测的方式、范围发生;(2)对风险管理主体的风险处理行为进行监控,保证为风险而制定的对策被正确地实施;(3)收集风险的可变性信息,及时修正和重新制定风险对策;(4)收集能够用于未来的风险识别、评估和分析的信息。

民事风险监控机制包括以下方面:(1)将投诉举报线索和涉诉信访案件纳入案件评查,倒查引发当事人满意度风险的致因,从而识别民事审判行为风险,完善风险防控措施。② (2)开展专项检查,确保风险防控措施落实。进一步推动审判管理工作与审判业务工作的紧密结合,加强法院审判质效的全过程监督,促进执法规范化,针对审判工作流程的风险多发点开展专项检查,如超审限问题专项检查、调解案件专项检查、改判发回案件专项检查、裁判文书主文问题专项检查等。(3)建立民事审判风险监察员制度。从业务、管理骨干中选择任命一批民事审判风险监察员,并为其交叉指定监察单位,定期轮换。民事审判风险监察员负责监察单位的日常纪律检查、风险点核查、制度薄弱性评估、廉政监督、审判流程风险监控等内容,并参与监察单位民事审判风险控制和损害后果处理。(4)建立民事审判风险管理信息系统。以案件审判管理系统为依托,应用信息化手段,建立民事审判风险管理系统,固化风险管理体系建设成果,统一风险识别和评估标准、保证风险控制措施落实、明晰风险管理流程、实现风险信息资源共享,全面提升民事审判风险管理体系质量和效益。③

五、结语

一般认为,“风险”一词源于远古时期的渔民在长期的捕鱼实践中体会到的“风”给他们带来的无法预测、难以确定的危险。在民事审判领域,民事审判主体

① 参见钟晓渝:《独立审判、公开审判与司法公正》,载《人民司法》2002年第10期。

② 参见刘志文:《国有企业廉洁从业风险管理探析》,载《石油政工研究》2010年第3期。

③ 参见袁帅:《电网企业法律风险管理体系的构建》,载《中国电力教育》2010年第15期。文中指出:企业风险管理信息系统定位于法律风险管理体系的信息化平台,主要包括三方面功能:一是实现法律风险管理流程的电子化,即通过该系统完成法律风险识别、法律风险控制、法律风险评估等主要工作;二是实现法律风险数据库的在线查询、检索和维护,为公司提供法律风险管理咨询平台;三是实行总部及各网省公司之间法律风险管理工作的沟通和交流。

的行为是最大的风险因素，法官在行使审判权进行决策时，既受到审判能力、审判经验和审理习惯的制约，又极具个性化色彩和创造性特征，这种决策行为产生的风险，比“风”更难以解释、预测和评估。

包括本章在内的关于民事审判风险管理的研究，仍然建立在经济效益分析和管理模型分析的基础之上，这种方法在一定程度上是有效的，但却仍不足以解释和预测民事审判活动的复杂风险。希望本章能为建立更完善的民事审判风险管理模型提供借鉴。

第十二章
民事审判的资源整合问题研究

近年来，民事审判资源匮乏已经成为一些经济发达地区基层法院和中级法院面临的一个难题，这种现象在一定程度上影响了民事审判“公正与效率”目标的实现。理论界和司法实践者对于如何解决这一问题作出了有益的探索，但大多数的讨论都集中在制度的建立、完善和变革上。本章从基层法院和中级法院的视角，应用实证分析的方法，在现有的诉讼程序制度和司法体制的框架下，对民事审判中如何充分利用、优化配置民事审判资源进行了研究，以期在一定程度上缓解民事审判资源匮乏的现状。[①]

本章从民事审判资源的现状分析入手，指出民事审判的资源整合，不是削减民事审判资源的投入，或者一味地节约司法资源，而是对现有民事审判资源的优化配置和有效利用，避免审判资源的重复投入、低效率投入和浪费。文章继而从三个方面对民事审判资源的整合进行了论述：一是对现有的司法审判资源进行合理配置，充分发挥现有司法审判资源的潜力，避免审判资源的浪费；二是借助和利用外部资源为民事审判服务，弥补司法审判资源的短缺；三是充分发掘诉讼参与人的积极性，引导当事人理性应诉，配合审判进程，以达到提高审判效率，降低司法成本的目的。

一、民事审判资源现状

（一）民事案件数量增长导致民事审判资源匮乏

笔者对某地区法院以及辖区 B 中级法院、C 中级法院及具有典型意义的辖区

---

① 本章所讨论的民事案件，包括婚姻、家庭、继承、合同、权属、侵权纠纷等民商事案件，在审理程序上包括一审案件、二审案件、审判监督程序案件和其他特别程序案件。

I 基层法院和 J 基层法院 c ~ g 年受理民事案件数量、审结民事案件数量及年度增长比率进行了统计，见表 12 - 1：

表 12 - 1　某地区法院及部分辖区法院民事案件收结案情况

法院		c 年/件	d 年/件	年度增长/%	e 年/件	年度增长/%	f 年/件	年度增长/%	g 年/件	年度增长/%
B 中级法院	收案	9168	12815	39.78	12761	-0.42	14697	15.17	16889	14.91
	结案	8819	12952	46.86	12832	-0.93	14734	14.82	16916	14.81
C 中级法院	收案	10855	11807	8.77	13746	16.42	16655	21.16	18383	10.38
	结案	10493	11545	10.03	13337	15.52	16289	22.13	18345	12.62
I 基层法院	收案	24847	26336	5.99	32568	23.66	34166	4.91	30405	-11.01
	结案	24441	25498	4.32	29759	16.71	33429	12.33	30579	-8.53
J 基层法院	收案	20025	20997	4.85	23294	10.94	28589	22.73	30756	7.58
	结案	20253	21043	3.90	23173	10.12	27638	19.27	30561	10.58
辖区法院合计	收案	165839	177743	7.18	202602	13.99	234157	15.57	249227	6.44
	结案	165344	177090	7.10	198526	12.10	236981	19.37	249317	5.21

从以上统计数据可以看出：近年来，某地区法院受理的民事案件以每年 10% ~ 20% 的比率持续增长，特别是一些基层法院，受理案件的绝对数量增长迅猛。g 年，增长比率有所下降。

笔者同时对某地区法院及辖区部分法院 c 年和 g 年实际从事民事审判工作的人员及人均结案数量进行了统计，见表 12 - 2：

表 12 - 2　某地区法院及部分辖区法院民事审判人员情况

法院		审判人员数量/人	人均结案数/件	g 年相比 c 年民事审判人员增长比率/%	g 年相比 c 年人均结案数增长比率/%
B 中级法院	c 年	140	62.99	1.43	89.12
	g 年	142	119.13		
C 中级法院	c 年	123	85.31	12.20	55.83
	g 年	138	132.93		
I 基层法院	c 年	101	241.99	1.98	22.68
	g 年	103	296.88		

续表

法院		审判人员数量/人	人均结案数/件	g年相比c年民事审判人员增长比率/%	g年相比c年人均结案数增长比率/%
J基层法院	c年	94	215.46	19.15	26.64
	g年	112	272.87		
辖区法院合计	c年	1130	146.32	10.09	36.97
	g年	1244	200.42		

从以上统计数据可以看出：某地区法院g年受理民事案件的数量相比c年增加了50.28%，而审判人员同比却只增加了10.09%。从c年到g年，民事审判人员的人均结案数量从146.32件增加到200.42件，据统计，f年I基层法院人均结案数量甚至达到了312.42件。

民事审判资源的核心在于审判人员资源。在审判人员数量增长相对平缓的情况下，诉讼数量的持续迅猛增长对现有的民事审判资源形成了前所未有的压力和挑战。并且，这种民事审判资源匮乏的状况仍在不断加剧。

不仅如此，近年来，法院受理民事案件的范围也空前扩大，从性质、类型、特征以及数量等方面，都呈现前所未有的特点。不仅在传统的法律关系领域中出现一些新类型案件，实践中，由同一法律关系引起的竞合性纠纷，也经常选择民事诉讼程序予以解决。[①] 这种情况，无疑对有限的民事审判资源形成了更大的冲击。

（二）民事审判资源现状分析

社会高速发展，人们之间的经济交往和社会交往日益频繁，是社会纠纷迅猛增加的主要动因。社会公众法律意识、诉讼观念不断增强，各种新类型社会矛盾所导致的诉讼范围的扩展，以及非诉讼纠纷解决机制的不完善，导致社会矛盾过分集中到法院，公民在纠纷解决过程中产生诉讼偏向，甚至在实践中出现滥

① 参见王振清：《多元化纠纷解决机制与纠纷解决资源》，载《法律适用》2005年第2期。文中指出：人民法院受理民事案件范围的不断扩张，是近年来民事司法实践中出现的引人注目的现象。不仅在传统的法律关系领域中出现一些新类型案件，如财产法律关系领域中的股东派生诉讼、网络域名纠纷等，人身法律关系领域中的人格权、身份权纠纷如女性贞操权、男性生育权等，而且一些具有宪法性质的权益纠纷、越来越多的单位内部纠纷也纳入民事诉讼程序，成为法院审理的对象。并且，实践中，由同一法律关系引起的竞合性纠纷，也经常选择民事诉讼程序予以解决，如拆迁、安置纠纷等。

诉现象。①

由于经济发展的不均衡,民事诉讼数量迅猛增长的态势在如北京、上海、广州、成都等一些大城市相对明显,司法资源的匮乏也主要体现在这些地区和城市,因此,司法资源的匮乏实质上是一种相对的资源匮乏,反映了我国民事审判资源在各个地区分配不均衡的现象。②

从另一个角度而言,即使在司法资源相对匮乏的城市,司法资源的重复投入、低效率投入和浪费现象仍然存在,这更加剧了司法资源的短缺。同时,可供民事审判利用的丰富的社会资源仍然处于闲置或低效率运行状态,缺乏有效的机制加以合理的开发和利用。因此,无论是对于像北京、上海这样司法资源相对匮乏的地区,还是对于那些司法资源相对充裕的地区,对于民事审判资源整合问题的研究,都是一个值得关注的重要课题。

二、民事审判资源整合的主要思路

本章所讨论的民事审判资源,是指由纳税人(国家财政)支持、可应用于民事审判的公共资源。其中既包括人民法院司法审判资源中配置给民事审判的资源,又包括可应用于民事审判的人民陪审员资源及可以辅助民事审判的法院外部的社会资源。

本章对民事审判资源整合的研究,不是建立在改变法官遴选机制、增加审判人员编制以及改革现有的诉讼程序制度、司法体制和司法人员资源的内部配置体制的前提下的,而是建立在当前审判资源现状,尤其是审判人员数量、素质现状的基础上,从现有的司法制度的视角出发,讨论如何优化配置民事审判资源,从而使其发挥更大的效用。应该说,这种对现有司法资源的整合研究,对于审判压力较大的基层法院和中级人民法院而言,具有更加现实的意义。

笔者认为,民事审判的资源整合,不是削减民事审判资源的投入,或者一味地节约司法资源,而是对现有民事审判资源的合理配置和有效利用,避免审判资源

---

① 最高人民法院原副院长刘家琛曾指出:目前在社会上出现了滥用诉讼手段的倾向。为了一点小事,寸步不让,动辄进入诉讼程序。其结果常常是事与愿违,不仅是一场官司下来结了怨,增加了更多的潜在社会矛盾,而且增加了诉讼成本,浪费了大量的诉讼资源。因为诉讼活动从一开始便需要投入成本、支出各种费用。转引自范愉:《当代中国非诉讼纠纷解决机制的完善与发展》,载《学海》2003年第1期。

② 参见范愉教授关于第四届成都法院院长论坛的点评,载《当代法官》2004年增刊,总第31期。点评指出:在中国,不是所有的法院都遇到了诉讼爆炸。我去调查西部的贫困地区时,发现还有很多基层法庭没事干……所以各地是不一样的。

的重复投入、低效率投入和浪费。近年来，人民法院的法官人均结案数量逐年增加，以B中级法院为例，g年民事法官人均结案数量比c年增加了36.97%，这种变化，除了有赖于审判人员辛勤的工作之外，更重要的应该是司法实践部门通过各种措施优化配置审判资源的结果。

对于民事审判资源的整合，应该包括以下三个方面：一是对现有的司法审判资源进行合理的配置，充分发挥现有司法审判资源的潜力，避免审判资源浪费；二是借助和利用外部资源为民事审判服务，弥补司法审判资源的短缺；三是充分发掘诉讼参与人的积极性，引导当事人理性应诉，配合审判进程，以达到提高审判效率，降低司法成本的目的。

从宏观上讲，民事审判资源的整合是一种制度运作的设置和操作方法的调整；从微观上讲，民事审判资源的整合依赖于民事审判人员观念和意识的转变。这种转变要求民事审判人员在关注司法机关自身和眼前利益的同时，更要关注法治的未来和长远发展，支持、促进非诉讼纠纷解决机制的建立和完善，从而更好地化解社会矛盾，分流法院压力，为司法现代化创造一个稳定发展的时间和环境。①只有这样，才能够达到民事审判资源整合的根本目的，使有限的审判资源在民事纠纷解决中发挥更大的效用。

三、合理配置司法审判资源

人民法院的司法审判资源是民事审判资源的基础，因此，在司法审判资源相对有限的情况下，如何充分利用，优化配置司法审判资源，降低司法资源消耗，提高审判效率，是民事审判资源整合的核心问题。

（一）繁简分流，降低司法资源消耗

1. 审理程序的繁简分流

笔者对f年和g年某地区法院及部分辖区法院适用简易程序审理民事案件的情况进行了统计，见表12－3：

---

① 参见范愉：《以多元化纠纷解决机制保证社会的可持续发展》，载《法律适用》2005年第2期。文中指出：法院最重要的是应转变观念，以正确评价ADR的价值。避免对司法能力的盲目自信，对司法的局限性以及诉讼的弊端、压力和纠纷解决效果缺乏清醒的认识。

表 12－3　某地区法院及部分辖区法院适用简易程序情况

法院		审结一审民事案件总数/件	适用简易程序审理的民事案件数/件	比率/%
I 基层法院	f 年	33429	21765	85.35
	g 年	30579	26396	86.32
J 基层法院	f 年	27638	20608	74.56
	g 年	30561	20608	67.43
辖区法院合计	f 年	202963	169267	83.40
	g 年	213950	173284	86.32

通过以上统计数据可以看出，大部分的民事纠纷采用了简易程序。民事审理程序的繁简分流是优化配置民事审判资源的重要途径，也是提高审判效率，促进司法公正的重要方式。因此，在民事审判过程中，应加强基层法院案件的审查，细化繁简分流标准，根据案件实际情况，进一步扩大简易程序的适用范围，分流小额诉讼，事实清楚、当事人争议不大的诉讼，类型化诉讼，从而降低司法资源的投入。

2. 加强类型化诉讼和关联案件研究

随着民事纠纷数量的迅猛增长，人民法院，特别是基层人民法院受理的民事案件呈现出一个显著的特点，即高度重复的同类案件数量惊人，如物业费催缴、拆迁补偿、没有财产争议的离婚案件等。这些类型化诉讼和关联诉讼，绝大多数都具有单起案件诉讼标的较小、事实清楚、法律关系相对简单等特点。

由于这些类型化诉讼和关联案件数量巨大，占用了大量的民事审判资源，因此，加强对这些案件的研究，是实现司法审判资源优化的重要途径。笔者认为，应该加强以下几方面的工作：(1)加强对类型化案件和关联案件的研究，通过典型判例和调研成果指导审判实践，避免审判资源的重复投入；(2)在处理类型化诉讼和关联案件中通过“普通程序简化处理，简易程序快速处理”的方式，提高审判效率；(3)加强对关联案件的诉讼调解力度，并通过对同类型典型案例的宣传具化当事人对诉讼结果的预期，促进当事人和解；(4)加强对执法尺度统一问题的研究和法治宣传，提高类型化诉讼和关联案件的服判率，降低上诉率和强制执行率。

3. 裁判文书的繁简分流

笔者在 B 中级法院随机选取了 80 名民事法官，对以普通程序审理的一审民事判决案件的审理工作用时进行了调查分析，结果如表 12－4 所示：

表 12－4　民事审判流程用时情况

类别	审查卷宗	询问及指导举证	开庭及宣判	诉讼调解	调查取证	合议庭评议案件	撰写、审核法律文书	合计时间
承办法官/小时	1.92	1.76	2.66	1.63	2.42	1.33	5.89	17.61
合议庭成员/小时	0.34	0	2.66	0.03	0.01	1.33	0.03	4.4
审判长/小时	0.48	0.09	2.66	0.12	0.04	1.33	1.02	5.74
合计时间/小时	2.74	1.85	7.98	1.78	2.47	3.99	6.94	27.75
比率/%	9.87	6.67	28.76	6.41	8.90	14.38	25.01	

从表 12－4 可以看到：合议庭以普通程序审理一起一审民事判决案件所投入的总工作时间约为 27.75 小时，其中撰写和审核法律文书消耗了审判人员较大比例的工作时间，占合议庭总工作时间的 25.01%，占承办法官总工作时间的 33.45%。

由于案件审判工作的其他方面消耗的司法资源很难降低，因此，在裁判文书撰写上实行繁简分流，降低此项工作占用司法资源的比重，是提高审判效率的一个重要途径。

在裁判文书撰写上实行繁简分流，主要包括以下几个方面：(1)根据案件的实际情况，对于双方无争议的证据直接在查明事实中列明，省略举证、质证、认证过程的烦琐描述；(2)准确归纳案件争议焦点，紧密围绕该焦点撰写裁判理由，言语精练，详略得当；(3)在类型化诉讼和关联案件的裁判文书撰写中充分参考既往判例，适当简化处理。

(二)加强诉讼调解，促进诉讼和解

根据笔者的统计，以 g 年为例，某地区法院共受理各类民事案件 249227 件，其中一审案件 214235 件，占案件总数的 85.96%；二审案件 28995 件，占案件总数的 11.63%；审判监督程序及其他特别程序案件 5997 件，占案件总数的 2.41%。由此可以看出，某地区法院绝大部分的审判资源被一审案件所消耗。

笔者对 g 年某地区 C 中级法院审结的 18345 件民事案件的平均审理时间(单位：天)进行了统计，见表 12－5：

表 12－5　某地区 C 中级法院民事案件平均审理时间情况

类型	全部民事案件	一审案件	一审判决案件	二审案件	调解、撤诉案件
案件数量/件	18345	1997	940	14689	4647
平均审理天数/天	67.58	103.1	127.08	67.05	57.33

从以上的统计数据可以看出，一审判决案件消耗了大量的审判资源，其平均审理时间约为调撤案件平均审理时间的 2.22 倍。① 据统计，在这些一审案件中，又有 13.52% 的案件进入了二审程序，此后又有一定比例的案件进入了再审程序及执行程序。

一方面，法院在这些案件的处理过程中投入了大量的司法资源；另一方面，当事人的纠纷需要经历多个司法程序，而不能够很快地被化解，造成了当事人诉讼成本的巨大投入及社会成本的浪费。因此，加强诉讼调解、促进诉讼和解，降低司法成本和当事人诉讼成本的投入，成了降低民事审判资源消耗的重要途径。

加强诉讼调解，促进诉讼和解，应该从以下几个方面入手：

(1)破除单纯追求司法效率、以结案为最终目标的审判观念，提高对诉讼调解重要性的认识。培养司法为民的工作作风，在关注法院自身工作效率和成绩的同时，更要关心当事人的诉讼投入和社会资源的消耗，追求司法效果与社会效果的统一。②

(2)加强对民事纠纷诉讼调解的规律研究和经验总结，追求调撤结案时调解(和解)协议的同期履行，避免司法资源在强制执行程序的二次投入。

---

① 在笔者对于某地区 B 中级法院 f 年度此项数据的统计中，全部民事案件数量为 16289 件，平均审理时间为 64.95 天；其中一审案件 1475 件，平均审理时间为 127.87 天；一审判决案件 674 件，平均审理时间为 156.09 天；二审案件 13386 件，平均审理时间为 61.51 天；调解、撤诉案件 3510 件，平均审理时间为 54.93 天。根据该年度的统计数据，一审判决案件的平均审理时间为调撤案件平均审理时间的 2.84 倍。

② 参见冯刚：《司法经济原则应确立为现代司法理念中的基本内容》，载万鄂湘主编：《现代司法理念与审判方式改革》，人民法院出版社 2004 年版，第 229 页。文中指出：基于我国的基本国情，目前我国司法领域的主要矛盾是全社会日益增长的司法需求与现实的司法资源不能满足这一需求之间的矛盾。面对这一日益尖锐的结构性矛盾，仅仅强调提高法官个体的道德修养和知识水平是远远不够的，必须广泛利用各学科的研究成果。从司法资源相对于全社会的司法需求的稀缺性这一角度出发，应当将司法经济原则确立为现代司法理念中的基本内容。

(3)加强对可上诉案件上诉率①和判决自动履行率的统计分析,在提高调撤率的同时,应该将诉讼调解的效果延展到裁判服判率和自动履行率的范畴里,从而从整体上降低司法成本和当事人诉讼成本的消耗。

(三)合理把握审判流程,提高审判效率

笔者对某地区法院 g 年每月受理及审结的案件数量进行了统计(见表 12 - 6),并制作了折线图(见图 12 - 1):

表 12 - 6　某地区法院月度收结案情况

时间	受理案件数/件	审结案件数/件	审结案件数占全年审结案件的比率/%
1 月	33026	8850	3.55
2 月	16532	10174	4.08
3 月	20154	23076	9.26
4 月	25652	19609	7.87
5 月	16941	15769	6.32
6 月	17377	29585	11.87
7 月	28373	14542	5.83
8 月	21890	16765	6.72
9 月	21692	26548	10.65
10 月	19025	20496	8.22
11 月	12845	26440	10.60
12 月	7602	37463	15.03
合计	241109	249317	100.00

① 可上诉案件指一审案件中以判决或可上诉的裁定为结案方式的案件。可上诉案件上诉率指这些案件中实际上诉的比例。这种对于案件的上诉率统计比一般意义上的上诉率统计(上诉案件占所有案件的比例,包括不可上诉的调解结案案件和不可上诉的裁定结案案件)更具有针对性,更能够体现当事人对法院裁判结果的服判率。笔者此前在对 c ~ f 年某地区 B 中级法院、C 中级法院审理的知识产权纠纷案件的可上诉案件上诉率的统计分析中发现,有高达 61.38% 的可上诉案件最终进入了二审程序。

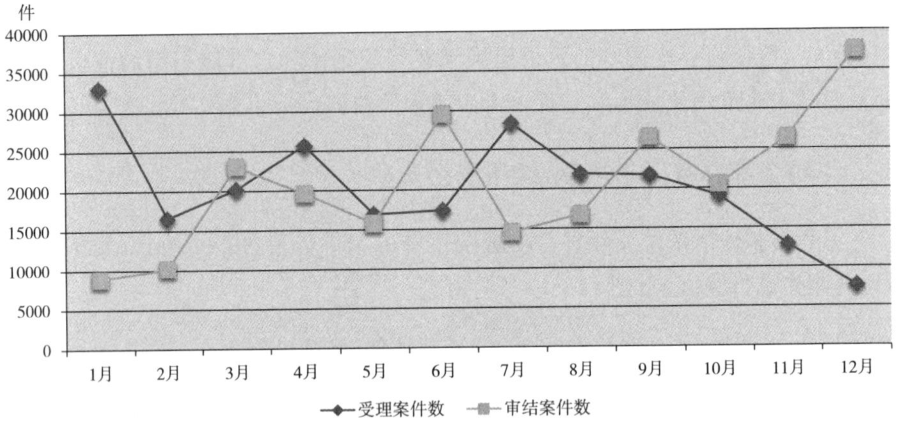

图 12－1　某地区法院月度收结案情况

从表 12－6、图 12－1 可以看到：某地区法院受理案件数量基本呈现比较平缓的态势，而案件结案的高峰期为 6 月、9 月、11 月和 12 月，并且，在每个结案高峰期过后，都会迅速出现一个结案低谷期，如 7 月、10 月、1 月和 2 月。这种状况的出现，除了受到"五一"假期、"十一"假期、春节假期及审判人员相对集中休假等情况影响外，主要是由于审判人员对案件审判流程缺乏整体把握的结果。

这种结案不均衡的状况导致结案高峰期时工作强度过大，影响了民事审判人员的身心健康，也在一定程度上影响了案件的审判质量。同时，一审案件结案的不均衡，又必然导致了二审收案的不均衡。因此，在遵循现有的法院管理体制和工作要求的前提下，民事审判人员应该合理调整工作强度，在一定程度上提高 1 月、2 月、5 月、7 月、8 月和 10 月的结案数量，则可以有效缓解 6 月、9 月、11 月和 12 月的审判压力，使司法资源的配置更加合理，审判人员工作强度趋于平均，从而有效地提高审判效率和质量。

根据笔者的调研，以普通程序审理的一审民事案件的开庭审理基本集中在立案后的第 40～60 天内，笔者根据司法实践经验，将普通程序审理的一审民事案件立案后的审理过程分为移交审判庭阶段、送达期、答辩期、举证期、证据交换期、开庭审理阶段、补充审理期、合议及宣判期 8 个阶段，并以 g 年某地区 C 中级法院审结的一审民事案件为样本，将民事案件平均审理时间与上述 8 个阶段的对应关系进行了分析。

从图 12－2 可以看到：在以普通程序审理的一审民事案件中，从立案到开庭审理的阶段审判流程相对顺畅、紧凑，但开庭后的补充审理期和合议及宣判期的时间则拖延过长，大大降低了审判效率。根据笔者的司法实践经验，在一审简易程序处理的案件及二审案件的审判流程中，也不同程度地存在上述问题。

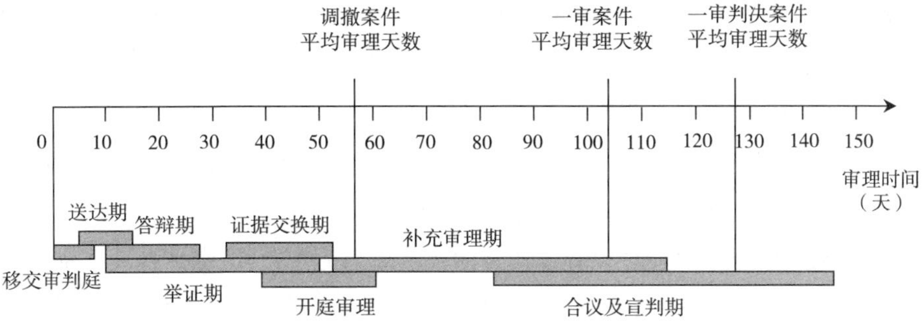

图 12－2　一审民事案件审理流程节点

因此，在民事审判过程中，应该加强以下两方面的工作：(1) 合理张弛，妥善安排各个审理阶段的进程，进一步提高审判效率，加快未结案件周转，降低司法成本和当事人成本消耗；(2) 审理民事案件的承办法官应加强卷宗审查、指导举证、庭前询问和庭前调解工作，使庭审过程清楚、顺畅，争议明确，证据到位。从而通过承办法官时间和精力的庭前投入，避免案件庭审混乱造成诉讼拖延，加大其他合议庭成员的工作投入，同时避免因证据不断补充导致多次开庭的情况。

（四）加强法院文化建设，保持审判人员身心健康

笔者根据 d～g 年某地区 C 中级法院的健康体检报告对该院 407 名工作人员健康状况进行了统计，见表 12－7：

表 12－7　某地区 C 中级法院工作人员健康状况

单位：%

类别	d 年	e 年	f 年	g 年
健康（大致正常）者	22.84	18.74	3.52	14.06
不同程度异常者	77.16	81.26	96.48	85.94

在上述407名工作人员中,法官257人,书记员62人,职能部门88人,患病率最高的是法官,约占95.6%。① 从以上的统计数据可以看到,长期超负荷工作使几乎全部的民事审判人员都处于不同程度的身体异常状态。

不仅如此,繁重的工作、经济上的压力及由行业特点决定的心理压力,使大部分民事审判人员的心理健康状况也存在很大问题。对于很多基层法院的审判人员而言,平均每天处理一起案件的工作强度使他们身心疲惫,在这种情况下,兼顾“公正与效率”难免成为一种有心无力的奢求。

在工作强度、精神压力和经济状况在短期内难以有效缓解的情况下,加强法院文化建设,保障审判人员的身心健康,避免审判人才流失,实现审判人员的“可持续发展”,成为司法实践部门面临的重要课题。

笔者认为,法院文化建设要以科学的法治理念为指导,培育具有人文特色的法院精神,即法律至上精神、公平公正精神、崇尚科学精神、无私奉献精神;同时要关心审判人员的身心健康,帮助审判人员解决工作、生活中遇到的实际困难,培养审判人员的职业自豪感和职业价值观,以饱满的热情、良好的精神状态投入民事审判工作。

加强法院文化建设,还能够通过树立法院和审判人员的良好形象影响和感染社会,使当事人更加理解和配合法院的审判工作,从而提高审判工作效率,取得司法效果和社会效果的统一。

四、充分利用外部资源

与人民法院的司法审判资源相对短缺的现状相比,可应用于民事审判的社会资源十分丰富。因此,整合散置的社会资源,增强这些资源在纠纷处理上的专业能力和效率,为民事审判服务,是缓解民事审判资源匮乏现状的一个重要途径。

(一)发挥人民陪审制度在诉讼调解和解决专业技术难题上的作用

近年来,人民陪审制度越来越受到司法实践部门的重视,很多学者在肯定了人民陪审制度的司法为民价值、司法民主价值、司法公正价值、司法独立价值、司法监督价值的同时,②也对人民陪审制度的发展和制度建构进行了深入的研究。

---

① 参见f年某地区C中级人民法院发布的关于该院干警健康状况的调研报告。该报告表明:在相关的30余种各类疾病中,大部分呈现明显的职业特点,如颈椎病、心脑疾病、高血压、眼病患者占患病干警总数的53.23%。

② 参见遥野:《完善人民陪审员制度之概观》,载《综合来源》2005年第4期。

笔者对某地区法院及部分辖区法院 f 年人民陪审员数量和人民陪审员参加合议庭审理案件的数量进行了以下统计，见表 12－8：

表 12－8　某地区法院及部分辖区法院陪审案件情况

法院	审结案件数/件	人民陪审员数量/人	人民陪审员参与陪审的案件数量/件	人民陪审员人均陪审案件数量/件	人民陪审员陪审案件占全部案件的比率/%
B 中级法院	14734	93	299	3.22	2.03
C 中级法院	16289	70	144	2.06	0.88
I 基层法院	33429	90	835	9.28	2.50
J 基层法院	27638	222	—	—	—
辖区法院合计	236981	1406	14470	10.29	6.11

从以上统计数据可以看出，人民陪审员参与民事案件审理的比例很小，对缓解民事审判压力的作用微乎其微。同时，部分人民陪审员文化素质偏低、法律素养不足，难以胜任陪审工作，在 g 年某地区法院任命的 1406 名人民陪审员中，研究生学历有 115 人，大学本科学历 607 人，大专学历 513 人；本科及以上学历人员仅占陪审员总数的 51.35%。另外，人民陪审员的来源和选任渠道也相对狭窄，主要集中为政府机关、社会团体和大专院校。

笔者认为，在保障人民陪审员的司法民主价值和司法监督价值的前提下，应扩大人民陪审员的队伍和人民陪审员参与陪审案件的范围和数量，把人民陪审员作为民事审判资源的一部分，充分发挥人民陪审员在化解纠纷上的优势作用，缓解民事审判资源匮乏的局面。① 具体操作应包括以下几个方面：

1. 探索人民陪审员进行诉讼调解和促使当事人和解的新模式。特别是在一些涉及婚姻家庭、继承、邻里纠纷、物业纠纷及社会关注、影响较大的民事纠纷案件中，充分利用人民陪审员来源于民、具有较强亲和力的特点，引导和促使当事人理性处理纠纷，以调解的方式化解矛盾，达到“定分止争、案结事了”，促进社会和谐的效果。

2. 建立一定规模的具有专业技术知识的人民陪审员队伍，发挥人民陪审员在

① 参见王显荣：《人民陪审制度之价值基础及其制度重构》，载《综合来源》2005 年第 6 期。文中指出：从理论上讲，哪怕是审判力量绝对过剩，人民陪审员的加入都会带来审判资源的优化整合，从而提高司法效率。何况培养一名优秀法官比聘请一名优秀的人民陪审员社会成本的投入要大得多，而按照陪审制度创立之初衷，陪审员只要具有代表性和是一个理性的人就足够了，其司法效益就更加明显了，这对解决我们目前司法投入捉襟见肘的尴尬处境无疑是一剂“灵丹妙药”。

解决专业技术问题上的优势。近年来，随着民事案件绝对数量的不断增加，涉及专业技术知识的疑难、复杂、新类型案件也大量涌现，如涉及知识产权、金融票据、证券期货、环境保护、工程质量等纠纷。这些案件的数量虽然不多，但却耗费了大量的民事审判资源。民事审判人员由于受到专业背景的限制，在审理这些案件时经常难以作出及时、准确的判断。① 建立一定规模的具有专业技术知识的人民陪审员队伍，有针对性地让这些陪审员参与相关的民事案件审理，可以有效解决民事案件中涉及的技术问题，为合议庭对事实的准确认定和法律判断提供参考，避免技术鉴定程序造成当事人时间成本和诉讼成本的增加。②

3. 通过扩大人民陪审员参与审理案件的范围和数量，增强人民法院的公信力，树立人民法院的良好形象，并通过人民陪审员传播法律知识，引导群众选择非诉讼纠纷解决机制化解矛盾。

（二）利用行政部门、社会团体、行业协会、人民调解组织等外部资源，促进当事人和解

尽管诉讼调解更能充分尊重当事人意思自治，有利于当事人服判息诉、主动履行法律义务，有利于更好地实现司法公正与效率，但在一些案件的处理上，要引导矛盾双方互相妥协让步，达成合意，需要民事审判人员投入大量的时间和精力。这种投入，在结案压力比较大的时候，反而与民事审判人员个人的审判效率产生了一定的冲突。

笔者对 g 年某地区的律师、人民调解委员会委员、人民调解员、两个仲裁委员会的仲裁员人数进行了统计，见表 12 - 9：

表 12 - 9　某地区律师、人民调解员、仲裁员等人员情况

单位：人

类别	专职律师	兼职律师	人民调解委员会委员	人民调解员	A 仲裁委员会仲裁员	B 仲裁委员会仲裁员
人数	10634	739	38891	91111	307	1020

① 参见魏敬胜、刘建军：《关于完善我国人民陪审制度的几点思考》，载《法学论坛》2000 年第 1 期。文中指出：职业法官的专业局限性与案件涉及面的广泛、复杂性，是无法回避的矛盾，适当地聘请行业专家充当陪审员，会为案件质量的提高和裁判公正提供专门技术上的保障。

② 参见胡春明：《陪审制度的价值基础》，载《华东政法学院学报》2001 年第 1 期。文中指出：在司法审判中，法院邀请具有相关专门知识的专家陪审，共同进行认证，形成较为科学完善的文化、智力和专业结构，人民陪审员与法官发挥知识优势互补的实力，可以大大提高法院专业化审判的水平，以避免作出失衡的裁判，保证案件的审判质量，提高诉讼的效率，且有助于社会公正观念的形成。

从以上数据可以看到，具有一定专业知识，具备一定纠纷处理能力的社会资源十分丰富。除了上述统计的资源之外，行业协会、工商行政管理部门、公安派出所、交通事故处理部门、民政局、行业协会、集体管理组织、旅游局、消费者协会、律师事务所、市场管理委员会、社区居委会、村民委员会、街道办事处、社区物业、社区业主委员会等都是民事审判中可以利用的社会资源。

以律师行业为例，某地区职业律师共 11373 名，f 年某地区律师代理民事诉讼案件的数量为 45841 件，平均每人代理民事案件仅为 4 件；以人民调解组织为例，某地区有 313 个司法所、7602 个调委会、38891 个调委会委员、91111 名调解员，其工作人员数量是某地区法院民事审判人员数量的 100 多倍，但 f 年人民调解组织共处理纠纷 97933 件，仅为某地区各级法院同期处理民事纠纷数量的 59.23%。因此，充分利用这些低效率运行的社会资源，为民事审判服务，促进当事人和解，有效化解社会矛盾，是解决民事审判人员对诉讼调解"有心无力"局面的重要途径。

利用外部资源为民事审判服务，促使当事人和解，应从以下四个方面入手：

1. 充分利用相关部门和人员对于特定类型纠纷处理具有一定的经验，或与某类当事人存在特定关联的特点，结合民事案件的具体特点，有针对性地委托相关部门或人员进行调和工作。如涉及婚姻家庭的纠纷可以委托民政部门进行调解，涉及邻里之间的纠纷可以委托人民调解组织或村民委员会进行调解，涉及消费者权益的纠纷可以委托消费者协会进行调解，涉及同行业企业间的经济纠纷或侵权纠纷可以委托行业协会或共同的行政主管部门进行调解。

2. 加强与委托调解部门和人员的沟通与协调，积极探索委托调解的方式、方法和新途径。①

3. 加强对委托调解部门和人员的培训、指导和监督。

---

① 如上海市长宁区人民法院进行了"人民调解诉讼替代作用"试点，聘请人民调解员从事法院部分案件的审前辅助调解工作。其案件范围包括离婚、"三费"（抚养费、扶养费、赡养费）、借贷（5000元以下）、相邻纠纷、变更抚养关系、解除收养关系、家庭邻里的小额损害赔偿等 7 类案件。根据该法院的规定，上述 7 类案件立案后、开庭审理前，由主审法官征询当事人的意见，如双方都同意接受人民调解的，由当事人填写《征询意见书》并由人民调解员当即实施调解，或由法官将起诉材料预先交人民调解员阅读，并通知当事人在其他时间来院进行辅助调解。经辅助调解达成协议的，由当事人选择以《人民调解协议书》结案或以法院法律文书结案。参见张天轮、徐斌：《发挥人民调解的诉讼替代作用，探索诉讼调解适度社会化新途径》，载《人民司法》2004 年第 1 期。如某地区 I 基层法院在司法实践中提出了"人人调解"的方案，所谓"人人调解"，就是充分发挥法院、特邀调解员、相关部门以及专家、律师参与调解的积极性，努力实现调解主体的多元化。其主要做法是：整合法院内部资源，赋予法官助理主持庭前调解工作的权力；根据案情及当事人特点，邀请特邀调解员、与当事人有关联性的相关单位，或邀请相关领域专家、当事人聘请的律师共同参与调解，以最大限度地整合社会资源，促进多元化纠纷解决机制向广度和深度发展。

4. 通过委托调解传播法律知识，引导群众选择非诉讼纠纷解决机制化解纠纷。

（三）加强对非诉讼纠纷解决机制的支持、促进和引导

多元化纠纷解决机制是指在一个社会中，多种多样的纠纷解决方式以其特定的功能和特点，相互协调地共同存在所结成的一种互补的、满足社会主体多样需求的程序体系和动态的调整系统。它以人类社会价值和手段的多元化为基本理念，不排除来自民间和社会的各种自发的或组织的力量在诉讼解决中的作用和积极性；目的在于为人们提供多种选择的可能性，同时以每一种选择的特定价值为选择者提供引导。①

笔者对 e 年某地区人民法院、人民调解、信访、仲裁解决民事纠纷的数量进行了统计，见表 12－10：

表 12－10　某地区法院、人民调解、信访、仲裁解决民事纠纷数量情况

类别	人民法院	人民调解	信访	仲裁	合计
处理纠纷数量/件	198526	62226	63923	2483	327158
比率/%	60.68	19.02	19.54	0.76	100

从以上的统计数据可以看到：现阶段的纠纷解决机制是一种以人民法院为“塔基”，行政部门为“塔腰”，以社会组织为“塔尖”的不合理局面（模型 A）。为了改善这一局面，主要应从以下四个方面入手：(1) 加强社会建设，大力培育社会组织参与化解矛盾纠纷的能力，筑牢“塔基”，形成化解矛盾纠纷的第一道防线；(2)完善行政化解矛盾纠纷的机制，丰富“塔腰”，形成化解矛盾纠纷的第二道防线；(3)强调法院调解，引导群众选择更广泛的途径处理矛盾纠纷，精锐“塔尖”，使其成为矛盾纠纷的第三道防线；(4)有效引导群众从成本、效益出发，更多地通过非诉讼纠纷解决机制化解纠纷，避免司法资源和社会资源的浪费。通过这些途径，最终实现以社会组织为“塔基”，行政部门为“塔腰”，人民法院为“塔尖”的多元化纠纷解决机制的和谐发展（模型 B）（见图 12－3）。

① 参见范愉：《浅谈当代“非诉讼纠纷解决”的发展及其趋势》，载《比较法研究》2003 年第 4 期。文中指出：无论从社会效益还是从当事人自身的实际利益看，建立多元化的纠纷解决方式机制都是一种更为合理的选择。当代世界各国在制定实体法时，往往会同时确立相应的纠纷处理机制，并为当事人提供多元化的选择机会。

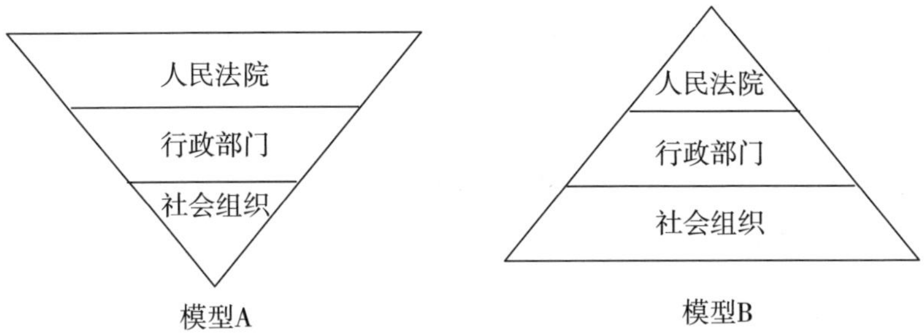

图 12－3　社会纠纷解决机制模型

多元化纠纷解决机制一般是以诉讼为主导或核心而构成、运作的。法院能不能对这些非诉讼纠纷解决机制的结果给予一种深度的肯定、保护和引导，同时起到纠错和监督的作用，直接决定了这些机制能不能有效地发挥作用。①

人民法院支持、促进和引导非诉讼纠纷解决机制工作应该从以下几个方面入手：

1. 法院对仲裁的裁决进行司法审查时，应遵循适度监督、程序审查的基本原则，维护仲裁权威。

2. 通过裁判的形式确认与维护人民调解协议的法律效力，维护人民调解组织的权威，增强其公信力，确保各类基层社会矛盾及时得到疏导化解，保持社会稳定和经济的持续发展。

3. 建立与人民调解、仲裁之间的指导、协调机制。加强对人民调解人员的培训，加强审判与人民调解的衔接与沟通，充分发挥人民法庭与人民调解组织的地缘优势；加强对仲裁的指导与监督，统一仲裁人员与从事仲裁司法审查的审判人员在法律具体适用方面的认识。

4. 人民法院不仅应通过适用法律规则彰显程序的公平正义，而且要以纠纷妥善解决为立足点，为当事人选择人民调解、仲裁、自行和解等诉讼外纠纷解决方式提供便利、创造条件，向当事人传递纠纷可以通过诉讼外解决方式公正解决的信息，强化社会公众采取非诉讼方式解决纠纷的意识和观念，充分发挥法院对非诉讼纠纷解决机制解决社会纠纷功能的促进和保障作用。

---

① 参见范愉教授关于第四届成都法院院长论坛的点评，载《当代法官》2004 年增刊，总第 31 期。点评指出：法院和非诉讼的衔接，目前是一个大问题。现在刚完成人民调解和法院的初步衔接，原来已有的还有劳动争议的衔接。大量的行政性纠纷解决和法院的衔接还没有真正完成一个非常和谐统一的机制。

五、充分发掘当事人参与诉讼的能动性

当事人是矛盾的亲历者，是纠纷最热切的关注者。如何充分调动他们对于纠纷解决的能动性，发挥他们在诉讼和解、举证及配合审判进程方面的积极作用，对于提高审判效率、降低司法成本投入具有重要的意义。

（一）充分行使法官释明权，指导当事人举证

《最高人民法院关于民事诉讼证据的若干规定》确立了法官行使释明权的基本原则。① 法官释明权的行使一般分为四个方面：对法律概念和法律程序的释明；对当事人诉讼请求不充分、不明确、不正确的释明；对当事人举证的释明；因当事人诉讼能力而造成明显不当的诉讼行为的释明。

对于当事人举证的释明是法官释明权中最核心的部分，它要求审判人员告知当事人举证要求，促使当事人在合理期限内积极、全面、正确、诚实地完成举证。对举证告知应至少包括四个方面：举证责任的分配原则与要求；向人民法院申请调查取证的情形；当事人约定举证期限的方式或人民法院指定的举证期限；逾期提供证据的法律后果。

充分行使法官释明权，能够启发当事人提供充分的证据和提出完整明确的诉讼请求，在一定程度上消除当事人请求及陈述中的瑕疵，避免法院调查取证的司法投入，从而推动诉讼顺利进行，实现司法效率价值。

法院通过行使释明权，可以平衡当事人的诉讼能力，充分保障双方平等的诉讼地位，使双方当事人能够真正平等地行使诉讼权利，实现程序公正，在一定程度上提高服判率，降低当事人的诉讼成本和民事审判资源的消耗。②

（二）引导当事人理性参与诉讼，配合审判进程

法官面临的当事人是形形色色的。在接触案件的同时，法官也逐渐认知案件事实、获得当事人的有关信息，并综合这些情况来决定民事案件审理和诉讼调解进展的程度。这个过程是法官从被动接受案件，到运用指导地位获取信息，并指

---

① 《最高人民法院关于民事诉讼证据的若干规定》（2019 年修正）（法释〔2019〕19 号）第 2 条第 1 款规定：人民法院应当向当事人说明举证的要求及法律后果，促使当事人在合理期限内积极、全面、正确、诚实地完成举证。

② 参见陶郑忠、姚毅：《试论法官释明权制度的设立》，载《上海政法管理干部学院学报》2005 年第 2 期。

导双方当事人诉讼博弈的过程。同样，通过法官的引导和释明，当事人也在不断地调整自己的诉讼预期和博弈策略，进行利害衡量和适当的妥协。这个过程是当事人从接受审理，到决定自己抵制或应对策略的过程。正是法官和当事人之间这种权力和信息的流变，决定了民事案件的审理。①

因此，在民事案件审理中，合理引导当事人以理性的态度对待诉讼，从解决纠纷的角度积极参与诉讼，配合审判进程，可以有效避免审判资源浪费，提高民事审判效率。引导当事人理性参与诉讼，包括以下三方面的内容：

1. 化解当事人的敌对情绪，引导当事人积极参与诉讼，理性解决纠纷。

2. 把握原告的诉讼目的，通过释明权的行使，合理降低原告对诉讼结果的预期。每个案件的原告提起诉讼都基于一定的诉讼目的，而很多原告由于对自身权利或利益的过分热切关注，往往对于诉讼本身缺乏准确的判断，甚至产生一些错误的观念。因此，原告的诉讼目的往往由于证据上的欠缺和认识上的偏差而无法实现。一般而言，原告的诉讼目的并不简单地等同于诉讼请求，甚至有些当事人出于种种考虑而不对法官说出自己的真实想法，这些因素都给民事案件审理和诉讼调解的开展设置了障碍。因此，法官在民事案件审理和诉讼调解中应着力探求原告真实的诉讼目的，引导原告正确分析其诉讼主张，分清主次，在尽可能达到主要诉讼目的的同时，在其他方面作出合理让步。

3. 引导被告积极参与诉讼。很多被告对于诉讼的进程都抱有消极的态度，有些被告还试图通过诉讼程序为案件审理设置障碍，这对于民事案件审理和诉讼调解进程十分不利。因此，民事审判人员在审理案件中，应引导被告以合理的态度对待诉讼，从解决纠纷的角度理性应诉，配合审判进程，同时把握被告对于纠纷解决所可能付出成本的预期，合理引导其理性确定该成本的范围和幅度，有效地促进当事人调解合意的达成。

六、结语

民事审判资源的整合是司法实践部门必须面临的一个重要课题，它将直接决定人民法院化解社会纠纷的能力，并将直接影响“公正和效率”司法价值目标的实现。

但是，我们必须清晰地认识到：民事审判资源整合的潜力是有限度的，虽然这种对资源的优化配置能够在一段时期甚至相当长的一段时期内化解和缓冲民事

---

① 参见常鹏翱：《诉讼调解异化原因辨析——以“调审分离论”为对象》，载《南京大学法律评论》2001 年第 1 期。

诉讼激增与司法资源不足之间的矛盾，但是要从根本上改变司法资源匮乏的困境，应该依靠适应我国社会和当事人需求的多元化纠纷解决机制的建立、完善和有效运行，使诉讼和非诉讼纠纷解决机制相互协调配合，保证社会和法治的“可持续发展”。

对于民事审判资源的整合，其目标应该提倡充分发挥社会主体和当事人的自主性，为他们提供更多的可供选择的纠纷解决方式，以满足不同的需求和价值取向，从而培育一种纠纷解决的“生态平衡”，而不是司法对纠纷解决的垄断。只有承认非诉讼纠纷解决机制的正当地位，充分发挥其作用，并形成司法审查和救济的良性循环时，才可能使纠纷解决资源实现优化配置，并使司法权回归其应有的地位，从而缓解法治现代化与社会发展之间的冲突，促进社会的自治与和谐。①

---

① 参见范愉：《以多元化纠纷解决机制保证社会的可持续发展》，载《法律适用》2005年第2期。

第十三章
司法改革背景下法院人员分类考核研究

按照司法改革提出的权责相统一原则，人民法院必须强化人员分类考核，加强对考核结果的科学运用，为法官员额退出、空额后续遴选、法官助理分级等提供基础绩效支撑。

本章对我国法院所处发展阶段进行了分析，并比较研究了实践界关于要不要考核法官、如何考核法官的各种观点，认为在司法改革背景下，必须遵循导向正确、符合实际、简便易行三个原则，加强人员分类考核，推进精细化管理。特别是，为适应改革内容，法院分类考核体系架构应从“分级管理、逐层考核”转变为“扁平化管理、单层考核”；考核对象要从以往“以庭室考核为主”向“以法官和审判团队考核为主”的方向迅速调整。

在改革背景下，人民法院分类考核体系主要包括审判团队考核和人员考核两种。团队考核主要包括对庭室、固定审判长合议庭或由3～5名法官组成的审判组的考核。在对人员的考核中，又分为两个序列：一是审判权运行序列，包括审判长、法官、法官助理、书记员；二是审判管理权及行政管理权运行序列，即团队负责人，主要包括庭长、副庭长、审判组长。

本章通过模型构建的方法，对上述分类的考核内容、项目设置、计分方式、合成方法逐一进行了研究，特别是重点研究了与改革紧密相关的对法官、法官助理和审判团队的考核内容，具有较强的针对性和实践指导意义。同时，本章还对改革初期如何实现分类考核模式的平稳过渡，如何在保留考核体系基本框架的基础上，适当简化考核组块和考核项目，降低考核难度，建立符合各级法院工作实际的实施例，提出了建设性的意见。

全面推行司法改革，是确保法官依法独立行使审判权的制度基本建立、司法权运行机制基本健全、司法保障制度基本完善的过程，特别是，在这个过程中，人员分类管理基本完成过渡并将得到全面、彻底的推行。[①] 本章研究的团队考核和人员考核，限定于与审判业务直接相关的组织（团队）和人员，不包括审判辅助部门（如审判管理办公室、研究室等）、行政部门（政治部、办公室等）及相关人员分类。

一、方向之辨：改革背景下法院考核的立论基础

1. 精细化管理是当前人民法院所处发展阶段的必然要求。现代管理学认为，科学化管理有三个层次：第一层次是规范化，第二层次是精细化，第三层次是个性化。[②] 2010 年，最高人民法院创新和加强审判管理，在全国范围内建立专门的审判管理机构，推出审判质量评估、审判绩效考核、审判运行态势研判等一系列管理措施；2011 年 3 月，最高人民法院下发了《关于开展案件质量评估工作的指导意见》，确定了 31 项指标的案件质量评估体系，标志着我国人民法院从长达几十年的规范化管理阶段，逐渐迈进精细化管理的初级阶段。尽管在这个阶段伊始，很多法院都错误地将最高人民法院 31 项案件质量评估体系混同为考核体系加以应用，但经过一段时期的跟风、批判和纠偏，一些法院开始逐渐建立了质量评估体系和审判考核体系并存的绩效管理制度。在司法改革的背景下，我国法院正处于精细化管理初级阶段的事实将无可改变；罔顾我国司法的发展阶段，一味吹捧和移植西方国家现行法官考核模式的做法，只能让我们走上歧途。

2. 人员分类考核是当前人民法院队伍状况的现实需要。首先，全国法院审判队伍整体呈现年老法官和年轻法官多、中青年骨干法官少的结构失衡状况，同时，大量的审判工作由年轻法官承担。以某地区法院为例，o 年辖区法官年人均结案数为 104.1 件，其中，任职年限低于 4 年的法官人数为 1810 人，占实有法官（4392 人）的 41.2%。基于年轻法官审判经验相对缺乏、审判质量易出现瑕疵等特点，进一步加强人员分类考核，不仅“不会使法官偏离法律和良心”[③]，相反会引导审判人员提高职业能力、实现优化审判队伍的目的。其次，按照改革提出的权责相

---

① 《上海市司法改革试点工作方案》提出：设 3～5 年的过渡期，逐步推行严格的分类管理体制。

② 参见宋文强：《现场精细化管理》，化学工业出版社 2011 年版，第 2 页。

③ 参见李拥军、傅爱竹：《“规训”的司法与“被缚”的法官——对法官绩效考核制度困境与误区的深层解读》，载《法律科学》2014 年第 6 期。文中指出：当法官们为完成那些诸如结案率、上诉率、改发率、撤诉率等各种指标而作出裁判的时候，他们就不可能只服从法律和良心，便有可能为这些指标而迁就某些力量和因素。

统一原则，要实现评价机制、问责机制、惩戒机制、退出机制和保障机制的有效衔接，①必须强化对人员的分类考核，以及对考核结果的科学运用，为法官员额退出、空额后续遴选、法官助理分级等提供基础绩效支撑。

3. 延续和完善现有考核管理模式是改革平稳过渡的重要保障。司法改革包括了多项内容，特别是“法官员额制”的推行触动法院各类人员利益，极易引发队伍波动。一方面，为了保障审判权运行改革举措落到实处，传统的考核管理模式必须进行相应调整，特别是，应将考核对象从以往“以庭室考核为主”向“以法官和审判团队考核为主”的方向迅速调整。另一方面，考核管理模式关乎审判人员切身利益，改革初期，暂不宜对考核内容、考核项目、计分方式等做过大调整，以避免产生不必要的波动；待人员分类基本稳定，相应改革举措获得初步经验后，应对考核方式做进一步完善和调整。

二、系统研究：改革背景下法院分类考核的整体思路

（一）基本原则

改革背景下，法院分类考核制度设置应遵循三个原则：

1. 导向正确。首先，审判工作是法院工作的中心，在对审判团队和人员进行考核时，应加大审判工作部分的考核权重，适当下调审判辅助工作、非审判工作等考核内容的权重。其次，基于科学评价工作的考核目的，法院分类考核的项目设置要基本全面反映审判工作整体要求，又要突出重点工作。

2. 符合实际。首先，法院分类考核必须以审判规律为根本的出发点和落脚点，不能违背客观实际和审判规律设置考核项目、确定考核标准、分配指标权重。其次，立案登记制实施后，各地法院收案数量均有一定增长；法官员额制实施后，主审法官承办案件数量大幅增长，人案矛盾进一步加剧。因此，在司法改革背景下，对法官工作量的评价十分重要，只有让那些完成了更多审判工作量的团队和法官获得相应多的考核基础分，才能保障改革平稳推进。最后，考核不能搞“一刀切”，要充分考量各审判团队和法官审理案件的类型差异、审级差异等因素，合理调整考核项目、权重和考核标准，以使被考核主体处在一个基本平等的基础上进行考核。

3. 简便易行。首先，考核体系不能过于复杂。最高人民法院案件质量评估体

---

① 参见《最高人民法院关于全面深化人民法院改革的意见——人民法院第四个五年改革纲要(2014—2018)》(法发〔2015〕3 号)第 28 条。

系分为三级31项指标，涉及无量纲化等数学运算，审判人员理解起来非常困难。因此，虽然其作为质量评估体系是相对科学的，但作为审判绩效考核体系直接予以应用，易产生操作不便、引导性不强等弊端。① 其次，考核项目不能过于繁多，否则容易使被考核主体负担过重的考核压力，在实际工作中无所适从。

(二)体系架构

实行法官员额制之前，各法院考核体系一般采取两层架构，即法院对庭室、庭长、副庭长直接进行考核，庭室对合议庭、审判长、法官、书记员进行考核。实行法官员额制之后，作为被考核对象的法官数量明显减少，实行扁平化管理，由法院直接对法官或法官团队进行考核成为可能。因此，在改革背景下，法院考核体系架构应从“分级管理、逐层考核”向“扁平化管理、单层考核”调整。

按照改革要求，合议制审理中，一般由承办案件的主审法官担任审判长，院庭长参加合议庭的，由院庭长担任审判长；也可以建立相对固定的合议庭，选任相对固定的审判长，形成由1名审判长和若干名主审法官、法官助理、书记员组成的办案组织。在上述第一种情形中，对于法官人数较多的庭室，直接实现“庭长→法官个人团队”的扁平化管理仍存在一定困难，因此可以建立由3~5名法官组成的“N名法官+N名法官助理+N名书记员”审判组，并设审判组长，承担审判组的审判管理、行政事务管理等工作。② 审判组长仅在自己承办案件组成合议庭时担任审判长。

综上所述，在改革背景下，人民法院考核主要分为审判团队考核和人员考核两种。审判团队考核主要包括对庭室、N名法官(一般为3名)组成的固定审判长合议庭或由3~5名法官组成的审判组的考核。在对人员的考核中，又分为两个序列：(1)审判权运行序列，包括审判长、法官、法官助理、书记员；(2)审判管理权及行政管理权运行序列，即团队负责人，主要包括庭长、副庭长、审判组长。对于由“1名主审法官+N名法官助理+N名书记员”组成的法官个人团队，由于其审判行为都是围绕“1名主审法官”进行的，对于该名主审法官的审判业绩考核，即囊括了该法官团队的主要业绩。因此，这种法官团队不宜作为审判团队予以考

---

① 参见重庆市第二中级人民法院课题组：《审判质效考核体系的考察与反思》，载《法律适用》2011年第2期。

② 在某地区C中级法院的改革试点过程中发现，由3名法官组成固定审判长合议庭的审理模式存在灵活性差的问题，一旦某名法官出现病事假等情况，整个合议庭将无法正常组织开庭等审判活动，不得不从其他合议庭抽借法官组成合议庭。因此，在由法官组成审判组时，可根据庭室规模大小，组成3~5名法官的审判组。在具体审理案件中，可在审判组内选择3名法官组成合议庭。

核，而应将团队人员按照法官、法官助理、书记员的人员分类方式，分别予以考核。具体情况如图 13 －1 所示：

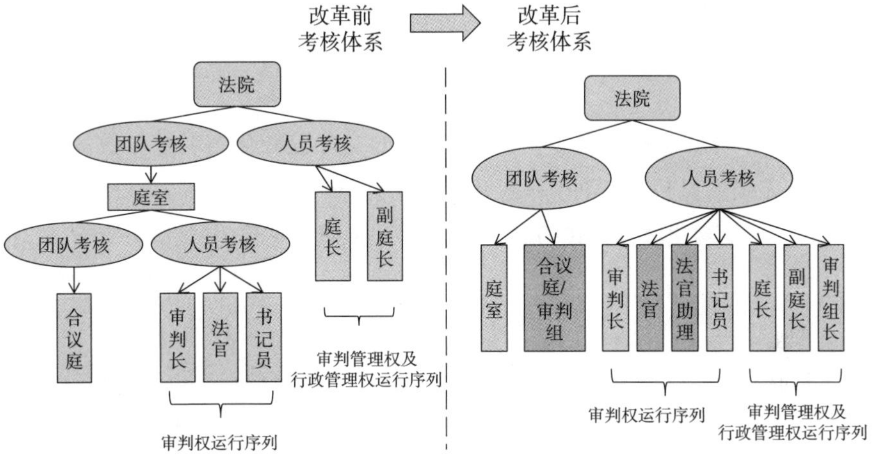

图 13 －1　改革前后分类考核体系对比

在改革背景下的分类考核体系中，存在三个考核重点和难点：(1) 对法官的考核；(2) 对法官助理的考核；(3) 对固定审判长合议庭或由 3 ～5 名法官组成的审判组的考核。

相比改革前的考核体系，改革背景下考核体系中的被考核主体增加，且从两级考核变为一级考核，大大增加了院级考核部门的考核难度。院级考核部门可从以下方面缓解此问题：(1) 在过渡期内，可暂时削减被考核主体类别，仅对庭室、法官、法官助理等与改革紧密相关的被考核主体进行考核，再逐步完善其他被考核主体类别；或在保留基本考核架构的基础上，适当减少考核项目，降低考核难度。(2) 运用信息化方式辅助考核，特别是通过优化办案系统，实现考核基础数据的自动采集。(3) 在过渡时期，可以尝试先行由法院制定审判权运行序列人员分类考核指导办法，由各庭室在指导办法的框架下自主考核。

（三）考核项目

在改革背景下，法院分类考核项目应包括以下内容：(1) 工作量完成情况；(2) 审判质量情况，包括整体质量评价、个案质量评查情况；(3) 重点指标完成情况，重点审判工作完成情况，如专案审理等；(4) 审判辅助工作完成情况，如调研、宣传工作等；(5) 非审判工作完成情况，如行政管理任务完成情况、党团工作、表彰奖励等；(6)内部监管反馈情况，如廉政部门、信访部门、申诉部门、再审部门、执行部门反馈等；(7)外部监督反馈，如媒体舆论反馈等；(8)民意测评情况，包括团队内测评、相关部门评价、直接领导评价等。

（四）计分方式

计分方式指在考核体系中，将考核项目的实际值转化为考核分数的计算方法。计分方式主要包括两种：一是无量纲化计分方式；[①]二是加减分计分方式。一般而言，无量纲化计分方式相对复杂，多用于质量评估体系；加减分计分方式简单、直观，多用于考核体系。加减分计分方式主要包括：(1)加分制。如在整体质量考核中规定："法定（正常）审限内结案率低于98%，不得分，高于98%，每高0.1个百分点，加1分，累计加分不高于15分。"如在审判辅助工作考核中规定："承担国家级、省级调研课题并通过结项验收的，分别加5~10分；同一课题不重复加分，以最高分计算。"加分制还多用于对工作量的计算，即根据审结案件数量予以加分；实践中，也可以根据案件审级、案由不同、是否为关联案件、是否为专案或大要案等设置不同的加分规则。(2)减分制。如在审判辅助工作项目考核中规定："裁判文书上网率（20分）：90%以上得满分，每低0.1%扣0.2分，低于80%不得分。"如在个案质量评查中规定："案件评查中，大错1件减10分，中错1件减2~3分，小错1件减0.5~1分。"

为了更好发挥指标的引导作用，在实践中，还可以采取更复杂的混合加减分方式计分，具体包括：(1)合格值加减分制。确定某指标合格值，（正向指标）高于合格值加分，低于合格值减分，并对加分、减分的总额进行限定。(2)满意区间加减分制。确定某指标满意区间，实际值在满意区间内的，不计分，（正向指标）高于满意区间上限值加分，低于满意区间下限值减分，并对加分、减分的总额进行限定。(3)双倍加减分制。（正向指标）实际值在满意区间内的，单倍加分，高于满意区间上限值双倍加分，低于满意区间下限值单倍或双倍减分，并对加分、减分的总额进行限定。具体如图13-2所示：

---

① 无量纲化，是指去掉指标的计量单位，公式为：$d=[(x-x^{s})/(x^{h}-x^{s})]^{1.4}\times 40+60$。

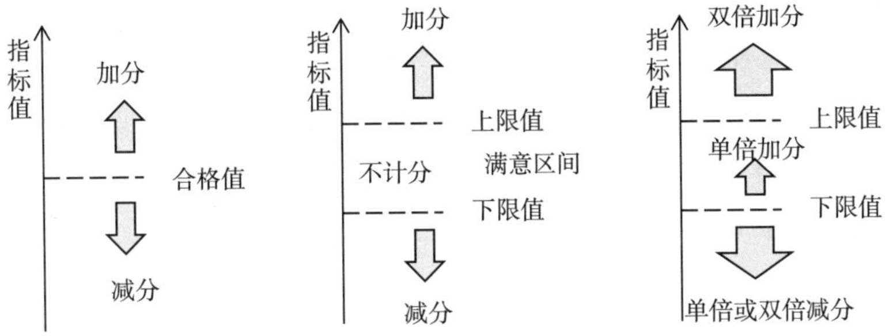

（1）合格值加减分制　（2）满意区间加减分制　（3）双倍加减分制

图 13－2　混合加减分计分方式模型

（五）合成方法

合成方法是指将各考核项目或指标应用一定的计分方式量化成考核分数后，经过一定数学运算方法进行综合，从而得到考核过程得分和最终得分的方法。

一般而言，可以采取以下合成方法获得考核过程得分或考核最终得分：(1)加减分累计方法。在一些考核体系的合成过程中，为了避免减分项目过多，从而造成考核结果为负分的情况出现，可以先赋予被考核主体一定的基础分，然后再应用加减分的计分方式在基础分的基础上进行累计。在实践中，由于工作量的计分方式是加分制，因此，可以通过工作量先行赋予被考核主体一定的基础分后，再进行其他考核项目的加减分合成。(2)加权平均方法。包括加权几何平均①、加权算术平均②，以及同时应用加权几何平均和加权算术平均，再进行加权算术平均的混合合成方法。一般情况下，对于质量评估体系而言，其对合成结果的科学性要求较高，因此需要应用较为复杂的合成方法，如上述的混合合成方法。对于审判考核体系而言，过于复杂的合成方法将使考核结果的可预期性大幅降低，从而减弱考核的引导作用。因此，法院分类考核体系中，应优先应用较为简单的加权算术平均方法进行分数合成。如"审判质量考核由公正指标、效率指标和

① 加权几何平均数为一个数列的连乘积的项数方根。其公式为：$D = \sqrt[\sum_{i=1}^{n} w_i]{\prod_{i=1}^{n} d_i^{w_i}}$，设 $\sum_{i=1}^{n} w_i = 1$，则公式简化为：$D = \prod d_i^{w_i}$。

② 加权算术平均数为不同指标同度量化值与其权数乘积的算术平均值。其公式为：$D = \frac{1}{\sum_{i=1}^{n} w_i} \sum_{i=1}^{n} d_i w_i$，设 $\sum_{i=1}^{n} w_i = 1$，则公式简化为：$D = \sum d_i w_i$。

效果指标组成，分别占30%、30%和40%”。(3)标准分方法。为了使被考核主体得分拉开一定差距，可以将项目得分进行二次折算以得到考核分数，如“将(审判执行工作)得分最高的法院按100分计算，其他法院得分 = 其原始分值 ×100/得分最高法院原始分值”。

在考核模型的实施例中，还可以将上述合成方法混合应用，如按照标准分的方式获得被考核主体的主观评价得分，用加减分的方法获得被考核主体的客观评价得分，再按照主观评价20%、客观评价80%的权重计算出被考核主体的考核总分。

三、模型构建：改革背景下分类考核的具体内容

(一)审判团队考核

改革背景下的审判团队，主要包括审判业务庭室、固定审判长合议庭或由3～5名法官组成的审判组。具体的考核模型如图13－3所示：

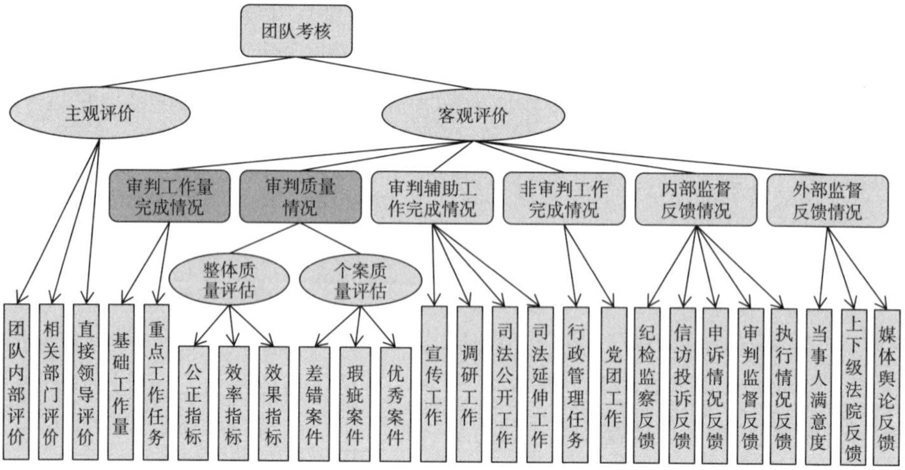

图13－3 审判团队考核模型

在依据上述模型建立考核实施例时，应考量以下内容：(1)上述模型为完整的考核模型，实践中，可以根据团队规模、考核难度等适当简化考核组块及考核项目，但其中的审判工作量完成情况，审判质量情况为模型的核心组块，不可简化。(2)审判工作量完成情况包括基础工作量(主要表现为团队累计审结的案件数量)和重点工作任务(主要表现为审结的专案、大要案数量及其他可量化的重点工作任务)。(3)整体质量评估组块可在最高人民法院31项案件质量评估体系内选择部分指标进行考核，重点指标包括一审案件改判发回重审率(错误)、生效案件改判发回重审率、法定(正常)审限内结案率、调撤率等。为了避免发生评估

体系和考核体系混同的错误，不得将 31 项指标全盘纳入考核，或将 31 项指标合成的审判质量指数直接转化为考核分数。当团队规模足够小时，为避免指标出现特异值，考核时应将部分整体质量指标转换后使用。如在对合议庭进行考核时，应将生效案件改判发回重审率转换为生效案件改判发回重审数进行考核。(4)在具体操作层面，可将内部监督反馈情况、外部监督反馈情况考核项目予以适当简化或与审判质效指标进行适当合并，如在审判质量指标中设置再审审查率(数)、生效案件改判发回重审率(数)指标，从而取代"申诉情况反馈""审判监督反馈"内容。(5)在实施例中，可将主观评价与客观评价的权重设置为 20% 和 80%。在客观评价中，可将审判工作量完成情况、审判质量情况、其他客观评价组块的权重设置为 40%、40% 和 20%；或在为审判工作量完成情况设置一定的基础分后，为审判质量情况、其他客观评价组块的权重设置为 70%、30%。[①]

(二)审判权运行序列人员考核

1. 对于法官的考核

在改革背景下，对于法官(主审法官)的考核，应重点考量以下内容：(1)为了减少改革引发的队伍波动，应尽可能延续改革前的考核模式和考核内容。(2)考虑到改革后，部分法官将丧失资格，转任法官助理，而员额法官的办案数量将有较大幅度增长。为了保障案件总量妥善消化，维持改革过程中审判态势平稳运行，应在法官考核中，加大对工作量(个人承办案件结案数量和参加合议庭审理案件数量)的考核权重。[②] (3)为落实"主审法官、合议庭办案责任制"，实现"让审理者裁判、由裁判者负责"，在对法官的考核中，应取消主观评价组块。(4)整体质量考核中，可根据法官审判案件的类型不同，设置 5 ~ 10 项指标，其中，一审案件改判发回重审数(错误)、生效案件改判发回重审数、法定(正常)审限内结案率、调撤率等可作为重点备选指标。法定期限内立案率、实际执行率、执行标的到位率等可作为相应审执业务口法官考核的重点备选指标。

参考上述关于团队考核的具体模型，在将内部反馈情况、外部反馈情况组块予以适当合并后，对于法官的考核模型可简化为以下实施例(见图 13 -4)。在这个实施例中，审判工作量完成情况、审判质量情况、审判辅助工作完成情况、非审

---

① 云南省高级人民法院的绩效考核办法规定，年度考评采取量化评分的办法，部门考评总分值 100 分：队伍建设 20 分，工作绩效 70 分，综合评价 10 分。参见沐润：《法院绩效考核机制的评析及其完善》，载《云南大学学报(法学版)》2012 年第 2 期。

② 参见巫国平：《法院绩效考评标准的协调及完善》，载《法律适用》2014 年第 7 期。

判工作完成情况的权重可设置为50%、35%、10%和5%。

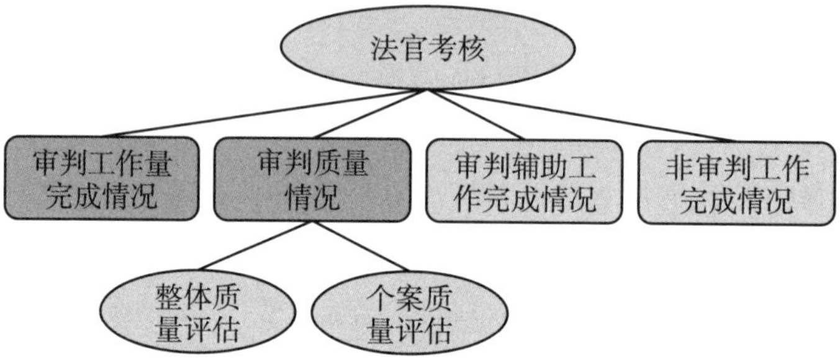

图13－4　法官考核模型

2. 对于法官助理的考核

对于法官助理的考核，难点有两个：一是作为改革后新产生的人员分类，各地法院在其职责定位上还未完全统一，在一些法院的工作实践中，法官助理的职责也会因辅助的案件类型、审判团队人员状况等发生变动。二是法官助理作为审判辅助人员，其工作质效难以直接通过其所辅助案件的质效得以精准反映，因此较难通过现有的审判质量指标量化其基础业绩。

按照《最高人民法院关于完善人民法院司法责任制的若干意见》《最高人民法院司法责任制实施意见（试行）》的内容，参照上海、北京等地实践，可将法官助理的职责内容划分为三类：A：不宜单独量化的常规事务性工作；B：可单独量化的较复杂工作；C：其他工作（见表13－1）。

表13－1　法官助理职责划分及考核建议

工作类型	工作内容	工作量累计建议	业绩加分建议
A：不宜单独量化的常规事务性工作	制作或送达各类通知书、开庭传票、法律文书、当事人提交的证据等诉讼材料	不单独量化每一项工作的工作量，而是统一根据法官助理所辅助审理的案件数量累计工作量	
	办理交退诉讼费、发布公告等诉讼手续		
	办理指定辩护人或者指定法定代理人的有关事宜		
	确定举证期限，组织庭前证据交换		
	接受法官委托或协助法官依法调查、收集、核对有关证据		
	审查诉讼材料，归纳摘录证据，整理争议焦点		
	根据法官的要求，准备与案件审理相关的参考资料，提供对案件的法律研究意见		

续表

工作类型	工作内容	工作量累计建议	业绩加分建议
	接待、安排案件当事人、诉讼代理人、辩护人的来访和阅卷等事宜		
	协调案件排期开庭，联系、传唤当事人到庭或接受询问		
	校核法律文书		
	案件报结及裁判文书上网		
B：可单独量化的较复杂工作	代表法官主持庭前调解，达成调解协议的，须经过法官审核确认	可单独累计每一项工作的工作量	案件调解成功
	协助法官采取财产保全和证据保全措施		
	办理委托评估、鉴定、审计、诉讼保全等事宜		
	草拟法律文书		法律文书获奖
C：其他工作	完成法官交办的其他工作		

根据表 13－1 可知，法官助理的基础工作量按以下方式累计：（1）对于上述 A 类工作内容，尽管每起案件涉及的工作事项未必一致，但从降低考核难度的角度出发，这些事项可以统一通过法官助理所辅助审理的案件数量累计工作量。当然，在具体操作过程中，可以区分案件审级等因素（如一审、二审）分别累计法官助理的基础工作量。对于信息化程度较高的法院，也可以尝试将部分 A 类事项单独量化累计。（2）对于上述 B 类事项，由于工作内容相对复杂，可以按事项数量单独累计法官助理基础工作量。如在一个考核周期内，某法官助理协助办理了 2 项财产保全措施、1 次委托鉴定事项，草拟了 10 份判决书。（3）在 B 类事项中，如法官助理代表法官主持调解成功，或法官助理草拟的法律文书获得奖励，在作为法官的业绩进行累计的同时，也应同时作为法官助理的业绩进行加分。

法官助理的考核模型见图 13－5：

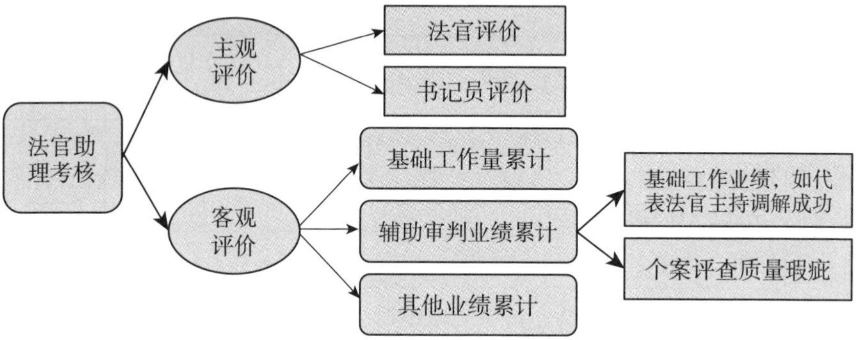

图 13－5　法官助理考核模型

在依据上述模型建立实施例时，应考量以下内容：（1）考核内容由主观评价和客观评价组成，其中主观评价由法官（被辅助人）和书记员（第二层级辅助人）的评价组成。考虑到法官助理的核心工作是辅助法官开展审判活动，具有一定的附随性特点，因此，可适当加大主观评价的权重（如主观评价和客观评价的权重比例为40%、60%），特别是加大主观评价中法官评价的权重（如法官评价、书记员评价的权重比例为80%、20%）。（2）客观评价由基础工作量累计、辅助审判业绩累计、其他业绩累计组成。其中，辅助审判业绩累计包括基础工作业绩累计，如上文提到的代表法官主持调解成功等，以及在个案质量评查中，可归责于法官助理的优秀事项加分或瑕疵事项减分，如评选的优秀案件，法官和法官助理可按照一定比例分别加分；如调解书主文出现瑕疵，法官和草拟调解书的法官助理应按照一定比例分别减分。其他业绩累计主要包括法官助理辅助或独立完成的调研成果加分、获得表彰奖励等。

3. 对于审判长、书记员的考核

在由3～5人组成的审判组中，不设固定审判长，审判长由承办案件的法官担任，因此不存在对审判长的单独分类考核问题；对于固定审判长合议庭的审判长，其作为法官的审判绩效，可以适用审判权运行序列中的法官考核方式进行考核，也可以参照法官的考核模型，对具体的考核项目和计分方式予以一定调整，如考虑到审判长主持庭审、文书审核等工作量较大，适当降低对其办案数量的要求。对于书记员的考核，可以继续沿用各法院此前的考核方式，或者参考法官助理的考核模型，予以适当调整。

（三）审判管理权和行政管理权运行序列人员考核模型

在改革背景下，审判管理权和行政管理权运行序列人员考核即为对团队负责人的考核，具体包括：(1)庭长、副庭长；(2)3～5名法官组成的审判组的组长。此外，对于固定审判长合议庭的审判长，如果同时承担了合议庭审判管理和行政管理事务职能，也可以作为团队负责人，纳入审判管理权和行政管理权运行序列进行考核。

对于团队负责人的考核模型包括两种：

1. 考核模型A

具体内容包括：(1)考核分为主观评价和客观评价两部分，主观评价包括团队内部评价、相关部门评价、直接领导评价；客观评价包括负责人个人业绩、团队成员业绩累计、团队整体业绩。(2)在某种程度上，团队成员的业绩累计，即体现了团队负责人的领导业绩，因此，团队成员业绩累计是客观评价团队负责人的最重要内容。由于团队负责人也是团队中的一员，故团队成员业绩累计实际上已经包括了负责人个人业绩（如全庭法官累计办案数量包括了庭长办案的数量），但在对于团队负责人考核中，仍将负责人个人业绩按一定权重进行二次合成，以强化对负责人个人业绩完成情况的考察。(3)实践中，还存在一些不可拆分为成员个人业绩的团队整体业绩，如“优秀合议庭”等团队荣誉。这些业绩可与负责人个人业绩、团队成员业绩累计按照一定权重进行合成评价。具体如图13－6所示：

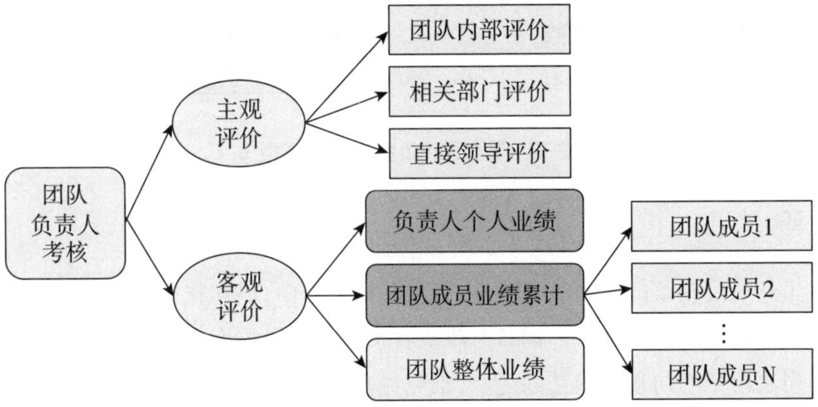

图13－6　团队负责人考核模型A

在实践中，可参考以下实施例：在由5名法官（含审判组长）、5名法官助理、5名书记员组成的审判组中，审判组长负责团队审判管理和行政管理事务，对审判组长的考核，可采取以下方式：(1)审判组内部民意测评、相关部门如审判管理办公室、监察室、政治部等部门的评价、庭长的领导评价以30%、30%和40%权重进行算术平均合成,形成主观评价得分。(2)为了降低考核难度,负责人个人业绩仅考核审判组长个人办案数量;团队成员业绩累计仅累计5名法官的审判业绩,不再对法官助理、书记员的业绩进行累计,具体累计的项目仅包括:办案数量、个案质量评查结果、调研成果;团队整体业绩仅考核团队整体荣誉和团队整体质量瑕疵两项。(3)具体的合成方法为负责人个人业绩与团队成员业绩累计以30%、70%的权重进行算术平均,形成得分后再将团队整体业绩进行加减分合成客观评价得分。最后主观评价得分与客观评价得分以20%、80%的权重进行算术平均,形成审判组长的最终考核得分。

2. 考核模型B

如果已经按照上文的模型对团队进行了考核,并获得了团队考核结果,我们也可将团队负责人的考核模型简化为"团队负责人考核 = 团队负责人个人业绩 + 团队考核结果",即将负责人个人业绩与团队考核结果按照一定的权重(如分别为30%、70%)进行算术平均合成,即得到团队负责人的最终考核得分。这种模型操作简便,但考核针对性相对较差,例如,尽管团队考核结果中已经包含了主观评价的内容,但该主观评价是对于该团队的主观评价,而非对团队负责人的主观评价。具体模型见图13-7:

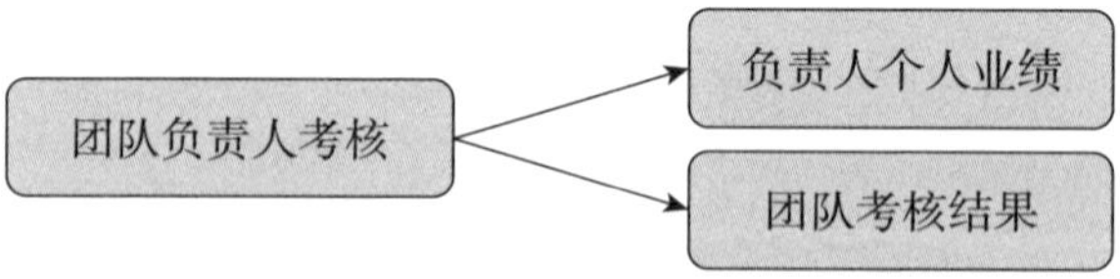

图13-7　团队负责人考核模型B

四、结语

虽然司法改革的方向已经明确,但在具体操作中,仍存在很多不确定因素,相关法院也在不断摸索之中。本章对改革背景下分类考核模型的设计,建立于笔者对于司法改革的初步认识基础之上,难免在实际操作中存在一些问题。希望本章内容能为各地法院在改革探索中批判适用,并为改革取得一定成果后,人民法院建立和完善更为科学的分类考核制度提供素材。